ACCESO GRATIS *a la Lectura en la Nube*

Para visualizar el libro electrónico en la nube de lectura envíe junto a su nombre y apellidos una fotografía del código de barras situado en la contraportada del libro y otra del ticket de compra a la dirección:

ebooktirant@tirant.com

En un máximo de 72 horas laborales le enviaremos el código de acceso con sus instrucciones.

La visualización del libro en **NUBE DE LECTURA** excluye los usos bibliotecarios y públicos que puedan poner el archivo electrónico a disposición de una comunidad de lectores. Se permite tan solo un uso individual y privado

IGUALDAD Y DISCRIMINACIÓN LGTBI

Procedimiento de selección de originales, ver página web:
www.tirant.net/index.php/editorial/procedimiento-de-seleccion-de-originales

IGUALDAD Y DISCRIMINACIÓN LGTBI

Directores
JAIME CABEZA PEREIRO
Mª BELÉN CARDONA RUBERT
CARMEN SÁEZ LARA

tirant lo blanch
Valencia, 2025

En caso de erratas y actualizaciones, la Editorial Tirant lo Blanch publicará la pertinente corrección en la página web www.tirant.com.

© TIRANT LO BLANCH
EDITA: TIRANT LO BLANCH
C/ Artes Gráficas, 14 - 46010 - Valencia
TELFS.: 96/361 00 48 - 50
FAX: 96/369 41 51
Email: tlb@tirant.com
www.tirant.com
Librería virtual: www.tirant.es
DEPÓSITO LEGAL: V-859-2025
ISBN: 978-84-1071-936-1

Si tiene alguna queja o sugerencia, envíenos un mail a: *atencioncliente@tirant.com*. En caso de no ser atendida su sugerencia, por favor, lea en *www.tirant.net/index.php/empresa/politicas-de-empresa* nuestro procedimiento de quejas.

Responsabilidad Social Corporativa: http://www.tirant.net/Docs/RSCTirant.pdf

Índice

Prólogo

La diversidad es el reflejo de la humanidad en su forma más rica y compleja. A lo largo de la historia, las personas LGTBI, lesbianas, gais, transexuales. bisexuales e intersexuales, han luchado durante demasiado tiempo, y lo siguen haciendo, por su visibilidad y derechos, enfrentándose a prejuicios estigmatizadores, rechazo, discriminación, invisibilidad, violencia y acoso. La superación de estos arraigados obstáculos, que tocan a la propia identidad de las personas, a su dignidad, a sus decisiones vitales de desenvolvimiento de su personalidad y a sus derechos fundamentales en su integridad, muy principalmente a sus derechos de igualdad y no discriminación, ha sido motor de esa lucha durante décadas de la comunidad LGTBI, en sí misma diversa, para transformar la sociedad y avanzar en la creación de un mundo inclusivo de la diversidad.

Como en otros casos ha sucedido, la implicación de las personas afectadas ha sido decisiva en la construcción del Derecho antidiscriminatorio, en el largo camino de la eliminación de las barreras legales, sociales y económicas. Esa condición de agente del cambio social y jurídico ha contribuido al empoderamiento de la comunidad LGTBI, si bien la tasa media de denuncia de las discriminaciones, abusos, violencia, acoso y delitos de odio sufridos por sus miembros es baja en la Unión Europea, mas baja aún en España -tipificados los delitos de odio como “delitos cometidos con ocasión del ejercicio de los derechos fundamentales y de las libertades públicas garantizados por la Constitución”- donde la tasa de ataques físicos y sexuales por motivos LGTBI se sitúa también por debajo de la media comunitaria, aunque la de acoso supera la media de la Unión, tasa que es también en la Unión muy superior a la de cualquier otro tipo de violencia o delito por odio, con un crecimiento relevante en los últimos años, provocando las negativas consecuencias de sumir a la comunidad LGTBI en invisibilidad, decepción e impotencia y a las víctimas en problemas específicos de salud física y mental como miedo, autoexclusión, depresión, trastornos de ansiedad, aislamiento y tendencias suicidas. Mayor es la tasa de denuncias de personas trans, no binarias, intersexuales o intergénero, también víctimas más numerosas de ataques físicos y sexuales y de acoso, más frecuentes si estas personas tienen el valor de mostrarse como tales con "franqueza", lo que les arroja a tener que decidir entre aislamiento y exposición. La denuncia del acoso es, por lo general, muy baja, mayor en el trabajo que en otros ámbitos de la vida con incremento de los riesgos psicosociales del trabajador o trabajadora denunciante, menor cuando la persona es de sexo femenino, condición que, sin embargo, confluye en la frecuencia y gravedad del ataque o del acoso. Su presencia es alarmante en los ámbitos educativos, cebándose en niños y niñas y en jóvenes.

Hay quienes se benefician del miedo, pero hemos de esperar que crezcan las personas que se resisten a él, no solo a través de redes de solidaridad para compartirlo, sino a través del Derecho, del ejercicio de los derechos fundamentales y de su régimen de garantías, también de defensa procesal, en un ejemplo magnífico de activismo cívico por la dignidad, que, como fundante de todos los derechos fundamentales, también se resguarda y defiende con el derecho fundamental a la intimidad, garantizador, como todo derecho fundamental, de un ámbito de libertad. Convendrá recordar la potencialidad de la doctrina *Feryn*, del Tribunal de Justicia, Sentencia de 10 de julio de 2008, asunto C-54/07, aplicada en un primer caso de discriminación por orientación sexual por la Sentencia de 25 de abril de 2013, C-81/12, *Asociaţia Accept*, y de su consideración sobre el alcance jurídico propio del concepto de discriminación directa, no precisado de la identificación de un denunciante que sostenga que ha sido víctima de tal discriminación y el reconocimiento por las legislaciones estatales de la legitimación procesal de asociaciones provistas de un interés legítimo en defensa de derechos o intereses difusos, "sin que actúen en nombre de un denunciante determinado, o a falta de un denunciante identificable", esto es, sin exigir la acción de las víctimas. Esta legitimación "en defensa del interés público", acogida por la Ley, y previamente por la Ley 15/2022, de 12 de julio, integral para la igualdad de trato y la no discriminación, al reformar la Ley de Enjuiciamiento Civil y la Ley de la Jurisdicción Contencioso-administrativa, sería incorporada en 2024, con limitaciones, a todas las Directivas antidiscriminatorias de la Unión como obligación posible de los Estados de reconocer el derecho de sus organismos de igualdad independientes de participar el litigios. Denunciar los tratos vejatorios y su entidad a las organizaciones de defensa y promoción de los derechos de las personas LGTBI y a otras organizaciones, asociaciones sindicales, empresariales y de trabajadores autónomos, organismos de igualdad públicos independientes, Administraciones públicas, y a los propios empleadores y prestadores de servicios, garantizada la intimidad e indemnidad de las víctimas, o por aquellas asociaciones y organismos públicos para garantizar esa intimidad, es indispensable, como indispensable es su respuesta de prestación de asistencia y asesoramiento independiente de las víctimas, de protección de las personas LGTBI y sus derechos y de represión de las manifestaciones lesivas de violencia y desigualdad.

Esta situación ha merecido la consideración del legislador español y producido un nuevo ámbito de creación normativa en nuestro ordenamiento estatal, la Ley 4/2023, de 28 de febrero, para la igualdad real y efectiva de las personas homosexuales y transexuales y transgénero y para la garantía de los derechos de las personas LGTBI y sus familias, a cuyo análisis, preciso y crítico, se destina este excelente libro colectivo, dirigido por las profesoras Carmen Sáez Lara y Belén Cardona Rubert y por el profesor Jaime Cabeza Pereiro. Se habían adelantado las Comunidades Autónomas con leyes de igualdad de trato y no discriminación de las personas LGTBI y de las personas trans, lo que la Ley estatal ha reconducido, en el plano de las competencias legislativas, a través de la entrada en vigor de sus disposiciones, amparadas en diversos títulos competenciales del Estado, exclusivos -paradigmáticamente, su legislación laboral vedada a las competencias legislativas autonómicas- y concurrentes para la regulación de condiciones básicas que garanticen la igualdad de todos los españoles en el ejercicio de los derechos o el dictado de normas básicas -también ejemplarmente, su legislación de régimen jurídico de las Administraciones públicas y estatutario de sus funcionarios- y, en el plano ejecutivo, mediante la prevista *Estrategia estatal para la igualdad de trato y no discriminación de las personas LGTBI*, tomada de la Ley 15/2022, como instrumento de colaboración territorial para el impulso, desarrollo y coordinación de las políticas y los objetivos establecidos en la Ley, sin perjuicio, claro es, de las competencias autonómicas (art. 10). Esa operación de sustitución de la legislación autonómica por la legislación estatal, exclusiva o básica, respetuosa de las competencias autonómicas, ha de canalizarse, cuando sea necesaria, a través de las reformas legislativas de los parlamentos autonómicos. Esas reformas de la legislación territorial para su articulación con la estatal ha dado lugar, en algún caso, a la interposición de recursos de inconstitucionalidad por el Defensor del Pueblo y por el Gobierno de la Nación frente a diversos apartados de las Leyes 17/2023 y 18/2023 de derechos de las personas trans y LGTBI de la Asamblea de la Comunidad de Madrid. También diversos preceptos de la Ley estatal han sido objeto de dos recursos de inconstitucionalidad respectivamente formulados por más de cincuenta diputados del Grupo Parlamentario Vox y del Grupo Parlamentario Popular en el Congreso. No afectan las impugnaciones de inconstitucionalidad de la Ley 4/2003 a sus escasos preceptos de contenido laboral, a excepción, en el recurso de Vox, de sus mandatos a las Administraciones públicas de fomento, en sus políticas de empleo, de la implantación progresiva de indicadores de igualdad de las personas LGTBI en los sectores público y sector privado y de creación de un distintivo de reconocimiento a las empresas que destaquen por la aplicación de políticas de igualdad y no discriminación de las personas LGTBI, de incorporación por el Gobierno a la *Estrategia estatal para la inclusión social de las personas trans* de "medidas de acción positiva en los ámbitos laboral, educativo, sanitario y de vivienda", de la aprobación por el Ministerio de Trabajo y Economía Social de medidas de acción positiva para la mejora de la empleabilidad de las personas trans y planes específicos para el fomento del empleo de este colectivo, teniendo en cuenta las necesidades específicas de las mujeres trans, y del reconocimiento a las personas que rectifiquen la mención registral del sexo pasando del sexo masculino al femenino de medidas de acción positiva adoptadas en favor de las mujeres en virtud del artículo 11 de la Ley Orgánica 3/2007, de 22 de marzo, para la Igualdad Efectiva de Mujeres y Hombres [arts. 14.d), 52.2, 54 y 46.4].

La Ley afirma, en su preámbulo, dictarse en desarrollo del artículo 14 de la Constitución, que proclama el derecho fundamental a la igualdad de trato y a la no discriminación, con la inevitable derivación hacia los principios constitucionales de dignidad personal y libre desarrollo de la personalidad como fundamentos del orden constitucional (art. 10.1), y del mandato constitucional de sustantivación de la igualdad formal dirigidos a los poderes públicos, y principalmente al legislador democrático (art. 9.2), evocando también, en relación con el principio de libre desarrollo de la personalidad, el artículo 18.1 sobre el derecho fundamental a la intimidad personal. En su articulado, el artículo 27 de la Constitución es traído a colación en su regulación sobre la diversidad LGTBI en el ámbito educativo.

Al desarrollar el artículo 14 de la Constitución tiene condición de ley ordinaria conforme al artículo 53.1 del texto constitucional. Pese al debate constitucional de la STC 89/2024, de

5 de junio, y su voto particular concurrente -sobre la reprochabilidad de la condición ordinaria, y no orgánica, de la ley cuando desarrolla derechos fundamentales, a propósito de la Ley integral 15/2022- no es dudoso que los derechos a la igualdad normativa y a la no discriminación por causas que la producen son derechos fundamentales, pese a lo cual, y por preceder su reconocimiento, en el texto de la Constitución, a "los derechos fundamentales y libertades públicas", su desarrollo por ley no precisa de la garantía de ley orgánica en la interpretación de la jurisprudencia constitucional (arts. 53.1 y 81.1 CE). Tampoco podría ser dudoso que el art. 9.2 de la Constitución, que, como acaba de decirse, ordena a los poderes públicos promover la igualdad real y efectiva, no reconoce derecho alguno, pese a que la Ley 4/2023, en uso de su libertad de configuración y justamente en cumplimiento del mandato del mencionado precepto constitucional, haya decidido autoatribuirse la finalidad de "garantizar y promover el *derecho a la igualdad real y efectiva* de las personas lesbianas, gais, trans, bisexuales e intersexuales [...] así como de sus familias" (art. 1.1). La declaración de un derecho por el legislador, mas allá de los derechos fundamentales, no merece reproche alguno, pues sabido es que la función del legislador no se limita a desarrollar la norma constitucional, sino a realizar sus opciones dentro del terreno de juego constitucional y del pluralismo político. Y, en el caso de la Ley 4/2023, a diferencia de la Ley integral 15/2022, la opción ha sido por la efectividad del derecho a la igualdad, algo que no está claro que pueda conseguir con los principios, derechos y deberes y medidas establecidas, pero que de conseguirlo sería un éxito para la democracia constitucional a estas alturas del siglo XXI. Ni que decir tiene que no cabe una interpretación extensiva de los derechos legales, al ser los fundamentales un límite al pluralismo político, cuya creación precisa del poder de reforma constitucional.

No impide la condición ordinaria de la Ley que la protección esencial de otros derechos fundamentales deba activarse para la realización de su objeto, "garantizar y promover *el derecho a la igualdad real y efectiva* de las personas lesbianas, gais, trans, bisexuales e intersexuales, así como de sus familias" (art. 1.1). Los derechos a la vida y a la integridad física y moral, el ya dicho derecho a la intimidad personal y familiar, el derecho a la vida privada y familiar garantizado por el artículo 7 de la Carta, del mismo significado y alcance que el derecho del artículo 8 del CEDH, a la propia imagen, y a la libertades de expresión y de información veraz de las personas LGTBI frente a la desinformación y el odio tienen su espacio aquí, limitando, en su eventual colisión con otros de igual valor, los derechos constitucionales de otras personas, y en concreto, el poder de contratación, organización y dirección de empleadores y empresarios.

Se trata, como dice el preámbulo de la Ley, de "extender la cultura de la no discriminación frente al odio y el prejuicio", "erradicando las situaciones de discriminación, para asegurar que en España se pueda vivir la orientación sexual, la identidad sexual, la expresión de género, las características sexuales y la diversidad familiar con plena libertad", "promoviendo los valores de igualdad y respeto". Un "objetivo obvio en el campo de los principios", reconocen el profesor Cabeza y las profesoras Cardona y Sáez en el cuidado capítulo inaugural del libro, "pero que se enfrenta a dificultades derivadas de sesgos sociales muy reprobables, pero muy enquistados". De ahí la necesidad de la Ley, porque las que regula como causas de discriminación afectantes a personas de la comunidad LGTBI lo han sido desde fechas bien recientes, manifestación de su protección tardía, por la imprecisa determinación de esas causas, por la "fiereza" de la discriminación ejercida, generalmente en forma directa y abierta y en concurrencia con otras dimensiones de violencia social y acoso, generadora de gravísimos daños a sus víctimas, por la fuerza estigmatizadora de los estereotipos y prejuicios culturales y sociales construidos sobre "el paradigma heterosexual y binario establecido", sobre "parámetros heteronormativos clásicos", manifestación de una grave y arraigada desigualdad que es preciso combatir. Lamentan sus directores el reducido contenido laboral de la Ley, queja que B. Cardona hace extensiva a las normas del Derecho derivado de la Unión Europea, que contrasta con la documentación de la injusticia sufrida por las personas LGTBI precisamente en el ámbito del empleo y del trabajo, tan esenciales para las personas, su desarrollo personal y su participación, en libertad e igualdad reales y efectivas, en la vida política, económica, cultural y social, como el propio libro se encarga de demostrar fehacientemente. Denuncian que "el espacio laboral sigue mostrándose como un espacio hostil (en mayor medida además para las personas trans) frente al cual la respuesta es el ocultamiento preventivo y la auto segregación laboral" . "La discriminación y violencia social y en el trabajo conduce a sus victimas al ocultamiento preventivo y la auto segregación laboral", reitera C. Sáez. También se quejan el y las directoras, y con razón, de la débil y defectuosa capacidad reformadora de la Ley del ordenamiento laboral y de seguridad social. No obstante, proclaman su "ambicioso y sincero deseo de contribuir" con las aportaciones de este libro a propiciar un "enriquecido debate político, jurídico y social" sobre la Ley, "sobre la construcción del sistema de defensa y garantías de los derechos de las personas LGTBI".

****

En muchos países, se han logrado avances significativos a través del Derecho, aunque la lucha por la igualdad y la inclusión de las personas LGTBI continúa. De acuerdo con investigaciones de la ONU y diversos estudios académicos, la visibilidad y el respeto hacia las personas LGTBI ha progresado, si bien aún persisten importantes retos en términos de legislación y de aceptación social. De la realidad de la persistente discriminación de las personas LGTBI en nuestro país, agravada por su conversión en violencia física o sexual o en acoso homofóbico y transfóbico, da prueba estadística el preámbulo de la Ley 4/2023, de 28 de febrero, con datos de la segunda encuesta de la Agencia de los Derechos Fundamentales de la Unión Europea (FRA) de 2019 sobre las experiencias de las personas LGBTI en la Unión Europea, Macedonia del Norte y Serbia, solicitada por la Comisión Europea en su *Lista de acciones para promover la igualdad LGTBI*, de 2015. Sus resultados se publicaron en su informe *A long way to go for LGBTI equality*, hecho público en mayo de 2020.

Ese informe puso de manifiesto la poquedad de los avances reales experimentados desde la anterior encuesta de la FRA de 2012, con diferencias entre los Estados y sus singularidades jurídicas y culturales. Destacó la FRA que en 2019 la discriminación laboral seguía siendo una realidad, incluso ligeramente superior que en 2012, y que afectaba especialmente a las personas trans, pese al cambio de actitudes sociales, lo que la Ley también resalta para España. Aunque los datos difieren, según las fuentes consultadas y las encuestas efectuadas genéricamente a personas LGTBI o específicamente a personas trans, sobre la mayor discriminación en el trabajo o en el acceso al empleo, esa discriminación de las personas LGTBI, mayor en el trabajo según la FRA, es, según la Ley, especialmente elevada en el acceso al empleo, público y privado, y se comprueba en las tasas de desempleo en el caso de las personas trans.

Ya tras la promulgación de la Ley 4/2023, la FRA lanzó su tercera encuesta, en ese mismo año, en la UE y en los países candidatos Albania, Macedonia del Norte y Serbia, a un total de 100.577 encuestados de 30 países. Su informe técnico, *LGBTIQ equality at a crossroads–Progress and challenges*, 2024, confirmó que las personas LGTBIQ, aunque han mostrado su condición mas abiertamente, siguen sufriendo discriminación y alta violencia motivadas por el odio, ejercidas también en línea, que las personas trans e intersexuales son las más afectadas, pero que por causa, entre otros factores, de la legislación, la discriminación en la vida diaria ha ido disminuyendo lenta y gradualmente, no obstante el incremento drástico del acoso escolar. La discriminación autopercibida en el acceso al empleo fue similar en las tres encuestas, en el trabajo disminuyó levemente en 2023 respecto de 2019, aunque se incrementó en el caso de las personas trans e intersexuales. Los ataques físicos y sexuales, y la violencia y el acoso motivados por odio aumentaron notablemente en 2023 respecto de 2019, en particular en personas intersexuales y trans, siendo las tasa de ataques y acoso mas altas de mujeres trans. Llama la FRA a la responsabilidad de la Unión y de los Estados de proteger a todos los grupos de las comunidades LGTBIQ, a partir de la base empírica sólida de sus datos para elaborar políticas basadas en evidencias y conservar los logros de respeto, protección y cumplimiento de los derechos fundamentales de las personas LGTBIQ e intensificarlos hacia el futuro, y a las personas LGTBIQ a denunciar los incidentes de discriminación, ataques, violencia y acoso ante organismos independientes de igualdad, que los Estados han de disponer debidamente junto a autoridades de seguridad pública, al mantenerse muy baja la tasa de denuncia de la intolerancia agresiva, pues "una igualdad frágil pende de un hilo".

Las personas LGTBI enfrentan una discriminación múltiple e interseccional con otros motivos de discriminación como la etnia, la discapacidad, la edad. La discriminación interseccional es prevalente, según la FRA, y el sexo femenino siempre intersecciona. De ahí que las leyes y las políticas que promueven la igualdad LGTBI hayan de adoptar un enfoque interseccional para reflejar la realidad de las personas acogidas a ese acrónimo y sus múltiples personalidades. El lector podrá encontrar estos y otros datos, con un mayor y mejor desarrollo expositivo y analítico, en los capítulos de este libro, cuya lectura recomiendo vivamente.

La ONU ha abordado la inclusión de personas LGTBI de manera integral en su Agenda global 2030, que incluye los Objetivos de Desarrollo Sostenible, el compromiso de no dejar a nadie atrás y metas específicas mensurables. El Programa de las Naciones Unidas para el Desarrollo, en línea con su Plan Estratégico (2022-2025), elaboró con el Banco Mundial, desde 2015, un *LGBTI Inclusion Index*, que reúne un conjunto de 51 indicadores para obtener datos estadísticos y medir la inclusión de las personas de la comunidad LGTBI, específicos para personas intersexuales, transgénero y mujeres lesbianas y bisexuales, en cinco áreas prioritarias de libertad, como la salud, el bienestar económico, la educación, la participación política y cívica, y la seguridad personal frente a la violencia, e informar políticas, programas e inversiones plenamente inclusivas. Los indicadores evalúan las leyes de acceso igualitario y los modos de vida de las personas LGTBI. El índice, elaborado gradualmente y con una amplia colaboración participativa, "proporciona tanto una medida del progreso como metas por las que esforzarse" y "un código de ética centrado en la recopilación, el almacenamiento y el uso seguros de los datos"; "tiene el potencial de ser una herramienta eficaz para ampliar las oportunidades e igualar los resultados para las personas LGTBI". Su implementación no es sencilla y precisa, además de la colaboración de las personas LGTBI y de las instituciones de la sociedad civil y gubernamentales, una red estadística potente y la formación de grupos de trabajo del Índice en cada país. La aplicación piloto del Índice en 2022 en seis países (República Dominicana, Georgia, Guyana, Nueva Zelanda, Pakistán y Vietnam), con la participación de personas capacitadas de 52 países reveló, según el informe analítico de 2024 de aquella aplicación experimental, una situación de "inclusión parcial" o de inclusión de "rango medio" de las personas LGTBI, mayor en salud y menor en la dimensión de seguridad personal y violencia y, en general, inferior para las personas intersexuales y transgénero, lacerante en educación. Dicho en términos absolutos, ningún país es totalmente inclusivo de las personas LGBTI, aunque el grado de inclusión varíe entre países, sectores y comunidades. La Cumbre sobre los ODS de la ONU, celebrada los días 18 y 19 de septiembre de 2023 en Nueva York como pieza central de la Semana de Alto Nivel de la Asamblea General, reafirmó el compromiso de la comunidad internacional de no dejar a nadie atrás, destacando la importancia de abordar la discriminación y criminalización a que se enfrentan las personas LGTBI, en especial en países donde las relaciones entre personas del mismo sexo siguen estando criminalizadas. Su *declaración política* llamó a intensificar los esfuerzos para luchar contra todas las formas de discriminación, intolerancia, estigmatización, y discurso de odio, mediante la cooperación, la asociación, la inclusión y el respeto a la diversidad.

En el ámbito de la Unión Europea, la Comisión Europea adoptó el 12 de noviembre de 2020, a la vista de los resultados de la encuesta de la FRA de 2019, la *Estrategia de Igualdad LGBTIQ 2020-2025*, que establece una serie de medidas para mejorar la protección de las personas LGTBI, asegurar su inclusión en todos los aspectos de la vida social, económica y política y construir la Unión en igualdad. Esta estrategia subraya los resultados ya conocidos, que la aceptación social de las personas LGTBI ha aumentado, aunque persiste una violencia y discriminación significativas, especialmente contra personas transgénero y no binarias. La estrategia invita a la FRA y al Instituto Europeo de Igualdad de Género (EIGE)) a "seguir brindando a los Estados miembros asistencia técnica y apoyo metodológico en el diseño y la implementación de ejercicios de recopilación de datos sobre personas LGBTIQ y a apoyar la recopilación de datos interseccionales detallados por parte de la FRA, el EIGE y los Estados miembros, en particular a través del Subgrupo de Datos de Igualdad del Grupo de Alto Nivel sobre no discriminación, igualdad y diversidad". En respuesta la FRA lanzó su tercera encuesta en 2023.

Este contexto global y europeo resalta la necesidad urgente de políticas inclusivas que aseguren que las personas LGTBI puedan vivir sin miedo a la violencia, a la discriminación o la exclusión social, en línea con los principios universales de igualdad y no discriminación y los derechos humanos establecidos por la ONU, el Consejo de Europa, la Unión Europea y de acuerdo con los derechos fundamentales de nuestra Constitución. En los entornos laborales las políticas de diversidad e inclusión redundarán en beneficio de la igualdad y no discriminación de las personas trabajadoras, señaladamente de las mujeres, también de las mujeres LGTBI, de sus derechos de protección social, y de los resultados de las empresas.

Distintos estudios académicos e informes de organizaciones abordan la discriminación y la inclusión de las personas LGTBI, especialmente en el ámbito laboral. El estudio *LGBT People's Experiences of Workplace Discrimination and Harassment,* del *Williams Institute* de la Universidad de California, de septiembre de 2021, revela que cerca de la mitad de las personas LGTBI han experimentado discriminación laboral en algún momento. La discriminación incluye despidos, la negación de empleo y el acoso verbal o físico en el trabajo debido a la orientación sexual o a la identidad de género. Las personas transgénero son las más expuestas a la discriminación, con tasas alarmantes de despidos o faltas de contratación por su identidad de género. El informe del IBM Institute for Business Value, Out & Equal Workplace Advocates y Workplace Pride, *Striving for authenticity LGBT+ views on enduring discrimination and expanding inclusion,* fechado en agosto de 2021, destaca la persistente discriminación contra la comunidad LGTBI en los lugares de trabajo, a pesar de los avances legislativos y esfuerzos de inclusión de algunas empresas. Este informe señala que la intersección de la raza, el género y la orientación sexual intensifica la discriminación, especialmente para las personas no binarias y de género expansivo. Sus datos subrayan la necesidad de continuar avanzando en políticas de inclusión que no solo protejan los derechos de las personas LGTBI, sino que también promuevan ambientes de trabajo equitativos y respetuosos.

****

Conscientes sus autoras y autores de esa lesividad sistémica para las víctimas LGTBI ofrecen a sus lectores el análisis riguroso y crítico, no hay capítulo que no lo sea, de los contenidos de la Ley, cruciales en su proyección práctica -hasta los niveles de concreción que permiten sus preceptos y, en su caso, su desarrollo reglamentario- para comprender mejor el alcance y la naturaleza de los problemas y de sus soluciones normativas, frente a la consolidación de una discriminación agresiva cobijada en una arraigada estructura desigualitaria, de la que el empleo, el trabajo, la salud y la seguridad y salud en el entorno de trabajo, la familia, y la participación plena en la sociedad, directa y a través de las organizaciones de defensa de sus derechos, son bienes y espacios esenciales, aunque el compromiso con la diversidad y su promoción requiere planes de acción integral que abarquen todos los ámbitos de la vida.

Las autoras y autores de los dieciséis capítulos que componen este libro son laboralistas cualificados por su alta especialización en igualdad y no discriminación y en la materia de la Ley: Carolina Martínez Moreno, Alicia Rivas Vañó, Olga Lenzi, Belén García Romero, Fernando Lousada Arochena, Mª Inmaculada Benavente Torres, Maria Luisa Molero Marañón, Hénar Álvarez Cuesta, Antonio Álvarez del Cuvillo, Carmen Sánchez Trigueros, Belén Fernández Docampo y Vanessa Cordero Gordillo, además de sus directoras y director. Comparten el juicio valorativo de sus directores acerca de la necesidad de la Ley y denuncian la discriminación de las personas LGTBI, y en especial de las personas trans y, dentro de estas, de las mujeres trans, con datos de diversas fuentes, incontestables. Pero, de *lege data*, la fortaleza y debilidades de la Ley para cumplir su objetivo de prevenir, corregir y eliminar, en los ámbitos público y privado, toda forma de discriminación de las personas LGTBI y suprimir "los estereotipos que afectan negativamente a la percepción social de estas personas" (art. 1.2), son ya harina de otro costal.

Igualdad y no discriminación LGTBI es una monografía plural, hecha por juristas del trabajo, que ofrece, no obstante, la necesaria visión general de la Ley (afecta a los ámbitos administrativo, de salud, educación, cultura, ocio y deporte, medios de comunicación social e internet, familia, infancia y juventud, acción exterior y protección internacional, medio rural y turismo, por lo que la profesora V. Cordero la califica de "integral", título oficial que ostenta la Ley 15/2022) al examinar la naturaleza de las prescripciones expresadas en su texto y realizar la tarea irrenunciable, de radical importancia, de delimitación conceptual de las distintas conductas discriminatorias y fóbicas que define, de las diversas causas de discriminación por diversidad sexual o de género que incorpora y de las personas trans y de las familias LGTBI que incluye. El Derecho antidiscriminatorio ha experimentado un avance reseñable con la promulgación de la Ley 4/2023. Las causas de discriminación frente a las que levanta su protección de la diversidad sexual y de género son la orientación sexual, la identidad sexual, la expresión de género y las características sexuales. Sus intérpretes no debieran despachar su determinación con facilidad a partir de las definiciones legales, incluso de las discriminaciones y causas en apariencia mas obvias, por creer equivocadamente en la insignificancia de la tarea, cuando, como pone de manifiesto F. Lousada, "la conceptualización de las diversas formas de discriminación y violencia por orientación sexual, por identidad de género y por expresión sexual o de género" es el punto de partida de la aplicación de su prohibición normativa frente a los tratos discriminatorios. Supone todo "un reto terminológico y de encuadre jurídico", destaca Mª. I. Benavente.

No siempre las opiniones son coincidentes, lo que, siendo expresión del pluralismo científico, manifiesta la riqueza de la obra. El recorrido por sus capítulos descubrirá al lector valoraciones críticas de "la atomización de las causas de prohibición de discriminación" en que ha incurrido el legislador por "su impacto negativo en la consecución de medidas de protección eficaces" (A. Rivas), a las que se contrapone la consideración de que "nombrar de manera individualizada cada una de las discriminaciones que pueden sufrir las personas pertenecientes al colectivo LGTBI, implica su reconocimiento y visualización a nivel social, confiriendo a las personas que las sufren el lugar que dichas discriminaciones les usurpa" (B. Cardona). La obra prosigue con propuestas intermedias, que reconocen y advierten que las causas discriminatorias acogidas por el legislador precipitan "cada identidad diferenciada", pero nunca como "compartimentos estancos", sino interseccionales o entrecruzados, simultánea o sucesivamente, a fin de no "desproteger en los márgenes a las personas que no encajan perfectamente en las definiciones" (J. Cabeza), demandan su mayor vinculación a un entendimiento abierto de la construcción socio-cultural del género a la disonancia diversa LGTBI (Mª. I. Benavente), abogan por la extensión de la protección del motivo sexo a las nuevas causas legislativas, solicitan correcciones de sus expresiones (identidad sexual *v.* identidad de sexo *v.* identidad de género), o dan categoría discriminatoria, no a las causas identificadas por el legislador, sino a "los estereotipos y prejuicios culturales y sociales de carácter peyorativo asociados a una orientación sexual no heterosexual, o a la identidad de género o a la expresión sexual diferentes a las que se asocian al sexo de la persona" y "no consideradas normativas en una determinada cultura o sociedad" (F. Lousada).

Además de ese estimulante diálogo, el fruto de conjunto, de inestimable valor, está en la determinación de la significación de los conceptos esenciales que utiliza el legislador para configurar las diferentes identidades sexuales como causas de discriminación prohibida y de sus conexiones de sentido (art. 3), incursas en olvidos e inexactitudes bien advertidas y explicadas por F. Lousada, que han de observar los jueces y tribunales y las Administraciones públicas, y que son traslaciones del marco internacional, en concreto de los principios de Yogyakarta sobre la aplicación de la legislación internacional de derechos humanos en relación con la orientación sexual, la identidad de género, la expresión de género y las características sexuales, del Derecho del Consejo de Europa y, en parte, de la Unión Europea, pese a su deficiente regulación, embebidas en las jurisprudencias propias y diferentes del Tribunal Supremo norteamericano y, en lo que nos afecta, del Tribunal Europeo de Derechos Humanos, del Tribunal de Justicia y de nuestro Tribunal Constitucional, y en la práctica del Comité de Derechos Humanos de Naciones Unidas. A estos ordenamientos se añade, en el nuestro, el artículo 2.1 de la Ley 15/2022, que reconoció el derecho de toda persona a la igualdad de trato y no discriminación por causa, entre otras, de "orientación o identidad sexual" y "expresión de género", sin prescindir de la referencia genérica a "cualquier otra condición o circunstancia personal o social" (art. 2.1). Y la decisión del Tribunal Constitucional, en su STC 176/2008, de 22 de diciembre, primera que identificó la transexualidad como causa discriminatoria autónoma en la cláusula "cualquier otra condición o circunstancia personal o social" del artículo 14 CE, de seguir la jurisprudencia del TEDH aplicativa de los artículos 8 y 14 del CEDH y de su Protocolo 12, y no la del TJ, que había llevado la protección de las personas transexuales a la discriminación por sexo desde su Sentencia de 30 de abril de 1996, C-13/94, *Cornwall.* La STC 176/2008 fue confirmada por la STEDH *P.V. c. España,* de 30 de noviembre 2010.

Probablemente las mayores dificultades de identificación conceptual afecten a las características sexuales, que la Ley no define y apareja siempre a la expresión de género, lo que permite concluir fundadamente a F. Lousada que "las características sexuales son el aspecto sustancial de la expresión de género y que no resultan cosa distinta". Sin embargo, tienen definiciones distintas en los Principios de Yogyakarta + 10. Y las organizaciones europeas de personas intersexuales han defendido que el término "características sexuales" garantiza la plena protección contra su discriminación independientemente de la apariencia o configuración específica de dichas características cromosómicas, gonadales y anatómicas de una persona, que incluyen características primarias como los órganos reproductivos y genitales y/o las estructuras cromosómicas y las hormonas; y características secundarias como, entre otras, la masa muscular, la distribución del cabello, los senos y/o la estatura (*Statement of the European Intersex Meeting in Riga*, 2014, 8 de octubre de 2014, punto 2).

Por su parte, STC 67/2022, de 2 de junio, del Pleno del Tribunal, aisló, en la cláusula antidiscriminatoria genérica del artículo 14 CE, la discriminación por identidad de género, por expresión de género y, previamente, por género, separadas de la discriminación por sexo, lo que afirmó que la jurisprudencia constitucional no había hecho con anterioridad, olvidando que esa separación venía siendo implícita desde la STC 128/1987, de 16 de julio, que aplicó la discriminación de la mujer por género al identificar su causa no en su sexo físico, sino en su sometimiento por su sexo físico a patrones socioculturales rectores de la conducta de hombres y mujeres y determinantes de la inferioridad de éstas y de sus funciones, y explícita en la jurisprudencia que convalidó la legitimidad constitucional de la Ley Orgánica 1/2004, de 28 de diciembre, de medidas de protección integral de la mujer frente a la violencia de género a partir de la trascendental STC 59/2008, de 14 de mayo. Y entendió la "expresión de género" "como el modo en que una persona expresa su género, en el contexto de las expectativas sociales, por ejemplo, en relación con el modo de vestir, el uso de uno u otro nombre o pronombre, el comportamiento, la voz o la estética", según, dijo, se define en la Directiva 2012/29/UE del Parlamento Europeo y del Consejo de 25 de octubre de 2012, que, sin embargo, dicha Directiva, por la que se establecen normas mínimas sobre los derechos, el apoyo y la protección de las víctimas de delitos, no define, aunque sí lo hacen los Principios de Yogyakarta + 10. Frente a la lacónica definición de la expresión de género como "manifestación que cada persona hace de su identidad sexual" que hace la Ley [art. 3.j)], su desarrollo en la citada sentencia, cuyos hechos probados ante la jurisdicción ordinaria y doctrina no se corresponde con su fallo denegatorio del amparo, permitió al Tribunal incluir la expresión de género en el derecho fundamental a la propia imagen del artículo 18.1 de la Constitución y, en esa operación, ligarla al género y separarla del sexo y de las características sexuales.

Dice bien C. Sáez que la ley 4/2023 es "un instrumento normativo nuevo para la prevención y actuación frente a la violencia" contra las personas LGTBI, "dentro de un *corpus* normativo más amplio". Las aportaciones de C. Martínez Moreno, A. Rivas, O. Lenzi, B. García Romero y B. Cardona lo explican a la perfección y con alcance general, aun siendo la OIT el organismo especializado de NU para los asuntos del trabajo y de las relaciones laborales.

La penetración de los análisis de C. Martínez Moreno, Mª I. Benavente, C. Sánchez Trigueros, B. Fernández Docampo, A. Álvarez del Cuvillo y C. Sáez en las relaciones entre las leyes 15/2022 y 4/2023 y en los ámbitos temáticos de esta última sobre salud, administrativo sancionador, de actuación administrativa promocional y aplicativa no sancionadora, de legitimación procesal, y de la violencia contra los colectivos LGTBI y su prevención, sanción y reparación, se efectúa desde su especialización jurídico-laboral – medidas laborales, prevención de riesgos y salud laboral, régimen sancionador social, Administraciones laborales, proceso social y violencia y acoso en el mundo del trabajo y de las empresas-, sin que ello opaque la visión mas general que aportan y su utilidad para lectores que no sean juristas laboralistas. No falta un capítulo sobre "Identidad de las personas trans y derechos registrales", a cargo de la profesora Molero Marañón, que destaca el basamento de la regulación por la Ley de la cuestión capital de cambio de sexo en la autodeterminación del género por la persona interesada, sin necesidad de informes médicos o psicológicos o de sometimiento a tratamiento hormonal, y en su reversibilidad. Siendo ese cambio una "decisión vital", señala la autora que hace suyas las objeciones del Consejo de Estado en demanda de una cierta estabilidad de la identidad sexual de la persona, la configuración legal de la reversibilidad "le convierte en un cambio [...] volátil, acogiendo esa noción de sexo fluido, dependiente de su percepción que puede ser variable a lo largo de su ciclo vital", y "puede conducir a que se termine por banalizar la atribución del sexo en una persona, cuando, a *priori*, ha revestido tradicionalmente una condición de esencialidad para la construcción de la identidad de una persona". Como no podía ser de otra manera, los distintos capítulo del libro se hacen eco de las posiciones y los debates jurídicos y políticos sobre los asuntos mas polémicos de la Ley, como éste, y traen a colación otras doctrinas jurídicas especializadas.

Los autores analizan la Ley como problema y como solución al mismo tiempo. Los problemas afectan a las deficiencias de sus soluciones, a su insuficiente vuelo para erradicar la radical desigualdad de los colectivos LGTBI en el empleo privado y público y en el trabajo subordinado y en el autónomo, y a la defectuosa calidad y funcionalidad de su técnica legislativa interna y hacia el exterior; en sus interrelaciones con otras normas coetáneas -la Ley Orgánica 10/2022, de 6 de septiembre, de garantía integral de la libertad sexual, la Ley "integral" 15/2022, pese a su aplicación supletoria, o la Ley 3/2003, de 28 de febrero, de Empleo- y en su función reformadora de la leyes epicéntricas del ordenamiento laboral, el Estatuto de los Trabajadores, y del empleo público, el Estatuto Básico del Empleado Publico, además de la Ley Reguladora de la Jurisdicción Social. Las causas discriminatorias de la Ley 4/2023 no se han llevado siempre al ET, a su definición del acoso discriminatorio y como causa de despido disciplinario, en cuyos textos figura únicamente, como antes, la orientación sexual [arts. 4.2.e) y 54.2.g)]. Es paradigmática la doble y diferente reforma del artículo 16.1 c) de la LISOS, que tipifica las infracciones muy graves en materia de empleo, en el proceso de intermediación o colocación, por la Ley 3/2023 y por la Ley 3/2024, de igual fecha y con igual entrada en vigor, hasta el punto de que la versión consolidada del BOE de aquella ley ofrece ambas versiones. La solución de esa inexplicable concurrencia normativa la ofrece J. Cabeza con argumentos totalmente convincentes. Tampoco es error menor modificar un precepto de texto refundido derogado por la Ley 3/2023, el texto refundido de la Ley de Empleo, texto refundido de 2015. La falta de coordinación entre las leyes, sus textos proyectados y su debate parlamentario, o la simple confusión, denotan un descuido injustificable.

Las idas y venidas con la Ley Orgánica 10/2022, de 6 de septiembre, de garantía integral de la libertad sexual, y con el reconocimiento de autonomía propia al concepto de violencia sexual o su inclusión en el de violencia de género, son también inexcusables y han provocado reformas legislativas sucesivas, de signo contrario, de diversos preceptos del ET en el plazo de dos años, aunque sin llevar el designio reformador a todos los preceptos estatutarios, ni dar la mínima explicación al respecto. La Ley 4/2023 eliminó a las mujeres víctimas de violencia sexual de los preceptos en que las había introducido la Ley Orgánica 10/2022. Posteriormente la Ley Orgánica 2/2024, de 1 de agosto, de representación paritaria y presencia equilibrada de mujeres y hombres, ha vuelto a modificar parte de esos preceptos para recuperar los derechos de las trabajadoras víctimas de violencias sexuales, separadamente de las trabajadoras víctimas de violencia de género (a la reordenación de su tiempo de trabajo, la movilidad geográfica, la suspensión y extinción de su contrato y a la protección de la nulidad objetiva de sus despidos por el ejercicio de su derecho a la tutela judicial efectiva o de los derechos legales de protección o a la asistencia social integral). La misma razón de protección de las funcionarías víctimas de violencias sexuales con entidad propia y separada de las víctimas de violencia de género es la causa de las reformas del EBEP por la Ley Orgánica 2/2024.

Existe un consenso fuerte, desde luego en la comunidad iuslaboralista, sobre la necesidad inaplazable de corregir la falta de calidad de los textos normativos, que empaña el logro de sus objetivos y su eficacia a través de su aplicación y, con ella, la de la primera norma del ordenamiento jurídico en el caso de la Ley 4/2023, pues estamos ante el legislador de los derechos fundamentales, que, siguiendo a la jurisprudencia constitucional, que había ido inscribiendo la orientación sexual, la identidad sexual, la identidad de género y la expresión de género en la cláusula abierta de motivos de discriminación del segundo inciso del artículo 14 (SSTC 41/2006, de 13 de febrero; 176/2008, de 22 de diciembre; 67/2022, de 2 de junio; 81/2024, de 3 de junio), ha desarrollado dicha cláusula, que es ejemplo de flexibilidad de una norma constitucional. No solo en las contribuciones que aquí se publican, sino en numerosos artículos de la doctrina laboralista, se encontrará una relación extensa de malas prácticas legislativas. No conviene perder de vista la señalada necesidad de corregirlas en beneficio de la dignidad democrática de la ley.

****

El sentido de las normas de la Ley, "predominantemente programático y finalista o voluntarista", escribe C. Martínez Moreno, remitido a lo que resulte de las acciones de los poderes públicos, a los que en ocasiones se les emplaza a un inane "tener en cuenta" nada menos que el derecho de las personas LGTBI a no ser discriminadas en sus políticas precisamente en el ámbito del empleo [art. 14.a)], ha merecido numerosas y fundadas críticas. Que la ley se remita a la negociación colectiva sobre lo que ésta puede y debe hacer es ya un tópico, que, pese a su innecesariedad si la autonomía colectiva es tal, no dejamos de valorar positivamente por su capacidad de estímulo. Pero que la Ley se remita a las políticas de empleo de las Administraciones públicas para que sean sus normas políticas e instrumentos de esas políticas las que, a su vez, se remitan a la negociación colectiva, de modo que los convenios colectivos incluyan "cláusulas de promoción de la diversidad en materia de orientación sexual, identidad sexual, expresión de género y características sexuales y de la diversidad familiar y de prevención, eliminación y corrección de toda forma de discriminación de las personas LGTBI, así como de procedimientos para dar cauce a las denuncias" [art. 14.e)], es una operación desconcertante, vista tanto desde la Ley, que no precisa de la intermediación limitadora de las políticas públicas activas de empleo de las Administraciones competentes en sus relaciones con los contenidos de la negociación colectiva, como desde la propia negociación colectiva, que se ha desarrollado con escasos resultados hasta el momento, según testimonia H. Álvarez Cuesta, pero que debe desarrollarse expansivamente, desde luego en el acceso al empleo, en la empleabilidad de las personas LGTBI, que enfrentan las dificultades expuestas por J. Cabeza, y en su mantenimiento -sus niveles de desempleo son superiores a la tasa media-, en su trabajo y carrera profesional, como la propia Ley reconoce en el artículo siguiente, en su artículo 15. La Ley podía y debía haber comprometido directamente su voluntad de llamamiento a la negociación colectiva para la eliminación de barreras discriminatorias, el acogimiento de la diversidad en las políticas de contratación empresarial y la inclusión laboral y social de las personas LGTBI. Resulta de este tipo de normación una especie de aplazamiento de la vigencia de las medidas seleccionadas por el legislador, diferidas a su adopción por las diversas Administraciones públicas competentes, y un debilitamiento de su fuerza de obligar, que afecta también a la función de jurisdicción. Los aplazamientos de la aplicación de las leyes de igualdad y no discriminación -la Ley 15/2022 constituye un ejemplo sintomático- constituyen una práctica inexplicable, que disocia la Ley de su realidad y de su finalidad. El aplazamiento de la aplicación normativa de la Ley 4/2003 lleva su germen en sus normas.

Es cierto que el Derecho de igualdad y antidiscriminatorio es un Derecho de normas de derechos subjetivos y de normas de principios, que no por su enunciado abierto o abstracto dejan de contener prescripciones objetivables, solos o en conexión con otros principios y normas. Esta tensión es un lugar común en la doctrina constitucionalista que se ha ocupado de los principios constitucionales y, en concreto, del "principio de igualdad". Sin embargo, en la Ley 4/2023 es excesivo el peso de un Derecho principial alentador, poco innovador, soportado en políticas de las Administraciones públicas competentes y del Gobierno para dar sostén a la política antidiscriminatoria por causas LGTBI en el ámbito publico y en el de las empresas, en el que la indeterminación impulsora de muchos de los enunciados de sus normas roza su vaciado normativo, lo que las hace inadecuadas para combatir la gravedad de las conductas discriminatorias, de violencia y acoso que sufre la comunidad LGTBI. Peca por defecto la exigua presencia en la Ley de normas de contenido vinculante sobre derechos y obligaciones de las personas físicas y jurídicas, tanto públicas como privadas, en general y en particular en el ámbito laboral, que compromete también la eficacia del sistema de garantías jurisdiccionales. Es cierto que las medidas garantes de espacios de trabajo sin discriminación ni violencia han de tener una imprescindible dimensión colectiva, de ahí la importancia de la negociación colectiva, pero las obligaciones han de recaer sobre los empresarios.

La Ley establece más "principios de actuación de los poderes públicos" que "regula derechos y deberes de las personas físicas y jurídicas, tanto públicas como privadas" y "prevé medidas específicas destinadas a la prevención, corrección y eliminación, en los ámbitos público y privado, de toda forma de discriminación" (art. 1.2), que en gran medida también descansan en actuaciones de las Administraciones públicas. Es realmente una Ley de políticas públicas para promover la igualdad efectiva de las personas LGTBI y singularmente de las personas trans, a las que se destina todo su título II, habiendo quedado expresadas en su preámbulo las preocupaciones del legislador por la gravedad de las discriminaciones padecidas y la vinculación de su discriminación al sexo y a los estereotipos de género, y para protegerlas frente a la violencia y la LGTBIfobia, también expresadas por medios digitales y de la inteligencia artificial, grandes ausentes de la Ley, que, aunque establece medidas frente al ciberacoso, las sitúa, de nuevo, en las responsabilidades de las Administraciones públicas competentes, y específicamente de las Administraciones educativas. Frente a la interseccionalidad típica de sus causas discriminatorias, la Ley contiene disposiciones especiales, dirigidas siempre a las Administraciones públicas, para las "personas LGTBI menores de edad" (art. 70), las "personas LGTBI con discapacidad o en situación de dependencia" (art. 71), las "personas extranjeras LGTBI" (art. 72), las "personas mayores LGTBI" (art. 73), las "personas LGTBI en situación de sinhogarismo" (art. 75) y las personas LGTBI en el mundo rural (arts. 39 a 41), además de reiteradas menciones a las mujeres trans.

Prescindiendo de sus reformas de la Ley de Empresas de Trabajo Temporal y del ET, su regulación propia dirigida directamente a las personas o con efectos sobre éstas, y no intermediada por mandatos a las Administraciones públicas, es escasa; mas lo es aún en el ámbito laboral, en el que se cuentan cinco preceptos, tres insertados en el marco de esas políticas públicas de igualdad efectiva de las personas LGTBI y trans de los respectivos capítulos II de los títulos I y II de la Ley y de su regulación de la rectificación de la mención registral relativa al sexo del capítulo I de su título II, y otros dos en las denominadas medidas de protección efectiva y reparación frente a la discriminación y la violencia por LGTBIfobia de su título III. A esa exigüidad normativa podría sumarse, en este ámbito de la Ley, dentro de la protección de los derechos de personas LGTBI en situaciones especiales, su reconocimiento del derecho de las personas intersexuales a "recibir una atención integral y adecuada a sus necesidades [...] laborales" [art. 74.1.a)], que no se dirige a las Administraciones públicas, pero la imperfección de la norma impide identificar al sujeto responsable del cumplimiento de obligación alguna para la satisfacción del derecho y de los términos en que habría de ser satisfecho, sin el menor eco en otras normas laborales.

Por eso sus autoras y autores han hecho de la necesidad virtud -no me refiero, obviamente, a que su tratamiento iuslaboralista sea de tono menor, muy al contrario, la dimensión laboral, valga reiterarlo, es determinante en la lucha contra la discriminación y la violencia por causas LGTBI, según demuestran las jurisprudencias de los distintos tribunales que han abierto camino- y nos han obsequiado un magnífico conjunto de estudios sobre el objeto o finalidad de la Ley, sus retos regulativos y su entorno social y político, además de sobre el desarrollo reglamentario de su artículo 15.1, pieza singular de la Ley *laboral* emanada del diálogo y la concertación social.

En el marco de esas políticas públicas se inserta la obligación impuesta a las empresas de más de cincuenta personas trabajadoras de contar con un plan de igualdad real y efectiva de las personas LGTBI y un protocolo de actuación para la atención del acoso o la violencia contra las personas LGTBI, diferida un año en el tiempo (art. 15.1), y realmente hasta la aprobación de su norma reglamentaria de desarrollo, que ha tenido lugar por el Real Decreto 1026/2024, de 8 de octubre, y ha reabierto el plazo de negociación. Es, en realidad, un mandato a las empresas que se traslada a la negociación colectiva y a los sujetos legitimados para negociar convenios colectivos de empresa y de ámbito superior y, en su defecto, a las representaciones legales de los trabajadores para negociar acuerdos de empresa. Aquí es imprescindible la aportación de H. Álvarez Cuesta. Ofrece el tratamiento acabado de la diferencia, que había sido avanzada por parte de la doctrina, entre los planes de diversidad o inclusión de las personas LGTBI y los planes de igualdad de hombres y mujeres (Ley 3/2007 y RD 901/2020). Aquellos son el conjunto planificado de medidas para alcanzar la igualdad real y efectiva de las personas LGTBI en las empresas, que ha de incluir un protocolo preventivo y reparador ("para la atención") del acoso o la violencia contra las personas

LGTBI, con el contenido mínimo de aquellas medidas planificadas y de este protocolo que marca el Reglamento en sus dos anexos, sobre los que la Ley ha establecido un deber de negociación de dichas empresas de más de cincuenta personas trabajadoras a través de la negociación colectiva o de acuerdos de empresa alcanzados con las representaciones legales de sus trabajadores, y, de no existir o en defecto de acuerdo según las previsiones reglamentarias, la obligación de aplicación subsidiaria y provisional por las empresas obligadas de las medidas y del protocolo contenidos en los dos citados anexos de la norma reglamentaria. Las limitaciones numéricas se compadecen mal con la efectividad real de los derechos fundamentales y la aplicación subsidiaria de reglas reglamentarias mínimas, así como con la remisión parcial de las que así han de aplicarse de nuevo a la negociación colectiva. La obligación de negociar el protocolo frente al acoso y la violencia se entiende cumplida si la empresa cuenta con un protocolo general frente al acoso y violencia que prevea medidas para las personas LGTBI o lo amplíe específicamente para incluirlas (art. 8). De este protocolo, y en general de la violencia contra los colectivos LGTBI, de su prevención, sanción y reparación, se ocupa C. Sáez en su óptima contribución.

La regulación específica de las personas trans se materializa, en el ámbito laboral, en el reconocimiento a las personas que han transitado al sexo femenino y rectificado su inscripción registral del derecho a las medidas de acción positiva establecidas para las mujeres conforme a la Ley Orgánica 3/2007 (art. 46.4), y en el mandato de que en la elaboración de planes de igualdad de hombres y mujeres y no discriminación se incluya expresamente a las personas trans, con especial atención a las mujeres trans para su integración socio-laboral (art 55.3). El mandato legal se dirige aquí a las empresas y a los representantes unitarios o sindicales de los trabajadores, que acrediten la legitimación, exigida por el art. 87.1 ET, según la jurisprudencia de la Sala de lo Social del Tribunal Supremo. Los instrumentos y prácticas de igualdad favorecen la igualdad, en una comprensión conjunta de la necesidad de superar las discriminaciones por múltiples causas. Esa ha sido posiblemente la razón de este artículo 53.3, introducir a los colectivos mas vulnerables en las prácticas de igualdad de género de las empresas, y en particular a las mujeres trans en planes de igualdad de mujeres y hombres que tratan de garantizar la igualdad de aquellas. La norma legal incorpora el necesario enfoque interseccional y la reglamentaria el enigmático mandato de transversalidad de las medidas planificadas. La reglamentaria destina también alguna prescripción específica de las medidas reguladas para las personas trans en el acceso al empleo y en el empleo como colectivo especialmente vulnerable.

En las medidas de protección frente a la discriminación y la violencia sufrida por las personas LGTBI, la Ley se limita a imponer a las personas empleadoras o prestadoras de bienes y servicios la obligación de adoptar métodos o instrumentos suficientes para la prevención y detección de las situaciones de discriminación producidas por sus causas discriminatorias y de articular medidas adecuadas para su cese inmediato, sin prever consecuencia alguna frente a su incumplimiento y para la reparación de los daños (art. 62.3). La Ley reformó el ET añadiendo un disparatado párrafo 3° a su art. 17.1, que prevé, para el supuesto de incumplimiento por las personas empleadoras de su obligación establecida por su artículo 62.3, la asunción de responsabilidades "en los términos del artículo 62.2 de la misma norma", que nada tienen que ver con esa responsabilidad empresarial, sino con el deber de las Administraciones públicas, en el ámbito de sus competencias, de adoptar métodos o instrumentos suficientes para la prevención y detección de situaciones de discriminación y violencia por las causas LGTBI, y de articular medidas para su cese inmediato. V. Cordero explica el origen de esa "incongruencia evidente" en la pérdida, en la tramitación parlamentaria de la que sería Ley 4/2023, del precepto que establecía esa responsabilidad empresarial, y propone para enmendar el entuerto estatutario, en tanto no se produzca su inevitable reforma o la de la Ley 4/2023, la difícil solución garantista que el lector encontrará en su inteligente trabajo.

A los contenidos dichos ha de añadirse la previsión, ante la violencia en el ámbito familiar, de que, en caso de existir una sentencia condenatoria por un delito de violencia doméstica, una orden de protección o cualquier otra resolución judicial que acuerde una medida cautelar en favor de la víctima LGTBI, ésta puede solicitar la reordenación de su tiempo de trabajo, la movilidad geográfica y el cambio de centro de trabajo a sus empleadores, que deberán atender la solicitud en la medida de sus posibilidades organizativas (art. 69.3), sin llevar estos derechos al ET.

En el fenómeno denominado por Álvarez del Cuvillo "movilización colectiva o pública del derecho a no ser discriminado", las asociaciones sindicales, empresariales y profesionales de personas trabajadoras autónomas, entre otras, tienen la condición de interesadas en los procedimientos administrativos sobre discriminación por las causas previstas en la Ley, siempre que cuenten con la autorización de la persona o personas afectadas y sin necesidad de esa autorización para la representación de intereses difusos, "cuando las personas afectadas sean una pluralidad indeterminada o de difícil determinación"; y legitimación procesal, "en los términos establecidos por las leyes procesales", para la defensa de los derechos a la igualdad y no discriminación con autorización de la persona o personas afectadas y, de nuevo, sin necesidad de esa autorización para demandar en juicio la defensa de los intereses difusos cuando las personas afectadas sean una pluralidad indeterminada o de difícil determinación (arts. 63.2 y 65). Esta regulación legal, contenida en términos próximos, aunque no idénticos en la Ley 15/2022, que había dado lugar a la reforma de las leyes de Enjuiciamiento Civil y de la Jurisdicción Contencioso-administrativa, y no, en cambio, a la reforma del artículo 17 de la Ley Reguladora de la Jurisdicción Social, la ha producido ahora para reconocer esa legitimación colectiva exclusivamente "para la defensa de los derechos e intereses de las personas víctimas de discriminación por orientación e identidad sexual, expresión de género o características sexuales" (apdo. 5), y no las demás causas discriminatorias, constitucionales y legales.

****

Por lo hasta aquí dicho el lector habrá obtenido la conclusión de que el objeto de este libro, rigurosamente construido con los cánones jurídicos, es, en definitiva, una cuestión de democracia, de democracia constitucional, de compatibilidad entre el liberalismo de los derechos y la igualdad efectiva. Esa es su esencia, y de ahí su importancia, pese a las deficiencias gruesas de la Ley 4/2023, por acción y omisión, cuyo análisis es su objeto y cuya superación también lo es, y es esencial para la calidad de nuestra democracia constitucional, tanto en su perspectiva formal como material de realización de la efectividad de la igualdad. *Igualdad y discriminación LGTBI* es un valioso instrumento para esa finalidad. Su título, muy explicativo, rompe el sintagma habitual para enraizarse a la realidad de olvido y maltrato de las personas LGTBI precedida por el valor de igualdad. Sus ricos análisis situacionales y de causación de la discriminación y valorativos de las soluciones legislativas y de su adecuación o inadecuación, de su suficiencia o insuficiencia, para establecer la igualdad efectiva, y de sus remedios posibles, ocupan sus páginas.

El legislador es el intérprete mas cualificado de las convicciones éticas de las sociedades de su tiempo dentro de la Constitución, y, consiguientemente, no ha cerrado los ojos a las transformaciones sociales evidentes en marcha, como las que se verifican en el ámbito de la sexualidad y el género, sin que, naturalmente, ello signifique o conduzca al resultado de interpretar la Constitución a través de la ley, abandonando, como es obligado, la interpretación de la ley de conformidad con la

Constitución. No es esto lo que estoy señalando, que no precisa, me parece, de mayores explicaciones más que recordar lo obvio, que el Parlamento, elegido por sufragio universal, es el órgano del Estado que está en la mejor posición para expresar la voluntad popular, que, naturalmente, estamos ante el legislador constituido que ha de legislar dentro de la Constitución, uno de cuyos valores superiores es, junto con la libertad, la justicia y la igualdad, el pluralismo político (art. 1.1 CE), y que su ajuste o desajuste a la Constitución lo resolverá el Tribunal Constitucional. La decisión de legislar del legislador estatal, tardía, es también obvio que "queda extramuros de toda consideración jurídico-positiva", aunque merezca muchas consideraciones de política legislativa, esto es, de oportunidad sobre su opción de "garantizar y promover" el *derecho a la igualdad real y efectiva de las personas LGTBI y de sus familias* y sobre su concreta instrumentación técnica, a tal fin, de articulación del grueso de su contenido normativo en políticas públicas destinadas a esos objetivos. Son, en efecto, numerosas las reflexiones que sus autoras y autores se han encargado de aportar sobre ello a la obra común.

El legislador estatal ha sido sensible a una realidad sociolaboral en la que persiste una violencia y discriminación significativas, especialmente contra personas transgénero y no binarias y, vale repetir la especificidad, contra personas transgénero y no binarias de sexo femenino. Las evidencias empíricas demuestran que a la discriminación primaria de las mujeres se añade la diferenciación por sus identidades LGTBI, que padecen la discriminación interseccional resultante de "dos sistemas de opresión". La actuación contra esa especial carga ofensiva se proyecta en las plurales determinaciones de la Ley de reconocimiento de las necesidades de protección específicas frente a su discriminación de mujeres lesbianas, bisexuales y sin pareja y personas trans con capacidad de gestar en el acceso a las técnicas de reproducción asistida en condiciones de igualdad con el resto de mujeres, de mujeres lesbianas, bisexuales y trans en el medio rural frente su discriminación múltiple e interseccional, de personas que transiten del sexo masculino al femenino con la consiguiente rectificación registral del sexo y su acogimiento a acciones positivas, y de mujeres trans como destinatarias de futuras medidas de acción positiva para la mejora de su empleabilidad, de planes específicos para el fomento del empleo y de medidas propias en los planes de igualdad.

El reconocimiento de la pluralidad de identidades de las personas en una igualdad compleja es un objetivo transversal de las democracias representativas liberales, que desde hace tiempo, en sociedades progresivamente diversas y diaspóricas, añaden al problema de integración de las minorías políticas en el poder de las mayorías, el de incorporación de quienes, por diversas razones, son personas pertenecientes a minorías.

La Ley 4/2023 plasma una necesidad ética, la de igualdad efectiva de los colectivos LGTBI, para cuya satisfacción ha ampliado los moldes tradicionales del universo del Derecho antidiscriminatorio, instrumento básico del Estado social y democrático de Derecho para hacer realidad su entero sistema de derechos fundamentales, garantizadores de ámbitos de libertad o inmunidad sin dominación, discriminación, exclusión o violencia, y un principio tan fundamental del orden constitucional como es el de la igualdad real y efectiva. Su impacto debería ser indiscutible en un territorio no tanto inexplorado -que lo viene siendo desde la segunda mitad del pasado siglo en otras realidades, en que tratadistas de Derecho antidiscriminatorio condujeron la discriminación por diversidad sexual a la discriminación por sexo y género binaria, aun contraviniéndola y los estereotipos de género-, cuanto caracterizado en nuestra realidad, tanto por la demora de la intervención del Estado en el ejercicio de sus competencias legislativas, como por los firmes obstáculos que debe enfrentar esa regulación legal en su objetivo de superación de la desigualdad, la intolerancia y la violencia, soportadas en prejuicios histórica y socialmente tan arraigados que han considerado la homosexualidad, la bisexualidad, la intersexualidad y la transexualidad como patologías hasta fechas muy recientes.

Con esta Ley el foco antidiscriminatorio ha adquirido nuevas causas con autonomía propia, ya presentes, bien que en escasa medida, en las jurisprudencias, en la negociación colectiva, en los códigos de conducta, en las buenas prácticas de las empresas, ofreciendo tutela de derechos humanos, de derechos fundamentales. La discriminación por motivos de diversidad sexual y de genero es tan odiosa como las demás discriminaciones, y comparte con ellas su resultado de situar a quienes la padecen en intolerables posiciones de desventaja personal y social, frontalmente contrarias a las dignidad humana, como ha venido señalando la jurisprudencia constitucional, conduciendo a la marginación y exclusión social de sus víctimas. Su singularidad estriba en la indeseable frecuencia de su manifestación violenta, física y sexual, acosadora, y fóbica, y en las dificultades de defensa de quienes las soportan, aunque toda discriminación, también las encubiertas, sea un atentado insoportable para el derecho, pues compromete la dignidad de los seres humanos. Además, esas desafiantes y complejas discriminaciones interactúan con otras discriminaciones. En el ámbito de trabajo la discriminación por causas LGTBI se traduce, por decirlo con palabras de O. Lenzi, en el "indiscutible déficit de trabajo decente que afronta este colectivo".

Esta discriminación es estructural, sistémica, y, antes, primaria y cognitiva, como la discriminación por sexo y género femeninos, separadora de las personas por criterios valorativos, por estereotipos sociales y culturales.

Los artículos 14 y 9.2 de nuestra Constitución tienen una potencialidad que no nos es desconocida para dar sostén a cambios históricos irreversibles y caminar hacia la igualdad real y efectiva. En la encrucijada de esos preceptos se sitúa la Ley 4/2023, que también llama en ayuda de la legitimación de su promulgación, además de a la dignidad personal, al principio de libre desarrollo de la personalidad. Baste la lectura de la STC 12/2008, de 29 de enero, y el recordatorio de sus palabras, que nunca deberían olvidarse, acerca de "la singularidad" que en el caso de nuestra Constitución "supone la amplitud del contenido del art. 9.2 CE, que se proyecta expresamente a la participación política, y que a la idea de remover los obstáculos normativos y fácticos, "añade, además, las de promover y facilitar". La Constitución es "consciente de que únicamente desde esa igualdad sustantiva es posible la realización efectiva del libre desarrollo de la personalidad; por ello, el constituyente completa la vertiente negativa de proscripción de acciones discriminatorias con la positiva de favorecimiento de esa igualdad material". Conviene retener estas palabras sobre el principio de libre desarrollo de la personalidad y comprobar si se acomoda a su sentido la tesis de la doctrina constitucionalista acerca de que dicho principio que la Constitución acoge es aquel del que es responsable el individuo, y no el Estado. Conviene no ignorar que la sentencia que acabo de citar ha sido la única, seguida por la STC 13/2009, de 19 de enero, que ha reconocido que la igualdad sustantiva "es un elemento definidor de la noción de ciudadanía". De eso también trata este libro, de ciudadanía, de la ciudadanía social y política plena de las personas LGTBI.

La Ley 4/2003 es una puerta de conexión con nuestros derechos fundamentales, también lo es con Europa y con los valores de la Unión "de respeto de la dignidad humana, libertad, democracia, igualdad, Estado de Derecho y respeto de los derechos humanos, incluidos los derechos de las personas pertenecientes a minorías", comunes a los Estados miembros, "en una sociedad caracterizada por el pluralismo, la no discriminación, la tolerancia, la justicia, la solidaridad y la igualdad entre mujeres y hombres" (art. 2 TUE, núcleo duro del Derecho "constitucional" de la Unión); con el mundo y con el Derecho internacional de los derechos humanos en el actual constitucionalismo cosmopolita, en la globalización de los derechos que recoja y reparta el progreso jurídico, económico y social para todos. Es cierto que los Principios de Yogyakarta, pese a su innegable valor político, no son jurídicamente vinculantes -en nuestro caso, no tienen cabida en el mandato interpretativo del artículo 10.2 de la Constitución- y no han podido convertirse en legislación o en jurisprudencia universales, si bien la igualdad y no discriminación es una piedra angular del Derecho internacional de los derechos humanos, formalmente reconocida entre hombres y mujeres y por otras causas. La diversidad LGTBI ha imbuido la diversidad de legislaciones y doctrinas jurisprudenciales, inmersas no obstante en una cultura de valores común, de defensa de su igualdad y de proscripción de su discriminación, que, cuando efectivamente existe, es un poderoso factor de comunicación de los ordenamientos jurídicos estatales y supraestatales a través del juego cruzado de los precedentes de interpretación de las Constituciones y de los textos convencionales de derechos.

Por lo demás, el TEDH ha jugado en este ámbito la influencia intensa que mundialmente se le reconoce, aplicando los arts. 14, 8, y 10 del CEDH, este último sobre las libertades de expresión y opinión, para prohibir las discriminaciones y reconocer el derecho a su propia identidad sexual y de género de las personas trans, en ocasiones en relación con el derecho a la integridad física del art. 3 del CEDH para sustentar aquel derecho sin intervención reasignadora de sexo garante de su irreversibilidad, aunque sujeto a condiciones no desproporcionadas. En su análisis de campo y empírico sobre "comunicación transjudicial" constitucional, T. Groppi y M.-C. Ponthoreau ("The Use of Foreign Precedents by Constitutional Judges: A Limited Practice, An Uncertain Future", *The use of Foreing Precedents by Constitucional Judges*) pudieron concluir, a la altura de 2013, que la jurisprudencia del TEDH sobre derechos humanos era la mas influyente en el mundo o, algo mas matizadamente, que tenía el protagonismo en la difusión de la cultura "constitucional" europea en todo el mundo. Así se confirmó por estudios posteriores en 2023, y así se confirma con la consulta de las sentencias de nuestro Tribunal Constitucional sobre discriminación de personas LGTBI.

La matriz social de esta tutela antidiscriminatoria es un asunto principal. Las leyes de *igualdad efectiva* y antidiscriminatorias no pueden adoptar un enfoque posibilista, sino que han de ocupar el campo y cerrar la brecha social y jurídica de protección. No pueden jugar un significado meramente reputacional, de prevención del riesgo reputacional de las empresas, de las Admistraciones, en suma, de las sociedades actuales, del que podríamos llamar riesgo país, sino que deben prevenir realmente el riesgo discriminatorio reconociendo derechos, esto es, acciones y facultades concretas, obligaciones esenciales de resultado, de condena de la discriminación y de reparación real de sus efectos adversos. Las leyes antidiscriminatorias han de contribuir al cambio radical de la cultura jurídica y poseer eficacia social, estableciendo obligaciones sobre los poderes públicos y sobre los privados, generando la confianza de sus destinatarios en su aplicación. La falta de esa confianza socava la disposición de las personas LGBTI a ejercer sus derechos a ser ellas mismas, a su propia identidad, a buscar protección y reparación de esa identidad, denunciando las discriminaciones, los ataques, los delitos motivados por el odio.

El problema de la eficacia es otro plano de análisis de este libro. El Derecho antidiscriminatorio ha de estar sometido a operaciones de evaluación de sus resultados No solo se trata del avance normativo, en si mismo una operación democrática incuestionable, sino en la capacidad del cambio legislativo para transformar "las costumbres, hábitos y principios éticos de la sociedad española hacia una sociedad mas libre, igualitaria y fraternal", como quiere el preámbulo de la Ley. De forma que no se convierta en Derecho fallido. Tiene que contar con una política de negociación colectiva y empresarial conscientemente antidiscriminatoria, sostenida en una valoración positiva, para la competividad, la productividad, la integración y la cohesión, de la diversidad de sus plantillas.

Aunque la Ley no cite el artículo 1.1 de la Constitución, el Estado social y democrático de Derecho constituye el fundamento axiológico para la comprensión de la Ley 4/2023. Este libro, los dieciséis capítulos que lo integran, expresan el valor del Derecho para la eliminación de prácticas nocivas contra personas LGTBI y la consecución de un Estado de Derecho efectivo y de un Estado social, del que es función principal en nuestro tiempo la reducción de las desigualdades sociales. Volviendo a la STC 12/2008, el favorecimiento de la igualdad material o efectiva es propio "de la caracterización del Estado como social y democrático de Derecho con la que se abre el articulado de nuestra Constitución y que trasciende a todo el orden jurídico". Recuperado el consenso sobre el Estado de bienestar construido en la segunda mitad del siglo XX, roto en 2008, aunque resquebrajado desde 1989, la realización de los Estados de bienestar, concepto no idéntico al de Estado social pero valedero para lo que aquí quiere decirse, y su conversión en sociedades de bienestar debe ser sinónimo de la eliminación de las desigualdades y de la superación de guetos o espacios individuales y colectivos hacia dentro y separados y desconectados hacia fuera.

Estamos ante un libro realmente notable, incisivo y brillante, un libro estimulante sobre los derechos y el Derecho, el Estado social, la igualdad LGTBI, y sobre nuestro oficio, que aquí se ocupa de una tema esencial, que ha atraído el talento de quienes lo han dirigido y escrito.

Es reseñable de manera singular por la aportación de la mirada analítica y lúcida de sus autoras y autores sobre la esencialidad de la discriminación de la comunidad LGTBI. La obra ofrece una visión contextual de la Ley 4/2023 y es una continua indagación del sentido de sus normas a partir de su designio de igualdad efectiva, que, naturalmente, toma postura sobre las cuestiones más controvertidas de dicha Ley y de su Reglamento, que han estado y están, y sonoramente, en el debate público. Es un magnífico ejemplo de la labor de la doctrina científica laboralista de análisis crítico, observaciones perspicaces y propuestas constructivas, que no falta en ninguno de sus capítulos, que se suceden con gran armonía, lo que no impide al lector iniciar su lectura por donde le plazca, por el capítulo objeto de su interés o dejarse llevar por la adecuada ordenación que sus directoras y director han hecho para su comprensión de conjunto.

El viaje hacia la plena inclusión de la diversidad en libertad e igualdad no es de fácil tránsito, pero el paso firme que da este libro es un recordatorio de que la diversidad no divide, sino que nos une en nuestra humanidad compartida. Es una invitación a reflexionar sobre nuestra sociedad y cómo, en nuestras diferencias, podemos contribuir a un mundo más justo y libre.

Este libro se alza firmemente contra la discriminación LGTBI, de modo que la Ley 4/2003, pese a sus deficiencias y omisiones, no pase desapercibida, permite una rica reflexión sobre el papel del Derecho en la consecución de la igualdad efectiva, en la persecución de las causas de la discriminación frente a las que actúa, y, en el plano material, en su eficacia. Pero también es una celebración del valor que la diversidad sexual y de género aporta a nuestra sociedad, a las empresas, de la riqueza de la identidad LGTBI. No solo efectúa el análisis jurídico preciso que las rúbricas de sus capítulos demandan, sino también, mediante ese análisis, busca asegurar el cambio hacia un futuro donde la diversidad no sea la excepción. Es un libro de promoción de la igualdad real, que enriquece nuestro entendimiento de lo que significa vivir en sociedad.

Ha sido un privilegio prologar este libro excelente, que ha de acaparar la atención de la comunidad científica y convertirse en una monografía de referencia sobre su tema, que pone en valor “las identidades complejas y singulares de las personas", las identidades múltiples e interrelacionadas de las personas LGBTI. La inclusión social no ha de ser una aspiración, sino una realidad, un principio jurídico fundamental que acoge la pluralidad de identidades, orientaciones y expresiones de las personas en igualdad, haciendo real que la igualdad y la dignidad sean universales. La verdadera inclusión se forja cuando comprendemos que todas las personas, independientemente de quiénes somos o a quién amamos, merecemos ser vistas, escuchadas y aceptadas tal como somos.

Únicamente me resta añadir que dejo a sus lectores la tarea de descubrir las posiciones bien fundadas de cada autora o autor, aquí apenas apuntadas, y de las soluciones propuestas a los problemas tratados. Y reiterar, con plena convicción, la pertinencia y utilidad de esa lectura.

MARÍA EMILIA CASAS BAAMONDE
Catedrática de Derecho del Trabajo y de la Seguridad Social. Universidad Complutense de Madrid
Presidenta emérita del Tribunal Constitucional

Capítulo I

Discriminación y diversidad. El marco laboral

JAIME CABEZA
BELÉN CARDONA
CARMEN SÁEZ

Debe expresarse que la prohibición de discriminación al colectivo de personas lesbianas, gais, bisexuales, trans e intersexuales (en adelante, LGTBI) ha irrumpido en nuestro sistema jurídico como un reto jurídico mayúsculo. Al margen de antecedentes más remotos, la tramitación y entrada en vigor de la Ley 4/2023[1] ha producido un cierto revuelo social, ciertamente esperable por los motivos de la discriminación a los que se dedica, y muy particular, a la que sufren las personas transexuales y transgénero.

Los motivos de discriminación han sido un asunto crucial en la identificación de unas causas odiosas que alcanzan jurídicamente el máximo reproche. Desde las más clásicas, recibidas en nuestro Derecho interno en la Constitución de 1978, las que pueden ampararse en la cláusula abierta de su art. 14 han ido consolidándose por obra de la jurisprudencia, básicamente la constitucional, y en alguna ocasión a partir de una voluntad legisladora que ha hecho suyas convicciones sociales más o menos arraigadas.

---

1 Ley 4/2023, de 28 de febrero, para la igualdad real y efectiva de las personas trans y para la garantía de los derechos de las personas LGTBI (Ley 4/2023, en adelante).

En el caso de las personas LGTBI, la violencia, los estereotipos sociales y el odio, comunes a todas ellas, pero especialmente intensos en cuanto a algunos de los grupos incluidos en ese acrónimo, produce una intensa necesidad de protección jurídica, que se orienta fundamentalmente a garantizar una convivencia social inclusiva en la que se integran normalmente las diferentes orientaciones e identidades sexuales y de género. Es un objetivo obvio en el campo de los principios, pero que se enfrenta a dificultades derivadas de sesgos sociales muy reprobables, pero muy enquistados.

En ese sentido, era necesario reconocer legalmente motivos nuevos de discriminación y regular cómo ha de orquestarse una respuesta jurídica integral frente a ellos. Este reconocimiento no puede olvidar que la discriminación muchas veces reside en los márgenes e intersecciones entre otros motivos clásicamente aceptados, de modo que no es posible nunca olvidar las identidades complejas y singulares de las personas. Ahí ha estado la base en la que se ha sustentado la primera jurisprudencia que ha protegido en nuestro sistema a personas homosexuales y transgénero, con todas las críticas que merezca la doctrina judicial interna.

En efecto, la jurisprudencia, también la del Tribunal Constitucional, ha sido escasamente sensible a la situación vulnerable del ámbito LGTBI. Incluso las sentencias que estiman el amparo, o que al menos entienden que hay indicios suficientes para desplazar la carga de la prueba, se expresan con un estilo concesivo y renuente a reconocer las discriminaciones. Indudablemente, las salas de órganos colegiados o los y las titulares de los órganos unipersonales se integran en una sociedad que solo poco a poco va alcanzando la sensibilidad y el compromiso necesarios para integrar y asumir la diversidad en cuanto a la orientación y la identidad sexual y de género.

Pero ahora debe insistirse en que la identidad de género, en particular, es la transgresión más contundente de los estereotipos en la clásica discriminación del prototipo binario hombre-mujer, como ha expresado el TS de los EE. UU.[2]. Es decir, que unas y otras causas no deben concebirse nunca como compartimentos estancos en la respuesta jurídica integral a las conductas y prácticas discriminatorias, que debe ser axiomático en el avance del Derecho.

En ese sentido, la legislación específica sobre la discriminación de las personas LGTBI era muy necesaria, por la singularidad de estos motivos y por la fiereza de las discriminaciones, en particular directas, que padecen. No tienen todavía el nivel de sutileza de la discriminación por sexo-género, donde el grueso del problema está hoy en día en las discriminaciones indirectas. Pero adoptan una singularidad propia que requería un tratamiento legal.

La tensión entre los derechos a la intimidad y a la libertad de expresión de estas personas ha constituido un tópico recurrente, como ha puesto de manifiesto la doctrina del Tribunal Europeo de Derechos Humanos en el contraste entre casos clásicos como *Dudgeon*[3] y *Alekseyev*[4], que en demasiadas ocasiones se ha resuelto con una excesiva ponderación del primero. Por desgracia, el derecho a la intimidad de las personas LGTBI ha sido, parafraseando la canción, el "silencio cobarde [que] apaña la maldad que oprime". Ha sido el *closet* al que la sociedad ha enviado y ha mantenido a los y las que contradecían el paradigma heterosexual y binario establecido, no en el que se han recluido libremente por decisión propia. En ese sentido, debe defenderse con radicalidad el derecho a la intimidad libremente elegido por ellas, no otro, y proteger con la misma

---

2 *Price Waterhouse v. Hopkins*, U.S. 228 (1989).

3 *Dudgeon c. Reino Unido*, reclamación 7525/76, sentencia de 22 de octubre de 1981.

4 *Alekseyev c. Rusia*, reclamaciones 4916/07, 25924/08 y 14599/99, sentencia de 11 abril 2011.

fuerza la libre expresión de género y de orientación sexual, construyendo sociedades diversas e integradoras.

La Ley 4/2023 tiene por objetivo erradicar las situaciones de discriminación de las personas LGTBI y asegurar que en España se pueda vivir la orientación sexual, la identidad sexual, la expresión de género, las características sexuales y la diversidad familiar con plena libertad. La Ley persigue la promoción de una realidad que ha estado sometida a represión a través de instrumentos variados y confluyentes, como el moral-religioso, el jurídico-penal y el médico-científico; siendo difícil de identificar grupos o colectivos que hayan sufrido un estigma social tan acentuado. La tipificación como pecado, delito y enfermedad ha acompañado, y acompaña aún en muchas partes de nuestro planeta, a la condición o circunstancias de las personas LGTBI.

La Ley se dirige así a consolidar un cambio en la concepción social sobre estos colectivos; lo que exige crear referentes positivos, entender la diversidad como un valor, así como extender la cultura de la no discriminación frente a la del odio y el prejuicio. Su objeto no es solo garantizar la igualdad real y efectiva sino también fomentar la participación de las personas LGTBI en todos los ámbitos de la vida social (art. 1).

A estos efectos, resulta esencial la obligación de los poderes públicos de adoptar las medidas necesarias para poner en valor la diversidad sexual, contribuyendo a la visibilidad, la igualdad, la no discriminación y la participación, en todos los ámbitos de la vida, de las personas LGTBI (art. 5.1). Por ello, las Administraciones Públicas impartirán formación al personal a su servicio sobre diversidad (art. 12.1) y en el ámbito laboral deberán impulsar, a través de los agentes sociales, así como mediante la negociación colectiva, la inclusión en los convenios colectivos de cláusulas de promoción de la diversidad en materia de orientación sexual, identidad sexual, expresión de género y características sexuales y de la diversidad familiar (art. 14 e)).

De esta forma, la ley 4/2023 inserta en la tutela antidiscriminatoria la necesaria promoción de la diversidad sexual y de género. Desde la perspectiva laboral, la Ley se incardina en la línea marcada por la Estrategia Europea sobre la igualdad LGBTIQ, dirigida a promover la inclusión y la diversidad en el centro de trabajo (apartado 1.2) pues, más allá de que se prohíba la discriminación, se afirma, unos entornos de trabajo diversos e inclusivos propician la igualdad de oportunidades en el mercado laboral y contribuyen a que las empresas obtengan mejores resultados. Se parte pues de la idea, tan extendida en materia de igualdad y gestión de la diversidad, de la correlación existente entre la inclusión de las personas LGBTIQ y el rendimiento de los activos, la innovación y la productividad.

Promover la diversidad resulta necesario para alcanzar la igualdad real y efectiva, si atendemos a que la discriminación por estas causas se caracteriza por altas dosis de violencia y de fobia y que el espacio laboral sigue mostrándose como un espacio hostil (en mayor medida además para las personas trans) frente al cual la respuesta es el ocultamiento preventivo y la auto segregación laboral. Promover la diversidad, como un valor para la empresa, debe ser una prioridad y ello, mediante medidas informativas y formativas, necesarias para desterrar la LGTBIfobia del mundo del trabajo.

Nos enfrentamos a una discriminación histórica con una histórica relegación en la agenda política y jurídica internacional, europea y estatal. La tutela de las personas LGTBI en el mundo del trabajo se contextualiza efectivamente con un tardío reconocimiento de la prohibición de discriminación, solo por orientación sexual, a nivel internacional, en la UE y en España, que se inicia en este siglo XXI. En la UE, la Directiva 2000/78/CE[5]

---

5 Directiva 2000/78/CE, de 27 noviembre 2000, relativa al establecimiento de un marco general para la igualdad de trato en el empleo y en la ocupación.

sería el primer desarrollo normativo de la tutela antidiscriminatoria, si bien solo por razón de orientación sexual (artículo 1). Además, atendiendo a la doctrina del Tribunal de Justicia de la Unión Europea[6], la vigente tutela antidiscriminatoria, paradójicamente, se articula por un marco jurídico distinto según que la conducta discriminatoria se produzca por motivos de orientación sexual (Directiva 2000/78/CE) o por razón de identidad sexual o de género (Directiva 2006/54/CE[7]).

En España, la protección legal vino de la mano de la trasposición de la citada Directiva 2000/78/CE, a través de la prohibición de la discriminación por orientación sexual en el empleo y el trabajo. La Ley 62/2003[8] reformaría el Estatuto de los Trabajadores (LET)[9] y la Ley de Infracciones y Sanciones del Orden Social (LISOS)[10]. Finalmente, la tutela jurisdiccional,

---

6 STJCE de 30 de abril de 1996 P.K., Cornwall, (C-13/94), en un caso de despido de una persona trans, declaró la existencia de una discriminación por razón de sexo. Posteriormente, la STJCE de 17 de febrero de 1998, Grant, (C-249/96) constataría la desprotección existente frente a las discriminaciones fundadas en la orientación sexual (pues, a diferencia de lo que sucedía con la transexualidad, la discriminación por razón de sexo no la abarcaba) y por tanto la necesidad de extender la tutela antidiscriminatoria por razón de orientación sexual, lo que sería una realidad con la Directiva 2000/78/CE.

7 Directiva 2006/54/CE del Parlamento Europeo y del Consejo, relativa a la aplicación del principio de igualdad de oportunidades e igualdad de trato entre hombres y mujeres en asuntos de empleo y ocupación.

8 La Ley 62/2003, de 30 diciembre, de medidas fiscales, administrativas y del orden social. Cfr., arts. 34 a 43.

9 Real Decreto Legislativo 2/2015, de 23 de octubre, por el que se aprueba el texto refundido de la Ley del Estatuto de los Trabajadores.

10 Ley sobre Infracciones y Sanciones en el Orden Social. Aprobada por Real Decreto Legislativo 5/2000, de 4 de agosto.

se vehicula a través del procedimiento de protección de los derechos fundamentales (art. 177 LRJS[11]).

Por su parte, aunque ni la orientación o la identidad sexual aparecen todavía como causa explícita de discriminación en la Constitución Española –aunque sí, recientemente, en el bloque de constitucionalidad, del que sin duda forma parte el art. 2 de la Ley 15/2022, de 12 de julio-, el Tribunal Constitucional las ha "encajado" en la cláusula que abarca "cualquier otra condición o circunstancia personal o social". Dentro de estas categorías sospechosas del art. 14 CE, como se sabe, la STC 41/2006, de 13 de febrero, incluyó la orientación sexual, la STC 176/2008, de 22 de diciembre, hizo lo propio con la identidad sexual y las SSTC 67/2022, de 2 de junio y 81/2024, de 3 de junio, incluyeron la identidad de género entre las causas prohibidas de discriminación por el art. 14 CE.

Pues bien, la Ley 4/2023 extiende la tutela antidiscriminatoria a los colectivos LGTBI (art 1.1) (en línea con la Ley 15/2022, de 12 de julio), define la LGTBIfobia (art. 3 m), establece obligaciones para los poderes públicos en el ámbito laboral (arts. 14, 54 y 55) y obligaciones a las empresas (arts. 15, 55 y 62.3).

Ahora bien, el tratamiento legal de esta discriminación en el ámbito del trabajo ha sido reducido y contrasta, de una parte, con la importancia que el trabajo tiene en el desarrollo personal y en la integración social y, de otra parte, con los datos relativos a la hostilidad, rechazo y violencias existentes en los lugares de trabajo. Una particular discriminación en el empleo sufre, y debe ser destacado, la persona trans, como reconoce el

---

11 Ley 36/2011, de 10 de octubre, reguladora de la jurisdicción social. En el art. 69.1 LRJS se alude, acertada y expresamente, junto a la discriminación por orientación a la discriminación por razón de identidad sexual.

preámbulo de la norma. Además, las llamadas a la negociación colectiva no siempre son directas y, paradójicamente, la Ley establece obligaciones de las Administraciones Públicas que han de realizarse a través de la intervención de los agentes sociales o de la negociación colectiva, desde campañas informativas a la inclusión en los convenios colectivos de cláusulas de promoción de la diversidad (art. 14 c) y e)). Afortunadamente, los agentes sociales, en el V Acuerdo Interconfederal para la Negociación Colectiva, han adquirido este compromiso de fomentar la diversidad de las plantillas, aprovechando el potencial humano, social y económico que supone esta diversidad.

Pues bien, centrándonos en las obligaciones de la empresa en materia de igualdad y no discriminación LGTBI, incorporadas en el último momento de la tramitación legislativa, se contienen escuetamente en el apartado 1 del art. 15, que establece la obligación de las empresas de más de cincuenta personas trabajadoras de establecer un conjunto planificado de medidas y recursos para alcanzar la igualdad real y efectiva, que incluya protocolos de actuación para la atención del acoso o la violencia. Las medidas serán pactadas a través de la negociación colectiva y acordadas con la representación legal de las personas trabajadoras. Si bien se aclara que el contenido y alcance de estas medidas se desarrollarán reglamentariamente. Un desarrollo reglamentario del art. 15 que es de gran importancia para determinar en qué medida se podrán alcanzar los objetivos legales. También como obligación empresarial podemos citar la establecida en el art. 55.3 relativa a incluir expresamente, en la elaboración de los planes de igualdad, a las personas tras, con especial atención a las mujeres trans.

Sobre la obligación del art. 15.1 consideramos que este conjunto planificado de medidas debe de construirse con rasgos propios, y debe articularse empresa por empresa. Efectivamente, hemos de eludir el peligro de incorporar medidas y recursos propios de la igualdad entre mujeres y hombres, en la planificación de medidas para la igualdad de estos colectivos, cuando la discriminación de la mujer en el mundo del trabajo tiene unas causas y unos caracteres propios y diversos. Las medidas sólo serán eficaces si atienden a los rasgos propios de auto segregación, ocultamiento preventivo, en suma, de invisibilidad, de la discriminación de las personas LGTBI que, aunque pudiera estar conectado con el ejercicio del derecho a la intimidad se fundamenta en el razonable temor a sufrir rechazo, acoso o violencia en el trabajo. Por ello, la prioridad debe ser la promoción de la diversidad en las empresas, con medidas informativas y formativas que destierren la LGTBI fobia de los lugares de trabajo.

Además, la gestión de la diversidad sexual debe estar integrada como política empresarial. Si algo hemos aprendido en todos estos años es que la gestión de la igualdad debe ser una política empresarial transversal. Por ello, con independencia del nivel de negociación de las medidas, del art. 15.1, creemos que se deduce su necesaria articulación o aplicación mediante acuerdo en la empresa para que el objetivo legal pueda alcanzarse.

De otra parte, también es preciso aclarar que, con independencia de la obligación establecida en el art. 15.1 de contar con un protocolo de actuación para la atención del acoso o violencia contra las personas LGTBI, la obligación de la empresa, cualquiera que sea su plantilla, en materia de prevención de riesgos laborales incluye la prevención de la violencia y el acoso en el trabajo. Por tanto, como se afirma en este libro, la limitación de la obligación empresarial de contar con un protocolo frente a la violencia LGTBI a las empresas de más de cincuenta trabajadores resulta asistemática en relación con la regulación normativa para los protocolos frente a la violencia sexual, y con la regulación normativa en materia de prevención de riesgos laborales, que resulta obligatoria para la empresa, independientemente de su plantilla. Téngase en cuenta que la gestión interna de las denuncias de acoso es la medida de intervención más común en la gestión de los riesgos psicosociales, por lo que integraría la obligación de prevención de riesgos laborales de todas las empresas.

Debemos insistir, en cualquier caso, en el escaso contenido jurídico-laboral de la Ley. Prácticamente todos los aspectos de las relaciones individuales y colectivas de trabajo han permanecido invariados en ella, aunque habría situaciones que, sin duda alguna, merecerían una reforma. A este respecto, ha sucedido algo próximo a lo ocurrido con la Ley 15/2022, también nada prolija en sus reformas del ET. Sin duda, la propia riqueza de situaciones que pueden producirse en el contorno de las relaciones de prestación de servicio características de la situación de las personas LGTBI hubiera invitado a unas reformas más sustantivas que las que ha introducido la disposición final decimocuarta. En consecuencia, se abre un amplio campo de regulación que debería quedar abierto a una negociación colectiva implicada en los derechos de estos colectivos, para que mejore la norma atendiendo a sus necesidades y a sus demandas legítimas.

Particular énfasis debemos expresar en cuanto a la regulación de sus derechos familiares. Todo el contenido de los derechos de conciliación de vida familiar y laboral les es de aplicación y, sin duda alguna, la legislación ha dado pasos importantes, en particular en cuanto a eliminar los tratamientos desfavorables y los impactos adversos de las personas homosexuales. Pero ha quedado un gran camino por recorrer en cuanto a los derechos que deberían corresponderles a las personas cuidadoras LGTBI, así como a las cuidadoras de personas LGTBI, no solo menores, sino también mayores con necesidades específicas. La invocación de derechos de cuidado es especialmente relevante cuando se trata de estos motivos de discriminación, cuyos núcleos familiares han padecido tradicionalmente la más abierta hostilidad y, en el mejor de los casos, la indiferencia del legislador, del poder público y de la sociedad.

Ampliando el haz del comentario, quizá la Ley sea algo más proactiva en la materia específica del empleo y el acceso a la actividad profesional, sobre todo si se conecta con la Ley 3/2023, con la que guarda una relación secuencial y sincrónica y cuyos objetivos y contenidos se coordinan mucho mejor entre ellas de lo que pudiera parecer a la vista de algún lamentable error de técnica jurídica. Es esencial prestar atención a este asunto, porque la integración laboral de algunas personas con especiales dificultades de integración socio-laboral constituye un problema evidente, como se deduce fácilmente con una somera compulsa de los repertorios de doctrina judicial.

En definitiva, las reflexiones anteriores ponen en evidencia la necesidad y oportunidad de un estudio que aborde en profundidad las virtudes, pero también las sombras y aristas de la Ley 4/2023.

Para comprender el alcance de esta norma es fundamental situarla al lado de la la *Ley 15/2022, de 12 de julio, integral para la igualdad de trato y la no discriminación,* con la que compone el bloque de las leyes de igualdad. Juntas constituyen un conjunto normativo ciertamente complejo del que no siempre es posible predicar la congruencia de objetivos y propósitos y en el que se identifican deficiencias de sistemática, coherencia y armonía de las que, sin duda, derivan dificultades de análisis, dudas y problemas de aplicación práctica a los que se dedica el capítulo segundo.

La Ley 4/2023 brilla en el escenario internacional y supranacional que durante mucho tiempo no ha estado a la altura de las circunstancias y de las necesidades de las personas que integran el colectivo LGTBI y de la propia sociedad. En cualquier caso, la regulación de los derechos vinculados con la orientación sexual e identidad de género han sido objeto de diversos desarrollos normativos, ofreciendo una protección multinivel que se alimenta a sí misma, de modo que los avances en un ámbito sirven para consolidar los de otro, pero también implica la aparición de disfunciones y contradicciones en el sistema de protección sobre los que empieza a ser necesario poner el acento, en una apuesta por la sistematización y la clarificación de la respuesta jurídica para la salvaguarda de los derechos fundamentales del colectivo. Por tanto, la contextualización y explicación de los Principios de Yogyakarta (capítulo tercero), de los derechos de las personas LGBTI reconocidos en el seno de la OIT, de como su respeto y garantía puede contribuir al cumplimiento de la Agenda 2030 y los Objetivos de Desarrollo Sostenible (ODS) y a su compatibilidad con el concepto de trabajo decente (capítulo cuarto), del papel del Consejo de Europa y la jurisprudencia del Tribunal Europeo de Derechos Humanos (capítulo quinto) y de las propias instituciones de la Unión Europea, teniendo a la vista la importante jurisprudencia del Tribunal de Justicia de la Unión Europea, en materia de discriminación por identidad de género y orientación sexual (capítulo sexto), arrojan luz sobre la verdadera importancia y valor de la norma nacional.

Es importante señalar que cuando se habla del colectivo LGTBI se habla de un colectivo muy heterogéneo que funciona como una suerte de paraguas protector que aúna a personas diversas por su orientación sexual no heterosexual y a otras cuya identidad sexual/de género no se corresponde con la de nacimiento. En definitiva, podríamos decir que a todas ellas les vincula el hecho de no identificarse con la heteronormatividad imperativa. Además de la diferenciación de causas discriminatorias que les afectan, también hay que señalar que la intensidad de la discriminación padecida es dispar y más incisiva en unas categorías que en otras, de hecho, las que se enfrentan a la discriminación interseccional y las personas trans, no binarias e intersexuales sufren más casos de discriminación y violencia que otras personas de las comunidades LGBTI.

Esta heterogeneidad agrega, sin duda, complejidad a cualquier tentativa reguladora del poder legislativo sobre esta materia y es por ello que aflora la necesidad de abordar, el plano de los conceptos. A tales efectos, el capítulo séptimto se destina al estudio del arsenal conceptual incluido, fundamentalmente, en el artículo 3 de la Ley 4/2023, continente de un elenco de hasta 17 definiciones: unas se refieren las causas de discriminación amparadas por la Ley LGTBI, bien en su consideración objetiva (intersexualidad, orientación sexual, identidad sexual y expresión de género), bien en su consideración subjetiva (persona trans y familia LGTBI); otras definiciones se refieren a las manifestaciones de la discriminación (discriminación directa; discriminación indirecta; discriminación múltiple e interseccional; acoso discriminatorio; discriminación por asociación y discriminación por error; medidas de acción positiva; inducción, orden o instrucción de discriminar) y un último grupo de definiciones se refieren a conductas de odio (LGTBI-fobia, homofobia, bifobia y transfobia).

A partir del capítulo séptimo, la obra transcurre analizando los diversos aspectos relevantes de la norma. Se parte de lo que comporta el deber general de garantizar y preservar la diversidad LGTBI, reconocido en el art. 4 de la norma, y que obliga a los poderes públicos a la adopción de todas las medidas necesarias para reconocer, garantizar, proteger y promover la igualdad de trato y no discriminación por razón de la orientación e identidad sexual, expresión de género o características sexuales de las personas LGTBI y sus familias (capítulo octavo).

En una norma como la Ley 4/2023 que pretende ofrecer una tutela integral y transversal de las personas LGTBI cobran relevancia aspectos tan importantes como el proceso de configuración de la identidad personal en el caso de las personas trans. La norma ofrece una nueva regulación de este aspecto en base a un principio nuclear que se asienta en el proceso de despatologización del cambio de identidad de las personas. El capítulo noveno analiza el nuevo régimen jurídico, nutrido de interrogantes no fáciles de esclarecer, expone los principales planteamientos controvertidos y que forman parte de un debate enormemente complejo con innumerables perspectivas (psicológicas, psiquiátricas, sociales o antropológicas) que inciden en el núcleo o corazón de la identidad de las personas.

La diversidad y la consecución de una auténtica inclusión laboral son uno de los grandes retos del siglo XXI en general y de la negociación colectiva y el mundo laboral, en particular, por ello el capítulo décimo realiza un análisis de las importantes novedades introducidas por la norma en este ámbito, es decir, los planes de igualdad y el papel de la negociación colectiva en la Ley 4/2023. Por otra parte, a lo largo de la obra se destaca el papel del activismo LGTBI en la defensa de los derechos, por ello es un elemento muy positivo que la norma haya incorporado unas reglas especiales de legitimación procesal relacionadas con la protección de los colectivos LGTBI, que conllevan la introducción de mecanismos de movilización colectiva o pública del derecho a no sufrir discriminación. No obstante, esta importante novedad plantea muchos interrogantes que el capítulo undécimo pretende resolver, facilitando la comprensión de la citada norma, aportando elementos contextuales que resuelvan problemas interpretativos como la crítica de su contenido. Imprescindible resulta, también, la contemplación del nuevo marco sancionador introducido por la Ley 4/2023, con la configuración de las nuevas infracciones y sanciones que obligan a la reforma de la LISOS y el análisis de sus repercusiones en el ámbito laboral (capítulo duodécimo), completado con el estudio de la actuación promocional y aplicativa no sancionadora de la autoridad laboral, contemplada en la norma (capítulo décimo tercero).

El capítulo décimo cuarto, por su parte, está dedicado al estudio de una cuestión central para las personas LGTBI, como lo son las dificultades de inserción laboral y desarrollo profesional. Para ofrecer un panorama completo es imprescindible, situar el epicentro en la Ley 4/2023, de 28 febrero, con una contemplación no menor de su coetánea Ley 3/2023, de 28 febrero, de Empleo. Una y otra persiguen objetivos esencialmente compatibles y, en cuanto a las políticas de empleo, orientaciones muy próximas. El análisis de la situación de estas personas ante el mercado de trabajo, la capacidad de integrarse correctamente en él y mejorar en sus expectativas y en su desarrollo profesional constituyen el centro de este capítulo.

La Ley 4/2023, de 28 de febrero, para la igualdad real y efectiva de las personas trans y para la garantía de los derechos de las personas LGTBI, ha proporcionado un marco general para el desarrollo y la garantía de los derechos y la erradicación de las discriminaciones que sufren las personas del colectivo LGTBI, que conlleva la introducción de importantes modificaciones del Estatuto de los trabajadores por ello era de suma importancia reflejar en esta obra, las mismas y cuál es su alcance, propósito al que, a modo de corolario, responde el capítulo décimo quinto.

El odio contra el colectivo LGTBI se manifiesta en formas de violencia, prejuicios, acoso y exclusión. La experiencia de esta comunidad demuestra que estas situaciones son omnipresentes, pudiendo manifestarse en el hogar familiar, en la escuela, en los servicios sanitarios, en el acceso a la justicia o la vivienda, en la calle, mientras se viaja o migra, en las cárceles, entre otros muchos entornos. La discriminación de los diversos colectivos LGTBI en la sociedad y en el mundo del trabajo es diversa, y se caracteriza por altas dosis de violencia y de fobia. Estas personas sufren marginación y discriminación a lo largo de todo el ciclo del empleo, desde la educación al acceso al empleo, las condiciones de trabajo y la seguridad en el empleo.

Frente a esta realidad social, la ley 4/2023 se define como un importante avance en el camino recorrido hacía la igualdad, dirigido a consolidar un cambio en la concepción social, lo que exige crear referentes positivos, entender la diversidad como un valor, así como extender la cultura de la no discriminación frente a la del odio y el prejuicio y he aquí que el capítulo décimo sexto se propone ofrecer un análisis riguroso y completo de los mecanismos incluidos en la norma para hacer frente a la violencia contra los colectivos LGTBI, mecanismos destinados a su prevención, sanción y reparación.

Para concluir, no quisiéramos, las personas que coordinamos y participamos en esta obra, finalizar estas reflexiones sin reconocer el papel del activismo LGBTIQ+, que organizado de manera inteligente ha protagonizado una lucha incesante que ha contribuido y contribuye al impulso no solo del cambio de actitudes sino a la transformación política, jurídica y social. Y concluir, expresando nuestro ambicioso y sincero deseo de contribuir con estas aportaciones al enriquecimiento del debate político, jurídico y social sobre la construcción del sistema de defensa y garantías de los derechos de las personas LGTBI.

Capítulo II

Relaciones entre la Ley 15/2022 y la Ley 4/2023. Remisiones, complementos y duplicidades[1]

CAROLINA MARTÍNEZ MORENO

Perfil ORCID: https://orcid.org/0000-0003-2755-7485

1. BREVES CONSIDERACIONES DE PARTIDA

No es la primera ocasión –ni, con toda probabilidad, será la última— que comienzo una reflexión sobre alguna de las normas adoptadas en el último tramo de la anterior legislatura (concluida en agosto de 2023), disposiciones a las que podría

1 El presente trabajo se enmarca en el proyecto de investigación “NEGOCIAción colectiva y Diálogo social para una Ordenación Sostenible del trabajo (NEGOCIA2)”, Ref.: PID2022-137853NB-I00, financiado por MCIN/AEI /10.13039/501100011033 / FEDER, UE.

aludirse por referencia al bloque de las leyes de igualdad[2], subrayando el hecho de que se trata de un conjunto normativo de considerable complejidad, y que, pese a que habría de presuponérsele una congruencia de objetivos y propósitos, adolece de no pocas deficiencias de sistemática, coherencia y armonía, con las lógicas consiguientes dificultades de análisis y dudas y problemas de aplicación práctica[3], que se tratarán de dejar aquí de manifiesto. Me refiero más concretamente, como

---

2 Aunque el lote se completa con la *Ley Orgánica 1/2023, de 28 de febrero, por la que se modifica la Ley Orgánica de salud sexual y reproductiva y de la interrupción voluntaria del embarazo* (BOE de 1 de marzo). Sobre el conjunto, ver GARCÍA SALAS, A. I., "Aplicación al ámbito laboral de las novedades introducidas por las últimas normas sobre igualdad de trato y no discriminación", *Labos,* Vol. 4, Número extraordinario 'Tormenta de reformas', pp. 66-85 / doi: 10.20318/labos.2023.7931 EISSN 2660-7360 - http://www.uc3m.es/labos (última consulta el 29 de junio de 2024); LOUSADA AROCHENA, J.F., "Incidencia sobre los derechos de las trabajadoras de las recientes leyes españolas de igualdad (2022-2023)", *e-Revista Internacional de la Protección Social* 2023, Vol. VIII, Nº 1, pp. 13 a 35 , ISSN 2445-3269, http://dx.doi.org/10.12795/e-RIPS.2023.i01.02, Recibido: 01.04.2023 | Aceptado: 19.04.2023 (última consulta el 29 de junio de 2024); y NAVARRO NIETO, F., "Obligaciones empresariales en materia de igualdad, diversidad y acoso laboral", *Diario LA LEY,* Nº 10388, Sección Tribuna, 15 de Noviembre de 2023, LA LEY DIGITAL.

3 En MARTÍNEZ MORENO, C., "Igualdad integral en el empleo", *IgualdadES,* 9, julio-diciembre (2023), pp. 79-106 [https://www.cepc.gob.es/publicaciones/revistas/igualdades/numero-9-julio-diciembre-2023]; y MARTÍNEZ MORENO, C., "La Ley 15/2022. Novedades en materia laboral: en particular, sobre el papel de la negociación colectiva", en *Documentación Laboral,* Año 2024, Numero 131, pp.13 a 27. Pero quien con más lucidez y autoridad ha destacado todas las anomalías ha sido GOERLICH PESET, J.Mª, "Normas ómnibus, leyes transversales y sistema jurídico", *Labos,* Vol. 4, Número extraordinario 'Tormenta de reformas', pp. 3-14 / doi: 10.20318/labos.2023.7927 EISSN 2660-7360 - http://www.uc3m.es/labos (última consulta el 29 de junio de 2024).

es fácil de predecir, a las interrelaciones entre la *Ley 15/2022, de 12 de julio, integral para la igualdad de trato y la no discriminación*[4], la *Ley Orgánica 10/2022, de 6 de septiembre, de garantía integral de la libertad sexual*[5], y la *Ley 4/2023, de 28 de febrero, para la igualdad real y efectiva de las personas trans y para la garantía de los derechos de las personas LGTBI,*[6]esta última más conocida como *Ley Trans*, denominación abreviada que emplearemos a partir de este momento. Y aunque el presente comentario se ha de ceñir estrictamente a la interacción y conexiones entre la primera y la última de esas normas, no he querido prescindir de hacer alguna consideración también en relación con la conocida como "Ley del sólo sí es sí".

2. LAS INEVITABLES INTERCONEXIONES ENTRE LA LEY DE IGUALDAD Y LA LEY TRANS

La primera y elemental razón por la que las dos normas no pueden constituir compartimentos estancos es que entre ellas habría de existir –existe ciertamente— la relación propia entre una ley general y una ley especial. Efectivamente, como enseguida advirtió algún autorizado comentarista especializado, la Ley 15/2022 pretende constituir una norma no sólo integral, sino transversal, holística y completa, y erigirse así en una especie de derecho común de la igualdad y la no discriminación por cualesquiera causas o circunstancias personales o sociales[7];

---

4 BOE de 13 de julio.

5 BOE de 7 de septiembre.

6 BOE de 1 de marzo.

7 Véase, por todos, CABEZA PEREIRO, J., "Nada es igual después de la Ley 15/2022, tampoco en el marco jurídico de las relaciones laborales", *Femeris: Revista Multidisciplinar de Estudios de Género,* Volumen 8, Número 2, / doi: 10.20318/femeris.2023.7782 (disponible en http://www.uc3m.es/femeris), pág. 4.

y respecto de la que la Ley Trans no sería sino una parcela específica de ese sistema global de garantías frente al trato discriminatorio o degradante, por sólo algunas de las numerosas y múltiples causas que pueden dar lugar al mismo.

De hecho, esta necesaria articulación entre ambas disposiciones se recoge de manera explícita en la segunda de las normas, bien es verdad que en términos un tanto extraños o poco habituales en el lenguaje jurídico, en cuya disposición adicional cuarta se declara la supletoriedad de la Ley 15/2022 al decir que "lo establecido en esta ley se llevará a cabo sin perjuicio de lo previsto con carácter general en la Ley 15/2022, de 12 de julio, integral para la igualdad de trato y la no discriminación, que se aplicará en todo lo que no se encuentre regulado de manera específica en la presente ley". Me refería a la extrañeza que provoca esta redacción, que no se refiere a la relación de supletoriedad de la ley general respecto de la especial en términos estrictos de aplicación sino aludiendo en primer término al encargo o encomienda de "llevar a cabo algo". A decir verdad, la norma no hace sino reproducir y hacer hincapié en esa condición o talante finalista y eminentemente programático que ya tuvo en su día la *LO 3/2007, de 22 de marzo, para la igualdad efectiva de mujeres y hombres* (LOPI)[8], y por lo que, por cierto, fue recibida con cierta perplejidad a la par que era objeto de duras críticas, sobre todo en el comienzo de su andadura, pues se le achacaba un carácter más simbólico o propagandístico que normativo. Con el tiempo, se vio su utilidad y eficacia, y los progresos que gracias a ella se hicieron en igualdad entre mujeres y hombres.

Aún en el plano de las declaraciones de corte más político, la vinculación entre ambas normas se aprecia en la mención que hace el Preámbulo de la Ley 15/2022 a la necesidad

---

[8] BOE de 23 de marzo.

que ha señalado el Parlamento Europeo de intensificar la lucha contra todo tipo de discriminación, odio e intolerancia, encomendando a la Comisión y a los Estados miembros que intensifiquen el trabajo de intercambio de buenas prácticas y refuercen su cooperación para combatir, además del racismo y la xenofobia, la homofobia y la transfobia. Trasladando la idea de que esos aspectos constituyen frentes de la discriminación, la segregación, la exclusión e incluso el odio y la violencia de frecuente incidencia y particular gravedad. En este mismo plano podría enmarcarse igualmente la previsión contenida en el art.10 de la Ley Trans, donde se encarga al Ministerio de Igualdad velar por la coordinación de la Estrategia para la igualdad de trato y no discriminación de las personas LGTBI[9] con la homóloga para la Igualdad de Trato y la No Discriminación regulada en la Ley 15/2022.

Vuelve a establecerse y advertirse el nexo entre las dos leyes, pero a un mayor nivel de concreción, en las remisiones expresas que la Ley Trans hace a lo largo de su articulado a la Ley integral de Igualdad, e incluso en la coincidencia o duplicidad de las regulaciones, empezando por la que alcanza a las definiciones de los distintos tipos de discriminación, así como de las medidas de acción positiva. El art.3 de la Ley Trans, en efecto, reproduce en su mayor parte lo que ya dijera el art.6 de la Ley de Igualdad en relación con la discriminación directa –aquí

---

[9] El 12 de abril de 2023, la Comisión Europea presentó el informe de situación sobre la aplicación de la Estrategia para la Igualdad de las Personas LGBTIQ 2020-2025. La Comisión ha aplicado más de noventa medidas en el marco de esta Estrategia, que van desde campañas de comunicación hasta la integración de la igualdad de las personas LGBTIQ en la legislación y la financiación específica. Además, el informe menciona el reciente procedimiento de infracción contra Hungría por su ley contra la propaganda LGBT, que se aprobó en 2021. La ley prohíbe la «promoción» de la homosexualidad y la identidad transexual entre los menores.

circunscrita, como es lógico, a las específicas causas en las que se centra esta ley (orientación e identidad sexual, expresión de género y características sexuales); discriminación indirecta (también ceñida a esas mismas causas o circunstancias); discriminación múltiple e interseccional, que en este caso prevé, lógicamente, la extensión o combinación con otras causas previstas en la Ley 15/2022; acoso discriminatorio; discriminación por asociación y discriminación por error; e inducción, orden o instrucción de discriminar.

Faltan, sin embargo, de un modo un tanto incomprensible, dado el mimetismo de la norma, las referencias que la Ley de Igualdad hace a las represalias y a la segregación escolar, que serán suplidas, si se diera el caso, mediante la ya referida aplicación supletoria de la ley general. Y, en cambio, con un afán yo diría más didáctico que otra cosa, se añaden nociones propias del ámbito específico de la Ley Trans como las de intersexualidad, orientación sexual (heterosexual, homosexual o bisexual); identidad sexual; expresión de género; transexualidad; familia LGTBI; y, en fin, los diversos tipos de fobias (homofobia, bifobia y transfobia)[10].

El siguiente aspecto en el que se encuentran remisiones a la Ley de Igualdad es el relativo a los mecanismos de tutela, principalmente la de naturaleza institucional que se presta o proporciona a través de la intervención de la Autoridad Independiente para la Igualdad de Trato y la No Discriminación, un organismo –según reza el Preámbulo de esta ley— inde-

---

[10] Sobre algunos problemas de la terminología y las definiciones, ver RAMOS HERNÁNDEZ, P., "Comentarios a la ley trans y LGTBI: Análisis del texto normativo", *Diario LA LEY*, Nº 10252, Sección Doctrina, 21 de Marzo de 2023, LA LEY https://diariolaley.laleynext.es/Content/Documento.aspx?params=H4sIAAAAAAAEAMtMSbF1CTEAAmMzI0szS7Wy1KLizPw827DM9NS8klS13MSSktQiWz9HAAT5zt0qAAAAWKE (consultado el 29 de junio de 2024).

pendiente, unipersonal, basado en la autoridad de su titular, que podrá ejercer funciones de mediación o conciliación, y que encuentra desarrollo fundamentalmente en el Título III de la ley. Esta entidad se enmarcaría y encontraría asiento en la figura de los organismos especializados de igualdad impulsados desde el derecho antidiscriminatorio de la UE[11]. Aunque, hasta donde yo sé, a la fecha de cierre de este trabajo[12], aún sigue sin constituirse.

Y en este mismo sentido, en relación con los dispositivos de protección frente a la discriminación y la violencia, se atribuye a las Administraciones públicas la obligación de garantizar a quienes sufran o estén en riesgo de sufrir cualquier tipo de violencia o discriminación por las causas previstas en la propia ley el derecho a recibir de manera inmediata una protección integral, real y efectiva; para lo que se habrán de adoptar métodos o instrumentos suficientes para prevenir y detectar ese tipo de situaciones, y articular medidas idóneas para su cese inmediato. Idéntico deber que, dicho sea de paso, se establece para las personas empleadoras o prestadoras de bienes y servicios. Es en aras de esta protección integral cuando se puede y debe producir la intervención de la Autoridad Independiente para la Igualdad de Trato y la No Discriminación en ejercicio de las competencias y funciones que establece la Ley 15/2022, incluida la actuación como órgano de mediación o conciliación, siempre que concurra el consentimiento expreso de las partes implicadas (arts.62.4, 63 y 76.2).

---

11 SOLA BARLEYCORN, I., "La Autoridad Independiente para la Igualdad de Trato: su encaje en la legislación de la Unión Europea. Riesgos y oportunidades de su puesta en marcha", *IgualdadES*, 9, 279-314 doi: https://doi.org/10.18042/cepc/IgdES.9.09 (Recepción: 26/06/2023; aceptación tras revisión: 03/10/2023; publicación: 29/12/2023) [consultado el 26 de junio de 2024].

12 A 30 de junio de 2024.

Por otro lado, igualmente se prevé que las Administraciones públicas dispongan los mecanismos necesarios para garantizar el derecho de las personas LGTBI a recibir atención, información y asesoramiento jurídico especializado relacionado con la discriminación por las causas previstas en la ley, y, cuando proceda, de la pertinente asistencia jurídica gratuita; y de nuevo se reconoce su derecho a ser asistidas por la Autoridad Independiente para la Igualdad de Trato y la No Discriminación, en los términos que se establecen en la Ley 15/2022 (art.67).

Por último, de una manera específica se establecen medidas para las personas LGTBI en situación de sinhogarismo (art.75), para las que las Administraciones públicas habrán de impulsar acciones, entre otras, para el análisis y estudio sobre los factores desencadenantes de esa situación, y las necesidades específicas que de la misma se deriven; la capacitación y formación continuada y actualizada del personal que trabaje con la población afectada; la prevención de los delitos e incidentes de odio que sufren esas personas por las causas contenidas en la ley, o cualesquiera otras causas o características a las que se refieren los arts.22.4 del Código Penal y 2 de la Ley 15/2022.

3. La semejanza de las medidas laborales de la Ley Trans con la normativa de igualdad

Una primera característica que ya se ha señalado de la Ley Trans es que recoge el testigo de la LOPI en cuanto a su sentido predominantemente programático y finalista o voluntarista, que se traduce, más que en un elenco de mandatos, prohibiciones o descripción de conductas con sus correspondientes efectos jurídicos, en una prolija enunciación y enumeración de acciones políticas, encargos de hacer a las autoridades y poderes públicos, estrategias y medidas[13]. De hecho, si por curiosi-

[13] De nuevo, es obligada la cita de GOERLICH PESET, J.Mª, "Normas ómnibus, leyes transversales y sistema jurídico", *loc.cit.*, (consultado

dad se hace una búsqueda de las veces en que se menciona este último término, se hallarán nada menos que 103 referencias

En concordancia con ello, en su artículo primero, dedicado a explicitar el objeto de la norma, se dice que su finalidad es garantizar y promover el derecho a la igualdad real y efectiva de las personas lesbianas, gais, trans, bisexuales e intersexuales (LGTBI) –tal vez dejando fuera alguna de las numerosas categorías que se emplean para identificar a este múltiple, diverso y poliédrico colectivo—, así como de sus familias. Y que para ello se establecen los principios de actuación de los poderes públicos; se regulan los derechos y deberes de las personas físicas y jurídicas, públicas y privadas (se entiende que con las que esas personas del colectivo se relacionan); y se prevé o programa, sin mayor concreción, la adopción de las oportunas medidas específicas destinadas a la prevención, corrección y eliminación, en todos los ámbitos, de cualquier forma de discriminación; procurando a su vez fomentar la participación de esas personas en todas las esferas de la vida social y –ni más ni menos— que la superación de los estereotipos que afectan negativamente a la percepción social de estas personas. Si se recuerda la cita de Einstein sobre que es más fácil desintegrar un átomo que eliminar un prejuicio, se comprenderá la enorme ambición y, por desgracia, la falta de realismo y juridicidad de la norma a la que me vengo refiriendo[14].

---

el 29 de junio de 2024).

[14] En relación con el fenómeno migratorio, KHADIRI, A. y IONITA, L. M., “Es más fácil desintegrar un átomo que un prejuicio”, *Quaderns de la Mediterrània* (*Cuadernos del Mediterráneo*), nº35, 2023, Ejemplar dedicado a: The innovative social skills of euro-mediterranean youth, págs. 221-225.

Algo que también llama la atención[15], tal vez por esa esencia vocativa o de interpelación al actuar de los poderes públicos que caracteriza a esta norma, es la singular preocupación que muestra por el empleo público y el papel o posición de las Administraciones, a las que vuelve a encomendar –faltaría más— la garantía de los derechos reconocidos en la ley para el personal a su servicio; y la implantación de medidas para la promoción y defensa de la igualdad de trato y no discriminación de las personas del colectivo LGTBI en el acceso al empleo y a la carrera profesional, previa negociación con las organizaciones sindicales, de conformidad con la normativa aplicable (art.11).

Pero lo que resulta más insólito es que, también en relación con el empleo en el sector privado, en un franco ejercicio de desconfianza frente a la acción autónoma de los interlocutores sociales, podría decirse que de corte neocorporativista, se comience por aludir a los cometidos y responsabilidades que corresponden a los poderes públicos y el conjunto de la Administraciones para impulsar la incorporación en los convenios colectivos de cláusulas de promoción de la diversidad en relación con la orientación sexual, la identidad sexual, la expresión de género y las características sexuales, y también de la diversidad familiar. Mandato, que, por cierto, se acoge ya en el V AENC. Algo que, además, no deja de exhibir una contradicción interna de la norma, que, a renglón seguido, y adoptando el patrón de regulación de la LOPI, no hace sino establecer obligaciones para las empresas de negociar la adopción de medidas, planes y protocolos, como enseguida se dirá.

Antes de eso, y en un tono más genérico y declarativo, se alude a la prevención, eliminación y corrección de toda for-

---

15 Ya lo he destacado en MARTÍNEZ MORENO, C., "La Ley 15/2022. Novedades en materia laboral: en particular, sobre el papel de la negociación colectiva", *loc.cit.*, pp.13 a 27

ma de discriminación de las personas del colectivo LGTBI, y al establecimiento, mediante su negociación y articulación en convenio, de los oportunos procedimientos para dar cauce a las denuncias (art.14).

Aunque pudiera no estar del todo claro, por la evocación de otro instrumento que no tiene una nítida o estricta incardinación con esta materia y las cuestiones que nos ocupan, los denominados "canales de denuncia"[16], lo que la Ley Trans hace en realidad –como ya se ha tenido ocasión de adelantar, y que es, seguramente, lo más congruente— es tomar el modelo de la LOPI con el fin de generar una nueva obligación para las empresas consistente en el diseño, negociación e implantación, con acuerdo de la representación legal de las personas trabajadoras, de protocolos de actuación, preventiva y reactiva, frente al acoso y la violencia, que, además, pasarán a formar parte de un plan de diversidad, que las empresas de más de cincuenta personas trabajadoras, en el plazo de doce meses a partir de la entrada en vigor de la ley, deberían haber adoptado, y que deberá ir encauzado a alcanzar la igualdad real y efectiva de las personas LGTBI (art.15.1).

De todos modos, el contenido y alcance de estas obligaciones había quedado pendiente del oportuno desarrollo reglamentario, que hubiera debido provenir de una norma probablemente inspirada en el RD 901/2020, y que, finalmente ha culminado con la promulgación del RD 1026/2024, de 8 de octubre, por el que se desarrolla el conjunto planificado de las medidas para la igualdad y no discriminación de las perso-

---

[16] Articulados, en cumplimiento de la correspondiente normativa de la UE, en la *Ley 2/2023, de 20 de febrero, reguladora de la protección de las personas que informen sobre infracciones normativas y de lucha contra la corrupción* (BOE de 21 de febrero).

nas LGTBI en las empresas (BOE 9 de octubre)[17], en el que, ciertamente, en paralelo a la norma referida a los planes de igualdad, se regulan aspectos de la adopción del plan de diversidad como la manera de cuantificar el número de personas que integran la plantilla de la empresa; el procedimiento de negociación, y la legitimación para negociar; el ámbito y contenido de las medidas, que deberán tener carácter transversal; y la vigencia del plan, seguimiento, evaluación y revisión.

Una duda que, a este respecto, había surgido y que no se acababa de disipar era la relativa a si los planes y protocolos para el colectivo LGTBI podían integrarse o fusionarse, y negociarse y adoptarse simultáneamente, con los planes y protocolos de igualdad mujeres-hombres. Mi opinión personal ha sido desde el principio que no, que se trata de herramientas o instrumentos netamente diferenciados, pese a la proximidad de orientación y finalidad, pero que se han de basar en metodologías de análisis, evaluación y enfoque en parte netamente distintas[18]. Y que, de la misma manera que siempre me ha parecido que mezclar la negociación de un convenio colectivo de ámbito empresarial con la de un plan introducía elementos de distorsión, complejidad y riesgo de enquistamiento y fracaso del proceso –pese a que hay, efectivamente, experiencias exitosas—, en este otro asunto entiendo preferible y más adecuado o correcto la diferenciación y la separación. Cosa distinta es que no se pueda negar que resulta posible. A fin de cuentas, es algo que está en las manos de la autonomía colectiva y que habrá de discurrir por los cauces que inspiren y arbitren las

---

17 El texto está disponible en https://www.asnala.com/sites/default/files/documentos-asnala/2024-03/1083-Plan-LGTBI.pdf.

18 De sumo interés, a este respecto, son las acertadas observaciones de FABREGAT MONFORT, G., "Igualdad y no discriminación LGTBI en las empresas", *Briefs AEDTSS*, 41, 2024, https://www.aedtss.com/igualdad-y-no-discriminacion-lgtbi-en-las-empresas/ (última consulta el 29 de junio de 2024).

relaciones laborales y la gestión de personas en cada empresa. A este respecto, y específicamente en relación con los protocolos frente al acoso y la violencia, el reglamento sí considera la posibilidad de que, en las empresas que ya cuenten con instrumentos genéricos, puedan sencillamente limitarse a incluir medidas específicamente orientadas a la prevención y actuación en situaciones de acoso contra las personas de este concreto colectivo[19].

Todas estas previsiones se complementan con algunas otras, una vez más, en mayor medida orientadas a la acción institucional y promocional, también comunes en estas disposiciones del bloque de igualdad. La primera, la que dispone que a través del Consejo de Participación de las personas LGTBI se puedan recopilar y difundir buenas prácticas realizadas por las empresas en materia de inclusión, y de promoción y garantía de la igualdad y la no discriminación por razón de las causas enumeradas en la ley (art.15).

Y como colofón, una serie de reglas relativas al fomento del empleo de las personas trans y a su integración sociolaboral. La primera pregunta que cabría hacerse es por qué se alude únicamente a las personas trans. ¿Es posible, entonces, considerar que dentro del colectivo es este uno particularmente protegido o requerido de protección? Podría ser esa la idea que subyace aquí, y es igualmente plausible que así haya de ser[20]. Pero lo que viene a continuación, tal vez desmiente o hace dudar sobre la exactitud de esta conclusión, generando

---

19 El Anexo II se dedica, precisamente, al diseño de los protocolos de actuación para la atención del acoso y la violencia contra las personas LGTBI.

20 Sobre la especial preocupación por las personas trans, SÁEZ LARA, C., "Orientación e identidad sexual en las relaciones de trabajo", *Trabajo, Persona, Derecho, Mercado: Revista de Estudios sobre Ciencias del Trabajo y Protección Social*, 5, 2022, pp.43 a 65.

una más de las incertidumbres de esta norma. Pues bien, para el logro del primero de estos objetivos, el relativo al empleo, se encarga al Ministerio de Trabajo y Economía Social que, a partir de las líneas de actuación trazadas en la Estrategia estatal para la inclusión social de las personas trans, diseñe medidas de acción positiva para la mejora de la empleabilidad de esas personas y planes específicos para el fomento del empleo de este colectivo; centrando la atención, especialmente, en las necesidades de las mujeres trans (art.54). Lo curioso es que esta previsión sí concuerda con la de la coetánea *Ley 3/2023, de 28 de febrero, de Empleo*[21], que considera incluidas en los colectivos catalogados como de atención prioritaria a las personas LGTBI, en particular trans (art.50.1.2º y en el propio Preámbulo). Sin embargo, en la propia Ley Trans hay una discordancia interna, pues en su exposición de motivos se habla de la Estrategia para el colectivo LGTBI, pero en el articulado se regula una Estrategia específicamente dirigida a las personas trans, que se define como el principal instrumento para el impulso, desarrollo y coordinación de las políticas y los objetivos generales establecidos en el ámbito de la Administración General del Estado (art.52).

Por lo que respecta a la integración sociolaboral –de nuevo, de las personas trans—, se reitera el cometido que tienen las Administraciones públicas, en el ámbito de sus respectivas competencias, de adoptar las medidas necesarias para impulsar dicha integración, entre otras fórmulas, por medio del desarrollo de estrategias y campañas de concienciación en el ámbito laboral; medidas para la integración laboral de esas personas tanto en organismos públicos como en empresas privadas; medios para monitorizar la evolución de su situación laboral en cada territorio; subvenciones que faciliten o incentiven su contratación; o, en fin, otros instrumentos y estímulos que favorezcan que

---

21 BOE de 1 de marzo.

en la elaboración de planes de igualdad y no discriminación se incluyan expresamente a las personas trans, con especial atención a las mujeres trans (art.55). Adviértase que es aquí donde verdaderamente podrían confluir uno y otro tipo de planes, los de igualdad y los de diversidad, en el sentido de que, tal vez, se está tratando de prestar especial atención a las mujeres transexuales, incluyéndolas en las políticas más amplias y genéricas de igualdad entre mujeres y hombres.

Este apartado se cierra con una sucinta alusión al empleo autónomo, que se contiene en la disposición final novena de la ley, que modifica la *Ley 20/2007, de 11 de julio, del Estatuto del Trabajo Autónomo* [art.4.3 a)], para incluir entre las causas que desencadenan la tutela antidiscriminatoria la orientación sexual, la expresión de género y las características sexuales.

4. LAS DIVERGENCIAS E INCONGRUENCIAS DE LA LEY TRANS CON EL BLOQUE NORMATIVO SOBRE IGUALDAD

Es difícil ordenar en este apartado lo que podrían considerarse las anomalías de concordancia en este grupo de normas, principalmente atribuibles a la última de ellas, la Ley Trans. Y es posible asimismo que yo no haya sido capaz de detectar todas, o de calibrar el alcance real de algunas de las que me lo parecen. Vaya esto por delante, y que, por esas razones, esto no pretende ser sino un leve recorrido por algunas cuestiones que llaman un poco la atención o deparan alguna sorpresa.

Una primera cosa que podría causar extrañeza, aunque finalmente pudiera no resultar verdaderamente incongruente, es una mención que en la tipología de las discriminaciones que se contiene en el art.3 de la Ley Trans se hace a la discriminación por falta de ajustes razonables de las personas con discapacidad. Sin perjuicio de que la omisión de medidas de ajuste o, más genéricamente, el incumplimiento de otras obligaciones de hacer que conciernan a la empresa pueda ser extensiva a otras condiciones –léase, por poner sólo un ejemplo, a las adaptaciones con fines de conciliación del art.34.8 ET[22]—, una referencia así en una norma que atañe a cuestiones que en principio nada tienen que ver con la discapacidad pudiera desentonar. Sin embargo, cuando se hace alusión a las familias LGTBI se menciona expresamente a las que cuenten con descendientes mayores de edad con discapacidad a cargo, que podría asimismo dar lugar a casos de discriminación por asociación[23].

Y más adelante, al referir las obligaciones concernientes a las Administraciones públicas, también se detallan las de garantía de respeto y no discriminación de las personas LGTBI con discapacidad o en situación de dependencia; y de adopción de medidas específicas de protección de las personas con discapacidad o en situación de dependencia que sean objeto de maltrato físico o psicológico por razón de su orientación sexual, identidad sexual, expresión de género y características sexuales por parte de las personas con las que convivan o profesionales que se encarguen de sus cuidados, haciendo especial hincapié en el cuidado de las personas con discapacidad o en situación de dependencia que carezcan de autonomía física o de discernimiento con merma de su capacidad volitiva; insistiéndose, en fin, en la necesidad de formación y sensibilización de las personas que se ocupen de atender a personas LGTBI

---

22 Lo he sostenido ya en MARTÍNEZ MORENO, C., "La adaptación de la jornada con fines de conciliación en el RDL 5/2023: ¿El progreso de un derecho aún incompleto?", *Revista Derecho Social y Empresa. Nuevas medidas de conciliación, permisos y fórmulas de trabajo flexible*, número 19, septiembre de 2023, pp.2 a 24.

23 Véase, por todos, MANEIRO VÁZQUEZ, Y., *La discriminación por asociación, desafíos sustantivos y procesales,* Thomson Reuters Aranzadi, 2021.

con discapacidad o en situación de dependencia, de promover la elaboración de materiales didácticos con dicho fin, y adaptados a personas con discapacidad; y de fomentar la participación de este colectivos en cualesquiera acciones que vayan dirigidas a las personas LGTBI (art.71).

Hay que presuponer que quienes redactaron la ley contaban en este punto con un mayor conocimiento, particularmente especializado y profundo, como para que se justifique esta especie de micro código de la interseccionalidad sexualidad-discapacidad; y que, en cambio, no se ha podido centrar la misma atención e interés en otros colectivos de personas que pudieran combinar diversas condiciones o características que las sitúen en una similar posición de desventaja, exclusión o vulnerabilidad.

Para ir cerrando esta somera panorámica mencionaré únicamente dos aspectos, de los que ya me ocupé en otra ocasión[24], pero que me parecen los más llamativos y la máxima expresión de las deficiencias técnicas de este paquete normativo. El primero, la eliminación por la Ley Trans de los derechos laborales de las víctimas de violencia sexual, que –es cierto que con más que discutible criterio— había equiparado a los de las víctimas de violencia de género la ya mencionada *Ley Orgánica 10/2022, de 6 de septiembre, de garantía integral de la libertad sexual*[25].

---

[24] MARTÍNEZ MORENO, C., "Igualdad integral en el empleo", *IgualdadES*, 9, julio-diciembre (2023), pp. 79-106 [https://www.cepc.gob.es/publicaciones/revistas/igualdades/numero-9-juliodiciembre-2023].

[25] Ver GOERLICH PESET, J. Mª, "¿Qué ha pasado con los derechos laborales de las víctimas de violencia sexual?", *El Foro de Labos* 07.03.2023 https://www.elforodelabos.es/2023/03/que-ha-pasado-con-los-derechos-laborales-de-las-victimas-de-violencia-sexual/ (última consulta el 29 de junio de 2024).

Si bien es cierto, que esta omisión ha sido remediada por la *Ley Orgánica 2/2024, de 1 de agosto, de representación paritaria y presencia equilibrada de mujeres y hombres* (BOE 2 de agosto), en cuya Disposición final novena se reintegran a los correspondientes preceptos del ET los derechos de las víctimas de violencia sexual.

El segundo asunto es una técnicamente funesta falta de coordinación entre la Ley Trans y la *Ley 3/2023*[26]*, de Empleo,* que ha dado lugar a una doble tipicidad en la infracción muy grave en materia de empleo definida en el art.16.1 c) del *Real Decreto Legislativo 5/2000, de 4 de agosto, por el que se aprueba el texto refundido de la Ley sobre Infracciones y Sanciones en el Orden Social* (LISOS)[27], con indudable quebranto del principio de seguridad jurídica[28]. Al punto de que la versión oficial del BOE recoge las dos redacciones del tipo infractor, consistente en esencia en formular ofertas de trabajo o procesos selectivos estableciendo condiciones discriminatorias. En la redacción que introduce la disposición final 1.2 de la Ley de Empleo el precepto de referencia define la infracción como la solicitud de datos de carácter personal en cualquier proceso de intermediación o colocación o establecer condiciones mediante publicidad, difusión o cualquier otro medio, que constituyan discriminación en el acceso al empleo por los siguientes motivos: edad, sexo, discapacidad, salud, orientación sexual, identidad de género, expresión de género, características sexuales, nacionalidad, origen racial o étnico, religión o creencias, opinión política, afiliación sindical, así como por razón de lengua,

---

26 De especial interés sobre la igualdad de género en la Ley de Empleo es CARDONA RUBERT, B., "Las mujeres de la nueva Ley de Empleo. Ley 3/2023, de 28 de febrero", *Revista del Ministerio de Trabajo y Economía Social* Nº155, 2023, pp.21 a 38.

27 BOE de 8 de agosto.

28 De nuevo, véase GOERLICH PESET, J. Mª, *loc.cit.*

o cualquier otra condición o circunstancia personal o social. Mientras que la versión de la Ley Trans[29] únicamente se refiere a los procesos de selección, resultando seguramente más amplio el abanico de conductas o situaciones delimitadas en la anterior tipificación. Y tampoco coincide la enumeración de las causas de discriminación: identidad de género frente a identidad sexual; omisión por la Ley Trans de las causas salud y nacionalidad, más la cláusula abierta; y adición, en cambio, del estado civil. En suma, un verdadero desconcierto difícil de resolver con los habituales criterios de prelación, preferencia y selección de la norma aplicable[30], pues ni el principio de modernidad u orden normativo[31], ni el de especialidad, ni mucho menos el de favorabilidad –de dudosa aplicación en materia sancionadora— sirven para dirimir cuál ha de ser el tipo infractor pertinente.

El desatino no acaba aquí, pues habiendo modificado asimismo tanto la Ley de Igualdad como la Ley Trans la redacción de los preceptos de la LISOS referidos al acoso sexual y por razón de sexo, y los acosos discriminatorios (arts.8.13 y 13 bis), ninguna repercusión ha tenido en el plano sancionador laboral la LO 10/2022.

En fin, habrá que esperar que escampe y vengan mejores tiempos para la técnica legislativa y la seguridad jurídica.

---

29 Disposición final 6.4.

30 "Almacén de recursos interpretativos" los llama GOERLICH PESET, J. Mª, *loc.cit.*, que coincide en que no existen criterios que permitan elegir entre una y otra redacción del tipo infractor.

31 Teniendo en cuenta que ambas leyes fueron de tramitadas, aprobadas y publicadas a un mismo tiempo.

5. BIBLIOGRAFÍA Y FUENTES CITADAS

CABEZA PEREIRO, J., "Nada es igual después de la Ley 15/2022, tampoco en el marco jurídico de las relaciones laborales", *Femeris: Revista Multidisciplinar de Estudios de Género*, Volumen 8, Número 2, / doi: 10.20318/femeris.2023.7782 (disponible en http://www.uc3m.es/femeris)

CARDONA RUBERT, B., "Las mujeres de la nueva Ley de Empleo. Ley 3/2023, de 28 de febrero", *Revista del Ministerio de Trabajo y Economía Social* N°155, 2023, pp.21 a 38

FABREGAT MONFORT, G., "Igualdad y no discriminación LGTBI en las empresas", *Briefs AEDTSS*, 41, 2024, https://www.aedtss.com/igualdad-y-no-discriminacion-lgtbi-en-las-empresas/

GARCÍA SALAS, A. I., "Aplicación al ámbito laboral de las novedades introducidas por las últimas normas sobre igualdad de trato y no discriminación", *Labos*, Vol. 4, Número extraordinario 'Tormenta de reformas', pp. 66-85 / doi: 10.20318/labos.2023.7931 EISSN 2660-7360 - http://www.uc3m.es/labos

GOERLICH PESET, J.Mª, "Normas ómnibus, leyes transversales y sistema jurídico", *Labos*, Vol. 4, Número extraordinario 'Tormenta de reformas', pp. 3-14 / doi: 10.20318/labos.2023.7927 EISSN 2660-7360 - http://www.uc3m.es/labos

GOERLICH PESET, J. Mª, "¿Qué ha pasado con los derechos laborales de las víctimas de violencia sexual?", *El Foro de Labos* 07.03.2023 (https://www.elforodelabos.es/2023/03/que-ha-pasado-con-los-derechos-laborales-de-las-victimas-de-violencia-sexual/)

KHADIRI, A. y IONITA, L. M., "Es más fácil desintegrar un átomo que un prejuicio", *Quaderns de la Mediterrània* (*Cuadernos del Mediterráneo*), nº35, 2023, Ejemplar dedicado a: The innovative social skills of euromediterranean youth, págs. 221-225

LOUSADA AROCHENA, J.F., "Incidencia sobre los derechos de las trabajadoras de las recientes leyes españolas de igualdad (2022-2023)", *e-Revista Internacional de la Protección Social* 2023, Vol. VIII, Nº 1, pp. 13 a 35 , ISSN 2445-3269, http://dx.doi.org/10.12795/e-RIPS.2023.i01.02, Recibido: 01.04.2023 | Aceptado: 19.04.2023

MANEIRO VÁZQUEZ, Y., *La discriminación por asociación, desafíos sustantivos y procesales,* Thomson Reuters Aranzadi, 2021

MARTÍNEZ MORENO, C., "Igualdad integral en el empleo", *IgualdadES*, 9, julio-diciembre (2023), pp. 79-106 [https://www.cepc.gob.es/publicaciones/revistas/igualdades/numero-9-juliodiciembre-2023]

MARTÍNEZ MORENO, C., "La adaptación de la jornada con fines de conciliación en el RDL 5/2023: ¿El progreso de un derecho aún incompleto?", *Revista Derecho Social y Empresa. Nuevas medidas de conciliación, permisos y fórmulas de trabajo flexible*, número 19, septiembre de 2023, pp.2 a 24

MARTÍNEZ MORENO, C., "La Ley 15/2022. Novedades en materia laboral: en particular, sobre el papel de la negociación colectiva", en *Documentación Laboral*, Año 2024, Numero 131, pp.13 a 27

NAVARRO NIETO, F., "Obligaciones empresariales en materia de igualdad, diversidad y acoso laboral", *Diario LA LEY*, Nº 10388, Sección Tribuna, 15 de Noviembre de 2023, LA LEY DIGITAL (última consulta el 29 de junio de 2024).

RAMOS HERNÁNDEZ, P., "Comentarios a la ley trans y LGTBI: Análisis del texto normativo", *Diario LA LEY*, Nº 10252, Sección Doctrina, 21 de Marzo de 2023, LA LEY https://diariolaley.laleynext.es/Content/Documento.aspx?params=H4sIAAAAAAAEAMtMSbF1CTEAAmMzI0szS7Wy1KLizPw827DM9NS8klS13MSSktQiWz9HAAT5zt0qAAAAWKE

SÁEZ LARA, C., "Orientación e identidad sexual en las relaciones de trabajo", *Trabajo, Persona, Derecho, Mercado: Revista de Estudios sobre Ciencias del Trabajo y Protección Social*, 5, 2022, pp.43 a 65

SOLA BARLEYCORN, I., "La Autoridad Independiente para la Igualdad de Trato: su encaje en la legislación de la Unión Europea. Riesgos y oportunidades de su puesta en marcha", *IgualdadES*, 9, 279-314 doi: https://doi.org/10.18042/cepc/IgdES.9.09 (Recepción: 26/06/2023; aceptación tras revisión: 03/10/2023; publicación: 29/12/2023)

Capítulo III

Consideraciones sobre la protección jurídica de la diversidad sexual y de género en España[1]

ALICIA RIVAS VAÑÓ
Universidad Pablo de Olavide
https://orcid.org/0000-0001-9029-5866

1. INTRODUCCIÓN

Los derechos vinculados con la diversidad sexual y de género han sido objeto de importantes desarrollos normativos, tanto en el plano internacional, como en relación con los ordenamientos jurídicos nacionales. La doctrina, por su parte, tanto jurídica como de otras disciplinas, ha participado notable-

---

1 Este trabajo es un resultado científico del Proyecto de Investigación "La huida del mercado de trabajo y la legislación social en España (TRABEXIT), PID2022-141201OB-I00", de la Convocatoria 2022 - «Proyectos de Generación de Conocimiento», en el marco del Plan Estatal de Investigación Científica, Técnica y de Innovación 2021-2023.

mente en el desarrollo conceptual en esta materia. Ninguno de estos avances habría sido posible, sin la prolongada acción de los colectivos LGBTIQ+, organizados de manera transversal e interdisciplinar, que han sabido utilizar los mecanismos a su alcance, no sin importantes sacrificios personales, para provocar el creciente cambio de actitudes al que asistimos.

Esta protección multinivel se alimenta a sí misma, de modo que los avances en un ámbito sirven para consolidar los de otro, pero también implica la aparición de disfunciones y contradicciones en el sistema de protección sobre los que empieza a ser necesario poner el acento, en una apuesta por la sistematización y la clarificación de la respuesta jurídica para la salvaguarda de los derechos fundamentales del colectivo.

2. EL CONTEXTO INTERNACIONAL: LOS PRINCIPIOS DE YOGYAKARTA

El 26 de marzo de 2007 se publicaron los Principios de Yogyakarta[2], un conjunto de medidas elaboradas por un grupo de veintinueve especialistas en derechos humanos, provenientes de veinticinco países, y con diversos recorridos profesionales, que se habían reunido en Yogyakarta en noviembre de 2006. El objetivo de este documento era el establecimiento de recomendaciones dirigidas a los Estados y a las organizaciones internacionales acerca de cómo interpretar y poner en práctica la legislación internacional de derechos humanos en relación con la orientación sexual y la identidad de género. Básicamen-

2 Principios de Yogyakarta sobre la Aplicación de la Legislación Internacional de Derechos Humanos en Relación con la Orientación Sexual y la Identidad de Género. Pueden consultarse en: <https://yogyakartaprinciples.org/principles-sp/about/>. [Consulta: 20/06/2024.]

te, de lo que se trataba es de identificar los derechos humanos más susceptibles de ser vulnerados por razón de orientación sexual o identidad de género, y establecer una serie de criterios, destinados a todos los actores involucrados en la protección de los mismos (Estados, organizaciones internacionales, sociedad civil...), acerca de cómo se vulneran éstos y qué medidas de protección son necesarias para la comunidad LGBTIQ+.

Conviene destacar algunas de estas recomendaciones: para comenzar, el preámbulo hace un reconocimiento expreso de la idea de dignidad humana, imbuida de los principios de libertad e igualdad, y presta especial atención a la prohibición de discriminación (esto mismo se repite en los principios uno y dos). A continuación, se van señalando derechos humanos junto con su vulnerabilidad en relación a la diversidad sexual y de género y las expresas recomendaciones para evitar su violación. Resulta interesante el reconocimiento, por ejemplo, del derecho a la personalidad jurídica, explícitamente vinculado a la libre determinación de la orientación sexual y de la identidad de género, y en relación a esta segunda cuestión, con expresa mención de la necesidad de revocar las exigencias médicas para el reconocimiento legal de su identidad de género[3], consolidando así un sistema de autodeterminación en esta materia, que como veremos, empiezan a asumir algunos Estados.

Se señalan además, una serie de derechos encaminados a la protección del colectivo frente a la acción de los Estados, y en especial de sus cuerpos y fuerzas de seguridad, como pueden ser el derecho a la seguridad personal[4], los derechos relacionados con las garantías de la detención[5], los derechos vinculados a la privación de libertad (incorporando aquí la difícil situación de las personas transexuales en cuanto a las

---

3 *Idem*, principio tercero.

4 *Idem*, principio quinto.

5 *Idem*, principio séptimo.

posibilidades de ser encarceladas en instalaciones acordes a su género)[6], la prohibición de tortura o penas y tratos crueles, inhumanos o degradantes[7], el derecho a la libertad de movimiento[8], el derecho a un juicio justo[9], el derecho a la vida (con la expresa prohibición de la pena de muerte en razón de actividades sexuales consentidas entre adultos)[10], o el derecho a la privacidad, entendido éste como un derecho no solo a la intimidad, sino también al establecimiento de relaciones sociales significativas y al control del propio cuerpo, y conllevando la prohibición de criminalización de las relaciones sexuales consentidas entre adultos[11]. Se incluirá, además, la exigencia de responsabilidad a los Estados por la vulneración de los derechos humanos en base a la orientación sexual o la identidad de género, ya sea por la comisión de estas violaciones por parte de funcionarios públicos, ya sea exhortando a aquellos a establecer mecanismos eficaces de resarcimiento y responsabilidad[12] y el deber de protección internacional de las personas perseguidas por estos motivos, a través del derecho a procurar asilo[13].

Otro aspecto a destacar tiene que ver con los derechos de participación política, que son severamente restringidos en muchos Estados, y sobre los cuales se incide especialmente. Así, derechos como la libertad de opinión y expresión[14], la reunión y asociación pacíficas[15], la libertad de pensamiento, conciencia

---

6 *Idem*, principio noveno.

7 *Idem*, principio décimo.

8 *Idem*, principio vigesimosegundo.

9 *Idem*, principio octavo.

10 *Idem*, principio cuarto.

11 *Idem*, principio sexto.

12 *Idem*, principios vigesimoctavo y vigesimonoveno.

13 *Idem*, principio vigesimotercero.

14 *Idem*, principio decimonoveno.

15 *Idem*, principio vigésimo.

y de religión[16], los derechos de participación en la vida pública[17] y cultural[18] y el derecho a promover los derechos humanos (que protege especialmente a las personas activistas en defensa de los derechos humanos del colectivo LGBTIQ+)[19], son tratados con particular detalle, exigiendo a los Estados la remoción de los obstáculos para el pleno ejercicio de los mismos.

Por último, conviene señalar la importancia del reconocimiento de derechos sociales y aquellos relacionados con los vínculos familiares, tales como los derechos vinculados con el trabajo (protección contra explotación y trata[20], derecho al trabajo[21], y derecho a la seguridad social[22]), el derecho a la educación[23] (que además se complementa con la llamada en muchas de las recomendaciones de otros derechos a la necesidad de implementación de medidas de formación y sensibilización en esta materia), el derecho a un nivel de vida adecuado y a una vivienda adecuada, y los derechos vinculados con la salud[24], entre los que cabe destacar la protección contra abusos médicos[25], que incorpora, entre otras cosas, por un lado, la negación de la consideración de trastorno de la salud a la orientación sexual o identidad de género, y por otro, la prohibición de procedimientos médicos irreversibles sin el consentimiento

---

16 *Idem*, principio vigesimoprimero.

17 *Idem*, principio vigesimoquinto.

18 *Idem*, principio vigesimosexto.

19 *Idem*, principio vigesimoséptimo.

20 *Idem*, principio undécimo.

21 *Idem*, principio duodécimo.

22 *Idem*, principio decimotercero.

23 *Idem*, principio decimosexto.

24 *Idem*, principio decimoséptimo.

25 *Idem*, principio decimoctavo.

de la persona afectada, algo que sufre especialmente el colectivo intersexual[26].

26 Las condiciones de vida de las personas intersexuales han sido y son especialmente adversas, y hoy día presentan reivindicaciones que van desde la exigencia de no ser sometidos a tratamientos hormonales o quirúrgicos sin su consentimiento expreso, descartando con ello la posibilidad de recibirlos a edades muy tempranas, hasta el reconocimiento de la posibilidad de no ser forzados a elegir un sexo jurídico. En 1997 C. Chase produjo el documental *Hermaphrodites Speak!* que permitió el conocimiento público y el debate en torno a las dificultades del colectivo. Sobre la historia del surgimiento y la organización de los colectivos intersexuales, ver CHASE, C. "Hermaphrodites with attitude: mapping the emergence of intersex political activism", *A Journal of Lesbian and Gay Studies. The Transgender Issue,* vol. 4, n. 2, 1998, p. 189 ss. Otros documentales de interés sobre esta cuestión son ELISCO, D., *La ciencia de los sexos,* Inglaterra, 2009, y HART, P., *Mi aventura intersexual,* Australia, 2010. Algunas de las reclamaciones del colectivo se pueden consultar en <http://www.isna.org/>, página web de la *IntersexSociety of North America.* También en <http://oii-espana.blogspot.com.es/>, un blog creado por la Organización Internacional de Intersexuales para exponer el contenido de sus reclamaciones y su rechazo a la reasignación sexual no consentida. Y la sección sobre intersexualidad de ILGA- Europe ofrece una importante información al respecto: <https://www.ilga-europe.org/what-we-do/our-advocacy-work/trans-and-intersex>. En relación con nuevas maneras de afrontar las cuestiones médicas relacionadas con la intersexualidad (o, en el sentido de las reivindicaciones de parte del colectivo, la DSD, *Disorders of Sex Development*) ver <http://www.accordalliance.org/>. Para un estudio sobre los niveles de protección en derecho internacional y europeo, ver ARROYO GIL, A. "Las personas intersexuales desde una perspectiva de derechos humanos y fundamentales", *IgualdadES,* nº 2, 2020, pp. 29 ss; del mismo autor, "Intersexualidad, una aproximación jurídica", en MATIA PORTILLA, F. J., ELVIRA PERALES, A. y ARROYO GIL, A. (dir.) *La protección de los derechos fundamentales de personas LGTBI,* Tirant lo Blanch, Valencia, 2019, pp 437-488; LAUROBA LACASA, E. "Las personas intersexuales y el derecho: posibles respuestas ju-

Se configura así, toda una serie de reconocimientos de derechos, que niega la posibilidad de restricción de los mismos en base a posicionamientos morales o religiosos que puedan utilizarse como justificación de la represión del colectivo LGBTIQ+. Se establece, en fin, desde una óptica pura de derechos humanos, la plasmación de que éste es un sistema autorreferencial, que sólo responde de su propia necesidad de coherencia interna, y no se pliega a exigencias externas de carácter ideológico o religioso. Supone, en definitiva, el aseguramiento de la vocación universal de los derechos reconocidos, así como la aceptación de las consecuencias propias de una definición de éstos en base al concepto de dignidad humana, que es predicable de todo ser humano, y que es entendido en relación a las premisas de libertad e igualdad[27].

---

rídicas para un colectivo invisible", *Derecho Privado y Constitución*, nº 32, 2018, pp. 11-54.

27 En relación al concepto de dignidad humana, hay una producción científica amplísima, de modo que solo aportaremos algunas obras relevantes, PECES BARBA, G., *La dignidad humana*, Dykinson, Madrid, 2007; GUTIÉRREZ GUTIÉRREZ, I., *Dignidad de la Persona y Derechos Fundamentales*, Marcial Pons, Madrid, 2006; FERNÁNDEZ GARCÍA, E., *Dignidad humana y ciudadanía cosmopolita*, Dykinson, Madrid, 2001; FERNÁNDEZ GARCÍA, E., "Dignidad y derechos humanos", en R. SORIANO (coord.), *Diccionario Crítico de los Derechos Humanos*, Universidad Internacional de Andalucía, Huelva, 2000, p. 89 ss.; GÓMEZ PIN, V., *La dignidad. Lamento de la razón repudiada*, Paidós, Barcelona, 1995; GONZÁLEZ PÉREZ, J. *La dignidad de la persona*, Civitas, Madrid, 1986; PECES BARBA, G., *Los valores superiores*, Tecnos, Madrid, 1984; PAREJO ALFONSO, L., *Constitución y valores del ordenamiento*, Centro de Estudios Ramón Areces, Madrid, 1999; PICO DE LA MIRÁNDOLA, *De la dignidad del hombre*, edición preparada por Luis Martínez Gómez, Editora Nacional, Madrid, 1982. Para una visión desde la tradición anglosajona, ver CAROZZA, P.G., "Human Rights, Human Dignity, and Human Experience", *Proceedings of the British Academy*, nº 192, pp. 615-629; TORRES DEL MORAL, A. "El constitucionalismo español de la dignidad" en

Un elemento que se trata superficialmente en este documento es precisamente el relacionado con la definición del objeto de protección. No se usa la terminología LGBTIQ+, sino que se utilizan los términos de "orientación sexual" y de "identidad de género" para englobar toda manifestación de diversidad sexual y de género que no se adecúe a los patrones culturales dominantes en la mayoría de sociedades, esto es, a la heteronormatividad binaria. Se aportan definiciones de estos conceptos muy básicas[28], que engloban buena parte de las realidades a las que se pretende proteger, pero que quedarán desfasadas en relativamente poco tiempo.

En efecto, el desarrollo tanto doctrinal como social de la protección de la diversidad sexual y de género va a evidenciar la necesidad de ampliar las definiciones de las distintas conductas humanas sobre las que el derecho pretende ejercer su función. Esto explica, en parte, que en el año 2017 se desa-

---

HOLGADO GONZÁLES, M. y PÉREZ ALBERDI, M.R. (dir), *Descentralización, poder y derechos sociales: libro "in memoriam" de Manuel J. Terol Becerra*, Tirant lo Blanch, Valencia, 2021, pp. 189-209.

28 Se define en el preámbulo de los Principios de Yogyakarta de 2006 la orientación sexual como "la capacidad de cada persona de sentir una profunda atracción emocional, afectiva y sexual por personas de un género diferente al suyo, o de su mismo género, o de más de un género, así como a la capacidad de mantener relaciones íntimas y sexuales con estas personas". Por otra parte, se define la identidad de género como "la vivencia interna e individual del género tal y como cada persona la siente profundamente, la cual podría corresponder o no con el sexo asignado al momento del nacimiento, incluyendo la vivencia personal del cuerpo (que podría involucrar la modificación de la apariencia o la función corporal a través de medios médicos, quirúrgicos o de otra índole, siempre que la misma sea libremente escogida) y otras expresiones de género, incluyendo la vestimenta, el modo de hablar y los modales".

rrollen los Principios de Yogyakarta plus 10 (PY+10)[29], como complemento de los de 2006, para incorporar los términos de "expresión de género"[30] y "características sexuales"[31]. Y ello, aun cuando se explicita que hablamos de causas de discriminación que pueden estar entrecruzadas, hasta tal punto que se enfatiza que la expresión de género está de hecho incluida en el término "identidad de género" y se hace expresa mención de las discriminaciones múltiples o interseccionales, cuando estos motivos se agravan por la raza, etnicidad, idioma, religión, edad, y un largo etcétera, que ha sido expandido respecto de los Principios de 2006, y que incluye el sexo y el género. Así, nos encontramos ante situaciones de discriminación que incorporan muchos elementos que hay que tener en cuenta en el tratamiento individualizado de las vulneraciones de derechos humanos.

A esta primera constatación hay que añadir que todo el texto, tanto de los Principios de 2006, como de la ampliación de 2017 se encuentra jalonado permanentemente de referencias a la idea de discriminación, utilizada de muy diversas formas, pero sin desarrollar convenientemente una definición precisa de lo que se quiere decir. Así, parece que cualquier vulneración o política represiva es necesariamente discriminatoria, y

---

29 Pueden consultarse en: <https://yogyakartaprinciples.org/principles-sp/los-principios-de-yogyakarta-10/>. [Consulta: 20/06/2024.]

30 Que se define como "la forma en que cada persona presenta su género a través de su apariencia física – incluyendo la forma de vestir, el peinado, los accesorios, el maquillaje – y la gestualidad, el habla, el comportamiento, los nombres y las referencias personales, y recordando además que la expresión de género puede o no coincidir con la identidad de género de la persona".

31 Definidas como "los rasgos físicos de cada persona en relación con su sexo, incluyendo sus órganos genitales y otra anatomía sexual y reproductiva, los cromosomas, las hormonas, y los rasgos físicos secundarios que se manifiestan en la pubertad".

por el contrario, no se hace mención a instrumentos que están demostrando una constatada eficacia en la ampliación de derechos del colectivo, como pueda ser la discriminación indirecta, la discriminación por error, o la discriminación por asociación[32], aun cuando se puede deducir de algunas de las cláusulas y recomendaciones a los Estados.

Por último, los Principios de Yogyakarta plus 10, además de ampliar las recomendaciones respecto de derechos ya desarrollados en 2006, incorpora nuevos derechos, algunos de los cuales no terminan de tener sentido, por cuanto reiteran cuestiones ya explicitadas, como por ejemplo la prohibición de criminalizar las prácticas sexuales consentidas entre adultos (una cuestión que se repite desde la perspectiva de derechos distintos). Quizás lo más interesante tiene que ver con el desarrollo de un derecho a la verdad[33], en consonancia con la evolución del tratamiento jurídico de las víctimas de violaciones sistemáticas de derechos humanos, y con la incorporación del tratamiento de las tecnologías de la información y comunicación orientado a garantizar el disfrute de los derechos humanos[34].

La virtualidad de estos dos documentos radica en que, a pesar de no tener carácter jurídico vinculante[35], han sido asumidos como una guía consensuada y aceptada en relación a la manera de abordar la protección de los derechos humanos por parte de los Estados, y también, de las organizaciones internacionales. Sin embargo, estas últimas ya habían protagoniza-

---

32 Sobre estos conceptos volveremos más adelante.

33 PY+10, *op. cit.*, principio trigésimo séptimo.

34 *Idem*, principio trigésimo sexto.

35 Ver O'FLAHERTY, M. y FISHER, J. "Sexual orientation, gender identity and international human rights law: contextualising the Yogyakarta Principles", *Human Rights Law Review*, vol. 8, n. 2, 2008, pp. 207-248.

do una evolución del reconocimiento de derechos al colectivo LGBTIQ+ que conviene señalar.

Efectivamente, en el seno de Naciones Unidas, y a pesar de no contar con ningún Tratado que explicite el reconocimiento de la diversidad sexual y de género en el disfrute de los derechos humanos[36], se han dado importantes avances en la materia, ayudados por el empuje de las organizaciones y colectivos LGBTIQ+, que han realizado una importante labor de presión en estos niveles[37]. El Comité de Derechos Humanos, en su tra-

---

36 KIRICHENKO, K., *Órganos de Tratados de la ONU: referencias a la orientación sexual, la identidad de género, la expresión de género y las características sexuales: informe anual 2019*, Ginebra, ILGA Mundo, julio 2020, p. 14. Sí se han producido en el seno de Naciones Unidas sendas resoluciones, como por ejemplo la Resolución 17/19 de 2011 del Consejo de Derechos Humanos, que reconoce la igualdad, la no discriminación y la protección de los derechos de las personas LGTBI; o la más reciente resolución de la Asamblea General de la ONU A/RES/70/1 "Transformar nuestro mundo: la Agenda 2030 para el Desarrollo Sostenible", en la que se incorpora la orientación e identidad sexual como motivos expresos de protección.

37 Sobre esto en los últimos años se está llevando a cabo una creciente investigación, así, por ejemplo: HODSON, L., *NGOs and the struggle for human rights in Europe*, Hart Publishing, Oxford, 2011, en la que, además, centra parte de su estudio en la teoría crítica del Derecho. También, SMITH, R.A. y HAIDER-MARKEL, D.P., *Gay and lesbian Americans and political participation: a reference handbook*, ABC-CLIO, Santa Barbara, 2002, en relación con estas cuestiones en el sistema político norteamericano; ADAM, B.D., DUYVENDAK, J.W. y KROUWEL, A. (eds.), *The global emergence of gay and lesbian politics: national imprints of a worldwide movement*, Temple University Press, Philadelphia, 1999, que aporta una visión global de la historia del movimiento LGBTIQ+; ADAM, B.D., *The rise of a gay and lesbian movement*, Twayne Publishers, New York,1995; RAJAGOPAL, B., *International law from below: development, social movements and third world resistance*, Cambridge University Press, Cambridge, 2003, que desarrolla un muy interesante análisis del Derecho internacional, entendiendo como un desafío para el

bajo en relación con las reclamaciones individuales, ha sido especialmente importante en este sentido[38], a través de una interpretación del motivo "sexo" protegido por la normativa antidiscriminatoria, que ha incorporado diferentes reivindicaciones basadas en la orientación sexual o la identidad de género (y no, como podría haber ocurrido, entendiendo la diversidad sexual y de género como un nuevo motivo introducido en la cláusula abierta de la prohibición de discriminación)[39].

---

sistema el discurso de derechos humanos protagonizado por los movimientos sociales, y que bien puede aplicarse, aunque no se menciona en esta obra, a las reivindicaciones LGBTIQ+, algo que sí se hace expresamente en LOUX, A.C., "Losing the battle, winning the war: litigation strategy and pressure group organisation in the era of incorporation", *King's Law Journal*, vol. 11, n. 1, 2000, pp. 90-104. Por otra parte, ILGA World publica una guía para la litigación estratégica, accesible en <https://ilga.org/ILGA-World-launches-UN-Treaty-Bodies-Strategic-Litigation-toolkit>

38 Aun cuando no es el único órgano de Naciones Unidas con relevancia en esta materia. Para un estudio en mayor profundidad de los asuntos que han llegado a los órganos de control en el seno de la ONU, ver KIRICHENKO, K., *United Nations Treaty Bodies jurisprudence on sexual orientation, gender identity, gender expression and sex characteristics: Case Digest*, ILGA World, Ginebra, octubre 2019.

39 A modo de ejemplo, cabe citar algunas de las decisiones del Comité: Asunto *Toonen v. Australia*, comunicación n. 488/1992, de 31 de marzo de 1994 (protección de la vida privada frente a la criminalización del sexo adulto consentido entre personas del mismo género); asuntos *Fedotova v. Rusia*, comunicación n. 1932/2010, de 31 de octubre de 2012 y *Nepomnyaschiy v. Rusia*, comunicación n. 2318/2013, de 17 de julio de 2018 (protección de la libertad de expresión); asuntos *Young v. Australia*, comunicación n. 941/2000, de 6 de agosto de 2003 y *X v. Colombia*, comunicación n. 1361/2001, de 30 de marzo de 2007 (reconocimiento legal de los vínculos sentimentales y familiares entre personas del mismo género); asunto *C v. Australia*, comunicación n. 2216/2012, de 28 de marzo de 2017 (acceso a la justicia); asunto *G. v. Australia*, comunicación n. 2172/2012, de 17

En el ámbito europeo, la evolución de la situación del colectivo LGBTIQ+ se ha desarrollado en dos planos simultáneamente[40]: en el seno del Consejo de Europa, y muy particularmente, aunque no solo, a través de la jurisprudencia del Tribunal Europeo de Derechos Humanos, y en la Unión Europea, que ha incorporado a los Tratados y la Carta de Derechos Fundamentales de la Unión Europea, la orientación sexual como motivo expreso de protección frente a la discriminación[41], además de

---

de marzo de 2017 (reconocimiento del derecho al cambio de sexo registral).

40 Con influencias mutuas, que incluso han sido expresamente reconocidas, por ejemplo, en el preámbulo de la Carta de Derechos Fundamentales de la Unión Europea. Para un estudio en profundidad de la evolución en Europa de la respuesta jurídica a la diversidad sexual y de género, ver RIVAS VAÑÓ, A. *LGBTI en Europa: la construcción jurídica de la diversidad*, Tirant lo Blanch, Valencia, 2019.

41 Aparece recogido como motivo antidiscriminatorio en el Tratado de Ámsterdam de 2 de octubre de 1997, en su artículo 13, que posteriormente se convertirá en el artículo 19. Sobre los trabajos preparatorios de este Tratado, ver SKIDMORE, P., "The 1996 Intergovernmental Conference and the Prospects of a Non-discrimination Treaty Article", *Industrial Law Journal*, vol. 25, nº 4, 1996, pp. 320 ss.; MOS, M., "Of Gay Rights and Christmas Ornaments: The Political History of Sexual Orientation Non-Discrimination in the Treaty of Amsterdam", *Journal of Common Market Studies*, nº 3, 2014, pp. 62 ss., que documenta cómo se logró incluir en el Tratado el concepto de "orientación sexual". Sobre este precepto del Tratado de Ámsterdam, PALMAR, S., "The Treaty of Amsterdam", en VARIOS, *After Amsterdam: Sexual Orientation and the European Union*, ILGA-Europe, Viena, 1999, pp. 15 ss.; BELL, M., "The New Article 13 EC Treaty: a Sound Basis for European Anti-Discrimination Law?", *Maastricht Journal of European and Comparative Law*, vol. 6, nº 1, 1999, pp. 5 ss.; SOMEK, A., "A Constitution for Antidiscrimination: Exploring the Vanguard Moment of Community Law", *European Law Journal*, vol. 5, nº 3, 1999, pp. 243 ss.; y SZYSZCAK, E., "Building a European Constitutional Order: Prospects for a General Non-Discrimination Standard", en DASHWOOD, A. y O'LEARY, S. (coords.), *The Princi-*

otros muchos instrumentos normativos y jurisprudenciales. No es posible, en un trabajo de estas dimensiones, abordar el estudio de esta importante evolución, tan solo se apuntará que el reconocimiento de la orientación sexual y la identidad de género como motivos merecedores de la protección antidiscriminatoria, ha supuesto la apertura del significado de otros derechos, que ahora se nutren de la exigencia de igualdad de trato y no discriminación para ampliar su contenido material. Así, lejos queda ya la mínima protección ofrecida por un entendimiento del derecho a la vida privada, en términos casi exclusivamente de intimidad, que supuso la despenalización de las prácticas sexuales consentidas entre adultos del mismo sexo[42], para necesariamente, y en base precisamente a la aceptación de la prohibición de discriminación del colectivo LGBTIQ+, proceder al reconocimiento de otros muchos derechos: víncu-

---

ple of Equal Treatment in EC Law, Sweet & Maxwell, Londres, 1997, pp. 35 ss.; DEARDS, E., "Discrimination on Grounds of Sexual Orientation; the Role of Community Law", *King's Law Journal*, nº 1, 1999. Sobre las particularidades del artículo 13, en relación concretamente a la orientación sexual, ver RODRÍGUEZ-PIÑERO ROYO, M. y RIVAS VAÑÓ, A., "Orientación Sexual y No Discriminación: el Debate en Europa", *Temas Laborales*, nº 52, 1999, pp. 3 ss. La Carta de Derechos Fundamentales de la Unión Europea incorpora de nuevo la noción de orientación sexual en su artículo 21. Carta de los Derechos Fundamentales de la Unión Europea, DOCE C 364 de 18 de diciembre de 2000. Esta Carta, concebida en principio para formar parte de la fallida Constitución Europea, adquiere valor jurídico vinculante a través del Tratado de Lisboa: Tratado de Lisboa por el que se modifican el Tratado de la Unión Europea y el Tratado constitutivo de la Comunidad Europea (DO C 306 de 17.12.2007) (entró en vigor el 1 de diciembre de 2009).

42 Sentencia del Tribunal Europeo de Derechos Humanos en el caso *Dudgeon v. Reino Unido*, de 22 de octubre de 1981.

los familiares[43], cambio de sexo registral[44], asilo[45], protección en el ámbito laboral[46], libertad de expresión y reunión[47], adopción[48], reconocimiento de la relación matrimonial y la filiación establecida en terceros Estados[49], reagrupación familiar[50], que han conformado toda una estructura de protección que de un modo u otro va permeando en los ordenamientos jurídicos nacionales, a pesar de algunas conocidas resistencias[51].

---

43 Sentencia del TEDH *Schalk y Kopf v. Austria*, de 24 de junio de 2010.

44 Sentencias del TEDH *B v. Francia*, de 25 de marzo de 1992, y *Christine Goodwin v. Reino Unido*, de 11 de julio de 2002.

45 Sentencias del Tribunal de Justicia de la Unión Europea *A, B y C*, de 2 de diciembre de 2014, y *X, Y, Z*, de 7 de noviembre de 2013.

46 Sentencias del TJUE *Asociatia Accept*, de 25 de abril de 2013 (acceso al empleo); *K.B.*, de 7 de enero de 2006; *Tadao Maruko*, de 1 de abril de 2008; *Jürger Römer*, de 10 de mayo de 2011, y *Frédéric Hay*, de 12 de diciembre de 2013 (todas ellas sobre extensión a las uniones de hecho de personas del mismo sexo, de las consecuencias laborales ligadas al matrimonio)

47 Sentencias del TEDH *Vejdeland v. Suecia*, de 9 de febrero de 2012, y *Alekseyev v. Rusia*, de 21 de octubre de 2010.

48 Sentencia del TEDH *E.B. v. Francia*, de 22 de enero de 2008.

49 Sentencia del TJUE *Coman*, de 5 de junio de 2018, y *V.M.A*, de 14 de diciembre de 2021.

50 Sentencia del TEDH *Taddeucci y McCall v. Italia*, de 30 de junio de 2016.

51 Nos referimos a Estados como Polonia, Hungría o Rusia. Ya en el 2013 la Asamblea Parlamentaria del Consejo de Europa, aprobó la resolución 1948 (2013) y la Recomendación 2021 (2013), en las que expresamente afirma su preocupación por la situación en estos países, haciendo especial énfasis en el caso de Rusia, que acumulaba condenas por vulneración de los derechos humanos en base a la diversidad sexual o de género. Sobre la política de represión de la diversidad sexual en estos países, ver JOHNSON, O. "'Homosexual Propaganda' Laws in the Russian Federation: Are They in Violation of the European Convention on Human Rights?", *Russian Law Journal*, nº 5, 2015; ULITZ, R. "Lessons from Sexual Orientation Discri-

3. LA REGULACIÓN EN ESPAÑA

El 1 de marzo de 2023 se publicó la Ley 4/2023, de 28 de febrero, para la igualdad real y efectiva de las personas trans y para la garantía de los derechos de las personas LGTBI[52]. Esta norma, que ha sido objeto de muy importantes debates sociales, viene a recoger algunas reclamaciones históricas del colectivo trans[53], junto con la necesidad de adecuación de nuestro ordenamiento jurídico tanto a las exigencias derivadas de nuestros compromisos internacionales, como a los avances normativos y jurisprudenciales que ya se venían sucediendo.

Antes de entrar en el análisis de esta norma, conviene señalar un elemento de nuestro sistema que va a resultar muy relevante para entender la situación en la que nos encontramos: la descentralización territorial del Estado, que junto con la consideración del desarrollo del derecho a la igualdad y no discriminación como materia de competencia concurrente, nos lleva a enfrentarnos a una compleja configuración de diversas normas, cuyos perímetros y ámbitos de actuación añaden dificultades para entender la regulación en esta materia.

Así, asistimos a una pluralidad de normas autonómicas, que han atendido gran parte de las reivindicaciones del colectivo,

---

mination in Central Europe", *American Journal of Comparative Law*, nº 1, 2012, pp. 235 ss.

52 Ley que ha sido objeto de un recurso de inconstitucionalidad del grupo parlamentario de Vox, y que aún no ha sido resuelto.

53 Ver SALAZAR BENÍTEZ, O. "¿Existe un derecho a la identidad sexual?, *Anuario de la Facultad de Derecho, Universidad de Alcalá XIV*, 2021, pp. 71-102. En perspectiva comparada, RUBIO MARÍN, R. y OSELLA, S. "El nuevo derecho constitucional a la identidad de género: entre la libertad de elección, el incremento de categorías y la subjetividad y fluidez de sus contenidos. Un análisis desde el derecho comparado", *Revista Española de Derecho Constitucional*, nº 118, 2020, pp. 45-75.

muchas veces con bastante más celeridad que el Estado central, pero que a su vez han configurado una estructura normativa marcada por las necesidades específicas, sin realizar una labor de reflexión y sistematización regulatoria, que como veremos, tiene consecuencias tanto respecto de la efectividad de las normas, como de la quiebra de la seguridad jurídica.

En efecto, nos encontramos con un entramado regulatorio a nivel autonómico que se resume en un desarrollo normativo en materia de igualdad y no discriminación, que, dependiendo de la Comunidad Autónoma de que se trate, va a realizarse a través de una legislación única, o tratará aspectos relacionados con la identidad sexual, significativamente las reivindicaciones trans, de manera separada.

De este modo, las CCAA que han optado por una ley única, por orden de aprobación de legislación vigente, son: Galicia[54],

---

54 Ley 2/2014, de 14 de abril, por la igualdad de trato y la no discriminación de lesbianas, gays, transexuales, bisexuales e intersexuales en Galicia.

Cataluña[55], Extremadura[56], Murcia[57], Baleares[58], Navarra[59], Cantabria[60] y Castilla-La Mancha[61]. Por su parte, otra serie de CCAA han optado por regular de manera separada la protección contra la discriminación en base a la diversidad sexual y de género, por un lado, y la especificidad relacionada con la identidad y expresión de género por otro. En este grupo se

---

55 Ley 11/2014, de 10 de octubre, para garantizar los derechos de lesbianas, gays, bisexuales, transgéneros e intersexuales y para erradicar la homofobia, la bifobia y la transfobia.

56 Ley 12/2015, de 8 de abril, de igualdad social de lesbianas, gais, bisexuales, transexuales, transgénero e intersexuales y de políticas públicas contra la discriminación por orientación sexual e identidad de género en la Comunidad Autónoma de Extremadura.

57 Ley 8/2016, de 27 de mayo, de igualdad social de lesbianas, gais, bisexuales, transexuales, transgénero e intersexuales, y de políticas públicas contra la discriminación por orientación sexual e identidad de género en la Comunidad Autónoma de la Región de Murcia.

58 Ley 8/2016, de 30 de mayo, para garantizar los derechos de lesbianas, gays, trans, bisexuales e intersexuales y para erradicar la LGTBI fobia.

59 Ley Foral 8/2017, de 19 de junio, para la igualdad social de las personas LGTBI+.

60 Ley 8/2020, de 11 de noviembre, de Garantía de Derechos de las Personas Lesbianas, Gais, Trans, Transgénero, Bisexuales e Intersexuales y No Discriminación por Razón de Orientación Sexual e Identidad de Género.

61 Ley 5/2022, de 6 mayo, de Diversidad Sexual y Derechos LGTBI en Castilla-La Mancha.

encuentran Andalucía[62], Valencia[63], Aragón[64] y Madrid[65]. Por

---

62 Ley 2/2014, de 8 de julio, integral para la no discriminación por motivos de identidad de género y reconocimiento de los derechos de las personas transexuales de Andalucía, y Ley 8/2017, de 28 de diciembre, para garantizar los derechos, la igualdad de trato y no discriminación de las personas LGTBI y sus familiares en Andalucía.

63 Ley 8/2017, de 7 de abril, integral del reconocimiento del derecho a la identidad y a la expresión de género en la Comunitat Valenciana, y Ley 23/2018, de 29 de noviembre, de igualdad de las personas LGTBI.

64 Ley 4/2018, de 19 de abril, de Identidad y Expresión de Género e Igualdad y no Discriminación de la Comunidad Autónoma de Aragón, y Ley 18/2018, de 20 de diciembre, de igualdad y protección integral contra la discriminación por razón de orientación sexual, expresión e identidad de género en la Comunidad Autónoma de Aragón.

65 Ley 2/2016, de 29 de marzo (modificada por la Ley 17/2023, de 27 de diciembre), de protección, igualdad efectiva y no discriminación de las personas transexuales e intersexuales de la Comunidad de Madrid, y Ley 3/2016, de 22 de julio (modificada por la Ley 18/2023, de 27 de diciembre) de protección, igualdad efectiva y no discriminación de las personas LGTBI de la Comunidad de Madrid. Ambas normas han sido modificadas muy recientemente, y no sin importantes reticencias de parte de los colectivos LGBTIQ+, por cuanto suponen estas modificaciones un paso atrás en el reconocimiento de derechos, por ejemplo, eliminando cualquier referencia al concepto de “identidad de género”, para hablar de “transexualidad” o “condición transexual”, y la posibilidad de recibir un trato por parte de las administraciones acorde con la identidad manifestada, independientemente de la cuestión registral, coartando así el derecho a la autodeterminación de género; se exigen de nuevo exámenes psicológicos y evaluaciones psiquiátricas para recibir asistencia especializada a las personas trans; se elimina además el conjunto de medidas destinadas a los planes educativos y la formación del personal docente, junto con la prevención del acoso escolar por causa de diversidad sexual y de género. Por otra parte, tanto el Defensor del Pueblo, como el Gobierno central, han planteado recursos de inconstitucionalidad, por vulneración de derechos fundamentales y del reparto competencial entre Estado y

último, algunas CCAA han optado solo por regular las necesidades vinculadas a la identidad y expresión de género. Es el caso del País Vasco[66], Canarias[67] y La Rioja[68]. Dos comunidades autónomas no tienen legislación propia en esta materia, ni genérica, ni referida solo al colectivo vinculado con la identidad sexual: Castilla y León, que no parece que vaya a desarrollar normativa en este ámbito en un lapso temporal próximo, y Asturias, que tiene un anteproyecto de ley en trámite, pero cuya aprobación no se producirá muy probablemente hasta como mínimo 2025.

Lo primero que conviene resaltar es que la Ley estatal de 2023 se configura como ley básica en esta materia, como así lo establece su disposición final decimoctava, al ampararse en la competencias exclusivas atribuidas al Estado a través del artículo 149 de la Constitución Española, para la regulación de las condiciones básicas que garanticen la igualdad de todos los españoles en el ejercicio de los derechos y en el cumplimiento de los deberes constitucionales, y otras materias enumeradas en el mismo artículo. Además, la disposición adicional cuarta de esta Ley establece la aplicación supletoria de la Ley 15/2022, de 12 de julio, integral para la igualdad de trato y la no discriminación.

---

la Comunidad Autónoma de Madrid de determinados preceptos, lo que ha supuesto la suspensión cautelar de los preceptos impugnados por el Gobierno central.

66 Ley 14/2012, de 28 de junio, de no discriminación por motivos de identidad de género y de reconocimiento de los derechos de las personas transexuales.

67 Ley 2/2021, de 7 de junio, de igualdad social y no discriminación por razón de identidad de género, expresión de género y características sexuales.

68 Ley 2/2022, de 23 de febrero, de igualdad, reconocimiento a la identidad y expresión de género y derechos de las personas trans y sus familiares en la Comunidad Autónoma de La Rioja.

De todo este entramado regulatorio se pueden extraer algunas consideraciones: para empezar, la dificultad práctica de la identificación de la norma aplicable al supuesto concreto. Es cierto que en el plano teórico pareciera relativamente sencillo establecer los marcos de actuación de cada norma: competencias concurrentes y compartidas, en cuanto a la actividad regulatoria del Estado y las Comunidades Autónomas, y principios de supletoriedad, especialidad y prevalencia, en su aplicación[69]. Sin embargo, las dificultades son crecientes, ya que se trata de normas con vocación de aplicación tanto a la actividad de la administración pública como a las relaciones interpersonales, no necesariamente entre solo el personal al servicio de la administración y la ciudadanía, sino también entre personas privadas entre sí (véase la regulación en el ámbito del trabajo, por ejemplo). Y de esta manera, nos encontramos con normas de distinto calado, con obligaciones legales diferentes, y con regímenes administrativos sancionadores distintos que pueden aplicar sobre la misma situación controvertida. Por otro lado, incluso si el ámbito competencial está bien definido, en el caso de Comunidades Autónomas con doble regulación diferenciada en base a la orientación sexual y a la identidad de género, también asistimos a problemas de identificación de la norma aplicable, por cuanto no siempre es fácil definir si una situación concreta se enmarca en una norma o la otra (piénsese en

---

69 Sobre esta cuestión, específicamente vinculada con la igualdad de trato y no discriminación, ver SEIJAS VILLADANGOS, E., "La necesaria dimensión autonómica de la Ley 15/2022, de 12 de julio, Integral para la Igualdad de Trato y la no Discriminación", *IgualdadES*, nº 9, 2023, pp. 45-77, en la que se incide particularmente en la centralidad de la colaboración entre el Estado y las Comunidades Autónomas para un correcto entendimiento de la dimensión territorial del derecho a la no discriminación en nuestra estructura constitucional.

la discriminación basada en características sexuales o expresiones de género).

Y así, asistimos a una superposición normativa que lejos de otorgar mayores niveles de protección, parece enmarañar la cuestión[70] hasta hacer inviables en buena medida algunas de las exigencias legales, convirtiendo a las normas en meras declaraciones de intenciones, y provocando una situación de inseguridad jurídica difícilmente justificable. Uno de los elementos que tiene que ver con el estado actual de cosas, aunque no es el único, es la centralidad de la protección antidiscriminatoria en el reconocimiento de los derechos LGBTIQ+.

4. PROHIBICIÓN DE DISCRIMINACIÓN

Verdaderamente, tanto en el plano internacional, en el que uno de los grandes hitos va a ser precisamente la apertura de la prohibición de discriminación a los motivos de orientación sexual e identidad de género, como en el plano doméstico, con la aprobación de multitud de normas de protección de la igualdad y la prohibición de discriminación del colectivo LGBTIQ+, buena parte de la protección de la diversidad sexual y de género tiene su origen en la prohibición de discriminación.

Es indiscutible el efecto expansivo que esta protección otorga en relación con otros derechos sustantivos[71], pero empieza

---

70 Y ello a pesar de compartir la apreciación de que "en nuestro Estado descentralizado las comunidades autónomas son cooperadores necesarios y protagonistas activos en la lucha contra la discriminación", y que la interacción del desarrollo normativo en estos dos ámbitos permite un mayor desarrollo de los niveles de protección antidiscriminatoria. SEIJAS VILLADANGOS, E., "La necesaria dimensión...", *op. cit.*, en p. 61.

71 De esta manera *"el viejo principio de no discriminación, considerado como mero apéndice del principio de igualdad, se ha convertido en un derecho*

a ser también compleja y casi obstaculizadora, la manera en que se está desarrollando su aplicación. Varios son los elementos a tener en cuenta: para empezar, los actores hacia los que la prohibición de discriminación se dirige. Y ello porque no tiene las mismas características la apelación a la actuación del poder público, en su despliegue de política públicas, que la regulación de las relaciones interpersonales, incluso si una de las partes de estas relaciones es personal al servicio de la administración pública[72].

En efecto, la aprobación de normas de carácter esencialmente programático permite el desarrollo de criterios orientados a la actuación de la administración pública con un contenido más preciso o técnico. Y aquí conviene detenerse en las

---

fundamental consagrado a nivel constitucional y a nivel europeo", RODRÍGUEZ-PIÑERO BRAVO FERRER, M., "Los contornos de la discriminación", *Temas Laborales*, nº 162, 2022, pp. 11-18, en p. 12. En el mismo sentido se expresa, por ejemplo, el Comité de Derechos Humanos cuando dice que "*el concepto de moral se deriva de muchas tradiciones sociales, filosóficas y religiosas; por consiguiente, las limitaciones impuestas con el fin de proteger la moral deben basarse en principios que no se deriven exclusivamente de una sola tradición. Estas limitaciones han de entenderse en el contexto de la universalidad de los derechos humanos y el principio de no discriminación*". Observación General del Comité de Derechos Humanos, n. 34, párrafo 32.

72 La Ley 4/2023, *op. cit.*, en su artículo 1 dice: *1. Esta Ley tiene por finalidad garantizar y promover el derecho a la igualdad real y efectiva de las personas lesbianas, gais, trans, bisexuales e intersexuales (en adelante, LGTBI), así como de sus familias. 2. A estos efectos, la Ley establece los principios de actuación de los poderes públicos, regula derechos y deberes de las personas físicas y jurídicas, tanto públicas como privadas, y prevé medidas específicas destinadas a la prevención, corrección y eliminación, en los ámbitos público y privado, de toda forma de discriminación; así como al fomento de la participación de las personas LGTBI en todos los ámbitos de la vida social y a la superación de los estereotipos que afectan negativamente a la percepción social de estas personas.* En el mismo sentido se expresan muchas de las leyes autonómicas sobre esta materia.

causas o motivos de discriminación. Ya hemos visto, en la exposición de los Principios de Yogyakarta y su ampliación *supra*, cómo se ha producido una evolución de los criterios de protección antidiscriminatoria, evolución basada tanto en el cambio de las reivindicaciones del colectivo, como en las aportaciones doctrinales de distintas disciplinas[73].

El ámbito del Derecho no ha sido ajeno a esta evolución, y así, las primeras sentencias internacionales de reconocimiento de los derechos del colectivo utilizaban términos como homosexualidad o transexualidad[74]. La plasmación en normas escritas llega con la terminología de la orientación sexual, que pronto se aprecia reduccionista, al no incorporar la idea de identidad sexual. Más adelante se reivindica también la identidad de género[75] como diferente a la puramente sexual. Toda esta evolución no es más que el reconocimiento de las reivindicaciones de los colectivos LGBTIQ+, que van transformando su propio discurso político, desde una incipiente reclamación de los hombres homosexuales, (si miramos a los primeros in-

---

73 Ver sobre esta evolución MARTÍNEZ DE PISÓN CAVERO, J., "Los derechos de las personas LGBTI: ¿hacia un derecho a la orientación sexual y la identidad de género?", *Cuadernos Electrónicos de Filosofía del Derecho*, nº 42, 2020.

74 Por ejemplo, la sentencia *Dudgeon, op.cit.*, que habla constantemente de homosexualidad; Sentencia *B v. Francia*, de 25 de marzo de 1992, Series A, nº 232-C, que se refiere solo a la transexualidad; Recomendación 1117 de 29 de septiembre de 1989 de la Asamblea Parlamentaria del Consejo de Europa, relativa a la condición de los transexuales.

75 Ya aparece así recogida por ejemplo en la Resolución 1728 (2010) de la Asamblea Parlamentaria del Consejo de Europa, adoptada el 29 de abril de 2010, y titulada "Discriminación por motivo de orientación sexual e identidad de género" o en la Recomendación CM/Rec(2010)5 del Comité de Ministros a los Estados miembros sobre las medidas para combatir la discriminación por motivos de orientación sexual o identidad de género, aprobada el 31 de marzo de 2010.

tentos de defensa de la diversidad sexual y de género, éstos estaban fundamentalmente orientados a la protección de la homosexualidad masculina[76]) para adquirir más fuerza con la inclusión de las lesbianas y las personas transexuales (en principio, predominantemente mujeres transexuales) y seguir aumentando su base de acción a medida que nuevas realidades vinculadas con la diversidad sexual han ido encontrando su altavoz. Sin embargo, la pregunta que debemos formular es si estas reivindicaciones de integración en la protección antidiscriminatoria han estado bien articuladas en el plano jurídico. Y la respuesta es negativa, por cuanto se confunden planos de actuación y se regulan situaciones con un grado de detalle difícilmente compatible con la protección que se pretende conseguir.

Como decíamos, cuando se trata de instar a las administraciones públicas a actuar en un determinado sentido, la concreta definición de los factores a tener en cuenta no solo es posible, sino más que acertada, ya que el legislador identifica con precisión el sentido de las políticas públicas que se pretenden. Así, la definición de distintas y variadas formas de vivir la orientación sexual y la identidad de género y sexual adquiere plena relevancia, por cuanto de esta diversidad se extraen distintas necesidades en relación a la actuación administrativa (piénsese, por ejemplo, en las diferencias de aproximación a la situación de las personas intersexuales y de las personas trans).

---

[76] En Alemania asistimos a la creación en los primeros años del siglo XX, de organizaciones como el *Comité Científico y Humanitario* y el *Instituto para la Investigación Sexual* (*Institut Für Sexualwissenschaft*), fundadas ambas por el abogado Magnus Hirschfeld, la *Comunidad de los Propios (Gemeinschaft der Eigenen)*, creada en 1903 por Adolf Brand, o la *Asociación de la Amistad Alemana*, surgida en los años 20 de la mano de Hans Kahnert. Estos primeros intentos fueron seguidos en otros países, como el Reino Unido, en el que se creó a principios del siglo XX la *British Society for the Study of Sex Psychology*.

De este modo, la impronta técnica en esta materia resulta imprescindible, y conceptos como “expresión de género” o “características sexuales”, además de la nuclear diferenciación entre sexo y género, permiten la modulación de la respuesta jurídica y el aseguramiento de un tratamiento normativo particularizado.

Sin embargo, esta misma identificación de los concretos motivos protegidos contra la discriminación se convierte en un obstáculo cuando de lo que se trata es de regular la relación entre personas, sean éstas particulares o se trate de la relación entre el personal al servicio de la administración pública y la ciudadanía en general[77]. Y ello, por cuanto en las relaciones interpersonales en este contexto, el desconocimiento de la realidad LGBTIQ+ es más que notorio, de modo que pretender identificar una concreta causa de discriminación en estos entornos, una especie de discriminación atomizada, no solo no aporta en principio mayores cotas de protección, sino que entorpece la puesta en práctica de las medidas deseadas. Así, cuando nos encontramos en este escenario, la descripción de la causa de discriminación debe necesariamente ser más amplia, más inclusiva de realidades distintas. Por ello, sería deseable que en este tipo de regulación antidiscriminatoria, la que tiene que ver con relaciones concretas entre personas físicas, se

---

77 Somos conscientes, a pesar de todo, de la importancia del Derecho como instrumento de transformación social, no solo desde la regulación, sino también desde la percepción de los cambios sociales. Sobre esto, ver DIÉGUEZ MÉNDEZ, Y., “El Derecho y su correlación con los cambios de la sociedad”, *Derecho y Cambio Social*, año 8, nº 23, 2011, pp. 1-28; TORRES ORTEGA, I.C., “Apología del Derecho y transformación social”, *Doxa. Cuadernos de Filosofía del Derecho*, nº 46, 2023, pp. 403-415; ATIENZA, M. *Filosofía del Derecho y Transformación Social*, Trotta, Madrid, 2017.

adoptara la terminología de la diversidad sexual y de género[78], sin necesidad de identificar la particular causa detallada de discriminación de que se trate.

El segundo elemento a tener en cuenta en el análisis de cómo la cláusula de prohibición de discriminación se está aplicando en esta materia, tiene que ver con la definición de lo que se considera discriminación, los distintos tipos de discriminación que se contemplan. Vinculado con la reflexión anterior, de nuevo conviene identificar a quién va dirigida la regulación, por cuanto en base a este elemento, será necesario acudir a distintas fórmulas de prohibición de discriminación. En este caso, además, asistimos a la posición contraria respecto de los motivos de discriminación. Si en relación a éstos, consideramos más eficaz englobar los motivos en una terminología única en las relaciones interpersonales, y definirlos muy claramente para el llamamiento a la acción de la administración pública, cuando se trata de los tipos de discriminación, la concreción de los mismos se hace necesaria precisamente en las relaciones interpersonales, y no es en absoluto tan perentoria en relación con las políticas públicas.

Para empezar, conviene señalar los tipos de discriminación a los que estamos haciendo referencia. La Ley 4/2023, en su artículo 3, define los conceptos de discriminación directa[79],

---

[78] Además, empieza a configurarse, quizás, como una terminología más inclusiva, ya que permite la apertura conceptual a realidades que puedan aún no haberse tenido en cuenta.

[79] *Situación en que se encuentra una persona o grupo en que se integra que sea, haya sido o pudiera ser tratada de manera menos favorable que otras en situación análoga o comparable por razón de orientación sexual e identidad sexual, expresión de género o características sexuales.*
Se considerará discriminación directa la denegación de ajustes razonables a las personas con discapacidad. A tal efecto, se entiende por ajustes razonables las modificaciones y adaptaciones necesarias y adecuadas del ambiente físico, social y actitudinal que no impongan una carga desproporcionada

incorporando aquí la denegación de ajustes razonables a las personas con discapacidad, discriminación indirecta[80], discriminación múltiple e interseccional[81], acoso discriminatorio[82], discriminación por asociación[83] y discriminación por error[84],

---

o indebida, cuando se requieran en un caso particular de manera eficaz y práctica, para facilitar la accesibilidad y la participación y garantizar a las personas con discapacidad el goce o ejercicio, en igualdad de condiciones con las demás, de todos los derechos.

80 *Se produce cuando una disposición, criterio o práctica aparentemente neutros ocasiona o puede ocasionar a una o varias personas una desventaja particular con respecto a otras por razón de orientación sexual, e identidad sexual, expresión de género o características sexuales.*

81 *Se produce discriminación múltiple cuando una persona es discriminada, de manera simultánea o consecutiva, por dos o más causas de las previstas en esta ley, y/o por otra causa o causas de discriminación previstas en la Ley 15/2022, de 12 de julio, integral para la igualdad de trato y la no discriminación. Se produce discriminación interseccional cuando concurren o interactúan diversas causas comprendidas en el apartado anterior, generando una forma específica de discriminación.*

82 *Cualquier conducta realizada por razón de alguna de las causas de discriminación previstas en esta ley, con el objetivo o la consecuencia de atentar contra la dignidad de una persona o grupo en que se integra y de crear un entorno intimidatorio, hostil, degradante, humillante u ofensivo.*

83 *Existe discriminación por asociación cuando una persona o grupo en que se integra, debido a su relación con otra sobre la que concurra alguna de las causas de discriminación por razón de orientación e identidad sexual, expresión de género o características sexuales, es objeto de un trato discriminatorio.*

84 *La discriminación por error es aquella que se funda en una apreciación incorrecta acerca de las características de la persona o personas discriminadas.*

medidas de acción positiva[85] e inducción, orden o instrucción de discriminar[86].

Pues bien, si atendemos al contenido de los distintos tipos de discriminación posibles, resulta evidente que han sido concebidos para hacer frente a situaciones muy distintas. Y así, mientras que el concepto de discriminación indirecta tiene que ver mucho más con la actividad regulatoria de la administración pública, y en menor medida con la relación entre privados (por ejemplo en el ámbito de las relaciones de trabajo, el contenido de los convenios colectivos, las distintas medidas de responsabilidad social de las empresas), y las medidas de acción positiva son fundamentalmente un mandato al poder público para que regule en este sentido, la prohibición de discriminación directa, afortunadamente, parece solo encontrar su campo de acción en las relaciones entre privados (no parece factible, al menos en el actual estado de cosas, que la administración pública ejerza su actividad regulatoria de esta manera). Lo mismo cabe decir de la idea de acoso discriminatorio, la discriminación por asociación y por error, y la inducción, orden o instrucción de discriminar, cuyo contenido solo es aplicable a relaciones interpersonales, y no al desarrollo de políticas públicas a través de la capacidad regulatoria. En sentido contrario, cuando se trata de aplicar el concepto de discriminación múltiple e interseccional, nuestra posición, en coherencia con

---

85 *Diferencias de trato orientadas a prevenir, eliminar y, en su caso, compensar cualquier forma de discriminación o desventaja en su dimensión colectiva o social. Tales medidas serán aplicables en tanto subsistan las situaciones de discriminación o las desventajas que las justifican y habrán de ser razonables y proporcionadas en relación con los medios para su desarrollo y los objetivos que persigan.*

86 *Es discriminatoria toda inducción, orden o instrucción de discriminar por cualquiera de las causas establecidas en esta ley. La inducción ha de ser concreta, directa y eficaz para hacer surgir en otra persona una actuación discriminatoria.*

lo dicho respecto de una concepción atomizada de las causas de discriminación, es que estamos ante un mandato a la administración pública para que incorpore una visión transversal e integradora de la posición social de las personas a las que debe proteger, de modo que se tengan en cuenta las distintas y conectadas causas de discriminación que pueden confluir en la situación vital de la ciudadanía. Supondría un obstáculo mayúsculo exigir una tal identificación de causas de discriminación en la protección frente a la acción individualizada de otra persona, sea ésta un particular o personal al servicio de la administración pública, o incluso frente a la acción de jueces y tribunales.

En definitiva, se trata de identificar distintos planos de actuación de la tutela antidiscriminatoria, en base a las distintas posiciones que tiene el poder público (y también, en muchos casos, organizaciones como las empresas, los medios de comunicación, etc.), en su condición de articulador e impulsador de normas y políticas públicas, y los particulares, en sus interacciones (incluyendo aquí al personal al servicio de la administración pública).

Si se quiere ver desde otro punto de vista, lo que tratamos de incorporar al análisis es la tradicional distinción entre el contenido de la norma y la aplicación de la misma, en relación no solo a un principio general de igualdad, sino en su vertiente de prohibición de discriminación. De este modo, algunos tipos específicos de discriminación operan casi exclusivamente respecto del contenido de las normas, sea este contenido expresamente discriminatorio o tenga como consecuencia discriminaciones de grupos específicos (estaríamos aquí hablando de discriminación indirecta). Y operan, en este sentido, desde la doble vertiente de reconocimiento de derechos y de mandato de actuación al poder público (sea la administración pública, en su despliegue de políticas públicas y de desarrollo regulatorio, sea al Poder Judicial, en la interpretación de las normas). Sin embargo, hay tipos específicos de discriminación que solo se entiende que pueden desplegar sus efectos en las relaciones interpersonales, y cuya prohibición pretende evitar la negación de derechos en base a prejuicios, valores no consentidos en términos de derechos fundamentales, y posicionamientos ideológicos contrarios a la dignidad humana. Y así, la prohibición de discriminación directa, por error o por asociación, la incitación a la discriminación, o el acoso discriminatorio, adquieren su pleno sentido en estas situaciones, y son aplicables tanto a las relaciones entre particulares, como de éstos con los servidores públicos, incorporando aquí a jueces y magistrados en su aplicación de las normas al caso concreto (y sí, se ven compelidos en un doble sentido, en el entendimiento del contenido de la norma, y en la aplicación conforme a la misma al caso concreto).

Solo así se hace compatible la adaptación del concepto de discriminación a las exigencias de respeto de la libertad, la igualdad y la dignidad de los colectivos concernidos, con una efectiva puesta en práctica de la tutela antidiscriminatoria en el sentido más clásico del término.

Pudiera entenderse que la cuestión que aquí se plantea tiene connotaciones más teóricas que prácticas, y sin embargo, cuando descendemos al terreno de la aplicación de las leyes que reconocen los derechos del colectivo LGBTIQ+, observamos la importancia de la clarificación conceptual, sobre todo, aunque no solo, respecto de las consecuencias que la violación de estos derechos puede tener.

5. EFECTIVIDAD DE LA PROTECCIÓN JURÍDICA DEL COLECTIVO LGBTIQ+

En vista de lo dicho hasta ahora, varios son los asuntos que merecen ser identificados en el análisis de la efectividad[87] de todo el entramado normativo al que asistimos. Por un lado, la complejidad del sistema: efectivamente, en un ordenamiento jurídico conformado por importantes cotas de descentralización, tanto internas, en el reparto competencial territorial hacia las Comunidades Autónomas, como externas, en la asunción de espacios de decisión por parte de la Unión Europea, y conformado también por la paulatina internacionalización de muchas materias, pretender que el sistema sea simple es una quimera. Sin embargo, precisamente por la creciente complejidad a la que asistimos, es por lo que es absolutamente imprescindible prestar especial atención a la calidad técnica de las normas que se aprueban.

---

87 Sobre el significado de este término, "la efectividad implica el reconocimiento y acatamiento de la norma por parte de los sujetos obligados a su cumplimiento; la eficacia, por su parte, alude a la consecución de las finalidades previstas por la norma, puesto que puede suceder que una norma se cumpla sin que se alcancen los objetivos que el legislador pretendía con su promulgación; por último, la eficiencia (palabra derivada del lenguaje económico) se refiere a la maximización de los resultados pretendidos por la norma al mínimo "coste", es decir, con el mínimo sacrificio para otros bienes jurídicos valorados por el legislador. En ocasiones, los términos de "eficacia" y "efectividad" se consideran sinónimos o, curiosamente, se invierten los significados señalados anteriormente", ÁLVAREZ DEL CUVILLO, A., "Una aproximación metodológica al problema de la eficacia de las normas laborales", *Revista de Derecho Social*, nº 59, 2012, p. 54, *apud* DE SOTO RIOJA, S. "La potestad sancionadora de la Administración autonómica en el orden social", Temas Laborales, nº 160, 2021, pp. 275-307, en p. 278.

Esto nos lleva al segundo elemento que conviene señalar, y que no es otro que la deficiente regulación de la potestad sancionadora de la administración pública en esta materia[88]. En efecto, todo lo dicho en el apartado anterior adquiere especial relevancia en este asunto: la atomización de las causas de discriminación, con la consiguiente dispersión normativa en el caso de algunas Comunidades Autónomas, la variedad de conceptos de discriminación sobre los que inciden las conductas prohibidas, la convivencia de regímenes sancionadores sin contornos precisos, y la importante cuantía de las multas previstas, hacen necesaria una revisión en profundidad de esta situación, para adaptarla a unos mínimos criterios de seguridad jurídica y contención de la potestad sancionadora de la administración.

Como ejemplo de esto, podemos analizar la situación de la Comunitat Valenciana, en la que conviven dos leyes de protección del colectivo, como hemos visto *supra*, con dos regímenes sancionadores que, aunque coinciden en buena parte de la regulación de los comportamientos infractores, atribuyen sanciones distintas a los mismos. Así, la ley 8/2017 (de protección del colectivo trans), en su artículo 49 describe las infracciones objeto de sanción, entre las que se encuentran infracciones consideradas graves, como por ejemplo "el uso o emisión de expresiones que inciten a la violencia contra las personas trans o personas allegadas, en la prestación de servicios públicos, en cualquier medio de comunicación, en discursos o intervenciones públicas, o en las redes sociales". Por su parte, la ley 23/2018 (de protección general del colectivo LGTBI), hace lo propio en su artículo sesenta, y considera infracción grave "el uso o emisión de expresiones que inciten a la violencia contra las personas LGTBI o personas allegadas,

---

88 Y que no es una situación que se predique solo de esta materia, haciéndose cada vez más ineludible la necesidad de sistematizar y ordenar esta potestad.

en la prestación de servicios públicos, en cualquier medio de comunicación, en discursos o intervenciones públicas, o en las redes sociales", con una redacción prácticamente idéntica a la ley 8/2017, salvo por la extensión a todo el colectivo LGTBI y no solo a las personas trans[89] (observamos que la segunda regulación engloba a la primera, al incorporar la terminología LGTBI también a las personas trans). Además de la confusión y dispersión que supone mantener una doble regulación sobre las mismas infracciones, la cuestión adquiere mayor relevancia cuando observamos las sanciones que conllevan. Y es que, si se trata de una falta grave en relación a la protección de las personas trans, se sanciona la misma con multa de 3.001 hasta 20.000 euros, con la posibilidad de sanciones accesorias durante 1 año[90]. Mientras tanto, la sanción de las faltas graves en la ley 23/2018 conlleva la imposición de multa de 6.001

---

89 La identificación de las conductas objeto de sanción es muy parecida en ambas leyes, salvo en lo concerniente a la prohibición de realización o difusión de terapias de conversión, que solo se contempla como infracción muy grave en la ley 23/2018, en su artículo 60.4.e). Sobre la licitud de la sanción administrativa de estas conductas, ver PRESNO LINERA, M.A., "El discurso del odio contra las minorías sexuales: respuestas penales y administrativas", en MATIA PORTILLA, F. J., ELVIRA PERALES, A. y ARROYO GIL, A. (dir.) *La protección de los derechos, op.cit.*, pp. 279-312; TOSCANO GIL, F. "Las infracciones administrativas de odio en la Ley LGTBI de Andalucía como herramienta para la protección de la diversidad sexual" en DEL CARPIO DELGADO, J. y HOLGADO GONZÁLEZ, M. *Entre la libertad de expresión y el delito: cuestiones de la parte especial de los delitos de opinión*, Thomson Reuters Aranzadi, Madrid, 2021, pp. 135-168.

90 Establece el artículo 51.2. de la ley 8/2017: "*Las infracciones graves serán sancionadas con multa de 3.001 hasta 20.000 euros. Además, podrán imponerse como sanciones accesorias alguna o algunas de las siguientes:*
a) Prohibición de acceder a cualquier tipo de ayuda pública de la Generalitat por un periodo de un año.
b) Prohibición de contratar con la Generalitat, sus organismos autónomos o entes públicos por un período de un año."

a 60.000 euros, y las sanciones accesorias se prolongan por tres años, e incorporan más tipos[91]. Así, nos encontramos ante la siguiente situación: por una parte, la aplicación del régimen más favorable a la persona infractora, y como consecuencia de ello, la aplicación de una multa que puede ser significativamente diferente en la protección de las personas trans o del resto del colectivo, siendo así más duramente castigada la acción en este último caso. Cabe la opción de aplicar la disposición derogatoria única de la ley 23/2018, y considerar que el régimen sancionador de la ley 8/2017 ha sido sustituido por el de aquella, pero teniendo en cuenta que en general implica un aumento considerable de la cuantía de las multas, y que hablamos de derecho sancionador, hubiera sido claramente deseable una derogación expresa[92], ya que esta profusión legislativa no hace más que contribuir a la confusión en un entramado normativo ya bastante complejo, como estamos viendo. Habría resultado más claro y por tanto habría contribuido a mayor seguridad jurídica, sustituir un régimen de infracciones por otro, de forma expresa.

---

91 El artículo 62.2 de la ley 23/2018 dice que: "*Las infracciones graves serán sancionadas con multa de 6.001 hasta 60.000 euros. Además, podrán imponerse como sanciones accesorias alguna o algunas de las siguientes:*
a) Prohibición de acceder a cualquier tipo de ayuda pública de la Generalitat, por un período de hasta tres años.
b) Prohibición de contratar con la Generalitat, sus organismos autónomos o entes públicos por período de hasta tres años.
c) Inhabilitación temporal, por un período de hasta tres años, para ser titular, la persona física o jurídica, de centros o servicios dedicados a la prestación de servicios públicos.
d) Cierre o suspensión temporal del servicio, actividad o instalación hasta tres años."

92 Como ocurre en el caso de Aragón, en el que el régimen de infracciones administrativas ha sido expresamente igualado a través de la disposición final cuarta de la ley 18/2018 (respecto de la ley 4/2018), visto *supra*.

Un segundo ejemplo, lo constituía la Comunidad de Madrid, en la que convivían la Ley 2/2016, de 29 de marzo (modificada por la Ley 17/2023, de 27 de diciembre), de protección, igualdad efectiva y no discriminación de las personas transexuales e intersexuales de la Comunidad de Madrid, y la Ley 3/2016, de 22 de julio (modificada por la Ley 18/2023, de 27 de diciembre) de protección, igualdad efectiva y no discriminación de las personas LGTBI de la Comunidad de Madrid. Pues bien, cada una de estas normas creaba, hasta su modificación de 2023, un régimen de infracciones administrativas, en muchos de sus extremos prácticamente idéntico, mientras que en otros resultaba contradictorio[93]. Esta situación ha sido solucionada en este caso con una remisión genérica a la Ley 4/2023, derogando expresamente los regímenes sancionadores de las leyes autonómicas, que supone una importante mejora en términos de claridad y seguridad jurídica[94].

Pero, como ya hemos indicado, la cuestión no solo tiene que ver con los motivos protegidos frente a la discriminación, sino que extiende sus consecuencias también al propio acto discriminatorio, que cuando no viene expresamente definido, crea situaciones muy difícilmente sustentables. Volviendo al ejemplo de la Comunitat Valenciana, sus dos leyes ya vistas definen como infracción grave "la realización de actos o la imposición de disposiciones o cláusulas en los negocios jurídicos que

93 Ver la redacción original de los art. 70. 2. a) de la ley 3/2016 y art.51.3. B) de la ley 2/2016 (ambos suprimidos por las modificaciones de 2023): ¿era el uso de expresiones vejatorias que inciten a la violencia contra las personas trans una infracción leve o una grave?

94 Por cuanto acaba con las contradicciones antes expuestas, no se debe extraer de esta afirmación una preferencia por la capacidad sancionadora de la administración central frente a la autonómica, puesto que no es ésta la posición de este trabajo.

constituyan o causen discriminación"[95]. No se explicita qué tipo de discriminación, y por tanto podría tratarse también de la discriminación indirecta, un tipo de discriminación no tan evidente, que muchas veces se aplica a situaciones socialmente consolidadas que perpetúan las discriminaciones, pero cuyas consecuencias en este sentido no son fácilmente apreciables o predecibles. Sancionar a particulares por la comisión de una infracción grave en razón del carácter de discriminación indirecta de una cláusula contractual, resulta cuanto menos llamativo. Tanto es así, que la ley 4/2023 define esta infracción como "la realización de actos o la imposición de disposiciones o cláusulas en los negocios jurídicos que supongan, directa o indirectamente, un trato menos favorable a la persona por razón de su orientación o identidad sexual, expresión de género o características sexuales en relación con otra persona que se encuentre en situación análoga o comparable"[96]. Se trata de una remisión a un concepto de discriminación directa, aunque introduce la idea de que pueda producir un trato menos favorable de manera indirecta, lo que hace albergar dudas sobre el tipo de discriminación que se sanciona. Sin embargo, la introducción de elementos de comparación individualizados (otra persona que se encuentre en situación análoga o comparable), lo que sí hace es al menos alejar del tipo infractor la consideración de los colectivos en su conjunto, la necesidad de conocer la situación de éstos a través, por ejemplo, de estadísticas o estudios sobre la materia, lo que reduce la extensión de la aplicación de la norma en este caso.

---

95 En la ley 8/2017, dice "*que constituyan o causen discriminación por razón de la identidad o expresión de género*" (art. 49.3.d.); mientras que en la ley 23/2018 se indica "*que constituyan o causen discriminación por razón de orientación sexual, identidad de género, expresión de género, desarrollo sexual o grupo familiar*" (art. 60.3.d.).

96 Ley 4/2023, *op.cit*, artículo 79.3.b.

Por último, y a pesar de que la imposición de las multas tiene en cuenta cuestiones como la intencionalidad o la necesidad de que la cuantía tenga un efecto represor (por cuanto a la persona infractora no le resulte más beneficioso el abono de la multa que la comisión de la infracción), no se contempla, por ejemplo, la capacidad económica de quien comete la infracción, en una deriva de la potestad sancionadora de la administración pública[97], que no es solo predicable del tema que aquí nos ocupa, pero que está de hecho suponiendo una importante diferencia en la intensidad de la sanción en base al patrimonio, perjudicando notablemente a quienes tienen menores niveles de renta.

6. CONCLUSIÓN

La regulación internacional y nacional de las cuestiones que tienen que ver con la diversidad sexual y de género es un importante ejemplo de formulaciones legales que están trayendo consecuencias muy beneficiosas, no solo para el colectivo afectado, sino en relación a la posición de los derechos fundamentales y de la prohibición de discriminación en los ordenamientos y sistemas jurídicos. Sin embargo, también está sirviendo para la detección de disfunciones que, de nuevo, no solo afectan a esta materia, pero que a través de su estudio se observan en toda su extensión. Así, la configuración del contenido de las normas, en las que se mezclan mandatos a los poderes

---

97 Indica De Soto que "la actividad administrativa de carácter sancionador se ha extendido hasta límites objetivos hasta hace poco insospechados". DE SOTO RIOJA, S. "La potestad sancionadora... *op. cit,* en p. 280. Sobre esto, ver LASABAGASTER HERRARTE, I., "Constitución, derecho penal y límites de la potestad sancionadora de la administración", *Revista española de Derecho Administrativo,* nº 193, 2018, pp. 23-56.

públicos con la regulación de las relaciones interpersonales, la atomización de las causas de prohibición de discriminación y su impacto negativo en la consecución de medidas de protección eficaces, y los excesos y contradicciones del desarrollo de la potestad sancionadora de la administración pública, ponen el acento en la necesidad de reflexionar y desarrollar mejores mecanismos de técnica legislativa que estén a la altura de los importantes retos que las sociedades democráticas, diversas y transnacionales exigen.

Capítulo IV

Trabajo decente y derechos de las personas LGTBI

OLGA LENZI

Profesora Ayudante Doctora de Derecho del Trabajo y de la Seguridad Social

Universitat de València

Olga.lenzi@uv.es

https://orcid.org/0009-0001-6092-4104

1. INTRODUCCIÓN

El 17 de mayo de 2014, en ocasión del Día Internacional contra la Homofobia, la Transfobia y la Bifobia, el Sr. G. Ryder, Director General de la Organización Internacional del Trabajo (en adelante, OIT), reafirmó "el compromiso de la OIT de promover el trabajo decente para todas las mujeres y los hombres, independientemente de su orientación sexual o su identidad de género" y añadió que este objetivo "solo puede existir en condiciones de libertad y dignidad, lo que implica fomentar la inclusión y la diversidad" y "obliga a luchar contra toda forma de estigmatización y discriminación"[1]. Y, es que, a pesar de los increíbles avances en la lucha por la igualdad de la comunidad LGTBI de las últimas décadas[2], la vulneración flagrante de los derechos humanos de estas personas sigue siendo un problema real y persistente a nivel mundial[3].

En la base de este fenómeno global se encuentran las ideologías dominantes enraizadas en nuestras sociedades a partir de estructuras de poder que privilegian las posiciones de determinados grupos frente a otros[4]: hombre frente a mujer – o cualquier otra categoría o expresión de género –; raza blanca frente al resto de razas; matrimonios frente a parejas de hecho u otras uniones; personas heterosexuales frente a otras orientaciones sexuales, etc. Es, por tanto, el vínculo simbiótico en-

---

1 Extraído de VARIOS, *Orgullo (PRIDE) en el trabajo: un estudio sobre la discriminación en el trabajo por motivos de orientación sexual e identidad de género en Costa Rica*, Documento de Trabajo núm. 1, Oficina Internacional del Trabajo, Ginebra, 2016, p. vii.

2 Gracias a las luchas lideradas por el colectivo, organizaciones no gubernamentales y activistas independientes, sumado a iniciativas concretas emprendidas por Naciones Unidas para visibilizar, denunciar e instar a la acción frente a la violencia y discriminación sufrida por estas personas, se ha convertido en uno de los principales temas de debate social.

3 La Resolución aprobada por el Consejo de Derechos Humanos, de 2 de octubre de 2014, sobre derechos humanos, orientación sexual e identidad de género (A/HRC/RES/27/32), expresa "gran preocupación" por los actos de violencia y discriminación que se cometen contra personas por su orientación sexual e identidad de género en todas las regiones del mundo, pudiendo éstos abarcar desde asesinatos, violaciones y agresiones sexuales, palizas, amenazas, coerción y secuestros.

4 REQUENA MONTES, O., "El Convenio 190 de la OIT y la violencia contra las personas trans", en ALTÉS TÁRREGA, J. A. y YAGÜE BLANCO, S. (Dirs.), *Convenio 190 de la OIT sobre violencia y acoso*, Tirant lo Blanch, Valencia, 2024, p. 198.

tre el patriarcado y la heteronormatividad lo que propicia el rechazo de todo aquello que escapa de lo que tradicional y equivocadamente se ha considerado como "normal"[5].

El odio contra el colectivo LGTBI se manifiesta en formas de violencia, perjuicios, acoso y exclusión en todas las regiones del mundo. La experiencia de esta comunidad demuestra que estas situaciones son omnipresentes, pudiendo manifestarse en el hogar familiar, en la escuela, en los servicios sanitarios, en el acceso a la justicia o la vivienda, en la calle, mientras se viaja o migra, en las cárceles, entre otros muchos entornos[6]. El lugar de trabajo, en cuanto espacio en el que pasamos gran parte de nuestras horas de vigilia, tampoco está exento de ellas. Es más, las personas LGTBI sufren marginación y discriminación a lo largo de todo el ciclo del empleo: desde la educación al acceso al empleo, las condiciones de trabajo y la seguridad en el empleo[7].

Inevitablemente, la reacción habitual de este colectivo ante el eventual riesgo de sufrir situaciones de discriminación en el trabajo es doble[8]: de una parte, el ocultamiento preventivo o negación a fin de evitar dar a conocer su verdadera orientación sexual e identidad de género[9]; y, de otra, la auto segre-

---

5 VARIOS, *ORGULLO (PRIDE) en…*, *op. cit.*, p. 8.

6 VARIOS, *Aprovechar los derechos humanos y la Agenda 2030 para promover los derechos LGTBI,* Instituto Danés de Derechos Humanos, Copenhague, 2020, p. 20.

7 OIT, *Inclusión de las personas lesbianas, gays, bisexuales, transgénero, intersexuales y queer (LGTBIQ+) en el mundo del trabajo: una guía de aprendizaje,* Organización Internacional del Trabajo, Ginebra, 2022, p. 30.

8 Sigo aquí a SÁEZ LARA, C., "Orientación e identidad sexual en las relaciones de trabajo", *Trabajo, Persona, Derecho, Mercado,* núm. 5, 2022, p. 47.

9 De este modo, "(s)e coloca a las personas LGBTI en una disyuntiva perversa en la que deben elegir entre el derecho al trabajo y el derecho a la identidad propia. Incluso se llega a culpar a quienes sufren

gación hacia los denominados "*purple-collar jobs*", es decir, sectores amigables e inclusivos como, por ejemplo, la hostelería, las teleoperadoras o la industria de la moda[10]; situación que, sin embargo, obstaculiza e impide el pleno desarrollo de su personalidad y capacidades sociales y profesionales.

En todo caso, es importante remarcar que la comunidad LGTBI es un grupo muy heterogéneo[11]. Si bien es cierto que prácticamente todas las personas que lo conforman padecen discriminación a lo largo de sus vidas, su manifestación varía en función del colectivo y sus condicionantes personales. En efecto, su vulnerabilidad aumenta considerablemente cuando pertenecen a una minoría racial o étnica o cuando sufren una discapacidad o enfermedad como, por ejemplo, el VIH[12]. En concreto, son las personas *trans*[13] quienes soportan los tratos

---

discriminación con el pretexto de que podrían evitarla ocultándose. Aquí radica uno de los mitos más fuertemente arraigados sobre discriminación laboral contra las personas LGBTI: que pueden elegir no ser discriminadas si fingen adaptarse a las expectativas de la heteronormatividad". *Vid.*, VARIOS, *Orgullo (PRIDE) en…, op. cit.*, pp. 70-71.

10 PARK, A. y MENDOS, L., *FOR ALL: The Sustainable Development Goals and LGBTI People*, Swedish Federation for Lesbian, Gay, Bisexual, Transgender, Queer and Intersex Rights, 2019, p. 22.

11 Tan heterogéneo que CABEZA PEREIRO, J. y LOUSADA AROCHENA, J. F., *El derecho fundamental a la no discriminación por orientación sexual e identidad de género en la relación laboral*, Bomarzo, Albacete, 2014, p. 13, lo describen como un "macro-colectivo", pues agrupa grupos muy diferentes entre sí.

12 Sobre la discriminación interseccional y sus efectos en el disfrute de un trabajo decente, *vid.*, VARIOS, "Access to decent and meaningful work in a sexual minority population", *Journal of Career Assessment*, vol. 27, núm. 3, 2019, pp. 408-421.

13 El término genérico *trans* engloba a las personas transexuales, es decir, quienes han concluido la transición hacía el género deseado; las personas transgénero, esto es, quienes no se identifican con el sexo

más humillantes, hasta el punto de que, en el ámbito laboral, afrontan mayores interrupciones y vicisitudes en sus carreras profesionales, viéndose, en ocasiones, abocadas a prestar servicios en la economía informal u ocupaciones altamente desprotegidas como es la prostitución[14].

Sobre la base del indiscutible déficit de trabajo decente que afronta este colectivo, en el presente capítulo se abordarán los derechos de LGBTI reconocidos en el seno de la OIT y como su respeto y garantía puede contribuir al cumplimiento de la Agenda 2030 y los Objetivos de Desarrollo Sostenible (ODS).

2. LA PROTECCIÓN DE LAS PERSONAS LGTBI EN EL MARCO DE LA OIT

La OIT, como es sabido, se funda en 1919 con el objetivo de elevar las condiciones laborales a nivel mundial. Desde entonces, este organismo ha adoptado un total de 191 convenios y 208 recomendaciones que, en su conjunto, conforman "el *corpus iuris* de la justicia social"[15]. Cierto es que, con carácter general, estas normas internacionales se aplican a todas las personas trabajadoras, salvo que en ellas se especifique expresamente lo contrario; no obstante, la preocupación manifiesta de la OIT por el colectivo de personas LGTBI ha sido cla-

---

que se les asigno al nacer y se hallan en proceso de transición para que su cuerpo se encuentre acorde con su identidad; y, por último, las personas travesti que, a diferencia de las anteriores, se visten con ropas del sexo contrario, pero no desean vivir permanentemente en el género del que se visten. Definiciones extraídas de OIT, *ORGULLO (Pride) en…*, *op. cit.*, p. 7.

14 CABEZA PEREIRO, J. y LOUSADA AROCHENA, J. F., *El derecho fundamental…*, *op. cit.*, p. 21.

15 Expresión de JENKS, W., *Social justice in the law of nations: the ILO impact after fifty years*, Oxford University Press, London, 1970.

ramente tardía[16], pues, como se evidenciará a continuación, durante años, el organismo ha invisibilizado un colectivo de personas necesitado de protección.

2.1. La (in)visibilidad del colectivo LGTBI en la normativa de la Organización

El 4 de junio de 1958, la Conferencia Internacional del Trabajo (CIT) adoptó, en Ginebra, el Convenio núm. 111 OIT sobre discriminación en el empleo y ocupación. Hoy en día, este instrumento no solo constituye uno de los diez convenios calificados como "fundamentales"[17], sino que es, además, uno de los más ratificados[18].

Los Estados ratificantes, en virtud del art. 2 de la norma, tienen la obligación de "formular y llevar a cabo una política nacional que promueva, por métodos adecuados a las condiciones y a la práctica nacionales, la igualdad de oportunidades y de trato en materia de empleo y ocupación, con objeto de eliminar cualquier discriminación a este respecto". Concretamente, dispone el art. 1.1.a) del Convenio que, la discriminación incluye cualquier distinción, exclusión o preferencia basada en motivos de raza, color, sexo, religión, opinión política, ascen-

16 Lo destaca también SÁEZ LARA, C., "Orientación e identidad...", *op. cit.*, p. 45.

17 En un primer momento, estos convenios eran el núm. 87 y el núm. 98, sobre la libertad sindical y la negociación colectiva; el núm. 29 y el núm. 105, sobre el trabajo forzoso; el núm. 100 y el núm. 111, sobre igualdad y no discriminación; y el núm. 138 y el núm. 182, sobre el trabajo infantil. No obstante, en junio de 2022, la CIT ha adoptado una resolución para sumar los convenios núm. 155 y núm. 187, sobre la seguridad y salud en el trabajo, ampliando así a diez el número de convenios fundamentales.

18 A fecha de junio de 2024, de un total de 187 Estados miembros, son 12 los que no lo han ratificado.

dencia nacional u origen social que anule o altere la igualdad de oportunidad o de trato en el empleo y la ocupación.

Como puede apreciarse, no consta en la norma referencia alguna a la orientación sexual o identidad de género como motivo de discriminación. Sin embargo, cabe destacar que, además de los siete motivos prohibidos de discriminación, el Convenio núm. 111, en su art. 1.1. b), prevé la posibilidad de que los Estados miembros, previa consulta con las organizaciones representativas de empleadores y de trabajadores, cuando dichas organizaciones existan, incluyan otros motivos.

Defiende la OIT que la inserción de esta cláusula abierta, dejada al libre arbitrio de los Estados miembros, ha otorgado a la norma la flexibilidad necesaria para abarcar el carácter evolutivo y dinámico de la prohibición de la discriminación y de la promoción de la igualdad[19]. A mi juicio, no obstante, pasados más de sesenta años desde su aprobación, lo más pertinente o, mejor dicho, idílico, hubiese sido efectuar una revisión del Convenio a fin de que éste pudiera prever las nuevas formas de discriminación y adecuarse así, tanto como sea posible, a la realidad política y social actual.

Es más, en línea con esta última propuesta, siguiendo la recomendación de la Comisión de Expertos en Aplicación de Convenios y Recomendaciones (en adelante, CEACR), ya en 1996 se incluyó en el orden del día de la CIT la posibilidad de adoptar un protocolo adicional abierto a ratificación con el propósito de ampliar los motivos de discriminación del art. 1 del Convenio núm. 111 e incluir, junto a los existentes, la edad, la discapacidad, las responsabilidades familiares, el idioma, la

---

[19] THOMAS, C. y WEBER, C., *Documento de información sobre la protección contra la discriminación basada en la orientación sexual, la identidad de género, la expresión de género y las características sexuales* (SOGIESC), Departamento de Normas Internacional del Trabajo, Organización Internacional del Trabajo, Ginebra, 2019, p. 6.

condición matrimonial, la nacionalidad, la posición económica, la orientación sexual, el estado de salud y la afiliación sindical[20]. Lamentablemente, este punto nunca fue seleccionado, perdiéndose así la oportunidad para armonizar el instrumento con las diferentes normas de la OIT y, sobre todo, con otros tratados internacionales relativos a los derechos humanos[21]. En cualquier caso, incluso de haber sido seleccionado, con toda seguridad, la adopción del protocolo no hubiese salido adelante, pues todavía son muchos los países que, hoy por hoy, consideran la promoción de los derechos de las personas LGTBI como algo intolerable[22].

En el año inmediatamente siguiente a la propuesta frustrada, la OIT aprobó la Recomendación núm. 188, de 1997, sobre las agencias de empleo privadas. Junto a la Recomendación núm. 200, de 2010, sobre el VIH y el sida, estos son los únicos instrumentos del organismo que incorporan una mención explícita a la orientación sexual[23]. De todos modos, nótese que,

---

20 *Ibid.*, p. 36.

21 De hecho, la CEACR ofreció dos alternativas: la primera opción, consistía en adoptar una lista de criterios adicionales que ofreciesen a los Estados la posibilidad de aceptarlos de modo discrecional, individualmente o eligiendo entre varios; la segunda, en cambio, tendría como objetivo incorporar en el protocolo un "núcleo duro" de criterios adicionales que necesariamente deberían ser aceptados en el momento de la ratificación del protocolo, completado por otros criterios que podrían ser progresivamente aceptados. *Vid.*, OIT, *Estudio especial sobre la igualdad en el empleo y la ocupación,* Informe III (Parte 4B) presentado en la 86ª reunión de la Conferencia Internacional del Trabajo, Ginebra, 1996, p. 135,

22 Por ejemplo, en 2023, la homosexualidad era objeto de penalización en 67 países del mundo, en algunos de ellos incluso con pena de muerte.

23 En concreto, el numeral 9 de la Recomendación núm. 188 señala que "se debería prohibir, o impedir con otras medidas, a las agencias de empleo privadas que formulen o publiquen anuncios de

además de omitir toda alusión a la identidad de género, se trata de recomendaciones, es decir, instrumentos que no requieren de ratificación y tampoco tienen, por definición, carácter vinculante, dado que se limitan a ampliar los estándares mínimos introducidos por convenios y proporcionar orientación a los Estados miembros sobre el desarrollo legislativo, la política laboral o la acción nacional.

Así pues, no es hasta comienzos del presente siglo, prácticamente junto a la adopción de los Principios de Yogyakarta[24], que la discriminación por estos motivos comienza a ser incorporada en las actividades de investigación e informes de la OIT. Particularmente, el informe global de 2007, presentado con arreglo al seguimiento de la Declaración de la OIT relativa a los principios y derechos fundamentales en el trabajo de 1998, analiza, a modo de "novedad", la discriminación basada en la orientación sexual – obviando, nuevamente, la identidad de género –, en la medida en que, ésta "resulta cada vez más preocupante en un número creciente (…) de países"[25].

---

puestos vacantes o de ofertas de empleo que tengan como resultado, directo o indirecto, la discriminación fundada en motivos de raza, color, sexo, edad, religión, opinión política, ascendencia nacional u origen social, origen étnico, discapacidad, situación conyugal o familiar, orientación sexual o afiliación a una organización de trabajadores". La Recomendación núm. 200, en cambio, destaca en el numeral 14.e) la importancia de "promover la participación y el empoderamiento de todos los trabajadores, independientemente de su orientación sexual y de que pertenezcan o no a un grupo vulnerable".

24 Se remite al capítulo de esta obra dedicado a estos Principios, a cargo de la Prof. Alicia Rivas Vañó.

25 OIT, *La igualdad en el trabajo: afrontar los retos que se plantean,* Informe I(B), presentado en la 96.ª reunión de la Conferencia Internacional del Trabajo, Ginebra, 2007, p. 3.

Desde entonces, la CEACR ha venido prestando una mayor atención al asunto, constatando, en su estudio de 2012, una clara tendencia entre los Estados miembros a incluir la orientación sexual y la identidad de género como motivo adicional de discriminación en sus garantías constitucionales y en sus disposiciones legislativas relativas a la igualdad, lo que, sin duda, es fruto de una mayor concienciación sobre la necesidad de garantizar la igualdad de oportunidades y de trato y la no discriminación de las personas LGTBI[26].

De hecho, aunque el reciente Convenio núm. 190, de 2019, sobre violencia y acoso parece reducir, en una primera aproximación, su aplicación a la violencia y acoso *por razón de sexo o género*[27]; no cabe duda de que en la protección dispensada por la norma también tienen cabida el resto de causas de discriminación, incluyendo la orientación sexual y la identidad de género[28]. En efecto, el propio instrumento internacional

---

26 OIT, *Dar un rostro humano a la globalización*, Estudios General sobre los convenios fundamentales relativos a los derechos en el trabajo a la luz de la Declaración de la OIT sobre la justicia social para una globalización equitativa, Informe (Parte 1B), presentado en la 101.ª reunión de la Conferencia Internacional del Trabajo, Ginebra, 2012, p. 367.

27 Artículo 1.b) del Convenio núm. 190 OIT.

28 Explica YAGÜE BLANCO, S., "Convenio núm. 190 de la OIT sobre violencia y acoso: delimitación de su ámbito de aplicación ante la posible ratificación por España", *Revista General de Derecho del Trabajo y de la Seguridad Social,* núm. 57, 2020, pp. 523-525, que la priorización de dichos motivos de discriminación se debe esencialmente a tres motivos: a) la violencia y el acoso afecta principalmente a mujeres dado el histórico tratamiento diferenciado entre ambos sexos; b) el Convenio núm. 190 es el resultado último de una propuesta que tenía como propósito inicial perseguir la igualdad de género como eje esencial del trabajo decente; y, por último, c) la norma internacional toma como punto de partida instrumentos internacionales y supranacionales para la protección de la discriminación y la

emplea en su texto, a modo de expresión alternativa, "las personas de un sexo o género determinado"[29], pues, como aclara la propia OIT, "(l)a violencia de género puede ser ejercida por los hombres o por las mujeres, en perjuicio de unos o de otras, y sus víctimas pueden ser, por ejemplo, hombres con estilos de vida no convencionales en cuanto al género, como los hombres que son homosexuales (*gay*), bisexuales o trans, o que son percibidos como tales"[30].

En definitiva, son evidentes los progresos realizados en la protección jurídica de este colectivo, pero, no se puede negar que, en el seno de la Organización, son todavía excepcionales los instrumentos normativos que reconocen y tutelan expresamente los derechos de este colectivo.

2.2. El trabajo decente como objetivo principal de la OIT

Pese a la aparente apatía de la Organización por este colectivo, ha llegado el momento de romper una lanza a su favor. En efecto, en 1999, el organismo fijó, como su finalidad primordial para el siglo actual, "la disponibilidad de un trabajo decente para los hombres y las mujeres del mundo entero"[31].

---

violencia contra la mujer como, por ejemplo, la Convención sobre la Eliminación de Todas las Formas de Discriminación contra la Mujer de 1979 o el Convenio del Consejo de Europa sobre prevención y lucha contra la violencia contra las mujeres y la violencia doméstica (Convenio núm. 210/2011).

29 De nuevo, artículo 1.b) *in fine* del Convenio núm. 190 OIT.

30 OIT, *Acabar con la violencia y el acoso contra las mujeres y los hombres en el trabajo*, Informe V(1), presentando en la 107.ª reunión de la Conferencia Internacional del Trabajo, Ginebra, 2018, p. 10.

31 OIT, *Trabajo decente*, Memoria del Director General presentada en la 87.ª reunión de la Conferencia Internacional del Trabajo, Ginebra, 1999.

En cuestión de años, la expresión "trabajo decente" ha alcanzado los más altos foros internacionales[32], sin embargo, hoy en día, sigue sin encontrar un consenso unánime. De ahí que, se haya considerado oportuno destinar los apartados sucesivos a indagar, en el siguiente orden, el significado de esta "vaga"[33] noción, su alcance subjetivo, así como sus distintos elementos; para verificar, a posteriori, las dificultades que afronta el colectivo LGTBI en el disfrute del derecho un trabajo decente.

2.2.1. "Trabajo decente": una noción indeterminada

El término "trabajo decente" nace en un momento socioeconómico convulso. La desenfrenada mentalidad competitiva y los constantes cambios económicos surgidos a partir del fenómeno de la globalización y la integración económica mundial comenzó a tener importantes repercusiones en el mundo del trabajo y, consecuentemente, en los derechos de las personas trabajadoras. Esta situación desalentadora supuso por la OIT "proporciones de cataclismo" pues, se había producido una completa desconexión entre lo económico y social[34].

Ante este clima incierto, la Organización reaccionó, lanzando, así, en 1999, el Programa del Trabajo Decente, es decir, una iniciativa institucional cuya finalidad principal era proporcio-

---

32 Tal y como se puede apreciar en el punto 3º de este capítulo, el trabajo decente constituye, actualmente, uno de los 17 ODS de la Agenda 2030 de las Naciones Unidas.

33 Según VARIOS, "The quality of employment and decent work: definition, methodologies and ongoing debates", *Cambridge Journal of Economic*, vol. 38, núm. 2, 2023, pp. 459 y ss., el concepto de trabajo decente es excesivamente ambiguo y omnicomprensivo, lo que obstaculiza enormemente su correcta aplicación práctica.

34 OIT, *Trabajo decente…*, *op. cit.*

nar un "sólido marco social"[35] capaz de actuar como "estándar de adecuación de normativa estatal y colectiva sobre las relaciones laborales"[36].

La Memoria del Director General presentada ante la CIT ese mismo año fue utilizada para exponer dicha iniciativa con mayor detalle. Así pues, en las primeras páginas de este documento se encontraría el objetivo básico de la Organización para el siglo XXI: "(…) promover oportunidades para que los hombres y las mujeres puedan conseguir un trabajo decente y productivo en condiciones de libertad, equidad, seguridad y dignidad humana"[37]. Una meta ciertamente ambiciosa, que debía ser lograda mediante la convergencia de "cuatro objetivos estratégicos": la promoción de los principios y derechos fundamentales en el trabajo; la creación de mayores oportunidades para que hombres y mujeres consigan un empleo e ingresos decentes; la extensión de la cobertura y eficacia de la protección social; y, en último lugar, el reforzamiento del tripartismo y el diálogo social; todos ellos cruzados por un quinto eje transversal vinculado con las políticas de igualdad de género[38].

Desde la inserción del término en su discurso oficial, la OIT se ha esforzado por profundizar la base conceptual del trabajo decente[39]. En su primer – y quizás preliminar – planteamiento

---

35 *Ibid.*

36 Sigo aquí a BAYLOS GRAU, A., "Sobre el Trabajo decente: La formación del concepto", *Derecho y Sociedad*, núm. 46, 2016, p. 20.

37 OIT, *Trabajo decente…, op. cit.*

38 *Ibid.*

39 A tal fin, se decidió reestructurar el programa de trabajo del Instituto Internacional de Estudios Laborales, encargándosele el reto de precisar el significado y alcance del paradigma internacional del trabajo decente. *Vid.*, OIT, *Informe sobre la aplicación del programa de la OIT en 2000-2001,* Memoria del Director General presentada en la 90.ª reunión de la Conferencia Internacional del Trabajo, Ginebra, 2002, p. 70.

que, como ya se ha dicho, se da en la Memoria del Director General de 1999, éste aparece definido como "un trabajo productivo, en el cual se protegen los derechos, lo cual engendra ingresos adecuados con una protección social apropiada".

En un encuentro internacional apenas posterior, el Director General matizó que "(l)a aspiración al trabajo decente es la forma en que las mujeres y los hombres corrientes expresan sus necesidades", por este motivo, "(s)i uno tiene la posibilidad de recorrer las calles o los campos y preguntarle a la gente lo que desea en medio de las nuevas incertidumbres que la globalización ha traído a sus vidas, su respuesta es: trabajo"[40]. Pero no sirve cualquier trabajo, sino que debe ser "una actividad que les permita atender las necesidades de sus familias en cuanto a seguridad y salud, a la educación de sus hijos, y a la seguridad de los ingresos después de la jubilación, un quehacer en el que recibirán un trato decente y el que se respetarán sus derechos básicos".

Años después, en 2008, el organismo especializado ofreció una nueva definición de trabajo decente en los siguientes términos: "significa la oportunidad de acceder a un empleo productivo que genere un ingreso justo, la seguridad en el lugar de trabajo y la protección social para todos, mejores perspectivas de desarrollo personal e integración social, libertad para que los individuos expresen sus opiniones, se organicen y par-

---

[40] Así lo afirmaría el Director General de la OIT, el Sr. J. Somavía en su intervención presentada en la 10.ª reunión de la Conferencia de las Naciones Unidas sobre Comercio y Desarrollo, celebrada en Bangkok en el año 200. Texto disponible en el siguiente enlace: https://webapps.ilo.org/public/spanish/bureau/dgo/speeches/somavia/2000/unctadx.htm (consulta: 26/06/2024.)

ticipen en las decisiones que afectan sus vidas, y la igualdad de oportunidades y trato para todos, mujeres y hombres"[41].

Básicamente, con esta iniciativa, la OIT busca la revalorización del trabajo, pero no un trabajo cualquiera, pues no basta simplemente con crear puestos de trabajo, sino que éstos deben ser de una "cierta calidad"[42], esto es, respaldados por un conjunto de derechos mínimos.

Claro está, por tanto, que el trabajo decente es un concepto "evolutivo" o "en construcción"[43]. Ahora bien, el aspecto que quizás más ha contrariado a la doctrina académica ha sido la utilización del término "decente", puesto que se trata de un vocablo que no tiene antecedentes en el laboralismo[44]. En efecto, acostumbrados al uso de adjetivos tales como "digno", "justo", "de calidad" o "con derechos" para describir el trabajo, son muchos los que han cuestionado la decisión de la Organización de optar por dicho adjetivo[45]. Hay quien incluso ha llegado a sospechar que la utilización de este nuevo término pudie-

---

41 Definición extraída de la página oficial de la OIT, disponible en el siguiente enlace: https://www.ilo.org/es/temas/trabajo-decente (consulta: 26/06/2024.)

42 SOMAVÍA, J., "El Programa de trabajo decente de la OIT como aspiración de las personas: inserción de los valores y la ética en la economía global", en VARIOS (Dir. PECCOUD, D.), *El trabajo decente. Puntos de vista filosóficos y espirituales,* Organización Internacional del Trabajo, Madrid, 2016, p. 6.

43 ERMIDA URIARTE, O., "Trabajo decente y formación profesional", *Boletín Cinterfor,* núm. 151, 2001, p. 13.

44 BARRETTO GHIONE, H., "Concepto y dimensiones del trabajo decente: entre la protección social básica y la participación de los trabajadores en la empresa", *Boletín Cinterfor,* núm. 151, 2001, p. 154.

45 In extenso, *vid.,* LENZI, O., "Trabajo decente: de la teoría a la práctica de unas condiciones de trabajo mínimas", *Revista Justicia y Trabajo,* núm. 3, 2023, pp. 227-246.

ra consistir en una rebaja enmascarada del nivel de exigencia que la reivindicación del trabajo y sus condiciones precisan[46].

La decisión de utilizar este término, no obstante, obedece a motivos de coherencia lingüística[47]. En el fondo, se trata de una traducción literal del inglés *decent work.* Si se consulta el *Oxford English dictionary* o el *Merriam Webster dictionary,* se advierte que el sustantivo *decency* significa "un comportamiento socialmente aceptable" o un "comportamiento conforme con las normas generalmente aceptadas sobre moral y comportamiento respetable"[48]. En esta misma línea, el adjetivo *decent* implica algo de "buen nivel o calidad", "honesto y justo", "adecuado, conveniente" o "satisfactorio"[49].

A la luz de estas definiciones, si bien es cierto que, en español, el término "decente" puede ser interpretado en su sentido estricto de lo opuesto a lo indecente, con connotaciones morales[50], en inglés, si alguien afirma tener un empleo o un ingreso decente, está expresando algo positivo[51]. Se sobrentiende que el empleo y los ingresos son buenos, es decir, que satisfacen las expectativas propias y las de la comunidad pero que,

---

46 Observa ZUBERO, I., "Trabajo decente: Iluminando una realidad cada vez más oscura", en VARIOS, *Se busca trabajo decente,* Hoac, Madrid, 2007, pp. 14-15.

47 Coincido con GIL Y GIL, J. L., "Concepto de trabajo decente", *Relaciones laborales: Revista crítica de teoría y práctica,* núm. 15-18, 2012, p. 1/25 (versión electrónica disponible en Smarteca).

48 *Traducción propia.* Disponible en: https://www.oed.com/search/dictionary/?scope=Entries&q=decency y https://www.merriam-webster.com/dictionary/decency (consulta: 23/06/2024.)

49 *Traducción propia.* Disponible en: https://www.oed.com/search/dictionary/?scope=Entries&q=decent y https://www.merriam-webster.com/dictionary/decent (consulta: 23/06/2024.)

50 RODGERS, G., "El trabajo decente como una meta para la economía global", *Boletín Cinterfor,* núm. 153, 2001, p. 14.

51 *Ibid.*

simultáneamente, no son exagerados ni mucho menos perfectos, sino que entran dentro de las aspiraciones razonables de personas razonables. En otras palabras, "un trabajo calificado como decente no es excepcional ni entusiasma, pero es "aceptable", "correcto" y "conveniente""[52], en el sentido de que las condiciones, tanto económicas como sociales, que éste ofrece, son suficientes para que la persona trabajadora y sus familiares puedan vivir dignamente[53].

Así las cosas, aunque la OIT induce a confusión al emplear las expresiones "trabajo decente" y "trabajo digno" indistintamente, el propio organismo ha aclarado que con el primer adjetivo se busca reflejar el elemento de "valor" que las personas le atribuyen al trabajo, algo que, en cambio, no logra transmitir el término "calidad"[54]. En efecto, afirmaría la OIT que "la mejor expresión de la meta del trabajo decente es la visión que tiene de él la gente", esto es:

> "Se trata de su puesto de trabajo y sus perspectivas futuras, de sus condiciones de trabajo, del equilibrio entre el trabajo y la vida familiar, de la posibilidad de enviar a sus hijos a la escuela o de retirarlos del trabajo infantil. Se trata de la igualdad de género, de la igualdad de reconocimiento y de la capacitación de las mujeres para que puedan tomar decisiones y asumir el control de su vida. Se trata de las capacidades personales para competir en el mercado, de mantenerse al día con las nuevas calificaciones tecnológicas y de preservar la salud. Se trata de desarrollar las calificaciones empresariales y de recibir una parte equitativa de la riqueza que se ha ayudado a crear y de no ser objeto de discriminación; se trata de tener una voz en el lugar de trabajo y en la comunidad. En las situaciones más extremas, se trata de pasar de la subsistencia a la existencia. Para

---

52 AUVERGNON, P., "De Declaración en Declaración de la OIT: el trabajo decente, lema de acompañamiento social de la globalización", *Relaciones laborales: Revista crítica de teoría y práctica*, núm. 15-18, 2012, p. 1/12 (versión electrónica disponible en Smarteca).

53 LENZI, O., "Trabajo decente: de...", *op. cit.*, p. 234.

54 En SOMAVÍA, J., "El Programa de...", *op. cit.*, p. 5.

> muchos, es la vía fundamental para salir de la pobreza. Para muchos otros, se trata de realizar las aspiraciones personales en la existencia diaria y de manifestar solidaridad para con los demás. Y en todas partes, y para todos, el trabajo decente es un medio para garantizar la dignidad humana"[55].

En resumidas cuentas, en lugar de ocultar segundas intenciones, a mi parecer, el trabajo decente es una formulación moderna o, mejor dicho, un mensaje promocional[56] que representa el "anhelo básico de la gente de todo el mundo" de poder encontrar un empleo con el que poder "sustentarse a sí mismo y a sus familias en condiciones de libertad, equidad, seguridad y dignidad humana"[57]. Fundamentalmente, aspira a mejorar la calidad de la vida de las personas, lo que incluye, no solo, el nivel de ingresos, pues "el trabajo solo es realmente "decente" cuando es un medio de transformación humana o de realización de uno mismo, tanto en el sentido material como en el ético y espiritual"[58].

2.2.2. ¿Un objetivo de aplicación personal universal?

La OIT, tradicionalmente, se ha preocupado por un grupo muy selecto y reducido de personas trabajadoras. En este sen-

---

55 OIT, *Reducir el déficit de trabajo decente – un desafío global*, Memoria del Director General presentada en la 89.ª reunión de la Conferencia Internacional del Trabajo, Ginebra, 2001.

56 En este sentido, AUVERGNON, P., "De Declaración en…", *op. cit.*, p. 1/12 (versión electrónica disponible en Smarteca) considera que el trabajo decente representa "un lema de acompañamiento social de la globalización".

57 EGGER, P. y SENGERBERGER, W., "Problemas y políticas del trabajo decente", *Boletín Cinterfor*, núm. 151, 2001, p. 28.

58 VARIOS (Dir. PECCOUD, D.), *El trabajo decente. Puntos de vista filosóficos y espirituales*, Organización Internacional del Trabajo, Madrid, 2016, p. 25.

tido, si analizamos detenidamente el articulado de su primera Constitución, ésta se refiere, en repetidas ocasiones, a "obreros" o "asalariados industriales"[59]; un sector esencialmente conformado por trabajadores de sexo masculino, de raza blanca[60], contratados a tiempo completo a cambio de un salario estable y, generalmente, afiliados a un sindicato[61].

Es innegable pues, que el sistema normativo de la Organización se diseñó entorno al modelo económico industrial patriarcal del "hombre ganapán"[62], considerado principal sujeto responsable de mantener y sostener económicamente a todos los miembros de la familia. En él, por supuesto, las mujeres, en cuanto obligadas "biológicamente" a cuidar del hogar y de la esfera privada y familiar, estaban infrarrepresentadas[63]. Es más, en sus inicios, se les otorgó una atención de carácter "especial", adoptándose así un enfoque proteccionista que las excluía de la fuerza de trabajo a fin de preservar su salud y, con ello, su rol de madres reproductoras y cuidadoras[64].

---

59 Sin ánimo exhaustivo, se encuentran estos términos en los artículos 3, 8, 11 y 41 de la primera Constitución.

60 En sus inicios, los miembros de la OIT eran eminentemente Estados europeos industrializados, de manera que sus normas se ocupaban principalmente de los trabajadores europeos.

61 LENZI, O., *El trabajo doméstico: un análisis jurídico a la luz del paradigma internacional del trabajo decente*, Tesis doctoral, Universitat de València, Valencia, 2022, p. 56.

62 Del inglés "*male breadwinner*".

63 Ya durante la primera CIT, se rechazó la propuesta avanzada por un grupo de mujeres activistas de exigir el nombramiento obligatorio de una mujer por cada delegación.

64 Prueba de ello son los convenios adoptados a comienzos del siglo XX, en los que se prohibía a las mujeres trabajar durante la noche en empresas industriales tanto públicas como privadas. Sigo aquí a WHITWORTH, S., "Gender, international relations and the case of the ILO", *Review of International Studies*, núm. 20, 1994, p. 389.

Con el pasar de los años, a medida que han cambiado los patrones sociales, la OIT ha transitado hacia un lenguaje más comprensivo[65]. De hecho, ya en 1944, la Declaración de Filadelfia propugnó, como "propósito central de la política nacional e internacional", la consecución del principio según el cual "todos los seres humanos, sin distinción de raza, credo o sexo tienen derecho a perseguir su bienestar material y su desarrollo espiritual en condiciones de libertad y dignidad, de seguridad económica y en igualdad de oportunidades"[66].

La reivindicación internacional del trabajo decente, en cuanto revisitación del "espíritu de Filadelfia"[67], sigue la misma senda en tanto que su destinatario lo son "*todos los trabajadores*"[68].

El uso del adjetivo indefinido "todos" denota la voluntad de ampliar el ámbito de aplicación personal de este objetivo. Además, la elección del sustantivo "trabajo" es una clara demostración de querer abarcar todo "el conjunto de actividades humanas, remuneradas o no, que producen bienes o servicios en una economía, o que satisfacen las necesidades de una co-

---

65 En cualquier caso, la ideología dominante patriarcal se mantiene muy presente pues, el Convenio núm. 102, de 1952, sobre la seguridad social (norma mínima), define, por ejemplo, la viuda como "la cónyuge que estaba a cargo de su marido en el momento de su fallecimiento", es decir, persona dependiente, sin prever la alternativa contraria.

66 Puede consultarse el texto íntegro de la Declaración de Filadelfia en el siguiente enlace: https://webapps.ilo.org/static/spanish/inwork/cb-policy-guide/declaraciondefiladelfia1944.pdf (consulta: 25/06/2024.)

67 Defiendo en LENZI, O., "Trabajo decente: de…", *op. cit.*, p. 238 que la fórmula del trabajo decente es nueva únicamente en su denominación, pero que, en el fondo, es un medio para revitalizar unos principios y objetivos que, desde sus inicios, han estado al centro de la acción del organismo.

68 OIT, *Trabajo decente…*, *op. cit.*

munidad o proveen los medios de sustento necesario para los individuos"[69]. Así, junto a los trabajadores asalariados, del sector tanto público como privado, debieran tener acceso igualitario a un trabajo decente otros muchos colectivos o personas que participan en la economía, cualquiera que sea su situación contractual.

Es esta íntima relación con el concepto de igualdad sustantiva "lo verdaderamente innovador" del renovado mandato de la OIT, pues "proclama la igualdad básica de todos los que trabajan o buscan empleo", sentando así las bases "para atender las necesidades tanto de los desempleados como de los asalariados y los trabajadores por cuenta propia, de los viejos y de los jóvenes, de los que tienen un trabajo regular y de los que se ganan la vida en el sector no estructurado"[70].

En consecuencia, aunque es cierto que en ocasiones la OIT sigue empleando expresiones dicotómicas o binarias[71], es evidente que el trabajo decente se configura como una ambición universal, de todos los seres humanos, dondequiera que sea, sin distinción alguna y, por ende, con independencia de su orientación sexual o identidad de género[72].

---

[69] Definición obtenida del Tesauro de la OIT. Disponible en el siguiente enlace: https://metadata.ilo.org/thesaurus.html (consulta: 20/03/2024.)

[70] Extraído de HEPPLE, B., "Igualdad, representación y participación para un trabajo decente", *Revista Internacional del Trabajo*, vol. 120, núm. 1, 2001, p. 12.

[71] Es común en la Organización el empleo de la expresión "mujeres y hombres". *Vid.*, OIT, *Trabajo decente…*, *op. cit.*

[72] En esta línea, la Declaración del Centenario de la OIT para el Futuro del Trabajo de 2019 recuerda que el mandato constitucional de la OIT sigue siendo el de lograr la justicia social y desarrollar un enfoque del futuro del trabajo centrado en las personas, situando, a tales efectos, los derechos de las personas trabajadoras y las nece-

2.2.3. Las distintas dimensiones del trabajo decente

Partiendo, pues, del carácter universal del paradigma internacional del trabajo decente, a fin de evitar que este se reduzca a un simple concepto u objetivo idílico, en los últimos años, desde la doctrina académica, se han tratado de identificar sus elementos constitutivos que, además, servirían como base para la selección de los índices estadísticos más apropiados[73].

Tomando, así, como punto de partida los cuatro objetivos estratégicos del Programa de Trabajo Decente, en el año 2008, la OIT presentó en la 18.ª Conferencia Internacional de Estadísticos del Trabajo los "diez elementos fundamentales del Programa del Trabajo decente", a saber: oportunidades de empleo; trabajo que debería eliminarse o abolirse; ingresos adecuados y trabajo productivo; horas de trabajo decentes; estabilidad y seguridad en el empleo; combinación del trabajo y vida familiar; igualdad de oportunidades y de trato en el empleo; entorno de trabajo seguro; seguridad social y diálogo social; y, por último, representación de las personas trabajadoras[74].

Para que este concepto integrado y multidimensional pudiera surtir todos sus efectos, también se señaló que los principios que han de regir la medición del trabajo decente deben estar basados, en la medida de lo posible, en datos e información que abarquen a todas las personas trabajadoras, incluyendo aquellos que se desempeñan en la economía informal; ser conceptualmente pertinentes para todos los países, con inde-

---

sidades, las aspiraciones y los derechos de todas las personas en el núcleo de las políticas económicas, sociales y ambientales.

[73] Pueden consultarse las distintas propuestas metodológicas en LENZI, O., *El trabajo doméstico…*, *op. cit.*, pp. 216-233.

[74] OIT, *Medición del trabajo decente: documento de debate para la Reunión tripartita de expertos sobre la medición del trabajo decente*, TMEMDW/2008, Organización Internacional del Trabajo, Ginebra, 2008, p. 21.

pendencia de su nivel de desarrollo; y, finalmente, desglosarse para los hombres y las mujeres por separado a fin de reflejar las diferencias ligadas al género. En el fondo, de nada sirve un ambicioso objetivo teórico si este no es capaz de proporcionar un diagnóstico práctico sobre la situación en cuestión. De ahí la importancia de traducir la noción de trabajo decente en un índice estadístico que permita conocer dónde y cómo se desarrolla el fenómeno a observar.

2.3. Iniciativas recientes de la OIT a favor de la promoción de los derechos laborales del colectivo LGTBI: el Proyecto PRIDE

La recopilación de datos e información sobre la situación del colectivo LGTBI en el mercado laboral es una tarea más bien compleja. Sin embargo, últimamente, son cada vez más los análisis relativos a la discriminación de estas personas[75].

La propia OIT, tras la Resolución relativa a la igualdad de género como eje del trabajo decente adoptada en la reunión de 2009 de la CIT, en la que se le insta a "reforzar el programa de investigaciones y la base de conocimientos sobre cuestiones nuevas y emergentes"[76], también se mostró dispuesta a em-

---

[75] Aunque el colectivo LGTBI es, a menudo, clasificado como una población de "difícil alcance", Cada vez más gobiernos y organizaciones intergubernamentales empiezan a incluir preguntas sobre orientación sexual e identidad de género en las encuestas sobre salud, condiciones de vida, trabajo, educación y demografía general. *Vid.*, PARK, A. y MENDOS, L., *Guiding principles on the inclusion of Lesbian, Gay, Bisexual, Transgender, and Intersex (LGBTI) people in development policy and programs,* Swedish Federation for Lesbian, Gay, Bisexual, Transgender and Queer Rights, 2018, p. 23.

[76] OIT, *La igualdad de género como eje del trabajo decente,* Informe VI, presentado en la 98.ª reunión de la Conferencia Internacional de Trabajo, Ginebra, 2009, p. 195.

prender un estudio sobre la orientación sexual y la identidad de género.

Así las cosas, lejos de ser un asunto "emergente" o, cuanto menos, "nuevo", gracias al apoyo financiero del Ministerio de Asuntos Exteriores de Noruega, en 2012, la Organización lanzó su primer proyecto enteramente dedicado a la orientación sexual y la identidad de género. Bajo el título "Identidad de Género y Orientación Sexual: promoción de los derechos, la diversidad y la igualdad en el mundo del trabajo" (por sus siglas en inglés, PRIDE), éste busca ahondar en los factores jurídicos, políticos y sociales que dificultan la inclusión de este colectivo en el empleo y la ocupación e informar de las buenas prácticas para prevenir y mitigar las desigualdades a las que se enfrenta mediante estudios realizados en distintos países del mundo[77].

De estos análisis se desprende que, mundialmente, el colectivo de LGTBI es uno de los más precarios y vulnerables del mercado de trabajo[78]. De hecho, si observamos algunos de los resultados obtenidos en las distintas investigaciones a la luz de las diez dimensiones del trabajo decente reseñadas en el apartado anterior, la conclusión no puede ser otra más que la de una importante carencia del mismo.

Actualmente, son 81 los países que prohíben la discriminación en el empleo por orientación sexual y/o identidad de género[79]. Aun así, incluso cuando la protección jurídica está

---

77 Por ejemplo, Argentina, Hungría, Tailandia, Costa Rica, Francia, India, Indonesia, Montenegro y Sudáfrica.

78 OIT, *La discriminación en el trabajo por motivos de orientación sexual e identidad de género: resultados del proyecto PRIDE de la OIT*, Servicio de Género, Igualdad y Diversidad, Organización Internacional del Trabajo, Ginebra, 2015.

79 VARIOS, *Homofobia de Estado: Actualización del panorama global de la legislación*, ILGA World, Ginebra, 2020, p. 19.

en vigor, las personas LGTBI siguen experimentando, como ya se ha dicho, situaciones de discriminación tanto en su acceso como a lo largo de todo el ciclo de empleo.

En una encuesta realizada entre personas LGBTI de China, Filipinas y Tailandia, el 60 por ciento de los encuestados afirmaron haber sido testigos de anuncios de empleo que excluían explícitamente su orientación sexual e identidad de género[80]. Los informes de la OIT demuestran que, en muchos casos, las personas trabajadoras LGTBI son objeto de preguntas invasivas sobre su vida privada, debiendo hasta "demostrar" su feminidad o masculinidad para poder ser aceptadas para un puesto de trabajo[81]. Por ejemplo, en el estudio de Argentina se da cuenta del modo en que las empresas exigen que las mujeres lesbianas afirmen su identidad femenina modificando sus maneras y forma de vestir[82].

En esta misma línea, de los primeros resultados del Proyecto PRIDE se colige que muchas de las personas LGTBI encuestadas no han sido admitidas para un empleo a causa de su orientación sexual o identidad de género, en algunos casos, incluso se les ha hecho saber en la propia entrevista[83]. En Estados Unidos, se ha observado que el 20 por ciento de personas LGTBI se han sentido excluidas de oportunidades de trabajo precisamente por su

---

80 ILO, *LGBT people and employment: Discrimination based on sexual orientation, gender identity and expression, and sex characteristics in China, the Philippines and Thailand,* International Labour Organization, 2018.

81 OIT, *La discriminación en…, op. cit.*, p. 1.

82 OIT, *ORGULLO (PRIDE) en el trabajo. Un estudio sobre la discriminación en el trabajo por motivos de orientación e identidad de género en Argentina,* Documento de trabajo núm. 2, Organización Internacional del Trabajo, Ginebra, 2015.

83 OIT, *La discriminación en…, op. cit.*, p. 2.

condición[84]. Dada la falta de concordancia entre la identidad y los documentos identificativos, las personas trans se exponen, de manera frecuente, a una mayor discriminación durante los procesos de selección[85]. Prueba de ello es que, en 11 países de la Organización de Cooperación y Desarrollo Económicos (en adelante, OCDE), las mujeres trans tienen un 24 por ciento menos de posibilidades de ser empleadas, ganando un 11 por ciento menos respecto del resto de personas trabajadoras[86].

En efecto, en comparación con la población general, las personas LGTBI perciben salarios más bajos. En este sentido, una investigación sobre hogares homosexuales en los países de la OCDE ha puesto de manifiesto que los hombres homosexuales ganan, de media, un 8 por ciento menos que los hombres heterosexuales, los bisexuales se enfrentan a una penalización de ingresos del 12 por ciento y los intersexuales ganan, en cambio, la mitad que la población general[87].

El colectivo LGTBI también puede verse perjudicado en materia de tiempo de trabajo puesto que, como se ha destacado, al presentar mayores dificultades para conformar una familia, se tiende a asignarles sistemáticamente los peores turnos de

---

84 Puede consultarse los resultados del estudio en el siguiente enlace: https://www.hrc.org/resources/a-workplace-divided-understanding-the-climate-for-lgbtq-workers-nationwide (consulta: 01/07/2024.)

85 *Vid.*, ÁLVAREZ CUESTA, H., "Igualdad y no discriminación en el trabajo por razón de identidad sexual", *Revista de Derecho Social*, núm. 65, 2014, p. 101.

86 OECD, *Society at a glance 2019: OECD Social Indicators*, OECD Publishing, Paris, 2019.

87 VALFORT, M.A., *LGBTI in OECD Countries: A review*, OECD Social, Employment and Migration Working Papers núm. 198, Paris, 2017, p. 108.

trabajo[88], lo que, a su vez, obstaculiza claramente sus oportunidades de conciliar la vida personal y laboral.

En muchos de los países desarrollados, las personas LGTBI se topan con un techo de cristal ya que, se ha constatado que, tienen un 11 por ciento menos de probabilidades de promocionar o alcanzar puestos directivos[89]. Con toda seguridad, estos datos podrían ser todavía superiores si se tomasen en consideración todas aquellas personas que encubren su verdadera orientación sexual o identidad de género[90].

Es más, en Estados Unidos 1 de cada 10 personas pertenecientes al colectivo se ha visto obligada a abandonar el puesto de trabajo por no aceptar personas LGTBI. En esta línea, la OIT ha observado menores probabilidades de que estas personas conserven su ocupación, siendo normalmente despedidas por motivos que trascienden de causas estrictamente laborales[91]. Sobre todo, el colectivo trans afronta mayores dificultades de permanencia en el trabajo durante el proceso de reasignación de sexo, de ahí que, en esta fase, su tasa de desempleo se haya situado por encima de un 60 por ciento[92].

---

88 Así lo señalan CABEZA PEREIRO, J. y LOUSADA AROCHENA, J. F., *El derecho…, op. cit.* p. 16.

89 OECD, *Society at a…, op. cit.* p. 29.

90 Por ejemplo, en Estados Unidos el 46 por ciento de las personas LGTBI han preferido ocultar su orientación sexual en el trabajo. De modo similar, en Reino Unido, el 31 por ciento de las personas LGTBI y el 51 por ciento de las personas trans esconden sus identidades por miedo a ser reprendidos o discriminados. Datos obtenidos del informe de Uni Global, disponible en el siguiente enlace: https://uniglobalunion.org/wp-content/uploads/LGBTI-Workers-Rights-and-Perceptions—Report-EN.pdf (consulta: 01/07/2024.)

91 OIT, *La discriminación en…, op. cit.*, p. 2.

92 Actualmente, los datos no varían mucho respecto de los que constan en la Resolución del Parlamento Europeo sobre discriminación de los transexuales de septiembre de 1989 (Doc. A 3-16/89).

Junto a la violencia verbal, que suele ser la manifestación más común, las personas LGTBI también afirman haber sido objeto de violencia física, intimidación, violencia psicológica, hostigamiento y acoso en el trabajo[93]. En este sentido, estudios emprendidos en China, Sudáfrica y Chile revelan que entre el 20 y 30 por ciento de las personas LGTBI han sufrido acoso laboral debido a su orientación sexual o identidad de género[94]. Estas situaciones, del todo intolerables, pueden provocar una gran angustia, vergüenza, ansiedad, niveles bajos de autoestima y soledad[95]. De hecho, se ha comprobado que las minorías sexuales corren mayores riesgos de depresión o suicidio[96]. Tristemente, las personas LGTBI no suelen informar a su supervisor de estas circunstancias porque no creen que se vaya a actuar al respecto y porque no quieren ver su relación de trabajo amenazada[97].

En relación con la protección social, la OIT señala que ésta depende en gran medida del matrimonio igualitario y las uniones civiles puesto que, solo a partir del reconocimiento formal de las relaciones de las personas trabajadoras LGTBI y de sus parejas e hijos, tendrán derecho a asistencia médica, pensiones, derechos de adopción, licencia parental, y prestaciones por hijos a cargo en las mismas condiciones que las parejas

---

93 OIT, *La discriminación en…, op. cit.*, p. 2.

94 RFSL, *Decent work and Economic Growth*, Swedish Federation for Lesbian, Gay, Bisexual, Transgender, Queer and Intersex Rights, 2023, disponible en el siguiente enlace: https://www.rfsl.se/wp-content/uploads/2023/01/RFSL_8_Decent-work-and-economic-growth.pdf (consulta: 30/06/2024.)

95 PARK, A. y MENDOS, L., *FOR ALL: The…, op. cit.*, p. 42.

96 PLÖDERL, M. y TREMBLAY, P., "Mental health of sexual minorities. A systematic review", *International Review of Psychiatry*, núm. 5, 2015, pp. 375-385.

97 Nuevamente extraído de RFSL, *Decent work and…, op. cit.*

heterosexuales[98]. Lamentablemente, en 2020, solo el 14 por ciento de los Estados de las Naciones Unidas reconocían legalmente el matrimonio entre personas del mismo sexo, mientras que el 18 por ciento contemplaban otras formas de unión civil entre parejas del mismo sexo[99].

En último término, aunque en los últimos años ha ido ganando espacio en la agenda sindical, el asunto de los derechos laborales de las personas LGTBI sigue sin ser un tema prioritario. En este sentido, en Costa Rica, se ha constatado que la vinculación entre el movimiento LGTBI y los sindicatos es limitada o inexistente, motivo por el cual la diversidad sexual y de género sigue quedando al margen de las luchas sindicales. Este colectivo, además, se halla raramente representado en las organizaciones de trabajadoras y trabajadores y en las estructuras gubernamentales, por lo que sus demandas no suelen ser objeto del diálogo social[100].

3. LA AGENDA 2030 Y EL COMPROMISO DE "NO DEJAR A NADIE ATRÁS"

La consecución del objetivo de trabajo decente para el colectivo LGTBI supondría un paso más hacia el cumplimiento de la Agenda 2030 para el Desarrollo Sostenible.

Esta Agenda, aprobada por Naciones Unidas el 25 de septiembre de 2015[101], nace como un plan de acción a favor de las personas, el planeta y la prosperidad, para la construcción de

---

98 OIT, *La discriminación en…, op. cit.*, p. 3.

99 VARIOS, *Homofobia de Estado…, op. cit.*, p. 345.

100 VARIOS, *ORGULLO (PRIDE) en…, op. cit.*, p. 68.

101 AGNU, *Transformar nuestro mundo: la Agenda 2030 para el Desarrollo Sostenible,* Asamblea General de Naciones Unidas, resolución aprobada el 25 de septiembre de 2015, A/RES/70/1.

sociedades pacíficas, justas e inclusivas, que tutelen los derechos humanos y creen las condiciones necesarias para un crecimiento económico sostenible, inclusivo y sostenido. Como expresamente se manifiesta en ella, se inspira en los principios de la Carta de las Naciones Unidas, especialmente en el respeto del derecho internacional. En este sentido, sus fundamentos son la Declaración Universal de Derechos Humanos, los tratados internacionales de derechos humanos, la Declaración del Milenio y el Documento Final de la Cumbre Mundial de 2005, así como otros instrumentos, como la Declaración sobre el Derecho al Desarrollo.

A diferencia de su predecesora[102], la Agenda 2030 se compone de 17 Objetivos de Desarrollo Sostenible (ODS), 169 metas y 230 indicadores que abarcan las tres dimensiones del desarrollo sostenible, a saber, la económica, la social y la medioambiental[103]. El ODS 8 pretende promover el crecimiento económico inclusivo y sostenible, el empleo y el trabajo decente para todos. En concreto, las metas 8.5 y 8.7 buscan lograr, para el 2030, "el pleno empleo y productivo y el trabajo decente para todas las mujeres y los hombres, incluidos los jóvenes y las personas con discapacidad, así como la igualdad de remuneración por trabajo de igual valor" y "proteger los derechos laborales y promover un entorno de trabajo seguro y sin riesgos para todos los trabajadores, incluidos los trabajadores migrantes, en particular las mujeres migrantes y las personas con empleos precarios", respectivamente.

---

[102] Los Objetivos del Milenio, a alcanzar entre el 2000 y el 2015, incorporaban 8 Objetivos, 18 metas y 48 indicadores.

[103] AGNU, *Una vida digna para todos: acelerar el logro de los Objetivos de Desarrollo del Milenio y promover la agenda de las Naciones Unidas para el desarrollo después de 2015*, Informe del Secretario General, de 26 de julio de 2013, A/68/202.

Como se ha podido comprobar, la discriminación en el empleo sufrida por las personas LGTBI supone un enorme desafío para alcanzar los compromisos de la Agenda 2030 para el Desarrollo Sostenible y sus ODS, cuya promesa central y transformadora es "no dejar a nadie atrás". Si bien es cierto que no se menciona las LGTBI en los ODS, ni tampoco en sus metas e indicadores, se intuye que están incluidas ya que, se espera que estos objetivos puedan ser cumplidos "para todas las naciones y los pueblos y para todos los sectores de la sociedad"[104].

Este compromiso obliga a todos los Estados miembros de las Naciones Unidas a combatir la discriminación y desigualdad – a menudo múltiple e interseccional –, así como sus causas, pues, socava la entidad de las personas en cuanto titulares de derechos. En efecto, muchos de los obstáculos que enfrenta el colectivo LGTBI para acceder a servicios, recursos e igualdad de oportunidades son, generalmente, la consecuencia directa de leyes, políticas o prácticas sociales discriminatorias que dejan a individuos, familias y comunidades enteras marginadas y excluidas[105].

La adopción de medidas para la protección e inclusión de las personas LGTBI en el mercado de trabajo no solo coadyuvaría en la promoción del trabajo decente y en la mejora de los resultados empresariales[106], sino que también contribuiría a alcanzar otros ODS de la Agenda 2030. Sería, por ende, un error pensar que estos objetivos son compartimentos estancos, pues en realidad conforman un todo integrado e indivisible.

---

104 *Ibid*, p. 3.

105 Puede consultarse en la página oficial del Grupo de las Naciones Unidas para el Desarrollo Sostenible, disponible en el siguiente enlace: https://unsdg.un.org/es/2030-agenda/universal-values/leave-no-one-behind (consulta: 30/06/2024.)

106 Al respecto, *vid.*, DAWSON, J., *LGBT: The Value of Diversity*, Credit Suisse ESG Research, 2016.

En este sentido, sin ánimo exhaustivo, a fin de evidenciar la interdependencia de unos objetivos con otros, cabe señalar que el cumplimiento del ODS 8 sería un paso crucial para avanzar hacía los ODS 1 (fin de la pobreza), 2 (hambre cero) y 11 (ciudades y comunidades sostenibles) en la medida en que, la discriminación de las personas LGTBI en el mercado de trabajo las empuja, ulteriormente, a la marginación y exclusión en otros ámbitos de la vida. Aunque esta no es la única causa, la exclusión económica acrecienta la pobreza, la falta de vivienda y la inseguridad alimentaria[107].

Habida cuenta de que la salud incluye la dimensión física, mental y emocional, la oferta de espacios de trabajo que acepten y promuevan la libre determinación de género permitiría progresar en la realización del ODS 3, por cuanto sería un motivo de reducción de estrés y ansiedad[108]. En esta misma dirección, la aceptación y normalización de una orientación sexual e identidad de género distinta al mundo binario permitiría la implementación del ODS 5, particularmente la meta 5.2, que prevé eliminar todas las formas de violencia contra todas las mujeres y las niñas en los ámbitos público y privado, incluidas la trata y la explotación sexual y otros tipos de explotación, extendiéndose, por tanto, también a las mujeres lesbianas, bisexuales y transexuales.

Asimismo, la promoción del trabajo decente podría influir en la consecución del ODS 10, cuyo desafío es la reducción de la desigualdad en y entre países. La meta 10.2 aspira, en 2030, a potenciar y promover la inclusión social, económica y política de todas las personas, con independencia de su edad, sexo, discapacidad, raza, etnia, origen, relación o situación económica u otra condición. Aunque el listado no comprende la orientación sexual y la identidad de género, indudablemente, tiene

---

[107] VARIOS, *Aprovechar los derechos…, op. cit.*, p. 24.

[108] PARK, A. y MENDOS, L., *FOR ALL: The … op. cit.*, p. 12.

cabida en la expresión "otra condición". Más aun, la meta 10.4 refuerza esta obligación de los Estados miembros al demandar la adopción de políticas, sobre todo fiscales, salariales y de protección social, y lograr progresivamente una mayor igualdad.

Con todo, se facilitaría la consecución del ODS 16 que busca, nada más y nada menos, promover sociedades justas, pacíficas e inclusivas. Se trata de un objetivo especialmente destacable para el colectivo LGTBI pues, aglutina la mayoría de los esfuerzos encaminados a reducir la discriminación y la violencia. De hecho, muchas de las metas de este ODS abordan cuestiones que están en el corazón de la lucha por la igualdad y, por tanto, estrechamente relacionadas con la misión y los objetivos del colectivo y organizaciones LGTBI de todo el mundo. Al fin y al cabo, el compromiso con los derechos humanos, la justicia, la rendición de cuentas y la transparencia – todos ellos elementos presentes en el ODS 16 – constituyen requisitos previos para garantizar un entorno en el que las personas puedan vivir en libertad, dignidad y seguridad[109].

4. CONCLUSIONES

La OIT, en cuanto organismo internacional encargado de la tutela de la población trabajadora mundial, tiene la obligación política y moral de alinearse con las transformaciones socioeconómicas y atender, en cada momento, las necesidades de los colectivos más vulnerables y desprotegidos del mercado de trabajo.

Aunque no se pueden negar los importantes progresos registrados, sobre todo, en materia de visibilización de las tradicionales reivindicaciones de LGTBI por parte de la OIT en las últimas décadas, todavía son demasiados los cambios a realizar

109 *Ibid.*, p. 62.

para satisfacer realmente todas las demandas de este colectivo y lograr, con ello, un trato justo y libre de discriminación para estas personas.

Habiéndose comprobado los beneficios empresariales que comporta la inclusión del colectivo LGTBI en los lugares de trabajo[110], estos cambios deben, necesariamente, proceder del ámbito jurídico-normativo. Es decir, lo pertinente sería que cada vez más Estados miembros adoptasen protecciones legales eficaces contra la violencia y la discriminación cotidianamente padecida por este colectivo. A tales fines, la OIT podría mostrar el camino a seguir y comenzar a incluir, más allá de su discurso informal, la orientación sexual y la identidad de género como motivos reconocidos de prohibición de discriminación.

No obstante, como se ha podido comprobar, la simple protección jurídica sigue sin ser suficiente para frenar la deriva discriminatoria sufrida por el colectivo. Así pues, junto a los cambios jurídico-normativos, las instituciones gubernamentales, de la mano de los agentes sociales, deben abordar el problema desde la raíz y, por tanto, emprender una importante labor de normalización y concienciación social. Para ello, se necesitan campañas de educación y sensibilización que, desde las edades más tempranas, busquen visibilizar los derechos de las personas LGTBI y las diferentes formas de discriminación basadas en el género y la orientación sexual.

Esta responsabilidad fundamental les corresponde a las entidades que defienden esta causa. Ahora bien, en el concreto ámbito laboral, son los sindicatos quienes tienen el deber de colaborar con las redes y organizaciones LGTBI a fin de comprender mejor los problemas que afectan al colectivo, así como sus exigencias, ya sea mediante la creación de cursos de formación para que, tanto los representantes de trabajadores como

[110] Se pone de manifiesto en OIT, *Inclusión de…*, *op. cit.*, pp. 53-54.

las propias personas afiliadas, contribuyan a construir espacios de trabajo inclusivos, a partir de la elaboración de protocolos u otras iniciativas sindicales.

Solo de este modo se avanzaría, de una parte, hacia la aspiración universal de un trabajo decente para todos y, en última instancia, hacia el cumplimiento de los diecisiete ODS de la Agenda 2030 que, recordemos, tienen como principal promesa: "no dejar a nadie atrás".

5. BIBLIOGRAFÍA

AGNU, *Una vida digna para todos: acelerar el logro de los Objetivos de Desarrollo del Milenio y promover la agenda de las Naciones Unidas para el desarrollo después de 2015*, Informe del Secretario General, de 26 de julio de 2013, A/68/202.

AGNU, *Transformar nuestro mundo: la Agenda 2030 para el Desarrollo Sostenible,* Asamblea General de Naciones Unidas, resolución aprobada el 25 de septiembre de 2015, A/RES/70/1.

ÁLVAREZ CUESTA, H., "Igualdad y no discriminación en el trabajo por razón de identidad sexual", *Revista de Derecho Social,* núm. 65, 2014, pp. 93-118.

AUVERGNON, P., "De Declaración en Declaración de la OIT: el trabajo decente, lema de acompañamiento social de la globalización", *Relaciones laborales: Revista crítica de teoría y práctica,* núm. 15-18, 2012, pp. 121-139.

BARRETTO GHIONE, H., "Concepto y dimensiones del trabajo decente: entre la protección social básica y la participación de los trabajadores en la empresa", *Boletín Cinterfor,* núm. 151, 2001, pp. 153-172.

BAYLOS GRAU, A., "Sobre el Trabajo decente: La formación del concepto", *Derecho y Sociedad,* núm. 46, 2016, pp. 15-24.

CABEZA PEREIRO, J. y LOUSADA AROCHENA, J. F., *El derecho fundamental a la no discriminación por orientación sexual e identidad de género en la relación laboral,* Bomarzo, Albacete, 2014.

DAWSON, J., *LGBT: The Value of Diversity,* Credit Suisse ESG Research, 2016.

EGGER, P. y SENGERBERGER, W., "Problemas y políticas del trabajo decente", *Boletín Cinterfor,* núm. 151, 2001, pp. 27-68.

ERMIDA URIARTE, O., "Trabajo decente y formación profesional", *Boletín Cinterfor,* núm. 151, 2001, pp. 9-26.

GIL Y GIL, J. L., "Concepto de trabajo decente", *Relaciones laborales: Revista crítica de teoría y práctica,* núm. 15-18, 2012, pp. 77-120.

HEPPLE, B., "Igualdad, representación y participación para un trabajo decente", *Revista Internacional del Trabajo,* vol. 120, núm. 1, 2001, pp. 5-20.

ILO, *LGBT people and employment: Discrimination based on sexual orientation, gender identity and expression, and sex characteristics in China, the Philippines and Thailand,* International Labour Organization, 2018.

JENKS, W., *Social justice in the law of nations: the ILO impact after fifty years,* Oxford University Press, London, 1970.

LENZI, O., *El trabajo doméstico: un análisis jurídico a la luz del paradigma internacional del trabajo decente,* Tesis doctoral, Universitat de València, Valencia, 2022.

LENZI, O., "Trabajo decente: de la teoría a la práctica de unas condiciones de trabajo mínimas", *Revista Justicia y Trabajo,* núm. 3, 2023, pp. 227-246.

OECD, *Society at a glance 2019: OECD Social Indicators,* OECD Publishing, Paris, 2019.

OIT, *Estudio especial sobre la igualdad en el empleo y la ocupación,* Informe III (Parte 4B) presentado en la 86ª reunión de la Conferencia Internacional del Trabajo, Ginebra, 1996.

OIT, *Trabajo decente,* Memoria del Director General presentada en la 87.ª reunión de la Conferencia Internacional del Trabajo, Ginebra, 1999.

OIT, *Reducir el déficit de trabajo decente – un desafío global,* Memoria del Director General presentada en la 89.ª reunión de la Conferencia Internacional del Trabajo, Ginebra, 2001.

OIT, *Informe sobre la aplicación del programa de la OIT en 2000-2001,* Memoria del Director General presentada en la 90.ª reunión de la Conferencia Internacional del Trabajo, Ginebra, 2002.

OIT, *La igualdad en el trabajo: afrontar los retos que se plantean,* Informe I(B), presentado en la 96.ª reunión de la Conferencia Internacional del Trabajo, Ginebra, 2007.

OIT, *Medición del trabajo decente: documento de debate para la Reunión tripartita de expertos sobre la medición del trabajo decente*, TMEMDW/2008, Organización Internacional del Trabajo, Ginebra, 2008.

OIT, *La igualdad de género como eje del trabajo decente*, Informe VI, presentado en la 98.ª reunión de la Conferencia Internacional de Trabajo, Ginebra, 2009.

OIT, *Dar un rostro humano a la globalización*, Estudios General sobre los convenios fundamentales relativos a los derechos en el trabajo a la luz de la Declaración de la OIT sobre la justicia social para una globalización equitativa, Informe (Parte 1B), presentado en la 101.ª reunión de la Conferencia Internacional del Trabajo, Ginebra, 2012.

OIT, *La discriminación en el trabajo por motivos de orientación sexual e identidad de género: resultados del proyecto PRIDE de la OIT*, Servicio de Género, Igualdad y Diversidad, Organización Internacional del Trabajo, Ginebra, 2015.

OIT, *ORGULLO (PRIDE) en el trabajo. Un estudio sobre la discriminación en el trabajo por motivos de orientación e identidad de género en Argentina*, Documento de trabajo núm. 2, Organización Internacional del Trabajo, Ginebra, 2015.

OIT, *Acabar con la violencia y el acoso contra las mujeres y los hombres en el trabajo*, Informe V(1), presentando en la 107.ª reunión de la Conferencia Internacional del Trabajo, Ginebra, 2018.

OIT, *Inclusión de las personas lesbianas, gays, bisexuales, transgénero, intersexuales y queer (LGTBIQ+) en el mundo del trabajo: una guía de aprendizaje*, Organización Internacional del Trabajo, Ginebra, 2022.

PARK, A. y MENDOS, L., *Guiding principles on the inclusion of Lesbian, Gay, Bisexual, Transgender, and Intersex (LGBTI) people in development policy and programs*, Swedish Federation for Lesbian, Gay, Bisexual, Transgender and Queer Rights, 2018.

PARK, A. y MENDOS, L., *FOR ALL: The Sustainable Development Goals and LGBTI People*, Swedish Federation for Lesbian, Gay, Bisexual, Transgender, Queer and Intersex Rights, 2019.

PLÖDERL, M. y TREMBLAY, P., “Mental health of sexual minorities. A systematic review”, *International Review of Psychiatry*, núm. 5, 2015, pp. 375-385.

REQUENA MONTES, O., “El Convenio 190 de la OIT y la violencia contra las personas trans”, en ALTÉS TÁRREGA, J. A. y YAGÜE BLAN-

CO, S. (Dirs.), *Convenio 190 de la OIT sobre violencia y acoso,* Tirant lo Blanch, Valencia, 2024, pp. 195-234.

RFSL, *Decent work and Economic Growth,* Swedish Federation for Lesbian, Gay, Bisexual, Transgender, Queer and Intersex Rights, 2023.

RODGERS, G., "El trabajo decente como una meta para la economía global", *Boletín Cinterfor,* núm. 153, 2001, pp. 9-28.

SÁEZ LARA, C., "Orientación e identidad sexual en las relaciones de trabajo", *Trabajo, Persona, Derecho, Mercado,* núm. 5, 2022, pp. 43-65.

SOMAVÍA, J., "El Programa de trabajo decente de la OIT como aspiración de las personas: inserción de los valores y la ética en la economía global", en VARIOS (Dir. PECCOUD, D.), *El trabajo decente. Puntos de vista filosóficos y espirituales,* Organización Internacional del Trabajo, Madrid, 2016.

THOMAS, C. y WEBER, C., *Documento de información sobre la protección contra la discriminación basada en la orientación sexual, la identidad de género, la expresión de género y las características sexuales* (SOGIESC), Departamento de Normas Internacional del Trabajo, Organización Internacional del Trabajo, Ginebra, 2019.

VALFORT, M.A., *LGBTI in OECD Countries: A review,* OECD Social, Employment and Migration Working Papers núm. 198, Paris, 2017.

VARIOS, *ORGULLO (PRIDE) en el trabajo: un estudio sobre la discriminación en el trabajo por motivos de orientación sexual e identidad de género en Costa Rica,* Documento de Trabajo núm. 1, Oficina Internacional del Trabajo, Ginebra, 2016.

VARIOS (Dir. PECCOUD, D.), *El trabajo decente. Puntos de vista filosóficos y espirituales,* Organización Internacional del Trabajo, Madrid, 2016.

VARIOS, "Access to decent and meaningful work in a sexual minority population", *Journal of Career Assessment,* vol. 27, núm. 3, 2019, pp. 408-421.

VARIOS, *Homofobia de Estado: Actualización del panorama global de la legislación,* ILGA World, Ginebra, 2020, p. 19.

VARIOS, *Aprovechar los derechos humanos y la Agenda 2030 para promover los derechos LGTBI,* Instituto Danés de Derechos Humanos, Copenhague, 2020.

VARIOS, "The quality of employment and decent work: definition, methodologies and ongoing debates", *Cambridge Journal of Economic,* vol. 38, núm. 2, 2023, pp. 459-477.

WHITWORTH, S., "Gender, international relations and the case of the ILO", *Review of International Studies*, núm. 20, 1994, pp. 389-405.

YAGÜE BLANCO, S., "Convenio núm. 190 de la OIT sobre violencia y acoso: delimitación de su ámbito de aplicación ante la posible ratificación por España", *Revista General de Derecho del Trabajo y de la Seguridad Social,* núm. 57, 2020, pp. 498-538.

ZUBERO, I., "Trabajo decente: Iluminando una realidad cada vez más oscura", en VARIOS, *Se busca trabajo decente,* Hoac, Madrid, 2007, pp. 9-100.

Capítulo V

El marco del Consejo de Europa. Derechos a la vida privada, a la libre expresión y a la igualdad y no discriminación y su decantación hacia el colectivo LGTBI

BELÉN GARCÍA ROMERO

Catedrática de Derecho del Trabajo. Universidad de Murcia

ORCID: https://orcid.org/0000-0001-6797-7180

PALABRAS CLAVES: Consejo de Europa, Convenio Europeo de Derechos Humanos y Libertades fundamentales, TEDH, LGTBI, derecho a la vida privada, derecho a la libertad de expresión, derecho a la igualdad y no discriminación.

1. EL RESPETO DE LOS DERECHOS HUMANOS DE LAS PERSONAS LGTBI EN EL CONTEXTO DEL CONSEJO DE EUROPA

1.1. El Consejo de Europa. Significado y estructura

El Consejo de Europa es la principal organización de defensa de los derechos humanos en el viejo continente. Se trata de una organización intergubernamental, con sede en Estrasburgo (Francia), de la que forman parte 46 Estados europeos, entre los que se encuentran todos los países de la Unión Europea. La totalidad de los Estados miembros del Consejo de Europa han firmado el Convenio Europeo para la protección de los de derechos humanos y libertades fundamentales (en adelante, CEDH), hecho en Roma el 4 de noviembre de 1950. De su aplicación e interpretación en el ámbito de los Estados signatarios se ocupa el Tribunal Europeo de Derechos Humanos (en adelante TEDH).

Orgánicamente, el Consejo de Europa se estructura en las siguientes instituciones[1]:

- La Secretaría General, elegida por la Asamblea Parlamentaria para un mandato de cinco años. Es la respon-

---

1 "El Consejo de Europa, en síntesis", https://www.coe.int/es/web/about-us/structure [fecha de consulta: 1 de julio de 2024]; CONSEIL DE L'EUROPE.: "Recommandation de politique générale nº 17 de l' ECRI sur la prévention et la lutte contre l'intolérance et la discrimination envers les personnes LGTBI", Estrasburgo, 2023.

sable de la planificación estratégica, de la orientación del programa de actividades y del presupuesto del Consejo de Europa.

- El Comité de ministros, que es el órgano con competencias ejecutivas y está integrado por los ministros de Asuntos Exteriores de cada Estado miembro o de sus representantes diplomáticos permanentes en Estrasburgo. Determina la política de la Organización y aprueba su presupuesto y programa de actividades.

- La Asamblea Parlamentaria (APCE), reúne a 306 parlamentarios de los 46 Estados miembros (de los que a España le corresponden 12 titulares, 6 diputados y 6 senadores). Elige al Secretario General, al Comisario de Derechos Humanos y a los jueces del TEDH.

- El Congreso de Poderes Locales y Regionales, reúne a 612 representantes de más de 150.000 poderes locales y regionales. Su misión es fortalecer la democracia local y regional.

- El Tribunal Europeo de Derechos Humanos (TEDH). Se trata del órgano judicial permanente que garantiza a todos los europeos los derechos consagrados en el CEDH. Está abierto a los Estados y a las personas, con independencia de su nacionalidad. Los 46 Estados miembros del Consejo de Europa están abiertos al cumplimiento del Convenio.

- La Comisión Europea contra el racismo y la intolerancia (ECRI), organismo que se esfuerza por identificar y defender los derechos de las personas LGTBI.

- Comisión Europea para la democracia a través del Derecho (conocida como Comisión de Venecia): es el órgano consultivo del Consejo de Europa en materia constitucional. Su papel principal es brindar asesoramiento jurídico a los Estados para adecuar su estructura e instituciones a los estándares europeos en el campo de la democracia, los derechos humanos y el Estado de Derecho[2].

- Comité Europeo de Derechos Sociales: está compuesto por 15 miembros imparciales e independientes, elegidos por el Comité de ministros del Consejo de Europa, por un periodo de 6 años, renovable una única vez. Tiene como principal función determinar si la legislación nacional y las prácticas de los Estados parte son o no conformes con la Carta Social Europea[3].

Estos organismos, en especial, la ECRI y el TEDH, desempeñan un papel fundamental en la lucha contra la discriminación y la intolerancia hacia las personas LGTBI y en la consecución de una sociedad más inclusiva en lo que a ellas se refiere.

1.2. Precisiones conceptuales previas

De acuerdo con el glosario de la ECRI (2023)[4], el término LGTBI designa expresamente a las personas lesbianas, gais, bisexuales, transgénero e intersexuales. Y, de acuerdo con la Recomendación de Política general nº 17 de la ECRI, la misma cubre a todas las personas, incluidas las no binarias, víctimas de discriminación, de violencia y de intolerancia por razón de su

---

2 Comisión de Venecia, <https://www.cepc.gob.es/relaciones-institucionales/comisión-de-venecia> [fecha de consulta: 1 de julio de 2024].

3 Más información en< https://www.coe.int/en/web/european-social-charter/european-committee-of-social-rights> [fecha de consulta: 1 de julio de 2024].

4 Disponible en la web de la Comisión Europea contra el racismo y la intolerancia https://www.coe.int/fr/web/european-commission-against-racism-and-intolerance/ecri-glossary [fecha de consulta: 1 de julio de 2024]

orientación sexual, de su identidad de género o de sus características sexuales.

Según el mencionado glosario, la "orientación sexual" hace referencia a la capacidad de cada uno de sentir una profunda atracción emocional, afectiva y sexual hacia individuos del sexo (género) opuesto, del mismo sexo (género) o de más de un sexo (género), y de mantener relaciones íntimas y sexuales con esos individuos. La "identidad de género" se define como la experiencia íntima y personal de su género, vivida profundamente por cada persona, se corresponda o no con el sexo asignado en el nacimiento, incluyendo la conciencia personal del propio cuerpo (que puede implicar, si se consiente libremente; una modificación de la apariencia o de las funciones corporales por medios quirúrgicos, u otros). Debe destacarse que la identidad de género comprende también la "expresión de género" como la vestimenta, la voz y la manera de caminar o de hablar. De otro lado, la ECRI entiende por "características sexuales" las características cromosómicas, gonádicas y anatómicas de una persona. Comprenden las características primarias, tales como los órganos reproductores y el aparato genital y/o las estructuras cromosómicas y las hormonas, y las secundarias, incluyen características como la masa muscular, la estructura ósea, la distribución del vello corporal, la estatura, el tono de la voz, el desarrollo de los senos, etc.

1.3 El papel de las distintas instituciones del Consejo de Europa y sus instrumentos jurídicos

En las últimas décadas, las instituciones del Consejo de Europa han jugado un papel de primer orden en la promoción de los derechos humanos de las personas LGTBI[5], destacando por encima de todas el TEDH que, a través de sus sentencias sobre la orientación sexual e identidad de género ha acelerado las reformas legales y la despenalización de la homosexualidad en los países miembros del Consejo de Europa, al tiempo que ha precisado los derechos de las personas LGTBI, de acuerdo con el Convenio Europeo de Derechos Humanos.

Por otro lado, también es esencial el papel de la ECRI, que, siguiendo la Recomendación de Política General nº 17, de 28 septiembre 2023, tiene precisamente por mandato prevenir y combatir la discriminación y la intolerancia contra las personas LGTBI.

Igualmente, la jurisprudencia del TEDH ha sido reforzada por decisiones importantes del Comité Europeo de Derechos Sociales sobre la discriminación en la educación sexual y genésica[6], y sobre la obligación de esterilización impuesta para el reconocimiento jurídico del género[7].

Asimismo, las aportaciones del TEDH en el avance en el reconocimiento de derechos humanos de las personas LGTBI se han visto consolidadas por el trabajo de otros órganos e instituciones del Consejo de Europa. Así, en primer lugar, el Comité de ministros adoptó en 2010 la Recomendación CM/Rec (2010)5 sobre medidas destinadas a combatir la discriminación basada en la orientación sexual o en la identidad de género. A través de este importante texto, ha conminado de

---

5 *Cfr.* CONSEIL DE L'EUROPE: "Recommandation de politique générales nº 17 de l' ECRI sur la prévention et la lutte contre l'intolérance et la discrimination envers les personnes LGTBI», cit., pp. 12-16.

6 *Centre International pour la Protection Juridique des Droits de l'Homme (INTERIGHTS) c. Croacie,* reclamación nº 45/2007 (2009)

7 *Transgender Europe* et ILGA-Europe c. Republica Checa, reclamación nº 117/2015 (2018)

manera específica a los Estados miembros a adoptar y a aplicar medidas legislativas y de otro tipo destinadas a luchar eficazmente contra toda discriminación basada en la orientación sexual o la identidad de género, a garantizar el respeto de los derechos humanos a las personas LGTBI y a promover la tolerancia hacia dicho colectivo.

En la misma línea, la Asamblea Parlamentaria ha adoptado en los últimos años resoluciones sobre la igualdad de personas transexuales[8], e intersexuales[9], el derecho a la vida privada y familiar de las personas, cualquiera que sea su orientación sexual[10], y la lucha contra el recrudecimiento del odio hacia las personas LGTBI[11].

Por último, no podemos dejar de mencionar de un lado, las resoluciones del Congreso de los poderes locales y regionales del Consejo de Europa, a través de las que se hace un llamamiento cada vez mayor a las autoridades de este ámbito para

---

8 Resolución 2048 (2015) de la Asamblea parlamentaria del Consejo de Europa sobre la discriminación de personas transexuales, de 22 de abril de 2015, en la que instó a los Estados a instaurar procedimientos rápidos, transparentes y accesibles, basados en la autodeterminación, que permitan a las personas transexuales cambiar de nombre y de sexo, y a abolir los tratamientos médicos obligatorios y el diagnóstico de salud mental como una obligación legal previa para el reconocimiento de la identidad de género.

9 Resolución 2191 (2017) de la Asamblea parlamentaria del Consejo de Europa, sobre los derechos humanos de las personas intersexuales, de 12 de octubre de 2017. Las personas intersexuales son aquellas que nacen con características sexuales que no se corresponden con las normas sociales o definiciones médicas de lo que hace que una persona sea del sexo masculino o femenino. No se trata de una categoría única.

10 Resolución 2239 (2018) de la Asamblea parlamentaria del Consejo de Europa, de 10 octubre de 2018.

11 Resolución 2417 (2022) de la Asamblea parlamentaria del Consejo de Europa, de 25 enero de 2022.

que protejan a las personas LGTBI en un contexto de incremento de los discursos de odio[12], y, de otro, la Comisión de Venecia, que también adopta una posición cada vez más firme en la defensa de los derechos de las personas de este colectivo, en especial cuando el acceso a la información sobre la orientación sexual y la identidad de género está limitado y/o censurado en algunos Estados miembros del Consejo de Europa[13].

2. LA JURISPRUDENCIA DEL TEDH EN MATERIA DE DERECHOS DE PERSONAS LGTBI

2.1. El Convenio Europeo de Derechos Humanos y personas LGTBI a la luz de la jurisprudencia del TEDH. Cuestiones generales

El Convenio Europeo de Derecho Humanos contiene 59 artículos. El artículo 1, dispone la obligación de los Estados parte

---

12 En este sentido, Resoluciones 380 (2015) y 470 (2021).

13 Así, por ejemplo, la Comisión de Venecia, en su Dictamen nº 1059/2021, CDL-AD(2021)050, 10-11 diciembre de 2021, censuró la ley húngara LXXIX, que restringe la divulgación de informaciones sobre la homosexualidad y la identidad de género, sobre todo, a menores, y subraya que las consideraciones de "moralidad pública" y de protección de los menores" no pueden justificar prohibiciones y/o restricciones generalizadas". Más aún, los expertos critican que tales artículos "contribuyen a instaurar un clima de amenazas en el que los niños LGTBI + pueden ser expuestos a riesgos para su salud, ser víctimas de intimidaciones y ser sometidos a acoso". Más ampliamente, sobre el prestigio adquirido por su actividad, *Vid.* SALINAS ALCEGA, S.: "La Comisión para la democracia a través del Derecho (Comisión de Venecia. Una acción, en el marco del Consejo de Europa, para el desarrollo y la extensión de los valores democráticos)", pp. 1-66, https://www.venice.coe.int/file [fecha de consulta 2 julio 2024].

de reconocer a toda persona bajo su jurisdicción los derechos y libertades definidos en su Título I (artículos 2 a 18).

Desde los años ochenta, el TEDH ha sido llamado a pronunciarse sobre los derechos de las personas LGTBI en el marco de demandas individuales formuladas con arreglo al artículo 34 del CEDH, que establece que *"El Tribunal podrá conocer de una demanda presentada por cualquier persona física, organización no gubernamental o grupo de particulares que se considere víctima de una violación por una de las Altas Partes Contratantes de los derechos reconocidos en el Convenio o sus Protocolos. Las Altas Partes Contratantes se comprometen a no poner traba alguna al ejercicio eficaz de este derecho"*.

Los principales derechos invocados por el TEDH en los asuntos en los que los recurrentes eran personas LGTBI son la protección contra los tratos degradantes, incluido el discurso de odio y la violencia contra las personas LGTBI (ex art. 3 del CEDH[14]) y la obligación positiva de investigar eficazmente tales tratamientos; el derecho a la libertad y a la seguridad (art. 5); el derecho a la libertad de expresión (art. 10); el derecho a la libertad de reunión y de asociación pacíficas (art. 11), y el derecho al reconocimiento jurídico del género sin prohibición ilegal, en cuanto que la identidad de género y la orientación sexual se consideran una forma de libre desarrollo de la personalidad vinculada al derecho a la intimidad y a la vida privada (art. 8). En particular, el TEDH está prestando especial atención al derecho a la vida privada y a la vida familiar (art. 8) de las personas transexuales y de las parejas del mismo sexo, en

---

[14] De acuerdo con el artículo 3, "Nadie podrá ser sometido a tortura ni a penas o tratos inhumanos o degradantes". De acuerdo con la jurisprudencia del TEDH de este precepto derivan obligaciones positivas para el Estado, en el sentido de que las autoridades deben investigar las denuncias por malos tratos, incluso infligidas por particulares y tratar de desvelar cualquier posible móvil discriminatorio (por ejemplo, el carácter homófobo de las lesiones).

aspectos tales como el derecho a la transmisión del contrato de arrendamiento tras el fallecimiento del arrendador, el acceso a la asistencia médica, el permiso de residencia y la adopción[15].

En las páginas que siguen, nos centraremos esencialmente en el estudio de la jurisprudencia del TEDH en relación con los derechos de las personas LGTBI y parejas de este colectivo a la vida privada y familiar, el derecho a la igualdad y no discriminación y a la libertad de expresión.

2.2. Acerca de la naturaleza jurídica del derecho a la igualdad y no discriminación

El artículo 14 del CEDH, bajo el rótulo "Prohibición de discriminación", establece que: "*El goce de los derechos y libertades reconocidos en el presente Convenio ha de ser asegurado sin distinción alguna, especialmente por razones de sexo, raza, color, lengua, religión, opiniones políticas u otras, origen nacional o social, pertenencia a una minoría nacional, fortuna, nacimiento o cualquier otra situación*".

El artículo 14 no consagra un principio general de igualdad, sino un principio de no discriminación en el reconocimiento y ejercicio de los derechos contemplados en este texto internacional, a los que habrá que añadir los introducidos por otros protocolos posteriores para los Estados signatarios, como es el caso, en lo que atañe a la igualdad, del Protocolo nº 12.

En cuanto a los motivos enumerados, se opta por una fórmula de lista abierta, no exhaustiva, lo que se deduce de las expresiones "especialmente" y de la cláusula de cierre "o cualquier otra situación". Como tendremos ocasión de examinar, el TEDH ha considerado que tienen ahí cabida circunstancias personales no expresamente contempladas por la cláusula an-

---

15 CONSEIL DE L'EUROPE: "Recommandation de politique générales nº 17 de l' ECRI sur la prévention…", cit., p. 13.

tidiscriminatoria, tales como la homosexualidad, la orientación sexual, la transexualidad, la identidad de género o la vida sexual de las personas[16].

En relación con la naturaleza jurídica del derecho a no ser discriminado, se ha asistido a una evolución en la jurisprudencia del TEDH. Así, inicialmente, la formulación de este principio en el CEDH lleva al Tribunal de Estrasburgo a considerar que la vulneración de este derecho no puede ser esgrimida de forma autónoma, sino que debe plantearse en relación con alguno de los otros derechos protegidos por el Convenio. En este sentido, se le atribuye un carácter subordinado o dependiente de los demás derechos. Sin embargo, con posterioridad, tuvo lugar un giro doctrinal, reconociendo la posibilidad de fundamentar una condena en la lesión del principio de no discriminación, sin necesidad de que el derecho esgrimido en combinación con el artículo 14 hubiere resultado también vulnerado aisladamente[17], afirmando el TEDH "*que el artículo 14 constituye una parte integrante de cada uno de los preceptos que proclaman los derechos y libertades de los individuos*"[18].

Ahora bien, debemos destacar que un rasgo constante de la jurisprudencia del TEDH es que, ante la efectiva constatación de la lesión de uno de los derechos o libertades enunciados en el CEDH, este Tribunal considera innecesario entrar a valorar si, además, ha concurrido en el caso una vulneración de la pro-

---

16 Así, por ejemplo, a la diferencia de trato basada en la orientación sexual se refiere expresamente el TEDH en sus sentencias *Caso Salgueiro Da Silva Mouta contra Portugal*, de 21 diciembre de 1999 y en *Caso E.B. contra Francia*, de 22 enero 2008.

17 *Cfr.* POLO SABAU, J.R.: "Igualdad y no discriminación en el Consejo de Europa: caracteres del juicio de igualdad en la jurisprudencia del TEDH", *Revista Europea de Derechos Fundamentales*, núm. 11, 2008, pp. 302-303.

18 *Caso Marckx contra Bélgica*, de 13 de junio de 1979.

hibición de discriminación, como bien se pone de manifiesto en el caso *Dudgeon contra Reino Unido,* de 22 de octubre de 1981[19]. Tal práctica, ha perjudicado el desarrollo de una más elaborada doctrina jurisprudencial en materia de igualdad, lo que se constata en el seno del propio Tribunal a través de la formulación de diferentes votos particulares[20].

Por último, en relación con el alcance de la cláusula antidiscriminatoria, señalar el significado que tiene en este contexto la entrada en vigor del Protocolo nº 12 del CEDH (hecho en Roma el 4 de noviembre de 2000[21]), que recoge un principio general de igualdad y no discriminación. La diferencia respecto a la cláusula del artículo 14 CEDH es que el Protocolo nº 12 añade la prohibición de discriminación al "*goce de cualquier derecho previsto por la ley*", es decir, de cualquier derecho que la legislación interna del Estado signatario reconozca a las personas. Ello ha propiciado que el TEDH haya aplicado el principio de no discriminación a otros derechos no explícitamente reconocidos en el Convenio, pero que se consideran bajo su ámbito de aplicación, como es el caso de derechos que los Estados parte han "decidido voluntariamente proteger"[22].

---

19 En ella se afirma que *"cuando se invoca un artículo sustantivo del Convenio, tanto en sí mismo como en relación con el artículo 14, y se ha encontrado una violación independiente de dicho artículo sustantivo, no es necesario usualmente para el Tribunal examinar también el asunto a la luz del artículo 14; la solución sería otra si el aspecto fundamental del caso fuese la manifiesta desigualdad de trato en el goce en el derecho en cuestión*".

20 *Cfr.* JIMENA QUESADA, L.: "El derecho a la igualdad en el Convenio Europeo de Derechos Humanos: su desarrollo jurisprudencial", *Revista General de Derecho,* nº 597, 1994, p. 6832.

21 España ratificó dicho Protocolo el 13 de febrero de 2008, entrando en vigor el 1 de junio siguiente.

22 Caso *E.B. contra Francia,* de 22 de enero de 2008, sobre el derecho a la adopción a personas solteras reconocido por la legislación francesa.

Además, el Protocolo establece en su artículo 1, una obligación negativa para las Partes de abstenerse de toda discriminación contra los individuos, esto es, prohíbe que nadie sea discriminado por una autoridad pública, lo que aumenta las garantías y permite albergar la esperanza de una mayor profundización en la noción de la igualdad material, y tal vez, también un mayor desarrollo de medidas de acción positiva[23].

2.3. El test de igualdad

En su jurisprudencia, el TEDH ha establecido que no todas las distinciones de tratamiento son discriminatorias, sino solo aquellas que carezcan de justificación objetiva y razonable, dando un cierto margen a los Estados para que puedan determinar en qué medida las diferencias superan el escrutinio de igualdad[24].

En los casos en los que se suscita la vulneración del principio de prohibición de la discriminación, la cuestión fundamental a resolver es la proporcionalidad de la medida[25]. En efecto, como el propio TEDH ha señalado, "*una diferencia de trato en el ejercicio de un derecho consagrado por el Convenio no solo debe perseguir una finalidad legítima*", sino que, además, debe existir "*una razonable relación de proporcionalidad entre los medios empleados y la finalidad perseguida*"[26].

---

23 *Cfr.* POLO SABAU, J.R.: "Igualdad y no discriminación en el Consejo de Europa:...", cit., p. 310.

24 *Cfr.* GIL RUIZ, J. Mª.: "En torno al artículo 14 de la CEDH: concepto, jurisprudencia y nuevos desafíos de (y ante) el Consejo de Europa", *Quaestio Iuris,* vol. 10, nº 02, Rio de Janeiro, 2017, p. 926.

25 *Cfr.* MONEREO PÉREZ, J.L., POMPEYO LOZANO, P.G.: "Prohibición de discriminación", *Temas Laborales,* núm. 145/2008, p. 352.

26 *Caso relativo a determinados aspectos del régimen lingüístico de la enseñanza en Bélgica contra Bélgica,* de 23 julio 1968.

Así pues, el *test* de igualdad somete a la medida impugnada a un juicio en el que, acreditada la existencia de un tratamiento diferente, habrá de comprobarse, por un lado, que ese distinto trato responde a una justificación objetiva y razonable a tenor de la finalidad y los efectos de la medida examinada y, de otro, que se verifica la necesaria proporcionalidad entre la finalidad perseguida por el tratamiento discriminatorio y los medios utilizados para la consecución de dicha finalidad[27].

Ahora bien, en el ámbito del Consejo de Europa hay dos elementos esenciales que el TEDH tiene en cuenta a la hora de valorar la proporcionalidad de la medida: de un lado, el "margen de apreciación" nacional que reconoce a los Estados y, de otro, la existencia o no de algún estándar común europeo en la materia controvertida.

Ciertamente, los Estados han visto reconocido un cierto margen de apreciación, a veces muy amplio, a la hora de fundamentar la legitimidad de la medida impugnada o de establecer concretas restricciones al ejercicio de los derechos, por ejemplo, por razones de seguridad pública, protección de la moral, la salud, la defensa del orden público, etc.

Como contrapunto, en relación con esta cuestión, el TEDH ha hecho suya la doctrina de las categorías especialmente sospechosas, sujetas a un control judicial especialmente riguroso[28]. Así, por ejemplo, en el caso *E.B. contra Francia,* de 22 de enero de 2008, se declara que "*cuando se trata de la orientación sexual, son necesarios unos motivos especialmente serios y convincentes para justificar una diferencia de trato en relación con los derechos protegidos por el artículo 8*".

Por otro lado, el Tribunal tiene también en cuenta como parámetro de valoración si existe una regulación homologable

---

27 Cfr. POLO SABAU, J.R.: cit., p. 296.

28 *Idem*. p. 301.

entre los Estados europeos en el reconocimiento de los derechos a personas LGTBI y la propia evolución social y legislativa, observando la tendencia a reconocer ciertos derechos a personas o parejas homosexuales en un número creciente de países.

3. EL RECONOCIMIENTO DE DERECHOS A PERSONAS LGTBI

3.1. Los derechos de personas homosexuales

3.1.1. Reconocimiento del derecho a la vida privada

La protección del colectivo homosexual por el TEDH se ha basado en el reconocimiento que tienen todas las personas al respeto de su vida privada, de conformidad con el artículo 8 del CEDH, el cual, bajo el rótulo "Derecho a la vida privada y familiar", establece:

> *"1. Toda persona tiene derecho al respeto de su vida privada y familiar, de su domicilio y de su correspondencia.*
>
> *No podrá haber injerencia de la autoridad pública en el ejercicio de este derecho sino en tanto en cuanto esta injerencia esté prevista por la ley y constituya una medida que, en una sociedad democrática, sea necesaria para la seguridad nacional, la seguridad pública, el bienestar económico del país, la defensa del orden y la prevención de las infracciones penales, la protección de la salud o de la moral, o la protección de los derechos y las libertades de los demás".*

Si bien este derecho no ha sido definido en la jurisprudencia del TEDH, sí que se han delimitado algunas de sus características básicas[29]. Así, se ha señalado que el derecho a la vida privada no es simplemente un derecho a la intimidad, a estar protegido de la publicidad en la medida que uno lo desee, sino que, además, implica el derecho a establecer y desarrollar relaciones con otros seres humanos, como parte del libre desarrollo de la personalidad.

La jurisprudencia en torno al derecho a la vida privada de las personas homosexuales tiene un importante punto de partida en la sentencia del *caso Dudgeon*[30], en el que el Reino Unido fue condenado por el mantenimiento en Irlanda del Norte de una legislación penal que criminalizaba los actos sexuales consentidos entre hombres adultos. Para el Tribunal, el mantenimiento en vigor de dicha normativa punitiva constituía una "injerencia continuada" en uno de los aspectos más íntimos de la vida privada". Así pues, la libertad sexual o la sexualidad de las personas se concibe como uno de los actos más íntimos de la vida, por lo que cualquier injerencia estatal en este ámbito necesita una especial justificación.

En consecuencia, la validez y legitimación de cualquier restricción que afecte al derecho reconocido en el art. 8 CEDH requiere del cumplimiento de tres condiciones cumulativas: el respeto del principio de legalidad, la finalidad de la medida limitativa del derecho y la necesidad de la injerencia. Así, en primer lugar, es preciso que la injerencia esté prevista por la ley. En segundo lugar, la finalidad de la medida, en este caso, la penalización de las prácticas homosexuales entre adultos tenía por objeto la protección de la moral. En tercer lugar, el Tribunal exige que el acto de injerencia en el derecho a la vida privada "*sea necesaria en una sociedad democrática*". El TEDH ha veni-

---

29 *Cfr.* RIVAS VAÑÓ, A. Y RODRIGUEZ-PIÑERO ROYO, M.: "Orientación sexual y no discriminación: el debate en Europa", *Temas Laborales* nº 5299, pp. 12-18.

30 Sentencia *Dudgeon c. Reino Unido,* de 22 de octubre de 1981.

do estableciendo en su doctrina que lo necesario no es solo lo aconsejable o beneficioso, sino que implica la existencia de una "*necesidad social imperiosa*". En este caso concreto, el Tribunal consideró que ni la protección de la moral ni de los derechos de terceros constituía una necesidad social imperativa. Las relaciones homosexuales consentidas entre personas adultas y en privado no ponían en peligro a ningún sector vulnerable de la población ni su restricción podía justificarse en el efecto que éstas pudieran causar en el público. Además, el TEDH tiene en cuenta que la mayoría de los Estados miembros del Consejo de Europa habían despenalizado dichas conductas.

Aunque el TEDH mantiene el reconocimiento del "*margen de apreciación estatal*" para decidir sobre la validez de una determinada restricción a un derecho reconocido en el CEDH, sin embargo, dicho margen varía en función de los fines que persiga la restricción de derechos. En el caso de la moral, el Tribunal señala que, si bien es un fin legítimo, los medios utilizados no han sido proporcionados.

La jurisprudencia del TEDH en *Dudgeon* se vio confirmada por resoluciones posteriores, como la sentencia *Norris c. Irlanda*, de 26 de octubre de 1988 y *Modinos c. Chipre*, de 22 de abril de 1993[31]. Asimismo, cabe mencionar, aunque con un matiz diferente por cuanto los hechos se refieren a actos homosexuales realizados en grupo, la sentencia c*aso A.D.T. c. el Reino Unido*, de 31 de julio de 2000. En ella, el TEDH rechazó que la injerencia del Estado en uno de los aspectos más íntimos de la vida privada de las personas pudiera estar justificada por la necesidad de preservar la moral o la salud pública, toda vez que

---

31 *Cfr.* RUIZ-RISUEÑO MONTOYA, F. M.: "Los derechos de las personas LGTB en la jurisprudencia del Tribunal Europeo de Derechos Humanos", en MATIA PORTILLA, ELVIRA PERALES, ARROYO GIL (Dirs.) *La protección de los derechos fundamentales de personas LGTBI*, Tirant lo Blanch, Valencia, 2019, p. 123.

los actos sexuales habían tenido lugar en privado y no habían sido difundidos de ninguna manera.

En definitiva, el reconocimiento del derecho al respeto de la vida privada en relación con la orientación sexual, sobre la base del artículo 8 del CEDH ha posibilitado la derogación de las disposiciones legales de los Estados signatarios que penalizaban las prácticas homosexuales. Asimismo, ha permitido sancionar ciertas políticas gubernamentales como la aplicada por el ministerio de defensa del Reino Unido que hacía de la homosexualidad motivo de expulsión del ejército[32], por considerar que tanto la investigación por las autoridades militares de la vida sexual de los demandantes como su posterior expulsión del ejército por razón de su orientación sexual, constituían una injerencia grave en el derecho a la vida privada, que no se justificaba por ningún objetivo legítimo, a pesar de los argumentos esgrimidos por el ejército relativos a la seguridad nacional y al mantenimiento de la moral de las fuerzas armadas. Para el Tribunal, esta política se basaba únicamente en prejuicios de la mayoría heterosexual contra la minoría homosexual.

Sin embargo, el artículo 8 tiene un alcance limitado, ya que solo ofrece una protección en la esfera de lo privado, que no llega a cualquier manifestación exterior o pública de la homosexualidad.

Por ello, las diferencias de trato en ámbitos como el laboral, el de las prestaciones sociales, o el establecimiento de una edad legal de consentimiento para mantener relaciones sexuales, entre otros, no son sancionables a través de la aplicación aislada del artículo 8, sino que se hace necesario aplicar el artículo 14- el derecho a la no discriminación- para conseguir una

---

32 Casos *Smith y Grady c. el Reino Unido y Lustig-Prean y Beckett c. el Reino Unido,* ambos de 27 de septiembre de 1999.

mayor equiparación de su situación con el de la mayoría de la población heterosexual[33].

3.1.2. Derecho a la igualdad y no discriminación por razón de la orientación sexual

La criminalización de actos homosexuales volvió a ser objeto de control por parte del TEDH en los casos *L. y V. c. Austria* y *S.L. c. Austria,* ambos de 9 de enero de 2003, pero esta vez bajo el prisma del derecho a la no discriminación[34]. En este asunto, el TEDH revisa las conclusiones alcanzadas en *Dudgeon* con respecto al establecimiento de distinta edad de consentimiento para las relaciones homosexuales y heterosexuales, analizando los casos a la luz de los artículos 14 y 8 del Convenio, declarando que estos habían sido vulnerados[35].

Dicha jurisprudencia ha sido reiterada en *Salgueiro da Silva Mouta c. Portugal,* de 21 de diciembre de 1999. En ella sostuvo por primera vez que la orientación sexual era un criterio incluido en el ámbito de aplicación del artículo 14 del CEDH y extiende el test establecido en *Dudgeon* para los casos que afectaran a la vida sexual de las personas homosexuales, al ámbi-

---

33 *Cfr.* RIVAS VAÑÓ, A. Y RODRIGUEZ-PIÑERO ROYO, M.: "Orientación sexual y no discriminación…", p. 18.

34 Más extensamente, *Vid.* RUIZ-RISUEÑO MONTOYA, F. M.: "Los derechos de las personas LGTB en la jurisprudencia del Tribunal Europeo de Derechos Humanos", cit., pp. 125-127.

35 La diferencia de trato en este caso procedía de que el Código penal austriaco (art. 209) castigaba con una pena de entre seis meses y cinco años las relaciones homosexuales consentidas entre un hombre adulto y un adolescente de entre 14 y 18 años, mientras que las relaciones heterosexuales o lésbicas entre personas adultas y mujeres adolescentes mayores de 14 años no eran objeto de persecución penal.

to de las discriminaciones basadas en la orientación sexual[36]. Confió, además, en el creciente consenso entre los Estados miembros del Consejo de Europa en el establecimiento de una edad única de consentimiento para restringir el margen de apreciación del Estado en la materia.

Otro caso relevante en relación con el derecho a no ser discriminado por razón de la orientación sexual es *Da Silva Mouta c. Portugal,* de 21 de diciembre de 1999.

En esta sentencia, el TEDH reitera su doctrina del caso *Dudgeon,* según la cual la orientación sexual era un criterio incluido en el ámbito de aplicación del artículo14 CEDH y exigió para considerar legítimas las diferencias basadas en esta condición personal la concurrencia de "razones especialmente serias como justificación". Esta sentencia es novedosa porque, por primera vez, aunque se alegaba violación del artículo 8 de forma separada y en conjunción con el artículo 14, el Tribunal de Estrasburgo entra a valorar si hubo o no un trato discriminatorio, para después dictaminar que habiendo encontrado violación de los artículos 8 y 14 examinados de forma conjunta no era necesario analizar si hubo violación del artículo 8[37].

La principal lección que se extrae de esta jurisprudencia es que el reconocimiento de la no discriminación por orientación sexual constituye una condición previa necesaria para el disfrute por parte del colectivo LGTBI de los demás derechos humanos reconocidos a las personas en general.

En definitiva, mientras que el derecho al respeto a la vida privada del artículo 8 CEDH, protege solo la esfera más ínti-

---

36 *Cfr.* RUIZ-RISUEÑO MONTOYA, F. M.: "Los derechos de las personas LGTB en la jurisprudencia del Tribunal Europeo de Derechos Humanos", cit, p. 128.

37 *Cfr.* RIVAS VAÑÓ, A. Y RODRIGUEZ-PIÑERO ROYO, M.: "Orientación sexual y no discriminación…", p. 19.

ma y personal, el reconocimiento de la no discriminación por orientación sexual permite la protección de la faceta externa o social del hecho de ser homosexual, de manera que cualquier diferencia de trato por parte del Estado por este motivo se considera una injerencia en el legítimo disfrute de los derechos reconocidos por el CEDH a todas las personas, con independencia de su orientación sexual[38].

3.1.3. Derecho a la libertad de expresión

El derecho a la libertad de expresión está recogido en el artículo 10 del CEDH. El mencionado precepto comienza señalando en su apartado primero que "*toda persona tiene derecho a la libertad de expresión. Este derecho comprende la libertad de opinión y la libertad de recibir o de comunicar informaciones o ideas sin que pueda haber injerencia de autoridades públicas ...*". En su apartado segundo, el Convenio admite la posibilidad de someter el ejercicio de este derecho "*a ciertas formalidades, condiciones, restricciones o sanciones, previstas por la ley, que constituyan medidas necesarias en una sociedad democrática, para la seguridad nacional, la integridad territorial o la seguridad pública, la defensa del orden y la prevención del delito, la protección de la salud o de la moral, ...*".

El TEDH ha tenido la ocasión de pronunciarse acerca de la libertad de expresión sobre temas LGTBI en algunas de sus resoluciones[39]. Así, en el caso *Kaos GL contra Turquía,* de 22 de noviembre de 2016, el Tribunal tuvo que resolver si el secuestro por mandato judicial de todos los números de una revista

---

38 *Cfr.* RIVAS VAÑÓ, A. Y RODRIGUEZ-PIÑERO ROYO, M.: "Orientación sexual y no discriminación...", *cit,* p. 21.

39 *Cfr.* RUIZ-RISUEÑO MONTOYA, F. M.: "Los derechos de las personas LGTB en la jurisprudencia del Tribunal Europeo de Derechos Humanos", *cit.,* pp. 176 y 177.

publicada para la promoción de la cultura homosexual[40] constituía una vulneración de la libertad de expresión. El secuestro había durado cinco años y seis meses. Para el Tribunal, si bien la injerencia estatal estaba prevista por la ley y tenía como finalidad legítima la protección de la moral pública, en cambio, dicha injerencia no podía considerarse proporcionada en una sociedad democrática. La intervención estatal había sido excesiva, toda vez que la protección de la moral pública no justificaba la adopción de una medida que impedía a todo el mundo el acceso al número litigioso. Las autoridades podían haber aplicado soluciones menos restrictivas que el secuestro de la publicación por un periodo tan largo, como, por ejemplo, prohibir su venta a menores de edad, o haber vendido la publicación dentro de un embalaje especial y con una advertencia destinada a la población menor de dieciocho años.

Otra sentencia de gran repercusión mediática relativa a la libertad de expresión es la recaída en el caso de *Bayev y otros c. Rusia,* de 20 de junio de 2017, en las que el TEDH declaró contrarias a los artículos 10 y 14 del CEDH varias leyes aprobadas en Rusia, conocidas como "leyes contra la propaganda de la homosexualidad". Los demandantes eran tres activistas gais a los que las autoridades habían sancionado económicamente por hacer propaganda y promocionar la homosexualidad entre menores[41]. El Tribunal optó por analizar la controversia desde la óptica de la "necesidad" de tales leyes. Concluyó que si bien en cuestiones de protección de la moral, el margen

---

40 El número tenía imágenes de contenido sexual explícito.

41 Los activistas se habían manifestado ante una escuela o frente a una biblioteca escolar con pancartas en las que contenían textos como que "la homosexualidad es natural y normal", o "Rusia tiene la tasa del mundo más alta de suicidios entre adolescentes. Muchos de ellos homosexuales. Toman esa decisión por falta de información sobre su naturaleza. Los diputados son asesinos de niños. La homosexualidad es buena".

de apreciación estatal es relativamente amplio, sin embargo, observó la existencia de un consenso europeo en reconocer a los individuos el derecho a identificarse abiertamente como homosexuales, a incluir las relaciones homosexuales en el concepto de vida familiar y a promover sus derechos. Por otro lado, el Estado demandado no había conseguido demostrar en qué modo la libertad de expresión en asuntos LGTBI podría devaluar o impactar gravemente en las "familias tradicionales" o comprometer su futuro. Por el contrario, consideró que dichas leyes eran contraproducentes para la protección de la salud y los derechos de terceros. Por último, el TEDH puso de manifiesto que era una constante en su doctrina negarse a respaldar cualquier política o decisión basada en prejuicios de una mayoría heterosexual sobre una minoría homosexual[42].

3.2. Los derechos de personas intersexuales y transexuales

3.2.1. El derecho a la identidad sexual como parte esencial del derecho a la vida privada

Tras unos pronunciamientos iniciales no favorables a la comunidad transexual, en la actualidad es doctrina consolidada del TEDH que el respeto al derecho a la vida privada proclamado en el artículo 8 del Convenio, impone a los Estados la obligación de reconocer a todos los efectos la nueva identidad de género de las personas transexuales, si bien, tal reconoci-

---

42 *Cfr.* RUIZ-RISUEÑO MONTOYA, F. M.: "Los derechos de las personas LGTB en la jurisprudencia del Tribunal Europeo de Derechos Humanos", cit., pp. 177-183.

miento puede ser sometido a ciertas condiciones, siempre que no sean desproporcionadas[43].

El giro jurisprudencial tiene lugar con sus sentencias de Gran Sala en los casos *Christine Goodwin c. Reino Unido,* de 11 de julio de 2002 (recurso nº 28957/95). En ella el Tribunal priva a los Estados de discrecionalidad en la materia y les impone la obligación de reconocer a todos los efectos la nueva identidad de las personas transexuales. Tras constatar la existencia de una tendencia a escala internacional a favor de la aceptación social de las personas transexuales y del reconocimiento jurídico de su nueva identidad, afirmó que negarles el reconocimiento de su nueva identidad sexual a personas transexuales operadas, las colocaba en una situación anómala, que les causa humillación y angustia. Por ello, el no reconocimiento pleno de su nueva identidad por parte de las autoridades británicas constituía una violación del artículo 8 del Convenio.

Esta doctrina fue confirmada en la sentencia del caso *Grant c. Reino Unido,* de 23 de mayo de 2006, en la que consideró que la negativa a reconocer a una mujer transexual la pensión de jubilación a la edad de 60 años (la edad ordinaria para las mujeres), obligándola a esperar hasta los 65 años, venía motivada por la falta de reconocimiento legal de su nueva identidad sexual, lo que constituía una vulneración de su derecho a la vida privada, reconocido en el artículo 8 del Convenio[44]. Asimismo, el TEDH reitera que el derecho a la identidad sexual y el

---

43 Por ejemplo, casos *Rees c. Reino Unido,* de 17 octubre de 1986 *y Cosey c. Reino Unido,* de 27 de septiembre de 1990, en los que se denegaba a los demandantes el reconocimiento de su plena identidad sexual mediante la modificación de los registros y actas de nacimiento, sin que ello fuera considerado por el TEDH una vulneración de su derecho al respeto de su vida privada. *Cfr.* RUIZ-RISUEÑO MONTOYA, F. M.: cit., p.103.

44 *Cfr.* RUIZ-RISUEÑO MONTOYA, F. M.: *loc. cit.*, p.107.

libre desarrollo de la persona son aspectos fundamentales del derecho al respeto de la vida privada, entre otras, en su sentencia dictada en el caso *Y.Y. c. Turquía*, núm. 14793/08, de 10 de marzo de 2015.

De otro lado, en cuanto a las condiciones a las que los Estados podían sujetar el reconocimiento jurídico de la identidad sexual, resulta interesante el caso *A.P. Garçon y Ninot c. Francia*, resuelto por la sentencia de 6 de abril de 2017. En ella, el TEDH tuvo que determinar si el respeto al derecho a la vida privada de los demandantes, tres personas transexuales, exigía que el Estado facilitara como obligación positiva derivada del artículo 8 del Convenio un procedimiento por el cual estos vieran reconocida jurídicamente su identidad sin tener que demostrar "un cambio irreversible en su apariencia", "probar la existencia de un desorden de identidad de género" o "someterse a un examen médico"[45].

En cuanto al requisito de demostrar un cambio irreversible de su apariencia, sometiéndose a un tratamiento o cirugía esterilizadora, el TEDH consideró que el respeto a la vida privada y a la integridad física de las personas transexuales que no desearan someterse a dicho proceso integral de reasignación de género debía prevalecer sobre el interés público de garantizar la indisponibilidad del registro civil o la seguridad jurídica, por lo que una exigencia de este tipo constituía una vulneración del derecho al respeto a la vida privada reconocido por el artículo 8 del Convenio.

En esta misma línea, la Resolución de la Asamblea Parlamentaria 2191 (2017), señala que los derechos del CEDH que se ven comprometidos en el ámbito de las intervenciones médicas de carácter hormonal, y sobre todo quirúrgico, de las personas intersexuales, son fundamentalmente los estableci-

---

45 *Cfr.* RUIZ-RISUEÑO MONTOYA, F. M.: *loc. cit.*, pp. 115 y ss.

dos en los arts. 3 (prohibición de la tortura y de penas o tratos inhumanos o degradantes) y 8 (respeto al derecho a la vida privada).

Por lo que respecta a la exigencia de probar mediante un previo diagnóstico psiquiátrico la disforia de género, el TEDH lo consideró compatible con el artículo 8 CEDH, toda vez que este requisito pretende garantizar el interés personal de las personas interesadas, evitando que estas "se embarquen erróneamente en un proceso de cambio jurídico de su identidad", al tiempo que permite satisfacer el interés general de garantizar la indisponibilidad del registro civil.

La misma conclusión alcanza el TEDH en relación con el requisito de someterse a un examen médico como condición para proceder a una rectificación de su género en el registro. Entiende el Tribunal que dicha exigencia no es desproporcionada y, por tanto, no es contraria con el artículo 8 del Convenio.

No obstante, conviene recordar la Resolución 2048 (2015) de la Asamblea parlamentaria del Consejo de Europa sobre la discriminación de personas transexuales, de 22 de abril de 2015, en la que instó a los Estados a instaurar procedimientos rápidos, transparentes y accesibles, basados en la autodeterminación, que permitan a las personas transexuales cambiar de nombre y de sexo, y a abolir los tratamientos médicos obligatorios y el diagnóstico de salud mental como una obligación legal previa para el reconocimiento de la identidad de género.

Por último, en relación con la protección internacional de las personas intersexuales, debemos hacer referencia a los "Principios sobre la aplicación de la legislación internacional de derechos humanos en relación con la orientación sexual y la identidad de género", conocida como Principios de Yogyakarta[46]. Se trata de veintinueve principios elaborados por un grupo

---

46 Disponible en: https://bit.ly/3bnplMX.

de expertos en derechos humanos en noviembre de 2006, que pese a no ser jurídicamente vinculantes se han convertido en una guía muy útil para definir los estándares internacionales sobre derechos humanos de las personas que padecen algún tipo de discriminación como consecuencia de su orientación sexual e identidad de género[47]. En 2017, en Ginebra se adoptaron nueve principios adicionales recogidos bajo el nombre de Principios de Yogyakarta Plus 10. Entre los derechos que corresponden a las personas LGTBI se encuentran el derecho al reconocimiento legal de su identidad sexual, que conlleva el deber de los Estados de dejar de registrar el sexo/género de las personas, y mientras no se haga, que contemplen un mecanismo que permita un cambio ágil del género registrado a instancia de la persona interesada (principio 31). Otro derecho expresamente contemplado es el relativo a la integridad física y mental, que incluye el rechazo de los procedimientos médicos invasivos e irreversibles que modifiquen las características sexuales de una persona sin su consentimiento previo, libre e informado, a menos que sean necesarios para evitarle un daño serio, urgente e irreparable (principio 32).

3.2.2. El derecho a la vida familiar.

Los principales asuntos relacionados que han sido resueltos por el TEDH con el derecho a la vida familiar de las personas transexuales atañen a su derecho al matrimonio, el derecho a la filiación y, en fin, a no ser discriminado en las relaciones paterno-filiales.

Así, en primer lugar, en relación con el derecho a contraer matrimonio, el TEDH estimó también en *Christine Goodwin c.*

---

47 Cfr. ARROYO GIL, A.: "Las personas intersexuales desde una perspectiva de derechos humanos y fundamentales, *IgualdadES,* 2-29-60, doi: https://doi.org/10.18042/cepc/lgdES.2.02, p. 38.

Reino Unido, de 11 de julio de 2002, que había sido vulnerado el artículo 12 del Convenio, que reconoce el derecho al matrimonio[48], considerando que a la vista de los avances sociales y científicos en el tema de la transexualidad, los términos hombre y mujer no pueden interpretarse con criterios puramente biológicos y que dicho derecho no podía hacerse depender de la posibilidad de concebir un hijo. Asimismo, el Tribunal restringió el margen de discrecionalidad nacional, rechazando que la falta de consenso entre los Estados signatarios pudiera dejar este asunto completamente en sus manos. Aunque era admisible que los Estados pudieran establecer ciertas garantías y condiciones, no existía ninguna razón para privar absolutamente a estas personas de este derecho[49].

En segundo lugar, la cuestión del derecho a la filiación se ha planteado en el caso *Gran Sala X, Y y Z c. Reino Unido,* de 22 de abril de 1997. En esta sentencia, el tribunal consideró que la negativa de las autoridades británicas a registrar a un transexual masculino (X) como padre del hijo (Z) de su pareja femenina (Y), concebido mediante inseminación artificial anónima, no constituía una vulneración del derecho a la vida familiar de los demandantes, y que el artículo 8 del Convenio no podía obligar a un Estado a reconocer formalmente a X como progenitor de un menor del que no era padre biológico. Esta sentencia contenía cuatro votos discrepantes, de acuerdo con los cuales el Estado debía haber asumido todas las consecuencias de la situación que él mismo había favorecido y permitir a los demandantes desarrollar una vida familiar sin distinción, considerando que X había sido discriminado en comparación

---

48 El artículo 12 CEDH establece que "*A partir de la edad núbil, el hombre y la mujer tienen derecho a casarse y a fundar una familia según las leyes nacionales que rijan el ejercicio de este derecho*".

49 *Cfr.* RUIZ-RISUEÑO MONTOYA, F. M.: *loc. cit.*, p.106.

con un hombre no transexual, al que no se le habría negado la inscripción.

Se ha cuestionado la vigencia de las conclusiones mencionadas, teniendo en cuenta que esta sentencia es anterior al relevante caso *Christine Goodwin c. Reino Unido* y el avance que supuso en cuanto al reconocimiento del derecho a la identidad sexual[50].

En tercer lugar, el Tribunal ha sido interpelado acerca de si las decisiones judiciales por las que se limitaba el derecho de visitas de una demandante transexual con respecto a su hijo tenían como motivo su transexualidad y constituían por tanto un trato discriminatorio contrario a los artículos 14 y 8 del Convenio. En su sentencia *P.V.c, España,* de 30 de noviembre 2010, el Tribunal consideró que, pese a que la transexualidad es una categoría protegida por el artículo 14 CEDH, en este caso la demandante no había sido sometida a un trato discriminatorio, ya que la razón última de la restricción no había sido su transexualidad, sino preservar el interés superior del menor, y permitirle adaptarse progresivamente a la nueva identidad de su progenitor. Prueba de ello era que el régimen de visitas había sido posteriormente ampliado[51].

3.3. Los derechos de las parejas homosexuales a la vida familiar

3.3.1. Cuestiones generales

La primera vez que el TEDH reconoció que las parejas homosexuales tienen “vida familiar” a efectos del artículo 8, fue en su sentencia *Schalk y Kopf c. Austria,* de 24 de junio de 2010.

---

[50] *Cfr.* RUIZ-RISUEÑO MONTOYA, F. M.: *loc. cit.*, p. 121.

[51] *Cfr.* RUIZ-RISUEÑO MONTOYA, F. M.: *loc. cit.*, p. 122.

Su jurisprudencia posterior confirmó esta doctrina en relación con el derecho de las parejas homosexuales al respeto a la vida familiar a propósito de diferentes cuestiones.

Así, por ejemplo, en el caso *P.B. y J.S c. Austria,* de 22 de julio de 2010, el Tribunal condenó a este país por vulnerar el artículo 14 en relación con el 8 del Convenio al negarse las autoridades a incluir en el seguro médico de uno de los miembros de una pareja homosexual al segundo, al considerarse que dicha actuación constituía una discriminación por orientación sexual.

De otro lado, en el caso resuelto por la sentencia *Pajic c. Croacia,* de 23 de febrero de 2016, el TEDH tuvo que resolver una demanda planteada por una mujer de nacionalidad bosnia que alegaba ser víctima de una discriminación por orientación sexual por la negativa de las autoridades croatas a concederle un permiso de residencia por reunificación familiar con el fin de establecerse en Croacia con su compañera de nacionalidad croata y residente en ese país, a diferencia de lo que ocurría con parejas heterosexuales no casadas. El Tribunal reiteró su jurisprudencia según la cual el artículo 8 no incluye el derecho a establecerse en un país determinado o un derecho a obtener un permiso de residencia, pero los Estados debían ejercer sus políticas migratorias de manera compatible con los derechos humanos de los nacionales extranjeros, particularmente el derecho al respeto en su vida familiar y el derecho a no ser discriminado. En el caso litigioso constató que existía efectivamente una diferencia de trato en relación con las parejas heterosexuales no casadas, lo que implicaba una discriminación por orientación sexual y, por tanto, una vulneración del artículo 8 del Convenio en relación con el artículo 14.

En tercer lugar, también se ha planteado al TEDH la cuestión relativa a la subrogación arrendaticia al miembro superviviente de una pareja en el caso de que uno de ellos fallezca. Se trata de una posibilidad permitida en la mayoría de los Estados miembros del Consejo de Europa cuando se trata de parejas heterosexuales, casadas o con convivencia *more uxorio*, pero que no está siempre reconocida en el caso de las parejas homosexuales[52]. En este punto, el TEDH también ha experimentado una evolución, analizando si existe vulneración del artículo 14 en relación con el artículo 8 cuando se haya denunciado una discriminación debida a la orientación sexual, como sucedió en el caso *Karner c. Austria*, de 24 de julio de 2003.

En suma, el TEDH reconoce que existe una "tendencia significativa" generalizada a reconocer el estatuto de "miembro de la familia" a los miembros de parejas del mismo sexo y su derecho a vivir juntos[53]. Razona que el Convenio Europeo de Derechos Humanos es un "instrumento viviente" y, en su interpretación, el Tribunal Europeo y los Estados miembros deben tener en cuenta los cambios de la sociedad (caso *Kozac c. Polonia*, de 2 de junio de 2010).

3.2.2. Derecho al matrimonio y a constituir uniones de hecho y a su reconocimiento jurídico

El TEDH ha abordado la cuestión relativa al derecho al matrimonio de las parejas homosexuales en su sentencia *Salk y Kopf c. Austria*, de 24 de junio de 2010.

En ella, examina la demanda de dos hombres a los que las autoridades nacionales habían denegado la autorización para casarse, y la supuesta vulneración de los derechos a contraer matrimonio (artículo 12 del Convenio) y a no ser discriminado

---

52 ROMBOLI, S.: "La protección de las personas homosexuales frente a la discriminación en la evolución de la jurisprudencia del Tribunal Europeo: Pasado, presente y unas previsiones para el futuro"; *AdD* especial: el TEDH en su sesenta aniversario, 2020, <https://revistas.um.es/analesderecho>. [Consulta: 10-4-2024], p. 10.

53 Cfr., RUIZ-RISUEÑO MONTOYA, F. M., loc. cit., pp. 133, 135, y 137.

en su derecho al respeto a la vida privada y familiar (artículos 14 y 8 del Convenio). Para el Tribunal, ante la falta de consenso de los Estados miembros del Consejo de Europa en la materia, la decisión de permitir el matrimonio entre personas del mismo sexo debía continuar correspondiendo a estos, cuyas autoridades podían valorar las necesidades de las distintas sociedades. Por lo tanto, el artículo 12 no impone a los Estados la obligación de reconocer el derecho al matrimonio a las parejas homosexuales.

No obstante, el Tribunal se mostró abierto a un futuro cambio en su jurisprudencia, paralelo a la evolución social y legislativa de los Estados parte[54].

En cuanto al reconocimiento de las parejas homosexuales a constituir uniones civiles y a su reconocimiento jurídico por parte del TEDH debemos situarlo en la Sentencia *Salk y Kopf c. Austria*, de 24 de junio de 2010 (citada). A la vista de la tendencia creciente a reconocer este derecho en los países europeos, el Tribunal consideró que resultaba artificial sostener que las parejas homosexuales no pudieran tener "vida familiar" a efectos del artículo 8 y que, por tanto, debía reconocerse que la relación entre dos personas del mismo sexo en una unión de hecho estable constituía "vida familiar" del mismo modo que

---

[54] Mientras que en el momento de dictarse la sentencia solo seis de los cuarenta y seis Estados miembros permitía el matrimonio homosexual, en 2024, veintidós países europeos reconocen legalmente y celebran matrimonios entre personas del mismo sexo: Alemania, Austria, Bélgica, Dinamarca, Eslovaquia, Eslovenia, España, Estonia, Finlandia, Francia, Grecia, Irlanda, Irlanda, Islandia, Luxemburgo, Malta, Noruega, Países Bajos, Portugal, Reino Unido, Suecia y Suiza. *Cfr*, LORENZETTI, A.: "Los derechos fundamentales de las personas LGTBI desde la perspectiva comparada: Italia, Francia, Alemania", en MATIA PORTILLA, ELVIRA PERALES, ARROYO GIL (Dirs.) *La protección de los derechos fundamentales de personas LGTBI*, Tirant lo Blanch, Valencia, 2019, p. 221.

la de una pareja heterosexual en las mismas circunstancias, y era merecedora de ser reconocida legalmente y protegida jurídicamente[55].

En su sentencia *Kozac c. Polonia*, de 2 de junio de 2010, insiste en que reservar la cláusula "*de facto marital cohabitation*" solo a las parejas heterosexuales para reconocerles determinados derechos (en el caso de autos, la posibilidad de transferir el contrato de alquiler del piso en el que había vivido muchos años con su pareja, titular del contrato, luego fallecido), constituye una violación del derecho a no ser discriminados y no es necesario para proteger la familia tradicional.

3.3.3. Derecho a la adopción

Además del derecho de una persona homosexual a adoptar por sí misma (adopción individual o monoparental), el TEDH ha examinado el derecho de las parejas homosexuales a la adopción coparental, esto es, la planteada por el compañero de una persona homosexual que desea adoptar al hijo de esta con el fin de compartir la responsabilidad parental del menor[56].

En relación con la adopción coparental, resulta interesante la sentencia de 15 de marzo de 2012, en el caso *Gas y Dubois c. Francia.* Las demandantes de este caso eran dos mujeres que habían celebrado un contrato de unión civil de acuerdo con el derecho francés, que alegaban que la negativa de las autorida-

---

55 *Vid.* RUIZ-RISUEÑO MONTOYA, F. M.: "Los derechos de las personas LGTB en la jurisprudencia del Tribunal Europeo de Derechos Humanos", cit., p. 143 y ss.

56 *Cfr.* ROMBOLI, S.: "La protección de las personas homosexuales frente a la discriminación en la evolución de la jurisprudencia del Tribunal Europeo: Pasado, presente y unas previsiones para el futuro"; cit., p. 20 y ss.; RUIZ-RISUEÑO MONTOYA, F. M., cit., p. 152 y ss.

des de este país a permitir que la primera adoptara al hijo de la segunda, concebido mediante inseminación artificial anónima, constituía un trato discriminatorio en el disfrute de su derecho al respeto a la vida familiar, en la medida en que esas mismas autoridades no habrían planteado objeción si la solicitud de adopción la hubiera presentado un hombre casado con respecto al hijo de su esposa. Aquellas admitían que la adopción coparental también estaba vedada a las parejas heterosexuales, pero que estas, a diferencia de ellas, podían sortear este impedimento contrayendo matrimonio. En este caso, el TEDH considera que las demandantes no habían sido sometidas a un trato discriminatorio, porque su situación no era comparable a la de una pareja casada, ya que el matrimonio confiere un estatuto especial a las personas, por razones de la tradición, la cultura y la religión.

Esta jurisprudencia se consolida el *caso X y otros c. Austria*, de 19 de febrero de 2013, donde confirma que el término de comparación de las parejas homosexuales (no casadas y sin posibilidad de hacerlo) no lo constituye el matrimonio heterosexual sino las parejas de hecho heterosexuales y consolida como estándar de control de las diferencias de trato basadas en la orientación sexual en un estricto control de proporcionalidad[57]. Para el Tribunal, el artículo 8 del Convenio no obliga a extender el derecho a la adopción coparental a las parejas no casadas, pero desde el momento en que se reconoce a las parejas heterosexuales, la exclusión absoluta de las parejas homosexuales del derecho a la adopción coparental convertían a las demandantes en víctimas de una discriminación prohibida por el Convenio.

---

57 *Cfr.* RUIZ-RISUEÑO MONTOYA, F. M., cit., pp. 154-156;

3.2.4. Derecho a no ser discriminado en las relaciones paterno-filiales

Una jurisprudencia consolidada del Tribunal de Estrasburgo había establecido que el disfrute mutuo de la compañía de un padre y un hijo constituía un aspecto esencial de la vida familiar, incluso en caso de ruptura de la relación entre sus progenitores, y cualquier medida interna que impidiera su ejercicio, constituía una injerencia en el derecho protegido por el artículo 8 del Convenio[58].

En la sentencia de *Salgueiro da Silva Mouta c. Portugal*, de 21 de diciembre de 1999, el TEDH consideró que la denegación al demandante de la custodia de su hija a causa de su orientación sexual constituía una discriminación en el derecho a la vida familiar contraria al Convenio y que la decisión adoptada por las autoridades nacionales, aunque persiguiera un objetivo legítimo, esto es, la protección de la menor, era desproporcionada en la medida que se basaba en la orientación sexual del demandante, una distinción prohibida por el Convenio, desde el momento en que la homosexualidad es un concepto cubierto por el artículo 14.

De otro lado, en relación con la filiación de las parejas homosexuales, debemos citar la sentencia de 7 de mayo de 2013, caso *Boeckel and Gressner c. Alemania.* Se trataba de una pareja lesbiana, que planteaba que la negativa de las autoridades alemanas de inscribir a la primera demandante como segundo progenitor en el acta de nacimiento del hijo biológico de la primera, nacido durante su unión civil, constituía una vulneración de los artículos 14 y 8 del Convenio. Las autoridades

---

58 Entre otros, caso *Johansen c. Noruega*, de 7 de agosto de 1996. Cfr., RUIZ-RISUEÑO MONTOYA, F. M.: "Los derechos de las personas LGTB en la jurisprudencia del Tribunal Europeo de Derechos Humanos", *cit.*, p. 129.

habían rechazado dicha inscripción basándose en que la finalidad del acta de nacimiento era probar la ascendencia de las personas y que la no inscripción de la primera demandante no interfería en su derecho al respeto a la vida familiar. Se da la circunstancia de que, en otro procedimiento, las autoridades habían aprobado la solicitud de adopción presentada por la primera demandante en aplicación de la legislación sobre uniones civiles, de manera que ambas tenían la condición de progenitoras del menor.

Para el TEDH el procedimiento no versaba sobre la paternidad de persona transexual o sobre una paternidad por subrogación, ya que en el caso de las parejas homosexuales no existía fundamento para presumir que el segundo progenitor fuera el padre del hijo biológico del otro miembro de la pareja, por lo que declaró la demanda inadmisible[59].

4. CONCLUSIONES

El Consejo de Europa es una organización intergubernamental dedicada a la promoción y protección de los derechos humanos, con 46 Estados miembros, siendo el Convenio Europeo de Derechos Humanos (CEDH) el principal instrumento jurídico del Consejo.

El TEDH ha jugado un papel crucial en la interpretación del CEDH para proteger los derechos de las personas LGTBI,

---

[59] RUIZ-RISUEÑO MONTOYA, F. M.: "Los derechos de las personas LGTB en la jurisprudencia del Tribunal Europeo de Derechos Humanos", *cit.*, p. 162; asimismo, *cfr.* BENAVENTE MOREDA, P.: "Registro y filiación en parejas LGTBI", en MATIA PORTILLA, ELVIRA PERALES, ARROYO GIL (Dirs.) *La protección de los derechos fundamentales de personas LGTBI*, Tirant lo Blanch, Valencia, 2019 pp. 313-382.

incluyendo el derecho a la vida privada, la igualdad, y la no discriminación.

Casos significativos son Salgueiro da Silva Mouta c. Portugal y *Schalk y Kopf c. Austria,* que han establecido precedentes importantes para el reconocimiento de los derechos de las parejas homosexuales y la no discriminación por orientación sexual.

A partir de la importante sentencia dictada en el caso *Christine Goodwin c. Reino Unido,* de 11 de julio de 2002, es doctrina consolidada del TEDH que el respeto al derecho a la vida privada proclamado en el artículo 8 del Convenio, impone a los Estados la obligación de reconocer a todos los efectos la nueva identidad de género de las personas transexuales, si bien, tal reconocimiento puede ser sometido a ciertas condiciones, siempre que no sean desproporcionadas.

La orientación sexual es reconocida como un criterio protegido bajo el artículo 14 del CEDH y la jurisprudencia del TEDH ha reforzado la necesidad de tratar cualquier discriminación basada en la orientación sexual como una violación de los derechos fundamentales.

En cuanto al derecho a la "vida familiar", se ha abordado su reconocimiento a las parejas homosexuales, abarcando temas como el matrimonio, la adopción, y la filiación. Sentencias como *Boeckel and Gressner c. Alemania* ilustran la evolución en la protección de los derechos parentales de parejas del mismo sexo.

De otro lado, la protección del derecho a la libertad de expresión de las personas LGTBI, resulta crucial para la visibilidad y el activismo en favor de sus derechos.

En suma, El Consejo de Europa, a través de sus instituciones y la interpretación jurisprudencial del TEDH, ha sido fundamental para el avance en el reconocimiento y protección de los derechos de las personas LGTBI.

La evolución positiva en la jurisprudencia del TEDH representa un progreso hacia una mayor inclusión y protección de los derechos humanos para el colectivo LGTBI, aunque persisten desafíos que requieren atención y acción constante, pues como señala el propio Tribunal de Estrasburgo, el Convenio Europeo de Derechos Humanos es un "instrumento viviente" y, en su interpretación, el Tribunal Europeo y los Estados miembros tienen que estar atentos a los cambios de la sociedad y el mayor reconocimiento de derechos a las personas, lo que estrechará el "margen de apreciación" tradicionalmente reconocido a los Estados parte. Y es que a pesar de los importantes logros alcanzados, persiste la necesidad de vigilar y promover la igualdad y la no discriminación, asegurando que todos los Estados miembros cumplan con sus obligaciones bajo el CEDH.

5. BIBLIOGRAFÍA

ARROYO GIL, A.:(2020). "Las personas intersexuales desde una perspectiva de derechos humanos y fundamentales", *IgualdadES,* 2-29-60, doi: https://doi.org/10.18042/cepc/lgdES.2.02, pp. 34-60.

ARROYO GIL, A.: "Intersexualidad: una aproximación jurídica", en MATIA PORTILLA, ELVIRA PERALES, ARROYO GIL (Dirs.) *La protección de los derechos fundamentales de personas LGTBI,* Tirant lo Blanch, Valencia, 2019, pp. 437-488.

BENAVENTE MOREDA, P.: "Registro y filiación en parejas LGTBI", en MATIA PORTILLA, ELVIRA PERALES, ARROYO GIL (Dirs.) *La protección de los derechos fundamentales de personas LGTBI,* Tirant lo Blanch, Valencia, 2019 pp. 313-382.

CONSEIL DE L'EUROPE. "Recommandation de politique générales nº 17 de l' ECRI sur la prévention et la lutte contre l'intolérance et la discrimination envers les personnes LGTBI", Estrasburgo, 2023.

GIL RUIZ, J.M.: "En torno al artículo 14 de la CEDH: concepto, jurisprudencia y nuevos desafíos de (y ante) el Consejo de Europa", *Quaestio Iuris,* vol. 10, nº 02, Rio de Janeiro, 2017, pp. 919-954.

JACQMAIN, J.: "Crónica de la jurisprudencia europea sobre igualdad (de 1/9/2021 a 31/8/2022), *Femeris,* vol. 8, nº 2, pp. 130-146/

doi:10.20318/femeris.2023.7790, https://www.uc3m.es/femeris [Consulta: 10-4-2024]

JIMENA QUESADA, L.: "El derecho a la igualdad en el Convenio Europeo de Derechos Humanos: su desarrollo jurisprudencial", *Revista General de Derecho,* nº 597, 1994, p. 6819-6841.

LORENZETTI, A.: "Los derechos fundamentales de las personas LGTBI desde la perspectiva comparada: Italia, Francia, Alemania", en MATIA PORTILLA, ELVIRA PERALES, ARROYO GIL (Dirs.) *La protección de los derechos fundamentales de personas LGTBI,* Tirant lo Blanch, Valencia, 2019, pp. 196-234.

LOUSADA AROCHENA, F.: "Discriminación múltiple: el estado de la cuestión y algunas reflexiones", *Aequalitas* 2017 (nº 41), pp. 29-40.

MONEREO PÉREZ, J.L., POMPEYO LOZANO, P.G.: "Prohibición de discriminación", *Temas Laborales,* núm. 145/2008, pp. 327-370.

POLO SABAU, J.R.: "Igualdad y no discriminación en el Consejo de Europa: caracteres del juicio de igualdad en la jurisprudencia del TEDH", *Revista Europea de Derechos Fundamentales,* núm. 11, 2008, pp. 293-311.

PRESNO LINERA, M.A.: "El discurso del odio contra las minorías sexuales: respuestas penales y administrativas" en MATIA PORTILLA, ELVIRA PERALES, ARROYO GIL (Dirs.) *La protección de los derechos fundamentales de personas LGTBI,* Tirant lo Blanch, Valencia, 2019, pp. 280-311.

RIVAS VAÑÓ, A. Y RODRÍGUEZ-PIÑERO ROYO, M.C.: "Orientación sexual y no discriminación: el debate en Europa», *Temas laborales,* Nº 52/99, pp. 3-38.

ROMBOLI, S.: "La protección de las personas homosexuales frente a la discriminación en la evolución de la jurisprudencia del Tribunal Europeo: Pasado, presente y unas previsiones para el futuro"; *AdD* especial: el TEDH en su sesenta aniversario, 2020, <https://revistas.um.es/analesderecho>. [Consulta: 10-4-2024].

RUIZ-RISUEÑO MONTOYA, F. M.: "Los derechos de las personas LGTB en la jurisprudencia del Tribunal Europeo de Derechos Humanos", en MATIA PORTILLA, ELVIRA PERALES, ARROYO GIL (Dirs.) *La protección de los derechos fundamentales de personas LGTBI,* Tirant lo Blanch, Valencia, 2019, pp. 101-185.

SALINAS ALCEGA, S.: "La Comisión para la democracia a través del Derecho (Comisión de Venecia. Una acción, en el marco del Consejo de Europa, para el desarrollo y la extensión de los valores democráticos)", pp. 1-66, https://www.venice.coe.int/file [Consulta: 2-7-2024].

Capítulo VI

El marco de la Unión Europea. La discriminación por orientación sexual y la discriminación por identidad sexual y discriminación sexista

MARÍA BELÉN CARDONA RUBERT

Catedrática de Derecho del Trabajo y de la Seguridad Social. Universitat de València

ORCID: https://orcid.org/0000-0002-9260-6207

1. INTRODUCCIÓN

En el ámbito institucional de la Unión Europea, en relación con la orientación sexual e identidad de género como causas de discriminación es posible identificar, en línea de principio, un rasgo coincidente con el resto de las instituciones internacionales y europeas. Este es el aparente desdén con el que a nivel regulatorio se vienen comportando todas ellas, demostrando su ineficiencia en cuanto a la construcción de un marco legal sólido, que de manera coherente ofrezca una protección eficaz a las personas que integran el colectivo LGTBI, frente a actos discriminatorios, en el contexto de las relaciones laborales. Y decimos aparente porque, en realidad, desde los primeros ochenta empezamos a localizar vestigios de una preocupación creciente por las discriminaciones que encuentran su causa en la orientación sexual o en la identidad sexual, en diversas Resoluciones del Parlamento Europeo. Resoluciones que, en aquel momento, situarían el Parlamento Europeo en "la vanguardia respecto a las demás instituciones comunitarias" y que servirían para sentar las bases para elaborar normas comunitarias vinculantes[1] que no obstante, permanecerán detenidas y tardarán en cuajar durante, más de una década.

La primera Resolución de este tipo es la de 13 de marzo de 1984, sobre las discriminaciones por orientación sexual[2]. Se dicta a partir del art. 8 del Convenio para la Protección de los Derechos Humanos y de las Libertades Fundamentales y de los arts. 12 y 13 de la Declaración Universal de los Derechos Humanos, y destaca como pionera y por comportar la inclusión de la dimensión social del derecho a la no discriminación por orientación sexual. A esta primera resolución le seguirán otras dos, la de 12 de septiembre de 1989, sobre la discriminación de los transexuales[3] y la de 8 de febrero de 1994, sobre la igual-

---

1 CABEZA PEREIRO, J., LOUSADA AROCHENA, J.F., El derecho fundamental a la no discriminación por orientación sexual e identidad de género en la relación laboral. Editorial Bomarzo, Albacete, 2014, pág. 45.

2 DOUE de 16 de abril de 1984. Esta resolución trata de de la libertad de circulación de las personas trabajadoras homosexuales, reconociendo que tenderán a desplazarse para trabajar en países donde exista una mayor tolerancia, sobre aquellos otros donde sea menor.

3 DOUE de 9 de octubre de 1989.

dad de derechos de homosexuales y lesbianas en la Comunidad Europea[4].

Por otra parte, ya se ha señalado en otros capítulos de esta misma obra, la pobreza jurídica de los principios de Yogyakarta de las Naciones Unidas, por su falta de carácter vinculante[5] o como el Tribunal Europeo de Derechos Humanos, pese a haber aportado una nada desdeñable doctrina judicial, a partir de los artículos 8, 10 y 14 del Convenio Europeo para la protección de los derechos humanos y las libertades fundamentales, en torno al respeto a la vida privada, a los derechos familiares, a la publicidad de la orientación sexual, sobre todo, vinculada esta última con los derechos de reunión y de manifestación, lo ha hecho de manera inespecífica, es decir, sin una orientación concreta al mundo laboral[6]. En este último caso, sin embargo, ello no comporta que de dicha doctrina judicial inespecífica no puedan extraerse conclusiones extrapolables al área laboral.

Es importante señalar que cuando se habla del colectivo LGTBI se habla de un colectivo muy heterogéneo que funciona como una suerte de paraguas protector que aúna a personas diversas por su orientación sexual no heterosexual y a otras cuya identidad sexual/de género no se corresponde con la de nacimiento. En definitiva, podríamos decir que a todas ellas les vincula el hecho de no identificarse con la heteronormatividad imperativa. Además de la diferenciación de causas discriminatorias que les afectan, también hay que señalar que la intensidad de la discriminación padecida es dispar y más incisiva en unas categorías que en otras, de hecho, las que se enfrentan a

---

4 DOUE de 28 de febrero de 1994.

5 Vid. Supra en esta misma obra, el capítulo RIVAS VAÑO, A., El marco internacional. Los principios de Yogyakarta.

6 Vid. In extenso, GARCÍA ROMERO, B., El marco del Consejo de Europa. Derechos a la vida privada, a la libre expresión y a la igualdad y no discriminación y su decantación hacia el colectivo LGTBI.

la discriminación interseccional y las personas trans, no binarias e intersexuales sufren más casos de discriminación y violencia que otras personas de las comunidades LGBTI.

Esta heterogeneidad agrega, sin duda, complejidad a cualquier tentativa reguladora del poder legislativo, sin que ello pueda servir de pretexto o coartada para el desinterés que ha caracterizado la aproximación de las instituciones europeas a esta materia.

La realidad es también tozuda y los datos muestran que todavía se está muy lejos de poder hablar de una Europa para todas las personas, en las que se pueda garantizar la diversidad, desde la igualdad de oportunidades en todos los ámbitos de la vida, incluido el laboral. La discriminación en la UE por motivos de orientación sexual, identidad o expresión de género y características sexuales está aumentado: el 43 % de las personas LGBTI declararon haberse sentido discriminadas en 2019, frente al 37 % en 2012[7].

La discriminación contra las personas LGBTIQ[8] persiste en la UE y para muchas de ellas todavía sigue siendo peligro-

---

7 Datos extraídos de la segunda encuesta LGTBI de la Agencia de los Derechos Fundamentales de la Unión Europea (FRA): «EU-LGBTI II - A long way to go for LGBTI equality» [«LGBTI-UE II: Un largo camino por recorrer hacia la igualdad de las personas LGBTI», documento en inglés], 14 de mayo de 2020.

8 En los documentos europeos recientes es habitual la nomenclatura LGTBIQ. El añadido de la letra "Q" representa la palabra "*queer*" y hace referencia a aquellas personas que rechazan todo tipo de clasificaciones hegemónicas del sistema binario varón/mujer, heterosexualidad/homosexualidad. Es decir, no se identifican con ninguna etiqueta y quieren vivir su identidad sexual de forma libre y sin discriminación. Otra nomenclatura habitualmente utilizada es la de LGTBIQ+, añadiendo el "+" para incluir todos los colectivos que no están representados en las siglas anteriores. En todo caso y en este texto, utilizaremos preferentemente la nomenclatura LGTBI a no

so realizar manifestaciones de afecto en público, reconocer abiertamente su orientación sexual, su identidad o expresión de género o sus características. En el ámbito laboral, siguen sufriendo discriminación en el proceso de contratación -tienen mayores dificultades para encontrar un empleo digno y estable-, en el lugar de trabajo y al final de la carrera profesional, contraviniendo la legislación en materia de igualdad de la UE y todo ello puede aumentar el riesgo de pobreza, exclusión social y fenómenos de sinhogarismo. El 19 % de las mujeres lesbianas, los hombres gais y las personas bisexuales, el 35 % de las personas trans y el 32 % de las personas intersexuales se han sentido discriminados en el trabajo en el último año.

La discriminación se convierte en más insoportable cuando a la pertenencia a la comunidad LGTBIQ se suman otras características como la discapacidad, la edad avanzada, el ser migrantes o la procedencia de una minoría étnica o religiosa, en definitiva, haciéndoles víctimas de una discriminación interseccional y causando una situación de especial vulnerabilidad, con consecuencias imprevisibles en los proyectos profesionales y vitales.

Analizaremos a continuación cuál es el actual marco tuitivo que la Unión europea ofrece a las personas pertenecientes al colectivo LGTBI frente a discriminaciones sufridas en atención a su pertenencia al mismo, en el ámbito del trabajo.

---

ser que hagamos referencia a textos que utilicen alguna otra de las alternativas comúnmente aceptadas.

2. LA UNIÓN EUROPEA Y EL MARCO NORMATIVO TUITIVO VINCULANTE DE LOS DERECHOS LGTBI FRENTE A LAS DISCRIMINACIONES POR ORIENTACIÓN SEXUAL E IDENTIDAD SEXUAL.

Fijando la atención en la cobertura legislativa que la Unión Europea presta a esta causa de discriminación, aunque escasas, encontramos referencias tanto en el derecho originario como en el derivado. Así ocurre con el Tratado de Funcionamiento de la Unión Europea (art. 19) o con la Carta de Derechos Fundamentales de la Unión Europea (art. 21); pero, también, en el derecho derivado, en concreto, con la Directiva 2000/78/CE, de 27 noviembre 2000, relativa al establecimiento de un marco general para la igualdad de trato en el empleo y en la ocupación. A este escenario se llega tras un proceso preparatorio previo y con un comprometido activismo de grupos defensores de los derechos LGTBI que impulsaron y siguen, todavía hoy, haciéndolo, con su actitud vigilante y reivindicativa.

Sí hay que señalar una norma que, tras varias décadas de reivindicación de los grupos activistas de derechos LGTBI, supone el primer hito normativo de importancia esta es el Tratado de Funcionamiento de la Unión Europea (TFUE). Con ella se da un giro de timón, si no radical, sí fundamental. Tras proclamar, en sus artículos 2 y 3, el principio genérico de no discriminación, introduce un reconocimiento explícito, en su art. 19, a la orientación sexual y por motivos de sexo, como causas proscritas de discriminación y habilita al Consejo a adoptar acciones adecuadas para luchar contra la discriminación por motivos de sexo, origen racial o étnico, religión o convicciones, discapacidad, edad u orientación sexual. Por tanto, es el Tratado de Ámsterdam el que marca el momento en que la UE asume competencias en esta materia, mediante el entonces art. 13 del Tratado Constitutivo de las Comunidades Europeas[9] (posterior artículo 19). Tras esta, otra norma europea, la Carta de Derechos Fundamentales de la Unión Europea, prohibirá la discriminación por razón de orientación sexual (art. 21).

Como primera conclusión, de la observación de esta parca regulación, podemos extraer que la misma solo se refiere a la orientación sexual, sin que se recoja mención alguna a la identidad sexual/de género. Si desviamos nuestra atención al derecho derivado, la conclusión se consolida puesto que solo encontramos una referencia a la prohibición de la discriminación por orientación sexual en la Directiva 2000/78/CE, anteriormente mencionada. Es su art. 1 el que prevé el establecimiento de un marco general para luchar contra la discriminación por orientación sexual, situando esta causa entre otros motivos como la religión o convicciones, la discapacidad o la edad y circunscribiendo el ámbito objetivo de la norma al empleo y la ocupación, con el fin de que en los Estados miembros se aplique el principio de igualdad de trato.

Si con respecto a la orientación sexual, como causa de discriminación, el tratamiento legislativo ha sido minimalista, con respecto a la identidad sexual el tratamiento ha sido y es nulo, no existe norma de las instituciones europeas que se refiera expresa y directamente a ella.

Y es en este punto en el que aparece una importante paradoja, en cuanto a las consecuencias de esta disparidad de cobertura legal, puesto que a pesar de que la orientación sexual,

---

9 Artículo que fue criticado por la doctrina por su ausencia de efecto directo, al dejar su concreción al Consejo y obligando a la unanimidad. Vid. GARCÍA TESTAL, E., Discriminación por orientación sexual del ámbito europeo al ordenamiento interno, en AA.VV- (Coord. BALLESTER PASTOR, M.A.) La trasposición del principio antidiscriminatorio comunitario al ordenamiento jurídico laboral español. Editorial Tirant lo Blanch, Valencia, 2010, págs. 194-195.

por pobre que resulte, sí que dispone de un reconocimiento legal directo al incluirla como causa de discriminación prohibida; en el caso de la identidad sexual y, a pesar de no disponer de un reconocimiento expreso en ninguna norma, el TJUE ha aportado una importante Jurisprudencia que, por la vía de la equiparación de las discriminaciones por identidad de género con las discriminaciones por razón de sexo, comporta que, en la práctica, las personas que son víctimas de discriminación por esta causa, dispongan de una más amplia protección que en el caso de las discriminaciones por orientación sexual, circunscritas por la Directiva 2000/78/CE a la ocupación y el empleo y no a otros ámbitos. Es decir, como veremos, se produce una equiparación entre ambas causas lo que permite trasladar y aplicar la protección de una -por razón de sexo- a otra -la identidad de sexo/género-.

2.1. La tutela de la Directiva 2000/78/CE frente a la discriminación por orientación sexual y la doctrina del TJUE

La orientación sexual hasta que no fue recogida como causa de discriminación prohibida en el derecho originario, mediante el art. 13, posterior 19, del TFUE y por la Directiva 2000/78/CE, estaba huérfana de cobertura legal en el ámbito europeo, ya que la equiparación que el TJUE venía proyectando entre discriminación por identidad de género y discriminación por razón de sexo[10] no le resultaba de aplicación, y ello encontraba su razón de ser en el carácter cualitativamente distinto de la orientación sexual con respecto a la discriminación por razón de sexo, a pesar de que "entre una y otra hay proximidad y concomitancias"[11], sin que ello quiera decir que guarden

---

10 Asunto Cornwall, C-13/94, sentencia de 30 abril 1996.

11 CABEZA PEREIRO, J., LOUSADA AROCHENA, J.F., NÚÑEZ-CORTÉS CONTRERAS, P., Igualdad y Diversidad en las relaciones la-

identidad. De tal modo que las personas homosexuales no se encontraban protegidas, frente a las discriminaciones que se producían sobre ellas, por la normativa de la UE relativa a la discriminación por razón de sexo.

De hecho, con carácter previo a la aprobación de estas normas, el TJUE tiene posibilidad de pronunciarse en el Asunto Grant, C-249/96[12] sobre un supuesto en el que la empresa deniega a una trabajadora lesbiana un beneficio social, consistente en un descuento en transporte público, a favor de su pareja, que sí se reconocía a favor de las parejas heterosexuales. Esta sentencia puso de manifiesto las carencias del ordenamiento jurídico comunitario y, como consecuencia, la desprotección a la que abocaba a las personas frente a discriminaciones basadas en la orientación sexual y ello porque al tribunal le resultó suficiente con considerar que la denegación no constituía discriminación por razón de sexo, sino por orientación sexual -no protegida en aquel momento- dejando al descubierto la urgencia y necesidad de que el Parlamento Europeo acometiera el reto de reconocer la orientación sexual como causa de discriminación expresamente prohibida.

Y he aquí que la Directiva 2000/78/CE incluye, finalmente, la orientación sexual como causa de discriminación prohibida, junto a otras causas. La Directiva ofrece una protección exclusivamente circunscrita al limitado ámbito material de la ocupación y el empleo y mantiene, en lo esencial, el esquema de la norma, sin introducir ninguna regla específicamente referida a ella, como sí que hace con otras causas de discriminación: la religión, la discapacidad o la edad.

---

borales (Coord: LOUSADA AROCHENA), Ed. Tirant lo Blanch, 2ª Edición, Valencia, 2024, pág.

12 Sentencia de 17 febrero 1998.Vid. CHACÁRTEGUI JAVEA, C., Discriminación y orientación sexual del trabajador. Ed. Lex Nova, Valladolid, 2001, págs. 47 a 51.

Pierde el Parlamento Europeo, con esta Directiva la oportunidad de, por una parte, emulando otras directivas de la misma época, como la Directiva 2000/43/CE, relativa a la aplicación del principio de igualdad de trato de las personas independientemente de su origen racial o étnico, ampliar su ámbito material de acción incluyendo o extendiendo la tutela a cuestiones tan importantes como la protección social, incluida la seguridad social y la asistencia sanitaria, las ventajas sociales, la educación y el acceso a bienes y servicios disponibles para el público y su oferta, incluida la vivienda. De esta manera, quedarán bajo el manto protector de la Directiva 2000/78/CE los sectores público y privado, comprendidos los organismos públicos, en relación con las materias previstas en su art. 3.1, es decir, las condiciones de acceso al empleo, la actividad por cuenta propia y el ejercicio profesional, incluidos los criterios de selección y las condiciones de contratación y promoción, independientemente de la rama de actividad y en todos los niveles de la clasificación profesional, con inclusión de lo relativo a la promoción; el acceso a todos los tipos y niveles de orientación profesional, formación profesional, formación profesional superior y reciclaje, incluida la experiencia laboral práctica; las condiciones de empleo y trabajo, incluidas las de despido y remuneración; y, por último, la afiliación y participación en una organización de trabajadores o de empresarios, o en cualquier organización cuyos miembros desempeñen una profesión concreta, incluidas las prestaciones concedidas por las mismas.

Por otra parte, supone, también, una oportunidad perdida de incluir como causa de discriminación la identidad de sexo/género, aunque su no inclusión pudiera obedecer a que el art. 13 del Tratado de Ámsterdam (posterior art. 19) no la contempla o a la idea de que el TJUE ya estaba ofreciendo suficiente cobertura a las personas transexuales, por la aplicación de la prohibición de discriminación por razón de sexo. Esta no hubiera sido, ni de lejos, la opción ideal que, en nuestra opinión, hubiera pasado por dedicar una directiva o dos, expresa y exclusivamente a la orientación sexual (lesbianas, gais y bisexuales) e identidad de género (transexuales, transgénero e intersexuales) pero, al menos, su inclusión hubiera permitido que figurara como causa de discriminación, la identidad de género junto a la orientación sexual[13].

Así las cosas, la Directiva 2000/78/CE ofrece una tutela limitada a los casos de discriminación por orientación sexual que puedan sufrir las personas en el ámbito del trabajo, dejando fuera de su ámbito protector a las personas transexuales, transgénero e intersexuales, a no ser que se identifique como causa de discriminación sobre ellas su orientación sexual. Una tutela, por otra parte, que no contempla especialidad ninguna. No es de extrañar, por tanto, que los conceptos de discriminación directa, indirecta, acoso y orden de discriminar sean las generales, así como la cuestión referente al requisito profesional esencial y determinante, las medidas de acción positiva y todo lo referido a recursos y cumplimiento[14]. En cualquier caso, merece la pena detenerse, ahora, en algunos de los pronunciamientos que el TJUE ha realizado sobre la orientación sexual a partir de su inclusión en la Directiva.

Proporcionalmente, llaman la atención los asuntos que versan sobre discriminaciones directas, hasta el punto de que podamos afirmar que las discriminaciones directas por orientación sexual son preponderantes sobre las indirectas, al contrario de lo que ocurre en las discriminaciones por razón de sexo[15], entendiendo que existe discriminación directa "cuan-

---

13 Coincidimos en este sentido con CABEZA PEREIRO, J., LOUSADA AROCHENA, J.F., El derecho fundamental a la no discriminación por..., op. cit., págs. 54 y 55.

14 CABEZA PEREIRO, J., LOUSADA AROCHENA, J.F., NÚÑEZ-CORTÉS CONTRERAS, P., Igualdad y Diversidad..., op.cit., pág. 230.

15 SÁEZ LARA, C., Orientación e identidad sexual en las relaciones de trabajo, en *Trabajo, Persona, Derecho, Mercado: Revista de Estudios sobre*

do una persona sea, haya sido o pudiera ser tratada de manera menos favorable que otra en situación análoga" por causa de su orientación sexual (art. 2.2.a). Las discriminaciones por esta causa lejos de desaparecer se han consolidado e, incluso, se identifica una tendencia ascendente que obedece, desafortunadamente, a la renacida y revitalizada homofobia en las sociedades europeas, que propician burdas discriminaciones con origen directo en la orientación sexual.

Estas discriminaciones directas por orientación sexual, a su vez, pueden ser consideradas, como discriminaciones directas abiertas, la manifestación más perceptible de este tipo de discriminación sexual, porque la toma abiertamente en consideración, teniendo a la vista los prejuicios contra lesbianas, gais o bisexuales; pero, también, como discriminaciones directas ocultas, cuando en apariencia no se toma en cuenta la orientación sexual de la persona discriminada pero sí alguna circunstancia de imposible cumplimiento, normalmente por la imposición de prohibiciones legales destinadas exclusivamente a personas o parejas homosexuales.

Sobre este último tipo de discriminaciones ocultas, el TJUE ha tenido ocasión de pronunciarse en los asuntos Maruko, Römer y Hay. Así, sobre las consecuencias de la prohibición de contraer matrimonio en los Estados miembros de la UE, a efectos de generar derecho para las pensiones de muerte y supervivencia, el Tribunal considera que la denegación de estas para las parejas registradas, que se concedían en caso de matrimonio, supone discriminación directa por orientación sexual[16]. La misma consideración merece que la pensión de jubilación complementaria se abonara en mayor cuantía en caso de matrimonio que en el caso de una pareja estable inscrita, cuando en el Estado en cuestión el matrimonio se reserva ex-

---

Ciencias del Trabajo y Protección Social, n. 5, 2022, pág. 51.

16 Asunto C-267/06, Maruko, Sentencia de 1 abril 2008.

clusivamente a personas de sexo diferente[17]; la denegación a las personas homosexuales, inscritas como parejas de hecho, de un permiso por matrimonio juntamente con una prima por el mismo motivo, regulados en convenio colectivo[18] o la ayuda abonada a funcionarios alemanes en caso de enfermedad[19].

En cuanto a las discriminaciones directas abiertas, siguiendo a CABEZA PEREIRO y LOUSADA AROCHENA, estas permiten una subclasificación adicional en: manifestaciones de homofobia, lesbofobia o bifobia; tratamiento perjudicial sobre la pareja homosexual de una persona trabajadora homosexual; discriminación por asociación; la discriminación por apariencia y, por último, las órdenes de discriminar[20].

Nos centraremos en este apartado, por su actualidad, en las manifestaciones de corte homófobo. Se corresponde con esta modalidad de discriminación, el Caso Asociatia Accept, C-81/12[21]. Se plantea una demanda frente a las declaraciones hechas por un accionista de un club de fútbol, conforme a las cuales el club en cuestión, que representa, nunca contrataría a un deportista homosexual. Esta sentencia aporta una doctrina importante en relación con varios aspectos.

Uno de ellos, se refiere a la irrelevancia de que la contratación de un futbolista no se encuentre sujeta a un proceso público y abierto de selección, para que le resulten igualmente aplicables las prescripciones de la Directiva. Tampoco excluye su aplicación el hecho de que no se hubieran entablado por

---

17 Asunto C-147/08, Römer, Sentencia de 10 mayo 2011.

18 Asunto C-267/12, Hay, Sentencia de 12 diciembre 2013.

19 Asuntos C-124/11, C-125/11 y C-143/11, acumulados, Dittrich y otros, Sentencia de 6 diciembre 2012.

20 CABEZA PEREIRO, J., LOUSADA AROCHENA, J.F., El derecho fundamental a la no discriminación por..., op. cit., págs. 63 y 64.

21 Sentencia de 25 de abril de 2013.

el club negociaciones formales con el jugador hacia el que se vierten las manifestaciones homófobas. Trascendente resulta, sin embargo, aunque las declaraciones fueran autoría de un único accionista, sin capacidad legal para comprometer al club, la inacción del presidente del club o de los otros accionistas sin enmendar la plana al mismo, pudiendo constituirse estas actitudes como indiciarias de que el club comparte las manifestaciones homófobas, teniendo en cuenta además la trascendencia pública de dichas manifestaciones y la percepción que el público y los medios de comunicación puedan tener de la persona que las ha pronunciado. Por otra parte, en cuanto a la carga de la prueba, el TJUE establece que no es necesario que se aporten datos que puedan comprometer la intimidad de otras personas, para acreditar la ausencia de prácticas discriminatorias anteriores contrarias a la Directiva, dado el carácter sensible de la información relativa a la orientación sexual. Siendo suficiente, para el TJUE, que se aporten indicios contrarios a la discriminación, como pudiera ser una reacción de la parte demandada distanciándose claramente de las declaraciones públicas, que dieron lugar a la apariencia de discriminación "así como la existencia de disposiciones expresas en materia de política de contratación de personal de esa parte demandada, al objeto de garantizar el respeto del principio de igualdad de trato en el sentido de la Directiva 2000/78".

Otro punto en el que se hace hincapié en el Asunto Accept es la necesidad de que las sanciones sean efectivas, disuasorias y proporcionadas a la gravedad de las conductas discriminatorias. En un caso como este, en el que públicamente se han realizado declaraciones homófobas parece, incuestionable, que parte de la sanción tiene que consistir en ofrecer una reparación pública y ejemplarizante a la persona afectada, garantizando la difusión adecuada[22].

Más recientemente, en el asunto NH, C-507/18, un abogado en una entrevista radiofónica expresa su aversión genérica hacia las personas homosexuales, indicando no quererlas en su bufete, ni en una hipotética selección de colaboradores, fuera de cualquier proceso vigente de selección[23]. Pues bien, el TJUE, dado el efecto disuasorio que las manifestaciones realizadas públicamente en un medio de comunicación como la radio, pueda tener sobre eventuales candidatos, considera que cuando el art. 3.1 de la Directiva se refiere a discriminaciones realizadas sobre las "condiciones de acceso al empleo" no cabe una interpretación restrictiva, de manera que estarían incluidas unas manifestaciones como las citadas, al margen de cualquier proceso de selección. Esta doctrina supone una limitación a la libertad de expresión, fundamentada en la prohibición de la Directiva 2000/78/CE de proferir manifestaciones constitutivas de discriminaciones para el empleo. La Directiva no se convierte en una carta en blanco para coartar la libertad de expresión, sino que, por el contrario, las manifestaciones para ser consideradas discriminatorias deben referirse a la política de contratación de una empresa determinada y no a un vínculo puramente hipotético, para ello se tendrán en cuenta elementos como la posición que ocupa la persona que realiza las declaraciones controvertidas, la naturaleza y contenido de estas y el contexto en el que se manifiestan[24].

---

22 Obviamente, esto no excluiría la sanción económica o la consideración de otros elementos.

23 Sentencia de 23 abril 2020.

24 En el ámbito de la discriminación racial el TJUE ya había tenido oportunidad de asentar en el Asunto Feryn, C-54/07, Sentencia de 10 de julio de 2008, la doctrina según la cual no es necesaria la identificación de una víctima concreta de discriminación que alegue haber sido sujeto pasivo de un perjuicio. De esta manera se da entrada

Para finalizar con este bloque de sentencias sobre discriminaciones abiertamente directas por orientación sexual, el Asunto JK, C-356/21[25], considera discriminatoria la negativa de un organismo público de televisión de contratar con un profesional determinadas prestaciones en el ámbito de una actividad independiente, tras la publicación de un video que promueve la tolerancia hacia las parejas homosexuales. El Tribunal interpreta que el desarrollo de actividades profesionales, siempre que sea real y efectivo, se incluye dentro del ámbito de aplicación de la Directiva 2000/78/CE.

Al margen de estos pronunciamientos, en el ámbito de la Directiva 2000/78/CE, existe una doctrina del TJUE, aunque referida a la aplicación de otras directivas y sobre otras materias distintas, que tangencialmente acaba haciendo referencia a la discriminación por orientación sexual. Es el caso del Asunto Coman, C-673/16[26], en relación con la libertad de circulación y la interpretación del concepto de cónyuge del art. 7 de la Directiva 2004/38/CE, del Parlamento Europeo y del Consejo, de 29 abril 2004, relativa al derecho de los ciudadanos de la Unión y de los miembros de sus familias a circular y residir libremente en el territorio de los Estados, el TJUE establece que un Estado miembro no puede negar el permiso de residencia temporal a un cónyuge de una persona ciudadana de la UE, por el mero hecho de que uno y otra sean del mismo sexo

---

a organizaciones y entidades públicas o privadas que defienda los intereses colectivos victimizados para que en el ámbito de sus actuaciones asuman la defensa del interés colectivo, incluyendo acciones administrativas y judiciales. Se trata esta de una garantía importante que requiere, eso sí, habilitaciones de los derechos internos (caso de la ley española, Ley 4/2023, de 28 de febrero, para la igualdad real y efectiva de las personas trans y para la garantía de los derechos de las personas LGTBI).

25 Sentencia de 12 enero 2023.

26 Sentencia de 5 junio 2018.

y en el país de residencia no está contemplado el matrimonio homosexual.

También se declara contrario al Derecho de la UE, a la Directiva 2004/83/CE, del Consejo, de 29 abril 2004, por la que se establecen normas mínimas relativas a los requisitos para el reconocimiento y el estatuto de nacionales de terceros países o apátridas como refugiados o personas que necesitan otro tipo de protección internacional, que las autoridades nacionales competentes, ante solicitudes de asilo basadas en persecución a causa de su orientación sexual en sus países de origen, contrasten las pruebas presentadas por el solicitante a través de interrogatorios basados únicamente en conceptos estereotipados relativos a los homosexuales. Tampoco, en relación con solicitudes de asilo, es aceptable que las autoridades nacionales concluyan que la solicitud carece de verisimilitud porque el solicitante no invocó su homosexualidad en la primera ocasión que se le ofreció de exponer los motivos de persecución[27].

---

27 Asuntos acumulados C-148/13 a C-150/13, A, B y C, Sentencia de 2 diciembre 2014. Sin embargo, en el Asunto C-473/16, F, Sentencia de 25 enero 2018 se admite que los solicitantes de asilo puedan ser sometidos legítimamente a una prueba pericial de un psicólogo forense para comprobar la veracidad de la orientación sexual, a través de test de personalidad proyectivos, pero siempre que los métodos empleados en tal dictamen respeten los derechos fundamenta- les garantizados por la Carta de los Derechos Fundamentales de la Unión Europea, que dicha autoridad y los órganos jurisdiccionales no fundamenten su decisión exclusivamente en las conclusiones del dictamen pericial y que no queden vinculados por esas conclusiones al valorar las declaraciones del solicitante sobre su orientación sexual.

2.2. *La discriminación por identidad de género ¿una causa carente de protección en el Derecho de la Unión Europea? Sí, pero no*

La Directiva 2000/78/CE despliega su marco tuitivo exclusivamente sobre personas gais, lesbianas y bisexuales, de manera coherente con la causa de discriminación reconocida en ella, es decir, la orientación sexual, dejando al margen la identidad de género y, por tanto, a las personas transexuales, transgénero e intersexuales. No existe, de hecho, una norma comunitaria antidiscriminatoria que tenga por objeto la protección de estas personas. Sin embargo, este vacío normativo no se traduce en una ausencia de protección, puesto que el TJUE ha extendido la protección de la prohibición de discriminación por razón de sexo a las personas transexuales incluso antes de la aprobación de la Directiva, baste mencionar el Caso Cornwall, C-13/94, que versa sobre el despido de una persona transexual que se ha producido con discriminación por razón de sexo, es decir, se constata que ha habido "un trato desfavorable frente a las personas del sexo al que se consideraba que pertenecía antes de la operación"[28], una discriminación que se deriva del sexo al que pertenece la persona con una identidad sexual distinta a la asignada en el momento del nacimiento. Como se señaló, que el TJUE haya ofrecido un marco tuitivo antidiscriminatorio no es, la solución óptima, ya que no deja de ser un parche para cubrir la deficiencia del legislador comunitario, cuando la solución ideal, que hubiese aportado mayores dosis de seguridad jurídica, hubiera sido el reconocimiento normativo expreso en un instrumento jurídico propio, ad hoc, de la identidad de género como causa de discriminación prohibida.

Con todo la aplicación de la doctrina del TJUE que reconoce que la discriminación por transexualidad tiene su causa en el sexo otorga una protección amplia que abarca todos los

---

[28] Sentencia de 30 de abril de 1996.

ámbitos en los que existen directivas sobre la igualdad de sexos: Directiva 75/177/CE, de 10 de febrero de 1975, relativa a la aproximación de las legislaciones de los Estados Miembros que se refieren a la aplicación del principio de igualdad de retribución entre los trabajadores masculinos y femeninos; Directiva 76/207/CEE, de 9 de febrero de 1976, relativa a la aplicación del principio de igualdad de trato entre hombres y mujeres en lo que se refiere al acceso al empleo, a la formación y a la promoción profesionales, y a las condiciones de trabajo; Directiva 79/7/CEE, de 19 de diciembre de 1978, relativa a la aplicación progresiva del principio de igualdad de trato entre hombres y mujeres en materia de seguridad social; Directiva 86/378/CEE, de 24 de julio de 1986 relativa a la aplicación del principio de igualdad de trato entre hombres y mujeres en los regímenes profesionales de seguridad social; Directiva 2004/113/CE, de 13 de diciembre de 2004 por la que se aplica el principio de igualdad de trato entre hombres y mujeres al acceso a bienes y servicios y su suministro.

Por lo tanto, la tutela se extiende a la igualdad retributiva, las condiciones de trabajo, la seguridad social pública, la seguridad social profesional, el trabajo autónomo y el acceso a bienes y servicio y su suministro. Una primera conclusión es que la doctrina del TJUE resulta eficiente en los casos de discriminaciones contra las personas transexuales en el ámbito laboral y social e, incluso, más eficiente que en el caso de la discriminación por orientación sexual puesto que, frente a esta, la Directiva 2000/78/CE solo prevé protección en los ámbitos de empleo y ocupación. No obstante, la ausencia de norma y la existencia de esta doctrina plantea interrogantes sobre su aplicabilidad a las personas transgénero e intersexuales y ello porque la categorización de estas discriminaciones como discriminaciones sexistas, interpretada en su literalidad, podría dificultar su extensión a las otras dos realidades: a las personas transgénero, cuyo sexo biológico no se corresponde con el mental (disforia de género), que no se han sometido ni quieren hacerlo a una reasignación quirúrgica de sexo y a las personas intersexuales, en las que no existe un sexo biológico claro que se pueda asignar a la persona.

Coincidimos con CABEZA PEREIRO y LOUSADA AROCHENA en que en la base tanto de la transexualidad como en el transgenerismo se halla la disforia de género, con independencia de que se acometa o no una cirugía, por lo que entendemos que es perfectamente aplicable a estos casos la doctrina del TJUE siempre que se esté "*más en su espíritu que en su letra pues, si hay disforia de género, existe un tratamiento desfavorable en relación con las personas del sexo al que, atendiendo a los aspectos físicos, la persona continúa perteneciendo*". Por otra parte, también resultaría aplicable en el caso de las personas intersexuales puesto que la discriminación obedece a la dificultad de asignación de un sexo biológico, por lo que podría concluirse que la discriminación es una discriminación por razón de sexo, es decir, por ausencia de un sexo biológico claro[29]. En el caso de las personas trans (transexuales y transgénero) el *tertium comparationis,* que permite apreciar discriminaciones, son las personas cisexuales y en el caso de las personas intersexuales lo serían las personas sexuadas, con sexo biológico definido.

En cuanto a los pronunciamientos del TJUE, también en el caso de las discriminaciones por identidad de género son preponderantes las conductas que pueden ser calificadas como directas sobre las indirectas, por lo que podemos agruparlas, como en el caso de la discriminación por orientación sexual en discriminaciones directas abiertas y discriminaciones directas ocultas.

Dentro de la primera categoría se sitúan el Asunto Cornwall y el Asunto Richards. En el caso Cornwall, la discriminación

---

29 CABEZA PEREIRO, J., LOUSADA AROCHENA, J.F., El derecho fundamental a la no discriminación por..., op. cit., pág. 90.

tiene lugar porque se produce el despido de una persona transexual por el hecho de serlo y haberse sometido a una cirugía de reasignación de sexo, es decir, por haber cambiado de sexo. El TJUE es categórico en la sentencia que resuelve este caso, cuando expresa que "el ámbito de aplicación de la Directiva no puede reducirse únicamente a las discriminaciones que se deriven de la pertenencia a uno u otro sexo. En atención a su objeto y a los derechos que pretende proteger, la Directiva debe aplicarse igualmente a las discriminaciones que tienen lugar, como en el presente caso, a consecuencia del cambio de sexo del interesado". En el polo opuesto de la discriminación por identidad sexual, es decir, por tratar a una persona trans como si no hubiera cambiado de sexo, se sitúa el Asunto Richards, C-423/04[30], relativo a la diferente edad de jubilación entre mujeres y hombres. En este caso la afectada, una mujer trans, pretendía jubilarse, como es lo normal, a la edad correspondiente a las mujeres (60 años), anterior de la que correspondía a los hombres (65), pues, aunque su sexo asignado al nacimiento se correspondía al de un hombre, y así figuraba en su partida de nacimiento, se le diagnosticó una disforia de sexo y, a la edad de 59 años, se sometió a una operación quirúrgica de cambio de sexo. Se le niega tal derecho por no haber alcanzado los 65 años de edad, la edad de jubilación correspondiente a los trabajadores varones, es decir, se desprecia su identidad de mujer y se le niega un derecho reconocido a las trabajadoras mujeres. El TJUE consideró tanto en el Asunto Richards, como en Cornwall, que se trataba de claras discriminaciones directas por razón de sexo.

En cuanto a las discriminaciones directas ocultas encontramos conductas discriminatorias contra las personas transexuales derivadas de las regulaciones legales de los estados miembros que impiden el reconocimiento civil del cambio de sexo,

---

30 Sentencia de 27 abril 2006.

es decir, que imposibilitan el acceso a derechos sociales por el hecho de que sus respectivas legislaciones impiden rectificar el sexo registral de las personas transexuales.

De este tipo resulta emblemática la STJUE de 7 de enero de 2004, Caso K.B., C-117/2001, que considera discriminatoria por razón de sexo, la conducta consistente en impedir a la pareja transexual supérstite de una trabajadora el acceso a una prestación de viudedad que exigía matrimonio, porque no habiendo podido casarse, no se le permitió a la pareja transexual el cambio de sexo registral. Se trata de un caso particularmente llamativo porque si la persona supérstite no hubiese cambiado de sexo y si esta circunstancia no le hubiese impedido contraer matrimonio, hubiera tenido derecho a la pensión de supervivencia en calidad de cónyuge supérstite. En este caso el TJUE declara que la imposibilidad de que un transexual contraiga matrimonio con una persona del sexo al que pertenecía antes de la operación de cambio de sexo, y que resulta del hecho de que, desde el punto de vista del estado civil, son del mismo sexo porque la normativa del Reino Unido no permite el reconocimiento jurídico de su nueva identidad sexual, constituye una vulneración de su derecho a contraer matrimonio en el sentido del artículo 12 del CEDH[31] Una legislación como la controvertida en el litigio principal, que vulnera el CEDH y que impide que una pareja heterosexual, en el que uno de sus integrantes es una persona trans, cumpla el requisito del matrimonio, necesario para que uno de ellos pueda disfrutar de un elemento de la retribución del otro, debe considerarse, en principio, incompatible con las exigencias del artículo 141 del Tratado Constitutivo de la Unión Europea, es decir, contrario al principio de igualdad de retribución entre trabajadoras y

31 Sentencias TEDH, Christine Goodwin c. Reino Unido e I. c. Reino Unido, de 11 de julio de 2002.

trabajadores que realizan el mismo trabajo, que proscribe la discriminación salarial por razón de sexo.

Otro asunto de este tipo es el Asunto MB, C-451/16[32]. Se trata de un caso con bastantes similitudes con el Asunto K.B., puesto que también se refiere a la legislación del Reino Unido que no admitía el matrimonio entre personas del mismo sexo. Alegaba el Reino Unido que el régimen jurídico del cambio de sexo y del matrimonio corresponde a cada Estado Miembro, como competencias relativas al estado civil de las personas. El problema residía en que, al no admitir el Derecho británico el matrimonio entre personas del mismo sexo, se condicionaba el reconocimiento de una pensión estatal a la anulación del matrimonio anterior a la cirugía de cambio de sexo. Pero, como expresa la sentencia, esa finalidad nada tenía que ver con el régimen de la pensión de jubilación. Pese a la cirugía, la persona interesada, nacida de sexo masculino, no pudo inscribir su cambio al femenino, porque no había anulado el matrimonio con su mujer y esto no lo había querido hacer por consideraciones religiosas. Por lo tanto, a los efectos de la aplicación de la Directiva 79/7/CEE, deben considerarse como personas que han cambiado de sexo a las personas que hayan vivido durante un período significativo como personas de un sexo distinto del de su nacimiento y que se hayan sometido a una operación de cambio de sexo. El TJUE concluye que "la Directiva 79/7/CEE del Consejo, de 19 de diciembre de 1978, relativa a la aplicación progresiva del principio de igualdad de trato entre hombres y mujeres en materia de seguridad social, en particular su artículo 4, apartado 1, primer guion, en relación con sus artículos 3, apartado 1, letra a), tercer guion, y 7, apartado 1, letra a), debe interpretarse en el sentido de que se opone a una normativa nacional que exige que una persona que ha cambiado de sexo cumpla no solo criterios de carácter

---

32 Sentencia de 26 junio 2018.

físico, social y psicológico, sino también el requisito de no estar casada con una persona del sexo que ha adquirido a raíz del cambio de sexo, para poder optar a una pensión estatal de jubilación a partir de la edad legal de jubilación de las personas del sexo adquirido". En definitiva, el TJUE configura un concepto autónomo y ad hoc, que se impone a los que haya establecido cada Estado miembro.

3. LA ESTRATEGIA PARA LA IGUALDAD EFECTIVA DE LAS PERSONAS LGTBIQ EN LA UE Y OTROS INSTRUMENTOS DE *SOFT LAW*.

Ya se ha apuntado, la existencia de la que podríamos calificar como sucinta regulación jurídica, en el ámbito de la Unión Europea, sobre la orientación sexual e identidad de género como causa de discriminación vetada, por las instituciones competentes. Por esta razón, propugnar la introducción de medidas correctoras desde la configuración de políticas tendentes a conseguir un mercado laboral equitativo, capaz de proporcionar para todas las personas disponibles y que buscan trabajo una ocupación digna, sin que la orientación sexual o identidad sexual o, en términos más amplios, el poder ser identificado como persona perteneciente al colectivo LGTBIQ, pueda propiciar tratamientos ni consecuencias discriminatorias, es absolutamente imprescindible. Es por ello, que los instrumentos de *soft law* que, ante otras causas de discriminación cumplen un papel coadyuvante pero secundario, en este caso están llamados a cumplir un papel primordial.

Es necesario esperar unas cuantas décadas hasta encontrarnos con instrumentos específicos de *soft law* destinados al colectivo LGTBI y en los que pueda identificarse un programa o estrategia de acción. No será hasta el 2013 que encontremos las primeras directrices del Consejo de la Unión Europea relativas a los derechos de las personas LGTBI, en concreto, las directrices para promover y proteger el disfrute de todos los derechos humanos por parte de las personas lesbianas, gais, bisexuales, transexuales e intersexuales, de 24 de junio. Directrices destinadas a los funcionarios de las instituciones de la UE y de sus Estados miembros que deberán seguir en las relaciones con terceros países y de la sociedad civil, a fin de fomentar y proteger los derechos humanos de aquellos, en el marco de su acción exterior[33].

Previamente a estas directrices, pero con posterioridad a la Directiva, la preocupación de las instituciones europeas por las conductas discriminatorias que afectan a las personas pertenecientes al colectivo LGTBI cristalizan en una serie de resoluciones que se refieren a la discriminación por orientación sexual, por transexualidad y contra las personas intersexuales: la Resolución de 18 de enero de 2006, sobre la homofobia en Europa, la Resolución de 15 de junio de 2006, sobre el aumento de la violencia racista y homófoba en Europa; la Resolución de 26 de abril de 2007, sobre la homofobia en Europa; la Resolución de 24 de mayo de 2012, sobre la lucha contra la homofobia en Europa o la conocida como Resolución Lunacek, de 4 de febrero de 2014, sobre la hoja de ruta de la Unión Europea contra la homofobia y la discriminación por motivos de orientación sexual e identidad de género.

---

[33] Con anterioridad, solo podemos localizar programas de acción para la lucha contra la discriminación genérica, es decir, las causas de discriminación que afectan al colectivo LGTBI solo aparecen diluidas en las líneas de actuación comunes de la Directiva 2000/78/C006. En concreto la Decisión 2000/75/CE del Consejo, de 27 de noviembre de 2000, por la que se establece un Programa de acción comunitario para luchar contra la discriminación (2001-2006) y la Decisión 1672/2006/CE del Parlamento Europeo y del Consejo, de 24 de octubre de 2006, por la que se estable un programa comunitario para el empleo y la solidaridad Social-Progress (2007-2013).

La Resolución Lunacek es importante porque, tras partir de la constatación de la ausencia de una política global de protección de los derechos fundamentales de las personas LGTBI en la Unión Europea, se solicita a la Comisión, a los Estados miembros y a las agencias pertinentes que trabajen por fijar una política global plurianual de protección de los derechos fundamentales de las personas LGTBI, es decir, por primera vez se reconoce la necesidad de fijar una estrategia, una hoja de ruta o un plan de acción específico que recoja entre otros temas, las discriminación en el empleo. Muy próximo en el tiempo, al año siguiente, la Comisión presenta el primer marco estratégico dirigido específicamente a luchar contra la discriminación hacia las personas LGBTI, la "Lista de medidas para promover la igualdad de las personas LGBTI" [34].

Es indudable que se han producido durante las décadas pasadas importantes avances a nivel legislativo, jurisprudencial y de políticas públicas que, decididamente, han contribuido a mejorar la vida de muchas personas y a poner los pilares de sociedades más igualitarias en que las personas LGBTIQ puedan disfrutar del mismo nivel de derechos. Pero a pesar de esto, en estos últimos años, persisten las conductas discriminatorias contra ellas: las mujeres lesbianas, los hombres gais y las personas bisexuales, trans, no binarias, intersexuales y queer (LGBTIQ).

En este contexto se lanza la Estrategia para la Igualdad de las Personas LGBTIQ 2020-2025 "En pos de la igualdad de las personas LGBTIQ: libertad para ser uno mismo en la UE"[35]. Se trata de la primera estrategia sobre igualdad de las personas LGBTIQ, basada en la "Lista de acciones para promover la

---

[34] Comisión Europea, 15 de mayo de 2020: "Final Report 2015-2019 on the List of actions to advance LGBTI" (Informe final 2015-2019 sobre la Lista de medidas para promover la igualdad de las personas LGBTI», documento en inglés).

[35] COM(2020) 698 final, 12/11/2020.

igualdad de las personas" y está relacionada con otros marcos y estrategias de la Comisión Europea, en particular, el Plan de Acción de la UE contra el Racismo 2020-2025, la Estrategia sobre los Derechos de las Víctimas y la Estrategia para la Igualdad de Género.

En ella, la Comisión aborda las desigualdades y los retos que afectan a estas personas con el fin de avanzar hacia la Igualdad. Se presta especial atención a la diversidad de las necesidades de las personas LGBTIQ y a los más vulnerables, como aquellos que se enfrentan a la discriminación interseccional y las personas trans, no binarias e intersexuales, que se encuentran entre los grupos menos aceptados de la sociedad y, en general, sufren más casos de discriminación y violencia que otras personas de las comunidades LGBTIQ. La discriminación suele tener múltiples dimensiones, y solo un enfoque interseccional puede allanar el camino para que se produzcan cambios sostenibles y respetuosos en la sociedad.

En esta estrategia se definen una serie de acciones específicas, medidas legales y de financiación, para los próximos cinco años, en torno a cuatro ejes principales, orientadas a combatir la discriminación, garantizar la seguridad, construir sociedades inclusivas y liderar el llamamiento a favor de la igualdad LGBTIQ en todo el mundo:

El primer eje, se centra en impulsar acciones para luchar contra la discriminación hacia las personas LGBTIQ. La discriminación marca las vidas de las personas LGTBI en cualquier ámbito de expresión de su diferencia y en cualquier fase de la vida. La discriminación afecta a las personas LGBTIQ en todas las etapas de su vida, siendo niños y jóvenes, como miembros de familias arcoíris, en su proyección profesional, personal y/o familiar.

El ámbito laboral, es paradigmático de como las personas LGBTIQ se encuentran en una posición de vulnerabilidad y desventaja por seguir sufriendo discriminación. Entre las acciones concretas que se proponen en este eje del plan estratégico, destacamos por su importancia, la 1.1., destinada a reforzar la aplicación de manera efectiva y la mejora de la protección jurídica frente a la discriminación, puesto que supone un reconocimiento de la centralidad de la protección jurídica en la lucha efectiva contra la discriminación y de las insuficiencias del actual marco jurídico. Literalmente se dice que la protección "*viene dada por un marco jurídico distinto según si la persona LGBTIQ sufre discriminación por motivos de orientación sexual (marco para la lucha contra la discriminación) o por razón de sexo, incluido el cambio de sexo (marco para la igualdad de género)*".

Se reconoce la insuficiencia del marco jurídico actual, puesto que a pesar de que la Directiva 2000/78/CE ofrece una base sólida, dos factores limitan sus efectos.

En primer lugar, las dificultades en la aplicación y las restricciones de su alcance, dado que solo se contempla el ámbito del empleo y la ocupación, por lo que se solicita al Consejo que adopte propuesta de Directiva que la Comisión presentó en 2008, sobre la igualdad de trato, que ampliaría la protección jurídica de la UE contra la discriminación por motivos como la orientación sexual a otros ámbitos ajenos al trabajo y la formación profesional[36].

En segundo lugar, otra de las incomprensibles lagunas en la protección que ofrece el Derecho de la UE es que, incomprensiblemente, aún no menciona explícitamente la identidad de género, ni las características sexuales ni la expresión de género como motivos prohibidos de discriminación, por esta razón la Comisión está examinando la forma de brindar una mejor

[36] Propuesta de Directiva del Consejo por la que se aplica el principio de igualdad de trato entre las personas independientemente de su religión o convicciones, discapacidad, edad u orientación sexual, COM(2008) 0426 final.

protección contra la discriminación a las personas no binarias, intersexuales y queer, al tiempo que ofrecerá su apoyo a los Estados miembros para que intensifiquen el intercambio de las mejores prácticas en relación con la protección jurídica contra la discriminación por motivos de orientación sexual, identidad o expresión de género y características sexuales en diversos ámbitos.

Hay que poner en valor como la Comisión introduce en el debate como la inteligencia artificial (IA) puede agravar la discriminación en la vida real, especialmente la ejercida contra las personas LGBTIQ, así como las desigualdades de género. En este sentido uno de los retos emergentes, que se señalan, en el ámbito de los sistemas de IA para el reconocimiento facial, es el reconocimiento de los rostros de las personas trans, especialmente durante el período de transición[37], por ello la Comisión presentará un marco reglamentario que regulará específicamente el riesgo de sesgo y discriminación injustificados inherentes a los sistemas de inteligencia artificial (IA), como los sistemas biométricos. Propondrá requisitos específicos, también sobre documentación, relativos a la calidad de los conjuntos de datos de entrenamiento y los procedimientos de ensayo para detectar y corregir el sesgo. La finalidad es prevenir los efectos discriminatorios negativos desde una fase tem-

---

37 Keyes, O.: «The misgendering machines: trans/HCI implications of automatic gender recognition» [«Máquinas que se equivocan de género: implicaciones del reconocimiento automático de género respecto de la IPO y las personas trans», documento en inglés], Proceedings of the ACM on Human–Computer Interaction, 2(CSCW), 88, 2018 (https://doi.org/10.1145/3274357). La cita se incluye en la próxima publicación de la Dirección General de Investigación e Innovación de la Comisión Europea: «Gendered Innovations: How inclusive analysis contributes to research and innovation» [«Innovaciones con perspectiva de género: la contribución del análisis inclusivo a la investigación y la innovación», documento en inglés], 2020.

prana y posibilitar un seguimiento y una vigilancia continuos a efectos del cumplimiento de la legislación vigente en materia de igualdad a lo largo del ciclo de vida de la IA.

Otra de las medidas estrella que se incluyen en el primer eje de lucha antidiscriminatoria es la 1.2., destinada a la promoción de la inclusión y la diversidad en el centro de trabajo. Se trata de ir un paso por delante de las reacciones a las conductas discriminatorias prohibidas, para poner la atención en la generación de entornos de trabajo diversos e inclusivos, capaces de propiciar la igualdad de oportunidades en el mercado laboral y contribuir a que las empresas obtengan mejores resultados.

La Comisión ha promovido la gestión de la diversidad a través de mecanismos innovadores como la Plataforma de la UE sobre las Cartas de la Diversidad[38], mediante ellas los firmantes se comprometen a adoptar políticas de diversidad e inclusión, estableciendo redes internas de personas LGBTIQ, impartiendo formación a su personal, celebrando el Día Internacional contra la Homofobia, la Transfobia, la Bifobia y la Interfobia (IDAHOT), y participando en actos nacionales del Orgullo. Por su parte, los empleados LGBTIQ se benefician de una mejor coordinación entre la Plataforma de la UE, las cartas nacionales de la diversidad y las propias empresas. También se promueve el uso del Fondo Social Europeo Plus (FSE+), con el fin de mejorar la situación socioeconómica de las personas LGBTIQ más marginadas y desarrollar iniciativas centradas en grupos específicos, como los hombres gais, las mujeres lesbianas y las personas bisexuales, trans e intersexuales. Asimismo, recopilará información sobre los obstáculos para la plena igualdad que se dan en el ámbito laboral y el de la protección social. La Comisión se compromete a favorecer el intercambio de las

---

38 Actualmente, integran esta Plataforma veintiséis cartas nacionales de la diversidad que representan una red de alrededor de doce mil organizaciones con más de dieciséis millones de empleados

mejores prácticas entre los Estados miembros y, con ayuda de la FRA, proporcionará datos fiables y comparables sobre este aspecto. Además, seguirá apoyando las medidas en el marco de la Estrategia para la Igualdad de Género[39] que tengan por objeto mejorar la situación socioeconómica de las mujeres, incluidas las medidas que sean pertinentes para las mujeres LBTI.

Este pack de medidas entorno al primer eje se completa con otras destinadas a luchar contra la desigualdad en la educación, la salud, la cultura y el deporte y a la defensa de los derechos de las personas LGBTIQ que solicitan protección internacional[40].

El segundo eje está destinado a garantizar la seguridad de las personas LGBTIQ, puesto que ellas padecen desproporcionadamente los delitos de odio, la incitación al odio y la violencia. La estrategia propone ampliar la lista de delitos de la UE para incluir los delitos de odio, en particular la incitación al odio y los delitos de odio homófobos.

El tercer eje, de la Estrategia está dirigido a fijar cimientos para la construcción de sociedades inclusivas para las personas LGBTIQ. Entre las medidas estrella se encuentran las destinadas a garantizar los derechos de las personas LGBTIQ, en las situaciones transfronterizas y a proteger los derechos de las familias arco iris, ante el todavía dispar reconocimiento de los vínculos familiares LGTBIQ en las legislaciones nacionales de los Estados miembros, es posible que se den situaciones de incoherencia, incomodidad e inclusión de no respeto cuando se crucen las fronteras interiores de la UE. En este sentido, la Comisión se compromete a presentar una iniciativa legislativa

---

39 Comisión Europea: «Una Unión de la igualdad: Estrategia para la Igualdad de Género 2020-2025» , COM(2020) 152 final, de 5 de marzo de 2020.

40 Medidas 1.3. y 1.4.

sobre el reconocimiento mutuo de la parentalidad y explorará posibles medidas para apoyar el reconocimiento de las parejas del mismo sexo entre los Estados miembros.

Por último, la Comisión llama a liderar la implantación de la igualdad LGTBIQ en todo el mundo, ya que, en distintas partes del mundo, las personas LGBTIQ sufren graves violaciones de derechos y abusos por el mero hecho de ser, por ello la Comisión se compromete a apoyar acciones en favor de la igualdad LGBTIQ.

En definitiva, la Estrategia Europea 2020-2025 ofrece un desplegable de medidas prometedor, que de ser activado puede redundar en una mejora sustancial de la situación de las personas LGTBI en el ámbito de las relaciones laborales y, en general.

4. CONCLUSIONES

Si ante otras causas de discriminación, como en los casos de discriminación contra las mujeres, la multiplicidad de normas multinivel, a nivel internacional y supranacional, que se refieren directa o indirectamente a este tópico resulta abrumadora y es una de las fortalezas en la lucha contra la discriminación, normas transnacionales, derecho originario, derecho derivado de la Unión, amén de numerosos instrumentos de *soft law,* en el ámbito objeto de estudio, el escenario es radicalmente opuesto, cuantitativamente hablando, aunque ni si quiera radicalmente opuesto a nivel cualitativo, es decir, que aunque la pobreza de instrumentos jurídicos que se hacen eco de esta causa de discriminación es obvia, ello no comporta necesariamente la invalidación de la protección conferida a la misma o, más sencillamente, la desprotección o ineficacia de esta. Al contrario, como se ha visto en apartados anteriores, la escasez de normas jurídicas no resta efectividad a la tutela antidiscriminatoria.

No obstante y a nivel simbólico, no está de más exigir a las instituciones comunitarias que se tomen la molestia de incluir de manera concreta la protección total y literal a todas y cada una de las personas que integran este colectivo. Sin duda, nombrar de manera individualizada cada una de las discriminaciones que pueden sufrir las personas pertenecientes al colectivo LGTBI, implica su reconocimiento y visualización a nivel social, confiriendo a las personas que las sufren el lugar que dichas discriminaciones les usurpa.

Parchear jurídicamente, una protección a retazos, se compadece mal con la importancia de la materia, particularmente en un clima social en el que desafortunadamente se siguen produciendo manifestaciones y acciones de las que se trasluce homofobia, por lo que es urgente e imprescindible construir ese marco jurídico completo, capaz de proporcionar una tutela amplia y completa frente a las discriminaciones por razón de pertenencia al colectivo LGTBI.

5. BIBLIOGRAFÍA

CABEZA PEREIRO, J., LOUSADA AROCHENA, J.F., El derecho fundamental a la no discriminación por orientación sexual e identidad de género en la relación laboral. Editorial Bomarzo, Albacete, 2014

CABEZA PEREIRO, J., LOUSADA AROCHENA, J.F., NÚÑEZ-CORTÉS CONTRERAS, P., Igualdad y Diversidad en las relaciones laborales (Coord: LOUSADA AROCHENA), Ed. Tirant lo Blanch, 2ª Edición, Valencia, 2024.

CHACÁRTEGUI JAVEA, C., Discriminación y orientación sexual del trabajador. Ed. Lex Nova, Valladolid, 2001.

GARCÍA TESTAL, E., Discriminación por orientación sexual del ámbito europeo al ordenamiento interno, en AA.VV. (Coord. BALLESTER PASTOR, M.A.) La trasposición del principio antidiscriminatorio comunitario al ordenamiento jurídico laboral español. Editorial Tirant lo Blanch, Valencia, 2010.

KEYES, O.: «The misgendering machines: trans/HCI implications of automatic gender recognition» [«Máquinas que se equivocan de género: implicaciones del reconocimiento automático de género respecto de la IPO y las personas trans», documento en inglés], Proceedings of the ACM on Human–Computer Interaction, 2(CSCW), 88, 2018.

SÁEZ LARA, C., Orientación e identidad sexual en las relaciones de trabajo, en Trabajo, Persona, Derecho, Mercado: Revista de Estudios sobre Ciencias del Trabajo y Protección Social, n. 5, 2022.

Capítulo VII

El plano de los conceptos: la casuística de las discriminaciones LGTBI y sus conexiones

JOSÉ FERNANDO LOUSADA AROCHENA

Magistrado especialista de lo social – TSJ/Galicia

Doctor en Derecho / Graduado Social

Profesor asociado de Derecho Procesal Universidad de A Coruña

ORCID ID: 0000-0002-4629-0539

La violencia y la discriminación contra las mujeres lesbianas (lesbofobia), contra los hombres gay (homofobia), o contra las personas transexuales / transgénero (transfobia), bisexuales (bifobia) o intersexuales (interfobia), y, más genéricamente, la violencia y la discriminación contra las personas LGTBI (LGTBI-fobia), no obedecen ni a la orientación sexual ni a la identidad de género ni a la expresión sexual. A lo que obedecen es a los estereotipos y prejuicios culturales y sociales de carácter peyorativo asociados a una orientación sexual no heterosexual, o a la identidad de género o a la expresión sexual diferentes a las que se asocian al sexo de la persona. En suma, los estereotipos y prejuicios culturales y sociales de carácter peyorativo asociados a lo que es una orientación sexual, una identidad de género o una expresión sexual no consideradas normativas en una determinada cultura o sociedad.

Tales estereotipos, prejuicios y otras prácticas nocivas perviven desde la noche de los tiempos hasta la actualidad sin que se vea próxima su desaparición en el futuro. Hasta no hace mucho en España su pervivencia se encontraba en el propio ordenamiento jurídico y en su aplicación judicial, que eran duramente homófobos; aún lo son actualmente en muchos países del Mundo. La Constitución española posibilitó un cambio que se hizo efectivo, no de inmediato, pero sí de manera constante y progresiva en las siguientes décadas hasta la actualidad en que, a nivel legislativo, hay una legislación estatal y autonómica que prohíbe la discriminación y la violencia contra las personas LGTBI. Aunque la realidad todavía dista de ser la óptima y lo demuestran episodios tan execrables como el fallecimiento de Samuel el 3 de julio de 2021 en A Coruña por causa de una agresión homófoba en grupo.

El primer paso para erradicar esos estereotipos, prejuicios y prácticas nocivas es nombrarlos pues lo que no se nombra no existe, y si no existe acabará persistiendo como si nada ocurriera. De ahí la importancia de la conceptualización de las diversas formas de discriminación y violencia por orientación sexual, por identidad de género y por expresión sexual o de género. La ausencia de definición, o definiciones inexactas, pueden determinar que comportamientos discriminatorios o violentos acaben, no solo impunes a los ojos de la ley, también imperceptibles a los ojos de la sociedad, y en suma, bajo ese manto de invisibilidad, se consoliden como aceptables o tolerables.

Precisamente, el objeto de este capítulo es abordar, como su título indica, el plano de los conceptos, y a tales efectos, el arsenal conceptual en nuestro ordenamiento jurídico lo encontramos sustancialmente en el largo artículo 3 de la Ley 4/2023, de 28 de febrero, para la igualdad real y efectiva de las personas trans y para la garantía de los derechos de las personas LGTBI.

Contiene tal artículo 3 un elenco de hasta 17 definiciones: Unas se refieren las causas de discriminación amparadas por la Ley LGTBI, bien en su consideración objetiva (intersexualidad, orientación sexual, identidad sexual y expresión de género), bien en su consideración subjetiva (persona trans y familia LGTBI). Otras definiciones se refieren a las manifestaciones de la discriminación, coincidiendo con esas mismas definiciones en general y, en consecuencia, coincidiendo sustancialmente con las contenidas en las demás leyes de igualdad españolas si bien adaptadas a las causas de discriminación amparadas por la Ley LGTBI (discriminación directa; discriminación indirecta; discriminación múltiple e interseccional; acoso discriminatorio; discriminación por asociación y discriminación por error; medidas de acción positiva; inducción, orden o instrucción de discriminar). Un último grupo de definiciones se refieren a conductas de odio (LGTBI-fobia, homofobia, bifobia y transfobia).

Hay una definición que no está, la del sexo, seguramente porque no tiene que estar, aunque lo que la Ley LGTBI entiende por sexo, a pesar de que no lo define, ha sido uno de los motivos de la polémica levantada por dicha Ley, me atrevería incluso a decir que ha sido el motivo más polémico. Y esto nos obliga a comenzar analizando el concepto de sexo en relación con el de género, un concepto este que tampoco está en el artículo 3 de la Ley LGTBI.

1. SEXO Y GÉNERO: DOS CONCEPTOS NO DEFINIDOS EN LA LEY LGTBI Y SU CONEXIÓN CON LOS QUE DEFINE

El Feminismo de segunda ola, que construye toda su teoría sobre el sujeto mujer, ha sido objeto de cuestionamiento por el Feminismo de tercera ola, que pretende superar la categoría sexo como diferencias físicas por la de género como constructo cultural y social. No deja de ser llamativo que ambas elaboraciones surjan de las lecturas y relecturas de la obra seminal del Feminismo moderno: "El segundo sexo" de Simone de Beauvoir (1949). La frase inicial de su segundo volumen, "no se nace mujer sino que se llega a serlo", ha posibilitado tanto una lectura, más clásica, según la cual la mujer esta atenazada por imperativos sociales y culturales de los que se debería liberar (movimiento de liberación de la mujer abanderado por autoras como Betty Friedan o Kate Millet), como otra lectura, más moderna, según la cual si no se nace mujer (ni hombre, añado) cada una/o puede llegar a ser lo que quiera sin encontrarse atrapado en categorías y usando esa libertad individual cada una/o puede deconstruir esas categorías (interpretación surgida de la obra de Judith Butler). Se trata de una polémica de gran alcance que ha motivado las que se han denominado las *sex war* que la cuarta ola del Feminismo está intentando superar para volver a recuperar la unidad de acción del movimiento feminista.

Más allá de estas discusiones ideológicas sobre el sexo y el género, lo que nos interesa aquí es la perspectiva jurídico positiva e indagar cuáles son, en nuestro derecho, los conceptos de sexo y género manejados legalmente, y en particular si la Ley LGTBI ha alterado de alguna manera dichos conceptos.

Hasta la Ley LGTBI, y aunque ninguna norma definía el sexo, tampoco ninguna ponía en cuestión el concepto sobreentendido de sexo como atributo de carácter físico. La STC 67/2022, de 2 de junio, acepta este sobreentendido y además lo explicita cuando afirma lo siguiente: “El sexo, que permite identificar a las personas como seres vivos femeninos, masculinos o intersexuales, viene dado por una serie compleja de características morfológicas, hormonales y genéticas, a las que se asocian determinadas características y potencialidades físicas que nos definen. Características como, por ejemplo y sin ánimo de formular una descripción exhaustiva, los genitales internos y externos, la estructura hormonal y la estructura cromosómica (características primarias) o la masa muscular, la distribución del vello y la estatura (características secundarias). Estos caracteres biológicos, que pueden no ser mutuamente excluyentes en situaciones estadísticamente excepcionales, como las que se dan en las personas intersexuales, tienden a formular una clasificación binaria, y solo excepcionalmente terciaria, de los seres vivos de la especie humana”.

Con respecto al concepto de género, sí hay un concepto jurídico positivo, a saber, el contemplado en el artículo 3 del Convenio del Consejo de Europa sobre prevención y lucha contra la violencia contra las mujeres y la violencia doméstica: “los papeles, comportamientos, actividades y atribuciones socialmente construidos que una sociedad concreta considera propios de mujeres o de hombres”. O sea, el Convenio de Estambul entiende el género como una superestructura objetiva de dominación que, al colocar a hombres y mujeres en distintas posiciones, está en la base de la violencia contra la mujer.

Bajo estas consideraciones, la discriminación por razón de sexo (ya mucho antes del Convenio de Estambul) se ha venido entendiendo no tanto como desigualdades derivadas de las diferencias físicas entre mujeres y hombres sino más bien como desigualdades derivadas de las diferencias socioculturales. La discriminación de las mujeres no es por razón de su sexo físico, sino por razón de estereotipos y prejuicios socioculturales. En este sentido, el artículo 5.a) de la Convención para la eliminación de todas las formas de discriminación de Naciones Unidas, nos dice que “los Estados Partes tomarán todas las medidas apropiadas para ... modificar los patrones socioculturales de conducta de hombres y mujeres, con miras a alcanzar la eliminación de los prejuicios y las prácticas consuetudinarias y de cualquier otra índole que estén basados en la idea de la inferioridad o superioridad de cualquiera de los sexos o en funciones estereotipadas de hombres y mujeres".

Obvio es, pero parece conveniente explicitarlo: este entendimiento del sexo como atributo de carácter físico y del género como superestructura objetiva de dominación no impide la vivencia personal de cada una/o en relación con su sexo y con el género entendido en una dimensión objetiva. Nos encontraríamos con la identidad de género de cada una/o que podría coincidir o no con el sexo físico y con los estereotipos socioculturales asociados a cada sexo. De coincidir esa identidad de género con el sexo contrario al físico y a los estereotipos asociados, estaríamos ante una persona transexual. El Tribunal de Justicia de la Unión Europea en su conocida Sentencia de 30/04/1996 (Caso Cornwall, C-13/194) consideró el despido de una mujer transexual como una discriminación sexista protegida por el Derecho de la Unión europea. Lo cual resulta lógico pues la causa de la discriminación está asociada al sexo sentido.

¿Ha alterado la Ley LGTBI los conceptos jurídicos de sexo o género? En principio, la Ley LGTBI no define, ni desde la perspectiva jurídico positiva, ni desde ninguna otra perspectiva, lo que es el sexo, ni tampoco sería la sede legislativa idónea para contener esa definición. La polémica ha surgido porque la Ley LGTBI parece separarse de lo que en el resto del ordenamiento jurídico se da por sobreentendido que es el sexo como diferencia de carácter físico. Y es que la Ley LGTBI en más de una ocasión se refiere al "sexo asignado al nacer" (por ejemplo, al definir la identidad sexual como la "vivencia interna e individual del sexo tal y como cada persona la siente y autodefine, pudiendo o no corresponder con el sexo asignado al nacer"; o al definir a la "persona trans" como la "persona cuya identidad sexual no se corresponde con el sexo asignado al nacer"). En otra ocasión se refiere a "las nociones socialmente establecidas de los cuerpos masculinos o femeninos" (cuando define la intersexualidad como "la condición de aquellas personas nacidas con unas características biológicas, anatómicas o fisiológicas, una anatomía sexual, unos órganos reproductivos o un patrón cromosómico que no se corresponden con las nociones socialmente establecidas de los cuerpos masculinos o femeninos"). Parece que, para la Ley LGTBI, el sexo no es una realidad física comprobable objetivamente, sino que es un simple constructo sociocultural.

De entenderlo así, el sexo de cada persona quedaría fagocitado dentro del concepto de identidad de género, entendida cómo un atributo subjetivo de cada persona. Pero, aunque la conclusión de borrar el sexo y quedarnos solo con la identidad de género es defendida por algunos sectores del movimiento LGTBI, en el momento actual de nuestra legislación (y volvemos a insistir en que la única que aquí nos ocupa es la perspectiva jurídico positiva), es una opción con muy poco recorrido, no obstante los términos ambiguos a veces utilizados en la Ley LGTBI. No solo supondría el "borrado de las mujeres" denunciado por algunos sectores del movimiento feminista. También diluiría el concepto de orientación sexual tal como lo define la propia Ley LGTBI, pues se construye sobre el binarismo hombre / mujer (como comprobaremos en el siguiente epígrafe).

No habiendo alterado la Ley LGTBI los previos conceptos jurídicos de sexo y género, la relación de la discriminación por causa de sexo / género con las causas de discriminaciones LGTBI que se definen en la Ley LGTBI, no debería sufrir significativas alteraciones. De esta manera, las personas transexuales (como el TJUE decidió en el Caso Cornwall) deberían seguir estando protegidas por la tutela antidiscriminatoria por razón de sexo / género, sin perjuicio, naturalmente, de la protección que les dispensa la Ley LGTBI. Una protección combinada de dos normativas antidiscriminatorias que se compadece con la superposición de dos sistemas de opresión sufrida por las personas trans, y en especial por las mujeres trans: los prejuicios de género que están en la base de la discriminación por razón de sexo y los prejuicios tránsfobos que están en la base de la discriminación por identidad de género confluyen para generar situaciones complejas de discriminación interseccional.

2. ORIENTACIÓN SEXUAL, IDENTIDAD SEXUAL, EXPRESIÓN DE GÉNERO, PERSONA TRANS, INTERSEXUALIDAD, FAMILIA LGTBI

El artículo 3 de la Ley LGTBI contiene, en sus letras g) a l), una serie de definiciones que se refieren los motivos de discriminación amparados por la Ley LGTBI, bien en su consideración objetiva (intersexualidad, orientación sexual, identidad sexual y expresión de género), bien en su consideración subjetiva (persona trans y familia LGTBI). Pasemos a continuación a analizar esas definiciones de manera preferente a todas las demás pues definen las causas protegidas y, por derivación, el ámbito de aplicación de la Ley LGTBI. De hecho, el artículo 3 de la Ley LGTBI incurre en un craso error de lógica sistemática cuando posterga estas definiciones a sus letras g) a l) pues si en sus letras a) a f) define las diversas manifestaciones de la discriminación LGTBI, es lo lógico que antes se nos diga cual es la causa a que se refiere cada definición (no es muy lógico, por ejemplo, definir la discriminación directa por orientación sexual, identidad de género o expresión sexual antes de saber qué son la orientación sexual, la identidad de género y la expresión sexual).

— Orientación sexual: “Atracción física, sexual o afectiva hacia una persona. La orientación sexual puede ser heterosexual, cuando se siente atracción física, sexual o afectiva únicamente hacia personas de distinto sexo; homosexual, cuando se siente atracción física, sexual o afectiva únicamente hacia personas del mismo sexo; o bisexual, cuando se siente atracción física, sexual o afectiva hacia personas de diferentes sexos, no necesariamente al mismo tiempo, de la misma manera, en el mismo grado ni con la misma intensidad. Las personas homosexuales pueden ser gais, si son hombres, o lesbianas, si son mujeres". La definición de orientación sexual ha despertado ciertas lógicas críticas por los movimientos LGTBI pues la clasificación de orientaciones sexuales en heterosexual, homosexual y bisexual deja fuera otras orientaciones sexuales, en particular la asexualidad, entendiendo por personas asexuales aquellas que no sienten atracción sexual por otras personas o, si la sienten, le sucede con una frecuencia muy baja, sin perjuicio de que sí pueden tener con otras personas otros tipos de atracción personal o romántica, y sin perjuicio de que las personas asexuales pueden tener deseo sexual, pero lo canalizan a través de prácticas masturbatorias. Pero no se acaban aquí las orientaciones sexuales que no entran en la tricategorización legal, quedando fuera aquellas personas cuya orientación sexual incluye a hombres, mujeres y personas trans (pansexualidad) o solo incluye a las personas trans (trans-eróticos). Y todas ellas (y ello es lo relevante desde la perspectiva jurídica que nos interesa) pueden sufrir discriminación, con lo cual su no inclusión expresa en la norma puede plantear problemas de desprotección que (a nuestro juicio) se deberían resolver con lógica incluyente, aunque ello no mitiga la crítica al olvido cometido por el Poder legislativo.

— Identidad sexual: "Vivencia interna e individual del sexo tal y como cada persona la siente y autodefine, pudiendo o no corresponder con el sexo asignado al nacer". Llama la atención la preferencia de la Ley LGTBI por el término identidad sexual que, más allá de lo terminológico, introduce en la definición un tinte de ambigüedad pues, sin desconocer que la sexualidad es un elemento central en el constructo sociocultural del sexo, la sexualidad y el sexo no son lo mismo, y sin embargo la identidad se tilda de "sexual" y la vivencia interna e individual es del "sexo", de manera que, para que la terminología se correspondiese con la definición la identidad debería ser "identidad de sexo". De hecho, lo más habitual en la literatura sobre la materia es utilizar la expresión "identidad sexual" como equivalente a "identidad de sexo", comprendiendo en el concepto "identidad sexual o de sexo", además de la identidad de género (en los términos a que se aludirá seguidamente), también la orientación sexual y la expresión de género o expresión sexual. O sea, en la utilización más extendida de todos estos términos, la identidad sexual o de sexo, en contraposición al sexo como realidad física, incluye tres elementos: la orientación sexual, la identidad de género y la expresión sexual. No parece, sin embargo, que la intención de la Ley LGTBI sea definir un concepto genérico de esos tres elementos (identidad sexual o de sexo) que nada aporta, y luego dejar de definir uno de ellos (la identidad de género) que sí es necesario definir para los efectos de la eficaz tutela antidiscriminatoria.

Por ese laberinto de términos y definiciones en el que se mete la Ley LGTBI, hubiera sido preferible que, en vez de identidad sexual, se hubiera utilizado el término identidad de género, que es el de más tradición en los textos jurídicos (leyes, documentos administrativos, sentencias, doctrina científica), el más usado en organismos internacionales (NNUU, Consejo de Europa, Unión europea), y además y por esos motivos, algunos movimientos asociativos LGTBI se manifestaron a su favor durante la tramitación de la Ley.

Sin embargo, la Ley LGTBI hizo caso omiso, aunque no ha podido desconocer esa mayor utilización del término identidad de género. Al respecto, es llamativo, por lo paradójico que resulta con la decisión legislativa de preferir el término identidad sexual, que en su Exposición de Motivos (apartado I) se citen las Resoluciones del Consejo de Derechos Humanos de 17 de junio de 2011 (A/HRC/RES/17/19) «Derechos humanos, orientación sexual e identidad de género», de 26 de septiembre de 2014 (A/HRC/RES/27/32) «Derechos humanos, orientación sexual e identidad de género», y de 30 de junio de

2016 (A/HRC/RES/32/2) «Protección contra la violencia y la discriminación por motivos de orientación sexual e identidad de género».

Igualmente llamativo, asimismo por lo paradójico, es que la Ley LGTBI, de nuevo en su Exposición de Motivos (apartado I), reconozca que el Tribunal Europeo de Derechos Humanos haya señalado que la prohibición de discriminación recogida en el artículo 14 del Convenio Europeo de Derechos Humanos "comprende cuestiones relacionadas con la identidad de género".

También la STC 67/2022, de 2 de junio, se inclina por la utilización del término "identidad de género" que define en dicha fundamentación como "la identificación de una persona con caracteres definitorios del género que pueden coincidir o no hacerlo con el sexo que se le atribuye, en virtud de los caracteres biológicos predominantes que presenta desde su nacimiento".

— Expresión de género: "Manifestación que cada persona hace de su identidad sexual". Dado que la Ley LGTBI (como acabamos de ver) habla de identidad sexual y no de identidad de género, acaso lo más lógico hubiera sido hablar de expresión sexual para referirse a la manifestación que cada persona hace de su identidad sexual. Sin embargo, aquí se descuelga de esa lógica implícita y se refiere a "expresión de género". No es un término desacertado (de hecho, lo utiliza la STC 67/2022, de 2 junio, en un sentido similar a la Ley LGTBI), pero tampoco sería incorrecto hablar de "expresión sexual" pues la expresión (llámese de género, como quiere la norma, o sexual) suele estar vinculada a las características sexuales que las personas asumen (para promover el acercamiento sexual a otras personas o el acercamiento sexual de otras personas) o al significado sexual que el entorno social da a ciertas características personales (pues el entorno social suele calificar a las personas según al significado sexual de su apariencia externa, con independencia de si coincide con su orientación sexual o identidad de género: se margina al hombre por afeminado o a la mujer por marimacha, aunque sea un hombre que se siente hombre o una mujer que se siente mujer, y ambos sean heterosexuales).

Precisamente esa conexión entre la expresión de género y la expresión sexual es lo que permite entender que la Ley LGTBI aluda en más de cuarenta ocasiones a lo largo de su articulado a "expresión de género o características sexuales", y en otra treintena más a "expresión de género y características sexuales". Sin embargo, y aunque podamos entender esa conexión, ello no obsta a la crítica porque la Ley LGTBI debió definir también el término "características sexuales" y, en su unión al término "expresión de género", debió utilizar siempre la misma conjunción, no unas veces la copulativa "y", mientras otras la disyuntiva "o", lo que no permite aclarar si, según la norma, son la misma cosa o cosas distintas. A nuestro entender, debemos concluir, en línea con lo más arriba razonado, que las características sexuales son el aspecto sustancial de la expresión de género y que no resultan cosa distinta.

— Intersexualidad: "La condición de aquellas personas nacidas con unas características biológicas, anatómicas o fisiológicas, una anatomía sexual, unos órganos reproductivos o un patrón cromosómico que no se corresponden con las nociones socialmente establecidas de los cuerpos masculinos o femeninos". Vuelve aquí la Ley LGTBI a devaluar lo físico cuando se alude a "las nociones socialmente establecidas de los cuerpos masculinos o femeninos". Ciertamente, algunos de los elementos de los varios a que se aluden pueden ser objeto de un cierto grado de apreciación sociocultural, pero todos tienen también un cierto grado de apreciación física, y en particular, el patrón cromosómico no parece tenga que ver con nociones socialmente establecidas.

— Persona trans: "Persona cuya identidad sexual no se corresponde con el sexo asignado al nacer". También esta definición ha sido objeto de crítica porque, lingüísticamente, "trans" no es más que un prefijo que quiere decir "al otro lado". Con este neologismo, lo pretendido es incluir tanto a las personas transexuales, esto es aquellas que han culminado una cirugía de cambio de sexo, como las personas transgénero, que entran en la definición legal aunque no hayan culminado una cirugía de cambio de sexo, ni se hayan sometido a un tratamiento médico de hormonación. Quizás hubiera sido más sencillo llamar transexuales a todas estas personas pues en su acepción más clásica, y también más correcta, la persona transexual es aquella cuyo sexo sentido no se corresponde con su sexo físico, con independencia de si se ha hormonado o de si se ha sometido a cirugía. En todo caso, la intención inclusiva de la norma para evitar interpretaciones restrictivas del término persona transexual justifica sobradamente la utilización del neologismo trans.

— Familia LGTBI: "Aquella en la que uno o más de sus integrantes son personas LGTBI, englobándose dentro de ellas las familias homoparentales, es decir, las compuestas por personas lesbianas, gais o bisexuales con descendientes menores de edad que se encuentran de forma estable bajo guardia, tutela o patria potestad, o con descendientes mayores de edad con discapacidad a cargo". Se trata de una definición especialmente pertinente porque en no pocas ocasiones la discriminación LGTBI se proyecta no sobre la persona LGTBI sino sobre las personas miembros de su familia, y en particular, sobre los hijos o hijas de familias homoparentales, de ahí la mayor pertinencia de aludir a las familias homoparentales. Estaríamos, en todo caso, ante una discriminación por asociación (a la que aludiremos en las páginas siguientes).

3. DISCRIMINACIÓN DIRECTA

Siguiendo el orden del artículo 3 de la Ley LGTBI, la primera de las definiciones que contiene, en su letra a), es la de discriminación directa en los siguientes términos: "Situación en que se encuentra una persona o grupo en que se integra que sea, haya sido o pudiera ser tratada de manera menos favorable que otras en situación análoga o comparable por razón de orientación sexual e identidad sexual, expresión de género o características sexuales". Las concordancias de esta definición las encontramos en la Directiva 2000/78/CE, en su artículo 2.2.a), y en la Ley 15/2022, en su artículo 6.1.a), así como en las definiciones paralelas en otros directivas comunitarias y leyes de igualdad.

3.1. Elemento objetivo: la existencia de un trato

Alude la definición de discriminación directa a la existencia de un trato que se debe concretar en una acción, en una palabra o en una omisión.

La acción, entendida como conducta humana voluntaria, no presenta especiales dificultades en la teorización de la discriminación LGTBI. El ejemplo paradigmático en el ámbito laboral sería el despido del trabajador homosexual. Y precisamente ese supuesto es el que dio lugar a la primera aproximación del Tribunal Constitucional de España a la discriminación por orientación sexual. Se trata de la STC 41/2006, de 13 de febrero, en que se concedió el amparo a un trabajador que pretendía la nulidad de su despido alegando una discriminación por orientación sexual frente a la sentencia recurrida en amparo que, aunque había declarado el despido como improcedente, no había apreciado vulneración de derechos constitucionales. Por ello, la STC se detiene especialmente en argumentar una cuestión que a día de hoy no despertaría mayor discusión: la inclusión de la orientación sexual en la cláusula "cualquier otra circunstancia personal o social" contemplada en el artículo 14 de la CE.

Mayores dificultades surgen con las palabras dado el derecho a la libertad de expresión (que es un derecho tan fundamental como es el derecho fundamental a la no discriminación). Pero aun con todo, las palabras pueden constituir discriminación directa en diversos supuestos como ofensas verbales o discursos de odio (sobre ellos volvemos más adelante). Otro supuesto a destacar ahora son los actos del habla, o *speech acts* (aquellos enunciados que, en sí mismos, transforman las relaciones entre los interlocutores o con los referentes), con significado discriminatorio. El TJUE ha enjuiciado dos supuestos que nos sirven de magníficos ejemplos de actos del habla discriminatorios por orientación sexual (fácilmente extrapolables a la identidad de género y a la expresión sexual, más en general a todo el colectivo LGTBI).

STJUE de 25/07/2007 (Caso Accept, C-81/12), sobre las declaraciones hechas por una persona que ante la opinión pública personifica a un club de fútbol de no contratar a un jugador homosexual, afirmando que "no cojo a un homosexual en el equipo ni aunque el (FC Steaua) tenga que cerrar ... nada pinta un gay en mi familia y el (FC Steaua) es mi familia ... prefiero jugar con alguien de la cantera que tener un homosexual en el terreno de juego ... no lo cogería ni aunque me lo ofrecieran gratis ... ya puede ser el mayor pendenciero y el mayor borracho que como sea homosexual no quiero saber nada de él".

STJUE de 23/04/2020 (Caso Associazione Avvocatura per i diritti LGBTI, C-507/18), sobre las declaraciones de un abogado en un programa de televisión de que nunca contrataría en su oficina a un gay. La Gran Sala del TJUE recuerda ante todo que la libertad de expresión no es un derecho absoluto pues encuentra su límite en la prohibición de discriminación en el empleo, en el caso por causa de orientación sexual. Remarca que, si bien el despacho de abogados no estaba en ningún proceso de selección, tales declaraciones pueden poner en sospecha las condiciones de acceso al empleo.

También hay ciertas dificultades para identificar las omisiones constitutivas de discriminación. En teoría (aunque a veces la distinción es difícil en la práctica), son aquellas que admiten una única solución susceptible de ser reclamada judicialmente (por ejemplo, no contratar o no ascender a personas homosexuales o transgénero). Si la solución de la omisión admite varias posibilidades (por ejemplo, se solicita a una empresa un permiso dirigido a atender las necesidades especiales de una persona trabajadora derivadas de su pertenencia a un colectivo discriminado), estaríamos ante una discriminación (real) por indiferenciación pero que solo se puede solventar a través de una decisión competencia del Poder legislativo, incluyendo en su caso el poder normador de la negociación colectiva (que determinaría con qué requisitos se concede el permiso y cuál sería su duración), de manera que, mientras no existiese esa decisión, la omisión no sería (legalmente) discriminatoria (la empresa podría omitir contestar a la solicitud, o denegarla).

Un ejemplo de omisión que sí sería discriminación es la STJUE de 12 de enero de 2023 (TP - realizador audiovisual para la televisión pública, C-356/21). En Polonia, un trabajador autónomo, realizador de programas de televisión, había estado empleado durante siete años por una emisora pública en virtud de una serie de contratos de ejecución de obra. Después de que junto a su pareja publicaran un vídeo en YouTube en el que abogaban por la tolerancia hacia las parejas del mismo sexo, se canceló su último contrato y no hubo más contratos. La legislación interna polaca sobre igualdad de trato solo contempla los criterios de sexo, raza, origen étnico y nacionalidad, pero no el de la orientación sexual. Por lo tanto, el incumplimiento de la Directiva 2000/78/CE era evidente, aunque no fue eso lo que el órgano jurisdiccional nacional preguntó al TJUE, sino que le aclarara sobre la aplicación de la Directiva a la negativa a celebrar un contrato de obra: el TJUE responde afirmativamente, *ergo* (que es lo que interesa destacar) una omisión puede ser discriminatoria.

Entre acción y omisión (pues es una omisión que produce los efectos de una acción), se encuentra la comisión por omisión u omisión impropia, cuando quien ostenta un deber de garante respecto a otra persona no impide que un tercero la discrimine, de manera que deberán responder tanto quien discrimina por sus propios actos como quien ostenta la posición de garante. Tendremos ejemplos de discriminaciones por orientación sexual, identidad de género o expresión sexual en comisión por omisión cuando se produzca, en el ámbito de la relación laboral, un acto discriminatorio causado a una persona trabajadora por un tercero que no sea el titular de la empresa o un directivo con poder delegado, en una empresa de más de 50 personas trabajadoras que haya incumplido la novedosa obligación que se les impone de contar con un conjunto planificado de medidas y recursos para alcanzar la igualdad real y efectiva de las personas LGTBI, que incluya un protocolo de actuación para la atención del acoso o la violencia contra las personas LGTBI (artículo 15 de la Ley LGTBI).

3.2. Elemento subjetivo: dolo y culpa

Puede la acción, palabra u omisión constitutiva del desigual trato calificable como una discriminación directa, ser tanto dolosa como culposa, lo que en principio no incide sobre el concepto de discriminación, aunque obviamente puede tener incidencia en la responsabilidad del sujeto discriminador pues el dolo se hace merecedor de mayor reproche que la culpa.

A los efectos de apreciar si hay dolo debemos destacar que son irrelevantes los motivos del discriminador (realizar un avance sexual ofensivo como demostración de amor a una persona de su misma orientación sexual) o que el reproche social no exista o sea mínimo en el entorno del discriminador, como puede ocurrir con los tratos paternalistas (no contratar a una persona homosexual para supuestamente preservarla de comportamientos homofóbicos presentes en la empresa: lo correcto es contratarla y prevenir esos comportamientos), o correctivos (acosar una lesbiana para que deje de serlo).

Los supuestos culposos son tendencialmente todos de culpa inconsciente (haciendo, diciendo u omitiendo aquello en que consiste el trato pero sin representación del resultado discriminatorio). Los supuestos de culpa consciente (con representación del resultado discriminatorio, pero aun así haciendo, diciendo u omitiendo aquello en que consiste el trato porque se considera que ello es legítimo) son teóricamente posibles (una empresa extranjera de un país donde está prohibido el matrimonio homosexual niega a un trabajador varón una ayuda por cónyuge al comprobar que este es otro varón). Pero la progresiva concienciación de la sociedad debería suponer la correlativa desaparición del error de derecho como degradador del dolo; o sea, la representación del resultado discriminatorio debería llevar siempre al dolo.

3.3. Elemento comparativo: el tertium comparationis

La constatación del desigual trato dado a una persona o a un colectivo por razón de una causa discriminatoria exige, para completar la situación de discriminación directa, identificar una situación comparable que permita detectar la menor favorabilidad (*tertium comparationis*). Sin embargo, la identificación de una situación comparable se ha erigido en muchísimas ocasiones en un auténtico "puente de los burros" que ha hecho naufragar las ansias de igualdad. De ahí la necesidad de flexibilizar la comparación para evitar disfunciones en la aplicación del concepto de discriminación directa. Y ello ha determinado que en las definiciones de discriminación directa del Derecho de la Unión europea, y por derivación de nuestras leyes de igualdad (incluyendo la Ley LGTBI), la comparación se plantee en unos términos muy amplios que incluyen la comparación real síncrona ("sea" tratado: por ejemplo, en materia de retribuciones, se comparan las del trabajador reclamante del colectivo discriminado con otro trabajador que en el mismo tiempo ocupa igual trabajo o realiza trabajo de igual valor), la comparación real asíncrona ("haya sido" tratado: siguiendo con el ejemplo, la comparación se realiza con las retribuciones del trabajador que antes o después que el trabajador reclamante ha ocupado el mismo puesto de trabajo o ha realizado trabajo de igual valor), y la comparación hipotética ("pudiera ser" tratado: siguiendo con el ejemplo, la comparación se realiza atendiendo a valores medios de retribución que técnicamente permitan acreditar la existencia de una desigualdad retributiva).

3.4. Elemento de enlace con la causa discriminatoria

El desigual trato dado a una persona se debe realizar por razón de una causa discriminatoria LGTBI, aunque esta puede estar aparente o ser oculta.

Si la causa es aparente, estaríamos ante una discriminación directa aparente (los supuestos hasta ahora analizados entrarían en esta categoría).

Pero la causa discriminatoria puede estar oculta bajo una condición en principio diferente a la orientación sexual, la identidad de género o la expresión sexual, pero que afecta a personas LGTBI, bien por sus características fisiológicas (el despido por embarazo de un hombre transgénero), bien por los estereotipos y prejuicios relacionados con aquellas causas discriminatorias (los ejemplos aquí están vinculados a la transición desde leyes homófobas, o negatorias de derechos a las personas LGTBI, a las leyes de igualdad LGTBI).

Los casos más típicos de discriminación LGTBI directa oculta se refieren a la exigencia de estar casados para acceder a prestaciones de viudedad, exigencia no discriminatoria por orientación sexual salvo (aquí estaría la causa oculta de la discriminación) si las leyes no permiten el matrimonio entre las personas del mismo sexo (con cual el cumplimiento de la exigencia de estar casados se convierte en imposible para las parejas homosexuales). Hay tres sentencias relevantes del TJUE. Según la STJUE de 01/04/2008 (Caso Maruko, C-267/06), es discriminatoria una normativa (en el caso alemana) "en virtud de la cual el miembro superviviente de una pareja inscrita, tras fallecer el otro miembro, no tiene derecho a percibir una pensión de supervivencia equivalente a la que se otorga a un cónyuge supérstite, cuando, en el derecho nacional, la institución de la pareja inscrita coloca a las personas del mismo sexo en una situación comparable a la de los cónyuges en lo relativo a dicha prestación de supervivencia". Doctrina en la cual se profundiza (de nuevo Alemania) en la STJUE de 10/05/2011 (Caso Römer, C-147/08), y (aquí, Francia) en la STJUE de 12/12/2013 (Caso Hay, C-267/12). Obsérvese que el TJUE no considera discriminatoria la prohibición de matrimonio homosexual, sino los efectos de esa prohibición sobre las prestaciones de viudedad cuando a quienes no han podido casarse se les coloca, a tales efectos, en una situación comparable a la de los cónyuges. Se trata de una solución no muy satisfactoria: (1) porque en países donde se reconocen las parejas de hecho homosexuales, pero no el matrimonio homosexual, la complejidad de la búsqueda del comparador puede dar al traste con la demanda de igualdad; y (2) porque en los países donde ni siquiera se reconocen las parejas de hecho homosexuales, nunca se podrá encontrar comparador posible, con lo cual allí donde es más necesaria la igualdad, es donde la jurisprudencia no se aplicaría.

Otro supuesto de discriminación LGTBI directa oculta se conoció en la STJUE de 15/01/2019 (Caso E.B., C-258/17). En 1974, un policía austríaco fue condenado a pena de prisión, dejada en suspenso, por tentativa de abusos deshonestos sobre dos menores de 18 años varones. Pero en esa época ese delito (declarado inconstitucional por el TC de Austria y derogado en 2002) solo existía si el autor y la víctima eran ambos de sexo masculino, no sí alguno o ambos eran de sexo femenino (un policía varón no sería condenado si la víctima fuera una mujer de igual edad a los dos adolescentes varones y una policía mujer nunca sería condenada, sean adolescentes varones o mujeres). A consecuencia de la condena, las autoridades policiales calificaron los hechos como una infracción grave de las obligaciones deontológicas e impusieron la medida disciplinaria de paso a la jubilación, acompañada de una reducción del 25% del importe de la pensión. En 2008, es decir cuando habría alcanzado normalmente la edad legal de jubilación, el ex policía reclama el recálculo de su pensión como si no hubiera sido jubilado y el reembolso de la reducción. El TJUE considera una discriminación por orientación sexual desde la entrada en vigor de la Directiva 2000/78/CE (el 03/12/2003) al comparar al demandante con una policía mujer que, en 1974, hubiera incurrido en exactamente la misma conducta. De este modo, y bajo la apariencia de reducir la pensión de jubilación a quienes hayan cometido infracción grave de las obligaciones deontológicas de la policía, lo que en principio no es discriminatorio, acaba siéndolo cuando se comprueba que la causa oculta es una legislación penal de corte homófobo.

3.5. Ajustes razonables para personas con discapacidad

El artículo 3 de la Ley LGTBI, en la letra a) dedicada a la definición de discriminación directa, contiene esta precisión: “Se considerará discriminación directa la denegación de ajustes razonables a las personas con discapacidad. A tal efecto, se entiende por ajustes razonables las modificaciones y adaptaciones necesarias y adecuadas del ambiente físico, social y actitudinal que no impongan una carga desproporcionada o indebida, cuando se requieran en un caso particular de manera eficaz y práctica, para facilitar la accesibilidad y la participación y garantizar a las personas con discapacidad el goce o ejercicio, en igualdad de condiciones con las demás, de todos los derechos".

A decir verdad, esta precisión no viene mucho a cuento dentro del artículo 3.a) de la Ley LGTBI. Y es que la discriminación directa en que consiste la denegación de ajustes razonables a las personas con discapacidad, es una discriminación directa por discapacidad, no una discriminación directa LGTBI. Solo sería discriminación directa LGTBI si la persona con discapacidad fuese LGTBI, pero esa precisión no aparece en el texto de la norma. Incluso en el caso de que considerásemos que la norma se refiere a las personas LGTBI con discapacidad, la colocación sistemática de la norma tampoco es la más adecuada pues estaría mejor junto a la discriminación múltiple o interseccional.

La única explicación de encontrar esta disposición en la letra a) del artículo 3 de la LGTBI, letra dedicada a la definición de discriminación directa, es que toda esa letra a) es un trasunto de la letra a) del artículo 6.1 de la Ley 15/2022, letra dedicada a definir la discriminación directa con carácter general, y en donde se contiene, después de definirla, la misma precisión. Más allá de este mimetismo, insistimos, la redacción de la disposición no pega mucho en la Ley LGTBI, salvo considerar que se refiere implícitamente a personas LGTBI con discapacidad, y en ese caso tampoco convence su colocación sistemática.

Hemos de destacar, como nota positiva, que la Ley LGTBI sí aborda la problemática específica de las personas LGTBI con discapacidad en una disposición específicamente dedicada a esta problemática: el artículo 71, rubricado "personas LGTBI con discapacidad o en situación de dependencia".

4. DISCRIMINACIÓN INDIRECTA

El artículo 3 de la Ley LGTBI, en su letra b), define la discriminación indirecta como sigue: "Se produce cuando una disposición, criterio o práctica aparentemente neutros ocasiona o puede ocasionar a una o varias personas una desventaja particular con respecto a otras por razón de orientación sexual, e identidad sexual, expresión de género o características sexuales". Las concordancias de esta definición las encontramos en la Directiva 2000/78/CE, en su artículo 2.2.b), y en la Ley 15/2022, en su artículo 6.1.b), así como en las definiciones paralelas en otros directivas comunitarias y leyes de igualdad.

A la vista de la definición, la diferencia de trato en la discriminación indirecta LGTBI se manifiesta a través de una circunstancia interpuesta de apariencia neutra (a diferencia de la discriminación directa abierta en la cual no hay circunstancia interpuesta sino que la condición LGTBI se toma en consideración para la diferencia de trato) que, sin afectar solo a personas LGTBI (a diferencia de la discriminación directa oculta en la cual, habiendo una circunstancia interpuesta, esta afecta solamente a personas LGTBI), causa a ese colectivo un impacto adverso en términos cuantitativos (es decir, una mayoría de personas LGTBI afectadas), o a sus integrantes una desventaja particular (sin necesidad de verificar impacto adverso sobre el colectivo LGTBI).

Se trata la discriminación indirecta de una discriminación de no muy fácil detección, cualquiera que sea la causa de discriminación, porque obliga a acreditar el impacto adverso o la desventaja particular de la circunstancia interpuesta, obligando usualmente a la utilización de pruebas estadísticas, con todas las dificultades técnicas consiguientes (criterios para valorar el impacto adverso y construcción de los grupos de comparación). Y la dificultad para detectar la discriminación indirecta es aún mayor cuando se trata de la discriminación LGTBI dada la dificultad de construir los grupos de comparación a consecuencia del derecho de las personas a mantener la privacidad en particular de su orientación sexual. Ítem más si consideramos adicionalmente que las personas homosexuales suelen utilizar en sus relaciones sociales, y, en particular, en las laborales, estrategias de *passing*, es decir encubrimiento o camuflaje como mecanismo de prevención de las conductas discriminatorias.

5. DISCRIMINACIÓN MÚLTIPLE Y DISCRIMINACIÓN INTERSECCIONAL

El artículo 3 de la Ley LGTBI, en su letra c), define la discriminación múltiple e interseccional como sigue: "Se produce discriminación múltiple cuando una persona es discriminada, de manera simultánea o consecutiva, por dos o más causas de las previstas en esta ley, y/o por otra causa o causas de discriminación previstas en la Ley 15/2022, de 12 de julio, integral para la igualdad de trato y la no discriminación. Se produce discriminación interseccional cuando concurren o interactúan diversas causas comprendidas en el apartado anterior, generando una forma específica de discriminación".

Las concordancias de estas definiciones las encontramos en el artículo 6.3 de la Ley 15/2022. De ese artículo y del que ahora comentamos, se deduce la existencia de hasta tres formas de combinación de causas discriminatorias:

I. Una primera forma de combinación, la más sencilla (pues el resultado de la combinación no hace perder la identidad de las causas de discriminación combinadas que, valoradas cada una por separado, serían discriminaciones directas o indirectas), incluye aquellos supuestos en que la discriminación se apreciaría aplicando por separado dos o más causas de discriminación.

II. Una segunda forma de combinación sería una variante de la anterior pues su resultado tampoco hace perder la identidad de las causas de discriminación combinadas que, valoradas cada una por separado, serían discriminaciones directas o indirectas. La peculiaridad estaría en que las causas de discriminación no operarían simultáneamente en el tiempo, sino sucesivamente. Se trata de una forma de combinación cuyos efectos jurídicos son más limitados pues, para que pueda tenerlos en el ámbito de la prohibición de discriminación en que consiste el principio de igualdad de trato, las dos o más causas de discriminación deberían provenir de la misma fuente (en las relaciones laborales, ello se traduce en el mismo empleador): solo entonces se podrían agravar las sanciones o incrementar las indemnizaciones aplicando una suerte de agravante por reiteración de conductas discriminatorias (si las fuentes obligatorias de las discriminaciones combinadas fueran distintas, los principios de proporcionalidad y culpabilidad aplicables a las responsabilidades legales impedirían imputar a un empleador una mayor indemnización o una mayor sanción por la conducta discriminatoria de otro empleador diferente). Más amplios pueden ser los efectos de esta forma de combinación en el ámbito de la igualdad de oportunidades pues una medida de acción positiva puede tomar en consideración en orden a su justificación no solo la discriminación padecida en el presente, también la padecida en el pasado (esto es, el historial de discriminaciones padecidas por una persona aunque las mismas procedan de varias fuentes diferentes puede delimitar mejor una acción positiva).

III. Una tercera forma de combinación, la más compleja (pues el resultado de la combinación hace perder la identidad de las causas de discriminación combinadas a través de la creación de una nueva causa de discriminación diferente a las combinadas), incluye aquellos supuestos en que, al interseccionar varias causas de discriminación, se produce una situación de discriminación que no sería detectable aplicando esas causas separadamente.

La Ley LGTBI, en seguimiento de la Ley 15/2022, acoge estas tres posibles combinaciones, las dos primeras como discriminación múltiple, la tercera como interseccional, y además dedica un capítulo específico a la "protección de los derechos de personas LGTBI en situaciones especiales" donde se recogen disposiciones especiales en relación con las "personas LGTBI menores de edad" (artículo 70), las "personas LGTBI con discapacidad o en situación de dependencia" (artículo 71), las "personas extranjeras LGTBI" (artículo 72), las "personas mayores LGTBI" (artículo 73), las "personas intersexuales" (artículo 74), y las "personas LGTBI en situación de sinhogarismo" (artículo 75). También hay varias disposiciones (aunque en otra sede diferente) sobre las personas LGTBI en el mundo rural (artículos 39 a 41).

Podemos concluir, en consecuencia, que la Ley LGTBI recoge de manera suficiente la interseccionalidad de conductas discriminatorias con componente LGTBI. Y ello se compadece con que la interseccionalidad está llamada a ser un concepto basilar en la construcción de políticas de igualdad en los años venideros si atendemos a los planes de igualdad actualmente vigentes tanto en la Unión europea como en el Estado español, y a la aparición de la interseccionalidad en leyes de igualdad de las Comunidades autónomas.

6. ACOSO DISCRIMINATORIO ... ¿Y QUÉ PASA CON EL SEXUAL?

El artículo 3 de la Ley LGTBI, en su letra d), define el acoso discriminatorio: "Cualquier conducta realizada por razón de alguna de las causas de discriminación previstas en esta ley, con el objetivo o la consecuencia de atentar contra la dignidad de una persona o grupo en que se integra y de crear un entorno intimidatorio, hostil, degradante, humillante u ofensivo". Las concordancias de esta definición las encontramos en la Directiva 2000/78/CE, en su artículo 2.3, y en la Ley 15/2022, en su artículo 6.4, y en las definiciones paralelas en otros directivas comunitarias y leyes de igualdad.

Tal como está definido (en la Ley LGTBI y sus concordancias), el acoso discriminatorio es una manifestación agravada de la discriminación pues, siendo algo evidente que "cualquier conducta … con el objetivo o la consecuencia de atentar contra la dignidad de una persona o grupo en que se integra" es una discriminación sí o sí, la exigencia adicional de "crear un entorno intimidatorio, hostil, degradante, humillante u ofensivo", nos sitúa ante una discriminación agravada precisamente por la creación de dicho entorno, bien a consecuencia de la reiteración de la conducta discriminatoria, bien cuando, por su gravedad o por otras circunstancias, esa conducta produce efectos permanentes en el tiempo aun no existiendo reiteración de la misma.

Sin embargo, la Ley LGTBI no recoge (tampoco la Directiva 2000/78/CE) el concepto de acoso sexual que sí se contiene en la Ley Orgánica 3/2007, para la igualdad efectiva de mujeres y hombres (y las Directivas que traspone).

La cuestión es relevante porque el concepto de acoso sexual contenido en el artículo 7.1 de la LO 3/2007 (y en la Directiva 2006/54/CE, artículo 2.1.d) solo exige, para considerar la existencia de acoso sexual, que se trate de un comportamiento "de índole sexual" y que tenga "el propósito o el efecto de atentar contra la dignidad de una persona", sin que sea necesaria la creación de "un entorno intimidatorio, hostil, degradante, humillante u ofensivo", que se contempla como un supuesto particular de acoso sexual calificado bien a consecuencia de la reiteración de la conducta, bien cuando, por su gravedad o por otras circunstancias, esa conducta produce efectos permanentes en el tiempo aun no existiendo reiteración de la misma. O sea, si el comportamiento es "de índole sexual" no hace falta reiteración o efectos permanentes en el tiempo, y si la hay estaríamos ante un supuesto agravado de acoso sexual.

Y un componente de índole sexual puede aparecer en comportamientos LGTIB-fóbicos (en especial si la víctima es una lesbiana o una mujer trans). O incluso entre personas del colectivo LGTBI (acoso homosexual de un hombre a otro hombre, siendo asimismo posible que este último sea homosexual o no). No es, en consecuencia, extraño que la Recomendación 92/131/ CEE de la Comisión, de 27 de noviembre de 1991, relativa a la protección de la dignidad de la mujer y del hombre en el trabajo, que incorpora en Anexo el Código de conducta sobre las medidas para combatir el acoso sexual, incluyese a las lesbianas como colectivo particularmente vulnerable al acoso sexual, añadiendo también a las personas homosexuales y a los hombres jóvenes.

A la vista del silencio de la Ley LGTBI, un comportamiento de índole sexual que tenga el propósito o el efecto de atentar contra la dignidad de una persona en el cual aparezca implicado una persona LGTBI (como persona acosadora o como víctima) se debería reconducir al acoso sexual en el sentido del artículo 7.1 de la Ley Orgánica 3/2007 (y de la Directiva 2006/54/CE). Ciertamente y como estas normas protegen frente a la discriminación sexista, se podría contrargumentar que no protegen aquellos supuestos en que el sexo de la persona acosadora y de la víctima sea el mismo (por ejemplo, el hombre heterosexual que acosa con un comportamiento de índole sexual a un hombre trans o el hombre homosexual que acosa con ese mismo comportamiento a otro hombre homosexual o heterosexual). Pero en todos estos casos el sexo de la víctima está en la intención del sujeto acosador, con lo cual deberíamos admitir la aplicación de la legislación antidiscriminatoria por razón de sexo. En esta línea, la STSJ/Galicia, Sala Social, de 29 de abril de 2005 (RSU 1507/2005) conoció de un supuesto de acoso sexual de un directivo varón, cuya orientación era homosexual, hacia un subordinado que era también varón.

7. DISCRIMINACIÓN POR ASOCIACIÓN Y DISCRIMINACIÓN POR ERROR

El artículo 3 de la Ley LGTBI, en su letra e), define la discriminación por asociación y la discriminación por error en los siguientes términos: "Existe discriminación por asociación cuando una persona o grupo en que se integra, debido a su relación con otra sobre la que concurra alguna de las causas de discriminación por razón de orientación e identidad sexual, expresión de género o características sexuales, es objeto de un trato discriminatorio. La discriminación por error es aquella que se funda en una apreciación incorrecta acerca de las características de la persona o personas discriminadas".

La discriminación por asociación y la discriminación por error, que la Ley LGTBI incluye en concordancia con el artículo 6.2 de la Ley 15/2022, presentan en común (y acaso por ello se incluyen en una misma sede en la Ley LGTBI y también en la Ley 15/2022) ser ampliaciones subjetivas del ámbito de protección de la tutela antidiscriminatoria pues protegen a personas que no ostentan la condición subjetiva protegida por la normativa antidiscriminatoria.

En el supuesto de la discriminación por asociación (también denominada discriminación por vinculación, discriminación por interposición, discriminación refleja o discriminación transferida), la circunstancia personal o social que motiva el trato peyorativo, en el caso LGTBI, no concurre en la persona discriminada, sino en alguno de sus allegados o en una persona asociada. Los ejemplos en el ámbito de la discriminación LGTBI son, desafortunadamente, bastante habituales pues se discrimina a una persona que no es LGTBI pero es integrante de una familia LGTBI; de ahí el acierto de la Ley LGTBI en extender la protección antidiscriminatoria LGTBI a las familias con miembros LGTBI, y también el acierto en contemplar el concepto "familia LGTBI" (artículo 3, letra l).

Hay dos figuras cercanas a la discriminación por asociación (que se podrían entender como dos subtipos de esta sin forzar su definición legal):

— La codiscriminación en que se discrimina a una persona por la orientación sexual, identidad de género o expresión de sexual de la mayoría o de alguien del colectivo en el cual esa persona se integra. A diferencia de la discriminación por asociación, en la codiscriminación no existe necesariamente una relación con las personas que sí portan la causa discriminatoria, sino solo una coincidencia en la situación (por ejemplo, en un restaurante se niegan a servir a un grupo de personas entre las cuales hay una *drag queen*, siendo indiferente si el grupo es familiar, de amistades o simplemente coincidieron). En todo caso, son categorías conceptuales muy próximas y que llevan a la misma consecuencia jurídica (de ahí que, sin mucho esfuerzo, se pueda considerar a la codiscriminación como un subtipo de discriminación por asociación).

— La discriminación por extensión (otra categoría cercana a la discriminación por asociación, y a veces se la considera otro subtipo), según la cual gozan de igual protección que las víctimas de la discriminación LGTBI aquellas personas destacadas en la defensa del derecho a la igualdad LGTBI. Es una categoría nacida en el derecho estadounidense, y pensada para la protección de las personas activistas de los derechos civiles. En el derecho comunitario y en el español, la protección frente a represalias que ambos contemplan puede cumplir esa misma funcionalidad si la institución se interpreta sin limitarla a las represalias contra las personas discriminadas o que se relacionen con estas, extendiéndola también a aquellas personas que, se relacionen o no con víctimas individuales, luchen por la igualdad LGTBI.

Si la discriminación por asociación encuentra ejemplos paradigmáticos en el ámbito protector de la discriminación LGTBI, igualmente los encuentra la discriminación por error. La discriminación por orientación sexual en un elevado número de casos es una discriminación por apariencia, pues la consideración de que una persona es homosexual, y salvados los casos en que esta lo manifiesta, no suele nacer de una constatación veraz, sino de su forma de expresarse, modo de vestir o manera de moverse, cuando es que muchas de esas formas, modos y maneras pueden ser asumidas por persona heterosexual (un hombre afeminado o una mujer marimacha). Y es justamente en los supuestos en que una persona heterosexual sufre discriminación por su apariencia cuando estaremos en el caso de la discriminación LGTBI por error. Tan usuales son estos supuestos que la expresión sexual o de género o por características sexuales es, en sí misma considerada, una causa de discriminación LGTBI, con lo cual el espacio cubierto por la discriminación LGTBI por error, está en gran medida cubierto por la expresión sexual o de género o por características sexuales como causa de discriminación autónoma.

8. MEDIDAS DE ACCIÓN POSITIVA

El artículo 3 de la Ley LGTBI, en su letra f), define las medidas de acción positiva como sigue: "Diferencias de trato orientadas a prevenir, eliminar y, en su caso, compensar cualquier forma de discriminación o desventaja en su dimensión colectiva o social. Tales medidas serán aplicables en tanto subsistan las situaciones de discriminación o las desventajas que las justifican y habrán de ser razonables y proporcionadas en relación con los medios para su desarrollo y los objetivos que persigan". Se trata de una definición asimilable a otras de medidas de acción positiva en otras leyes de igualdad entre mujeres y hombres (artículo 11 de la Ley Orgánica 3/2007, de 22 de marzo) o de derechos de las personas con discapacidad (artículo 2.g del Real Decreto Legislativo 1/2013, de 29 de noviembre), y en especial es un trasunto del concepto de acción positiva contemplado en el artículo 6.7 de la Ley 15/2022.

Sintéticamente, las medidas de acción positiva se caracterizan por las siguientes notas definitorias (derivadas de las anteriores definiciones legales):

1. La finalidad de las medidas de acción positiva es hacer efectivo el derecho a la igualdad con independencia de la orientación sexual, la identidad de género o la expresión sexual, lo cual se verifica desde una dimensión colectiva en el ámbito de aplicación de la medida de acción positiva. Tal verificación colectiva genera, cotejada con la dimensión individual, una cierta imperfección aplicativa en cuanto no necesariamente se beneficia a la totalidad de las víctimas de la discriminación existente en su ámbito, e incluso se puede beneficiar a quien no fue discriminado en su ámbito, ni necesariamente se perjudica solo a quienes fueron causantes de la discriminación en ese ámbito.

2. Se acuerdan unilateralmente a favor del colectivo LGTBI o a favor de subcolectivos LGTBI en discriminación múltiple (acción positiva interseccional).

3. Su adopción se rodea de varias cautelas: son medidas específicas (regulaciones completamente separadas constituirían un apartheid contrario a la esencia de la igualdad); son medidas temporales (se justifican en situaciones patentes de desigualdad de hecho y solo mientras persistan esas situaciones); y son medidas razonables y proporcionadas en cuanto a los fines y los medios (si no lo fuesen se produciría la vulneración del principio de igualdad de trato).

4. Una última caracterización de las medidas de acción positiva es que se dirigen a corregir situaciones pasadas de discriminación (*back-looking*) a través de la integración de personas LGTBI en el sistema existente, contrapuestas a las medidas de igualdad de oportunidades que, al promover el cambio a un nuevo modelo integrador, miran hacia el futuro (*forward-looking*).
5. No existen otras limitaciones adicionales en el concepto de medidas de acción positiva, con lo cual se pueden adoptar tanto por sujetos públicos como por sujetos privados (si bien los sujetos públicos están especialmente obligados a asumir medidas de acción positiva y deben promocionar su asunción por parte de los sujetos privados), y se pueden aplicar en cualesquiera ámbitos jurídicos (aunque por su propia estructura jurídica son más factibles en el ámbito de las competencias asociadas al Estado Social).

En todo caso, la Ley 15/2022 considera vulneración del derecho a la igualdad de trato "el incumplimiento de las medidas de acción positiva derivadas de obligaciones normativas o convencionales" (artículo 4.1.II).

9. LAS CONDUCTAS DE ODIO LGTBI: HOMOFOBIA, LESBOFOBIA, BIFOBIA, TRANSFOBIA

El artículo 3 de la Ley LGTBI, en sus letras m) a o), contiene diversas definiciones relacionadas con conductas de odio a las personas LGTBI. Así, la definición de "LGTBI-fobia" como "toda actitud, conducta o discurso de rechazo, repudio, prejuicio, discriminación o intolerancia hacia las personas LGTBI por el hecho de serlo, o ser percibidas como tales", se complementa con tres definiciones más, un tanto reiterativas, de: "homofobia" como "toda actitud, conducta o discurso de rechazo, repudio, prejuicio, discriminación o intolerancia hacia las personas homosexuales por el hecho de serlo, o ser percibidas como tales"; "bifobia" como "toda actitud, conducta o discurso de rechazo, repudio, prejuicio, discriminación o intolerancia hacia las personas bisexuales por el hecho de serlo, o ser percibidas como tales"; y "transfobia" como "toda actitud, conducta o discurso de rechazo, repudio, prejuicio, discriminación o intolerancia hacia las personas trans por el hecho de serlo, o ser percibidas como tales".

Definiciones un tanto reiterativas, pero seguramente de insistencia necesaria pues los estereotipos y prejuicios que están detrás de la discriminación LGTBI son diferentes en los casos de homofobia, bifobia y transfobia. Bajo esta perspectiva de la diferenciación, se echa en falta la ausencia de alusión a la lesbofobia, que, precisamente por esos estereotipos y prejuicios que están detrás de la discriminación, no son los mismos para los hombres gay que para las mujeres lesbianas (que, por estereotipos diferentes, sufren violaciones correctivas, o se considera no pueden ser buenas madres).

10. INDUCCIÓN, ORDEN O INSTRUCCIÓN DE DISCRIMINAR

Finaliza el listado de definiciones del artículo 3 de la Ley LGTBI con una letra p) donde no se define propiamente la "inducción, orden o instrucción de discriminar", sino que lo que se establece es que "es discriminatoria toda inducción, orden o instrucción de discriminar por cualquiera de las causas establecidas en esta ley". Nos encontramos con tres conceptos. La orden y la instrucción no parece que planteen diferencias conceptuales de gran entidad (de hecho, en el ámbito administrativo se equiparan según el artículo 6 de la Ley 40/2015, de 1 de octubre, de Régimen Jurídico del Sector Público). En cuanto a la inducción, y según el artículo 3.p) de la Ley LGTBI (en línea con el artículo 6.5 de la Ley 15/2022, de 12 de julio, integral para la igualdad de trato y la no discriminación), "ha de ser concreta, directa y eficaz para hacer surgir en otra persona una actuación discriminatoria". Se podría definir como una actuación consistente en determinar intencionalmente a otra persona para que realice un acto, pero sin que el inductor participe en su ejecución. A los efectos penales, el inductor es autor del delito (artículo 28 del Código Penal), y, por extensión, a los efectos de la Ley LGTBI se considera sujeto discriminador.

BIBLIOGRAFÍA BÁSICA

ÁLVAREZ ALONSO, Diego: "Despido discriminatorio por razón de orientación sexual", *Repertorio Aranzadi Social del Tribunal Constitucional*, núm. 10, 2006.

ALVENTOSA DEL RÍO, Josefina: *Discriminación por orientación sexual e identidad de género en el derecho español*, Ministerio de Trabajo y Asuntos Sociales (Madrid, 2008).

CABEZA PEREIRO, Jaime / LOUSADA AROCHENA, José Fernando: *El derecho fundamental a la no discriminación por orientación sexual e identidad de género en la relación laboral*, Editorial Bomarzo (Albacete, 2014).

DE LA CUESTA AGUADO, Paz María: "Sexo, igualdad, diversidad y leyes LGTBI", *Eunomía. Revista en Cultura de la Legalidad*, núm. 20, 2021.

FERNÁNDEZ-RIVERA, Paz: "Sexo y género: de la tradicional intercambiabilidad de los términos a la necesaria precisión conceptual de la STC 67/2022 de 2 de junio", *Anuario de la Facultad de Derecho de la Universidad de Alcalá de Henares*, vol. XV, 2022.

LOUSADA AROCHENA, José Fernando: "Incidencia sobre los derechos de las trabajadoras de las recientes leyes españolas de igualdad (2022-2023)", *e-Revista Internacional de la Protección Social*, vol. 8, núm. 1, 2023.

LOUSADA AROCHENA, José Fernando: *Mujeres y discriminación interseccional. Un ensayo sobre las mujeres en los márgenes*, Editorial Dykinson (Madrid, 2024).

LOUSADA AROCHENA, José Fernando (coord. y autor) / CABEZA PEREIRO, Jaime (autor) / NÚÑEZ-CORTÉS CONTRERAS, Pilar (autora): *Igualdad y diversidad en las relaciones laborales*, Editorial Tirant lo Blanch (Valencia, 2024),

MAÑÉS BARBÉ, Amparo: "Objeciones feministas a las Ley para la igualdad real y efectiva de las personas trans y para la garantía de los derechos de las personas LGTBI", *Cuestiones de género: de la igualdad y la diferencia*, núm. 18, 2023.

PERAMATO MARTÍN, Teresa: *Desigualdad por razón de orientación sexual e identidad de género, homofobia y transfobia*, Editorial Aranzadi (Madrid, 2013).

RAMOS HERNÁNDEZ, Pablo: "Comentarios a la ley trans y LGTBI: Análisis del texto normativo", *Diario La Ley*, núm. 10252, 21/03/2023.

REQUENA MONTES, Óscar: "¿Apuntalando las bases de un derecho del trabajo con perspectiva de identidad de género?", *Lex Social*, vol. 13, núm. 1, 2023.

REY MARTÍNEZ, Fernando: "Homosexualidad y Constitución", *Revista Española de Derecho Constitucional*, núm. 73, 2005.

RIVAS VAÑÓ, Alicia: "Situación actual del tratamiento jurídico de la diversidad sexual y de género en España", en *Realidad social y discriminación. Estudios sobre diversidad e inclusión laboral*, Ediciones Laborum (Murcia, 2022).

SÁEZ LARA, Carmen: "Orientación e identidad sexual en las relaciones de trabajo", *Trabajo, Persona, Derecho, Mercado*, núm. 5, 2022.

Capítulo VIII.

El deber general de protección de la diversidad LGTBI[1]

POR Mª INMACULADA BENAVENTE TORRES

Titular de Universidad. Departamento de Derecho del Trabajo y Seguridad Social. Universidad de Córdoba

https://orcid.org/0000-0002-3501-7596

1. UN NUEVO PARADIGMA EN LA LUCHA CONTRA LA DISCRIMINACIÓN LGTBI+

La Ley 4/2023, de 28 de febrero, para la igualdad real y efectiva de las personas trans y para la garantía de los derechos de las personas LGTBI, persigue la consolidación de un cambio de paradigma social en la construcción del derecho a la igualdad y la prohibición de discriminación, concretamente en relación a la identidad sexual y a la expresión de género, a la orientación sexual y a la intersexualidad.

---

[1] Este trabajo forma parte del Proyecto de Investigación PID2022-139488OB-I00-DER, financiado/a por MICIU/AEI/10.13039/501100011033 y por FEDER/UE (www.reincluye.es)

La Ley asume, por supuesto, el compromiso de garantizar y promover el derecho a la igualdad real y efectiva de las personas LGTBI, así como de sus familias (art. 1.1 y 2 L4/2023). Pero va mucho más allá de esa intención, que iría en la lógica tradicional del art. 14 CE. Por el contrario, se insiste en el art. 4 en "*reconocer, garantizar, proteger y promover*". Realmente, en coherencia con la L 15/2022, 12-7, integral para la igualdad de trato y no discriminación, desde la Ley 4/2023 se adopta una nueva dimensión ideológica de la lucha contra la discriminación, cual es la "*puesta en valor*" de la "*diversidad*" (Preámbulo, art. 5) y la necesaria superación de los "*estereotipos que afectan negativamente a la percepción social de estas personas*" (art. 1.2 L 4/2023).

¿Qué es la diversidad en este contexto? La L 4/2023 no define qué se entiende por "*diversidad*". Es más, en la mayoría de las ocasiones en que utiliza el referido término, lo hace en el contexto de la "*diversidad familiar*". Con todo, también en ocasiones se refiere a la "*diversidad en materia de orientación sexual, identidad sexual, expresión de género y características sexuales*" (vid. art. 6). Desde luego, podría asumirse que la diversidad lo es de las causas de discriminación como del propio colectivo LGTBI, dada la problemática específica de cada uno de ellos[2].

Por ejemplo, la intersexualidad ha necesitado del reconocimiento de su dimensión específica en Derechos Humanos

---

2 De hecho, originariamente el Ministerio de Igualdad elaboró dos borradores de Ley, uno de la "Ley para la igualdad real y efectiva de las personas trans" y otro de la "Ley para la igualdad de las personas LGTBI y para la no discriminación por razón de orientación sexual, identidad de género, expresión de género o características sexuales" (*Vid* un estudio del proceso de elaboración de la L 4/2023 en: ESTEVE ALGUACIL, L, /NONELL I RODRÍGUEZ, A, "Análisis del Anteproyecto de Ley para la igualdad real y efectiva de las personas trans y para la garantía de los derechos de las personas LGTBI", *InDret*, nº3/2021, págs.. 268 y ss.).

dentro del colectivo LGTBI[3], y de la revisión en 2017 de los Principios de Yogyakarta +10 para incluir, junto a la orientación sexual y la identidad de género, la expresión de género y características sexuales[4]. Concretamente, la intersexualidad se ha confrontado especialmente a la transexualidad. La primera se relaciona con la discriminación por razón de sexo, en el sentido de que se refiere a las "características sexuales" de la persona. Por el contrario, la transexualidad se vincula en la actualidad prevalentemente, con la discriminación por razón de la identidad sexual y/o expresión de género[5].

Desde luego, esta diversidad se ha traducido en un reto terminológico[6] y de encuadre jurídico, agravado por el hecho de

---

3 Problemática que se remite, en términos esenciales, a la necesidad de prohibición de las intervenciones quirúrgicas forzosas de asignación de sexo (con particular atención a los menores) y al reconocimiento registral de su identidad sexual con un tercer sexo o, de otra manera, con la superación del binarismo sexual. En este sentido, por ejemplo, Oficina del Alto Comisionado de la ONU, *Violaciones de derechos humanos de las personas intersex,* Nota informativa, págs. págs. 6 a 9).

4 RIVAS VAÑÓ, A, "Diversidad sexual y de género y de discriminación. Tratamiento internacional", *Revista Latinoamericana de Derecho Social,* núm. especial, pp. 257-288. Universidad Nacional Autónoma de México, IIJ-BJV, 2022 https://revistas.juridicas.unam.mx/index.php/derecho-social/issue/archive, pág. 262 a 263. Véase en: http://www.yogyakartaprinciples.org/principles-en/yp10/

5 En esta línea, podría citarse las SSTC 67/2022, de 22 de junio y 81/2024, de 3 de junio. También lo distingue así un sector doctrinal, por ejemplo: ARROYO GIL, A, "Intersexualidad: una aproximación jurídica", en AAVV, *La protección de los derechos fundamentales de personas LGTBI,* Tirant lo Blanch, Valencia, 2019, págs. 441, 454, 458 y 459).

6 *Vid* por ej. art. 4 L 4/2023, en concordancia con los instrumentos internacionales de soft law , como es, entre otros, el Informe de 2011 de Silvan Agius y Christa Tobles, financiado por la Dirección General de Justicia de la Comisión Europea (véase en Personas trans e intersex - Oficina de Publicaciones de la UE (europa.eu); la Resolución de la Asamblea Parlamentaria 2191, de 2017, del Consejo de

que carecen de un claro y expreso reconocimiento en los grandes Tratados[7], en las Directivas europeas antidiscriminatorias[8],

---

Europa; Oficina del Alto Comisionado de Derechos Humanos de la ONU, *Nacidos libres e iguales*, segunda edición, Nueva York y Ginebra, 2022, págs. 5 y 6 (disponible en https://creativecommons.org/licenses/by-nc-nd/3.0/igo/deed.es.)

7 En la sentencia Grant, de 17 de febrero de 1998, C-249/96, el TJCE admitió la desprotección de las discriminaciones fundadas en la orientación sexual dado que, a diferencia de lo que sucedía con la transexualidad, la discriminación por razón de sexo no la abarcaba. Por tanto, hasta la entrada en vigor del Tratado de Ámsterdam del Tratado de Ámsterdam el 1 de mayo de 1999, la discriminación fundada en la orientación sexual no ha estado amparada por el Derecho Comunitario en tanto excedía de sus competencias.

8 Las Directivas Europeas antidiscriminatorias literalmente sólo se refieren a orientación sexual (Directiva 2000/78) y al sexo (Directivas 2006/54/CE y 2010/41/UE), los supuestos de discriminación por reasignación o cambio de sexo se han integrado en esta última causa de discriminación [STJCE P.K., Cornwall, de 30 de abril de 1996 (C-13/94, RTJCE 1996/77); STJCE Caso K. B. contra National Health Service Pensions Agency y otros, de 7 enero 2004, asunto C-117/2001; STJCE Caso Sarah Margaret Richards contra Secretary of State for Work and Pensions, de 27 abril 2006, asunto C-423/04; TJUE *MB. C. Secretary* of State for Work and Pensions, de 26 de junio de 2018].
Reconoce el diferente marco jurídico de las referidas discriminaciones por orientación sexual y por transexualidad o transgénero, al menos entendido como "cambio de sexo" o intención de someterse a un cambio de sexo: Comunicación de la Comisión al Parlamento Europeo, al Consejo, al Comité Económico y Social Europeo y al Comité de las Regiones, *Unión de la Igualdad: Estrategia para la Igualdad de las personas LGBTIQ 2020-2025*. En cambio, se ha mantenido la incertidumbre de si la cobertura jurídica de la discriminación por expresión de género o por identidad sexual sin transición -ni intención de hacerla- quirúrgica, hormonal o registral, están amparadas también por aquélla. En sentido crítico, véase: DÍAZ LAFUENTE, J, "Avances en la protección de los derechos fundamentales de las personas LGTBI en la Unión Europea", en AAVV, *La protección de los derechos fundamentales de personas LGTBI*, Tirant lo Blanch, Valencia,

o en la Constitución. Por otra parte, la diversidad sexual y de género podría ser inagotable en sus expresiones individuales, aun cuando se pretendan aglutinar en las -también discutidas por insuficientes- siglas LGTBI.

Pero la dimensión ideológica de la Ley 4/2023 sobre la preservación de la "*diversidad*", con ser efectivamente interna, es mucho más profunda. Por el contrario, representa la consagración del tránsito de la desvaloración moral, a la exigencia del respeto a la dignidad y libertad humanas, superando las situaciones de mera tolerancia propias de la igualdad formal. Ahora lo que se propugna es la apreciación de la variabilidad en esas condiciones sexuales como una propiedad de la naturaleza y de la complejidad de la experiencia humana, enriquecedora y valiosa para la sociedad y, en lo que nos interesa, para las empresas. En consecuencia, la prohibición de discriminación por razón de diversidad, en este caso sexual, de género, o de orientación sexual, se eleva a valor esencial e informador de todo el Ordenamiento Jurídico[9].

De esta tendencia, que por supuesto se impulsa desde las instancias internacionales, nuevamente la intersexualidad es una clara muestra. Ahora se subraya que deriva de "*variaciones innatas en las características sexuales*"[10], de manera que las personas intersexuales, que lógicamente "existen en todas las

---

2019, págs. 88. Con todo, como se expone en texto, la tendencia internacional es a la integración de la discriminación por identidad o expresión de género en la discriminación por razón de sexo o género; ténganse presentes, además, las Recomendaciones de organismos internacionales como la ONU de eliminación del requisito de la intervención quirúrgica para la formalización del cambio de sexo; así como las Directivas europeas citadas en texto.

9 En este sentido, respecto de la posición del Comité de Derechos Humanos de la ONU: RIVAS VAÑÓ, A, cit, pág. 274.

10 Por ejemplo, en la Resolución del Consejo de Derechos Humanos de la ONU de 4 de abril de 2024, "*Lucha contra la discriminación, la*

sociedades", son aquéllas "nacidas con unas características biológicas, anatómicas o fisiológicas, una anatomía sexual, unos órganos reproductivos o un patrón cromosómico que no se corresponde con las nociones socialmente establecidas de los cuerpos masculinos o femeninos" (art. 3.g) L 4/2024); o, dicho de otra forma, que no se ajustan a esas "*definiciones típicas*"[11]. Verdaderamente, no hay nada que cambiar que no sea lo que la propia persona, en ejercicio pleno de su libertad, elija. Lo verdaderamente patológico no es la diversidad, que es una condición intrínseca a la vida, sino la sociedad de la ignorancia y de la violencia tabú estereotipada, que somete a la persona real a condiciones infrahumanas.

Por consiguiente, la diversidad interna del colectivo LGTBI, pese a ser importante, se ve superada por un elemento aglutinador; "*el riesgo común de sufrir violaciones de derechos humanos, ya que tienen identidades, expresiones, conductas o cuerpos que se perciben como transgresores de las normas y los roles de género dominantes, incluido el sistema binario de hombre/mujer*"[12]. Y, desde esta pers-

---

violencia y las prácticas nocivas hacia las personas intersexuales" (55° período de sesiones; A/HRC/RES/55/14).

11 De ahí también, la prohibición de actos de tortura o maltrato, entre los que se consideran expresamente las "terapias de conversión", o de la esterilización forzada o bajo coerción de personas transgénero, así como los procedimientos médicamente innecesarios realizados en niños, niñas y adultos intersex sin su consentimiento previo y que persiguen la adecuación heteronormativa de la persona. Y, por supuesto, la recomendación de actualizar las clasificaciones médicas anticuadas que catalogaban a las personas LGTBI como enfermas o disfuncionales. Recomendaciones, entre otras, que realiza la Oficina del Alto Comisionado de la ONU, por ejemplo, en su documento *Nacidos libres e iguales. Orientación sexual, identidad de género y características sexuales en el derecho internacional de los derechos humanos,* Nueva York y Ginebra, 2022, pág. 7.

12 Oficina del Alto Comisionado de la ONU, por ejemplo, en su documento: *Nacidos libres e iguales* ... (2022), cit, pág. 6.

pectiva, la discriminación del colectivo LGTBI es, ciertamente y sin lugar a dudas, una discriminación por razón de género, que comienza a tener cabida como concepto matriz de todas las discriminaciones derivadas de los estereotipos de sexo o género[13]. En cierto modo, así lo apunta la STC. 67/2022, de 2 de junio. Y así lo asume el Convenio de Estambul (2011) en su definición de "*género*"; por tal se entienden "*los papeles, comportamientos, actividades y atribuciones socialmente construidos que una sociedad concreta considera propios de mujeres o de hombres*". Y lo impone la lógica, ¿cómo atacar la discriminación y violencia fundada en los estereotipos de mujer sin combatir la discriminación derivada de los estereotipos masculinos?

Pero con rotundidad y claridad meridianas lo afirma, por ejemplo en su Considerando 17, la Directiva 2012/29/UE, del Parlamento Europeo y del Consejo, de 25 de octubre de 2012, por la que se establecen normas mínimas sobre los derechos, el apoyo y la protección de las víctimas de delitos, y por la que se sustituye la Decisión marco 2001/220/JAI del Consejo; "*la violencia dirigida contra una persona a causa de su sexo, identidad o expresión de género, o que afecte a personas de un sexo en particular de modo desproporcionado se entiende como violencia por motivos de género...*"[14]. También parece apuntar a esa tendencia a la integración de la discriminación por tales causas en la discriminación por sexo o género, siquiera con el argumento interseccional, la Directiva 2024/1500/UE sobre las normas relativas a los organismos de igualdad en el ámbito de la igualdad de trato y la igualdad de oportunidades entre mujeres y hombres en mate-

---

13 SÁEZ LARA, C, véase en esta misma obra.

14 Continúa en citado Considerando: "...*Puede causar a las víctimas lesiones corporales o sexuales, daños emocionales o psicológicos, o perjuicios económicos. La violencia por motivos de género se entiende como una forma de discriminación y una violación de las libertades fundamentales de la víctima y comprende, sin limitarse a ellas, la violencia en las relaciones personales*".

ria de empleo y ocupación, y por la que se modifican las Directivas 2006/54/CE y 2010/41/UE; en sus considerandos 5, 10, 15, 23, 24 y en el art. 6, asume la protección de las víctimas por discriminación por razón de sexo, con independencia, entre otras, de su género, identidad de género, expresión de género o características sexuales.

2. EL DEBER DE PROTECCIÓN DE LAS PERSONAS LGTBI

La opción que ha seguido el legislador en la L 4/2023, es la de construir una norma integral y transversal de protección de las personas LGTBI, con lo que se asemeja, en este sentido, al resto de las normas más importantes de nuestro acervo normativo antidiscriminatorio[15]. Concretamente, esta orientación se corresponde con la Ley 15/2022, de 12 de julio, integral para la igualdad de trato y no discriminación (por ej. art. 4.3), y con

---

[15] Como es, por ejemplo, la Ley Orgánica 3/2007, de 22 de marzo, para la igualdad efectiva de mujeres y hombres; la Ley Orgánica 1/2004, de 28 de diciembre, de Medidas de Protección Integral contra la Violencia de Género; Ley 26/2011, de 1 de agosto, de adaptación normativa a la Convención Internacional sobre los Derechos de las Personas con Discapacidad; Ley Orgánica 8/2021, de 4 de junio, de protección integral a la infancia y la adolescencia frente a la violencia; la Ley 15/2022, de 12 de julio, integral para la igualdad de trato y la no discriminación; la Ley Orgánica 10/2022, de 6 de septiembre, de garantía integral de la libertad sexual.

las directrices de la Unión Europea[16] y de instancias internacionales como la ONU[17].

También en esa misma dirección, el art. 4 reconoce el deber general de protección de los poderes públicos, de manera que en el ámbito de sus competencias tendrán que desarrollar todas las medidas necesarias para reconocer, garantizar, proteger y promover la igualdad de trato y no discriminación por razón de la orientación e identidad sexual, expresión de género o características sexuales de las personas LGTBI y sus familias.

El **reconocimiento y la promoción** de la igualdad de trato pasan, como líneas generales de actuación de los poderes públicos en el ámbito de sus competencias y siempre mediando cooperación entre las distintas Administraciones Públicas (art. 8), por el reconocimiento y apoyo institucionales, contribuyendo así a la visibilidad y participación de las personas LGTBI en todos los ámbitos de la vida (art. 5 y art. 9 -Consejo de Participación de las Personas LGTBI-). Pasa, también, por la sensibilización, la divulgación y el fomento del respeto a la diversidad en materia de orientación sexual, identidad sexual, expresión de género y características sexuales y de diversidad familiar, dirigidas a toda la sociedad, y en especial en los ámbitos donde la discriminación afecte a sectores de población más vulnerables" (art. 6). Y exige, igualmente, de la realización de estudios y encuestas sobre las causas de discriminación del colectivo LGTBI, con desglose, siempre que sea posible, de las causas discriminatorias previstas en la Ley (art. 7). Téngase en consideración

---

16 La transversalidad de las políticas de igualdad, que deriva de los propios Tratados de la Unión (por ej. arts. 8 y 10 TFU y arts. 2, 3.3, 9 TUE), es evidente en la propia Estrategia para la igualdad de las personas LGTBI 2020-2025. También la Estrategia para la Igualdad de Género 2020-2025, asume esa dimensión integral y transversal, que se proyecta, además, en todos los objetivos ODS.

17 *Vid.* "*Nacidos libres e iguales*", cit., págs. 7 y 86.

que, hasta la fecha, el conocimiento estadístico de la situación de las personas LGTBI es muy limitado, dado que se ha iniciado en tiempos muy recientes gracias a la mayor visibilidad del colectivo como consecuencia de su activismo y de las modificaciones legales antidiscriminatorias. En consecuencia, es necesaria la adaptación de las encuestas y demás instrumentos de recogida de datos e información entre la población trabajadora para que, de manera rutinaria, se tome en consideración tales variables. Por otra parte, persiste el miedo a la estigmatización social y, en consecuencia, el problema del ocultamiento de la diversidad sexual y de género. Esto convierte al colectivo LGTBI en un grupo oculto y difícil de investigar[18].

Los **deberes de garantía y de protección** de la igualdad y no discriminación de las personas LGTBI y sus familias, se traducen en una revisión integral y transversal del Ordenamiento Jurídico, que les asegure el derecho a la igualdad real y efectiva y que de partida, lleva a efecto la propia Ley (Preámbulo, art.1). Por otra parte, tales deberes de garantía y protección se traducen en la obligación de adopción de medidas tanto preventivas como sancionadoras y reparadoras de la discriminación y del perjuicio, respectivamente.

Más concretamente, cuando la Ley pasa a detallar las "*Políticas públicas para promover la igualdad efectiva de las personas LGTBI*", las medidas previstas en el ámbito laboral (sección 3º), que

---

18 ISUSI, IÑIGO, CORRAL, ANTONIO, DURÁN, JESSICA (IKEI), DE KOK, JAN, SNIJDERS (Panteia), BÜHRING, TOBIAS (Oxford Research), CURTARELLI, MAURIZIO (EU-OSHA -director del proyecto-), *Workforce diversity and musculoskeletal disorders: review of facts and figures and case examples*, European Risk Observatory, European Agency for Safety and Health at Work, 2020. Disponible en: https://osha.europa.eu/en/publications/musculoskeletal-disorders-msds-identifying-and-preventing-risks-women-migrant-and-lgbti-workers (última consulta el 18/06/2024), pág. 53. En adelante, CURTARELLI et altri, 2020.

deben ser "adecuadas y eficaces", se centra en una duplicidad de niveles, Administración y empresa, para esas dos grandes líneas de actuación, la de promoción y la de protección.

Por supuesto, la Administración tendrá que adoptar esas medidas adecuadas y eficaces para promover y garantizar la igualdad de trato y no discriminación en el acceso al empleo, la afiliación y participación en organizaciones sindicales y patronales, condiciones de trabajo, promoción profesional, acceso a la actividad por cuenta propia y al ejercicio profesional y de incorporación y participación en cualquier organización cuyos miembros desempeñen una profesión concreta (art. 14.a).

Ya descendiendo a los niveles de intervención, el art. 14 recuerda que, a través de la ITSS y otros órganos competentes, la Administración tendrá que velar por el cumplimiento efectivo del derecho a la igualdad y no discriminación por razón de la orientación y demás diversidad sexual y de género. Con todo, y salvo que se observe desde el respeto a sensibilidades autonómicas, no termina de entenderse que se refiera la norma al "fomento" de la formación especializada para el personal de inspección (art. 14.f)[19], dado que esa formación como la paralela obligación, le corresponde a la propia Administración (*vid* art. 11 L 23/2015, 21-7, Ordenadora del Sistema de ITSS). De hecho, la Ley, en su art. 12.1, le impone -y no le compromete sólo a "autofomentarse"- esa misma obligación de formación respecto del personal a su servicio, entre otros campos, en el ámbito de la salud, del empleo y de la justicia[20]. Es más, el art.

---

[19] Fruto de la Enmienda núm. 85, del G.P. EH Bildu, con la justificación, perfectamente asumible, de que para poder llevar a cabo la labor que se encomienda a la inspección de trabajo, será necesario desarrollar una capacitación específica.

[20] "*...que garantice su adecuada sensibilización y correcta actuación, dedicando especial atención al personal que presta sus servicios en los ámbitos de la salud, la educación, la juventud, las personas mayores, las familias, los servicios*

12.2 impone que las Administraciones Públicas, por supuesto en el ámbito de sus competencias, incluyan en los programas de pruebas selectivas de acceso al empleo público, formación y conocimientos sobre igualdad de trato y no discriminación de las personas LGTBI[21].

También se mantiene el tono incentivador en el resto de las medidas a adoptar por las Administraciones públicas en el marco de sus competencias, que implican en ese deber de promoción y garantía, tanto a aquéllas como, dado que estamos en el campo del empleo, a las empresas y los agentes sociales. De esta manera se vislumbra un punto de partida: la consideración de la Administración como impulsora y la centralidad de las empresas y organizaciones sindicales y patronales como agentes del cambio.

Así, en el ámbito de la formación profesional para las personas trabajadoras, la Administración se obliga a "promover" el respeto a los derechos de igualdad de trato y de oportunidades y no discriminación de las personas LGTBI (letra b). También se compromete a "apoyar" la realización de campañas divulgativas sobre la igualdad de trato y de oportunidades y la no discriminación de las personas LGTBI por parte de los agentes sociales (letra c). Igualmente, la Administración fomentará la implantación progresiva de indicadores de igualdad que tengan en cuenta la realidad de las personas LGTBI, tanto en el sector público como en el privado, así como la creación de un distintivo para las empresas que destaquen por la aplicación de políticas de igualdad y no discriminación (d)

---

sociales, el empleo, la justicia, las fuerzas y cuerpos de seguridad, las fuerzas armadas, la diplomacia, el ocio, la cultura, el deporte y la comunicación"

21 También, por ejemplo, el 20.3 (planes de estudio de ámbitos relativos a la salud, la docencia o rama jurídica) y el art. 22 (formación en el ámbito docente y educativo).

Pero, nuevamente, sorprende que cuando se refiere a la propia Administración mantenga la misma tónica de "promoción", "fomento" e "impulso" que utiliza para referirse a las empresas y agentes sociales.

Así, no parece que en la elaboración de códigos éticos y protocolos que contemplen medidas de protección frente a toda discriminación por razón de las causas previstas en la Ley, el papel de "impulso" de la Administración deba ser el mismo en las Administraciones públicas que en las empresas (véase la letra h). Como también parece en exceso enrevesado hablar de "promocionar" "medidas para la igualdad de trato y de oportunidades de las personas LGTBI en las convocatorias de subvenciones de fomento del empleo" (letra g). Podría parecer que con ello se abandona la idea de asumir compromisos concretos[22].

Pues bien, este "carácter programático", entre otros, de los contenidos laborales de la norma fue puesto en evidencia por el Dictamen del CES, que subrayó, por lo demás, la omisión del deber de consulta y participación de las organizaciones sindicales y empresariales más representativas. Con ello se cernía el

---

[22] Así, las medidas en el acceso al empleo público y carrera profesional se adoptarán previa negociación con las organizaciones sindicales de conformidad con la normativa aplicable (art. 11). Y, por supuesto, contrasta con la asunción de obligaciones literalmente mucho más constrictivas previstas para las personas trans (vid arts. 52.2, 54 y 55), como con las pretendidas, en los ámbitos referidos, en diversas enmiendas de este precepto. De hecho, tampoco triunfó la exigencia en la oferta pública de empleo de dicho cupo para las personas trans, no inferior al 1% de las vacantes (Enmienda nº 118 del Grupo Parlamentario Plural). Frente a su justificación relativa a la necesidad de medidas de discriminación positiva para compensar una desigualdad estructural, con toda probabilidad se consideraría desproporcionado, no ya a tenor del dictamen del CGPJ, sino como claramente se desprende de ese mismo porcentaje.

riesgo, no sólo de la pérdida de la oportunidad de enriquecer con las aportaciones de los agentes sociales los contenidos de la Ley, sino de la ineficacia de la misma[23].

Mucho más constrictivo es el art. 15, que se refiere al deber concreto de las empresas de contar con un plan de igualdad LGTBI, que contenga en particular un protocolo de actuación para la atención del acoso o la violencia contra las personas LGTBI. Este precepto no estaba previsto en el anteproyecto de Ley, y fue producto de su tramitación mediante la enmienda del Grupo Parlamentario Socialista núm. 48 en la Cámara de Diputados. Por otra parte, también el Dictamen del CES recomendó la previsión de tales protocolos específicos preventivos y de atención a las distintas formas de violencia contra las personas LGTBI[24]. La propuesta del Grupo Socialista se traducía en un artículo aparte (que sería el 15 bis y que pasó a ser el 15) y con el texto con el que finalmente fue aprobada la Ley[25]. Se justificó con la pretensión de "reforzar la protección de las personas LGTBI en las empresas" y, parece que con ello implícitamente, también se pretendía abandonar la idea de integrar en un único plan, el tratamiento de la igualdad entre hombres y mujeres y la problemática LGTBI. De hecho, desde la perspectiva de este grupo parlamentario los planes de igualdad LOI no tendrían que atender, ni siquiera transversalmente, la

---

23 Dictamen CES núm. 1/2022, págs. 21 y 22.

24 Dictamen CES, cit., pág. 22.

25 Respecto del reconocimiento de la concreta obligación de hacer un plan de igualdad LGTBI se plantearon otras enmiendas. Concretamente, la enmienda del Grupo Parlamentario Republicano pretendía la introducción de esta obligación y otras en el originario art. 15 (actual art. 14), junto a las anteriormente aludidas medidas de fomento. El mismo Grupo Parlamentario Republicano propuso también la modificación del originario art. 15 con la introducción de otras obligaciones específicas también mediando la inclusión de nuevas letras con justificación de "mejora técnica" (Enmienda 169).

problemática trans, ni femenina ni masculina. Muestra de ello es que propuso a la par de la integración del deber de realizar un plan de igualdad e inclusión LGTBI, la eliminación del actual art. 55.3, por resultar impreciso y poder, en consecuencia, generar confusión con los planes de igualdad entre mujeres y hombres[26]. Finalmente, el texto del art. 55.3 se mantuvo, pese a que se introdujeron los planes LGTBI. En consecuencia, cuando ese precepto exige en la elaboración de los planes de igualdad y no discriminación, que se incluya "*expresamente a las personas trans, con especial atención a las mujeres trans*", no se está refiriendo a los planes del art. 15 L 4/2023, sino a los planes de igualdad, que como su propio nombre indica son los del art. 45 y ss. LOI y que, en cualquier caso, como trataré de argumentar más adelante, tienen que ser realizados en términos de interseccionalidad.

Los arts. 14 y 15 de la L 4/2023 no han despertado particular interés ni en los debates de las Cortes, ni en los Dictámenes del CGPJ y del Consejo de Estado. Por otra parte, los contenidos del art. 14 son esencialmente promocionales y poco innovadores, en tanto en gran medida asumen lo que ya se viene haciendo tanto por la negociación colectiva[27] y que prontamente y en gran medida con el mismo carácter programático, ha asumido el capítulo XIV Acuerdo para el Empleo y la Negociación Colectiva; como por las empresas en el ámbito de la responsabilidad social corporativa[28]; o se complementan con

---

[26] Enmienda núm. 29, del Grupo Parlamentario Socialista, que fue rechazada por 15 votos a favor y 21 en contra en la Ponencia designada para emitir el informe sobre el Proyecto de Ley.

[27] *Vid*, por ejemplo: MORALES ORTEGA, J.Mª, "La presencia del colectivo LGTBI+ en la negociación colectiva", en AAVV, *Realidad social y discriminación. Estudios sobre diversidad e inclusión laboral*, Laborum, Murcia, 2022, págs. 91 y ss.

[28] *Vid*, por ejemplo: MORALES ORTEGA, J.Mª, "Medidas empresariales de diversidad e inclusión para el colectivo LGTBI: un análisis

la coetánea L 3/2023, de 28 de febrero, de Empleo (vid. art. 50); o, -podría pensarse- se nutren de los planes de igualdad y protocolos contra el acoso y violencia por razón de sexo.

3. EL DEBER DE PROTECCIÓN DESDE UNA PERSPECTIVA PREVENTIVA EN ATENCIÓN A LA DIVERSIDAD LGTBI

Normalmente, cuando hablamos de "salud" nos remitimos al concepto elaborado por la OMS, conforme al cual "es un estado de completo bienestar físico, mental y social, y no solamente la ausencia de afecciones o enfermedades" (Preámbulo de su Constitución, p. 1). Es esta una definición que atiende a la persona completa, en definitiva, a sus funciones físicas, psíquicas, intelectuales, emocionales, y que, unido a su vida en sociedad, suponen su bienestar global y, viceversa, la posibilidad de perderlo.

El trabajo tiene una enorme trascendencia desde esta perspectiva. Como elemento o factor de producción es esencial en nuestra sociedad, y el hecho de que se vea implicada la propia persona que lo realiza le da una importantísima dimensión social, colectiva e individual; importancia que alcanza a la total comprensión de la persona, a su realización, a su valoración social, al desarrollo de sus capacidades, a su autonomía, ..., a su salud. Si el bienestar de una persona depende de su integración social y laboral, ¿cómo afectará la orientación sexual, las características sexuales, la identidad o la expresión de género… a la salud de las personas LGTBI o, más ampliamente, que se vean afectadas por la discriminación por tales causas?.

---

jurídico laboral", *Revista Latinoamericana de Derecho Social,* núm. especial, 2022, pp. 219-256.

a) Discriminación LGTBI y sus consecuencias sobre la salud

Por el momento, la investigación sobre los riesgos laborales del colectivo LGTBI se ha centrado en gran medida en los riesgos psicosociales, incluidos por supuesto la discriminación, la violencia y el acoso, sin apenas extensión al estudio de la incidencia en el colectivo de los riesgos físicos o relativos a la organización, más allá de la probable apreciación de una tendencia a la "segregación basada en prejuicios" y a una posible mayor incidencia de determinados cánceres[29]. Con todo, los datos que se barajan comienzan a revelar sus necesidades específicas en materia de seguridad y salud laborales.

La tercera encuesta de la Agencia Europea de Derechos Fundamentales de 2023 (la primera se hizo en 2012 y la segunda en 2019) muestra que las personas pertenecientes al colectivo LGTBI siguen sufriendo discriminación, acoso y violencia por odio en Europa, resultando ser la percepción de la discriminación en el trabajo superior a la sentida en otros ámbitos como pueda ser en educación o sanidad [30].

En contraste con los resultados de 2019, en FRA 2023 se aprecian avances en relación a la apertura a la propia orientación sexual, identidad y expresión de género y características sexuales[31]; y una ligera disminución en percepción de la dis-

---

29 CURTARELLI, M *et altri*, (2020). Respecto de la posible mayor incidencia de determinados cánceres, véase, por ejemplo en: Comunicación de la Comisión al Parlamento Europeo, al Consejo, al Comité Económico y Social Europeo y al Comité de las Regiones, *Unión de la Igualdad: Estrategia para la Igualdad de las Personas LGBTIQ 2020-2025*.

30 Véase en: https://fra.europa.eu/es/publication/2024/lgbtiq-crossroads-progress-and-challenges#publication-tab-1 (último acceso 12/06/2024).

31 La mayoría de las personas LGBTI encuestadas (52%) están ahora abiertas sobre su orientación sexual, identidad de género o expre-

criminación[32], incluida la discriminación en el trabajo pese a que sigue siendo muy alta (entre el 18% ó 19% se sintió discriminado en el trabajo en 2023 -cifra que también se aprecia en España[33]- frente al 21% en 2019). Pero la FRA 2023 también ha concluido que, en contraste con las encuestas precedentes, ahora estas personas se encuentran más expuestas que antes a la violencia y al acoso, siendo las personas trans e intersexuales las que presentan mayores índices de victimización, junto a los más jóvenes, que son especialmente vulnerables entre otras razones, por haber experimentado el acoso escolar un importantísimo incremento (2 de cada 3 personas)[34].

Desde luego, los datos 2023, como también lo fueron los de 2019, son duros. De los encuestados en 2023 (más de 100.000 personas LGTBI), más de 1 de cada 3 se enfrenta a discriminación en su vida diaria por razón de su diversidad sexual o de género[35], si bien tan sólo 1 de cada 10 denuncia incidentes. Además, más de 1 de cada 10 experimentó violencia en los 5 años anteriores a la encuesta y más de 1 de cada 3 personas intersex fue atacada[36]. Las mujeres trans (29%), los hombres

---

sión y características sexuales frente al 46% en 2019. En España ese dato se eleva al 60%.

[32] Salvo en el caso de las personas trans, que fue del 30%, frente al 35% en 2019.

[33] En España, el 19% de las personas LGTBI encuestadas se sintieron discriminados en el trabajo o en la búsqueda de trabajo en el año anterior a la encuesta.

[34] El 67% dice haber sufrido *bullying*, insultos y amenazas en la escuela por lo que son. Se trata de un fuerte incremento frente al 46% de 2019.

[35] En 2023, el 36% se sintió discriminado en su vida cotidiana en el año anterior a la encuesta, frente al 42% en 2019.

[36] Concretamente, entre el 13% ó el 14% (en España el 12% en los 5 años anteriores y el 4% en el año anterior a la encuesta) de las personas LGBTI habían sido agredidas física o sexualmente en los

trans (23%) y las personas intersexuales (34%) sufrieron más ataques que otros grupos LGTBI. El agresor, por otra parte, suele ser un hombre (78%). En España la percepción del incremento de la violencia (75%) y del prejuicio y la intolerancia (66%) es superior a la europea (violencia 59%; prejuicio e intolerancia 53%)[37]. Como también es muy superior la percepción de la efectividad de las medidas antidiscriminatorias adoptadas por el Gobierno (España 58%; UE 26%).

Más concretamente, en relación al acoso, en los datos de la encuesta FRA 2023, el 54 ó 55% (en España el 53%) de los encuestados declaró que experimentó acoso motivado por el odio en el año anterior a la encuesta en comparación con el 37% en 2019. Cifras que se elevan exponencialmente respecto de las personas intersex (74% en 2023 frente al 42% en 2019) y las personas trans (69% en 2023 frente al 47% en 2019). Las tasas son más altas entre las mujeres trans (77%), los hombres trans (72%), las no binarias (66%) y las personas pansexuales (62%), así como los encuestados intersex (67%). Sin embargo, como sucede también en el caso de sufrir violencia, no hay denuncia[38].

---

cinco años anteriores a la encuesta, en comparación con el 11% en 2019. Uno de cada tres se enfrenta a la violencia en repetidas ocasiones; el 46% dice que fueron atacados de dos a cinco veces. Las personas intersexuales se enfrentan a violencia con mayor frecuencia (34% en 2023 frente al 23% en 2019).

37 La Encuesta de UGT revela que 7 de cada 10 personas LGTBI considera que el debate generado en torno a la Ley 4/2023 ha afectado negativamente a la percepción que tiene la sociedad sobre las personas trans.

38 Menos de una de cada 10 víctimas reportaron el incidente más reciente a cualquier organización (11% EU-27; 9% en España, si bien se denunció a la policía el 14% en España frente al 11% en EU.27). Por su parte, la encuesta de UGT de 2023 recoge que 3 de cada 10 personas LGTBI han sufrido agresiones verbales en el trabajo en los últimos 5 años, y el 74% más de una vez.

También el estudio de la OSHA, entre otros, acredita que la intimidación y el acoso se dirigen con más frecuencia a los trabajadores transgénero, como que las personas LGTBI, y en particular las mujeres LBT, presentan un nivel más alto de acoso sexual y agresiones sexuales y físicas que la población general[39].

¿Cuáles son las consecuencias sobre la salud?. Aún no se pueden determinar en toda su extensión, pero ya se cuenta con algunas certezas. Está establecido que el acoso sexual conduce al trastorno de estrés postraumático[40]. Por otra parte, algunos estudios sugieren que la mala salud mental es incluso más común entre las personas bisexuales y transgénero que entre sus homólogos lesbianas y gays[41], siendo en cualquier caso muy altas para todos estos colectivos. También, según se recoge en la encuesta FRA 2023, la mayoría (63%) de todas las víctimas LGTBI de ataques físicos o sexuales[42] experimentan consecuencias psicológicas negativas (por ejemplo, depresión o ansiedad). Más de la

---

39 CURTARELLI, M/FRIC, K, "Seguridad y salud en el trabajo de los trabajadores LGTBI", *Seguridad y salud en el trabajo de los trabajadores LGTBI,* Agencia Europea para la Seguridad y la Salud en el Trabajo (EU-OSHA), Unidad de Prevención e Investigación/Agencia de los Derechos Fundamentales de la Unión Europea, Unidad de Investigación y Datos, disponible en (última consulta 17/06/2024): https://oshwiki.osha.europa.eu/en/themes/occupational-safety-and-health-lgbti-workers,. Con referencia a: TUC (Congreso de Sindicatos), *El costo de salir del armario en el trabajo: las experiencias de acoso y discriminación de los trabajadores LGBT+*, 2017. Disponible en: https://www.tuc.org.uk/sites/default/files/LGBTreport17.pdf También en CURTARELLI, M et altri (2020), pág. 60.

40 CURTARELLI, M et altri (2020), pág. 63.

41 Zeeman et al. (2018). Véase también en CURTARELLI et altri (2020), pág. 55.

42 Según la encuesta UGT, el 20% de las personas trans reconocen haber sufrido algún tipo de agresión sexual (ABAD, T/GUTIÉRREZ, MG, *Hacia centros de trabajos inclusivos. Discriminación de las personas*

mitad (52%) tienen miedo de salir de casa o visitar lugares. Pese a las agresiones, no hay denuncia[43]. El miedo les impone limitaciones en todas las esferas, también en la laboral, donde provoca autoexclusión social, pérdida de talento y rendimiento laboral y satisfacción en el empleo (informe UGT). Según la encuesta FRA, tres cuartas partes de quienes sufrieron acoso por motivos de odio (73%) dicen que evitan ciertos lugares por temor a ser agredidos, amenazados o acosados. Por su parte, la Encuesta de UGT revela que el 20% de las personas encuestadas reconoce que la disociación entre la vida privada y laboral (el 40% oculta su condición en el trabajo) les produce situaciones de ansiedad y estrés, y un 11% trastornos musculoesqueléticos como consecuencia de la ansiedad.

Según la encuesta FRA, más de 1 de cada tres personas, LGBTIQ han considerado el suicidio en el año anterior a la encuesta. En España, en el año anterior a la encuesta, el 11% -12% en EU- tuvieron ese pensamiento a menudo o siempre. La proporción es mucho mayor para las personas pansexuales (59%), las mujeres trans (59%), los hombres trans (60%) o los encuestados no binarios y de género diverso (55%). Alrededor del 62% de los jóvenes LGBTIQ, el 66% de las personas LGBTIQ con discapacidades y el 58% de las que luchan por llegar a fin de mes, se han planteado el suicidio durante el año anterior a la encuesta.

Finalmente, con fundamento en las citadas encuestas de la FRA de 2012 y 2019, así como en los resultados del proyecto de la EU-OSHA "*Prevención de los trastornos musculoesqueléticos en una fuerza laboral diversa*"[44], como en otros estudios reali-

---

trans y LGTBI en el ámbito laboral en España en 2023. Retos y soluciones. Edición II, UGT, 2023).

43 Menos de uno de cada cinco (18%) reportó el incidente más reciente a cualquier organización.

44 CURTARELLI, M et altri, (2020), cit.

zados por diversas instituciones[45] y países, así como en y su metaanálisis, CURTARELLI/ FRIC concluyen por ambas instituciones en que las personas trabajadoras LGBTI están expuestas de manera desproporcionada a una serie de riesgos psicosociales y organizativos en el lugar de trabajo, con un impacto negativo significativo en la salud mental y el estado de salud percibido[46]. Las personas trabajadoras LGTBI están expuestas con mayor frecuencia a riesgos psicosociales, destacadamente a la discriminación en el lugar de trabajo, el acoso y la violencia, tanto moral, como física y sexual. Por otra parte, como se concluye en el informe de la EU-OSHA, esta mayor exposición a los riesgos psicosociales y organizativos da lugar a una mala salud mental con impacto en la salud física, y una mayor prevalencia que la población general en los trastornos musculoesqueléticos, especialmente en espalda y cuello[47]. En relación con la salud mental, la discriminación o el acoso, las consecuencias del esfuerzo de ocultación o por el sentimiento de tener que hacer un esfuerzo adicional en el trabajo por te-

---

45 Por ejemplo, la mayoría de los encuestados por TUC reconocieron que habían sido sometidos o habían presenciado alguna forma de homofobia, bifobia o transfobia en el trabajo. Más de la mitad (52%) de los encuestados que experimentaron discriminación o acoso en el trabajo informaron que tuvo un impacto negativo en su salud mental, mientras que 1/3 dijo que había tenido un impacto efecto negativo en su desempeño en el trabajo. El 12% informó que había dejado su trabajo en los últimos cinco años debido a ello. Una cuarta parte dijo que quería dejar su trabajo, pero no podía por razones financieras o otras razones. Una cuarta parte dijo que el acoso o la discriminación les llevó a evitar determinadas situaciones laborales como lugares, reuniones o cursos concretos (TUC, *The cost of being out at work*, 2017, págs. 15 y 16).

46 CURTARELLI, M/FRIC, K, *Seguridad y salud en el trabajo de los trabajadores LGTBI*, cit.

47 También se refiere a una mayor incidencia de artritis y síndrome de fatiga crónica (CURTARELLI, M et altri, 2020, pág. 63).

mor a no ser aceptados, dan lugar a trastornos de carácter duradero de estrés, irritabilidad, trastornos del sueño, ansiedad, depresión, aislamiento, sobrecarga mental, sobrecualificación y menor satisfacción laboral[48]. Y, por supuesto, un incremento en los comportamientos y tendencias autodestructivas y de riesgo para la salud, como pueda ser el tabaquismo y el suicidio[49].

Asumiendo que la discriminación de las personas LGTBI alcanza a todas las esferas de la vida, no obstante, el ambiente laboral resulta particularmente determinante en la autoevaluación de la salud por parte de los trabajadores. Nuevamente CURTARELLI/FRIC observan que manteniendo otros factores constantes, experimentar discriminación o microagresiones en el trabajo se relaciona con una peor salud autopercibida, confrontada a los supuestos en que los trabajadores LGTBI apreciaron ser apoyados, o vieron a otra persona recibir tal apoyo, ser defendidos o protegidos en el trabajo debido a ser LGTBI, y si hay más conciencia de que son LGTBI en el trabajo; en estos casos, es mucho menos probable que la salud se autoevalúe como regular, mala o muy mala.

b) El deber de protección de la salud laboral

En la tutela de la salud de las personas trabajadoras LGTBI están implicados, por supuesto, el art. 15 CE (derecho a la vida

---

48 CURTARELLI, MAURICIO/FRIC, KAREL, "Seguridad y salud en el trabajo de los trabajadores LGTBI", cit., pág. 63.
Por ejemplo, CURTARELLI, M et altri (pág. 63), refieren una encuesta realizada por el Congreso de Sindicatos del Reino Unido (TUC), conforme a la cual, más de la mitad de todos los encuestados LGBT y 7 de cada 10 encuestados transgénero informaron que su experiencia de acoso o discriminación en el lugar de trabajo había tenido un efecto negativo en su salud mental. (TUC, 2017).

49 CURTARELLI, M et altri, *Workforce diversity*..., cit, pág. 55. Véase, además, Health4 LGBTI, 2018, OECD (2019, p. 36).

y a la integridad física y moral, que se traduce en el derecho a que dicha existencia se desarrolle de forma digna); el art. 43 CE (derecho a la protección de la salud y deberes del Estado al respecto, incluida la prevención); y el más específico art. 40.2 CE (deber de una política de seguridad e higiene en el trabajo, concreción del primero de los mencionados). Por otra parte, dado que se trata de un colectivo estigmatizado, la protección de la salud laboral de este grupo de trabajadores se conecta necesariamente con los riesgos derivados de la discriminación, el acoso y la violencia por odio. De ahí que tengan que contemplarse también los deberes de la empresa desde la perspectiva de los arts. 10 y 14 CE, 4.2.c) y e) y 17 ET.

Descendiendo a la normativa infraconstitucional, el art. 4.2.d) ET reconoce el derecho de toda persona trabajadora "a su integridad física y a una adecuada política de seguridad e higiene en el trabajo". Idea que se refuerza en el art. 19.1 ET al reiterar que aquella, "en la prestación de sus servicios, tendrá derecho a una protección eficaz en materia de seguridad e higiene". Ese derecho de la persona trabajadora supone, efectivamente, un correlativo deber del empresario de protección de los trabajadores frente a tos los riesgos laborales, incluidos los psicosociales (art. 14.1 y 2 LPRL).

Por supuesto, ambas dimensiones de la protección de la salud de la población trabajadora frente a los riesgos asociados a la diversidad LGTBI, cuentan con el respaldo del Ordenamiento de la Unión Europea. No en vano, la competencia en materia de seguridad y salud de los trabajadores está presente desde los orígenes de la Unión[50]. Y la dimensión de la igualdad y no discriminación por razón del sexo o la orientación sexual, tanto como valor, como principio y como objetivo está igualmente integrada en los dos Tratados (vid. arts. 2 y 3.3 TUE y

---

[50] Vid: arts. 55.1 y art. 5.e), 46,5º TCECA

arts, 10 y 19 TFUE)[51]. En esta línea de reconocimiento al máximo nivel, el art. 3.1 Carta de los Derechos Fundamentales de la UE, reconoce el derecho a la integridad física y psíquica; y el art. 31.1 el derecho a trabajar en condiciones que respeten su salud, su seguridad y su dignidad; en tanto el art. 21, recoge la prohibición de discriminación, entre otras causas, por sexo y orientación sexual.

Las personas trabajadoras, en definitiva, tienen derecho a un medio ambiente sano en su ámbito de trabajo. El art. 118.A TCEE[52], en la versión que le dio el Acta Única Europea así lo asumía al referirse al medio de trabajo, en tanto hoy el art. 153.1 TUE se refiere a la mejora del "entorno de trabajo" (art. 153.1 en relación con el art. 151 del TUE). Derecho que también apoya el art. 3 de la Carta Social (derecho de todos los trabajadores a la seguridad e higiene en el trabajo), y el art. 19 de la Carta comunitaria de los derechos sociales fundamentales de los trabajadores, que reconoce el derecho del trabajador a un medio ambiente de trabajo seguro y sano. E inspira, por supuesto, la orientación de la Directiva 89/391, relativa a la aplicación de las medidas para promover la mejora de la seguridad y salud de los trabajadores en el trabajo, que es la Directiva marco del régimen jurídico general de la política comunitaria de prevención de riesgos laborales. En esta línea, tampoco se puede dejar de citar al Convenio nº 155 OIT, que igualmente se refiere específicamente al "medio ambiente de trabajo" en sus arts. 4 y 5. Y, finalmente, el derecho a un lugar de trabajo saludable y seguro está reflejado en el principio n.º

---

51 DÍAZ LAFUENTE, J, "Avances en la protección de los derechos fundamentales de las personas LGTBI en la Unión Europea", en AAVV, *La protección de los derechos fundamentales de personas LGTBI,* Tirant lo Blanch, Valencia, 2019, págs. 70 a 72.

52 "Los Estados miembros procurarán promover la mejora del medio de trabajo, para proteger la seguridad y salud de los trabajadores..."

10 del pilar europeo de derechos sociales, y es fundamental para el cumplimiento de los Objetivos de Desarrollo Sostenible de las Naciones Unidas.

Pues bien, a la vista de lo expuesto en el apartado precedente y de lo que acabamos de ver, es fácil deducir que abordar la integración social del colectivo LGTBI, exige en el ámbito de la salud de la construcción por parte de la empresa responsable de un ambiente laboral sano[53], incluida la organización y los procedimientos de trabajo (art. 4.7 LPRL), que permita -o al menos no obstaculice- el pleno desarrollo de la personalidad, sin discriminación por razón de la diversidad en la orientación o características sexuales, identidad o expresión de género.

En consecuencia, en el ámbito de la prevención de riesgos laborales es imperativo para la empresa y sin posibilidad de exención (art. 14.5 LPRL), la adopción de todas las medidas preventivas necesarias respecto de todos los riesgos que puedan sufrirse por razón de la orientación sexual, las características sexuales, la identidad o la expresión de género. Deber que implícitamente late, por supuesto con independencia de la dimensión de la plantilla, en el art. 62.3 L 4/2023 en conjunción con el art. 17.1 ET. Esta obligación de integración de la actividad preventiva se refiere a todas las fases de la actividad, debe realizarse con el objetivo de eliminar o, de no ser posible, al menos reducir estos riesgos específicos, y está sometida a un continuo perfeccionamiento conforme a los resultados de su seguimiento y a la evolución de la técnica (art. 4.1.2 y 5, 14.2 y 15.1 LPRL). E, igualmente será necesario tomar en consideración que el empresario ha de combatir los riesgos en su origen (art. 15.c) LPRL), así como evaluar los riesgos que no hayan podido eliminarse y, en función de esa operación realizar actividades de prevención que los neutralicen (art. 16.2 LPRL),

---

[53] RODRIGUEZ-PIÑERO y BRAVO-FERRER, M, "Trabajo y medio ambiente", *Relaciones Laborales,* 1995, Tomo II.

siendo preferentes las medidas de prevención colectivas frente a las individuales, y debiéndose aplicar siempre la máxima seguridad posible.

Por tanto, la protección de la diversidad se tiene que llevar también, y muy especialmente, al ámbito de la prevención de riesgos laborales y ser atendida, además, en consideración a la obligación de que "los grupos de riesgo especialmente sensibles deberán ser protegidos contra los peligros que les afecten específicamente" (art. 15 Directiva Marco 89/391/CEE y art. 25.1, párr. 1º LPRL)[54].

La discriminación por la orientación o características sexuales, o la identidad o expresión de género, no son, según anticipé al comienzo, sino diferentes expresiones de la discriminación por razón de género o de sexo. No en vano, su "interseccionalidad" respecto de la discriminación hombre/mujer, a diferencia de las otras causas de discriminación, tiene la particularidad de responder también a sesgos de sexo o de género.

Ahora bien, al menos actualmente, esta incipiente perspectiva de género enriquecida por la diversidad LGTBI, no parece sostenerse con igual intensidad y coherencia en todos los instrumentos de lucha contra la discriminación ni de seguridad y salud laboral. Por ejemplo, es mucho más evidente en la Estrategia para la Igualdad de las Personas LGBIQ 2020-2025[55] que

---

[54] CURTARELLI, M/FRIC, K, cit., En este sentido: AGUILAR DEL CASTILLO, MªC, "La invisibilidad de la diversidad del colectivo LGTBI como factor de riesgo laboral", en en AAVV, *Realidad social y discriminación. Estudios sobre diversidad e inclusión laboral*, Laborum, Murcia, 2022, pág. 163.

[55] Comunicación de la Comisión al Parlamento Europeo, al Consejo, al Comité Económico y Social Europeo y al Comité de las Regiones (COM (2020) 698 final).

en la Estrategia para la Igualdad de Género 2020-2025[56]. Como es habitual, esta última -en gran medida- sigue reservándose el término para la discriminación hombre/mujer, y observa la necesaria atención de la orientación sexual en términos de interseccionalidad si bien, con carácter transversal[57].

Con todo, también indudablemente, la Estrategia para la Igualdad de Género 2020-2025 apunta a un enfoque amplificado, enriquecido, de qué sea el "género" y la "perspectiva de género", puesto que dice asumir la igualdad de hombres y mujeres en "toda su diversidad", entendida esta como una expresión de categorías heterogéneas de hombre y mujer, en particular en lo que alcanza al sexo, la identidad de género, la expresión de género o las características sexuales. Igualmente, la referencia que hace tanto al Convenio de Estambul[58], como al Convenio OIT 190[59], puede favorecer la asunción de la con-

---

56 Comunicación de la Comisión al Parlamento Europeo, al Consejo, al Comité Económico y Social Europeo y al Comité de las Regiones, *Una Unión de la igualdad: Estrategia para la Igualdad de Género 2020-2025*, COM/2020/152 final, Disponible en: https://eur-lex.europa.eu/legal-content/ES/TXT/PDF/?uri=CELEX:52020DC0152

57 La orientación sexual se observa como un factor de discriminación interseccional que puede agravar la posibilidad de sufrir violencia de género (apartado 6), y un agravante en los delitos (art. 11.p).

58 El Convenio de Estambul reconoce la violencia contra las mujeres como una modalidad de violencia de género (art. 2.3.a), entendido éste en términos neutros tanto en relación a la definición del género (art. 2.3.c) como de la violencia doméstica (Preámbulo y art. 2.3.b), aun cuando afecte desproporcionadamente a las mujeres, sin que pueda discriminarse a las víctimas por razón -entre otros- del sexo, orientación sexual e identidad de género, y no se consideren discriminatorias la adopción de medidas específicas necesarias para la protección de las mujeres (art. 4.3 y 4).

59 El Convenio OIT 190, en su Preámbulo reconoce "el derecho de toda persona a un mundo del trabajo libre de violencia y acoso, incluidos la violencia y el acoso por razón de género". Y también en

cepción de la violencia o discriminación por razón de sexo o de género de amplio espectro[60], con inclusión del acoso o vio-

---

su Preámbulo reconoce que "la violencia y el acoso por razón de género afectan de manera desproporcionada a las mujeres y las niñas, y admite que la adopción de un enfoque inclusivo e integrado que tenga en cuenta las consideraciones de género y aborde las causas subyacentes y los factores de riesgo, entre ellos los estereotipos de género, las formas múltiples e interseccionales de discriminación y el abuso de las relaciones de poder por razón de género, es indispensable para acabar con la violencia y el acoso en el mundo del trabajo". Posteriormente, en su en su art. 1.b), al definir qué sea la violencia o el acoso por razón de género los conceptúa como aquéllos que van "dirigidos contra las personas por razón de su sexo o género, o que afectan de manera desproporcionada a personas de un sexo o género determinado, e incluye el acoso sexual". Por consiguiente, se refiere al "sexo" o al "género", sin que la desproporción de mujeres excluya la posibilidad de que el hombre pueda ser una víctima directa de tal acoso o violencia por razón de género. La asunción del enfoque inclusivo e integrado de género también se recoge en su art. 4.2. Y, destacadamente para lo que nos interesa, el art. 6 impone una legislación y política que garantice la igualdad y no discriminación (también, en esta línea, su art. 5), con especial atención a "otras personas pertenecientes a uno o a varios grupos vulnerables, o a grupos en situación de vulnerabilidad que están afectados de manera desproporcionada por la violencia y el acoso en el mundo del trabajo". Finalmente, también el art. 7 resalta, nuevamente, la necesaria protección frente al acoso y la violencia por razón de género.

60 De hecho, el Convenio OIT 190 recoge un concepto omnicomprensivo de las distintas manifestaciones del acoso y la violencia en el trabajo; moral, sexual o de género, que debe entenderse extensiva a cualquier otra causa de discriminación (CORREA CARRASCO, M, "El elemento teleológico (intencionalidad lesiva) en el concepto de violencia y acoso laboral. Contenido en el Convenio 190 OIT", en AAVV -dir. CORREA CARRASCO, M/QUINTERO LIMA, G-, *Violencia y acoso en el trabajo. Significado y alance del Convenio nº 190 OIT en el marco del trabajo decente (ODS 3,5,8 de la Agenda 2030)"*, Dykinson, Madrid, 2021, pág. 18.

lencia por razón de género vinculada al estereotipo y, por consiguiente, susceptible de tutelar las causas LGTBI, incluidos los supuestos en que la víctima sea un hombre.

Sin embargo, cuando el grueso de los textos analizados se refiere a la perspectiva de género, siguen enfocándose exclusivamente en la visión tradicional de la discriminación o violencia contra la mujer, sin atención expresa, ni tan siquiera interseccional, a esas otras causas de discriminación derivadas de los estereotipos de sexo o género LGTBI. Es el caso, por ejemplo, del Convenio de Estambul, que entró en vigor en la UE el 1 de octubre de 2023 (DOUE de 2 de junio de 2023.). Como de la posterior Directiva 2024/1385, del Parlamento Europeo y del Consejo, de 14 de mayo de 2024, sobre la lucha contra la violencia contra las mujeres y la violencia doméstica[61]. También, es el caso de la Ley Orgánica 10/2022, de Garantía Integral de la Libertad Sexual, pese a que se refiere al "enfoque de género" (art. 2.c) "fundamentado en la comprensión de los estereotipos", y la prohibición de discriminación por "sexo", "género", "orientación sexual" ó "identidad sexual".

Esta situación puede ser muestra de que la política de igualdad y no discriminación LGTBI no haya logrado aún ni la transversalidad ni la interseccionalidad en el marco de las políticas de igualdad. También puede responder al hecho de que nos encontramos en los estadios iniciales tanto de una nueva construcción dogmática y aplicativa de la igualdad en la diversidad, como de la investigación sobre un colectivo velado como es el LGTBI.

---

[61] Y que, no obstante, admite que la víctima de la violencia contra las mujeres y las niñas puede ser un hombre (ap. 12), aunque esta afirmación se siga de la referencia a los menores como testigos de la violencia doméstica (ap. 13), que, nuevamente como definida en términos neutros, puede afectar a las personas con independencia de su género (art. 2.b).

Realmente, la atención de los riesgos, prevención y protección específicas LGTBI están aún en fase de toma de conciencia. Por ejemplo, podría considerarse que tanto el Criterio Técnico 104/2021, sobre actuaciones de la ITSS en riesgos psicosociales, como la Comunicación de la Comisión (2017) de la que trae origen aquél[62], cuando se refieren expresamente a la diversidad en el marco de los riesgos psicosociales abrazan, la tutela del colectivo. Sin embargo, cuando una como otra describen esa diversidad, resulta muy llamativa la invisibilidad del colectivo LGTBI; esa diversidad la refiere expresamente a los riesgos específicos de "las mujeres, los hombres, los trabajadores jóvenes, los de más edad, los inmigrantes o las personas con discapacidad"[63]. De hecho, cuando se describen más concretamente las causas de discriminación vinculadas a los riesgos

---

[62] Comunicación de la Comisión al Parlamento Europeo, al Consejo, al Comité Económico y Social Europeo y al Comité de las Regiones, *Trabajo más seguro y saludable para todos - Modernización de la legislación y las políticas de la UE de salud y seguridad en el trabajo*, COM(2017) 12 final, Bruselas, 10.1.2017. La Comisión reconoce la necesidad de atender a la diversidad en la evaluación de riesgos, de manera que se tenga en consideración los riesgos específicos de los grupos de trabajadores especialmente sensibles. Destaca como factor esencial la edad y el envejecimiento de la población, junto a la necesidad de atender debidamente la evaluación y prevención de los riesgos que afectan específicamente a las mujeres, con abandono de un enfoque neutro que ha provocado una infravaloración de tales riesgos. Bien es cierto que, pese a destacar la edad y el sexo como factores a tener en cuenta en un enfoque de diversidad, advierte que no deben formularse hipótesis de evaluación de los riesgos sólo sobre tales bases. Pero junto a tales grupos vulnerables, sólo menciona expresamente a los jóvenes, inmigrantes y discapacitados.
También el colectivo LGTBI está ausente en los "*Principios para los inspectores de trabajo en relación a las evaluaciones de riesgo teniendo en cuenta la diversidad*", realizado por el Comité de Altos Responsables de la Inspección de Trabajo como encomienda de la Comisión.*es*

[63] Págs. 1 y 2 del Criterio Técnico 104/2021.

psicosociales (sexo, edad, discapacidad, origen y trabajo temporal), ni siquiera hay referencia a la orientación sexual, introducida expresamente en nuestro Estatuto de los Trabajadores por la Ley 62/2003, de 30 diciembre, de medidas fiscales, administrativas y del orden social; en definitiva, no se les menciona como un "grupo de trabajadores" que pueda constituir una "unidad de análisis en la evaluación"[64]. Claro está, ello no significa que no les sea aplicable o que no estén integrados en ese concepto de "sexo" -que incluiría la modificación del sexo-, o de género -que asume el Convenio 190 OIT-, o la referencia al art. 17 ET, o al acoso discriminatorio del art. 8.13 bis LISOS... Pero en el chek-list de las actuaciones inspectoras del Anexo I del CT 104/2021, ante la pregunta 1.9 de si la evaluación de riesgos tuvo en cuenta a colectivos de trabajadores con especial riesgo de discriminación, al colectivo LGTBI sólo se le podría marcar, probablemente, como "Otros".

Otro destacado ejemplo sería la Estrategia Española de Seguridad y Salud en el Trabajo 2023-2027[65], que se propone marcar las Directrices en la política de la seguridad y salud en el trabajo para los próximos años, en correspondencia con los ejes prioritarios del Marco Estratégico Europeo de Seguridad y Salud en el Trabajo 2021-2027 y, particularmente, con el objetivo de anticiparse a los riesgos derivados de las transiciones digital, ecológica y demográfica. En consecuencia, la Estrategia Española asume 6 grandes objetivos, que por el momento, en el Plan de Acción 2023-2024 se traducen en el compromiso de una serie de acciones. Concretamente, el Objetivo nº 4 se dirige a "Reforzar la protección de las personas trabajadoras en

---

64 Véanse págs. 16 y 18 del Criterio Técnico 104/2021.

65 Disponible en: https://www.insst.es/documents/94886/4545430/Estrategia+Espa%C3%B1ola+de+Seguridad+y+Salud+en+el+Trabajo+2023-2027.pdf/793be632-afe9-c738-320a-a0908dcd6110?t=1679059860069 (última consulta 025-06-2024)

situación de mayor riesgo o vulnerabilidad", y cuenta con 14 medidas; y el Objetivo nº 5 se dedica a "Introducir la perspectiva de género en el ámbito de la seguridad y salud en el trabajo", y tiene previstas 9 medidas. Ninguna de las dos líneas de actuación toma en expresa consideración al colectivo LGTBI.

La creciente atención de los riesgos psicosociales y la necesidad de instaurar la perspectiva de género transversalmente en la prevención de los riesgos, así como potenciar también tal perspectiva en la investigación y tratamiento de las enfermedades profesionales[66], está muy presente en la Estrategia Española como en su primer Plan de Acción 2023-2024[67]. Ahora bien, en la Estrategia Española al igual que en la Comunicación de la Comisión (2017) antes mencionada, esa "perspectiva de género" parece referida monográficamente a los riesgos específicos o que afectan de modo singular a las mujeres y a las distintas expresiones de la discriminación por razón de sexo en relación a aquéllas. También la integración transversal de la perspectiva de género y el tratamiento de los riesgos psicosociales, así como de otros colectivos vulnerables (envejecimiento, discapacidad -vid también medida 82-, reincorporación tras enfermedad…) se destacan especialmente en el ámbito de la negociación colectiva (vid línea 6.6. Potenciación de la negociación colectiva,

---

[66] Por ejemplo, medida 16.

[67] Y, por supuesto, el cambio demográfico (Objetivo nº 2) y la necesidad de incorporar la edad y la diversidad generacional en la gestión preventiva (vid en el Plan 23-24, las medidas 39, 43).
Medidas referidas expresamente a los riesgos psicosociales, por ejemplo: Medidas 39, 44, 46, 47, 56, 57, 76 A 79,
Medidas referidas expresamente a la integración de la perspectiva de género: Medidas 43, 79 (referida al sector sanitario, sociosanitario y asistencial), 85, 86, 87 a 93.
Por ejemplo, en la investigación sobre TME, se refiere a la potenciar su estudio teniendo en cuenta la diferencia por edad y perspectiva de género (M. 43)

en el Plan 23-24). Y las migrantes y temporeras han merecido atención (vid Línea de actuación 4.7, Medidas 83 y 84). Pero no el colectivo LGTBI.

En definitiva, en la Estrategia Española de Seguridad y Salud en el Trabajo 2023-2027, el objetivo primordial de integración de la diversidad en la gestión preventiva, no se refiere a la "diversidad LGTBI", sino a la diversidad generacional (vid. líneas de actuación del objetivo 2[68]), a las personas migrantes, jóvenes, autónomos, colectivos de trabajadores de sectores específicos, discapacitados o diversidad funcional, temporeras... (objetivo nº 4). Y esta dirección es coherente, no sólo con la referida Comunicación de la Comisión de 2017, sino con el Marco Estratégico Europeo de Seguridad y Salud en el Trabajo 2021-2027, al que se declara adherida la Estrategia Española. Bien es cierto que dicho Marco Estratégico subraya la diversidad, incluidas las diferencias y las desigualdades de género, y la lucha contra la discriminación, como fundamentales en la evaluación y prevención de riesgos laborales. Y expresamente reconoce que la discriminación por razón de sexo, edad, discapacidad, religión o convicciones, raza u origen étnico u "orientación sexual" pueden afectar a la seguridad y salud de los trabajadores (pág. 16). Sin embargo, a lo largo del documento la visibilidad LGTBI es realmente escasa por no decir nula[69]. De hecho, el documento confirma que la perspectiva de género sigue vinculándose esencialmente a la discrimina-

68 Objetivo nº 2: "Gestionar los cambios derivados de las nuevas formas de organización del trabajo, la evolución demográfica y el cambio climático desde la óptica preventiva".

69 Se confirma que entre los grupos vulnerables reflejados también en el documento de acompañamiento al MEESS 21-27 (pág. 7), no hay ninguna referencia al colectivo LGTBI; jóvenes, mujeres, discapacitados o con enfermedades, migrantes, de temporada, trabajadores de primera línea como, por ejemplo, los sanitarios... y la preocupación por el envejecimiento de la población.

ción por razón de sexo, aunque encierre la potencialidad de su enriquecimiento a través de la interseccionalidad de aquélla con la discriminación LGTBI por su referencia a la Estrategia para la Igualdad de Género 20-25.

Sin embargo, el tratamiento específico de los riesgos, como también la introducción de la dimensión LGTBI en la perspectiva de género es imprescindible, como se evidencia en el campo de la seguridad y salud laborales. Como colectivo especialmente vulnerable, no cabe duda que los riesgos psicosociales les pueden afectar especialmente, como también que se puede dar una interseccionalidad de causas de discriminación prohibidas vinculadas a los estereotipos de género. Pero además, las personas trans como mujeres que lo fueron en origen o que lo son mediando transición, pueden verse afectados y afectadas, al menos en hipótesis de partida, por los mismos o similares riesgos que las mujeres cisgénero.

Así, como evidencia incontestable, los hombres trans pueden sufrir los riesgos por embarazo y lactancia y discriminación, en consecuencia, por razón de sexo (*vid.* art. 8 LOI, en interpretación finalista, y 14 CE). También, por ejemplo, la posibilidad aún por determinar según se aprecie en su incidencia, de la participación en el riesgo de cáncer de mama, en personas trans, tanto en hombres como mujeres y que, en cualquier caso, les supondría su inclusión en los protocolos de prevención[70]. Por consiguiente, con independencia de que sean necesarios los estudios epidemiológicos del colectivo LGTBI, la investigación de los riesgos y las enfermedades profesionales, como la evaluación de riesgos desde la perspectiva de género, no deben desatender esa diversidad, que en materia de

---

70 Al respecto, véase, por ejemplo: AAVV, "Cáncer de mama en pacientes transgénero. Revisión de la literatura", Revista de senología y patología mamaria, vol 32, nº 4, páginas 140-144 (octubre - diciembre 2019).

prevención de riesgos laborales, va más allá del concepto de discriminación binaria.

La posibilidad de sufrir discriminación, acoso, violencia moral, física o sexual es, según hemos visto, muy alta. Las previsiones de la LOI en relación a la erradicación y prevención del acoso sexual y del acoso por razón de sexo (arts. 7, 14.5, 27.3.c), 46.2.i y 48, 51.e), 62... LOI), son de aplicación a todas las personas, también, a las personas LGTBI. El actual art. 48 LOI, en su versión dada por la LO 10/2022, de 6 de septiembre, de garantía integral de la libertad sexual, mantiene la obligación de la empresa de "promover" las condiciones de trabajo que eviten la comisión de tales delitos y acciones; recomienda implícitamente la negociación de códigos de buenas prácticas, realización de campañas o acciones de formación; y atribuye a los representantes de los trabajadores el papel de colaboradores en la sensibilización y traslación de la información a la empresa de las conductas que pudieran propiciarlo. Pero el precepto ha perdido fuerza en la medida en que ha desaparecido la obligación de "*arbitrar procedimientos específicos para su prevención y para dar cauce a las denuncias o reclamaciones que puedan formular quienes hayan sido objeto del mismo*".

En definitiva, los protocolos recogidos en dicho art. 48 LOI originario, han pasado a regularse en el art. 12.1 párrf. 2º LOGILS. Conforme al art. 12.1 LOGILS, las empresas, sin exigencia de mínimos de plantilla, "*deberán arbitrar procedimientos específicos para su prevención y para dar cauce a las denuncias o reclamaciones que puedan formular quienes hayan sido víctimas de tales conductas* (contra la libertad sexual o la integridad moral), *incluyendo específicamente las sufridas en el ámbito digital*"[71]. Ahora

[71] ROGRÍGUEZ GONZÁLEZ, S, "La garantía integral de la libertad sexual en las relaciones laborales", *RMTES*, nº 155, 2023, pág. 155. En este sentido, MOLINA NAVARRETE ya anunció que la ratificación del Convenio 190 OIT y, en cualquier caso su concepción como medida

bien, la LO 10/2022, de 6 de septiembre, de garantía integral de la libertad sexual, que insiste a lo largo de su articulado en la relación entre las violencias sexuales y los estereotipos de género, como en la necesidad de atención de la discriminación interseccional (*vid*, por ejemplo, el Preámbulo y el art. 2), excluye de su ámbito subjetivo a los hombres mayores de edad que no tengan la capacidad jurídica modificada (art. 3.2 y 4 LOGILS)[72]. Con ello, si no se enmienda a través de interpretación (inspirada en el propio art. 12 que remite al art. 48 LOI,

---

eminentemente preventiva de riesgos laborales, exigiría la modificación de nuestro Ordenamiento Jurídico, para extender la obligación de los protocolos de acoso y violencia a todas las demás causas discriminatorias distintas del sexo, y con independencia de la dimensión de la plantilla. También propuso, como opción más eficaz y eficiente, integrar todos los protocolos de acoso y violencia dentro de los procedimientos que cumplen la obligación respeto de los protocolos frente a la violencia y el acoso por razón de género (MOLINA NAVARRETE, C, "Impacto en España del Convenio 190 OIT para la tutela efectiva frente a la violencia en el trabajo: obligados cambios legales y culturales", en AAVV -dir. CORREA CARRASCO, M/QUINTERO LIMA, G-, *Violencia y acoso en el trabajo. Significado y alance del Convenio nº 190 OIT en el marco del trabajo decente (ODS 3,5,8 de la Agenda 2030)"*, Dykinson, Madrid, 2021, págs. 110 a 113).

También en similar sentido, y a tenor del art. 10 del Convenio OIT 190, que prevén los protocolos internos como una de las posibles medidas a adoptar, defiende la conveniencia de un único cauce de denuncias y quejas, así como su externalización en caso de que se trate de pequeñas empresas: VELÁZQUEZ FERNÁNDEZ, M, "Consecuencias de la aplicación del Convenio 190 OIT sobre acoso y violencia en el trabajo en el Ordenamiento español", en AAVV dir. CORREA CARRASCO, M/ QUINTERO LIMA, G-, *Violencia y acoso en el trabajo. Significado y alance del Convenio nº 190 OIT en el marco del trabajo decente (ODS 3,5,8 de la Agenda 2030)"*, Dykinson, Madrid, 2021, págs. 302 a 304.

72 Salvo, según puntualiza el dictamen del Consejo de Estado, en cuanto afecta en la Ley a previsiones hechas en materia de tutela penal, puesto que salvo delitos específicos, las víctimas pueden ser tanto mujeres, como niños, como hombres (pág. 16).

o, entre otros, en el art. 14 CE y la finalidad de la norma[73]), la tutela prevista en dicha norma no sería de aplicación a los gays, a los hombres trans, ni a los varones agredidos por expresión de género o a los varones intersexuales. El Consejo de Estado, pese a señalar la existencia de otras víctimas de la violencia sexual muy vulnerables a las que también se les tenía que dar protección (ya vimos que la Directiva 2012/2/UE ampara a todas las víctimas), como puedan ser las personas en internamiento, ha aceptado la exclusión de la violencia sexual contra los hombres adultos. Lo ha admitido en atención al objeto de la concreta norma, que persigue atender a las características propias de las violencias sexuales dirigidas contra las mujeres como colectivo más afectado por ellas, partiendo de la metodología propia de la perspectiva de género[74]. Pues bien, precisamente en atención a lo que parece una elevada incidencia de las agresiones sexuales y morales en el colectivo LGTBI, y a

---

73 Tampoco tiene sentido alguno, y menos aún desde una perspectiva de prevención de riesgos laborales, aceptar la limitación del ámbito subjetivo del art. 3 respecto del art. 12 LOGILS y las medidas en él previstas. Concretamente, el art. 12.1 LOGILS exige que las empresas promuevan las condiciones de trabajo -y de sensibilización y formación ex ap. 2- que eviten la comisión de delitos y otras conductas contra la libertad sexual y la integridad moral en el trabajo y, especialmente, el acoso sexual y el acoso por razón de sexo en los términos previstos en el art. 48 LOI. El precepto, por consiguiente, amplía las conductas a prevenir que se recogían en el art. 48 LOI, lo que ha provocado su reforma al efecto (DF 10.3 de la LO 10/2022), incluyendo todas las formas contrarias a la libertad sexual y a la integridad moral, incluidas las realizadas en el ámbito digital, aun cuando se resalte especialmente, el acoso sexual y el acoso por razón de sexo. Una vez que se incluye el acoso moral, en buena lógica, debería darse el mismo tratamiento a todas las causas y víctimas de discriminación y, con más motivo, a las que comparten su esencia con la discriminación por sexo binaria.

74 Dictamen al Anteproyecto de Ley Orgánica para la garantía integral de la libertad sexual, 393/2021.

los estereotipos de género que sustentan las mismas, desde esa perspectiva de género, si bien enriquecida por la diversidad, tendrían que considerarse integrados todos ellos. Por otra parte, en el caso del hombre trans se estaría, claramente, inaplicando el principio de interseccionalidad, en la medida en que pudiera concurrir en esa violencia por odio, una discriminación por error; en definitiva, el deseo o conciencia de agredir a una mujer, aun cuando este sea varón trans.

El referido precepto 12 LOGILS, también en su apartado 2 exige la valoración del riesgo de sufrir violencia sexual *"de los diferentes puestos de trabajo ocupados por trabajadoras"*, debiendo formar e informar a estas. En mi opinión, es obvio que esto ya tendría que realizarse tanto en la evaluación inicial como en la sucesiva del puesto de trabajo; con independencia, por tanto, de quién lo ocupe, aunque se refuerce esa obligación de evaluación sucesiva cuando el puesto se ocupe efectivamente por una mujer[75]. Pero, en cualquier caso, sería imprescindible adoptar como insiste la Ley, y tanto más cuanto la discriminación LGTBI incrementa la posibilidad de sufrir violencia sexual, una evaluación interseccional que asuma la discriminación por estereotipos de género en todas sus dimensiones.

Finalmente, el contraste de este art. 12 LOGILS con el art. 15 de la Ley 4/2023 -y claramente, con el Convenio OIT 190 (vid arts. 9 y 10)-, suscita más que dudas de interpretación, no ya sólo porque el primero parece excluir al varón LGTBI, sino porque el segundo parece limitar la exigencia de adopción del protocolo de actuación para la atención del acoso y la violencia contra las personas LGTBI, a las empresas de más de 50 personas trabajadoras[76]. Ninguna de las dos objeciones tiene

---

75 En similar sentido: ROGRÍGUEZ GONZÁLEZ, S, cit., págs. 158 y 159.

76 Ambas cuestiones parecen confirmarse en el RD 1026/2024, de 8 de octubre, por el que se desarrolla el conjunto planificado de me-

sentido desde la perspectiva preventiva[77], y no encuentro justificación para la diferencia de trato ya que, según indican los datos, el riesgo no sólo es similar sino superior y, como he venido argumentando, responden a la razón común de los estereotipos de sexo o género.

---

didas para la igualdad y no discriminación de las personas LGTBI en las empresas: la obligación va referida a las empresas de más de 50 personas trabajadoras (arts. 1, 2.1 y 2); y se admite (art. 8.4) la posibilidad de integración en un "protocolo general frente al acoso y violencia cuando este exista y prevea medidas para las personas LGTBI o bien lo amplíe específicamente para incluirlas. Este protocolo general no parece coincidir con los previstos en el art. 12 LOIGLS.

77 Con carácter general, reclama la atención de la evaluación y prevención de los riesgos psicosociales, como también la exigencia de tales protocolos de carácter preventivo y reparativo, en adecuación al Convenio 190 OIT: SÁEZ LARA, C, "Violencia sexual, mujer y trabajo", *Revista Galega de Dereito Social*, nº 16, 2022, págs. 31 a 34.

Capítulo IX

Identidad de las personas trans y derechos registrales

MARÍA LUISA MOLERO MARAÑÓN

Catedrática Derecho del Trabajo y Seguridad Social, Universidad Rey Juan Carlos

ORCID: 0000-0001-6590-7293

1. CONSIDERACIONES INICIALES

La aprobación de la Ley 4/2023, de 28 de febrero, para la igualdad real y efectiva de las personas trans y para la garantía de los derechos de las personas LGTBI supone un hito normativo en el avance para una igualdad real y efectiva de las personas trans. Ahora bien, el presupuesto de partida es el cambio que ha de operar para que un ciudadano/a se identifique jurídicamente como una persona trans a partir de cuyo momento comenzará a aplicarse todo el aparato normativo establecido. Pues bien, dicho proceso de configuración de la identidad personal ha sufrido una trascendental conversión de la mano de la nueva Ley, en base a un principio nuclear que se asienta en el proceso de despatologización del cambio de identidad de las personas trans.

Este capítulo se va a limitar a tratar de analizar la reforma normativa producida en este terreno, teniendo en cuenta los dos aspectos que tradicionalmente han conformado la identidad personal, relativos al sexo y al nombre que se atribuyen a las personas desde su nacimiento, cuya identificación ha evolucionado de forma sustancial con la aprobación de dicha norma. Como indica la sentencia 99/2019, de 18 de julio del Tribunal Constitucional: "La propia identidad, dentro de la cual se inscriben aspectos como el nombre y el sexo, es una cualidad principal de la persona humana. Cualquiera que se vea obligado a vivir a la luz del Derecho conforme a una identidad distinta de la que le es propia sobrelleva un lastre que le condiciona de un modo muy notable en cuanto a la capacidad para conformar su personalidad característica y respecto a la posibilidad efectiva de entablar relaciones con otras personas". En cualquier caso, como se verá, el resultado final es un régimen jurídico absolutamente novedoso nutrido de interrogantes no fáciles de esclarecer, pretendiendo sólo en este estudio exponer los principales planteamientos controvertidos, sin pretensión de resolverlos al estar ante un debate enormemente complejo con innumerables perspectivas (psicológicas, psiquiátricas, sociales o antropológicas) que inciden en el núcleo o corazón de la identidad de las personas.

2. ANTECEDENTES DE LA LEY 4/2023, DE 28 DE FEBRERO: LA LEY 3/2007, DE 15 DE MARZO

La comprensión del alcance que supone la aprobación de la Ley 4/2023 sobre el cambio registral de sexo implica necesariamente conocer el estado de la cuestión con anterioridad a la misma. A este respecto, nos hemos de remontar a la Ley

3/2007, de 15 de marzo, reguladora de la rectificación registral de la mención relativa al sexo de las personas, que tiene por objeto regular los requisitos necesarios para acceder al cambio de la inscripción relativa al sexo de una persona en el Registro Civil, cuando dicha inscripción no se corresponde con su verdadera identidad de género. Asimismo, contempla también el cambio del nombre propio para que no resulte discordante con el sexo reclamado. Dicho texto legal efectúa una modificación en profundidad de la situación previa, y en su exposición de motivos se refiere a la transexualidad como un "cambio de la identidad de género" que tiene como finalidad garantizar "el libre desarrollo de la personalidad y la dignidad de las personas", cuya identidad de género no se corresponde con el sexo con el que inicialmente fueron inscritas. Sin embargo, su articulado continúa acogiendo una concepción "patologizadora" por las exigencias que requiere[1]. No obstante, no se puede obviar que su aprobación supone un sustancial avance, puesto que con la legislación anterior el proceso de rectificación registral obligaba a que la persona se tuviera que someter a una intervención de reasignación sexual completa con los graves riesgos para su salud, puesto que el cambio de nombre no podía conducir a error respecto al sexo de las personas, conllevando ineludiblemente la rectificación registral un cambio de sexo.

El cambio legal de 2007 partió del presupuesto de que la mayoría de los transexuales no acudían a una reasignación quirúrgica "completa", sino a tratamientos médicos menos invasivos, sin supresión de órganos sexuales, y, por tanto, no podían realizar el cambio de nombre, careciendo del derecho al reconocimiento legal de su auténtica identidad de género[2].

---

1 SALAZAR BENITEZ, O., "La identidad de género como derecho emergente", *Revista de Estudios Políticos* (2015), nº 169, p. 86.

2 HIDALGO GARCIA, S., *Transexualidad: sexo, género e identidad jurídica. LGTBI+ y la "Ley trans de 2023"*, Navarra (Aranzadi), 2023, pp. 71-72.

Con la nueva disposición se había de tramitar un expediente ante el encargado del Registro Civil, en el que se acreditase mediante un diagnóstico una disforia de sexo, por un informe médico o de un psicólogo clínico en el que había de constar la estabilidad o persistencia de dicha disonancia y la ausencia de trastornos de personalidad que pudieran influir de forma determinante en dicha disonancia[3]. Además, la norma exigía que el solicitante hubiera estado sometido a un tratamiento médico durante al menos dos años para acomodar sus características físicas a las correspondientes al sexo reclamado, exigiendo que la persona trans fuera mayor de edad.

Con relación a la edad que es una de las exigencias, como se verá, más polémicas, la sentencia del Tribunal Constitucional 99/2019, de 18 de julio, declaró inconstitucional dicho requisito del precepto, y extendió este derecho a las personas menores de edad, sin fijar una edad mínima, pero requiriendo que contarán con "suficiente madurez", encontrándose en una "situación estable de transexualidad". De esta forma, se iniciaba así la tendencia del ordenamiento a un incipiente reconocimiento de la autonomía en el poder de decisión de los menores que se iría ampliando progresivamente con el tiempo[4].

En relación al control clínico del proceso, es preciso destacar que el control del facultativo en el proceso venía motivado

---

[3] En el diagnóstico del informe se establecía un contenido mínimo que debía referirse (art. 4.1 a): "- A la existencia de disonancia entre el sexo morfológico o género fisiológico inicialmente inscrito y la identidad de género sentida por la persona solicitante o sexo psico social, así como la estabilidad y persistencia de esta disonancia. – A la ausencia de trastornos de la personalidad que pudieran influir, de forma determinante, en la existencia de la disonancia reseñada".

[4] Vid. Ley Orgánica 8/2015, de 22 de julio, de modificación del sistema de protección a la infancia y la adolescencia, o la Ley 26/2015, de 28 de julio, de modificación del sistema de protección a la infancia y adolescencia.

porque la transexualidad durante un período muy prolongado de tiempo era considerada una enfermedad entre "los trastornos de la personalidad de la conducta y del comportamiento del adulto", según la Clasificación Internacional de Enfermedades de la OMS[5]. En tal sentido, la disforia o incongruencia de género consiste en una marcada y persistente incongruencia entre el género experimentado y el asignado al nacer que además le reclama a desear una transición hacia el sexo sentido, recurriendo a tratamientos hormonales y/o quirúrgicos.

Por tanto, dicha Ley hacía referencia al fenómeno trans como una realidad que se refería exclusivamente a las personas que no solamente asumen un rol diferente del sexo con el que constan en el registro, sino que han adoptado tratamientos e intervenciones quirúrgicas dirigidas al cambio de sexo. No obstante, el avance era que ya no era necesario una cirugía de reasignación sexual completa (art. 4.2), como había sucedido con anterioridad, haciéndose eco la Ley de la realidad social de las personas trans que no recurrían en su mayoría a este tipo de tratamientos muy complejos, y gravemente arriesgados para su salud. Como se ha estudiado, la mayor parte de los casos de las personas trans se someten a tratamientos hormonales cruzados, a operaciones estéticas, pero sin supresión de órganos sexuales; de ahí la trascendencia de la modificación de la Ley 3/2007[6].

Con posterioridad cabe destacar como fue determinante que en la undécima revisión de la Clasificación Internacional de Enfermedades de la OMS (CIE-11) en 2018 que entró en vigor en enero de 2022, se eliminó la transexualidad del capí-

---

5 CIE-10 del año 1990, dentro del epígrafe F64 se comprendía trastornos de la identidad sexual, transexualismo, travestismo de doble rol, y trastorno de la identidad sexual psicológico.

6 HIDALGO GARCIA, S., *Transexualidad: sexo, género e identidad jurídica. LGTBI+ y la "Ley trans de 2023", cit.*, pp. 71-72.

tulo sobre trastornos mentales y del comportamiento, trasladándola al de "condiciones relativas a la salud sexual", denominándola "incongruencia de género" y caracterizándola como "una marcada y persistente incongruencia entre el género experimentado por un individuo y el género que se le asigna"[7]. Ahora bien, el dato fundamental es que la transexualidad deja de ser considerada una enfermedad o trastorno psicológico; no obstante, continúa llamando la atención que, pese a no recibir dicha calificación, la "condición" parece que debe ser diagnosticada. Sin embargo, a los efectos que ahora interesa, dicha eliminación resulta fundamental para el cambio jurídico operado, iniciándose el camino hacia la despatologización que ya se había promocionado desde instancias internacionales.

A este respecto, se ha de llamar la atención sobre la trascendencia de la Declaración de los Principios de Yogyakarta de 2007, que ya había preconizado como principio 3º, el derecho al reconocimiento de la personalidad jurídica, disponiendo que "La orientación sexual o identidad de género que cada persona defina para sí, es esencial para su personalidad y constituye uno de los aspectos fundamentales de su autodeterminación, su dignidad y su libertad. Ninguna persona será obligada a someterse a procedimientos médicos, incluyendo la cirugía de reasignación de sexo, la esterilización o la terapia hormonal, como requisito para el reconocimiento legal de su identidad de género". Consecuentemente, nuestra legislación estaba chocando con dichas disposiciones y pronunciamientos internacionales que en efecto no eran vinculantes, pero se

---

7 Es importante indicar que, desde el punto de vista científico, no existe acuerdo alguno sobre la etiología de esta condición, pudiendo hablarse de una "etiología multifactorial, genética, endocrinológica-cerebral, hormonal y gestacional de la transexualidad": SARO CERVANTES, I., *Transexualidad: una perspectiva disciplinaria*, Madrid (Alfil), 2009, p. 46.

constituyeron en un referente para los Estados que legislaban sobre dicha materia[8].

En efecto, nuestra legislación continuaba requiriendo el diagnóstico médico y un tratamiento hormonal durante al menos dos años, al entenderse que dicha identificación sexual o de género no podía quedar a la libre autodeterminación de la persona[9]. Se consideraba que el libre desarrollo de la personalidad no significa "un libre arbitrio sin más", al requerirse un diagnóstico médico que con posterioridad recibe un reconocimiento jurídico[10]. En cualquier caso, la resolución que acuerda la rectificación de la mención registral tiene *efectos constitutivos* a partir de su inscripción en el Registro Civil, pudiendo a partir de ese momento ejercer todos los derechos inherentes a su nueva condición, no teniendo efectos *ex tunc*. Una vez se produce el cambio de sexo, la Ley de 2007 disponía que había

---

8 Principios sobre la Aplicación de la Legislación Internacional de Derechos Humanos en relación con la Orientación Sexual y la Identidad de Género, marzo de 2007. En la misma línea el Informe del Alto Comisionado de la ONU para los Derechos Humanos «Discriminación y violencia contra las personas por motivos de orientación sexual e identidad de género» de 2015. También, la Resolución del Parlamento europeo de 28 de septiembre de 2011 sobre derechos humanos, orientación sexual e identidad de género en las Naciones Unidas, ya había requerido a los diferentes Estados, "la desiquiatrización de la vivencia transexual y transgénero, la libre elección del equipo encargado del tratamiento, la simplificación del cambio de identidad y la cobertura por parte de la Seguridad Social". O también, la Recomendación CM/Rec (2010) del Comité de Ministros del Consejo de Europa, sobre las medidas para combatir la discriminación por motivos de orientación sexual o identidad de género.

9 Vid. sobre la diferenciación entre la identidad sexual y de género, la importante STC 67/2022, de 2 de junio.

10 ESPIN ALBA, *Transexualidad y tutela civil de la persona*, Madrid (Reus), 2008, p. 112.

de modificarse el nombre para adecuarlo a la nueva mención relativa a aquél.

A este respecto, La Ley 20/2011, de 21 de julio, del Registro Civil establecía que "no podrán imponerse nombres que sean contrarios a la dignidad de la persona, ni los que hagan confusa la identificación" (art. 51); por tanto, se exigía una correlación entre el sexo de la persona y el nombre que le identificará. Dicha racionalidad se altera profundamente a raíz de la Instrucción de 23 de octubre de 2018 de la Dirección General del Registro y el Notariado. Y así dicha disposición establece que la persona mayor de edad o menor emancipada puede pedir un cambio de nombre para la asignación de uno correspondiente al sexo diferente al inscrito. Por tanto, basta su declaración ante la persona encargada del Registro Civil de sentirse del sexo correspondiente al nombre solicitado, no siendo posible obtener el cambio de su sexo registral, al no cumplir los requisitos previstos en la norma. En el caso de los menores de esta edad, la solicitud la realizarán sus padres y madres o tutores/as que deben declarar o hacer constar en documento público que el menor siente como propio el sexo que se ajusta al nombre pedido. Cuando la persona menor tenga más de 12 años, firmará la petición, en otro caso, se la oirá, mediante una comunicación comprensible para la misma y adaptada a su edad y grado de madurez.

3. LA LEY 4/2023, DE 28 DE FEBRERO: EL NACIMIENTO DE UN NUEVO PARADIGMA

3.1. El derecho a la propia identidad: La defensa del principio de autodeterminación personal

Como se ha indicado, la aprobación del nuevo texto legal no se puede aislar de todos sus antecedentes y de modo particular, se ha de aludir a los pronunciamientos del Tribunal Europeo de Derechos Humanos que progresivamente avanzan en el reconocimiento de un derecho a la identidad sexual basada en la autodeterminación[11], así como del Tribunal Constitucional nacional, principalmente en su sentencia 99/2019, de 18 de julio[12], junto a la despatologización de las personas trans por la OMS que han provocado la necesaria aprobación del nuevo texto legal, en parte también anticipado por algunas normas autonómicas[13]. En cualquier caso, antes de hacer una breve

---

11 Vid. STEDH asunto A. P., Garçon y Nicot contra Francia (demandas nº 79885/12, 52471/13 y 52596/13) 6 abril de 2017; STEDH caso Y.T. contra Bulgaria 9 de julio de 2020 y STEDH X@ Y contra Rumania 19 enero de 2021. El Tribunal Europeo ha desarrollado su doctrina en torno a la protección que ofrece el art. 8 CEDH respecto al derecho a la vida privada, que puede englobar en algunas ocasiones aspectos de la identidad física y moral de la persona, como su orientación sexual.

12 El Tribunal Constitucional declara, lo siguiente: "la falta de equivalencia entre el sexo atribuido al nacer, que es el que accede originariamente al registro civil, y el que un individuo percibe como suyo es una de esas circunstancias particularmente relevantes que la persona tiene derecho a proteger del conocimiento ajeno. Ello se debe a que esa reserva constituye un medio eficaz de que aparezca como único y verdadero sexo el segundo de ellos –el percibido por el sujeto– y, en consecuencia, no transcienda al conocimiento público su condición de transexual".

13 En este sentido, también cabe destacar como la mayoría de las Comunidades Autónomas tenían normas específicas para el colectivo LGTBI, salvo Castilla-León, Asturias y las ciudades autónomas de Ceuta y Melilla. Entre otras, cabe destacar la Ley 9/2019, de 27 de junio, de modificación de la Ley 14/2012, de no discriminación por motivos de identidad de género y de reconocimiento de los derechos de las personas transexuales de País Vasco, en la que expresamente se establece que "la consideración de persona transexual se regirá por el derecho a la libre autodeterminación de la identidad sexual (…). Las personas transexuales podrán acogerse a lo establecido por la presente ley sin necesidad de un diagnóstico o infor-

referencia a dichos pronunciamientos, es importante destacar la conexión del derecho al cambio registral con el principio de libre desarrollo de la personalidad (art. 10.1 CE), constituyendo asimismo una proyección del derecho fundamental a la intimidad personal (art. 18.1 CE).

De esta forma, la nueva Ley de 2023 legitima a las personas a decidir sobre su propia identidad construida sobre la elección del sexo y del nombre, indicando que "establecer la propia identidad no es un acto más de la persona, sino una *decisión vital*, en el sentido que coloca al sujeto en posición de poder desenvolver su propia personalidad" (Preámbulo Ley 4/2023). Consecuentemente, a la luz de la redacción legal se acoge plenamente el principio de autodeterminación personal para decidir la propia identidad[14]. O lo que es lo mismo, la decisión del cambio de identidad se concibe como un derecho que depende sólo de la libre voluntad del individuo, tal y como se verá en el procedimiento instaurado para la rectificación registral (art. 44)[15]. Y así, como declaró el Tribunal Constitucional, en la

---

ma psiquiátrico, psicológico, ni tratamiento médico" (art. 3). O la Ley 2/2016, de 29 de marzo, de identidad y expresión de género e igualdad social y no discriminación de la Comunidad de Madrid en su artículo 4.1, en la que se declaraba: "La orientación, sexualidad e identidad de género que cada persona defina para sí es esencial para su personalidad y constituye uno de los aspectos fundamentales de su dignidad y libertad". "En el ámbito de aplicación de esta Ley, en ningún caso, será requisito acreditar la identidad de género manifestada mediante informe psicológico o médico".

14 Vid. NAVARRO MARCHANTE, V.J., "La autodeterminación de género en la legislación trans en España", *Teoría y Realidad Constitucional*, núm. 51, 2023, pp. 417 y ss.

15 No obstante, se ha de llamar la atención sobre que la "Ley Trans española se alinea en una postura ideológica compartida sólo por una minoría de países en el mundo", fundamentalmente europeos: Vid. al respecto, BARBER CÁRCAMO, R.: "Ley 4/2023, de 28 de febrero, para la igualdad real y efectiva de las personas trans y para la

STC 99/2019, de 18 de julio, "con ello se está permitiendo a la persona adoptar decisiones con eficacia jurídica sobre su identidad". Este derecho está basado exclusivamente en la voluntad de la persona y en la libre elección del género manifestada por su titular. En este sentido, es importante transcribir la definición de identidad sexual que otorga la Ley 4/2023, que indica que es la "vivencia interna e individual del sexo tal y como cada persona la siente y autodefine, pudiendo o no corresponder con el sexo asignado al nacer" (art. 3 i)).

Desde esta perspectiva, es preciso destacar como el ejercicio del derecho a la rectificación registral de la mención relativa al sexo se despatologiza por completo, puesto que se indica textualmente que dicho derecho no se supedita, ni a la previa exhibición de informe médico o psicológico relativo a la disconformidad con el sexo mencionado en la inscripción de nacimiento, ni a la previa modificación de la apariencia o función corporal de la persona a través de procedimientos médicos, quirúrgicos o de otra índole (art. 44.3). Se eliminan así las exigencias impuestas por la Ley de 2007, que podían obligar a las personas trans a someterse a algún tratamiento o terapia con el fin de obtener el cambio registral, desapareciendo cualquier control médico para la concesión de la rectificación registral, puesto que ya no se exige ningún diagnóstico de facultativo

---

garantía de los derechos de las personas LGTBI: ¿El consentimiento debe estar siempre en el centro? (1)», coord. Sonia Calaza López, *Actualidad Civil*, núm. 7º, julio 2023, La Ley 7668/2023. Dicho autor señala lo siguiente: "El Mapa de Derechos Trans elaborado en 2023 por la organización *Transgender Europe* (TGEU), que documenta la situación legal de 49 países en Europa y 5 en Asia Central, constata que solo 11 de esos 56 países basan los procedimientos de reconocimiento legal de género en la autodeterminación de la persona" (puede consultarse en https://transrightsmap.tgeu.org/index), y NAVARRO MARCHANTE, V.J. "La autodeterminación de género...", *cit.*, pp. 422-423.

alguno, al no tratarse de ninguna enfermedad, ni trastorno alguno.

Y así, la legislación española se adecua con las orientaciones de la Estrategia de la Comisión Europea para la igualdad de las personas LGTBIQ 2020-2025[16], en la que se reconoce la diversidad de requisitos para el cambio jurídico del género entre los diversos Estados, pero declara "La Comisión fomentará el intercambio de las mejores prácticas entre los Estados miembros acerca del modo de introducir legislación y procedimientos accesibles para el reconocimiento jurídico del género con arreglo al principio de autodeterminación y sin límites de edad". De esta forma, la Ley de 2023 da respuesta a una de las más significativas reivindicaciones del colectivo trans, consolidándose así el derecho a la decisión sobre su sexo como parte del derecho al libre desarrollo de la personalidad, desterrando la perspectiva patológica que lleva impregnada una dimensión estigmatizante[17]. Como se ha dicho con razón: "El principio de priorización legal de la voluntad de la persona transexual para llevar a cabo la rectificación registral de la mención relativa al sexo, desvinculándola de cualquier diagnóstico médico, ha hecho que la autonomía personal se haya convertido en el pilar básico en el que se sustenta la reforma, siguiendo la tendencia seguida en otros ámbitos, como el relativo al ejercicio de la ca-

---

16 Comunicación de la Comisión al Parlamento Europeo, al Consejo, al Comité Económico y Social Europeo y al Comité de las Regiones titulada «Unión de la Igualdad: estrategia para la igualdad de las personas LGBTIQ 2020-2025» Bruselas 12 noviembre 2020.

17 Cfr. ARRUE MENDIZABAL, M., "El derecho a la identidad sexual/ género y a la libertad de expresión de género. Los avances en la protección sociolaboral de las personas trans", *Revista de Trabajo y Seguridad Social,* CEF, Marzo-Abril 2023, nº 473, p. 128.

pacidad jurídica de las personas con discapacidad o en la libre elección del nombre”[18].

Se abre enormemente el campo de actuación de la decisión sobre la identidad de la persona, puesto que tampoco se requiere una “situación estable de transexualidad”, sino que, como se verá, se admite el cambio en la identificación del sexo sentido a lo largo de toda la vida. Asimismo, la norma no exige que el sexo y el nombre que se elija por el interesado obedezca a una situación previa acreditada. El interesado no tiene porqué probar que con anterioridad a su solicitud llevaba una vida real adaptada al nuevo sexo, ni tampoco que el nombre elegido lo utilizará previamente. Simplemente, se trata de cambiar registralmente el sexo asignado por su biología, y que se le otorgue la posibilidad de cambiar por un nombre que se adapte a la nueva identidad. Es más, la correspondencia entre el cambio de sexo y el nombre carece de relevancia, pudiendo el solicitante mantener su nombre de origen, o elegir un nuevo nombre utilizado con anterioridad, o decidido en el mismo momento en que se lleva a cabo el proceso de rectificación registral. Por tanto, no es necesario que la transexualidad exista de forma previa a la solicitud registral. Ni tan si quiera, como se verá, que dicha situación tenga una expectativa de estabilidad o permanencia, teniendo un carácter revocable, ya que puede cambiar en el transcurso de su proceso vital.

Por tanto, a la luz de los nuevos postulados, se produce el nacimiento de un nuevo paradigma en la conformación del derecho a la identidad personal. En todo caso, los principios nucleares sobre los que se sostiene la Ley estatal deben obligar a cambiar de orientación a algunas Leyes autonómicas, con

---

18 HERAS HERNANDEZ, Mª. M., “El principio de autodeterminación de género. Apuntes prácticos sobre el procedimiento de rectificación de la mención registral relativa al sexo”, *Actualidad Jurídica Iberoaméricana* (2024), Nº Extra 20, p. 535.

el fin de corregir las disfuncionalidades esenciales que no podrán ser admitidas, en caso de que no respeten el principio de autodeterminación personal que se erige en la piedra angular del nuevo sistema.

Así entre otras, ello ha sucedido en la Comunidad de Madrid, para la que se ha aprobado la Ley 17/2023, de 27 de diciembre, en cuyo preámbulo se justifica la modificación de la Ley 2/2016, de 29 de marzo, de identidad y expresión de género e igualdad social y no discriminación, entre otros motivos, en que la entrada en vigor de la Ley 4/2023 hace necesario derogar aquellos preceptos que conllevan el establecimiento de un sistema paralelo de autodeterminación de género en el ámbito autonómico. De este modo, resulta inviable el mantenimiento de un doble sistema estatal y autonómico respecto una misma materia, que bien podría generar disfunciones entre la documentación que expide el Registro civil, el documento nacional de identidad, y los diversos registros y documentos autonómicos. Además, dicha norma cambia la denominación de la Unidad de Trastornos de la Identidad de Género (UIG), que se llamará a partir de esta reforma Unidad de Intersexualidad y Transexualidad (UIT). De otro lado, la Ley 3/2016, de 22 de julio, de Protección Integral Contra la LGTBIfobia y la discriminación por razón de orientación e identidad sexual en la Comunidad de Madrid, también ha resultado modificada por la Ley 18/2023, de 27 de diciembre.

Ambas normas eliminan cualquier referencia al concepto de "identidad de género", para hablar de "transexualidad" o "condición transexual", y la posibilidad de recibir un trato por parte de las administraciones acorde con la identidad manifestada; como se verá, se legitima el asesoramiento psicológico o, en su caso, la evaluación psiquiátrica del personal sanitario, sin que pueda considerarse discriminatoria ni contraria a la libertad de la persona evaluada, considerando que se ha de informar a la persona trans "con base científica y garantías médicas, para que pueda ejercer dicha libertad, con pleno conocimiento de causa, siempre buscando el bienestar de la persona transexual" (art. 13.3 Ley 17/2023). Frente a dichas normas que pretenden inspirar un régimen jurídico muy apoyado en la atención sanitaria de las personas trans, el Defensor de Pueblo y el Gobierno central han planteado recursos de inconstitucionalidad, por vulneración de derechos fundamentales y del reparto competencial. El Pleno del Tribunal Constitucional ha admitido a trámite ambos recursos, provocando el del gobierno central la suspensión cautelar el 18 de julio de 2024 de hasta cinco apartados, entre ellos, los que regulan la atención sanitaria a personas transexuales y a menores de edad, aunque también los que regulan los protocolos de atención educativa, el apoyo en situaciones de vulnerabilidad y, finalmente, el que afecta a la capacidad de las asociaciones para personarse en procedimientos judiciales o administrativos.

2.2. El derecho a la rectificación registral: Procedimiento para su reconocimiento

La Ley 4/2013, establece en su capítulo I del Título II el procedimiento para la rectificación registral de la mención relativa al sexo de las personas y adecuación documental, cuyas previsiones han de ser completadas con la normativa reguladora del Registro Civil para los procedimientos registrales, habiéndose dictado la Instrucción de 26 de mayo de 2023 de la Dirección General de Seguridad Jurídica y Fe Pública (en adelante, DGSFP), sobre rectificación registral de la mención relativa al sexo regulada en la Ley 4/2023, que completa la disciplina legal[19]. Su ejercicio se establece mediante la tramita-

---

19 Es importante indicar que la Disposición Transitoria segunda de la Ley 4/2023, de 28 de febrero, establece que dicho procedimiento será de aplicación a todos los procedimientos registrales de rectificación de la mención relativa al sexo que se encuentren en tramita-

ción de un procedimiento muy sencillo y ágil, en el que la persona solicitante pide la rectificación registral del sexo asignado al tiempo de su nacimiento, así como en su caso el cambio de nombre, ante la persona encargada de cualquier Oficina del Registro Civil (arts. 43 a 46). Este procedimiento está orientado a constatar el cambio de identidad de género producido en base exclusivamente a la manifestación de voluntad de la persona con la finalidad de dotarle de una cobertura legal suficiente, que logrará al final del proceso tener plenos efectos civiles, ajustándose todos los documentos identificativos del solicitante a la rectificación registral practicada.

Como se ha expuesto en el epígrafe anterior, la despatologización del procedimiento es uno de los objetivos nucleares de la reforma. Consecuentemente, la norma prohíbe "en ningún caso" supeditar el ejercicio de este derecho "a la previa exhibición de informe médico o psicológico relativo a la disconformidad con el sexo mencionado en la inscripción de nacimiento, ni a la previa modificación de la apariencia o función corporal de la persona a través de procedimientos médicos, quirúrgicos o de otra índole" (art. 44.3). Por tanto, no hay control alguno de los especialistas de la salud física o mental sobre las razones o el fundamento que conlleva a la persona a activar el ejercicio del derecho a la rectificación registral, al haberse dejado de valorar el cambio de sexo desde esta perspectiva de la salud; pero es que, es más, tampoco, de ningún modo, se puede requerir la exigencia de procedimiento alguno de intervención sanitaria para adaptarse al sexo requerido.

Recibida la solicitud, que puede entregarse presencialmente o enviarse por correo certificado, la persona encargada del Registro Civil citará a una primera comparecencia personal,

---

ción a la entrada en vigor de la Ley, si la persona interesada solicita del encargado del Registro Civil la reconducción del procedimiento a la nueva normativa.

en la que se recogerá su manifestación de disconformidad con el sexo mencionado en su inscripción de nacimiento, y su solicitud de que se proceda a la correspondiente rectificación. En dicha comparecencia se deberá incluir la elección de un nuevo nombre propio, salvo cuando la persona quiera conservar el que ostente y ello sea conforme a los principios de libre elección del nombre propio previstos en la normativa reguladora del Registro Civil. En dicha actuación, también se podrá solicitar la petición de traslado total del folio registral, cuando a su inscripción de nacimiento le sea aplicable la Ley de 8 de junio de 1957, sobre el Registro Civil.

De lo anterior, se desprende que es posible ejercitar el derecho a la rectificación registral relativo al sexo, y conservar su nombre inicial, produciéndose una falta de correspondencia entre el sexo solicitado, y el nombre que le identifica. No es exigible que haya, como en la ordenación anterior, una correlación entre el nombre y el género de la persona, dejando la decisión una vez más a la persona solicitante. Es posible cambiar el sexo sin correlativamente hacer lo propio con el nombre. Desde esta perspectiva, es importante llamar la atención que la Ley 4/2023 viene a modificar la Ley 20/2011, de 21 de julio, del Registro Civil, excluyéndose sólo los nombres contrarios a la dignidad de la persona, o que hagan confusa la identificación de las personas, con la referencia expresa de que "no se otorgará relevancia a la correspondencia del nombre con el sexo o la identidad sexual de la persona" (art. 51.3°)[20].

De conformidad con la Instrucción de 26 de mayo de 2023 de la DGSFP, sobre rectificación registral de la mención relati-

---

[20] Disposición final undécima Tres de la Ley 4/2023. A este respecto, es importante mencionar que por el contrario la Ley 3/2007 sí lo exigía, indicando, lo siguiente: "La rectificación del sexo conllevará el cambio del nombre propio de la persona, a efectos de que no resulte discordante con su sexo registral" (art. 1.1).

va al sexo regulada en la Ley 4/2023, la comparecencia se efectuará en un espacio reservado que proporcione un entorno de intimidad para la persona solicitante, especialmente, cuando se trate de menores de edad. Las preguntas se plantearán dirigiéndose a la persona declarante con el nombre que ésta haya solicitado y se limitarán a las cuestiones necesarias para verificar su voluntad de modificar la mención registral relativa al sexo. Además, en dicha comparecencia, la persona encargada del Registro Civil informará de las consecuencias jurídicas que conlleva la rectificación pretendida, incluido el régimen de reversión, así como "de las medidas de asistencia e información que estén a disposición de la persona solicitante a lo largo del procedimiento de rectificación registral en los ámbitos sanitario, social, laboral, educativo y administrativo, incluyendo medidas de protección contra la discriminación, promoción del respeto y fomento de la igualdad de oportunidades" (art. 44.5). Se utilizará para ello un lenguaje comprensible y adaptado a las necesidades de la persona interesada. Del mismo modo, se establece que se pondrá en conocimiento de las personas interesadas la existencia de las diversas organizaciones que ayudan, asesoran e informan a las personas trans y a sus familiares, pudiendo consultar las mismas en el mapa de recursos disponible en la web del Ministerio de Igualdad, y, también, se les sugerirá que consulten la legislación existente sobre esta materia en sus respectivas Comunidades Autónomas.

Una vez recibida la información anterior, la persona legitimada suscribirá la comparecencia reiterando su petición. No obstante, la normativa prevé que, en el plazo máximo de tres meses desde la comparecencia inicial, el encargado del Registro Civil le vuelva de nuevo a citar para que comparezca nuevamente y ratifique su solicitud, "aseverando la persistencia de su decisión" (art. 44.8 Ley 4/2023). Y, finalmente, se estipula que, reiterada y ratificada la solicitud, la persona encargada del Registro Civil, previa comprobación de la documentación obrante en el expediente dictará resolución sobre la rectificación registral dentro del plazo máximo de un mes a contar desde la fecha de la segunda convocatoria. Dicha decisión es recurrible ante la Dirección General de Seguridad Jurídica y Fe Pública en el plazo de un mes (artículo 85 de la Ley 20/2011, de 21 de julio, del Registro Civil).

2.3. Resolución del cambio registral y sus efectos

En relación a la resolución dictada sobre la rectificación registral, es importante tener en cuenta la escasez de la información con la que cuenta el encargado del Registro Civil para resolver, siendo prácticamente una actuación reglada, una vez verificada la documentación y confirmada la voluntad del cambio. A este respecto, se ha de llamar la atención sobre el contenido de la Directriz Segunda de la Instrucción de 26 de mayo de 2023 de la DGSP, que limita estrictamente la documentación que se ha de aportar, indicando que, "sólo y exclusivamente", se deberá presentar junto con la solicitud, la siguiente: – Escrito de solicitud, que deberá incluir los datos de identidad de la persona solicitante y, en su caso, la elección del nuevo nombre.– Certificado literal de nacimiento de la persona interesada (salvo que dicho certificado pueda ser obtenido por la propia oficina de Registro). – DNI de la persona interesada y, cuando esta sea menor de dieciséis años, también el de su/s representante/s legal/es. – En el caso de menores de entre 12 y 14 años, testimonio de la resolución judicial que autorice el cambio de la mención registral del sexo. Dado que la solicitud puede presentarse en cualquier oficina del Registro Civil, no será necesario aportar certificado de empadronamiento.

A la vista de la simplificación del procedimiento y de la documentación requerida, resulta realmente llamativo que la Instrucción de 26 de mayo de 2023 indique que "el encargado velará porque no se produzca fraude de ley o abuso de derecho", condicionado eso sí a los estrictos términos de la Ley 4/2023, de 28 de febrero. Desde este enfoque, se ha declarado que el responsable de la oficina del Registro Civil debe velar para que la solicitud de la persona transexual no persiga otra finalidad más allá que la admitida legalmente, o lo que es lo mismo, que la solicitud de rectificación del sexo tiene como único objetivo adecuar registralmente el cambio que la persona transexual ha experimentado en su identidad de género[21]. En efecto, el encargado del Registro ha de vigilar que la persona solicitante adopte una decisión libre y voluntariamente consentida, y previamente informada sobre los efectos que supone el cambio, y las medidas de protección y apoyo que tiene a su alcance. No obstante, a nuestro juicio, y salvo casos muy flagrantes, consideramos que, a la vista de la normativa de la Ley 4/2023, realmente al encargado del Registro Civil no se le atribuyen los medios para poder determinar la causa genuina o el fundamento real que le conduce a solicitar la rectificación registral[22]. De esta forma, el encargado solamente podrá comprobar dicha realidad a través de la percepción que tenga de los rasgos físicos y la apariencia social que ofrezca la presencia del solicitante, así como de las preguntas que ha de realizarle en la doble comparecencia arbitrada, sin el auxilio u apoyo de ninguna otra opinión de un tercero, ni de otro medio de prueba, que pudiera servir para verificar la falta real de correspondencia entre el sexo asignado en su nacimiento y el que siente.

A este respecto, debe tenerse en cuenta, que, a partir de la entrada en vigor el 30 de abril de 2021 de la Ley 20/2011, del

---

21 HERAS HERNÁNDEZ, Mª.M., "El principio de autodeterminación de género. Apuntes prácticos sobre el procedimiento de rectificación de la mención registral relativa al sexo",....

22 Vid. también en esta dirección, se pronuncia HIDALGO GARCIA, S., para quien no tiene sentido las múltiples comparecencias y ratificaciones, puesto que para este autor, "para cambiar de sexo no es preciso ser transexual": *Transexualidad: sexo, género e identidad jurídica, cit.*, pp. 99-100.

Registro Civil por la Ley 6/2021, de 28 de abril, la intervención del Ministerio Fisca en los procedimientos del Registro Civil se limita a los supuestos relacionados en el Decreto de la Fiscalía General del Estado de 6 de julio de 2021, entre los que no se encuentra el procedimiento de rectificación registral de la mención relativa al sexo de las personas por lo que no se le dará traslado para informe en este expediente. En consecuencia, no hay ningún tercero que informe o valore la solicitud de cambio registral solicitada por la persona trans, al margen del encargado del Registro civil.

El procedimiento descansa de manera esencial y exclusiva en el derecho a su libre decisión, sin que el encargado del Registro civil pueda ejercer control sobre la realidad o veracidad del cambio, puesto que ello podría suponer una intromisión al libre desarrollo de la personalidad y a su dignidad personal, así como en última instancia al derecho fundamental a su intimidad personal. Ello ha provocado que se haya llegado a afirmar que la instauración del nuevo sistema de rectificación registral puede llegar a conducir a la consecuencia que afirma HIDALGO GARCIA, de que "para cambiar el sexo en el registro civil no es preciso ser transexual"[23].

Por tanto, resulta realmente difícil que el encargado del Registro deniegue la solicitud del cambio, a salvo los casos en los que el solicitante desvele en las preguntas alguna intención más allá del cambio de sexo, que no se puede dejar de recordar que se enuncia como una "vivencia interna e individual" (art. 3 i) Ley 4/2023), de carácter íntimo. Dicha configuración legal que es la base del cambio deja realmente limitado el ámbito de actuación del posible control, puesto que la pertenencia a un sexo determinado se reserva a la percepción personal de cómo cada uno se siente. Desde este enfoque, las críticas recibidas a

---

[23] *Transexualidad: sexo, género e identidad jurídica,* p. 100.

la Ley 4/2023 sobre el ejercicio abusivo que se puede producir con el derecho a la autodeterminación de género para la obtención de beneficios o ventajas en distintos ámbitos por la articulación de medidas de acción positiva, como el deportivo, penitenciario, incentivos al empleo o a su promoción profesional, acceso a concursos y oposiciones, entre otros, resultan realmente difíciles de verificar. Indudablemente, la prevención frente a supuestos de cambio de sexo fraudulentos se ha convertido en una de las polémicas que socialmente ha provocado el cuestionamiento de la idoneidad de la nueva norma, ante ciertas muestras del ejercicio abusivo del derecho a la autodeterminación de género.

De este modo, es exponente significativo el auto denegatorio de la solicitud de rectificación de género de un sargento del ejército, para ser mujer, fundamentada en su sola intención de conseguir ciertas ventajas en su ascenso profesional[24]. Se argumenta que, habiendo comparecido el solicitante ante la persona encargada del Registro civil, como preceptivamente marca la Ley, no es posible deducir con suficiente certeza que la finalidad perseguida en su solicitud se acomode al objetivo perseguido por la Ley, que no es otro que constatar el cambio producido en la identidad de género de la persona. Antes, al

---

24 Las referencias son al conocido Auto del Juzgado de Primera Instancia de Las Palmas de 18 de septiembre de 2023. También en esa fecha se dictó un auto denegatorio por la juez del Registro Civil de San Bartolomé de Tirajana de Las Palmas de Gran Canaria para beneficiarse de una mejor posición en unas oposiciones. En este último auto se declara que "esta conclusión se extrae "con contundencia" del hecho de que manifieste que "se siente mujer desde siempre y que no se lo haya comentado a familiares y amigos". También cree que es "del todo incongruente y contrario" a máximas de la experiencia "que una persona que se siente mujer lo manifieste a través de la rectificación del sexo en el registro civil antes de compartirlo con familiares y allegados".

contrario, se considera que va dirigida a la obtención de consecuencias jurídicas que, para promover la igualdad a través de la discriminación positiva, esta y otras leyes establecen para las mujeres o para las personas trans, sin que -en el caso concreto- exista una voluntad real de expresión de género como mujer.

El responsable del Registro civil comprueba que no se han producido cambios físicos en el solicitante, de modo que la apariencia física no coincide con el género reclamado. Además, se advierte que el declarante no ha solicitado el cambio de nombre y que, de manera reiterada, se refiere a sí mismo en masculino, sin que se evidencie ningún cambio de género en sus relaciones sociales, vestimenta, comportamiento, voz o estética. Además, desconoce la diferencia entre expresión de género e identidad de género, exponiendo que se siente mujer, pero que no quiere que le traten como tal, hasta que no se rectifique su sexo. Finalmente, se invoca lo dispuesto en el art. 11.2 LOPJ al establecer que los juzgados y tribunales "rechazarán fundamentadamente aquellas peticiones, incidentes y excepciones que se formulen con manifiesto abuso de derecho o entrañen fraude ley o procesal".

Realmente, a la luz de la Ley 4/2023, como se ha expuesto, no es necesario que se hayan producido alteraciones físicas, ni de apariencia en la persona que solicita el cambio registral, ni tampoco que tenga que requerir simultáneamente el cambio de nombre, resultando realmente difícil fundamentar la decisión de denegación por el encargado del Registro Civil, a partir de unos cuestionables indicios, cuando el espíritu de la Ley es dejar la decisión del cambio en la libre voluntad del titular solicitante. Consecuentemente, desde nuestra perspectiva, resultarán realmente excepcionales los supuestos en los que se pueda justificar la denegación del derecho al cambio registral del sexo, por su carácter fraudulento, o lo que es lo mismo, que el encargado pueda comprobar que la solicitud de cambio registral no responde a la falta de correspondencia entre el sexo asignado al nacer y el solicitado, sino a otros fines espurios.

En cualquier caso, la resolución que acuerde la rectificación de la mención registral del sexo tendrá *efectos constitutivos* a partir de su inscripción en el Registro Civil, permitiendo a partir de ese momento ejercer todos los derechos inherentes a su nueva condición. Como se sabe, el carácter constitutivo de la resolución significa que el cambio de sexo no tiene efectos retroactivos, no alterando la titularidad de los derechos y obligaciones que le pudieran corresponder con anterioridad a la resolución de inscripción de cambio registral[25]. De esta forma, la Ley 4/2023 se encarga expresamente de indicar, por la trascendencia que tiene, que dicha rectificación no alterará el régimen jurídico que, con anterioridad a la inscripción del cambio registral, fuera aplicable a la persona a los efectos de la Ley Orgánica 1/2024, de 28 de diciembre, de Medidas de Protección Integral contra la Violencia de Género. Del mismo modo, si la persona pasa del sexo masculino al femenino podrá ser beneficiaria de las medidas de acción positiva adoptadas específicamente en favor de las mujeres, al amparo del artículo 11 de la Ley Orgánica 3/2007, de 22 de marzo, para la Igualdad efectiva de mujeres y hombres, para aquellas situaciones jurídicas generadas a partir de que se haga efectivo el cambio registral, pero no respecto a las situaciones jurídicas anteriores a la rectificación registral. No obstante, la persona que rectifique la mención registral pasando del sexo femenino al masculino conservará los derechos patrimoniales consolidados que se hayan derivado de estas medidas de acción positiva, sin que haya lugar a su reintegro o devolución (art. 46.3).

---

[25] Dicha falta de efectos retroactivos ha sido criticada por quienes entienden, desde un punto de vista ético y ontológico, que las personas trans son desde su nacimiento: MALDONADO, J., "El reconocimiento del derecho a la identidad sexual de los menores transexuales en los ámbitos registral, educativo y sanitario", *RJUAM* (2017), nº 36, pp. 137-138.

Finalmente, hay una cláusula de cierre que resulta un tanto indeterminada, cuando dispone que respecto a las situaciones jurídicas que traigan causa del sexo registral en el momento del nacimiento, la persona conservará, en su caso, los derechos inherentes al mismo en los términos establecidos en la legislación sectorial. A este respecto, entendemos que dicha norma se podrá invocar para reclamar la continuidad en la aplicación sobre las cuotas de género, tanto en el ámbito público, como privado, así como las que se establecen en la Ley de paridad, o a los efectos de Seguridad Social, entre otras, para la aplicación del complemento de pensiones contributivas para reducir la brecha de género (art. 60 LGSS)[26].

Por último, tras dicha rectificación registral, se habrán de adecuar todos los documentos oficiales de identificación, procediendo a la expedición de un nuevo documento nacional de identidad, y en su caso un nuevo pasaporte, conservándose el mismo número del DNI. Además, la persona interesada podrá solicitar la reexpedición de cualquier documento, título, diploma o certificado ajustado a la inscripción registral rectificada, a cualquier autoridad, organismo o institución pública o privada, cualquiera que sea su naturaleza. De esta forma, se da respuesta a una de las reivindicaciones de las personas trans que ha sido aspirar a que su documentación personal coincida con el sexo sentido y no con el asignado al nacer, en tanto esos datos se utilizan e inciden en su vida diaria al relacionarse con terceros y con las administraciones públicas, produciéndoles una constante humillación y sufrimiento.

Las personas extranjeras que acrediten la imposibilidad legal o de hecho de llevar a efecto la rectificación registral relativa al sexo, y en su caso, el nombre en su país de origen, siempre que cumplan los requisitos de legitimación previstos en esta

---

[26] Vid. a estos efectos, la interesante STJUE de 26 de junio de 2018, asunto C-451/16.

ley, excepto el de estar en posesión de la nacionalidad española, podrán interesar la rectificación de la mención del sexo y el cambio de nombre en los documentos que se le expidan, ante la autoridad competente (art. 50.1).

4. UNA APROXIMACIÓN A LA COMPLEJA PROBLEMÁTICA DE LOS MENORES EN LA LEY 4/2023

Se trata de uno de los aspectos más polémicos en el ejercicio del derecho a la rectificación registral, la determinación de la edad para instar la solicitud del cambio. Como se ha expuesto, precisamente, fue uno de los aspectos que fue declarado inconstitucional por la STC 99/2019, de 18 de julio, que resolvió la cuestión de inconstitucionalidad sobre el artículo 1.1 de la Ley 3/2007, de 15 de marzo, presentada por el Tribunal Supremo, que dio lugar a la STS 658/2019, de 17 de diciembre, pronunciamiento que resuelve el caso en el que se debía aplicar el precepto que había provocado la interposición de la cuestión indicada. En dicha sentencia se indica que dicho artículo no incluía entre los legitimados para solicitarlo a las personas menores de edad "con suficiente madurez", y que se encontrasen en una "situación estable de transexualidad", sin prever un tratamiento específico para estos casos, siendo el motivo por el cual el artículo 1.1. de la Ley 3/2007, de 15 de marzo, fue declarado inconstitucional por la vulneración de los arts. 15,18.1 y 43.1 CE.

Consecuentemente, desde este pronunciamiento judicial, se deja de exigir la mayoría de edad para solicitar el cambio registral; no obstante, se echa en falta por su trascendencia una disciplina legal en la que se regulase bajo que hipótesis se podía solicitar por un menor de edad la rectificación de la mención registral de su sexo, puesto que, como indica el Voto Particular formulado por E. Roca, "la minoría de edad no es una situación uniforme y el desarrollo de la personalidad del menor es progresivo". De esta forma, se planteaba la necesidad de regular las garantías y contrapesos en el ejercicio del principio de autonomía de la voluntad de los menores, puesto que se consideraba que su tratamiento no podía ser idéntico al de las personas mayores de edad[27].

Pues bien, con la nueva Ley se elimina la mayoría de edad para solicitar la rectificación (art. 43.1). Se equipará así al mayor de 16 años y menor de 18 años con los mayores de edad a estos efectos. Por tanto, bastará la mera declaración de voluntad del menor para que pueda tramitarse el procedimiento del cambio registral del sexo. De este modo, los que tengan cumplidos los 16 años se equiparán a los mayores de edad, siguiendo el mismo criterio que rige para contraer matrimonio o poder emanciparse (arts. 46.1 y 241 Cc). Desde esta misma óptica, en el ámbito laboral los 16 años se concibe como la edad mínima para trabajar (art. 6 ET), o igualmente es la edad fijada para prestar su consentimiento en el ámbito médico sanitario, decidiendo la opción que considere más adecuada en el ámbito de la salud, según lo dispuesto en el art. 9.4 de la Ley 41/2002, de 14 de noviembre, básica reguladora de la autonomía del paciente y de derechos y obligaciones en materia de información y documentación clínica.

Por el contrario, las personas menores de 16 años y mayores de 14 podrán presentar la solicitud por sí mismas, asistidas eso si durante todo el procedimiento por sus representantes legales. A estos efectos, es importante precisar que no cabe representación legal en el ejercicio del derecho a la autodeterminación de género y, por tanto, no cabe representación

---

[27] En este sentido, BUSTOS MORENO, Y., "La legitimación de los menores de edad a los efectos del reconocimiento legal de su identidad de género. Estado de la cuestión tras la sentencia del Tribunal Constitucional 99/2019, de 18 de julio de 2019", *Revista de Derecho Privado y Constitución* (2020), nº 36, p. 96.

alguna, ni en la elección del género, ni en la decisión de querer rectificar la mención registral relativa al sexo, al tratarse del ejercicio de un derecho de la personalidad respecto al que no cabe intervención sustitutoria alguna[28]. En el supuesto de que existan discrepancias entre los progenitores o los representantes legales del menor entre sí o entre ellos y el menor, se procederá al nombramiento de un defensor judicial conforme a lo dispuesto en los arts. 235 y 236 del Ccv. Desde esta perspectiva, se ha criticado el escaso valor que se otorga a la opinión de los progenitores, que generalmente convivirán con él y serán quien o quienes tienen una relación más estrecha, recurriendo al criterio del defensor judicial que será el definitivo en este aspecto, y obviando su valoración en la oposición a la solicitud del cambio registral[29].

Finalmente, los mayores de doce años y menores de catorce necesitan en todo caso la previa aprobación judicial para la modificación registral de la mención relativa al sexo, adoptándose conforme al expediente de jurisdicción voluntaria regulado en el Capítulo I bis del Título II de la Ley 15/2015, de 2 de julio, de Jurisdicción Voluntaria. La Disposición Final Decimotercera de la propia Ley 4/2023, introduce un nuevo capítulo I bis en el Título II para reglamentar el procedimiento "De la aprobación judicial de la modificación de la mención registral del sexo de personas mayores de doce años y menores de catorce"[30]. Como en el supuesto anterior, los menores vendrán asistidos por sus representantes legales, y en el supuesto

---

28 HERAS HERNANDEZ, Mª.M., "El principio de autodeterminación de género. Apuntes prácticos sobre el procedimiento de rectificación de la mención registral relativa al sexo", *cit.,*

29 DÍAZ ALABART, S., ""El cambio de la mención registral de sexo de los menores en la Ley trans de 2023", *Revista de Derecho Privado,* enero-febrero 2024, nº 1, p. 35.

30 arts. 26 bis; 26 ter; 26 quarter; 26 quinquies de la Ley 15/2015, de 2 de julio, de la Jurisdicción Voluntaria

de desacuerdo de los progenitores o representantes entre sí o con la persona menor de edad, se procederá al nombramiento de un defensor judicial (arts. 235 y 236 Cv). Admitida a trámite la solicitud, el Juez citará a comparecer al solicitante, y en su caso a sus representantes legales, a las demás personas que estime oportuno, así como al Ministerio Fiscal. Dicha última intervención es especialmente pertinente, al contemplar la actuación de forma más objetiva, al no pertenecer a su círculo más próximo.

Ahora bien, se trata del único caso en el que el texto legal requiere la acreditación de la "estabilidad" de la disconformidad con el sexo asignado en la inscripción de nacimiento, pudiendo aportar cualesquiera "medios documentales o testificales" que lo puedan probar. El órgano judicial podrá solicitar la práctica de las pruebas que considere necesarias para acreditar, por una parte, "la madurez necesaria del menor" para comprender y evaluar de forma razonable e independiente las consecuencias de la decisión, y, por otra, "la estabilidad de su voluntad de rectificar registralmente la mención a su sexo" (art. 26.3 Ley 15/2015). Entre los testigos, como no podía ser de otra manera, serán idóneas todas las personas mayores de edad, aun cuando estén ligadas a la persona solicitante por parentesco, por consanguinidad o afinidad en cualquier grado, vínculos de adopción, tutela o análogos, o relación de amistad. De esta forma, se posibilita que su entorno familiar o personal más próximo le apoye en su solicitud, pudiendo aportar un testimonio valido sobre su madurez, y su voluntad prolongada de su vivencia del sexo sentido.

Por el contrario, se descarta igualmente la exigencia de un informe médico o psicológico relativa a la identidad sexual, ni por supuesto la previa modificación de la apariencia o función corporal de la persona a través de procedimientos médicos, quirúrgicos o de otra índole. No obstante, la falta de exigencia del informe de un especialista de la salud no implica que su aportación resulte una prueba nuclear para su acreditación, puesto que al margen de su círculo más íntimo, se trata de los facultativos o técnicos que pueden evaluar el grado de madurez del comportamiento humano de un menor, sin que ello signifique que sea un medio de prueba imprescindible, ni mucho menos que suponga la implicación del menor en procedimientos médicos o psicológicos. La intervención de un psicólogo clínico o de un médico de salud mental -psiquiatra- valorando el estado del menor para decidir y captar las consecuencias que ello pueda suponer, o informando sobre el denominado juicio de realidad que puede alterar su percepción sobre sí mismo o sobre los demás, por la causa que sea, parece un medio de prueba realmente conveniente para evitar las consecuencias negativas que ello pueda implicar en su bienestar, si el menor no estuviera preparado para la decisión.

En cualquier caso, el límite legal para la solicitud del cambio registral está configurado en los 12 años, siendo la edad mínima requerida. Por debajo de esa edad, se podrá solicitar el cambio de nombre (art. 48), si suponemos que el menor está sufriendo algún tipo de perjuicio en su salud física y mental y en su bienestar, por la falta de adecuación entre el sexo asignado y el sentido[31]. Como bien indica la Instrucción de 26 de mayo 2023 de la Dirección General de Seguridad jurídica y Fe Pública, hay menores de doce años que sienten con claridad una identidad sexual propia diferente de la asignada en el momento del nacimiento y la demora en la adopción de medidas en esos casos puede tener un efecto perjudicial en

---

[31] Desde esta perspectiva, parece que los expertos consideran que la identidad de género se conforma en los primeros años de la vida, lo que no significa que la identidad general ni sexual quede en ese momento necesariamente cerrada y completa. La identidad se va construyendo, y no se dota de estabilidad hasta que pasa la adolescencia (Grupo de Identidad y Diferenciación Sexual de la Sociedad Española de Endocrinología y Nutrición, GIDSEEN)

su desarrollo personal[32]. En dicha hipótesis, se solicitará por sus representantes legales, y el menor deberá ser oído en todo caso por la persona encargada del Registro Civil mediante una comunicación comprensible y adaptada a la edad y grado de madurez del menor. Dicha posibilidad de ajustar el nombre al sexo sentido por el menor puede contribuir significativamente a reducir las dificultades que en su entorno social pueda padecer, salvaguardando el derecho a su desarrollo, atendiendo a la satisfacción de sus necesidades emocionales y afectivas, dándose un período de tiempo más prolongado para llevar a cabo el cambio registral del sexo. Consecuentemente, la Instrucción de 26 de mayo de 2023 deja de requerir que haya que acreditar el uso previo del nombre, tal y como había exigido el art. 52 de la Ley del Registro Civil.

De esta forma, continua ya la tendencia más arriba mencionada, de la falta de exigencia de una necesaria adecuación entre el nombre y el sexo, superándose la tradicional consideración de que ambos elementos de identidad son inescindibles

---

[32] A este respecto, HERAS HERNANDEZ, Mª.M., declara sobre dichos menores que la imposibilidad legal de la persona transexual menor de 12 años para poder solicitar el cambio registral de la mención de género puede hacernos pensar que la nueva regulación ha optado por "invisibilizar" la realidad de muchos jóvenes y niños que tienen clara su identidad de género a edades muy tempranas y que el empeño legal por conservar registralmente el sexo originario puede perjudicar gravemente su interés superior ("El principio de autodeterminación de género. Apuntes prácticos sobre el procedimiento de rectificación de la mención registral relativa al sexo", *cit.*, p...). En la misma dirección, CARRIZO GONZALEZ-CASTELL, "Ley 4/203, de 28 de febrero, para la igualdad real y efectiva de las personas trans y para la garantía de los derechos de las personas LGTBI: ¿El consentimiento debe estar siempre en el centro?", *Actualidad Civil* (2023), nº 7, p. 8. También, MALDONADO, J., "El reconocimiento el derecho a la identidad sexual de los menores transexuales en los ámbitos registral, educativo y sanitario", *cit.*, pp. 141.

y han de ser correlativos en la conformación de la identidad individual de la persona. Incluso, es más, a la vista de la nueva redacción del artículo 48 de la Ley 4/2023 no es necesario que el derecho a la libre elección del nombre persiga como motivación acomodarlo al sexo sentido; cualquier persona puede cambiar su nombre a un sexo distinto adscrito al sexo opuesto, sin necesidad de sentirlo, ni tener intención de cambiar la mención registral del sexo, simplemente porque quiera utilizar socialmente dicha identificación.

Existen voces muy críticas sobre la falta de exigencias o cautelas en el procedimiento registral del cambio de mención de sexo de los menores, por su intrínseca vulnerabilidad, poniendo en cuestión si dicha reglamentación está garantizando en debida forma el principio del interés superior del menor, cuya relevancia sí se tiene en cuenta con carácter general en las leyes españolas[33]. Simplemente, la Ley 4/2023 dispone que cuando las personas solicitantes sean menores de 18 años y mayores de 14, todos los intervinientes en el procedimiento tendrán en consideración en todo momento "el interés superior del menor", a quien se dará audiencia en los casos prescritos del artículo 43.2. En este sentido, el texto legal indica que la persona encargada del Registro civil le facilitará la información sobre las consecuencias jurídicas de la rectificación solicitada y toda la información complementaria que proceda en un lenguaje claro, accesible y adaptado a sus necesidades. No obstante, realmente, igual que con los mayores de edad el proceso para la rectificación registral descansa absolutamente en la pura declaración de voluntad del solicitante del cambio, sin que el in-

---

33 Vid. al respecto MESA MARRERO, C., "Autodeterminación de género e interés superior del menor", *Derecho de Familia: Revista jurídica sobre familiar y* menores (2023), nº 39, p. 11 y muy crítica se muestra DÍAZ ALABART, S., "El cambio de la mención registral de la Ley trans de 2023", *cit.*, pp. 22 y ss.

terés superior del menor se traduzca en actuaciones concretas o algún tipo de modificación en el procedimiento que tenga en cuenta la capacidad, y la madurez del menor para adoptar una decisión de tal envergadura, y captar las consecuencias inmediatas y a medio plazo que tiene la modificación registral que solicita, que no es una decisión menor o que carezca de trascendencia social[34].

5. EL DERECHO PERMANENTE A LA REVERSIÓN DEL CAMBIO REGISTRAL

Uno de los aspectos más llamativos de la Ley 4/2023, de 28 de febrero, es que no exige de ningún modo que la decisión del cambio registral del sexo asignado por nacimiento sea una decisión que revista el carácter de duradera o estable. Por el contrario, el artículo 47 del texto legal introduce el derecho a la reversibilidad de la rectificación de la mención registral, fijando únicamente un plazo de espera de seis meses para recuperar la mención registral del sexo que figuraba previamente a dicha rectificación en el Registro civil, siguiendo el mismo procedimiento descrito para la rectificación registral. De este modo, la persona interesada podrá retornar a su identidad sexual anterior u originaria, sin requerirle ninguna prueba adicional de su cambio de criterio. Pero es que es más, dicha segunda modificación no tendrá que ser necesariamente la última, sino que se podrán facilitar tantos cambios en la mención registral del sexo, como libremente se deseen.

---

34 DIAZ ALABART, S., quien defiende que debería haberse mantenido la edad de los 16 años para el cambio en la mención del sexo en el registro, frivolizándose, de alguna manera, la decisión ("El cambio de la mención registral de sexo de los menore en la Ley trans...", *cit.*, p. 28).

Sin embargo, a partir de que suceda el tercer cambio, el interesado/a tendrá que tramitar para una nueva rectificación el procedimiento que se introduce como novedad por la Ley 4/2023 en su Disposición Final decimotercera, en la Ley 15/2015, de 2 de julio de la Jurisdicción Voluntaria, denominado "De la aprobación judicial de la nueva modificación de la mención registral relativa al sexo con posterioridad a una reversión de la rectificación de la mención registral"[35]. En particular, el interesado/a deberá recabar la aprobación judicial, y a diferencia del procedimiento registral inicial, requiere que su solicitud venga acompañada "de los medios de prueba que desee solicitar". En tal sentido, no imaginamos bien cuál es el objeto de acreditación de dichos medios de prueba, tras dos cambios registrales precedentes, a salvo de probar una cierta estabilidad o persistencia en su decisión tras dos cambios de criterio, si se considera que la identidad sexual se concibe como "una vivencia interna e individual del sexo tal y como cada persona la siente y autodefine" (art. 3 i)). De este modo, el texto legal otorga una relevancia nuclear al propio testimonio personal, sin que ningún otro medio pueda suplantar dicha voluntad que es la esencia del procedimiento registral.

Indudablemente, el reconocimiento de dicho derecho de reversibilidad es una de las cualidades del nuevo régimen legal que provoca más dudas interpretativas en un análisis de conjunto de la ordenación normativa. Por una parte, se defiende que nos encontramos ante una "decisión vital", "en el sentido que coloca al sujeto en posición de poder desenvolver su propia personalidad", confiriendo al sexo, como se ha expuesto, en un aspecto esencial de la identidad de una persona. No obstante, la realidad es que la construcción de su régimen jurídico no casa con la relevancia que se otorga a dicha decisión. Es más, la configuración legal le convierte en un cambio muy vo-

---

[35] Capítulo I ter del título II de la Ley 15/2015, de 2 de julio.

látil, acogiendo esa noción de sexo fluido, dependiente de su percepción que puede ser variable a lo largo de su ciclo vital. Dicho carácter contingente puede conducir a que se termine por banalizar la atribución del sexo en una persona, cuando, a *priori*, ha revestido tradicionalmente una condición de esencialidad para la construcción de la identidad de una persona[36]. En tal sentido, suscribimos la valoración que realiza el Dictamen del Consejo de Estado sobre el Proyecto de la Ley Trans que critica "la facilidad y amplitud de la reversibilidad de la modificación registral en general, pues entiende que el procedimiento debería estar sujeto a una serie de condicionantes que asegurase cierta estabilidad en la definición de la identidad sexual de la persona"[37]. En suma, con el ejercicio de este derecho se contraponen dos ideas nucleares que inspiran la normativa y no logran casar adecuadamente.

Todo ello provoca que a la vista del nuevo régimen legal pierda trascendencia la mención registral del sexo en la construcción de la identidad de una persona, puesto que se vincula a un sentimiento personal que puede cambiar a lo largo de la vida sin *a priori* limitaciones. Y es que al margen de los posibles tratamientos médicos que sí tienen enorme relevancia por sus graves consecuencias para la salud, con la nueva configuración legal puede llegar a concluirse que lo adecuado hubiera sido plantearse, incluso, la eliminación

---

36 En este sentido, DIAZ ALABART, S., en relación con los menores, indica: "La frivolización del cambio se compadece mal con los argumentos que se dan para el cambio de la mención registral. De una parte, se le califica como decisión trascendental para las personas y de otra, se dice que en realidad no se trata de un cambio, ya que la persona pertenece al sexo deseado desde su nacimiento porque para ello basta que se sienta así" ("El cambio de la mención registral de sexo…", *cit.* p. 21, nota 21).

37 Dictamen del Consejo de Estado sobre el Proyecto de Ley Trans aprobado el 23 de junio de 2022 (Referencia 901/2022).

de la mención de sexo en el Registro Civil[38]. No obstante, lo cierto es que dicha racionalidad choca con las normas de organización social que vertebran nuestro sistema jurídico de ordenación, no sólo nacional, sino internacional e universal que se encuentra estructurado sobre esas categorías binarias que marcan y delimitan otros tantos campos de actuación que quedarían sin sentido, perdiendo toda su funcionalidad. Por referirnos a exponentes relevantes en el campo laboral, toda la ordenación reciente sobre las medidas de acción positiva, últimamente, la normativa de los Planes de Igualdad (Ley Orgánica 3/2007 y RD 901/2020), los instrumentos para corregir la brecha salarial (RD 902/2020), o la Ley de representación paritaria y presencia equilibrada de mujeres y hombres (Ley Orgánica 2/2004) resultarían inaplicables, si las personas trabajadoras no se pueden autoidentificar en su identidad sexual como hombre o mujer. Y es que la adscripción a uno u otro sexo no es una cuestión intrascendente, ni social, ni jurídicamente, resultando nuclear no sólo en el proyecto vital de una persona, sino en su vida pública y social con consecuencias jurídicas directas. Por tanto, la reversibilidad del cambio sin límites puede traer más efectos perjudiciales que beneficiosos en su esfera personal, social y pública.

---

[38] En esta dirección, se llegan a pronunciar, HIDALGO GARCIA, S., *Transexualidad: sexo, género e identidad jurídica, cit.*, pp. 355 y ss, y sin defender su desaparición, DIAZ ALABART, S., "El cambio de la mención registral de sexo...", *cit.*, p. 25.

Capítulo X

Los planes de igualdad y el papel de la negociación colectiva en la Ley 4/2023

HENAR ÁLVAREZ CUESTA
Catedrática de Derecho del Trabajo y de la Seguridad Social
Universidad de León
https://orcid.org/0000-0003-0957-1515

ÍNDICE:

1. INTRODUCCIÓN

La diversidad entendida de forma amplia y la consecución de una auténtica inclusión laboral son uno de los grandes retos del siglo XXI en general y de la negociación colectiva y el mundo laboral en particular[1].

Esta igualdad laboral real les ha sido tradicionalmente negada a las personas LGTBI. Durante mucho tiempo han estado sujetas (y siguen estando) a formas muy intensas de marginación y de exclusión social. Así, no sólo han sido y siguen siendo penalizadas por diversos ordenamientos jurídicos, sino que, además, en la vida cotidiana, este colectivo ha sido excluido de múltiples beneficios sociales y han debido soportar su estigmatización social[2]. La discriminación que sufren se hace patente, en mayor o menor medida, en todos los aspectos vitales, y por cuanto aquí importa, también en la esfera laboral, pues de todos es conocida la marginación y la discriminación que padecen estos colectivos a la hora de acceder a un puesto de trabajo o mantenerlo, sin olvidar las situaciones de violencia y acoso[3] a las que están sometidos.

Y lejos de disminuir, la Estrategia de la Unión Europea para la Igualdad de las Personas LGTBIQ 2020-2025 habla de "situación acuciante"; mientras que el Informe del Director General de la OIT sobre La igualdad en el trabajo: afrontar los retos que se plantean, considera una discriminación recientemente reconocida la padecida por los trabajadores en el lugar de tra-

---

1 MENÉNDEZ CALVO, R., "Negociación colectiva inclusiva: diversidad e igualdad en el actual modelo empresarial", en *Acción sindical y relaciones colectivas en los nuevos escenarios laborales*, Thomson Reuters/ Aranzadi, Cizur Menor, 2022, p. 293.

2 Declaración de la Corte Constitucional de Colombia contenida en Comisión Internacional de Juristas: *Orientación Sexual e Identidad de Género y Derecho Internacional de los Derechos Humanos*, Ginebra (ICJ), 2009, pág. 1, si bien referida de modo específico a los homosexuales.

3 UGT, *Hacia centros de trabajo inclusivos. La discriminación de las personas trans y LGTBI en el ámbito laboral en España en 2023. Retos y soluciones*, 2023.

bajo si consta o se sospecha que son lesbianas, gays, bisexuales o transexuales[4].

Ante tal panorama, muchas personas LGTBI optan por la autosegregración en los sectores considerados más amigables con su realidad o escogen guardar en secreto su condición en el ámbito laboral, ya sea por no querer hacer frente a comentarios inapropiados y bromas (acoso de baja intensidad) o directamente por temor a la marginación en el trabajo[5]. "Se trata pues de una discriminación estructural cuya máxima expresión es el miedo de la persona ante la idea de que alguien pueda descubrir que es una persona LGTBI+"[6].

A nadie escapa que "esta invisibilidad tiene consecuencias personales y profesionales". De poner el foco en estas últimas, cabe mencionar la renuncia a derechos, la autosegregación, la menor productividad y el mayor absentismo. A ello hay que añadir que esta invisibilidad –edificada sobre una errónea acepción del derecho a la intimidad- lleva a las personas LGTBI+ a no denunciar todos los casos de discriminación" y acoso, por lo que los datos, aun mostrando una imagen desoladora, "con toda seguridad, son inferiores a los supuestos de discriminación que, en realidad, se cometen"[7].

Como idea transversal y a la hora de diseñar las medidas de lucha contra la discriminación laboral, "hay que poner luz propia a cada una de las diferentes situaciones que se ocultan

---

[4] Informe del Director General de la OIT sobre *La igualdad en el trabajo: afrontar los retos que se plantean*, de 2007, p. 47.

[5] SÁEZ LARA, C., "Orientación e identidad sexual en las relaciones de trabajo", *Trabajo, Persona, Derecho, Mercado*, 5, 2022, p. 46.

[6] CC.OO., *Igualdad y diversidad en los convenios colectivos*, 2022, p. 13.

[7] MORALES ORTEGA, J.M., "Discriminación, diversidad e inclusión LGBTI+ en los entornos laborales: un análisis de la responsabilidad social empresarial y de la negociación colectiva", *Cielo Laboral*, 4, 2022.

tras cada una de las letras que configuran la sigla"[8], con el fin de poder reflejar lo que ha venido a calificarse como "diversidad en la diversidad LGTBI+"[9]. Si se parte de la premisa que este colectivo está integrado por diferentes subgrupos, parece necesario que cada uno tenga sus propias problemáticas, necesidades y requerimientos que han de ser atendidas por las medidas convencionales acordadas. El hecho, bastante frecuente, de hacer caso omiso de ello conlleva ignorar a determinados subgrupos, lo que se hace especialmente llamativo en el caso de las personas trans. Incluso, esta desatención de la diversidad LGTBI+ ha hecho que, a efectos de determinar el hecho diferencial, presupuesto de la propia discriminación, no se atienda a cada uno de ellos y, por no hacerse, que queden fuera concretos colectivos de los tradicionales catálogos de causas de discriminación"[10]. Por tal razón, las medidas que convencionalmente se desarrollen han de tener en cuenta las diferentes circunstancias y problemas a afrontar en el trabajo para todas las personas que se integran bajo las siglas LGTBI.

---

8 LUQUE PARRA, M., "Proyecto de ley para la igualdad real y efectiva de las personas trans y para la garantía de los derechos de las personas LGTBI: aspectos laborales más relevantes", *Briefs AEDTSS*, 2022, p. 299.

9 PICHARDO GALÁN, J.I.; ALONSO ÁLVAREZ, M.; PUCHE CABEZAS, L. y MUÑOZ HERNÁNDEZ, O.: *Guía ADIM LGTB+. Inclusión de la diversidad sexual y de identidad de género en empresas y organizaciones*, Ministerio de la Presidencia, Relaciones con las Cortes e Igualdad, Madrid, 2019, p. 30.

10 MORALES ORTEGA, J.M., "Discriminación, diversidad e inclusión LGBTI+ en los entornos laborales: un análisis de la responsabilidad social empresarial y de la negociación colectiva", cit.

2. LAS CONEXIONES ENTRE LA LEY 4/2023, PARA LA IGUALDAD REAL Y EFECTIVA DE LAS PERSONAS TRANS Y PARA LA GARANTÍA DE LOS DERECHOS DE LAS PERSONAS LGTBI Y EL CONVENIO COLECTIVO

Frente al panorama dibujado en el ámbito laboral y como sucede con otras causas de discriminación, el ordenamiento jurídico ha de actuar si verdaderamente se pretende conseguir la mencionada diversidad e inclusión laboral. Y no solo la norma heterónoma, sino también la negociación colectiva y la acción sindical en la empresa han de afrontar las causas y las consecuencias de la discriminación por orientación sexual, identidad y/o expresión de género.

La Ley 4/2023 analizada no duda en incentivar esta acción colectiva e introduce varias referencias, pendientes de desarrollo reglamentario, destinadas a introducir en la negociación colectiva medidas destinadas a luchar contra la no discriminación y a alcanzar la igualdad de trato y oportunidades de las personas LGTBI en el mundo laboral.

Para ello, su art. 14 encomienda a las Administraciones Públicas la adopción de "medidas adecuadas y eficaces" que tengan por objeto, entre otras, el fomento de la implantación progresiva de indicadores de igualdad "que tengan en cuenta la realidad de las personas LGTBI en el sector público y el sector privado", así como la creación de un sello de igualdad LGTBI, es decir, un "distintivo que permita reconocer a las empresas que destaquen por la aplicación de políticas de igualdad y no discriminación de las personas LGTBI".

Es preciso, por tanto, un desarrollo reglamentario que regule dicho distintivo, semejante al existente en el RD 1615/2009, de 26 de octubre, por el que se regula la concesión y utilización del distintivo "Igualdad en la Empresa" que determine los requisitos que se exijan, los criterios de valoración para su concesión, la documentación a presentar, la Comisión de evaluación para su concesión o las facultades y obligaciones derivadas del otorgamiento del distintivo. Falta, no obstante, la incorporación en la normativa de contratación pública de requisitos semejantes a los existentes respecto a los planes de igualdad[11], en tanto han demostrado ser una de las palancas.

En fin, ese precepto prevé también "impulsar la elaboración de códigos éticos y protocolos en las Administraciones públicas y en las empresas que contemplen medidas de protección frente a toda discriminación" de las personas LGTBI en una apuesta por las medidas de responsabilidad social corporativa como complemento de la negociación colectiva (no como sustitución de la misma).

3. LA OBLIGACIÓN DE NEGOCIAR CLÁUSULAS DE IGUALDAD Y DIVERSIDAD EN LA NEGOCIACIÓN COLECTIVA

El art. 14 de la Ley 4/2023 de forma general (y tenue) en el ámbito colectivo ordena impulsar la inclusión "en los convenios colectivos de cláusulas de promoción de la diversidad en materia de orientación sexual, identidad sexual, expresión de género y características sexuales y de la diversidad familiar y de prevención, eliminación y corrección de toda forma de discriminación de las personas LGTBI", así como de procedimientos para dar cauce a las denuncias por tales hechos.

---

[11] Un análisis en ARAGÓN GÓMEZ, C. y NIETO ROJAS, P., *Planes de igualdad en las empresas. Procedimiento de elaboración e implantación*, Wolters Kluwer, Madrid, 2021, pp. 206 y ss. y en RODRÍGUEZ ESCANCIANO, S. *et alii*: *La apuesta por la igualdad efectiva entre mujeres y hombres desde la Ley de contratos del sector público*, Centro de Estudios Financieros, Madrid, 2019.

Sigue este precepto legal la línea marcada en el V Acuerdo para el Empleo y la Negociación Colectiva de 2023, que reconoce la necesidad de actuar "frente a las discriminaciones ante la diversidad y la integración de las personas LGTBI" y dedica a la cuestión su Capítulo XIV. En él, se reconoce la "necesidad de fomentar la diversidad de las plantillas, aprovechando el potencial humano, social y económico que supone", y establecen que, para satisfacer tal afán, los convenios deben "promover plantillas heterogéneas", "crear espacios de trabajo inclusivos y seguros", "favorecer la integración y la no discriminación al colectivo LGTBI [...] a través de medidas específicas" y "asegurar que los protocolos de acoso y violencia en el trabajo contemplen la protección de las personas LGTBI".

Sin embargo, en la realidad hasta el momento, la intervención convencional resulta muy necesaria (sobre todo la sectorial, como forma de aumentar la protección en las pymes), no solo para contribuir a erradicar las más flagrantes muestras de segregación, sino también por la general ausencia en las empresas de acciones de sensibilización sobre diversidad sexual, toda vez que muchas no conciben la orientación o la identidad sexual como un factor de potencial discriminación[12].

Por tales razones, y como medida estrella, el art. 15, a semejanza de lo previsto en la LO 3/2007, impone como obligación expresa a las empresas con más de cincuenta personas trabajadoras, contar con un "conjunto planificado de medidas y recursos para alcanzar la igualdad real y efectiva de las personas LGTBI, que incluya un protocolo de actuación para la atención del acoso o la violencia contra las personas LGTBI". *A sensu* contrario, la negociación de las medidas planificadas será voluntaria en las empresas de cincuenta o menos personas

---

12 AGRA VIFORCOS, B., "La orientación sexual de los trabajadores en la negociación colectiva", *Revista Crítica de Relaciones de Trabajo (Laborum)*, 10, 2024, p. 46.

trabajadoras, si bien las Administraciones Públicas, en cumplimiento de esa obligación de impulsar la negociación con carácter general sobre este punto, habrán de incentivar su existencia y desarrollo.

Este deber así formulado precisa del debido desarrollo reglamentario que determine el alcance y contenido de estas medidas, denominadas en dicho Real Decreto "medidas planificadas", que incluya un protocolo de actuación para la atención del acoso o la violencia contra las personas LGTBI y que será pactado a través de la negociación colectiva y acordado con la representación legal de las personas trabajadoras, previendo expresamente el desarrollo reglamentario de su contenido y alcance. Dicho Reglamento ha sido acordado en el marco del diálogo social entre los agentes sociales y el Ministerio de Trabajo el 26 de junio de 2024 y publicado en el BOE de 9 de octubre de 2024 como RD 1026/2024, de 8 de octubre, por el que se desarrolla el conjunto planificado de las medidas para la igualdad y no discriminación de las personas LGTBI en las empresas, cuyo contenido también integra el análisis a continuación realizado.

Este estudio parte de analizar quiénes están obligadas por dicho precepto a contar con tales medidas, cuál es el procedimiento para cumplir dicho deber para, finalmente, reflexionar sobre el contenido del mismo.

En esta ocasión, cabe destacar cómo cambia el umbral de referencia (en lugar de estar obligadas las empresas con 50 o más personas trabajadoras, aquí se habla de empresas con más de 50) respecto a la previsión referida a los planes de igualdad entre mujeres y hombres. Tampoco establece umbrales más elevados de forma transitoria, destinados a implantar primero esta obligación en las grandes empresas y de forma paulatina en las medianas, sino que la norma ha elegido una *ratio* definitiva a la hora de impulsar este deber.

En cuanto a su cómputo, el RD 1026/2024 que desarrolla el art. 15, en su art. 3, determina cómo se tendrá que contar la plantilla total de la empresa, cualquiera que sea el número de centros de trabajo de aquella y cualquiera que sea la forma de contratación laboral, incluidas las personas con contratos fijos discontinuos, con contratos de duración determinada y personas contratadas para ser puestas a disposición.

De este modo, las personas contratadas a tiempo parcial se computarán como una más, con independencia del número de horas de trabajo. A este número de personas deberán sumarse los contratos de duración determinada, cualquiera que sea su modalidad que, habiendo estado vigentes en la empresa durante los seis meses anteriores, se hayan extinguido en el momento de efectuar el cómputo. En este caso, cada cien días trabajados o fracción se computará como una persona trabajadora más[13].

Determina los momentos para efectuar dicho cómputo: el último día de los meses de junio y diciembre de cada año. Sigue en este caso el cómputo previsto y el momento de efectuarlo a lo previsto en el art. 3 RD 901/2020, de 13 de octubre, por el que se regulan los planes de igualdad y su registro. Con el señalamiento de esos momentos concretos, la norma está pensando en aquellos casos en los que la empresa se negara al cumplimiento de la petición de las personas representantes de realizar "recuento" que, por otro lado, es determinante para exigir las medidas. Pero, mientras no exista negativa empresarial a hacerlo, ya sea a iniciativa del empleador o de la repre-

---

13 Sobre las dificultades de computar personas trabajadoras temporales (en el caso referido a los planes de igualdad), ARAGÓN GÓMEZ, C. y NIETO ROJAS, P., *Planes de igualdad en las empresas. Procedimiento de elaboración e implantación*, cit., pp. 53 y ss.

sentación legal de los trabajadores, ese cálculo se podría llevar a cabo cuando cualquiera de ambas partes lo decida[14].

A continuación, el apartado tercero congela el cómputo de personas trabajadoras en el día de constituirse la comisión negociadora, de tal modo que, si bajaran del umbral de 51, se seguiría manteniendo la obligación de negociar las medidas.

4. LA NEGOCIACIÓN EN EL MARCO DEL CONVENIO COLECTIVO, DEL PLAN DE IGUALDAD O DEL PLAN DE DIVERSIDAD

El art. 15 de la Ley 4/2023 pone especial énfasis en subrayar que estas medidas han de ser "pactadas a través de la negociación colectiva" y especifica que han de ser acordadas con "la representación legal de las personas trabajadoras", dejando su contenido y alcance a un posterior desarrollo reglamentario. La mención a la representación legal parece remitirse a la unitaria, en lugar de otorgar preferencia, como en otras ocasiones, a la sindical en caso de contar con la mayoría de la unitaria.

Este precepto ha generado más dudas que certezas por cuanto hace al alcance de la obligación, el medio para cumplirla y el contenido a incorporar en las medidas proyectadas. Por tales razones, se ha calificado de "redacción legal poco afortunada"[15]

El debate al respecto queda situado en dos puntos conexos: en primer lugar, si obliga a desarrollar planes de igualdad para

---

[14] SERRANO GARCÍA, J., "La nueva regulación de los planes de igualdad", en *Acciones públicas y privadas para lograr la igualdad en la empresa*, Dykinson, Madrid, 2021, p. 51.

[15] FABREGAT MONFORT, G., "Igualdad y no discriminación LGTBIQ en las empresas", *Briefs AEDTSS*, 41, 2024.

los colectivos LGTBI a semejanza de los regulados por el RD 901/2020, y/o si cabe incorporar esas medidas dentro de los planes de igualdad *ex* LO 3/2007.

En este sentido, alguna autora considera que esta norma extiende al colectivo la obligación empresarial de contar con planes de igualdad y con protocolos antiacoso, inicialmente previstos en garantía de la igualdad entre mujeres y hombres otras consideran que se trata de una "medida idéntica a los planes de igualdad para la igualdad entre hombres y mujeres"[16].

Desde luego, las cláusulas convencionales sobre igualdad y no discriminación entre mujeres y hombres contenidas en convenios y en planes de igualdad sirven para luchar contra el resto de discriminaciones en mayor o menor medida (no en vano las soluciones propuestas crearán una empresa donde va a primar la objetividad e igualdad en el acceso al empleo, en el pago de los complementos salariales, en la formación y promoción profesional y, por no seguir, en cualquier cambio pretendido de las condiciones laborales[17]), si bien, en todo caso, resulta importante la mención expresa al colectivo y un compromiso abierto contra la LGTBIfobia, pues solo así se podrá compensar la aludida falta de concienciación y alcanzar la máxima eficacia[18].

En cambio, para otras autoras, la Ley 4/2023 no establece la obligación de negociar un plan de igualdad a semejanza de la LO 3/2023 por varias razones: en primer lugar, la LO

---

16 GARCÍA GARCÍA, A., "Ley 4/2023. Diez novedades en clave laboral", *Ars Iuris Salmanticensis*, 11, 2023, p. 177.

17 Basten las recientes especificadas en MARTÍNEZ FONS, D., "Las políticas de igualdad de oportunidades y no discriminación en la negociación colectiva", en *Gestión práctica de los planes de igualdad*, Bomarzo, Albacete, 2010, p. 145.

18 AGRA VIFORCOS, B., "La orientación sexual de los trabajadores en la negociación colectiva", cit, p. 46.

3/2007 no ha sido modificada; no resulta posible realizar un diagnóstico, en tanto invadiría el derecho a la intimidad y si no puede haber diagnóstico, no cabe la realización de un plan de igualdad conforme indica el RD 901/2020 como respuesta a las deficiencias detectadas[19]. También se rechaza la segunda posibilidad, que se utilice el plan de igualdad que exista en la empresa y se le añadan algunas medidas dirigidas al colectivo LGTBI[20].

El RD 2026/2024 prescinde de la incorporación de este contenido a los planes de igualdad y parece no apuntalar la negociación de un plan de diversidad específico, sino que prefiere su incorporación al convenio o su negociación "en su marco", quizá como acuerdo específico de desarrollo (que, cerrando el círculo, cabría denominarlo plan de diversidad). Así, el reglamento pactado, en sus arts. 4 y siguientes, explicita la manera de realizar la obligación de resultado impuesta, despejando las dudas antes enunciadas.

De un lado, en los convenios colectivos de ámbito empresarial, las medidas planificadas se negociarán en el marco aquellos. En el caso de una empresa con varios centros de trabajo que cuenten con distintos convenios colectivos a nivel de centro de aplicación o bien el supuesto conexo, centros de trabajo a los que no les sea de aplicación el convenio de empresa, podría aplicarse analógicamente lo previsto en el art. 2.6 RD 901/2020, esto es, elaborar un acuerdo único para el conjunto de personas trabajadoras; o bien incorporar las medidas en el marco de la negociación a nivel de centro de trabajo[21].

---

19 FABREGAT MONFORT, G., "Igualdad y no discriminación LGTBIQ en las empresas", cit.

20 FABREGAT MONFORT, G., "Igualdad y no discriminación LGTBIQ en las empresas", cit.

21 Para planes de igualdad, AA.VV. (CAVAS MARTÍNEZ, F. y FERRANDO GARCÍA, F.M., Dirs,), *Guía práctica de planes de igualdad para em-*

En los convenios colectivos de ámbito superior a la empresa, las medidas planificadas serán negociadas en el marco de dichos convenios, los cuales podrán establecer los términos y condiciones en los que tales medidas se adaptarán en el seno de las empresas. La duda que genera esta solución estriba en la capacidad de una empresa obligada por el número de personas trabajadoras, de forzar la inclusión en la negociación de un convenio supraempresarial de las medidas mencionadas: este mecanismo puede funcionar para prever de forma general su incorporación y aplicación a empresas pequeñas incluidas en el ámbito del convenio supraempresarial o para paralizar su negociación en la sede supraempresarial.

El reglamento de desarrollo no contempla la posibilidad de convenios de grupo de empresas, seguramente porque los considera asimilados a los de empresa, en caso de existir, pero tampoco el cómputo de las personas trabajadoras al nivel de grupo para abordar el umbral requerido.

En ausencia de convenio colectivo de aplicación, las empresas que cuenten con representación legal de las personas trabajadoras negociarán las medidas planificadas mediante acuerdos de empresa.

Finalmente, en las empresas que no cuenten con un convenio colectivo de aplicación, y carezcan de la representación legal de las personas trabajadoras, la negociación de estas medidas planificadas se remite a lo dispuesto en el art. 6.4 (se creará una comisión negociadora constituida, de un lado, por la representación de la empresa y, de otro lado, por una representación de las personas trabajadoras, integrada por los sindicatos más representativos y los sindicatos representativos en el sector al que pertenezca la empresa. La comisión negociadora contará con un máximo de seis miembros por cada una de las

---

presas privadas y públicas, Laborum, Murcia, 2022, p. 24.

partes y la representación sindical se conformará en proporción a la representatividad de cada organización en el sector).

La opción convencional (o como acuerdo de empresa) y no unido al plan de igualdad se ve reforzada por el art. 4.c), el cual dispone que la negociación de las medidas planificadas se realizará durante el proceso de negociación de los distintos convenios colectivos y si ya estuvieran firmados en la entrada en vigor, la comisión negociadora ha de reunirse para abordar exclusivamente la negociación de las medidas planificadas previstas en el Anexo I, en los plazos dados para la constitución de la comisión.

Dado que la negociación se hace en el marco de los convenios colectivos, la legitimación para negociar en convenio colectivo las medidas planificadas será la prevista en el art. 87 ET.

A continuación, establece algunas reglas: en las empresas con varios centros de trabajo negociará el comité intercentros, si existe y tiene establecidas competencias para la negociación, tal y como también recoge el RD 901/2020.

En las empresas que carezcan de convenio colectivo de aplicación y no cuenten con representación legal de las personas trabajadoras, se creará una comisión negociadora constituida, como ya se ha mencionado, de un lado, por la representación de la empresa y, de otro lado, por una representación de las personas trabajadoras, integrada por los sindicatos más representativos y los sindicatos representativos en el sector al que pertenezca la empresa. La comisión negociadora contará con un máximo de seis miembros por cada una de las partes y la representación sindical se conformará en proporción a la representatividad de cada organización en el sector. De nuevo, reproduce el contenido del mencionado reglamento que regula los planes de igualdad. Sin perjuicio de lo anterior, la parte social de esta comisión sindical estará válidamente integrada por aquella organización u organizaciones sindicales que respondan a la convocatoria de la empresa en el plazo de diez días hábiles, ampliables en otros diez días hábiles si ninguna respondiera en el primer periodo.

Como novedad y en previsión de los escollos que surgirán derivados de la inexistencia de contraparte, el Reglamento prevé cómo, en caso de que no se obtuviera respuesta en ese nuevo plazo (ampliado), la empresa podrá proceder unilateralmente a la determinación de las medidas planificadas de acuerdo con los contenidos recogidos en el propio Real Decreto.

Este apartado parece responder a las dificultades (severas) que se han constatado a la hora de negociar planes de igualdad cuando no exista representación en la empresa: "se ha de llamar la atención sobre el peso desmedido que está recayendo en los interlocutores sociales para el cumplimiento de esta obligación, tanto para las empresas que carecen de representantes, cuando no encuentran respuesta de las organizaciones sindicales, como de los propios sindicatos —de modo especial los más representativos— que no pueden asumir con el mínimo de rigor y exigencia, una obligación realmente compleja, como es la de negociar un Plan de Igualdad"[22].

Si existieran centros de trabajo con representación legal de personas trabajadoras y centros de trabajo sin ella, la parte social de la comisión negociadora estará integrada, por un lado, por los representantes legales de las personas trabajadoras de los centros que cuenten con ella y, por otro lado, por la comisión sindical constituida de conformidad con las reglas *supra* indicadas en representación de las personas trabajadoras de los centros que no cuenten con ella. En este caso la comisión negociadora se compondrá de un máximo de trece miembros por cada una de las partes (art. 6.4 RD 1026/2024).

---

22 MOLERO MARAÑÓN, M.L., "Planes de igualdad, un año después", *Briefs AEDTSS*, núm. 32, 2023.

En cualquiera de las variantes, las comisiones negociadoras podrán contar con apoyo y asesoramiento externo de personas especializadas en materia de igualdad de las personas LGTBI en el ámbito laboral, quienes intervendrán con voz, pero sin voto, pero no parece requerirse formación específica en la materia por parte de las personas negociadoras. Sigue, en estos dos últimos párrafos (de forma paralela y en función de los colectivos a proteger), lo previsto por el RD 901/2020.

Por último, constituida la comisión negociadora en cualquiera de las variantes, solo cuenta con un plazo de tres meses desde el inicio del procedimiento de negociación de las medidas planificadas para acordar las medidas o incluirlas en el convenio de aplicación. El inicio del procedimiento dependerá de si cuentan o no con convenio colectivo en vigor y con representación de las personas trabajadoras: de contar con representación, el plazo es de tres meses desde la entrada en vigor del RD (esto es el 11 de enero de 2025), y en ese caso tendrían para negociar hasta el 11 de abril de 2025. De no contar ni con convenio ni con representación, el plazo de se amplía a los seis meses (hasta el 11 de abril de 2025), por lo que contarían con tres meses más para negociar (11 de julio de 2025), tal y como dispone el art. 5 RD 1026/2024). Transcurrido ese plazo (contrarreloj) las empresas que cuenten con más de cincuenta personas trabajadoras aplicarán el conjunto de medidas establecidas en el reglamento (cabe entender una remisión al anexo I). Dichas medidas se continuarán aplicando hasta que entren en vigor las que posteriormente se puedan acordar mediante convenios colectivos o acuerdos de empresa.

El RD trata de evitar cualquier posibilidad de paralización en la negociación, bien al inicio (por la no constitución como supuesto patológico[23]) o bien durante la negociación, al fijar

---

[23] RIVAS VALLEJO, P., "Planes de igualdad", en *Nuevos estudios sobre la negociación colectiva*, Thomson Reuters/Aranzadi, Cizur Menor,

un plazo máximo en caso de enrocamiento en las posturas y en la línea asumida por varias sentencias de existir un bloqueo reiterado[24], prefiere establecer una serie de medidas supletorias. El tiempo dirá si esta espada de Damocles que pende sobre las personas negociadoras favorece verdaderamente el acuerdo o se prefiere jugar con la baza de la aplicación del reglamento como contenido supletorio.

Así dibujado el procedimiento, y en la línea de reflexión ya existente respecto de los planes de igualdad, cabría preguntarse si, en el afán por culminar el acuerdo, se forzará su adopción sin las debidas garantías, o se acordarán medidas muy generalistas con escasa implicación, o en última instancia se adoptarán buenas cláusulas, pero sin que sean ejecutadas, olvidándose su propósito principal y utilizándose para otros fines que nada tienen que ver con su finalidad genuina[25].

De nuevo, reproduce el contenido de la obligación de sigilo impuesta en los planes de igualdad y añade el deber de confidencialidad: "Las personas que integran la comisión negociadora, así como, en su caso, las personas expertas que la asistan deberán observar en todo momento el deber de sigilo y confidencialidad con respecto a aquella información que les haya sido expresamente comunicada con carácter reservado. En todo caso, ningún tipo de documento entregado por la empresa a la comisión podrá ser utilizado fuera del estricto ámbito de aquella ni para fines distintos de los que motivaron su entrega".

2022, p. 582.

24 STS 11 abril 2024 (núm. 545/2024).

25 MOLERO MARAÑÓN, M.L., "Planes de igualdad, un año después", cit.

También el último párrafo insiste en el respeto y salvaguarda de la intimidad de las personas trabajadoras durante la negociación.

La razón de este recordatorio (cuasi advertencia) radica en la necesidad de proteger la intimidad de cuantas personas pertenezcan a los colectivos LGTBI que puedan verse visibilizadas por terceros (voluntaria o involuntariamente) durante el proceso negocial. En todo caso, cabe entender que este deber de sigilo subsistirá incluso tras la finalización de su pertenencia a la Comisión e independientemente del lugar en que se encuentren[26].

Con el fin de divulgar las buenas prácticas, y a modo de guía que señale el camino, se encomienda al Consejo de Participación de las personas LGTBI la recopilación y difusión de aquellas realizadas por las empresas en materia de inclusión de colectivos LGBTI y de promoción y garantía de igualdad y no discriminación por estas causas.

En fin, de conformidad con la Ley 4/2023, el plazo para su formulación es de un año (doce meses) a partir de la entrada en vigor de la norma (esto es, el dos de marzo de 2024). Sin embargo, y ante la falta de iniciativa negocial el reglamento amplía el plazo anterior distinguiendo dos supuestos: de un lado, las empresas que, estando obligadas a negociar las medidas, cuenten con convenio o acuerdo de empresa o con representación legal, que han de constituir la comisión negociadora en un plazo máximo de los tres meses siguientes a la entrada en vigor de este Real Decreto o, en todo caso, al momento en que alcancen el número de personas de plantilla que lo hacen obligatorio; por otro, cuantas estén vinculadas por la norma

---

26 SERRANO GARCÍA, J., "La nueva regulación de los planes de igualdad", en *Acciones públicas y privadas para lograr la igualdad en la empresa*, Dykinson, Madrid, 2021, p. 55.

pero no cuenten ni con convenio o acuerdo ni con representantes, el plazo máximo para la constitución de la comisión negociadora será de seis meses.

5. EL CONTENIDO DE LAS MEDIDAS DESTINADAS A ALCANZAR LA IGUALDAD REAL Y LA INCLUSIÓN DE LAS PERSONAS LGTBI

Los sujetos que intervienen en la negociación colectiva gozan de libertad para negociar y acordar aquellas medidas que, dentro del respeto al conjunto del ordenamiento, consideran que contribuyen de forma eficaz a alcanzar la igualdad real y que tienen en cuenta las dificultades y escollos que afrontan las personas LGTBI en el trabajo, teniendo en cuenta las características y peculiaridades de la actividad y de la organización productiva.

Partiendo (y respetando) la afirmación precedente, el art. 7 del Reglamento dispone que las medidas acordadas destinadas a garantizar la igualdad real y efectiva de las personas LGTBI en el ámbito laboral han de tener un desarrollo transversal. Este calificativo parece hacer referencia a su incorporación con carácter general a lo largo de todos los apartados convencionales y su aplicación en cualquiera de las condiciones laborales.

A continuación, el art. 8 diseña una estructura y contenido de dichas medidas en función de si las empresas cuentan con convenio de ámbito superior o no (*rectius*, si las medidas son negociadas en el marco de un convenio supraempresarial o son negociadas a nivel de empresa, bien dentro de un convenio existente, bien fuera porque cuenten con representación o porque hayan constituido la comisión en los términos examinados).

En el segundo de los casos, esto es, cuando no se negocian en el ámbito supraempresarial, el acuerdo que contenga estas medidas ha de estructurarse al menos, con el siguiente contenido, a semejanza del contenido obligacional mínimo que señala el art. 85 ET:

a) Determinación de las partes negociadoras.

b) Ámbito personal, territorial y temporal (no menciona el funcional, en tanto pretende ser de aplicación a toda la organización productiva). De igual modo a cuanto acontece con los planes de igualdad, tampoco cabría la exclusión de ciertos colectivos de personas trabajadoras, aun cuando sí la previsión de medidas específicas para ellos[27]. Cuestión distinta resultaría si se incorporan a un convenio colectivo, en tanto habrá de regirse por su propio ámbito personal y funcional de aplicación.

c) Procedimiento para solventar las posibles discrepancias que pudieran surgir en la aplicación de las medidas planificadas acordadas, aun sin remitir a los procedimientos de solución extrajudicial de conflictos existente.

Falta, de compararlo con el art. 85.3 ET, el procedimiento de denuncia (que podría/debería regularse junto con la duración temporal del pacto) y la posibilidad de establecer una comisión paritaria, la cual se conformaría por las personas negociadoras y encargadas de la supervisión. Lógicamente, cuando las medidas estén ubicadas en el texto de un convenio colectivo estatutario, habrá de atenderse a su propio procedimiento de denuncia y ultraactividad; en cambio, de realizarse mediante un acuerdo específico, cabría pensar tanto en el pacto de una denuncia automática y unida a ella su vigencia ultraactiva.

---

27 AA.VV. (CAVAS MARTÍNEZ, F. y FERRANDO GARCÍA, F.M., Dirs,), *Guía práctica de planes de igualdad para empresas privadas y públicas*, Laborum, Murcia, 2022, p. 141.

En las empresas que cuenten con convenio colectivo de ámbito superior al de empresa, el ámbito personal, territorial y temporal será el establecido en el propio convenio colectivo.

Frente al límite temporal impuesto en los planes de igualdad, en este caso el art. 9 del reglamento vincula su vigencia a la del convenio colectivo cuando se hayan negociado en ese marco o a la acordada entre las partes si se ha vehiculizado mediante un acuerdo de empresa.

Recuerda el art. 9.2 que se pueden establecer plazos para evaluar el cumplimiento de las medidas planificadas acordadas, que en todo caso deberán revisarse cuando se ponga de manifiesto su falta de adecuación a los requisitos legales y reglamentarios o su insuficiencia, especialmente cuando se detecte como resultado de la actuación de la Inspección de Trabajo y Seguridad Social. Por tanto, deja libertad absoluta a las partes para fijar plazos para su revisión (a salvo la vigencia vinculada a la del convenio cuando se negocien en su seno), condicionada únicamente a una actuación de la Inspección de Trabajo que detecte su insuficiencia, o bien que las partes negociadoras por acuerdo consideren que son insuficientes y planteen su revisión (cuestión altamente improbable). Contrasta con el límite de cuatro años establecido para los planes de igualdad, así como con la exigencia de establecer un calendario de cumplimiento y la necesidad de revisar y evaluar el cumplimiento de las medidas destinadas a alcanzar los objetivos.

En todos los casos, y referido al contenido concreto, sin perjuicio de la libertad de las partes para determinar las medidas planificadas, los convenios colectivos o acuerdos de empresa deberá contemplar, al menos, las medidas planificadas que se disponen en el anexo I, incluyendo asimismo un protocolo frente al acoso y violencia donde se identifiquen prácticas preventivas y mecanismos de detección y de actuación frente al mismo, cuyo contenido se ha de ajustar a lo dispuesto en el anexo II.

La remisión que se hace como contenido mínimo al previsto en el anexo I acarreará como consecuencia (querida o no) que las personas negociadoras se limiten a trasladar fielmente en cada ámbito el mencionado anexo y difícilmente ampliarán o ajustarán su contenido, tal y como sucedió en los primeros tiempos de la LO 3/2007, y de ampliar su contenido, se queden en meras declaraciones de buenos propósitos e intenciones[28].

En el Anexo I contiene un elenco de contenidos que deberán venir reflejados en el contenido pactado, a modo de objetivos a alcanzar, pero sin diseñar el medio para lograrlos, que habrá de estar vinculado con las concretas circunstancias y condiciones de la empresa o del sector o subsector donde se pacten.

– En primer lugar, propone pactar cláusulas de igualdad de trato y no discriminación que contribuyan a crear un contexto favorable a la diversidad y a avanzar en la erradicación de la discriminación de las personas LGTBI, con referencia expresa no sólo a la orientación e identidad sexual sino también a la expresión de género o características sexuales. Parece remitirse el literal propuesto a menciones (más o menos genéricas) a la igualdad de trato y no discriminación donde consten específicamente referencias a todas las causas de discriminación contenidas en la Ley 4/2023.

– En segundo término, han de preverse medidas respecto al acceso al empleo y para ello ordena erradicar estereotipos en este ámbito de las personas LGTBI, y garantizar un "adecuado" proceso de selección y contratación que priorice la formación o idoneidad de la persona para el puesto de trabajo, independientemente de su orientación e identidad sexual o su expresión de género, con especial atención a las personas trans

---

28 SERRANO GARCÍA, J., "La nueva regulación de los planes de igualdad", cit., p. 48.

como colectivo especialmente vulnerable. En concreto, enfatiza la necesidad de formación adecuada de las personas que participan en los procesos de selección y el establecimiento de "criterios claros y concretos", aunque no menciona que sean objetivos ni que prioricen a colectivos infrarrepresentados mediante alguna acción positiva a tal efecto.

– En tercero, ordena regular criterios para la clasificación, promoción profesional y ascensos, de forma que no conlleven discriminación directa o indirecta para las personas LGTBI, basándose, aquí sí que los menciona específicamente, en elementos objetivos, entre otros los de cualificación y capacidad, garantizando el desarrollo de su carrera profesional en igualdad de condiciones. De nuevo, plantea la materia y la finalidad, pero no el medio para lograrlo, que no puede quedarse en una simple cláusula convencional que se limite a reproducir el literal.

– En cuarto lugar, han de incorporarse a los planes de formación módulos específicos sobre los derechos de las personas LGTBI en el ámbito laboral, con especial incidencia en la igualdad de trato y oportunidades y en la no discriminación.

La formación ha de dirigirse a toda la plantilla, incluyendo a los mandos intermedios, puestos directivos y personas trabajadoras con responsabilidad en la dirección de personal y recursos humanos. Y vuelve a señalar los contenidos mínimos de dicha formación:

– Conocimiento general y difusión del conjunto de medidas planificadas LGTBI recogidas en el o los convenios colectivos de aplicación en la empresa o los acuerdos de empresa en su caso, así como su alcance y contenido.

– Conocimiento de las definiciones y conceptos básicos sobre diversidad sexual, familiar y de género contenidas en la Ley 4/2023, de 28 de febrero, para la igualdad real y efectiva de las personas trans y para la garantía de los derechos de las personas LGTBI.

– Conocimiento y difusión del protocolo de acompañamiento a las personas trans en el empleo, en caso de que se disponga del mismo.

– Conocimiento y difusión del protocolo para la prevención, detección y actuación frente al acoso discriminatorio o violencia por razón de orientación e identidad sexual, expresión de género y características sexuales.

Y como cláusula al margen de ese contenido mínimo, habla de fomentar medidas (sin especificar o ejemplificar cuáles) para garantizar la utilización de un lenguaje respetuoso con la diversidad.

Propone también promover la heterogeneidad de las plantillas para lograr entornos laborales diversos, inclusivos y seguros, y para ello ordena garantizar la protección contra comportamientos LGTBIfóbicos, especialmente, a través de los protocolos frente al acoso y la violencia en el trabajo. Esta diseminación de las menciones al acoso contra los colectivos LGTBI a lo largo de la norma denota tanto la sensibilidad con el tema como el firme objetivo de su eliminación.

Este RD 1026/2024 parece apostar no por acciones positivas que promuevan la contratación y/o promoción de plantillas diversas, sino por actuaciones destinadas a proteger frente al acoso y garantizar la no discriminación mediante la creación de ambientes laborales más respetuosos que inclusivos.

– En quinto, prevé atender a la realidad de las familias diversas, cónyuges y parejas de hecho LGTBI, garantizando el acceso a los permisos, beneficios sociales y derechos sin discriminación por razón de orientación e identidad sexual y expresión de género. En este sentido, ordena garantizar a todas las personas trabajadoras el disfrute en condiciones de igualdad de los permisos que, en su caso, establezcan los convenios o acuerdos colectivos para la asistencia a consultas médicas o trámites legales, con especial atención a las personas trans.

Sin embargo, no debería existir diferencia alguna a la hora de acceder a los distintos permisos y licencias regulados en el ET y desarrollados por los convenios o incluso creados por estos últimos fuera del amparo legal por parte de los trabajadores, cualquiera que fuere su orientación (o su identidad) sexual[29]. Quizá la mayor dificultad existente a la hora de ejercer estos derechos radique en la invisibilización y ocultamiento que, para evitar situaciones de discriminación y acoso, llevan a cabo las personas pertenecientes a los colectivos LGTBI y por tal razón, debería reforzarse la protección a la intimidad a la hora de ejercer estos derechos y, desde luego, eliminar cualquier atisbo de acoso.

En cambio, no prevé la regulación de un permiso especial destinado a la atención médica de las personas trans, por ejemplo, sino el acceso en igualdad a los previstos en la negociación colectiva.

– Por último, ordena integrar en el régimen disciplinario que se regule en los convenios colectivos, infracciones y sanciones por comportamientos que atenten contra la libertad sexual, la orientación e identidad sexual y la expresión de género de las personas trabajadoras. Lógicamente, esta incorporación en el régimen disciplinario parece estar pensada para su negociación en el seno del convenio colectivo, y no mediante acuerdo de empresa de forma separada respecto al resto de infracciones y sanciones.

---

[29] ÁLVAREZ CUESTA, H., "Previsiones convencionales sobre causas de discriminación olvidadas", en *Nuevos escenarios y nuevos contenidos de la Negociación Colectiva*, Ministerio de Trabajo y Economía Social, Madrid, 2020, pp. 447 y ss.

No contempla la prohibición del despido discriminatorio, la retribución, la evitación de la segregación vertical u horizontal o el resto de condiciones laborales a diferencia de lo previsto en los planes de igualdad[30]. Guarda silencio sobre la seguridad y salud laboral, en tanto las personas LGTBI sufren de una especial vulnerabilidad frente al riesgo psicosocial (expuestas a la amenaza latente de la discriminación o víctimas de la invisibilidad y la autocensura[31]), pues solo se presta atención a la hipótesis de acoso, sin contemplar la situación general del colectivo de cara a realizar una llamada convencional para su consideración en la evaluación de riesgos y, en su caso, la planificación preventiva[32].

Por supuesto, tampoco exige (ni pudiera hacerlo) la realización de un diagnóstico que permita plantear objetivos y medidas para llevarlos a cabo. El respecto a la intimidad de las personas trabajadoras impide totalmente poder obtener un dibujo fiel de la situación laboral en esa empresa o subsector de las personas LGTBI, aun cuando es cierto que cabría (dado que las empresas obligadas tienen más de 50 personas trabajadoras) formular una encuesta anónima y voluntaria que permitiera obtener algunas respuestas, opiniones o pasos a dar en este ámbito.

La falta de datos reales obtenidos en el contexto de la empresa en cuestión impide (más bien limita) que el reglamen-

---

30 Sobre su contenido, AA.VV. (CAVAS MARTÍNEZ, F. y FERRANDO GARCÍA, F.M., Dirs,), *Guía práctica de planes de igualdad para empresas privadas y públicas*, cit., pp. 87 y ss.

31 Al respecto, AGUILAR DEL CASTILLO, M.C.: "La invisibilidad de la diversidad del colectivo LGTBI como factor de riesgo laboral", en *Realidad social y discriminación. Estudios sobre diversidad e inclusión laboral,* Laborum, Murcia, 2022, p. 163

32 Denunciando su ausencia en la negociación colectiva, AGRA VIFORCOS, B., "La orientación sexual de los trabajadores en la negociación colectiva", cit., p. 53.

to contenga referencia alguna (que sí tiene el reglamento de planes de igualdad) dirigida a la adaptación y vinculación de las medidas con la situación y circunstancias concurrentes en la empresa.

En fin, cabe detectar la ausencia a menciones específicas al colectivo de personas transexuales referidas a garantizar su transición, el respeto a su nombre, la utilización de las instalaciones de la empresa según su identidad sexual o la adecuación de la ropa de trabajo o de los equipos de protección individual.

6. LA OBLIGATORIEDAD DEL PROTOCOLO ANTIACOSO

El art. 15 de la Ley 4/2023 exige a las empresas con más de cincuenta personas trabajadoras dotarse de protocolos para afrontar situaciones de acoso contra integrantes del colectivo LGTBI, pero lo hace sirviéndose de un literal que parece pensar solo en acciones reactivas. Y esta redacción choca con el afán preventivo que impregna la regulación "modelo", dictada frente al acoso sexual y por razón de sexo[33].

No cabe duda que es un elemento central en la lucha por la igualdad, habida cuenta dentro de los posibles riesgos a arrostrar por una persona perteneciente a los colectivos LGTBI no cabe pasar por alto el acoso por parte de sus compañeros y/o superiores. El comportamiento negativo de unos u otros creará un entorno laboral intimidatorio, hostil o humillante para la persona que es objeto del acoso, con la finalidad de conseguir un autoabandono del trabajo y producir un daño progresivo y continuo a su dignidad. Múltiples estudios han analizado los factores que inciden en estos comportamientos; entre ellos,

---

33 AGRA VIFORCOS, B., "La orientación sexual de los trabajadores en la negociación colectiva", cit., p. 58.

destaca la llegada de una persona cuyas características no coincidan con las del grupo en las que se integra, denominado "síndrome de rechazo del cuerpo extraño"[34].

Respecto al protocolo, el reglamento prevé la posibilidad de acatar la obligación incorporando una mención expresa a las personas LGTBI en el protocolo general (que podría ser aquel destinado a atajar el acoso sexual y por razón de sexo) o bien permite que se amplíe este para incluir a estos colectivos, opción que ya había sido tomada por varios convenios colectivos.

En cualquier caso, el Anexo II marca la estructura de los protocolos de actuación para la atención del acoso y la violencia contra las personas LGTBI, los cuales necesariamente han de ajustarse, como mínimo (siempre cabrá la mejora de las cláusulas) a los siguientes apartados:

a) Declaración de principios en la que se manifieste el compromiso explícito y firme de no tolerar en el seno de la empresa ningún tipo de práctica discriminatoria considerada como acoso por razón de orientación e identidad sexual y expresión de género, quedando prohibida expresamente cualquier conducta de esta naturaleza. Tal y como está redactado, los protocolos que se desarrollen seguirán idéntico literal.

b) Prevé un ámbito de aplicación extensivo: el protocolo será de aplicación directa a las personas que trabajan en la empresa independientemente del vínculo jurídico que los una a ésta, siempre que desarrollen su actividad dentro del ámbito organizativo de la empresa. No cabe

---

34 ÁLVAREZ CUESTA, H., "Discriminación por opciones o preferencias sexuales", en *Diccionario internacional de Derecho del Trabajo y de la Seguridad Social,* Tirant lo blanch, Valencia, 2013, pp. 793 y ss. y ALVENTOSA DEL RÍO, J., *Discriminación por orientación sexual e identidad de género en el Derecho español,* MTAS, Madrid, 2008.

duda que se ha de aplicar a todas las personas trabajadoras de la empresa, cualquiera que sea su contrato laboral, a las personas puestas a disposición a través de una ETT, y, según como se interprete ámbito organizativo, a las personas que trabajen en contratas y subcontratas que compartan centro de trabajo y a las personas autónomas que compartan centro o lugar de trabajo. En el caso de las personas puestas a disposición, es posible que la ETT cuente con medidas propias a tal efecto y, en tal caso, procedería la solución ya apuntada en los planes de igualdad: se aplicaría de forma preferente las de la empresa usuaria en virtud del art. 11 LETT, sin perjuicio de poder entender las de la ETT como complementarias[35].

Asimismo, extiende el protocolo a quienes solicitan un puesto de trabajo y con todas las dificultades que ello apareja, a los proveedores, clientes, visitas, entre otros. No especifica si se les extiende para su protección como posibles víctimas (opción más plausible, pero que podría interactuar con el protocolo propio de la empresa a la que pertenezcan) o como posibles sujetos activos del acoso (quienes en todo caso estarían incorporados vía protección de la persona trabajadora que fuera víctima).

c) Los principios rectores y garantías del procedimiento son:

- Agilidad, diligencia y rapidez en la investigación y resolución de la conducta denunciada que deben ser realizadas sin demoras indebidas, respetando los pla-

---

35 ARAGÓN GÓMEZ, C. y NIETO ROJAS, P., *Planes de igualdad en las empresas. Procedimiento de elaboración e implantación*, cit., p. 110.

zos que se determinen para cada parte del proceso y que constarán en el protocolo.

- Respeto y protección de la intimidad y dignidad a las personas afectadas ofreciendo un tratamiento justo a todas las implicadas.
- Confidencialidad: las personas que intervienen en el procedimiento tienen obligación de guardar una estricta confidencialidad y reserva, no transmitirán ni divulgarán información sobre el contenido de las denuncias presentadas, en proceso de investigación, o resueltas.
- Protección suficiente de la víctima ante posibles represalias, atendiendo al cuidado de su seguridad y salud, teniendo en cuenta las posibles consecuencias tanto físicas como psicológicas que se deriven de esta situación y considerando especialmente las circunstancias laborales que rodeen a la persona agredida.
- Contradicción, a fin de garantizar una audiencia imparcial y un trato justo para todas las personas afectadas.
- Restitución de las víctimas: si el acoso realizado se hubiera concretado en una modificación de las condiciones laborales de la víctima, la empresa debe restituirla en sus condiciones anteriores, si así lo solicitara.
- Prohibición de represalias: queda expresamente prohibido y será declarado nulo cualquier acto constitutivo de represalia, incluidas las amenazas de represalia y las tentativas de represalia contra las personas que presenten una comunicación de denuncia por los medios habilitados para ello, comparezcan como testigos o ayuden o participen en una investigación sobre acoso.

d) Procedimiento de actuación: El protocolo determinará el procedimiento para la presentación de denuncia o queja, así como el plazo máximo (no fija días y será una de las cuestiones a abordar cuando no se haya negociado el mismo) para su resolución.

La denuncia puede presentarse por la persona afectada o por quien ésta autorice, mediante el procedimiento acordado para ello y ante la persona que se determine de la Comisión encargada del proceso de investigación.

En caso de que la denuncia no sea presentada directamente por la persona afectada, se deber incluir su consentimiento expreso e informado para iniciar las actuaciones del protocolo.

Prevé la posibilidad de adoptar medidas cautelares: tras la recepción de la queja o denuncia y, una vez constatada la situación de acoso, se adoptarán medidas cautelares o preventivas que aparten a la víctima del acosador mientras se desarrolla el procedimiento de actuación hasta su resolución.

En el plazo máximo de los días hábiles acordados (de nuevo guarda silencio y no establece plazo supletorio alguno), y desde que se convoca la Comisión ésta tiene que emitir un informe vinculante en uno de los sentidos siguientes:

- Constata indicios de acoso objeto del protocolo y, si procede, propone la apertura del expediente sancionador.
- No aprecia indicios de acoso objeto del protocolo.

El informe deberá incluir, como mínimo, la descripción de los hechos, la metodología empleada, la valoración del caso, los resultados de la investigación y las medidas cautelares y/o preventivas, si procede.

e) Resolución: En esta fase se tomarán las medidas de actuación necesarias teniendo en cuenta las evidencias, recomendaciones y propuestas de intervención del informe emitido por la Comisión.

Si hay evidencias de la existencia de una situación de acoso por razón de orientación e identidad sexual o expresión de género, se instará la incoación de un expediente sancionador por una situación probada de acoso, se pedirá la adopción de medidas correctoras, y, si procede, se continuarán aplicando las medidas de protección a la víctima.

Si no hay evidencias de la existencia de una situación de acoso se procederá a archivar la denuncia.

Falta en el *iter* descrito la mención al derecho a la asistencia de un representante de las personas trabajadoras, aun cuando fuera a efectos didácticos o como recordatorio.

7. LA INCLUSIÓN EN LOS PLANES DE IGUALDAD DE LA ATENCIÓN ESPECÍFICA A LAS MUJERES TRANS

En pura teoría, debería ser indiferente la identidad sexual o de género de una persona, o su cambio a la hora de desempeñar un trabajo, pero, en la realidad, quienes están o han estado inmersos en un proceso de transición encontrarán obstáculos casi invencibles para obtener o incluso conservar su trabajo, y las dificultades se acentúan durante la fase de cambio, baste indicar que el índice de desempleo durante este momento oscila entre un 60 a un 80%[36].

---

[36] Resolución del Parlamento Europeo sobre discriminación de los transexuales de septiembre de 1989. Pese al tiempo transcurrido, los datos no parecen haber mejorado.

Por tales razones, la Ley 4/2023 tiene como uno de sus objetivos reforzar la lucha contra la discriminación por razón de identidad de género, trasladando a la normativa española, y especialmente al ordenamiento laboral, el derecho de igualdad reconocido por la Carta de los Derechos Fundamentales de la Unión Europea, la Convención Europea de Derechos Humanos o la Directiva 2000/78/CE del Consejo, de 27 de noviembre de 2000, relativa al establecimiento de un marco general para la igualdad de trato en el empleo y la ocupación. Para ello, incluye a las personas trans dentro del colectivo a proteger a la hora de negociar y aplicar las medidas *supra* analizadas y, además, introduce una referencia específica a las mujeres trans[37].

El ap. 3 del art. 55 estipula de manera precisa que "en la elaboración de planes de igualdad y no discriminación se incluirá expresamente a las personas trans, con especial atención a las mujeres trans". La norma, sin embargo, no prevé una modificación de norma vigente alguna, si bien parecería necesario incorporar esta previsión expresamente a la normativa sobre planes de igualdad y no quedar extramuros de la misma.

Sin embargo, como ya se ha mencionado, se echa en falta una atención específica a las personas trans (no solo a las mujeres trans) a lo largo del contenido que incorpora el reglamento y la demanda de una protección adecuada a los problemas que tradicionalmente han sufrido a la hora de acceder o mantener un empleo[38].

---

[37] GARCÍA GARCÍA, A., "Ley 4/2023. Diez novedades en clave laboral", cit., p. 177.

[38] Al respecto, ÁLVAREZ CUESTA, H., "Igualdad y no discriminación en el trabajo por razón de identidad sexual", *RDS*, 65, 2014.

8. LA INCLUSIÓN DE CLÁUSULAS DE DIVERSIDAD Y MEDIDAS PARA ALCANZAR LA IGUALDAD LABORAL DE LAS PERSONAS LGTBI EN LA NEGOCIACIÓN COLECTIVA

A continuación, conviene reflexionar sobre el impacto de la Ley 4/2023 en la negociación colectiva, partiendo de la premisa del escaso tiempo transcurrido y de la falta de desarrollo reglamentario que impide obtener conclusiones y establecer una teoría general. Para ello, se parte de los estudios específicos realizados sobre el contenido de los convenios colectivos con anterioridad a su promulgación para abordar posteriormente el análisis de las cláusulas negociadas ya vigente esta norma.

En cuanto hace a la negociación colectiva anterior, no han faltado análisis específicos sobre las medidas en materia de diversidad contenidas en los años precedentes en la negociación colectiva[39] y cuyos resultados no invitaban a la esperanza.

Así, quien mejor ha analizado este contenido afirmaba "la escasa innovación que contienen en este aspecto". La mayoría reproducen las previsiones legales referidas a la no discriminación y a la aplicación del principio de igualdad; y cuantos dan un paso más solo incluyen la orientación y la identidad sexual como causas vetadas de acoso en la empresa, diseñando, si acaso, un protocolo para evitarlo. Sigue faltando, por tanto, un contenido convencional a medida de estas causas de discriminación que no solo prohíban, sino que impulsen la diversidad y la igualdad en las empresas, por ejemplo, en la regulación de los permisos, en las evaluaciones de riesgos psicosociales frente

---

[39] Excelente análisis en MENÉNDEZ CALVO, R., "Negociación colectiva inclusiva: diversidad e igualdad en el actual modelo empresarial", cit., pp. 279 y ss.

a situaciones de LGTBI fobia, en el acceso, en el diseño de espacios comunes o en la utilización de terminología inclusiva[40].

En esta línea, se afirma cómo "se echan en falta medidas concretas más incisivas de cara a lograr los objetivos de la igualdad y la erradicación de la violencia en el trabajo. Además de aquellas dictadas solo para las personas transexuales (acciones positivas, protección social complementaria, vigilancia de la salud, etc.), otras que alcancen a todo el colectivo LGTBI". Llama la atención de forma destacada la ausencia de referencias significativas (salvo las incluidas en los protocolos antiacoso) a la formación y sensibilización del personal y los directivos. No existe previsión alguna en relación "con el diagnóstico sobre la diversidad en la empresa o actuaciones a seguir para fomentarla (que, de existir, habrán de asumir las restricciones existentes respecto a las preguntas admisibles o al tratamiento de datos sensibles), el desarrollo de políticas específicas de inclusión y visibilización del hecho LGTBI y de las personas del colectivo (en particular en los diversos niveles de responsabilidad -pues también es importante la existencia de referentes-), la conformación de grupos y redes LGTBI…, la atención a los riesgos psicosociales del colectivo LGTBI en las evaluaciones de riesgos y planificaciones preventivas o, por no seguir, un lenguaje y una comunicación inclusivos y no discriminatorios"[41].

Esta pobreza de resultados apreciada en el panorama negocial posiblemente obedezca a una pluralidad de causas: "un interés solo relativo por parte de unos interlocutores en cuya lista de prioridades no figura el colectivo LGTBI, la negativa de la patronal a entrar en la cuestión (por rechazar la existencia de un problema de discriminación o por entender suficiente

---

40 ÁLVAREZ CUESTA, H., "Previsiones convencionales sobre causas de discriminación olvidadas", cit., pp. 447 y ss.

41 AGRA VIFORCOS, B., "La orientación sexual de los trabajadores en la negociación colectiva", cit., p. 46.

una cláusula antidiscriminatoria general), la falta de concienciación en los negociadores o la ausencia de representación LGTBI en las mesas de negociación"[42]; y, desde luego, una clara invitación (impulso) por parte de las normas legales.

Ante este panorama, cabe clasificar tanto los convenios que recogen este tipo de cláusulas como las organizaciones productivas a las que se aplican o que desarrollan una política de diversidad. "Así, por un lado, hay que diferenciar tres tipos de convenios: los de mínimos, al aludir sólo a la orientación sexual; los intermedios, por incluir el género, aunque no en todas sus acepciones; y, por último, los de máximos, que serían ejemplos a seguir, puesto que mencionan la orientación sexual y la identidad y expresión de género. En cualquier caso, una nota común en los convenios colectivos es que la incorporación del hecho diferencial LGTBI+ se está haciendo de manera precipitada y asistemática. Y ello, hasta tal extremo que se dan faltas de concordancias como el hecho de incluirlo en unas condiciones de trabajo, y no en otras"[43].

De otro, "el modelo de empresas en relación con las políticas de gestión de la diversidad inclusiva arroja tres tipos de entidades empleadoras: las que niegan la existencia de discriminaciones porque formalmente están prohibidas y se declaran respetuosas con el principio de igualdad; las que prohíben interna y externamente la discriminación con medidas programáticas en mayor o menor calado o declaraciones corporativas sin acciones concretas que faciliten la inclusión equitativa de todas las personas; y en menos casos con un perfil de gran empresa multinacional las que se contienen medidas inclusivas

---

[42] AGRA VIFORCOS, B., "La orientación sexual de los trabajadores en la negociación colectiva", cit., p. 46.

[43] MORALES ORTEGA, J.M., "Discriminación, diversidad e inclusión LGBTI+ en los entornos laborales: un análisis de la responsabilidad social empresarial y de la negociación colectiva", cit.

efectivas y eficaces que hacen posible la integración laboral de cualquier persona con independencia de su condición personal o privada"[44].

Con todo, cabe advertir cómo el número de pactos colectivos que realizan algún tipo de mención a este contenido va en aumento, aun cuando la mayoría de los convenios analizados se limitan a repetir el principio de igualdad y no discriminación contenido en el Estatuto de los Trabajadores mediante la enumeración de las causas. Así, incorporan la orientación sexual junto con otras causas "clásicas" de discriminación y prohíben cualquier decisión empresarial que pueda suponer discriminación directa o indirecta por tal razón[45]. De hecho, la cuestión es heredera de los planteamientos aplicados a la regulación de la igualdad de género y esto se hace patente en muchos convenios, pues la incorporan dentro de la cláusula referida a igualdad entre mujeres y hombres[46].

Varios reproducen este derecho a la no discriminación en determinadas condiciones laborales, como acceso[47], promoción[48], salario[49] o despido.

---

[44] MENÉNDEZ CALVO, R., "Negociación colectiva inclusiva: diversidad e igualdad en el actual modelo empresarial", cit., p. 281.

[45] Basten como ejemplos los siguientes: convenio colectivo del Grupo Supermercados Carrefour (BOE núm. 141 de 14 de junio de 2023) o art. 118 VII convenio colectivo general del sector de la construcción (BOE núm. 228 de 23 de septiembre de 2023).

[46] AGRA VIFORCOS, B., "La orientación sexual de los trabajadores en la negociación colectiva", cit., p. 50.

[47] Art. 42.1 convenio colectivo de restauración colectiva (BOE núm. 299 14 de diciembre de 2022).

[48] Art. 28 IV Convenio colectivo estatal de la industria de las nuevas tecnologías y los servicios del sector del metal (BOE núm. 10 12 de enero de 2022).

[49] Art. 42 convenio colectivo de restauración colectiva (BOE núm. 299 14 de diciembre de 2022).

Con carácter meramente programático, en apariencia, son aquellos convenios que, además de reconocer el derecho a la igualdad y no discriminación, tratan de fomentar la diversidad en la empresa[50]. Para ello, las vías utilizadas pasan por involucrar a todas las personas trabajadoras y en especial a la empresa para alcanzar una verdadera diversidad; o bien apostar por la neutralidad tal y como parece propugnar el Reglamento.

Dentro de la política de diversidad y de lucha contra la discriminación, destacan cuantos acuerdos crean comisiones especializadas en la materia de igualdad; o atribuye dicha competencia a la paritaria para desarrollar un Plan de diversidad, sea con carácter general[51] o específico para el colectivo LGTBI. Otros encomiendan a la comisión de igualdad "desarrollar políticas tendentes a impedir cualquier tipo de discriminación por razones de sexo, orientación sexual, edad, discapacidad, etc."[52].

Falta, no obstante, una mayor precisión en las garantías que se puedan prever a la hora de acceder al empleo en una determinada empresa o sector que eviten la discriminación por tal causa y, dando un paso más, cabe destacar la ausencia de una política que apueste por la diversidad (salvo las declaraciones ya vistas) y promueva la contratación de trabajadores con distintas orientaciones sexuales.

---

50 Art. 44 Convenio colectivo estatal para las empresas del comercio de flores y plantas (BOE núm. 211, 03 de septiembre de 2021).

51 Art. 55 IV Convenio colectivo estatal de la industria de las nuevas tecnologías y los servicios del sector del metal (BOE núm. 10 12 de enero de 2022) y art. 53 III Convenio colectivo estatal de la industria, la tecnología y los servicios del sector del metal (CEM) (BOE núm. 304, de 19 de diciembre de 2019).

52 Disposición transitoria 1ª Convenio colectivo de Airbus Defence and Space, SAU, Airbus Operations, SL, y Airbus Helicopters España, SA (BOE núm. 108, de 6 de mayo de 2022).

Además de estas cláusulas, la mejor apuesta para evitar la discriminación en el acceso pasa por el diseño de un sistema objetivo de acceso y promoción fundado en la igualdad, mérito y capacidad, sin que los recientes programas informáticos que utilizan algoritmos supriman *per se* desviaciones ni discriminación a la hora de analizar las solicitudes[53].

Los convenios, en su régimen disciplinario, detallan con mayor o menor precisión el elenco de faltas leves, graves y muy graves que llevan aparejada la correspondiente y graduada sanción. La discriminación por orientación sexual aparece en este capítulo convencional calificada como falta si cometida por una persona trabajadora y graduada en relación con las circunstancias del hecho, aun cuando en la mayor parte de los pactos constituye falta muy grave que podría llevar aparejado el despido disciplinario, en la línea de la regulación contenida en el art. 54.2 ET[54].

El acoso motivado por la orientación sexual ha merecido una mayor atención por parte de los agentes sociales; al efecto, han diseñado protocolos cada vez más detallados y minuciosos. En ellos, se define el significado y características del acoso, se prohíbe, se considera tal conducta una falta muy grave constitutiva de despido disciplinario y, en fin, cabe destacar cuantos incorporan un procedimiento de actuación bien para preve-

---

53 ÁLVAREZ CUESTA, H., "Previsiones convencionales sobre causas de discriminación olvidadas", cit, pp. 447 y ss.

54 Art. 65 V Convenio colectivo sectorial estatal de servicios externos auxiliares y atención al cliente en empresas de servicios ferroviarios (BOE núm. 58 de 09 de marzo de 2022); art. 86 XXII Convenio colectivo de ámbito estatal para las industrias extractivas, industrias del vidrio, industrias cerámicas y para las del comercio exclusivista de los mismos materiales (BOE núm. 150 de 24 de junio de 2022).

nirlo, bien para establecer mecanismos de actuación en caso de que ocurra[55].

Sin embargo, han limitado las referencias a la orientación sexual y no incorporan (generalmente) la identidad sexual y la expresión de género. Tampoco la inclusión del acoso por orientación sexual en los protocolos antiacoso ha venido acompañada del establecimiento de particularidades en la regulación del procedimiento a seguir, por lo que aquella situación sigue quedando sujeta a las pautas de general aplicación[56].

Como resumen incompleto, cabe detectar avances y una mayor preocupación de los sujetos negociadores pero dicho interés aparece limitado a lugares comunes y programáticos o clásicos y redundantes.

A partir de la entrada en vigor de la Ley 4/2023, se detecta un atisbo de innovación en las cláusulas y un mayor interés en reflejar lo dispuesto en dicha norma.

Siguen conteniendo medidas programáticas, si bien no se limitan a mencionar la orientación o identidad sexual, sino que incorporan la mención al colectivo LGTBI en sintonía con la norma analizada: "las empresas especialmente velarán por la igualdad de derechos laborales, la igualdad y la protección de la dignidad del personal perteneciente al colectivo LGTBI"[57].

---

55 Art. 101 Convenio colectivo estatal para el sector de mayoristas e importadores de productos químicos industriales y de droguería, perfumería y anexos (BOE núm. 231, de 27 de septiembre de 2021) y art. 47 Convenio colectivo de Pro a Pro Hostelería Organizada, SAU, para sus centros de trabajo de Madrid, Barcelona, Las Palmas de Gran Canaria y Palma de Mallorca (BOE núm. 16, de 19 de enero de 2023).

56 AGRA VIFORCOS, B., "La orientación sexual de los trabajadores en la negociación colectiva", cit., p. 59.

57 Art. 94 III Convenio colectivo de ámbito estatal del sector de contact center (BOE núm. 137, de 9 de junio de 2023) y art. 10 III Convenio

Imponen la igualdad y no discriminación de las personas LGTBI en el proceso de selección[58]; la promoción[59]; o la retribución[60] y para ello abogan por la utilización de criterios objetivos y neutros.

Algún pacto, siguiendo regulaciones de convenios anteriores, extienden a la Comisión de Igualdad entre mujeres y hombres las competencias relativas a las personas LGTBI[61] otorgándole entre otros el desarrollo de los siguientes contenidos[62]:

- Cláusulas antidiscriminatorias que incluyan la orientación sexual y la identidad de género.
- Definiciones de tipos de familias en las que estén incluidas las parejas que forman gays y lesbianas.
- Asegurar que los beneficios sociales sean también para las parejas del mismo sexo.

---

colectivo de Telefónica de España, SAU; Telefónica Móviles España, SAU y Telefónica Soluciones de Informática y Comunicaciones, SAU (BOE núm. 52, de 28 de febrero de 2024).

58 Art. 9 III Convenio colectivo de Bureau Veritas Inspección y Testing, SLU y Bureau Veritas Solutions Iberia, SLU. BOE núm. 74, de 25 de marzo de 2024).

59 Art. 57 Convenio colectivo de Al Air Liquide España, SA, y Air Liquide Ibérica de Gases, SLU (BOE núm. 290, de 5 de diciembre de 2023).

60 Art. 57 Convenio colectivo de Al Air Liquide España, SA, y Air Liquide Ibérica de Gases, SLU (BOE núm. 290, de 5 de diciembre de 2023).

61 Art. 121 VII Convenio colectivo de industrias de ferralla 2023-2024 (BOE núm. 41, de 16 de febrero de 2024).

62 Art. 103 IX Convenio colectivo estatal del corcho (BOE núm. 214, de 7 de septiembre de 2023) y art. 58 Convenio colectivo estatal de tejas, ladrillos y piezas especiales de arcilla cocida (BOE núm. 292, de 7 de diciembre de 2023).

- Vigilancia de la salud específica, que se garantizará con personal formado e informado en orientación sexual e identidad de género.
- Desarrollo de protocolos de salud con orientación al tratamiento del VIH que contendrán campañas divulgativas.
- Desarrollo de protocolos de prevención del acoso discriminatorio por orientación sexual.
- Campañas divulgativas de sensibilización hacia la orientación sexual.

Los convenios comienzan a incluir al colectivo LGTBI en los protocolos antiacoso ya existentes referidos al acos sexual y por razón de sexo siguiendo lo indicado (y citando expresamente la Ley 4/2023): el protocolo antiacoso "también se aplicará en aquellos supuestos en los que se produzcan actos discriminatorios por razón de identidad u orientación sexual, en los términos previstos en la Ley 4/2023"[63]; mientras que algún pacto solo realiza esta fusión hasta tanto no se disponga de una normativa de desarrollo para las personas LGTBI específica[64].

No falta algún acuerdo que contiene un Protocolo de violencia (no referida al entorno laboral sino vital), el cual tiene como objetivo proteger y asistir en el ámbito laboral a las personas que sufren violencia de género y sexual, y que incluye a las personas LGTBI que sufren violencia en el ámbito familiar. La Empresa asume la responsabilidad de garantizar un entor-

---

63 Art. 71 Convenio colectivo estatal del sector de prensa diaria (BOE núm. 148, de 19 de junio de 2024).

64 Disposición adicional quinta VII Convenio colectivo estatal para la acuicultura (BOE núm. 108, de 3 de mayo de 2024).

no laboral seguro en el que se respete la dignidad de las personas[65].

Por último, se prevé adaptar permanentemente el catálogo de faltas de forma participativa y "posibilitar que se configure como un instrumento adecuado para garantizar la convivencia.., y de lucha contra la discriminación por razón de sexo, identidad de género, raza u opinión, como medida al amparo de la Ley Orgánica 3/2007… y la Ley 4/2023…, se establecerán los cauces necesarios para que las personas trabajadoras puedan proponer a través de sus representantes legales, nuevas conductas punibles, que se estudiarán en la Comisión Paritaria de Interpretación y Vigilancia"[66].

También existen cláusulas que extienden la concesión de los permisos a las parejas LGTBI[67] o a las parejas de hecho con independencia de su orientación/identidad sexual[68] (como no podía ser de otro modo de conformidad con la legislación estatal vigente). La novedad de este tenor es la inclusión de todos los colectivos LGTBI o la mención específica a la identidad sexual.

Se observa cómo varios convenios tratan de cumplir lo impuesto por la Ley 4/2023 y para ello se comprometen a negociar "medidas y recursos que permitan alcanzar la igualdad efectiva del colectivo LGTBI, incluyendo un protocolo de ac-

---

65 Art. 41 Convenio colectivo de Mercadona, SA (BOE núm. 52, de 28 de febrero de 2024).

66 Art. 59 IX Convenio colectivo de Telefónica IoT & Big Data Tech, SAU (BOE núm. 241, de 9 de octubre de 2023).

67 Art. 36 Convenio colectivo para las empresas del sector de harinas panificables y sémolas para los años 2023, 2024 y 2025 (BOE núm. 108, de 3 de mayo de 2024).

68 Art. 46 Convenio colectivo estatal para despachos de técnicos tributarios y asesores fiscales (BOE núm. 191, de 11 de agosto de 2023).

tuación para el acoso o la violencia"[69] o, sin citar explícitamente la norma, prevén "establecer directrices para la negociación de planes de igualdad así como medidas de la igualdad, diversidad e inclusión en las empresas, con el fin de prevenir la discriminación directa o indirecta por cuestiones de... orientación o identidad sexual (LGTBI)... Todo ello con el fin de alcanzar una gestión óptima de los recursos humanos que evite discriminaciones y pueda ofrecer oportunidades reales, apoyándose en un permanente recurso al diálogo social"[70]. Dicha negociación se atribuye en algún caso (tal y como hace el reglamento) al comité intercentros[71].

Otros apuestan por negociar las medidas referidas a los derechos de las personas LGTBI en el plan de igualdad ("a tal efecto, se negociarán en cada momento las medidas que permitan hacer efectivo dicho compromiso en el marco del Plan de Igualdad vigente en este momento en la empresa, y los que se negocien en un futuro"[72]). Y no falta cuantos prevean la negociación de un Plan de Igualdad y Diversidad LGTBIQ+[73].

---

[69] Art. 2 V Convenio colectivo de Air Europa Líneas Aéreas, SAU, y su personal de tierra (excepto técnicos de mantenimiento aeronáutico) (BOE núm. 231, de 27 de septiembre de 2023).

[70] Título IV IX Convenio colectivo estatal del corcho (BOE núm. 214, de 7 de septiembre de 2023) y Capítulo XIII Convenio colectivo estatal de tejas, ladrillos y piezas especiales de arcilla cocida (BOE núm. 292, de 7 de diciembre de 2023).

[71] Art. 51 VIII Convenio colectivo sectorial estatal de cadenas de tiendas de conveniencia (BOE núm. 133, de 1 de junio de 2024).

[72] Art. 36 Convenio colectivo de Teleinformática y Comunicaciones SA. (BOE núm. 148, de 19 de junio de 2024).

[73] Art. 45 II Convenio colectivo de tripulantes de cabina de pasajeros de Norwegian Air Resources Spain, SL. (BOE núm. 273, de 15 de noviembre de 2023).

En fin, crean la figura del Sponsor de igualdad y diversidad y se proponen desarrollar un plan de Diversidad e Inclusión[74].

9. BIBLIOGRAFÍA

AA.VV. (CAVAS MARTÍNEZ, F. y LUJÁN ALCARAZ, J., Dirs.), *Buenas prácticas en la negociación colectiva. Promoción de la igualdad de género y conciliación de la vida familiar y laboral*, Consejo Económico y Social de la Región de Murcia, Murcia, 2008.

AA.VV. (CAVAS MARTÍNEZ, F. y FERRANDO GARCÍA, F.M., Dirs,), *Guía práctica de planes de igualdad para empresas privadas y públicas*, Laborum, Murcia, 2022.

AGRA VIFORCOS, B., "La orientación sexual de los trabajadores en la negociación colectiva", *Revista Crítica de Relaciones de Trabajo (Laborum)*, 10, 2024.

AGUILAR DEL CASTILLO, M.C.: "La invisibilidad de la diversidad del colectivo LGTBI como factor de riesgo laboral", en *Realidad social y discriminación. Estudios sobre diversidad e inclusión laboral*, Laborum, Murcia, 2022.

ÁLVAREZ CUESTA, H., "Discriminación por opciones o preferencias sexuales", en *Diccionario internacional de Derecho del Trabajo y de la Seguridad Social*, Tirant lo blanch, Valencia, 2013.

ÁLVAREZ CUESTA, H., "Igualdad y no discriminación en el trabajo por razón de identidad sexual", *RDS*, 65, 2014.

ÁLVAREZ CUESTA, H., "Previsiones convencionales sobre causas de discriminación olvidadas", en *Nuevos escenarios y nuevos contenidos de la Negociación Colectiva*, Ministerio de Trabajo y Economía Social, Madrid, 2020.

ALVENTOSA DEL RÍO, J., *Discriminación por orientación sexual e identidad de género en el Derecho español*, MTAS, Madrid, 2008.

ARAGÓN GÓMEZ, C. y NIETO ROJAS, P., *Planes de igualdad en las empresas. Procedimiento de elaboración e implantación*, Wolters Kluwer, Madrid, 2021.

---

[74] Art. 33 Convenio colectivo del Grupo Allianz (BOE núm. 154, de 29 de junio de 2023).

CC.OO., *Igualdad y diversidad en los convenios colectivos*, 2022.

FABREGAT MONFORT, G., “Igualdad y no discriminación LGTBIQ en las empresas”, *Briefs AEDTSS*, 41, 2024.

GARCÍA GARCÍA, A., “Ley 4/2023. Diez novedades en clave laboral”, *Ars Iuris Salmanticensis*, 11, 2023.

GARCÍA SALAS, A.I., “Aplicación al ámbito laboral de las novedades introducidas por las últimas normas sobre igualdad de trato y no discriminación”, *Labos. Revista de Derecho del Trabajo y Protección Social*, 4, 2023.

LÓPEZ FUENTES, R., “Planes de igualdad y colectivo LGTBIQ+”, en *Realidad social y discriminación. Estudios sobre diversidad e inclusión laboral*, Laborum, Murcia, 2022.

LOUSADA AROCHENA, J.F., “Incidencia sobre los derechos de las trabajadoras de las

recientes leyes españolas de igualdad (2022-2023)”, *e-Revista Internacional de la Protección Social*, 1, 2023.

LUQUE PARRA, M., “Proyecto de ley para la igualdad real y efectiva de las personas trans y para la garantía de los derechos de las personas LGTBI: aspectos laborales más relevantes”, *Briefs AEDTSS*, 2022.

MARTÍNEZ ÁLVAREZ, M.O., “Planes de igualdad y protocolos de acoso: una visión normativa

y jurisprudencial actual”, en *El Derecho del Trabajo que viene*, Colex, Coruña, 2023.

MARTÍNEZ FONS, D., “Las políticas de igualdad de oportunidades y no discriminación en la negociación colectiva”, en *Gestión práctica de los planes de igualdad*, Bomarzo, Albacete, 2010.

MENÉNDEZ CALVO, R., “Negociación colectiva inclusiva: diversidad e igualdad en el actual modelo empresarial”, en *Acción sindical y relaciones colectivas en los nuevos escenarios laborales*, Thomson Reuters/Aranzadi, Cizur Menor, 2022.

MOLERO MARAÑÓN, M.L., “Planes de igualdad, un año después”, *Briefs AEDTSS*, núm. 32, 2023.

MORALES ORTEGA, J.M., “Discriminación, diversidad e inclusión LGBTI+ en los entornos laborales: un análisis de la responsabilidad social empresarial y de la negociación colectiva”, *Cielo Laboral*, 4, 2022.

MORALES ORTEGA, J.M., "La presencia del colectivo LGTBI+ en la negociación colectiva", en *Realidad social y discriminación. Estudios sobre diversidad e inclusión laboral,* Laborum, Murcia, 2022.

PICHARDO GALÁN, J.I.; ALONSO ÁLVAREZ, M.; PUCHE CABEZAS, L. y MUÑOZ HERNÁNDEZ, O.: *Guía ADIM LGTB+. Inclusión de la diversidad sexual y de identidad de género en empresas y organizaciones,* Ministerio de la Presidencia, Relaciones con las Cortes e Igualdad, Madrid, 2019.

RIVAS VALLEJO, P., "Planes de igualdad", en *Nuevos estudios sobre la negociación colectiva,* Thomson Reuters/Aranzadi, Cizur Menor, 2022.

RODRÍGUEZ ESCANCIANO, S. *et alii*: *La apuesta por la igualdad efectiva entre mujeres y hombres desde la Ley de contratos del sector público,* Centro de Estudios Financieros, Madrid, 2019.

SÁEZ LARA, C., "Orientación e identidad sexual en las relaciones de trabajo", *Trabajo, Persona, Derecho, Mercado,* 5, 2022.

SERRANO GARCÍA, J., "La nueva regulación de los planes de igualdad", en *Acciones públicas y privadas para lograr la igualdad en la empresa,* Dykinson, Madrid, 2021.

UGT, *Hacia centros de trabajo inclusivos. La discriminación de las personas trans y LGTBI en el ámbito laboral en España en 2023. Retos y soluciones,* 2023.

Capítulo XI

Las nuevas reglas de legitimación procesal y su repercusión en los procesos sociales

ANTONIO ÁLVAREZ DEL CUVILLO
Profesor Titular de Derecho del Trabajo y de la Seguridad Social
Universidad de Cádiz
ORCID: https://orcid.org/0000-0003-2103-347X

1. INTRODUCCIÓN: LA NORMA EN SU CONTEXTO

Como es sabido, la Disposición Adicional 12ª de la Ley 4/2023 ha introducido un nuevo apartado en el art. 17 de la LRJS, que incorpora unas reglas especiales de legitimación procesal relacionadas con la protección de los colectivos LGTBI. Esta norma puede causar cierta perplejidad al intérprete, al menos si se considera de manera aislada. En primer lugar, en ella se introduce por primera vez de manera explícita la expresión "interés difuso" en una norma procesal laboral; esta noción no se ha definido con precisión, de modo que no se han hecho explícitas las posibles conexiones o discordancias con el concepto de "interés colectivo" que sí ha sido abundantemente tematizado por los iuslaboralistas. En segundo lugar, no queda del todo clara la forma de participación que en ella se instituye y sus similitudes o diferencias con instituciones más clásicas como la representación o la coadyuvancia. En tercer lugar, no se termina de entender por qué esta disposición se refiere exclusivamente a la tutela frente a la discriminación de los colectivos LGTBI y no al resto de las causas de discriminación. Por último, resulta un tanto extraña la referencia a los partidos políticos y a las asociaciones de consumidores y usuarios como entidades legitimadas para participar en el orden social de la jurisdicción.

Este trabajo se propone enriquecer la comprensión de la citada norma, aportando elementos contextuales que faciliten tanto la solución de problemas interpretativos como la crítica de su contenido. Los elementos que tomaremos en consideración serán los siguientes: a) motivos abstractos que aconsejan la expansión de las reglas de legitimación en los procesos de discriminación; b) condicionantes del Derecho de la Unión Europea; c) mecanismos procesales que existían ya en la LRJS y que podían favorecer formas de participación de entidades supraindividuales en el proceso judicial; d) reforma procesal llevada a cabo por la Ley 15/2022.

2. LA NECESIDAD DE INTRODUCIR MECANISMOS DE MOVILIZACIÓN COLECTIVA O PÚBLICA DEL DERECHO A NO SUFRIR DISCRIMINACIÓN

Remedando la famosa frase de Carnelutti podríamos decir que la prohibición de discriminación es una norma con "cuerpo de derecho individual y alma de derecho social". En efecto, esta institución se dirige a combatir las desigualdades sistemáticas basadas en categorías adscriptivas y que terminan produciendo una posición socio-jurídica de inferioridad para las personas vinculadas a determinados grupos sociales, en detrimento de la realización efectiva de la dignidad humana. Para ello, se atribuyen responsabilidades jurídicas a las personas a las que pudieran imputarse determinados tratamientos peyorativos que estuvieran basados directa o indirectamente en la vinculación a grupos sociales, debido a su aptitud para contribuir de alguna manera a la generación de una posición social devaluada de las personas adscritas a dichos grupos. Dicho de otro modo, la finalidad de la normativa antidiscriminatoria es visiblemente social, pero, al mismo tiempo, las responsabilidades jurídicas solo se atribuyen cuando concurren determinados tratamientos peyorativos que, a grandes rasgos, podríamos identificar con perjuicios individualizados que puedan imputarse por acción u omisión a un sujeto agente[75]. Al mismo tiempo, la normativa antidiscriminatoria tiende a redactarse en un lenguaje marcadamente individualista, que elude toda referencia directa al perjuicio grupal que necesariamente concurre en todo acto de discriminación, así como a los grupos sociales afectados, que habitualmente se presentan artificialmente como "motivos abstractos para la diferencia de trato individual" o "categorías sospechosas" cuya falta de razonabilidad se presume de entrada. No obstante, lo cierto es que existe una dimensión social implícita en el concepto de discriminación que resulta indispensable para comprender cabalmente su operatividad real, por ejemplo, en lo que respecta a la admisibilidad de la acción positiva o a la prohibición de discriminación indirecta.

---

75 Más adelante haremos referencia a los supuestos en los que concurren intereses "colectivos" o "difusos". En estos casos, también existe un tratamiento peyorativo que, en último término se identifica con la producción de un daño individual jurídicamente significativo, aunque este puede ser meramente potencial.

En este contexto de falta de articulación explícita entre el perjuicio individual y el perjuicio social, se han planteado algunas críticas respecto a la oportunidad de la tutela antidiscriminatoria como mecanismo de lucha frente a la opresión grupal, debido a su tendencia a despolitizar las situaciones de injusticia social reconduciéndolas a un conjunto muy heterogéneo de supuestos individualizados, suficientemente excepcionales como para que puedan percibirse como patológicos y que se contemplan de una manera descontextualizada, sin tomar en consideración el marco estructural en el que se desenvuelven[76]. A esta crítica puede responderse con dos argumentos: de un lado, hay que asumir que la tutela antidiscriminatoria no es la única vía existente para abordar los problemas sociales generados por la distribución desigual de oportunidades vitales derivada de las clasificaciones adscriptivas, sino solo una herramienta más, que necesariamente debe ir acompañada de otras políticas sociales; de otro lado, es necesario configurar mecanismos que desarrollen efectivamente la dimensión social del concepto de discriminación, como puede ser el establecimiento de fórmulas de movilización formal colectiva o pública del derecho a no ser discriminado.

Llamaremos "movilización" a la conducta activamente dirigida a hacer efectivo un interés reconocido por el ordenamiento. Entre las diversas modalidades de movilización, destaca, a los efectos de este trabajo, la movilización formal, que se refiere al uso de los mecanismos de tutela explícitamente establecidos por el marco jurídico para garantizar la efectividad de los derechos, entre los que se encuentra el ejercicio de la acción judicial. En lo que respecta a la prohibición de discriminación, existen diversos motivos que aconsejan el establecimiento de

---

[76] Por todos, MARION YOUNG, I. [Trad. Silvina Álvarez], *La justicia y la política de la diferencia*, Ediciones Cátedra, 2000 [original publicado en 1990], p. 328.

mecanismos de movilización formal activados por entidades supraindividuales, sean estas de carácter privado o público[77]. Todos ellos derivan, en último término, de la dimensión social o grupal que, como ya se ha dicho, es inherente a la propia noción de discriminación, aunque a menudo permanezca oculta:

–En primer lugar, en muchos casos, las víctimas de discriminación se encuentran con importantes obstáculos para movilizar por ellas mismas sus derechos, debido precisamente a su propia posición de vulnerabilidad social. Algunos de estos obstáculos pueden ser de carácter cognitivo, como los que se refieren a la resignación fatalista ante las desigualdades firmemente asentadas, o incluso a la interiorización de los esquemas culturales que legitiman el acceso desigual a las oportunidades vitales. En otros casos, las reticencias al ejercicio de la acción judicial pueden venir dadas por el miedo a las represalias -en el contexto de una posición social precaria- o a la necesidad perentoria de atender otros intereses más inmediatos derivados de su propia posición de debilidad social, como puede ser la aspiración a la regularización de la situación administrativa de los extranjeros en situación irregular.

En este contexto, la autoorganización de los grupos sociales afectados por la discriminación o, en su caso el apoyo de otras entidades públicas o privadas dirigidas a garantizar la efectividad de los derechos humanos puede contribuir de algún modo al empoderamiento de estos colectivos victimizados, fa-

---

77 De hecho, al menos en el contexto estadounidense, los datos empíricos sobre los litigios de discriminación en el empleo, muestran con claridad una tasa de éxito significativamente mayor en los casos de movilización colectiva; *Vid.* NIELSEN, L.B., NELSON, R.L., LANCASTER, R., "Individual Justice or Collective Legal Mobilization? Employment Discrimination Litigation in the Post Civil Rights", *Journal of Empirical Legal Studies,* 7, 2, 2010, p. 189 y 194.

cilitando así la activación de los mecanismos formales de tutela del sistema.

–En segundo lugar, los individuos generalmente tienen mayores dificultades que las entidades colectivas para acceder a los datos necesarios para identificar la conducta discriminatoria y comprender adecuadamente el contexto en el que se desenvuelve. Por supuesto, en los casos en los que se alega discriminación indirecta o discriminación intencional sistémica[78], es indispensable contemplar la conducta impugnada desde una perspectiva más amplia que la del hecho aislado que se impugna. Pero incluso en los supuestos que se reconstruyen en el proceso de manera más individualizada, es muy posible que se precisen datos ajenos a la conducta impugnada para identificar adecuadamente el elemento de adscripción al grupo social que es necesario constatar para calificar una conducta como discriminatoria. Así, por ejemplo, la identificación de un "ambiente previo de intolerancia" que funcione como indicio de que la adscripción al grupo es la causa del tratamiento peyorativo, requiere la mención de otros incidentes previos. En otros casos, la acreditación de la adscripción grupal se consigue a través de la comparación entre supuestos de hecho, lo que a menudo requiere contar con información que no es accesible para los particulares, pero que sí podría estar al alcance de los representantes de los trabajadores.

–En tercer lugar, los actos de discriminación a menudo afectan al interés general de la sociedad, o al menos a intereses que pueden caracterizarse como "colectivos" o "difusos". En lo que respecta a esto último, hay que destacar que actualmente no

78 Esta expresión se refiere a los supuestos en los que se alega la aplicación generalizada en la empresa de disposiciones, criterios o prácticas directamente discriminatorios, pero implantados de manera colectiva.

existe una distinción conceptual suficientemente nítida entre intereses colectivos y difusos[79].

El concepto de interés "difuso" hace referencia a intereses individuales que corresponden a personas no identificadas o identificables, de modo que la ley atribuye a determinadas entidades la potestad de movilizarlos en nombre de los afectados. En cambio, al menos en el ámbito laboral, el interés colectivo es un interés abstracto e indivisible, que se refiere a un grupo genérico de trabajadores considerado como tal y cuya articulación y gestión corresponde exclusivamente a determinados sujetos supraindividuales a los que se reconoce autonomía colectiva. Desde esta perspectiva, el interés colectivo, considerado en sí mismo, no puede ser nunca difuso, puesto que sus titulares no son individuos no identificados, sino sujetos colectivos determinados por el ordenamiento. Cuestión distinta es que el carácter difuso de determinados intereses individuales sea uno de los factores que expliquen el reconocimiento de intereses colectivos o públicos bien delimitados, que en último término se constituyen como herramientas jurídicas para proteger a individuos que no se pueden determinar con precisión. Por lo demás, la noción laboral de interés colectivo se aplica tanto si el grupo de trabajadores afectados es susceptible de determinación individual como

---

79 A este respecto, *Vid.* FERNÁNDEZ SEGADO, F., "La tutela de los intereses difusos", *Revista Chilena de Derecho,* Vol, 20, nº 2-3, 1993, p. 251; CARBONELL PORRAS, E., "Aproximación a los conceptos de interés colectivo y difuso en derecho administrativo español", *Revista Española de Derecho Administrativo,* nº 159, 2013. Ejemplar en formato electrónico BIB 2013/1530, p. 4; GARCÍA HERRERA, M., "Intereses difusos, intereses colectivos y función mediadora", *Jueces para la democracia,* nº 12, 1991, p. 21. Para una distinción más ajustada al orden social de la jurisdicción, *Vid.* MANEIRO VÁZQUEZ, Y., *El papel de los sindicatos como garantes de los derechos reconocidos en las nuevas directivas: especial atención a la defensa de los intereses difusos,* Ediciones Cinca, 2023, p. 105.

si no lo es (*Cfr.* art. 153.1 LRJS). Ahora bien, incluso cuando los miembros del grupo pueden individualizarse con precisión, los efectos *erga omnes* de la sentencia garantizan que esta pueda desplegar efectos en el futuro sobre personas que anteriormente no formaban parte del colectivo (por ejemplo, trabajadores de nueva contratación), por lo que, desde este punto de vista, los intereses particulares que instrumentalmente se pretenden proteger con la noción de interés colectivo son siempre difusos, lo cual no quiere decir que el interés colectivo, en sí mismo considerado, pueda calificarse como difuso.

En la práctica no es extraño que el mismo problema pueda abordarse alternativamente a través de la noción de interés difuso, de interés colectivo o de interés público. Las diferencias entre unas y otras estrategias de defensa tienen que ver más bien con las distintas consecuencias jurídicas que tendría una resolución estimatoria. En concreto, cuando se moviliza el interés difuso, puede obtenerse una prestación de hacer, de no hacer o de dar -por ejemplo, puede impugnarse la falta de adopción de las medidas previstas en el art. 15 de la Ley 4/2023-, pero no una declaración general que tenga efectos *erga omnes* de regulación masiva de las relaciones laborales; así, por ejemplo, para sostener con carácter general que un convenio colectivo debe interpretarse de una manera determinada para evitar la producción de una discriminación indirecta, debe acudirse necesariamente a la movilización del interés colectivo.

–En otro orden de cosas, incluso en los casos en los que el tratamiento peyorativo afecta claramente a una víctima claramente identificada, existe un cierto perjuicio grupal derivado de la peligrosidad social atribuida a este acto, que es precisamente lo que justifica su especial desvalor jurídico; así, por ejemplo, el principal motivo por el que el despido de una persona por ser transexual se considera más grave que un despido puramente arbitrario es que aquel contribuye a generar o reproducir una opresión sistemática, victimizando a este colectivo. Ciertamente, este perjuicio grupal no puede caracterizarse como un interés colectivo en sentido estricto, puesto que la responsabilidad solo se imputa en relación con el tratamiento peyorativo que afecta real o potencialmente a una persona -el despido- y no, por ejemplo, por actos de mera intolerancia que por sí solos no tuvieran un impacto significativo sobre sujetos concretos. Sin embargo, al mismo tiempo, si la persona directamente afectada no quiere o no puede movilizar su derecho a no sufrir discriminación, o si lo hace de manera defectuosa, el perjuicio grupal causado por el ilícito quedará impune, lo que puede aconsejar una cierta "colectivización" o "publificación" de los mecanismos de tutela, que habría de equilibrarse con el respeto a los intereses individuales de las víctimas concretas.

Ahora bien, ninguno de los elementos que aconsejan el favorecimiento de mecanismos colectivos o públicos de movilización formal de los derechos se produce exclusivamente respecto a los colectivos LGTBI. Dicho de otro modo, todos estos motivos para la movilización colectiva o pública del derecho a no ser discriminado concurren también respecto a los demás grupos sociales victimizados. Los posibles matices que pudieran existir entre unas y otras causas de discriminación dependen enormemente de las circunstancias de cada caso concreto. Esto nos permite adelantar una primera crítica a la regulación procesal introducida por la Ley 4/2023: no se justifica la previsión de un régimen específico de legitimación, sino que el régimen de movilización colectiva o pública del derecho a no sufrir discriminación debería ser común a todas las causas[80].

---

80 CASAS BAAMONDE, M.E., "Legitimación procesal en defensa del derecho a la igualdad de trato y no discriminación (en su laberinto)", en AAVV, *Revisitar parte de la obra de Carlos L. Alfonso desde una perspectiva actual: homenaje al profesor Carlos L. Alfonso Mellado con ocasión de su jubilación como Catedrático de Derecho del Trabajo y de la Seguridad Social.*, Tirant lo Blanch, 2023, pp. 581 y 589.

3. LOS POSIBLES CONDICIONAMIENTOS DEL DERECHO DE LA UNIÓN EUROPEA Y LAS NORMAS DE TRANSPOSICIÓN ANTERIORES A LA LRJS

En la mayor parte de las directivas antidiscriminatorias de la UE se incluye una cláusula estandarizada que se refiere a la participación de determinadas entidades supraindividuales en la defensa procesal o administrativa del principio de igualdad de trato (art. 7.2. Directiva 2000/43/CE, art. 9.2 Directiva 2000/78/CE, art. 8.3 Directiva 2004/113/CE, art. 17.2 Directiva 2006/54/CE, art. 9.2 Directiva 2010/41/UE). Estas entidades no se identifican con precisión, más allá del requisito de que sean personas jurídicas. Por lo demás, estas previsiones parecen estar concebidas fundamentalmente para entidades de carácter privado, aunque lo cierto es que nada impide que tales facultades sean ejercidas por organismos públicos. Por otra parte, se hace referencia a la necesidad de que tales asociaciones u organizaciones tengan un interés legítimo en la defensa del principio de igualdad de trato, pero la determinación de este interés se remite a los criterios que se establezcan en el ordenamiento de cada uno de los estados miembros. La capacidad de intervención que se les atribuye es muy modesta, puesto que consiste básicamente en una fórmula de representación ("en nombre del demandante") o, alternativamente, de intervención adhesiva ("en su apoyo"), contando siempre con el consentimiento de la persona afectada. No se establece, por tanto, ninguna obligación de que los estados miembros configuren determinados intereses como "colectivos" o "difusos". Todo ello es coherente con la perspectiva marcadamente individualista que asumen las directivas antidiscriminatorias, al menos en lo que respecta al lenguaje con el que se materializan sus disposiciones.

Por otra parte, las directivas establecen otra modalidad de cooperación, ejercida por determinados organismos especializados en la igualdad de trato. Esta participación no supone la atribución de ninguna facultad procesal, sino que se reduce a proporcionar un asesoramiento independiente a las víctimas para plantear sus reclamaciones, que se suponen en todo caso individuales. Sigue, por tanto, sin articularse una verdadera "colectivización" o "publificación" de los intereses en juego, aunque sí que se pretende abordar algunos de los problemas que se han mencionado anteriormente en relación con la especial vulnerabilidad de las víctimas o con sus dificultades de acceso a la información o los recursos hermenéuticos necesarios para identificar los supuestos de discriminación. Por consiguiente, podría decirse que este asesoramiento es un servicio público que vincula de algún modo el interés individual de las víctimas con el interés general de la sociedad de que no se produzcan discriminaciones. Se sobreentiende, por tanto, que estos organismos tienen un carácter público o al menos semi-público, aunque en realidad no parece haber obstáculos para que, en último término, la gestión de estas facultades de asesoramiento técnico se termine descentralizando a entidades privadas, siempre que estas se lleven a cabo de manera eficaz. En todo caso, se exige que su actuación sea "independiente", lo que implica necesariamente una sustancial autonomía de actuación de estos organismos, tanto respecto al poder ejecutivo como a cualesquiera grupos de interés que pudieran constituirse.

En un primer momento, esta participación se estableció exclusivamente respecto de determinadas causas, concretamente el "origen racial o étnico" (art. 13.2 de la Directiva 2000/43/CE) y el "sexo" (arts. 12.2 de la Directiva 2004/113/CE, art. 11 de la Directiva 2010/41/CE, art. 20.2 de la Directiva 2006/54/CE). No se incluía una cláusula similar en la Directiva marco (2000/78/CE), por lo que, desde la perspectiva del Derecho de la UE, este mecanismo no resultaba obligatorio respecto a los colectivos LGTBI, más allá de las conexiones entre "sexo" y "transexualidad" que derivan de la jurisprudencia del Tribunal de Justicia o de las que hipotéticamente pudieran atribuirse a la "intersexualidad". Sin embargo, recientemente, estas disposiciones han sido sustituidas por las directivas 2024/1499/UE y 2024/1500/UE. La primera de ellas se refiere a los supuestos protegidos por las directivas 79/7/CEE, 2000/43/CE, 2000/78/CE y 2004/113/CE; la segunda, en cambio, se vincula a las directivas 2006/54/CE y 2010/41/CE (además de a la 2019/1158/UE, por su conexión con el género)[81]. Por lo tanto, la previsión de asesoramiento independiente a las víctimas abarca ya a todas las causas de discriminación grupal[82] protegidas por el derecho derivado, aunque lógicamente todavía no ha transcurrido el plazo de transposición. Ahora bien, la nueva regulación no solo ha supuesto una expansión de las causas protegidas, sino también de las facultades que se pueden o deben atribuir a estos organismos públicos.

En primer lugar, se permite, aunque no se impone, que se les atribuyan competencias para la resolución alternativa de conflictos (art. 7 de ambas directivas). En segundo lugar, se establece que estos órganos deben estar facultados para llevar a cabo investigaciones sobre posibles conductas discriminatorias (art. 8 de ambas directivas), así como emitir dictámenes evaluativos de los casos (art. 9 de ambas directivas), que podrían ser

---

81 La existencia de dos directivas de contenido idéntico que afectan a distintos supuestos de discriminación se explica por la distinta base jurídica que tienen en los tratados, que llevan a procedimientos legislativos diferenciados. *Vid.* ELIZONDO-URRESTARRAZU, J., "Equality bodies: new standards, new challenges", *IgualdadES,* nº 9, 2023, p. 256.

82 Hay que recordar que el Derecho de la Unión Europea utiliza también impropiamente el término "discriminación" para referirse a otras diferencias de trato prohibidas por la ley. Por ello, utilizamos el término "discriminación grupal" para referirnos exclusivamente a la discriminación en sentido propio. A este respecto, ÁLVAREZ DEL CUVILLO, A., *El concepto de discriminación grupal y su eficacia real en el ámbito de las relaciones laborales,* Tirant lo Blanch, 2024, *per totum.*

vinculantes -y revisables ante la jurisdicción- o no vinculantes. A nuestro juicio, esta facultad es particularmente importante, porque puede contribuir a afrontar los significativos problemas de prueba con los que habitualmente se encuentran las víctimas[83], dado que estos órganos tienen la potestad de acceder a la información necesaria para desarrollar sus investigaciones, lo que, desde luego, está fuera del alcance de los trabajadores individualizados.

Por último, se les atribuyen expresamente determinadas facultades de participación en el proceso (art. 10 de ambas directivas). Esto incluye necesariamente el derecho a formular "observaciones" ante el órgano judicial, así como otros tres elementos que se formulan de manera alternativa; basta con que los estados miembros prevean uno de los tres, aunque por supuesto, pueden establecer un régimen más favorable. Dos de estos mecanismos de participación son los que ya hemos visto en relación con las organizaciones o asociaciones, es decir, la representación y la intervención adhesiva; el tercero sería la posibilidad de incoar procedimientos por cuenta propia, en defensa del interés público.

En otro orden de cosas, con anterioridad a estas directivas del año 2024, ya se había producido un cierto reconocimiento de la existencia de intereses "difusos" en materia de prohibición de discriminación en la jurisprudencia del Tribunal de Justicia, concretamente en las sentencias *Feryn* (referida al origen racial o étnico)[84], *Asociația Accept*[85] (relativa a la orientación sexual) y *NH*[86] (también en relación con esta última causa), aunque sin

83 Considerando 28 de la Directiva 2024/1499/UE y Considerando 27 de la Directiva 2024/1500/UE.

84 STJ *Feryn*, de 10-7-2008 (TOL2.172.337).

85 STJ *Asociația Accept* de 25-4-2013 (TOL3.535.844)

86 STJ *NH*, de 23-4-2020 (TOL7.887.899)

imponer a los estados miembros la obligación de establecer mecanismos específicos de legitimación procesal ampliada.

La sentencia *Feryn* se refiere a las declaraciones públicas de un empresario indicando que su empresa no estaba interesada en contratar personas extranjeras, por lo que, claramente, no existían víctimas identificables. A este respecto, el Tribunal determina la necesidad de ir más allá de las referencias a los individuos afectados que se hacen continuamente en la redacción de la Directiva 2000/43/CE (Apdo. 22), a partir de una interpretación finalista, sustentada sobre un principio de efectividad real del principio de igualdad de trato (Apdos. 23-24). Como consecuencia de ello, se concluye que puede existir discriminación directa, aunque no existan perjudicados que sean identificables (Apdo. 25). Sin embargo, esta orientación antiformalista no se traslada a la interpretación de los mecanismos procesales previstos en el art. 7 de la directiva, dado que estos se conciben como garantías al servicio de las víctimas concretas (Apdo. 26); por consiguiente, se da por supuesto que los estados miembros no están obligados a prever fórmulas procesales dirigidas a tutelar estos intereses difusos, aunque naturalmente pueden hacerlo, en calidad de disposiciones más favorables para los ciudadanos objeto de protección (Apdos. 26 y 27). Por lo demás, respecto a las sanciones posibles, solo se establece que deben ser efectivas, proporcionadas y disuasorias (Apdos. 36 y 40), sin que se requiera ninguna sanción en particular; en este contexto, se admite la posibilidad de establecer incluso en estos casos una indemnización a favor del organismo demandante (Apdo. 39), aunque esta solución -ciertamente, problemática- no se impone como obligatoria o necesaria.

Por su parte, la sentencia *Asociația Accept* se refiere a un supuesto similar, en el que el directivo de un club de fútbol (socialmente identificado como la autoridad máxima del organismo), expresó en una entrevista que nunca contrataría a un jugador homosexual. En este caso, se reitera la doctrina anterior sobre la posibilidad de que exista discriminación aunque no haya denunciantes individualizados (Apdo. 36), sin que resulte contrario a la directiva -pero tampoco obligado- que los estados miembros atribuyan legitimación para defender el cumplimiento de la directiva a determinadas asociaciones con interés legítimo (Apdo. 37). Respecto a las sanciones, se insiste en que tienen que ser efectivas, proporcionadas y disuasorias (Apdos. 61 y 73), indicando que no pueden ser exclusivamente simbólicas (Apdo. 64), aunque eso no implica que hayan de ser necesariamente económicas (Apdo. 68); por lo demás, se reconoce la dificultad operativa para que una asociación que no actúa en nombre de víctimas concretas pueda acreditar haber sufrido un perjuicio indemnizable (Apdo. 69). Asimismo, la sentencia *NH* se ocupa de un caso muy parecido, en el que un abogado declaró en un programa radiofónico que no contrataría en su bufete como abogado a una persona homosexual. Una vez más, se reitera la doctrina anterior (Apdos. 61-63), remarcando que, en caso de que el estado miembro determine la posibilidad de que determinadas organizaciones puedan defender intereses difusos, corresponde a este el establecimiento de los requisitos para su determinación (Apdo. 63), sin que, por tanto, deba exigirse necesariamente la ausencia de ánimo de lucro[87].

Esta doctrina jurisprudencial produce una situación un tanto aporética. De un lado, se aplica una interpretación amplia y expansiva del concepto de discriminación, trascendiendo el lenguaje individualista de las directivas, para reconocer la exis-

---

[87] Desde luego, no resulta apropiado que en estos casos la concurrencia de interés legítimo se haga depender de que los afiliados sean víctimas potenciales de esta discriminación o siquiera pertenezcan al colectivo afectado, puesto que precisamente esto no se compadece con el carácter difuso de los intereses protegidos. En este sentido, resultan ilustrativas las conclusiones de la Abogada General Sharpston (Apdo. 99). Destaca estos aspectos, MANEIRO VÁZQUEZ, Y., *El papel de los sindicatos... Op. Cit.*, p. 111.

tencia de supuestos sin víctimas identificables; de otro lado, esta perspectiva no se traslada al ámbito procesal, por lo que se admite la posibilidad de que existan formas de discriminación prohibidas por el ordenamiento de la Unión Europea difícilmente perseguibles si los estados miembros no habilitan los instrumentos necesarios para ello. Así, por ejemplo, si un empresario hace declaraciones públicas de que no va a contratar personas LGTBI, resulta muy difícil que los órganos judiciales reconozcan legitimación activa a personas que en realidad no se hayan presentado a un proceso de contratación, precisamente por no tener expectativas de ser reclutadas.

En lo que respecta a la recepción de la normativa de la UE en el ordenamiento español, las directivas 2000/43/CE y 2000/78/CE fueron inicialmente transpuestas por la Ley 62/2003, de una manera que solo podríamos calificar de "perezosa". No es de extrañar, por tanto, que, en lo que respecta a los mecanismos colectivos o públicos de movilización de los derechos, no solo no se adoptaran las medidas más favorables a las que se refieren las sentencias anteriormente referidas, sino que ni siquiera se cumpliera completamente con el mandato de las directivas[88]. Ciertamente, se crea un organismo público entre cuyas funciones se encuentra el asesoramiento a las víctimas, pero solo en lo que respecta a la discriminación racial o étnica (art. 33.3)[89], dado que la Directiva 2000/78/CE no lo imponía para el resto de las causas de discriminación. En cambio, como hemos visto, la posibilidad de la representación o la intervención adhesiva se prevé en ambas directivas, mientras que la Ley 62/2003 solo la refería en relación con

---

88 CASAS BAAMONDE, M.E., "Legitimación…", *Op. Cit.*, p. 580.

89 El Consejo para la Eliminación de la Discriminación Racial o Étnica. En la práctica, este asesoramiento se lleva a cabo a través de una red de organizaciones del tercer sector, al carecer el Consejo de una estructura organizativa suficiente.

el origen racial o étnico (art. 31). Por lo demás, este precepto –que ni siquiera se trasladó a las leyes procesales– presenta una redacción bastante confusa[90], porque se refiere a las personas jurídicas legalmente legitimadas para defender intereses "colectivos"; por una parte, no se determina cuál es la ley que atribuiría esta legitimación –debería haberlo hecho, en principio, la propia ley 62/2003– y, por otra parte, la mención a los intereses colectivos resulta extraña en un supuesto de representación individual y podría llegar entenderse como una referencia exclusiva a los sindicatos, representaciones unitarias y organizaciones empresariales, aunque no creemos que tal interpretación sea la más correcta. Esta criticable redacción se mantiene también en el art. 76 del Real Decreto Legislativo 1/2013 en relación con las personas con discapacidad.

Por otra parte, en relación con la igualdad entre hombres y mujeres, la LOIEMH de 2007 atribuye con carácter general legitimación a las personas jurídicas con interés legítimo, pero lo hace remitiéndose a la regulación de las leyes procesales. A este respecto, resulta destacable que esta ley modificó tanto la Ley de Enjuiciamiento Civil como la Ley de la Jurisdicción Contencioso Administrativa para incluir mecanismos de movilización colectiva o pública del derecho a no sufrir discriminación, pero no la, por aquel entonces vigente, Ley de Procedimiento Laboral. En estos preceptos modificados, se atribuían una serie de facultades de intervención en el proceso a los sindicatos, así como a las asociaciones cuyo fin primordial fuera la igualdad entre hombres y mujeres. Dichas capacidades eran, de un lado, la representación de los afiliados o la intervención adhesiva en su favor y con su consentimiento y, de otro lado, la legitimación directa para defender "intereses difusos" (exigiéndose en

---

[90] La regulación reproducida en su artículo 31 no pudo ser más indeterminada y ambigua" CASAS BAAMONDE, M.E., "Legitimación procesal…", *Op. Cit.*, p. 580.

este caso a los sindicatos la mayor representatividad). La falta de modificación de la normativa propia del proceso laboral se debe seguramente a la consideración de que esta ya establecía reglas apropiadas en relación con los sindicatos y a la consideración de que la inclusión de otras asociaciones distintas de estos podría resultar anómala en este contexto[91].

Por último, en lo que respecta a la defensa de intereses difusos, hay que recordar que, en el ordenamiento español, la LISOS establece un sistema de sanciones administrativas asociadas a la comisión de determinadas infracciones en el ámbito laboral y social, que incluye en todo caso un número muy amplio de conductas discriminatorias. En este trabajo no nos detendremos en su estudio, pero, en todo caso, hay que destacar que la activación del procedimiento administrativo sancionador no corresponde únicamente a la víctima. Por consiguiente, en supuestos como los enjuiciados en las sentencias *Feryn, Asociația Accept* y *NH,* seguramente podría decirse que existen sanciones suficientemente efectivas, proporcionadas y disuasorias que resultan aplicables aunque no haya víctimas identificables; de este modo, se elude la difícil cuestión de la indemnización económica cuando la acción se ejerce por una asociación privada representando a unos afectados indeterminados. Sin embargo, el régimen sancionador de la LISOS resulta insuficiente cuando lo que se pretende es solicitar una condena de hacer o de no hacer.

---

91 ÁLVAREZ ALONSO, D., y CASTRO ARGÜELLES, M.A., *La igualdad de mujeres y hombres a partir de la Ley Orgánica 3/2007, de 22 de marzo,* Civitas, 2007, p. 207.

4. EL RÉGIMEN GENERAL DE LA LRJS APLICABLE A TODAS LAS CAUSAS DE DISCRIMINACIÓN

Para exponer cuál es el régimen general de participación de entidades colectivas o públicas en la movilización del derecho a no ser discriminado –que se verá ampliado por la ley 4/2023, aparentemente solo para los colectivos LGTBI–, distinguiremos entre los distintos mecanismos que ya se han mencionado: las fórmulas de representación, la intervención adhesiva y otras funciones de apoyo, la participación de entidades públicas y la defensa de intereses difusos y colectivos por parte de organizaciones privadas.

a) Mecanismos de representación

En lo que respecta a las posibilidades de representación, hay que tener en cuenta que el ordenamiento jurídico español adopta una actitud muy abierta y flexible en el ámbito social. Así, el art. 18.1 LRJS permite la atribución de representación a abogado, procurador, graduado social, o incluso a cualquier persona que se encuentre en ejercicio de sus derechos civiles, siendo posible el apoderamiento ante el letrado o letrada de la administración de justicia. De este modo, no hay ningún obstáculo para que la presunta víctima de discriminación pueda ser representada en el proceso -con su consentimiento- por cualquier organización dirigida a la defensa de los derechos humanos. Ciertamente, en el caso específico de las demandas colectivas formuladas por más de diez actores (arts. 19.2 y 19.3 LRJS), se exige que el representante sea uno de los demandantes, un profesional o un sindicato, pero ello no impide que pueda atribuirse capacidad representativa a un abogado o graduado social que trabaje para una asociación dirigida a la lucha contra la discriminación; asimismo, en caso de pluralidad de demandantes por acumulación de procesos, cualquiera de los demandantes podrá designar su propia representación si así lo desea (art. 19.4 LRJS).

Por lo demás, como es sabido, existe un régimen específico de "representación tácita" del sindicato al que estuviera afiliado el trabajador demandante, en el que basta con la comunicación al trabajador afectado, sin que conste su oposición a la demanda (art. 20.2 LRJS). Salta a la vista que esta posibilidad no se permite para otras asociaciones o entidades dedicadas a la lucha frente a la discriminación, pero ello no parece criticable, dado que sería desproporcionado atribuir esta potestad a una entidad que no tuviera un vínculo jurídico de suficiente entidad con la víctima; por otra parte, la afiliación sindical permite presumir una voluntad del trabajador de que el sindicato defienda sus intereses laborales que no puede deducirse de otras relaciones asociativas. En todo caso, sí que parece oportuno, *de lege ferenda*, extender la aplicación de esta forma de representación a las asociaciones profesionales respecto a los TRADE, al margen de la posible intervención en virtud de la Ley 15/2022 que veremos más adelante.

b) El apoyo a las víctimas: intervención adhesiva y dictámenes

Como es sabido, en la modalidad especial de tutela de los derechos fundamentales (art. 177.2 LRJS), se prevé expresamente un mecanismo de intervención adhesiva, que se aplica también a las modalidades específicas a las que deben dirigirse determinadas pretensiones, aunque se relacionen con derechos fundamentales (en virtud de los arts. 178.2 y 184 LRJS). El coadyuvante puede participar con normalidad en el proceso, aunque se le impide personarse, recurrir o continuar el proceso contra la voluntad de la víctima; bastaría entonces con su consentimiento tácito para admitir su participación.

En principio, el papel de coadyuvante se atribuye al sindicato al que pertenezca el trabajador o a cualquier otro que tenga la condición de más representativo. Ahora bien, en los supuestos de discriminación, esta posibilidad no se limita a los sindicatos, sino que, además, se extiende a las entidades públicas o privadas que tengan entre sus fines la defensa de los intereses legítimos que se ven afectados[92]. Aunque ciertamente esta intervención adhesiva se aplica a todos los derechos fundamentales, incluso a aquellos que tienen un carácter más marcadamente individual (como pueden ser, por ejemplo, el derecho a la intimidad o el derecho al honor), en el caso de la discriminación entendemos que se ha tomado en consideración el impacto social inherente a todo acto discriminatorio y, precisamente por eso, se atribuye capacidad de intervención a otros sujetos distintos del sindicato que pudieran representar de algún modo estos intereses que, sin dejar de ser individuales, presentan una cierta dimensión grupal.

En otro orden de cosas, llama la atención que, en cuanto a las entidades privadas, no se les exija expresamente ningún requisito de representatividad o vínculo con la víctima, al contrario de lo que sucede con los sindicatos, a pesar de que estos gozan de especial reconocimiento constitucional. A este respecto, sin embargo, resulta excesivo exigir a las entidades de lucha contra la discriminación que la víctima esté afiliada a ellas[93], porque

---

92 No es necesario que esta defensa de los intereses de los colectivos victimizados sea la única finalidad de la organización, sino solo una de ellas. En este sentido MANEIRO VÁZQUEZ, Y., "La modalidad procesal especial de tutela de los derechos fundamentales y libertades públicas en la LRJS", en AAVV (Coord. Lucía Dans Álvarez de Sotomayor), *La nueva dimensión de la materia contenciosa laboral,* Bomarzo, 2014, p. 196.

93 BALLESTER PASTOR, M.A. "El procedimiento de tutela de derechos fundamentales y el procedimiento de conciliación de responsabilidades en la Ley Reguladora de la Jurisdicción Social", *Relaciones Laborales,* nº 2, 2012, p. 20 (del ejemplar en formato electrónico), afirma con rotundidad que estas organizaciones pueden intervenir

habitualmente estas organizaciones no dirigen su actividad a la defensa de los afiliados, sino precisamente a la protección de intereses difusos. Por eso mismo, a nuestro juicio, el vínculo del coadyuvante con la pretensión podrá justificarse tanto aportando el dato de la afiliación como, en su caso, aplicando por analogía *iuris* las reglas generales previstas para la defensa de los intereses difusos que se expondrán más adelante.

Una forma de participación en el proceso que puede considerarse de "apoyo" a a las víctimas en sentido amplio, pero que presenta menor intensidad que la intervención adhesiva es la posibilidad de que el juez recabe -por propia iniciativa o a instancia de parte- un dictamen de los organismos públicos competentes en materia de discriminación. Dicho dictamen generalmente tendrá el carácter de prueba, aunque también podría operar simplemente como una evaluación crítica del caso por parte del organismo, que naturalmente no será vinculante. Este mecanismo no ha sido en realidad operativo en la práctica real, pero podría desplegar toda su potencialidad si se vinculara explícitamente con las nuevas competencias atribuidas a los organismos públicos en los arts. 8 (investigaciones) y 9 (dictámenes) de las directivas 2024/1499/UE y 2024/1500/UE.

c) Participación de entidades públicas para defender el interés general

Por otra parte, la LRJS lleva a cabo una cierta "publificación" de todos los derechos fundamentales y libertades públicas, dado que ha previsto la participación del Ministerio Fiscal en defensa del interés general (arts. 177.3 y 178.2). En este

---

aunque las víctimas no estén afiliadas y, de hecho, se inclina por una interpretación particularmente amplia del precepto, que en principio no exigiría más vínculo que el interés legítimo en la protección de los colectivos victimizados.

caso, no se trata de una intervención adhesiva, por lo que este órgano podrá actuar como una parte más, salvo en lo que respecta a la capacidad de iniciación del proceso[94].

Esta capacidad de iniciación del proceso sí que se atribuye a determinadas entidades en la modalidad procesal de impugnación de convenios colectivos, que, naturalmente, puede activarse por considerar que una cláusula convencional resulta discriminatoria. Esto resulta lógico, dado que, en el ordenamiento jurídico español, como es sabido, los convenios colectivos son normas jurídicas incorporadas al sistema de fuentes; así pues, la hipotética necesidad de anular una norma por su carácter inconstitucional evidentemente afecta al interés general y no solo a intereses colectivos o difusos. Por supuesto, la facultad de iniciar el proceso "de oficio" corresponde a la autoridad laboral encargada del registro del convenio cuya legalidad se pone en duda (arts. 90.5 ET y 163.1 LRJS). Pero, además, más allá de este procedimiento de control de oficio, se atribuye legitimación activa en sentido estricto para impugnar el convenio, no solo a los sujetos colectivos con interés legítimo, sino también al Ministerio Fiscal, la administración estatal, las administraciones autonómicas (en su ámbito territorial) y, solamente para el caso de la discriminación por razón de sexo, al Instituto de las Mujeres o los órganos correspondientes de las comunidades autónomas, dentro de su ámbito territorial [art. 165.1 a) LRJS].

Por último, lógicamente existe también una posibilidad de iniciación del proceso a instancias de una entidad pública en

---

94 BAYLOS GRAU, A., CRUZ VILLALÓN, J., FERNÁNDEZ LÓPEZ, MªF., *Instituciones de Derecho Procesal Laboral*, Trotta, 1995, p. 206; GUTIÉRREZ PÉREZ, M., "El procedimiento de tutela de los derechos fundamentales en la Ley 36/2011 de la Jurisdicción Social: garantías del procedimiento y contenido de la sentencia", Relaciones Laborales, nº 8, 2012, p. 1 (del ejemplar en formato electrónico).

las diversas modalidades de proceso de oficio (Art. 148 LRJS). El supuesto que se conecta más directamente con la prohibición de discriminación es el que se refiere a la iniciación del proceso judicial por parte de la Inspección de Trabajo cuando en sus actas de infracción se constate una discriminación, con objeto de que las personas afectadas puedan obtener la correspondiente indemnización por los perjuicios causados [art. 148 c) LRJS]; a estos efectos, el listado de causas de discriminación no se ha adaptado a la actual redacción de la LISOS, pero debe interpretarse en sentido expansivo, abarcando así a causas como las características sexuales y la expresión de género.

d) La tutela de los intereses difusos y colectivos

El art. 7 CE reconoce la contribución de los sindicatos y organizaciones empresariales a los intereses económicos y sociales que les son propios, es decir, los intereses colectivos. Esto implica la posibilidad de estas entidades de plantear conflictos colectivos [art. 2 d) LOLS y 18 RDLRT de 1977] y adoptar medidas de conflicto [art. 37.2 CE]. Dado que los conflictos colectivos pueden ser jurídicos, es necesario que estas atribuciones se trasladen de algún modo al ámbito procesal (art. 7.3 LOPJ). Así, en lo que respecta al orden social, el art. 17.2.1º LRJS, reconoce con carácter general la legitimación de sindicatos y organizaciones empresariales para defender en el proceso los intereses colectivos que les son propios.

A la hora de desarrollar o precisar estas facultades, el art. 17.2 LRJS omite la mención de las organizaciones empresariales para enfocarse únicamente en los sindicatos. A estos les exige implantación en el ámbito del conflicto como requisito básico de legitimación para defender en juicio intereses colectivos. Por otra parte, de otros preceptos se deduce también la legitimación activa de las representaciones unitarias [arts. 19.5, 154 c) y 163.1 a) LRJS] y de las organizaciones representativas de los trabajadores autónomos económicamente dependientes [art. 154 e) LRJS].

Volviendo al art. 17.2 LRJS, a continuación se añade un párrafo, que claramente está inspirado en las modificaciones que se hicieron a la LEC y la LJCA a raíz de la LOIEMH, que, como hemos visto, en su momento no se incorporaron a la antigua LPL. En efecto, se atribuye a la modalidad de conflicto colectivo la defensa de los intereses de una pluralidad de trabajadores indeterminada o de difícil determinación. De este modo, parece que el legislador quiere decir que, en la jurisdicción social, el problema de los intereses difusos -también de las víctimas de discriminación- se debe canalizar a través de la noción de interés colectivo, cuya defensa corresponde exclusivamente a los sujetos titulares de la autonomía colectiva[95]. Ya hemos visto que unos y otros intereses no son idénticos, pero también que la noción de interés colectivo puede utilizarse para articular intereses plurales de carácter difuso, caracterizándolos en un nivel distinto, supraindividual.

Sin embargo, a nuestro juicio hubiera sido deseable la atribución de legitimación para la tutela de intereses difusos en el ámbito laboral, tanto a los organismos públicos como a determinadas organizaciones privadas. Ciertamente, la atribución a estas entidades de la capacidad de gestionar intereses colectivos en sentido estricto resultaría excesiva, por cuanto supondría en último término la atribución a estos sujetos de un poder regulador sobre las relaciones laborales derivado de la autonomía colectiva. Esto resultaría inconstitucional en el caso de entidades públicas y como mínimo inoportuno respecto de asociaciones privadas distintas de los sindicatos y organizaciones empresariales, pues terminaría suplantando de algún

---

95 *Cfr.* LOUSADA AROCHENA, J.F., *La tutela de los derechos fundamentales y de las libertades públicas en la ley reguladora de la jurisdicción social*, Bomarzo, 2012, p. 33.

modo su papel constitucionalmente reconocido. Así pues, si lo que se pretende es, por ejemplo, proponer una interpretación general para un precepto de un convenio colectivo estatutario o para una norma laboral, resulta razonable que solo los sindicatos, representaciones unitarias y organizaciones empresariales puedan activar el proceso, con independencia del papel que otras entidades puedan tener como coadyuvantes o defensoras del interés general (en este último caso, incluyendo la impugnación de convenios que ya se ha mencionado). En cambio, cuando se cuestiona la aplicación de una práctica de empresa que se considera discriminatoria -como una práctica generalizada de contratación o promoción o una normativa unilateral de vestimenta-, a nuestro juicio el problema podría plantearse alternativamente como un conflicto colectivo o como un conflicto plural en el que se defendieran intereses difusos a través del proceso de tutela de derechos fundamentales. No obstante, esta última posibilidad no se reconoce expresamente, salvo en el nuevo art. 17.5 LRJS respecto de los colectivos LGTBI.

Lo que sí recoge el precepto de manera explícita es la posibilidad de utilizar el conflicto colectivo para defender el derecho a la igualdad de trato entre hombres y mujeres. Resulta criticable que no se haya incluido a las demás causas de discriminación, aunque esto debe entenderse sobreentendido en la propia noción de conflicto colectivo. Ciertamente, desde épocas muy tempranas, no ha habido problemas para reconocer en el ordenamiento español que el proceso de conflicto colectivo resulta oportuno para abordar problemas de discriminación por razón de sexo. Esta cuestión podría haber resultado controvertida, dado que el interés colectivo generalmente se remite a grupos de trabajadores definidos por su posición objetiva en el sistema productivo, conforme a criterios funcionales (sector, empresa, grupo o categoría profesional...) o territoriales (provincia, comunidad autónoma, ámbito nacional...), mientras que los grupos sociales a los que se remite la normativa antidiscriminatoria son categorías abstractas de carácter adscriptivo, que pueden o no activarse en función de circunstancias diversas. Sin embargo, lo cierto es que la definición legal del interés colectivo (art. 153.1 LRJS) no requiere esta conexión automática o directa con la ubicación en el sistema productivo, por lo que la inclusión de los grupos susceptibles de victimización colectiva resulta apropiada.

Por último, en lo que respecta a la modalidad procesal, indudablemente la más operativa es la de conflictos colectivos (arts. 153 y ss LRJS), pero debe tenerse en cuenta que también podría utilizarse voluntariamente la modalidad de tutela de derechos fundamentales y libertades públicas (arts. 177 y ss), que admite la consideración de los intereses colectivos o difusos; de hecho, ni siquiera se establece una remisión obligatoria a las especificidades de la modalidad de conflictos colectivos en el art. 184 LRJS, que, sin embargo menciona otras modalidades procesales. Ahora bien, en el proceso de tutela, la atribución de legitimación exclusiva a la víctima que establece el art. 177.4 LRJS, debe entenderse aplicable solo a los supuestos de perjuicio individualizado y no a la defensa de intereses colectivos y difusos. Por último, naturalmente también pueden ejercitarse intereses colectivos relacionados con la prohibición de discriminación en la modalidad de impugnación de convenios [art. 163.1 a)].

e) La falta de aplicación práctica

El principal problema de esta regulación es su escasa operatividad práctica hasta el momento. Ciertamente, como se ha adelantado, sí que se ha utilizado la modalidad de conflicto colectivo para plantear controversias relacionadas con la prohibición de discriminación. En cambio, la intervención adhesiva o la emisión de dictámenes por parte de entidades públicas o privadas especializadas en igualdad parece ser muy escasa o prácticamente inexistente; del mismo modo, tampoco parecen muy frecuentes ni el proceso de oficio ni la impugnación de convenios a instancias de organismos públicos. En lo que respecta a la intervención del Ministerio Fiscal, ciertamente es preceptiva, pero en ocasiones los fiscales no puedan asistir a los juicios sociales a los que han sido convocados, de manera que estos se celebran sin su participación.

Todo esto apunta a que los principales problemas no se encuentran en la arquitectura jurídico-formal del sistema, sino más bien en la infraestructura organizativa que resulta necesaria para que se produzca una efectiva movilización colectiva o pública de los derechos. En efecto, para ello es imprescindible que existan organizaciones públicas o privadas que incluyan claramente entre sus fines la intervención en procesos judiciales del orden social para tutelar el derecho a no sufrir discriminación[96] y que, en consonancia con ello, dediquen suficientes recursos organizativos, económicos y humanos a esta tarea. De cualquier modo, en lo que respecta a las entidades públicas, la futura transposición de las Directivas 1499/2024/UE y 1500/2024/UE a través de la constitución efectiva de la Autoridad Independiente para la Igualdad de Trato y no Discriminación prevista en la Ley 15/2022 constituye una excelente oportunidad para abordar esta cuestión.

---

[96] Esta finalidad no aparece en absoluto entre las funciones del Consejo para la Eliminación de la Discriminación Nacional o Étnica y, a nuestro juicio, tampoco se desprende con claridad de la normativa reguladora del Instituto de las Mujeres o de otros institutos autonómicos con similares funciones.

5. LOS CAMBIOS OPERADOS POR LA LEY 15/2022 Y LA LEY 4/2023

La Ley 15/2022 se define en su exposición de motivos como "*[...] una ley de garantías que no pretende tanto reconocer nuevos derechos como garantizar los que ya existen*". A tal fin, su art. 29 establece una regla específica de participación de determinadas entidades en procesos judiciales, contencioso-administrativos o sociales, aunque en último término se remite a los "*términos establecidos por las leyes procesales*" y no se modifica la LRJS. Estas entidades serían los partidos políticos, sindicatos, asociaciones profesionales de trabajadores autónomos, organizaciones de personas consumidoras y usuarias y asociaciones legalmente constituidas para la defensa y promoción de los derechos humanos en un ámbito territorial que se corresponda con la controversia.

El mecanismo de participación que se constituye opera como desarrollo de lo previsto en las directivas antidiscriminatorias. Sin embargo, no se trata estrictamente de una fórmula de representación o de intervención adhesiva, sino más bien de un mecanismo de legitimación extraordinaria[97], en el que la entidad legitimada puede iniciar el proceso en su propio nombre, pero en interés de las personas afectadas, siempre que

---

97 RODRÍGUEZ ÁLVAREZ, A., "La tutela procesal en la Ley Integral para la Igualdad de Trato y la no Discriminación", *IgualdadES*, nº 9, 2023, p. 179; CHOCRÓN GIRÁLDEZ, A.M., "La acción civil para la defensa de los derechos derivados de la igualdad de trato y la no discriminación", *InDret*, nº 4, 2023, p. 99, respecto a la Autoridad Independiente. En contra, MORENO CATENA, V., "Las partes procesales", en AAVV (Valentín Cortés Domínguez, Víctor Moreno Catena), *Derecho Procesal Civil: Parte General*, Tirant lo Blanch, Valencia, 2023, pp. 103-104, considera que son mecanismos de representación [en todo caso, hay una errata porque faltaría actualizar el texto al nuevo art. 11 bis LEC].

cuente con su autorización expresa[98]. Aunque ciertamente, a efectos prácticos, opera de manera muy similar a la representación, en realidad no lo es exactamente, en la medida en que, al mismo tiempo, se da la oportunidad a las personas afectadas para personarse en su propio nombre (art. 15 *ter* LEC).

Este mecanismo opera exclusivamente para defender los intereses de las personas afiliadas o asociadas a estas asociaciones, salvo en lo que respecta a las organizaciones en defensa de los derechos humanos, que pueden defender los derechos de otras personas con su autorización expresa, siempre que tuvieran una antigüedad de al menos dos años y durante este tiempo hubieran ejercido con normalidad sus funciones.

Asimismo, en lo que respecta a los organismos públicos, esta ley constituye una nueva entidad, la "Autoridad Independiente para la Igualdad de Trato y no Discriminación" -en adelante, "Autoridad Independiente"-, cuyas funciones permiten cumplir las exigencias de las Directivas 1499/2024/UE y 1500/2024/UE en el terreno procesal, porque abarcan el asesoramiento a las víctimas [art. 40 a)], la mediación [art. 40 b)], la iniciación de investigaciones [art. 40 c)] y el ejercicio de acciones judiciales [art. 40 d)]. Si este órgano contara con suficientes recursos económicos y organizativos para el ejercicio de tales funciones -como, de hecho, exigen las mencionadas directivas-, podrían abordarse los problemas de ineficacia real de la normativa procesal que se han mencionado en el epígrafe anterior. Sin embargo, esta entidad todavía no se ha constituido materialmente todavía, a pesar de que ha transcurrido sobradamente el plazo previsto en la DA 1ª de la Ley 15/2022.

Por otra parte, siguiendo la pauta que en su día mantuvo la LOIEMH, esta ley modifica las leyes procesales civiles y administrativas, pero no la LRJS. Esta modificación se dirige, en

---

98 *Ibid.* p. 178.

primer lugar, a establecer en cada orden jurisdiccional la expansión de las reglas de representación a la que se ha hecho referencia anteriormente [arts. 11 bis LEC y 19.1 i) LJCA]. Sin embargo, resulta muy criticable la relativa desconexión entre estos preceptos y el art. 29 de la Ley 15/2022, puesto que aquellos añaden algunos elementos nuevos que deberían haberse incluido también en dicho artículo. En primer lugar, en las leyes procesales reformadas se incluye también a la Autoridad Independiente como uno de los entes legitimados para intervenir en el proceso, lo que conecta con las funciones que se le atribuyen, de modo que la referencia a este organismo público debe entenderse hecha también en el art. 29 de la Ley 15/2022. En segundo lugar, se añade una nueva fórmula de representación de intereses difusos que no se había presentado previamente en la parte dispositiva de la ley (arts. 11 bis 2 LEC y art. 19.1 i) párr. 2º LJCA). Esta facultad se atribuye a las entidades anteriormente mencionadas, incluyendo a la Autoridad Independiente, pero, en este caso, lógicamente no se requiere la "afiliación" a ninguna de ellas, ni el consentimiento de los afectados, dado que la pluralidad de víctimas reales o potenciales no está determinada completamente. Sin embargo, sí que se exigen requisitos adicionales a las organizaciones privadas para defender estos intereses difusos; en el caso de los sindicatos, asociaciones de autónomos y partidos políticos se exige la mayor representatividad, lo que no resulta fácil de entender respecto a estos últimos[99], por no existir regulación al respecto (quizás se hace referencia a la representación parlamentaria en el ámbito territorial afectado); en el caso de las asociaciones de consumidores, se exige simplemente que su ámbito sea estatal. Por último, aunque se defiendan intereses difusos, se

---

[99] RODRÍGUEZ ÁLVAREZ, A., *Op. Cit.* p. 181, señala que el calificativo "más representativos" merece ser cuestionado.

mantiene la posibilidad de que los afectados que se pudieran determinar, se personen igualmente en el proceso.

Por otra parte, la falta de modificación de la LRJS genera excesiva incertidumbre, dado que el art. 29 de la Ley 15/2022 se refiere expresamente a su aplicación al orden social, pero luego esto no se concreta en ninguna modificación legislativa, sin que terminen de explicarse los motivos para ello[100]. Como hemos visto, en la LRJS se prevén posibilidades muy amplias de representación procesal, así como la figura de la intervención adhesiva, pero, en cambio, no existe esta particular forma de legitimación extraordinaria. Asimismo, también hemos expuesto que la representación de intereses colectivos no cubre completamente la posibilidad de defender intereses difusos sin vincularlos al ejercicio de la autonomía colectiva. Por último, no cabe duda de que las competencias de intervención en el proceso de la Autoridad Independiente pueden y deben aplicarse también al orden social de la jurisdicción[101]. A nuestro juicio, la referencia explícita a dicho orden en el art. 29 de la Ley 15/2022, unida a la falta de desarrollo en la LRJS, genera una laguna normativa que debe integrarse a través de la aplicación supletoria de la LEC y, en su caso, de la LJCA (*ex.* DA 4ª LRJS)[102], de manera que estas disposiciones resultarían directamente aplicables *mutatis mutandis* a los procesos sociales.

Este panorama se complica aún más con la entrada en vigor de la Ley 4/2023. En ella se establece un régimen paralelo de

---

100 Algunos trabajos apuntan a que quizás se consideró que la LRJS ya incluía mecanismos equivalentes, aunque al mismo tiempo valoran que la coincidencia no es plena; así, LOUSADA AROCHENA, J.F., "Incidencia sobre los derechos de las trabajadoras de las recientes leyes españolas de igualdad (2022-2023), *e-Revista Internacional de la Protección Social*, 2023, Vol. VIII, nº 1, p. 20;

101 LOUSADA AROCHENA, J.F., "Incidencia…", Op. Cit., p. 21.

102 CASAS BAAMONDE, MªE., *Op. Cit.*, p. 588.

legitimación procesal relativo a la tutela de la prohibición de discriminación respecto a los colectivos LGTBI (art. 65), que se concreta en modificaciones de la LEC (11 ter, 15 quater), la LJCA [19. 1 j)] y, en este caso, también la LRJS (art. 17.5). Este régimen es muy similar al previsto en la Ley 15/2022 y de algún modo parece superponerse con este, de manera muy poco coordinada[103]. Esta innecesaria duplicación solo se explicaría por el deseo de visibilizar a estos colectivos, pero tal propósito se consigue suficientemente a través de la propia Ley 4/2023, sin que esta finalidad simbólica justifique por sí misma la alteración del régimen de tutela procesal. Al mismo tiempo, las diferencias aparentes que pudiéramos identificar entre ambos regímenes carecerían de fundamento, pues, como hemos visto, no existen particularidades entre las distintas causas que las justifiquen. En tal caso, serían puramente arbitrarias y, por tanto, insostenibles desde la perspectiva del principio constitucional de igualdad formal (art. 14 CE, primer inciso), lo que a nuestro juicio podría abordarse a partir de una interpretación correctora que integrase entre sí los distintos regímenes. Más allá de los posibles "agravios comparativos" entre colectivos victimizados, la superposición de regímenes produciría también problemas interpretativos, puesto que resultaría particularmente difícil precisar completamente el alcance de la diferenciación.

Este problema se aprecia muy claramente con un ejemplo particularmente ilustrativo: los preceptos introducidos por la Ley 4/2023 no incluyen a la Autoridad Independiente ni a ningún otro organismo público entre las entidades legitimadas para intervenir en el proceso. Una interpretación literal de esta ex-

---

[103] La falta de coordinación entre estas dos leyes resulta muy palpable, por ejemplo, en la nueva redacción de las reglas de la carga de la prueba previstas en el art. 217.5 LEC, aunque esta cuestión no es objeto de este trabajo.

clusión supondría un deterioro de la tutela en relación con las reglas previas de la Ley 15/2022 -que ya abarcaban todas las causas de discriminación posibles-, lo cual no tendría sentido, pues no puede ser esa la voluntad del legislador en la Ley 4/2023. De hecho, esta última ley reconoce expresamente las competencias de la Autoridad Independiente en su art. 62.4.

Mayores problemas supone determinar si los requisitos generales que se establecen para las entidades privadas se aplican también a la defensa de los colectivos LGTBI, dado que no aparecen en los preceptos específicos. A este respecto, parece claro que resultan aplicables los que se regulan en el art. 29.2 de la Ley 15/2022 para las asociaciones de defensa de derechos humanos (ámbito territorial y antigüedad), pues no hay ningún motivo para que no sean aplicables a todas las causas. Sin embargo, una lectura literal de los artículos 11.ter LEC, 19. 1 j) LJCA y 17.5 LRJS podría llevar a entender que no se aplican en este caso los requisitos de afiliación (para defender intereses individuales) o de representatividad (para defender intereses plurales difusos) que se establecen con carácter general para determinadas entidades[104]. Sin embargo, nos inclinamos por la posición contraria, puesto que, como ya hemos defendido, consideramos que estos preceptos específicos no son más que reiteraciones del régimen general, que sigue aplicándose a todas las causas, con la finalidad de visibilizar a estos colectivos, ya que no existe ningún motivo inteligible para la diferencia de trato.

En otro orden de cosas, también resulta criticable que esta regla especial se haya trasladado a la LJRS sin incorporar ninguna referencia al resto de las causas de discriminación. Este defecto técnico podría, de hecho, dificultar la aplicación supletoria de las reglas de legitimación extraordinaria de la LEC

---

104 Mantiene esta posición, CHOCRÓN GIRÁLDEZ, A.M., *Op. Cit.*, p. 97.

y la LJCA a la que hemos hecho referencia anteriormente. No obstante, a nuestro juicio debe mantenerse su aplicabilidad en el orden social, no solo porque, como hemos dicho, el precepto es una mera reiteración de las reglas generales, sino también porque, si antes de la entrada en vigor de la Ley 4/2023 procedía esta aplicación supletoria, no puede entenderse que la finalidad del legislador con esta última norma haya sido la de excluir la aplicación de la legitimación extraordinaria al ámbito social en el resto de las causas.

De hecho, la traslación del precepto al orden social ha sido tan mecánica que se mantiene la referencia a los partidos políticos y las asociaciones de consumidores, cuya intervención no parece tener ningún sentido en este ámbito. A este respecto, no cabe ninguna corrección interpretativa, sino que debe entenderse que el legislador realmente les atribuye legitimación extraordinaria en los procesos sociales, si bien es cierto que en estos casos resultará muy difícil acreditar la concurrencia de interés legítimo. Por otra parte, la inclusión de los partidos políticos como sujetos legitimados implica un cierto riesgo de instrumentalización del proceso judicial para producir noticias de prensa que proyecten un determinado mensaje simbólico a los potenciales votantes, desvinculándose de la tutela real de los derechos humanos. A este respecto, debe tomarse en consideración el fenómeno que en otra parte hemos llamado "falsa conciencia de la mayoría oprimida", que consiste en que, en ocasiones, los miembros de los grupos dominantes perciben el acceso progresivo de los grupos victimizados a los espacios de los que habían sido tradicionalmente excluidos como si se tratara de una discriminación inversa[105]; así, la admisión del

---

105 ÁLVAREZ DEL CUVILLO, A., "El problema de la discriminación inversa: ¿es posible discriminar a quienes pertenecen a los grupos sociales dominantes?", *Trabajo, Derecho, Persona, Mercado,* nº 5, 2022, pp., 197-198.

matrimonio entre personas del mismo sexo fue interpretada en su día como un ataque al "matrimonio heterosexual". Este sentimiento es instrumentalizado por determinados grupos políticos en la medida en que los planteamientos abiertamente supremacistas en la actualidad han dejado de resultar efectivos para movilizar a las masas. En este contexto, es posible que algún partido político pueda llegar a impugnar determinadas políticas de diversidad en la empresa o medidas de igualdad de oportunidades por considerar que discriminan a las personas heterosexuales, aprovechando la formulación aparentemente simétrica del mandato antidiscriminatorio, con la única finalidad de obtener atención mediática. Desde luego, este tipo de reclamaciones podrían venir también de otras entidades, pero en el caso de los partidos políticos, el riesgo de distorsión es mayor, dado que su actividad normal no está vinculada con la tutela procesal, pero sí con la producción de discursos mediáticos.

El último inciso del art. 17.5 LRJS establece [al igual que lo hacen los arts. 11 ter.3 LEC y 19.1 j) LJCA] que en los litigios sobre acoso discriminatorio dirigido frente a los colectivos LGTBI la víctima será la única legitimada, excluyendo así la legitimación extraordinaria, pero naturalmente, no el asesoramiento o la representación y, a nuestro juicio, tampoco la intervención adhesiva. Estos preceptos se alinean con la opción que ha tomado el legislador respecto al acoso sexual o sexista a partir de la LOIEMH [art. 12.3 LOIEMH y 19.1 i) LJCA[106]]. En el caso del acoso sexual, se ha considerado que la restricción de la legitimación se justifica por la conexión del acoso con el derecho a la intimidad de la víctima, que implica un riesgo de

106 La desaparición de esta mención en el art. 11 bis 3 LEC parece, una vez más, un error no pretendido por el legislador al modificar la redacción del precepto en la Ley 15/2022, dado que no se deroga el art. 12.2.

victimización secundaria si se emprendiera un proceso "a sus espaldas". Sin embargo, lo cierto es que esta conexión no se aprecia de manera tan clara en el acoso sexista, que en principio podría equipararse a otras vulneraciones de derechos fundamentales, sobre todo en los casos en los que entraran en juego intereses colectivos o difusos[107]. Ahora bien, incluso en los casos de acoso sexual, puede haber situaciones en las que los elementos colectivos predominen sobre los individuales o puedan aislarse de estos[108]. En el caso concreto del acoso por motivos de orientación sexual, identidad sexual, características sexuales y expresión de género, la relación de estas causas con la sexualidad humana permite identificar también una conexión intensa con el derecho a la intimidad que justifica determinadas cautelas respecto a la sustitución de la víctima individualizada. Sin embargo, una vez más, estas cautelas no se justifican en los posibles casos de acoso sistémico en los que predominen los intereses colectivos. Asimismo, tampoco debería existir ningún obstáculo para admitir la legitimación extraordinaria que establece el art 17.5 LRJS, ya que esta requiere en todo caso el consentimiento expreso de la víctima.

6. CONCLUSIONES

El trabajo de amplificación de contexto que nos proponíamos en la introducción pone de manifiesto que las nuevas reglas de legitimación procesal introducidas por la Ley 4/2023

---

107 ÁLVAREZ ALONSO, D., y CASTRO ARGÜELLES, M.A., *Op. Cit.*, p. 208.

108 LOUSADA AROCHENA, J.F., *Op. Cit.* p. 30, pone el ejemplo del chantaje sexual implícito o tácito (cuando existe una norma no escrita en la empresa que implica la atención a requerimientos sexuales) o el acoso ambiental colectivo (como la imposición de una vestimenta sexualmente provocativa).

en el art. 17.5 LRJS resultan técnicamente defectuosas y generan múltiples problemas interpretativos. En general, se superponen a un sistema de movilización colectiva del derecho a no ser discriminado, que resulta muy mejorable, porque en él se han acumulado una transposición carente de compromiso -la de la Ley 62/2003- con una serie de leyes que sí han mostrado una verdadera preocupación por la garantía del derecho a no sufrir discriminación (LOIEMH, Ley 15/2022 y Ley 4/2023), pero que no están bien coordinadas entre sí y que, además, al ser normas transversales -relativas a diversas áreas del Derecho-, no han podido conectar suficientemente con las particularidades del orden social de la jurisdicción. De cualquier modo, es posible que estas deficiencias no tengan demasiado impacto real, sencillamente porque las organizaciones privadas difícilmente van a tener la disponibilidad de recursos necesaria para intervenir efectivamente en los procesos, más allá de la defensa de intereses colectivos por parte de los sindicatos, que ya funciona con bastante normalidad. En este sentido, creemos que lo verdaderamente importante sería desarrollar el mandato de la Ley 15/2022 de constituir una Autoridad Independiente, conectándolo con la obligación de transponer las directivas 1499/2024/UE y 1500/2024/UE, que requieren que los organismos públicos de igualdad cuenten con medios suficientes para la realización de su actividad[109]. Esta entidad podría obtener pruebas que de otro modo resultarían inaccesibles e intervenir en los procesos judiciales de diferentes modos.

En todo caso, sería conveniente reformular la redacción del art. 17.5 LRJS, para adaptar las previsiones del art. 29 de la Ley 15/2022 al orden social, abarcando a todas las causas de discri-

---

109 En este sentido, SOLANES CORELLA, A., "Equality bodies in the European Union: The Spanish independent authority for equal treatment", *Revista Deusto de Derechos Humanos*, nº 11, 2023, pp. 133-134

minación y no solo a las que afectan a los colectivos LGTBI. El nuevo precepto debería excluir a los sujetos cuya intervención carece de sentido en el orden social (partidos políticos y asociaciones de consumidores) e incluir al menos a la Autoridad Independiente y quizás, a otros organismos públicos. Por otra parte, no parece oportuno mantener la referencia actual a la legitimación exclusiva de la víctima ni en el propio art. 17.5 LRJS (respecto del acoso), ni en el art. 177.4 LRJS, ya que tanto la discriminación como el acoso pueden desplegar efectos colectivos y que, en todo caso, las fórmulas previstas por el ordenamiento para sustituir a las víctimas requieren siempre de su consentimiento.

Ahora bien, entretanto se produce esta modificación, creemos que el art. 17.5 LRJS debe interpretarse como una mera reiteración de las reglas específicas de legitimación previstas en la Ley 15/2022, dirigida únicamente a dar visibilidad a los colectivos LGTBI, con una técnica legislativa muy criticable. Como consecuencia de ello, proponemos las siguientes pautas interpretativas: 1) Deben aplicarse supletoriamente al orden social los preceptos referidos a la legitimación extraordinaria que aparecen en la LEC y la LJCA y que se refieren a todas las causas de discriminación; 2) Deben exigirse en todo caso los requisitos que estas normas imponen a las organizaciones privadas; 3) Debe entenderse que la Autoridad Independiente tiene legitimación para intervenir en procesos sociales con normalidad, también en defensa de los colectivos LGTBI; 4) Debe asumirse que la defensa de intereses difusos no implica en sí misma el acceso al proceso de conflictos colectivos, que sigue reservado a los sujetos titulares de la autonomía colectiva.

Capítulo XII

El marco sancionador. La reforma de la LISOS y las infracciones y sanciones de la ley 4/2023: su posible repercusión en el ámbito laboral

CARMEN SÁNCHEZ TRIGUEROS
Catedrática de Derecho del Trabajo y de la Seguridad Social
Universidad de Murcia
ORCID: https://orcid.org/0000-0002-5010-225

1. CUESTIONES GENERALES

Contexto.- La Ley 4/2023 presenta una estructura clara en su cuerpo articulado: al Título Preliminar, sobre aspectos generales, le siguen otros cuatro: actuación de los poderes públicos (arts. 4 a 42); medidas para la igualdad real y efectiva de las personas trans (arts. 43 a 61); protección efectiva o reparación frente a la discriminación y la violencia por LGTBIfobia (arts. 62 a 75); infracciones y sanciones (arts. 76 a 82).

Basta ese mero recordatorio para entender que la materia reseñada en estas páginas aparece como complementaria de las previstas en los artículos precedentes de la norma o para comprobar que estamos ante la parte más breve de las cinco. El Título IV, comprensivo de los artículos 76 a 82, disciplina el régimen de infracciones y sanciones en materia de igualdad de trato y no discriminación de las personas LGTBI[110].

Objeto del Título IV.- Prescribe el párrafo primero del artículo 76.1 que el Título IV tiene por objeto establecer el régimen de infracciones y sanciones que garantizan las condiciones básicas en materia de igualdad de trato y no discriminación. Este régimen podrá ser objeto de desarrollo y tipificación específica por la legislación de las comunidades autónomas en el ámbito de sus competencias. Por lo tanto, de este frontispicio derivan las siguientes consecuencias:

- La norma está presuponiendo el concepto tanto de los ilícitos (infracciones) cuanto de sus consecuencias (sanciones).
- Todo indica que estamos ante la represión propia del ámbito administrativo; sin embargo, algunas previsiones (siquiera de reenvío) generan la duda.
- La perspectiva sancionadora está limitada a la garantía de las condiciones básicas, lo que remite al terreno de

---

110 La exposición de motivos es inexpresiva respecto del mismo, pues se limita a reseñar que "*Por último, el Título IV se ocupa del régimen de infracciones y sanciones en materia de igualdad de trato y no discriminación de las personas LGTBI*".

las competencias concurrentes entre Estado y Comunidades Autónomas[111].

- Dentro de la protección a las personas LGTBI, el propósito legislativo es el de utilizar la eventual represión administrativa solo en materia de igualdad de trato y no discriminación. Pero si bien se mira, lo cierto es que las normas sustantivas cuyo incumplimiento tutela el Título IV son en su casi totalidad reconducibles a esta categoría.
- Precisando el papel de la legislación autonómica, sin entrar ahora en mayores detalles, se admite el desarrollo y tipificación específica en el ámbito de sus competencias. Es decir, la Comunidad Autónoma no cabe dejar sin efecto los tipos estatales, pero sí enriquecerlos o concretarlos.
- Se salva de ese modo la validez de las previsiones autonómicas tanto futuras cuanto pretéritas[112], que habían proliferado con antelación a la propia Ley 4/2023[113].

---

111 La delimitación objetiva del régimen sancionador, al proclamar el legislador su objetivo de establecer un régimen de infracciones y sanciones que garantice las condiciones básicas en materia de igualdad de trato y no discriminación entronca con el título competencial del artículo 149.1.1° de la Constitución Española, que atribuye al Estado la competencia exclusiva para "[l]a regulación de las condiciones básicas que garanticen la igualdad de todos los españoles en el ejercicio de los derechos y en el cumplimiento de los deberes constitucionales".

112 En el ámbito específicamente sancionador, la norma autonómica ha de moverse en el marco de la ley estatal y puede desarrollar y modular los tipos infractores y las sanciones establecidos en esta; de modo que la ley estatal pueda servir de instrumento para un eventual control de constitucionalidad mediata de la ley autonómica.

113 Se trata de normas transversales que tratan de evitar la discriminación de estas personas. Generalmente se refieren a ciertos ámbitos dentro de sus competencias –sanidad, educación, fomento del em-

En algún caso, precisamente, la sanción a este tipo de regulación ya había sido noticia, quizá por la excepcionalidad del supuesto[114].

---

pleo, protección a la familia, entre otros– para establecer medidas y herramientas orientadas a facilitar el desarrollo de la vida en igualdad de condiciones. Específicamente en materia laboral, la falta de competencia normativa ha llevado a las comunidades autónomas a establecer diversos mecanismos incardinados en las políticas públicas de empleo. El alto grado de heterogeneidad de estas regulaciones arroja un mapa fragmentado con un alcance muy diferente en la protección. Las medidas previstas en las normas autonómicas son también de muy diversa índole. Desde acciones de discriminación positiva –a través de cupos de empleo, bonificaciones fiscales o cláusulas de igualdad en subvenciones y contratos públicos– hasta códigos éticos en empresas, cláusulas antidiscriminatorias y planes de igualdad, pasando por planes de inserción laboral, con programas específicos para la población LGTBI o trans.

114 La Comunidad de Madrid ha impuesto la primera sanción por infracción muy grave desde la entrada en vigor de la Ley de protección integral contra la LGTBifobia y la discriminación por razón de orientación e identidad en la Comunidad de Madrid. La multa, que asciende a 20.001 euros, corresponde a un procedimiento sancionador resuelto esta mañana por el Consejo de gobierno. El expediente se inició en 2016 a raíz del escrito que la Asociación Arcópoli presentó en la Consejería de Políticas Sociales, Familias, Igualdad y Natalidad denunciando una presunta infracción administrativa derivada de la promoción a través de internet de "terapias de curación de la homosexualidad". En ese momento, la Secretaría General Técnica de la Consejería acordó abrir un periodo de información previa de carácter reservado, con el fin de conocer las circunstancias del caso concreto. Durante este proceso, en enero de 2017, tuvo entrada en el Registro una nueva denuncia, en este caso, formulada por dos particulares, que hacían también alusión a un posible delito por realización de terapias. El 19 de marzo de 2019, la Secretaría General Técnica resolvió que los hechos denunciados podrían constituir una infracción administrativa muy grave, tal y como queda tipificado en el artículo 70.4.c) de la Ley 3/2016; y un mes después, el Consejo de Gobierno, competente en su caso para

Salvedad de la LISOS.- Hay en el segundo párrafo del artículo 76.1 de la Ley una previsión del máximo interés a los efectos del enfoque propio de la presente monografía. Conforme a ella, se deja al margen la regulación específica de la Ley sobre Infracciones y Sanciones en el Orden Social, aprobado por Real Decreto Legislativo 5/2000, de 4 de agosto (LISOS).

Sin perjuicio de que para que así sea y que, sin embargo, los avances en materia de protección a las personas LGTBI, sean debidamente asumidas por el aparato punitivo en el terreno sociolaboral, lo que se hace es trasladar al texto de la LISOS determinados cambios.

Esta doble operación aboca a una clara consecuencia: las infracciones y sanciones administrativas en el ámbito social han de disciplinarse exclusivamente por su legislación específica[115]. "*En todo caso*" puntualiza el art. 76.1 glosado, es decir, sin pensar en relaciones de supletoriedad o complementariedad[116]. Más adelante examinaremos los términos de esas innovaciones.

---

imponer la sanción, inició el procedimiento que ahora ha quedado resuelto. Desde la entrada en vigor de la ley para la protección del colectivo LGTBI, es la primera vez que se interpone una multa de esta cantidad. Hasta el momento, el resto de procedimientos han derivado en 18 sanciones por infracciones leves con multas que oscilan entre los 200 y los 1.800 euros. Puede verse en https://www.comunidad.madrid/noticias/2019/09/17/imponemos-primera-sancion-infraccion-muy-grave-contemplada-ley-proteccion-lgtbi

115 La disposición final sexta modifica el texto refundido de la Ley sobre Infracciones y Sanciones en el Orden Social, aprobado por Real Decreto Legislativo 5/2000, de 4 de agosto, procediendo a sancionar conductas discriminatorias y el acoso por razón de orientación sexual, identidad sexual, expresión de género y características sexuales, así como la solicitud, en el marco de procesos de selección, de datos personales al respecto.

116 Añadamos el recordatorio de que las Comunidades Autónomas carecen de competencia en materia de legislación laboral (art.

Sanciones a los empleados públicos.- El régimen disciplinario de funcionarios y demás empleados públicos (incluso el personal laboral) será el dispuesto en la Ley del Estatuto Básico del Empleado Público. Tras excepcionar la aplicación del Título IV al terreno sociolaboral, remitiéndolo a la LISOS, sorprende que se incluya esta segunda remisión aclaratoria. No porque sea posible imponer un castigo a esta categoría de personas por sus actitudes en materia de trato a personas LGTBI sino porque comporta una previsión disfuncional cuando se trata de contemplar las sanciones que puede imponer la Administración en cuanto titular de un poder público, que no en cuanto empleadora.

En cualquier caso, el artículo 95.2.b) EBEP considera como falta muy grave toda actuación que suponga discriminación por razón de, entre otras circunstancias, orientación sexual, identidad sexual, características sexuales, sexo o cualquier otra condición o circunstancia personal o social, así como el acoso por razón de sexo, orientación sexual, expresión de género, características sexuales, y el acoso moral y sexual[117]. Separación del servicio o despido disciplinario son consecuencias posibles para este tipo de conducta.

Sanciones a los trabajadores.- Así como los empleados públicos de régimen laboral aparecen como posibles autores de ilícitos y sus consecuencias remitidas al EBEP, nada se dice sobre las conductas de quienes prestan su actividad en régimen asalariado (o similar, como en las cooperativas, sociedades laborales, etc.). Pero es seguro que tanto en las normas sectoriales aplicables cuanto en las previsiones generales de la

149.1.7ª CE), respecto de la cual solo les cabe la ejecución en la medida en que les haya sido traspasada.

117 Precisamente, la redacción del precepto (aquí reproducido solo de forma fragmentada) procede de la disposición final 16.9 de la Ley 4/2023.

legislación (Estatuto de los Trabajadores, Ley de Cooperativas) existen tipos de faltas en los que cabe subsumir la conducta contraria a los valores de la Ley 4/2023.

El mismo ET considera incumplimientos sancionables con el despido (art. 54.2) las ofensas verbales o físicas al empresario o a las personas que trabajan en la empresa o a los familiares que convivan con ellos, así como el acoso por razón de orientación sexual, o el acoso sexual o por razón de sexo al empresario o a las personas que trabajan en la empresa.

En concordancia con ello, el Real Decreto por el que se desarrolla el conjunto planificado de medidas para la igualdad y no discriminación de las personas LGTBI en las empresas (con plantilla mínima de cincuenta personas) prescribe que sin perjuicio de la libertad de las partes para determinar el contenido de las medidas planificadas, los convenios colectivos o acuerdos de empresa deberá contemplar, al menos, diversas materias. Entre ellas aparece "el régimen disciplinario que se regule en los convenios colectivos, infracciones y sanciones por comportamientos que atenten contra la libertad sexual, la orientación e identidad sexual y la expresión de género de las personas trabajadoras"[118].

El procedimiento sancionador.- Con técnica de puro reenvío y consecuencias simplificadoras, el último párrafo del artículo 76.1 dispone que los procedimientos sancionadores se regirán por lo dispuesto en la Ley 39/2015, de 1 de octubre, del procedimiento administrativo común y la Ley 40/2015, de

---

118 Se trata del artículo séptimo del Anexo. El precepto es cauteloso. De hecho, la locución "*en su caso*" precede al contenido obligatorio expuesto. Quizá porque la norma sea consciente de que solo "*en las disposiciones legales o en el convenio colectivo que sea aplicable*" (art. 58.1 ET), que no en otro tipo de instrumentos colectivos, es posible incluir las tablas de infracciones y sanciones aplicables a las personas que trabajan.

1 de octubre, del Régimen Jurídico de las Administraciones Públicas.

La Ley 40/2015 contiene importantísimas previsiones en materia sancionadora que, de este modo, quedan incorporadas a la regulación del Título IV que estudiamos sin necesidad de que se hayan reproducido en él. Así, por ejemplo, exigencias propias del principio de legalidad (rango normativo, atribución competencial); de irretroactividad (aplicación de sanciones solo pro futuro, retroactividad de las favorables); de tipicidad (sin perjuicio del auxilio reglamentario; proscripción de la analogía); de responsabilidad (sujeto activo, compatibilidad); de proporcionalidad (carácter aflictivo, sin privación de libertad, graduación); de concurrencia (duplicidad, compensación).

Concurrencia con el orden jurisdiccional penal.- Recogiendo una garantía fundamental, el artículo 31.1 de la Ley 40/2015 se hace eco de la imposibilidad de incurrir en una duplicidad sancionadora. No podrán sancionarse los hechos que lo hayan sido penal o administrativamente, en los casos en que se aprecie identidad del sujeto, hecho y fundamento.

El principio *non bis in idem*, según reiteradamente ha declarado el Tribunal Constitucional, veda la imposición de una dualidad de sanciones "en los casos en que se aprecie la identidad del sujeto, hecho y fundamento"[119]. La garantía de no ser sometido a *bis in idem* se configura como un derecho fundamental[120]que, en su vertiente material, impide sancionar en más de una ocasión el mismo hecho con el mismo fundamento, de modo que la reiteración sancionadora constitucionalmente proscrita puede producirse mediante la sustanciación de una

---

[119] STC 2/1981, FJ 4; reiterado entre muchas en las SSTC 66/1986, de 26 de mayo, FJ 2; 154/1990, de 15 de octubre, FJ 3; 234/1991, de 16 de diciembre, FJ 2; 270/1994, de 17 de octubre, FJ 5; y 204/1996, de 16 de diciembre, FJ 2.

[120] STC 154/1990, de 15 de octubre.

dualidad de procedimientos sancionadores, abstracción hecha de su naturaleza penal o administrativa, o en el seno de un único procedimiento[121].

Pese a haberse remitido de forma expresa a las previsiones procedimentales de esa Ley 40/2015, la Ley 4/2023 opta por abordar esta misma materia y comienza por reproducir (de forma literal) el alcance de esta garantía que refleja el citado artículo 31.1. Acto seguido, el artículo 76.2 de la Ley 4/2023 explicita mejor las consecuencias del principio[122]:

- En los supuestos en que las infracciones pudieran ser constitutivas de ilícito penal, la administración pasará el tanto de culpa al órgano judicial competente o al Ministerio Fiscal y se abstendrá de seguir el procedimiento sancionador mientras la autoridad judicial no dicte sentencia firme o resolución que ponga fin al procedimiento o mientras el Ministerio Fiscal no comunique la improcedencia de iniciar o proseguir actuaciones.
- De no haberse estimado la existencia de ilícito penal, o en el caso de haberse dictado resolución de otro tipo que ponga fin al procedimiento penal, el Ministerio Fiscal o el órgano judicial competente comunicarán a la administración de origen la finalización del expediente penal, al efecto de que la Administración continúe, si procediera, con el expediente sancionador.

---

121 La STS-SOC 469/2020 de 18 junio (rcud. 2136/2017), dictada por el Pleno de la Sala, resume el alcance del principio y concluye que el Tribunal Constitucional ratifica la doctrina tradicional que mantiene la ineludible exigencia de que concurra la triple identidad de sujetos, hechos y fundamentos, para que pueda entrar en juego el principio que proscribe la doble sanción penal y administrativa.

122 Se trata de previsiones reiteradas en las Leyes sectoriales sobre infracciones y sanciones; por todas, véase la LISOS en su artículo tercero.

- Los hechos declarados probados por resolución penal firme vincularán a los órganos administrativos respecto de los procedimientos administrativos que sustancien.

Solución extrajudicial.- El artículo 76 de la Ley 4/2023 se cierra con su tercer apartado, conforme al cual con el consentimiento expreso de las partes, la Autoridad Independiente para la Igualdad de Trato y la No Discriminación, podrá actuar como órgano de mediación o conciliación en los términos previstos en la Ley 15/2022, de 12 de julio, Integral para la Igualdad de Trato y la no Discriminación[123].

Conforme a la regulación remitida, dicha Autoridad puede constituirse, con el consentimiento expreso de las partes, en órgano de mediación o conciliación entre ellas en relación con violaciones del derecho a la igualdad de trato y no discriminación, excepción hecha de las que tengan contenido penal o laboral. Esta mediación o conciliación sustituirá al recurso de alzada y, en su caso, al de reposición en relación con las resoluciones y actos de trámite susceptibles de impugnación[124].

Panorámica autonómica.- En España hay actualmente aprobadas 19 leyes autonómicas para dotar de derechos y protección a las personas trans específicamente o a las personas LGTBI.

---

123 Conforme al art. 40 de la Ley 15/2022, se crea, en el ámbito de la Administración del Estado, la Autoridad Independiente para la Igualdad de Trato y la No Discriminación, como autoridad independiente encargada de proteger y promover la igualdad de trato y no discriminación de las personas por razón de las causas y en los ámbitos competencia del Estado previstos en esta ley, tanto en el sector público como en el privado.

124 De manera anómala, la Ley afirma que "las decisiones que tome la Autoridad Independiente en los procedimientos de mediación o conciliación tendrán carácter vinculante para las partes", transformando así la naturaleza de esos mecanismos de resolución de conflictos, al dar a entender que quien decide ya no son las partes (con ayuda de la Autoridad) sino un tercero.

Son las normas de 15 comunidades autónomas: País Vasco (Ley 4/2024, de 15 de febrero, de no discriminación por motivos de identidad de género y de reconocimiento de los derechos de las personas trans)[125]; Galicia (Ley 2/2014, de 14 de abril, por la igualdad de trato y la no discriminación de lesbianas, gays, transexuales, bisexuales e intersexuales en Galicia)[126]; Andalucía (Ley 8/2017, de 28 de diciembre, para garantizar los derechos, la igualdad de trato y no discriminación de las personas LGTBI y sus familiares en Andalucía)[127]; Cataluña (Ley 11/2014, de 10 de octubre, para garantizar los derechos de lesbianas, gays, bisexuales, transgéneros e intersexuales y para erradicar la homofobia, la bifobia y la transfobia)[128]; Canarias (Ley 2/2021, de 7 de junio, de igualdad social y no discriminación por razón de identidad de género, expresión de género

---

125 BOE núm. 64, de 13 de marzo de 2024. La presente ley de no discriminación por motivos de identidad de género y de reconocimiento de los derechos de las personas trans viene a sustituir a la Ley 14/2012, de 28 de junio, de no discriminación por motivos de identidad de género y de reconocimiento de los derechos de las personas transexuales.

126 BOE 26 mayo 2014, núm. 127. Disposición Final segunda. "Facultades del Valedor del Pueblo". 4. Instar la actuación de las administraciones públicas que correspondan para sancionar las acciones u omisiones que puedan ser constitutivas de infracción administrativa en materia de igualdad de trato y no discriminación.

127 BOE 6 febrero 2018, núm. 33. TÍTULO IV. "Infracciones y sanciones". CAPÍTULO I. "Infracciones". Artículo 57. "Responsabilidad". 1. Sin perjuicio de las responsabilidades civiles, penales o de otro orden, y de las atribuciones inspectoras y sancionadoras que en el ámbito laboral pueda ejercer la Inspección de Trabajo y Seguridad Social, la responsabilidad administrativa por infracciones en materia objeto de esta ley podrá ser exigida a las personas físicas o jurídicas, públicas o privadas, por la realización de las acciones u omisiones tipificadas en esta ley, aun a título de simple inobservancia.

128 BOE 20 noviembre 2014, núm. 281.

y características sexuales)[129]; Extremadura (Ley 12/2015, de 8 de abril, de igualdad social de lesbianas, gays, bisexuales, transexuales, transgénero e intersexuales y de políticas públicas contra la discriminación por orientación sexual e identidad de género en la Comunidad Autónoma de Extremadura[130]); Madrid (Ley 3/2016, de 22 de julio, de protección integral contra LGTBIfobia y la discriminación por razón de orientación e identidad sexual en la Comunidad de Madrid)[131]; Murcia (Ley 8/2016, de 27 de mayo, de igualdad social de lesbianas, gays, bisexuales, transexuales, transgénero e intersexuales, y de políticas públicas contra la discriminación por orientación sexual e identidad de género en la Comunidad Autónoma de la Re-

---

129 BO. Canarias 17 junio 2021, núm. 124.

130 BOE 6 mayo 2015, núm. 108.

131 BOE 25 noviembre 2016, núm. 285. Ley 17/2023, de 27 de diciembre, por la que se modifica la Ley 2/2016, de 29 de marzo, de Identidad y Expresión de Género e Igualdad Social y no Discriminación de la Comunidad de Madrid (BOE núm. 130 de 29 de Mayo de 2024). Título XIII "Régimen sancionador", artículo 49 "Sobre procedimiento sancionador": 1. Las infracciones y sanciones relativas a esta ley serán las recogidas en la Ley 4/2023, de 28 de febrero, para la igualdad real y efectiva de las personas trans y para la garantía de los derechos de las personas LGTBI. 2. La potestad sancionadora que corresponda según la normativa vigente se ejercerá de conformidad con lo que disponen la Ley 39/2015, de 1 de octubre, del procedimiento administrativo común y la Ley 40/2015, de 1 de octubre, del Régimen Jurídico de las Administraciones Públicas. Así mismo, y en tanto no resulte contrario a las anteriores, será de aplicación el Reglamento para el Ejercicio de la Potestad Sancionadora por la Administración de la Comunidad de Madrid, aprobado por el Decreto 245/2000, de 16 de noviembre. *Disposición transitoria única* "Régimen transitorio de los procedimientos sancionadores": A los procedimientos sancionadores ya iniciados antes de la entrada en vigor de la Ley no les será de aplicación la misma, rigiéndose por la normativa anterior salvo en lo que pudiera resultar más favorable para el interesado.

gión de Murcia)[132]; Baleares (Ley 8/2016, de 30 de mayo, para garantizar los derechos de lesbianas, gays, trans, bisexuales e intersexuales y para erradicar la LGTBIfobia)[133]; Comunidad Valenciana (Ley 8/2017, de 7 de abril, integral del reconocimiento del derecho a la identidad y a la expresión de género en la Comunitat Valenciana)[134]; Navarra (Ley Foral 8/2017, de 19 de junio, para la igualdad social de las personas LGTBI+)[135]; Aragón (Ley 18/2018, de 20 de diciembre, de igualdad y protección integral contra la discriminación por razón de orientación sexual, expresión e identidad de género en la Comunidad Autónoma de Aragón)[136]; Cantabria (Ley 8/2020, de 11 de noviembre, de Garantía de Derechos de las Personas Lesbianas, Gays, Trans, Transgénero, Bisexuales e Intersexuales y No Discriminación por Razón de Orientación Sexual e Identidad de Género)[137]; La Rioja (Ley 2/2022, de 23 de febrero, de igualdad, reconocimiento a la identidad y expresión de género y derechos de las personas trans y sus familiares en la Comunidad Autónoma de La Rioja)[138]; y Castilla-La Mancha (Ley 5/2022, de 6 de mayo, de Diversidad Sexual y Derechos LGTBI en Castilla-La Mancha)[139].

De esas 19 leyes, 12 son para el colectivo LGTBI en su conjunto y 7 son leyes trans autonómicas. Son 19 normas en total porque hay cuatro comunidades (Andalucía, Aragón, Comunidad Valenciana y Madrid) que tienen tanto una ley LGTBI como una ley trans. En el caso de País Vasco, Canarias y La

---

132 BOE 25 junio 2016, núm. 153.

133 BOE 30 junio 2016, núm. 157.

134 BOE 11 enero 2019, núm. 10.

135 BOE 21 julio 2017, núm. 173.

136 BOE 27 febrero 2019, núm. 50.

137 BO. Cantabria 19 noviembre 2020, núm. 223.

138 BO. La Rioja 24 febrero 2022, núm. 38.

139 DO. Castilla-La Mancha 12 mayo 2022, núm. 91.

Rioja, estas CCAA cuentan con una ley trans autonómica, pero no con una ley LGTBI. Galicia, Cataluña, Extremadura, Murcia, Baleares, Navarra, Cantabria y Castilla-La Mancha tienen una ley LGTBI autonómica pero no una ley trans. Por su parte, Castilla y León y Asturias no tienen en vigor una ley de estas características (ni trans ni LGTBI).

Todo ello comporta la necesidad de articular bien las relaciones entre las previsiones estatales y las autonómicas. La Ley 4/2023 pretende hacerlo a través de unas sencillas reglas sobre competencia de las Autoridades correspondientes y de la identificación de su contenido como básico.

2. AUTORIDAD COMPETENTE

Aclarado ya que estamos ante previsiones sobre infracciones y sanciones de tipo administrativo, así como la exclusión de las que poseen carácter laboral (al remitirse a su regulación específica), el artículo 77 de la Ley 4/2023 clarifica varias cuestiones sobre aspectos competenciales.

Regla principal.- La incoación e instrucción de los expedientes sancionadores, así como la imposición de las correspondientes sanciones administrativas, corresponderá a cada Administración pública en el ámbito de sus competencias.

Regla supletoria.- La incoación e instrucción de los expedientes sancionadores, así como la imposición de las correspondientes sanciones administrativas, corresponderá la Administración General del Estado cuando el ámbito territorial de la conducta infractora sea superior al de una comunidad autónoma.

Principio general de coordinación.- Cuando una comunidad autónoma observe que la potestad sancionadora corresponde a otra comunidad autónoma o a varias, lo pondrá en conocimiento de la Administración pública competente, dando traslado del expediente completo.

Interacción estatal y autonómica.- En los casos en los que la Administración General del Estado incoe expediente sancionador por corresponder la conducta infractora al ámbito territorial superior al de una comunidad autónoma, deberá recabar informe de las comunidades autónomas afectadas en relación con los hechos constitutivos de infracción y los antecedentes que pudieran resultar de relevancia.

Incoación en casos estatales.- En el ámbito de la Administración General del Estado, el procedimiento se iniciará siempre de oficio, correspondiendo la instrucción a la Dirección General de Diversidad Sexual y Derechos LGTBI.

Resolución en casos estatales.- En el ámbito de la Administración estatal, el órgano competente para resolver el procedimiento será la persona titular del Ministerio de Igualdad. No obstante, cuando se trate de infracciones muy graves y el importe de la sanción propuesta exceda los 100.000 euros, será competente el Consejo de Ministros (art. 77.2).

Plazo de resolución.- Respecto al plazo de resolución de los procedimientos sancionadores tramitados con arreglo a la propia Ley 4/2023, el artículo 78 señala que el plazo máximo en que deberá notificarse la resolución del procedimiento sancionador será de seis meses[140].

---

140 La redacción del artículo sitúa dentro de los seis meses no solo la resolución, sino también la notificación.

3. INFRACCIONES

3.1. Graduación

El artículo 79 de la Ley 4/2023 lleva a cabo la tipificación de las infracciones llamadas a integrar el régimen sancionador, precisando el apartado primero del precepto que las infracciones en materia de igualdad de trato y no discriminación por razón de orientación e identidad sexual, expresión de género o características sexuales se califican como leves, graves y muy graves, en atención a la naturaleza de la obligación incumplida.

3.2. Infracciones leves

El catálogo de las infracciones que el legislador considera integradas en el régimen sancionador principia con la enumeración de las consideradas como leves, contenida en el apartado 2 del artículo 79, a cuyo tenor se consideran como tales tres tipos de conductas:

a) utilizar o emitir expresiones vejatorias contra las personas por razón de su orientación e identidad sexual, expresión de género o características sexuales en la prestación de servicios públicos o privados;

b) no facilitar la labor o negarse parcialmente a colaborar con la acción investigadora de los servicios de inspección en el cumplimiento de los mandatos establecidos en esta ley;

c) causar daños o deslucimiento, cuando no constituyan infracción penal, a bienes muebles o inmuebles pertenecientes a personas LGTBI o a sus familias por razón de su orientación e identidad sexual, expresión de género o características sexuales, o destinados a la protección de los derechos de las personas LGTBI, tales como centros asociativos LGTBI, o a la recuperación de la memoria histórica del colectivo LGTBI, tales como monumentos o placas conmemorativas.

3.3. Infracciones graves

El carácter grave se reserva por el artículo 79.3 para las conductas subsumibles en alguno de los siguientes tres bloques:

a) la no retirada de las expresiones vejatorias a las que se refiere la letra a) del apartado anterior contenidas en sitios web o redes sociales de la persona prestadora de un servicio de la sociedad de la información, una vez tenga conocimiento efectivo del uso de estas expresiones;

b) la realización de actos o la imposición de disposiciones o cláusulas en los negocios jurídicos que constituyan o causen discriminación por razón de orientación e identidad sexual, expresión de género o características sexuales en relación con otra persona que se encuentre en situación análoga o comparable;

c) la obstrucción o negativa absoluta a la actuación de los servicios de inspección correspondientes en el cumplimiento de los mandatos establecidos en esta ley.

3.4. Infracciones muy graves

Finalmente, como infracciones muy graves integradoras del régimen propuesto por el legislador, el artículo 79.3 identifica hasta nueve supuestos. Vale la pena advertir que, dada su entidad, alguno de ellos está muy próximo a las previsiones incluidas en el artículo 510 del Código Penal a través del delito de odio del artículo 510 que protege la dignidad de las personas cuando hay ofensas entre particulares[141].

a) El acoso discriminatorio, cuando no constituya infracción penal, por razón de orientación e identidad sexual, expresión de género o características sexuales;

b) Las represalias, entendidas como el trato adverso que reciba una persona como consecuencia de haber presentado una queja, reclamación, denuncia, demanda o recurso, destinado a impedir su discriminación por razón de orientación e identidad sexual, expresión de género o características sexuales y a exigir el cumplimiento efectivo del principio de igualdad;

c) La negativa a atender o asistir a quienes hayan sufrido cualquier tipo de discriminación por razón de orientación e identidad sexual, expresión de género o características sexuales, por quien, por su condición o puesto, tenga obligación de atender a la víctima, cuando no constituya infracción penal;

d) La promoción o la práctica de métodos, programas o terapias de aversión, conversión o contracondicionamiento, ya sean psicológicos, físicos o mediante fármacos, que tengan por finalidad modificar la orientación sexual, la identidad sexual, o la expresión de género de las personas, con independencia del consentimiento

---

[141] El extensísimo artículo 510 Código Penal castiga conductas que fomenten, promuevan o inciten directa o indirectamente al odio, hostilidad, discriminación o violencia contra un grupo, una parte del mismo o contra una persona determinada por razón de su pertenencia a aquel, por motivos racistas, antisemitas, antigitanos u otros referentes a la ideología, religión o creencias, situación familiar, la pertenencia de sus miembros a una etnia, raza o nación, su origen nacional, su sexo, orientación o identidad sexual, por razones de género, aporofobia, enfermedad o discapacidad.

que pudieran haber prestado las mismas o sus representantes legales;

e) La elaboración, utilización o difusión en centros educativos de libros de texto y materiales didácticos que presenten a las personas como superiores o inferiores en dignidad humana en función de su orientación e identidad sexual, expresión de género o características sexuales;

f) La convocatoria de espectáculos públicos o actividades recreativas que tengan como objeto la incitación a realizar conductas tipificadas como graves o muy graves en el presente Título;

g) La denegación, cuando no constituya infracción penal, del acceso a los establecimientos, bienes y servicios disponibles para el público y la oferta de los mismos, incluida la vivienda, cuando dicha denegación esté motivada por la orientación e identidad sexual, expresión de género o características sexuales de la persona;

h) La vulneración de la prohibición de prácticas de modificación genital en personas menores de doce años cuando no constituya infracción penal;

i) La victimización secundaria, entendida como el incumplimiento por parte de las Administraciones públicas de las obligaciones de atención previstas en esta ley que den lugar a un nuevo daño psicológico para la víctima.

4. SANCIONES

El artículo 80 se dedica al establecimiento de las sanciones y criterios de graduación de las mismas.

4.1. Infracciones leves

Las infracciones leves serán sancionadas con apercibimiento o multa de 200 a 2.000 euros.

4.2. Infracciones graves

Las infracciones graves serán sancionadas con multa de 2.001 a 10.000 euros. Pero quizá es más relevante que esa sanción pecuniaria la posibilidad de que puedan imponerse motivadamente como sanciones o medidas accesorias alguna o algunas de las tres siguientes:

A) La supresión, cancelación o suspensión, total o parcial, de subvenciones que la persona sancionada tuviera reconocidas o hubiera solicitado en el sector de actividad en cuyo ámbito se produce la infracción.

B) La prohibición de acceder a cualquier tipo de ayuda pública por un período de un año. El establecimiento de una sanción accesoria determinada formal, material y temporalmente como la que contempla la prohibición de acceder a cualquier tipo de ayuda pública por un periodo de un año, en el caso de ir aparejada a la imposición de una sanción grave, o de hasta tres años, en el caso de ir asociada a la imposición de una sanción muy grave, resulta conforme con el artículo 13.2 de la Ley 38/2003, de 17 de noviembre, General de Subvenciones, que establece que no podrán obtener la condición de beneficiario o entidad colaboradora de las subvenciones reguladas en dicha ley las personas o entidades en quienes concurra alguna de las circunstancias enumeradas, entre las que se encuentra, en el apartado h), "el haber sido sancionado mediante resolución firme con la pérdida de la posibilidad de obtener subvenciones conforme a ésta u otras leyes que así lo establezcan" [142].

C) La prohibición de contratar con la Administración, sus organismos autónomos o entes públicos por un período de un año.

4.3. Infracciones muy graves

Las infracciones muy graves, según establece el apartado tercero del artículo 80 de la Ley 4/2023, serán sancionadas con multa de 10.001 a 150.000 euros. También en este caso hay que llamar la atención sobre las eventuales medidas accesorias:

a) La denegación, supresión, cancelación o suspensión, total o parcial, de subvenciones que la persona sanciona-

---

[142] Ahora bien, en relación con esta previsión cabe recordar el criterio del Consejo de Estado sostenido en su Dictamen de 14 de mayo de 2018, dictado en el expediente 297/2018, conforme al cual «no existe correlación entra la medida prevista (imposibilidad de obtener una subvención, bonificación o ayudas públicas de ningún tipo) y la conducta que se pretende reprobar (actuaciones sancionadas por resolución administrativa firme por atentar, alentar o tolerar prácticas en contra de la Memoria Histórica y Democrática de Extremadura). Sin cuestionar lo condenable de estas actuaciones, su realización no justifica per se la imposición de una inhabilitación total y absoluta para su destinatario de ningún tipo de medida de fomento que pueda tener fines distintos y ajenos a los concernientes a la actuación reprobada. Debería por ello acotarse con mayor precisión el objeto y la duración de la medida referida y vincularlos de manera expresa con la actuación cuya sanción merece aquella».
En línea con lo expresado por el Consejo de Estado, el precepto debería limitar la medida de privación de cualquier tipo de ayuda pública al ámbito propio regulado por la Ley, esto es, a aquellas ayudas y subvenciones vinculadas a las políticas públicas para promover la igualdad efectiva de las personas LGTBI o la igualdad real y efectiva de las personas trans, en consonancia con lo que el CGPJ informó.

da tuviera reconocidas o hubiera solicitado en el sector de actividad en cuyo ámbito se produce la infracción;

b) La prohibición de acceder a cualquier tipo de ayuda pública por un período de. hasta tres años;

c) La prohibición de contratar con la Administración, sus organismos autónomos o entes públicos por un período de hasta tres años;

d) El cierre del establecimiento en que se haya producido la discriminación por un término máximo de tres años, cuando la persona infractora sea la responsable del establecimiento[143];

e) El cese en la actividad económica o profesional desarrollada por la persona infractora por un término máximo de tres años[144].

---

143 La previsión como medida accesoria a la imposición de sanciones muy graves de la posibilidad de decretar "el cierre del establecimiento en que se haya producido la discriminación por un término máximo de tres años" que recoge la letra d) del apartado 3 del artículo 78 del anteproyecto no se adecua debidamente a las exigencias dimanantes del necesario principio de culpabilidad que debe concurrir en la imposición de sanciones administrativas ex artículo 28.1 de la Ley 40/2015, de 1 de octubre, de Régimen Jurídico del Sector Público, toda vez que a diferencia de lo que ocurre con la medida accesoria prevista en la letra e) del mismo artículo 78.3 del anteproyecto, consistente en la posibilidad de acordar "[el] cese en la actividad económica o profesional desarrollada por la persona infractora por un término máximo de tres años", en el supuesto controvertido, el cierre del establecimiento al que alude el artículo 78.3 d) no se vincula a la efectiva imputación de la conducta infractora a la persona física o jurídica titular del establecimiento.

144 Las multas y sanciones no incluyen, por supuesto, ningún tipo de respuesta punitiva de cárcel pero sí consecuencias económicas que, en ocasiones, implican multas más altas que lo que contempla el Código Penal para un delito de odio. Las multas de entre seis meses

4.4. Sobre la prohibición de contratar con la Administración

Como acaba de verse, la comisión de una infracción grave o muy grave puede comportar la prohibición de contratar con la Administración pública a las entidades que hayan sido sancionadas con carácter firme en materia de igualdad de trato y no discriminación por razón de orientación e identidad sexual, expresión de género o características sexuales.

Dada la relevancia de esa consecuencia para numerosos agentes económicos, el legislador ha optado por modificar la letra b) del apartado 1 del artículo 71 de la Ley 9/2017, de 8 de noviembre, de Contratos del Sector Público[145]. De este modo, no podrán contratar[146] con las entidades del sector público previstas las personas que hayan sido sancionadas con carácter firme por infracción grave o muy grave en materia de igualdad

---

y un año que contempla la norma penal para delitos de este tipo tendrían que superar cuotas de 30 euros diarios para llegar a las multas que contempla la Ley Trans, por ejemplo, para castigar una infracción grave.

145 El cambio está residenciado en la Disposición final decimoséptima de la Ley 4/2023.

146 A tal efecto, el artículo 73 de la Ley 9/2017 dispone que una vez adoptada la resolución correspondiente, se comunicará sin dilación para su inscripción al Registro Oficial de Licitadores y Empresas Clasificadas del Sector Público o el equivalente en el ámbito de las Comunidades Autónomas, en función del ámbito de la prohibición de contratar y del órgano que la haya declarado. Los órganos de contratación del ámbito de las Comunidades Autónomas, de las Ciudades Autónomas de Ceuta y Melilla o de las entidades locales situadas en su territorio notificarán la prohibición de contratar a los Registros de Licitadores de las Comunidades Autónomas correspondientes, o si no existieran, al Registro Oficial de Licitadores y Empresas Clasificadas del Sector Público. La inscripción de la prohibición de contratar en el Registro de Licitadores correspondiente caducará pasados 3 meses desde que termine su duración, debiendo procederse de oficio a su cancelación en dicho Registro tras el citado plazo.

de trato y no discriminación por razón de orientación e identidad sexual, expresión de género o características sexuales, cuando se acuerde la prohibición en los términos previstos en la Ley 4/2023[147].

4.5. Criterios de graduación

Regla general.- El apartado cuarto del artículo 80 establece los criterios de graduación de las sanciones, prescribiendo que las multas y sanciones accesorias impuestas deberán guardar la debida adecuación y proporcionalidad con la gravedad del hecho constitutivo de la infracción, y que el importe de la multa deberá fijarse de modo que a la persona infractora no le resulte más beneficioso su abono que la comisión de la infracción.

Factores relevantes.- En cuanto a los criterios de determinación de las sanciones,. el artículo 80.4 de la Ley 4/2023 refiere como tales:

a) La naturaleza y gravedad de los riesgos o perjuicios causados a las personas o bienes;

b) La intencionalidad de la persona infractora;

c) La reincidencia. A los efectos de lo previsto en esta ley, existe reincidencia cuando la o las personas responsables de la infracción hayan sido sancionados anteriormente mediante resolución firme por la realización de una infracción de la misma naturaleza en el plazo de dos años, contados desde la notificación de aquélla;

d) La trascendencia social de los hechos;

e) El beneficio que haya obtenido la persona infractora;

---

[147] El precepto es muy extenso y también alude a la sanción por infracción muy grave en materia laboral o social, de acuerdo con lo dispuesto en la LISOS.

f) El incumplimiento de las advertencias o requerimientos que previamente haya realizado la Administración;

g) La reparación voluntaria de los daños causados o la subsanación de los hechos constitutivos de la infracción, siempre que ello tenga lugar antes de que recaiga resolución definitiva en el procedimiento sancionador.

h) Que los hechos constituyan discriminación múltiple.

Concurso de infracciones.- Cuando de la comisión de una infracción derive necesariamente la comisión de otra u otras, se impondrá la sanción correspondiente a la infracción más grave (art. 80.5 Ley 4/2023).

Sustitución de sanción pecuniaria.- En la imposición de sanciones, por resolución motivada del órgano que resuelva el expediente sancionador, con el consentimiento de la persona sancionada, y siempre que no se trate de infracciones muy graves, se podrá sustituir la sanción económica por la prestación de su cooperación personal no retribuida en actividades de utilidad pública, con interés social y valor educativo, o en labores de reparación de los daños causados o de apoyo o asistencia a las víctimas de los actos de discriminación, por la asistencia a cursos de formación o a sesiones individualizadas, o por cualquier otra medida alternativa que tenga la finalidad de sensibilizar a la persona infractora sobre la igualdad de trato y no discriminación por razón de orientación e identidad sexual, expresión de género o características sexuales, y de reparar el daño moral de las víctimas y de los grupos afectados (art. 80.6 Ley 4/2023).

4.6. Actualización de las cuantías

La Disposición adicional primera de la Ley 4/2023, bajo la rúbrica "Actualización de la cuantía de las sanciones", establece que las cuantías de las sanciones podrán ser actualizadas periódicamente por el Gobierno mediante real decreto, a propuesta del Ministerio de Igualdad, teniendo en cuenta la evolución del Índice de Precios de Consumo.

5. PRESCRIPCIÓN DE LAS INFRACCIONES Y SANCIONES

El artículo 81 con el que el legislador ultima el régimen jurídico de las infracciones y sanciones, dispone los plazos y reglas de cómputo de prescripción de las infracciones y sanciones: 1. Las infracciones muy graves prescribirán a los tres años, las graves a los dos años y las leves a los nueve meses. 2. Las sanciones impuestas por infracciones muy graves prescribirán a los dos años, las graves al año y las leves a los seis meses.

6. PROHIBICIÓN DE ACCESO A FONDOS PÚBLICOS

No se concederán, proporcionarán, u otorgarán subvenciones, recursos ni fondos públicos de ningún tipo, ni directa ni indirectamente, a ninguna persona física o jurídica, pública, privada o de financiación mixta que cometa, incite o promocione LGTBIfobia, incluyendo la promoción o realización de terapias de conversión (art. 82).

7. MODIFICACIÓN DE LA LISOS

En concordancia con la remisión que la Ley 4/2023 realiza al texto de la Ley sobre Infracciones y Sanciones en el Orden Social, aprobado por Real Decreto Legislativo 5/2000, de 4 de agosto, su Disposición Final Sexta ha procedido también a modificar dicha norma, a fin de concordarla con la protección al colectivo LGTBI. Son cuatro los cambios llevados a la LISOS, en todo caso para sancionar conductas discriminatorias y el acoso por razón de orientación sexual, identidad sexual, expresión de género y características sexuales, así como la solicitud, en el marco de procesos de selección, de datos personales al respecto.

7.1. Infracción laboral muy grave por discriminación

El artículo 8 LISOS contiene el listado de infracciones muy graves en materia laboral, incluido en la Sección 1ª. [*Infracciones en materia de relaciones laborales*][148], Subsección 1ª. [*Infracciones en materia de relaciones laborales individuales y colectivas*].

Su apartado 12 configura como uno de los subtipos el integrado por las decisiones unilaterales de la empresa que impliquen discriminaciones directas o indirectas, o favorables o adversas en materia de retribuciones, jornadas, formación, promoción y demás condiciones de trabajo, por circunstancias de sexo, orientación e identidad sexual, expresión de género, características sexuales, así como las decisiones del empresario que supongan un trato desfavorable de los trabajadores como reacción ante una reclamación efectuada en la empresa o ante una acción administrativa o judicial destinada a exigir el cumplimiento del principio de igualdad de trato y no discriminación[149].

---

148 A diferencia de las infracciones leves y graves reguladas en esta Sección, que tipifican deberes tanto formales o documentales como –en el caso de las graves- sustantivos, las infracciones muy graves aparecen cualificadas por la entidad de los derechos afectados por las acciones u omisiones patronales –caso de lesión de derechos fundamentales- pero también por los graves perjuicios (económicos o de otra clase) que aquéllas ocasionan a los trabajadores.

149 La literalidad del precepto es bastante más extensa, pero esos son los términos relevantes a nuestros efectos.

La intensísima protección que el ordenamiento otorga a la igualdad y no discriminación desde todos sus frentes tiene una proyección específica en el campo sancionador mediante la tipificación de las decisiones unilaterales del empresario que impliquen discriminaciones en el empleo. La gravedad de la infracción se justifica en el anclaje constitucional del precepto, si bien convenientemente ajustado al campo de las relaciones laborales, como lo prueba este apartado 12, trasunto del art. 17 ET –con el añadido de la discriminación "por razón de disminuciones físicas, psíquicas o sensoriales"- que, por cierto, declara nulos y sin efecto no sólo las decisiones unilaterales del empresario de contenido discriminatorio, sino también los preceptos reglamentarios, las cláusulas de los convenios colectivos y los pactos individuales de análogo contenido.

Este precepto, como también el art. 17 ET –concordante con los arts. 4.2 c) ET y 12 LOLS-, mezcla los motivos discriminadores (edad, sexo, etc.) y el contenido de la discriminación (retribuciones, de jornada…) lo que resulta, además de artificial, perturbador, al distinguir innecesariamente dos tipos de discriminación: las "desfavorables por razón de la edad" y las "favorables o adversas" en materias como la ahora examinada sobre personas LGTBI. La doctrina ha venido interrogándose sobre el particular: ¿Acaso no es posible la discriminación favorable (por utilizar el término empleado por el precepto) por razón de la edad?; ¿qué significa la expresión discriminación favorable?; ¿puede identificarse con las medidas de acción positiva?

La amplitud de las causas (no de las materias, a pesar de lo que diga el precepto) de discriminación no comprende el acceso al empleo, por lo que ésta despliega sus efectos en el campo de las infracciones y sanciones a partir de la formalización del contrato de trabajo. Como apunte, la desigualdad proscrita es aquélla que no obedezca a motivos objetivos y razonables, como ha reconocido la jurisprudencia constitucional [SSTC 34/1981 y 65/1983, entre las más tempranas].

A la tutela administrativa sancionadora se añade la penal (art. 314 CP), que tipifica como delito la "grave discriminación en el empleo, público o privado, contra alguna persona por razón de su ideología o creencias, su pertenencia a una etnia, raza o nación, su sexo, orientación sexual, situación familiar, enfermedad o minusvalía, por ostentar la representación legal o sindical de los trabajadores, por el parentesco con otros trabajadores de la empresa o por el uso de alguna de las lenguas oficiales dentro del Estado español, y no restablezcan la situación de igualdad ante la ley tras requerimiento o sanción administrativa", lo que, en otro orden de consideraciones podría plantear problemas de aplicación a la vista del principio *non bis in idem.*

7.2. Infracción muy grave por acoso

El apartado 13 bis del propio artículo 8 LISOS queda redactado de modo que configura como infracción laboral muy grave el acoso por razón de orientación e identidad sexual, expresión de género o características sexuales y el acoso por razón de sexo, cuando se produzcan dentro del ámbito a que alcanzan las facultades de dirección empresarial, cualquiera que sea el sujeto activo del mismo, siempre que, conocido por el empresario, este no hubiera adoptado las medidas necesarias para impedirlo.

7.3. Infracción muy grave en materia de consulta y participación

Como declara la Exposición de Motivos de la Ley 10/1997, el mercado interior europeo ha dado lugar a un proceso creciente de concentración de empresas, fusiones transfronterizas, absorciones, asociaciones, *joint ventures,* uniones temporales de empresas y otros fenómenos semejantes que ha provocado una transnacionalización de las empresas y grupos de empresas que requiere para el correcto funcionamiento de las relaciones colectivas de trabajo establecer procedimientos de información y consulta a los representantes de los trabajadores a fin de facilitar la participación de éstos en el gobierno de las empresas. Consciente de que los mecanismos tradicionales de información y consulta establecidos por las legislaciones nacionales resultan insuficientes para abordar los procesos de toma de decisiones a nivel central de las empresas o grupos con implicaciones directas para los trabajadores comunitarios, la Ley, aborda con un enfoque flexible y pragmático la información y la consulta a los representantes a nivel europeo, como condición mínima indispensable para que las decisiones sean adoptadas y aplicadas en un contexto social aceptable.

El artículo 10.bis LISOS contempla las infracciones en materia de derechos de información y consulta de los trabajadores en las empresas y grupos de empresas de dimensión comunitaria. Ahora se reforma su apartado 2.d) para configurar como una infracción muy grave las decisiones adoptadas en aplicación de la Ley sobre implicación de los trabajadores en las sociedades anónimas y cooperativas europeas, que contengan o supongan cualquier tipo de discriminaciones directas o indirectas favorables o adversas por razón de sexo, orientación e identidad sexual, expresión de género, o características sexuales[150].

---

[150] El artículo 3.12 LISOS identifica como sujetos responsables de la infracción a las sociedades europeas y las sociedades cooperativas europeas con domicilio social en España, las sociedades, entidades jurídicas y, en su caso, las personas físicas domiciliadas en España que participen directamente en la constitución de una sociedad europea o de una sociedad cooperativa europea, así como las personas físicas o jurídicas o comunidades de bienes titulares de los centros de trabajo situados en España de las sociedades europeas y de las sociedades cooperativas europeas y de sus empresas filiales y de las sociedades y entidades jurídicas participantes, cualquiera que sea el

7.4. Infracción muy grave en materia de empleo

El artículo 16 LISOS se engloba en una Subsección sobre *Infracciones de los empresarios, de las agencias de colocación, de las entidades de formación o aquellas que asuman la organización de las acciones de formación profesional para el empleo programada por las empresas y de los beneficiarios de ayudas y subvenciones en materia de empleo y ayudas al fomento del empleo en general.*

Ahora se ha modificado su apartado 1.c para identificar como muy grave la conducta consistente en solicitar datos de carácter personal en los procesos de selección o establecer condiciones, mediante la publicidad, difusión o por cualquier otro medio, que constituyan discriminaciones para el acceso al empleo por motivos de sexo, orientación e identidad sexual, expresión de género, características sexuales.

En este punto es obligado el recordatorio de la STJUE (Gran Sala) de 23 de abril de 2020 (C-507/18), Associazione Avvocatura per i diritti LGBTI, respecto del caso de Abogado titular de bufete, entrevistado telefónicamente; manifiesta que no incorporaría jamás alguien del colectivo LGTBI a su Despacho). Atendiendo a la cuestión suscitada por la a Corte Suprema di Cassazione (Italia), el TJUE respondió que la Directiva 2000/78/CE ampara frente a declaraciones efectuadas por una persona durante una emisión audiovisual según las cuales su empresa nunca contrataría a integrantes del colectivo LGTBI. La protección (acceso al empleo) opera, aunque no esté en marcha o programado ningún proceso de selección de personal, si el vínculo entre tales declaraciones y las condiciones de acceso al empleo y al ejercicio profesional dentro de esa empresa no es hipotético.

Estado miembro en que se encuentren domiciliadas, respecto de los derechos de información, consulta y participación de los trabajadores, en los términos establecidos en su legislación específica.

Capítulo XIII.

La actuación promocional y aplicativa no sancionadora de la autoridad laboral

MARÍA BELÉN FERNÁNDEZ DOCAMPO
Profesora Titular de Derecho del Trabajo y Seguridad Social
Universidade de Vigo
ORCID 0000-0002-9869-5503

1. LA ADMINISTRACIÓN DE TRABAJO. APUNTES ORGANIZATIVOS Y COMPETENCIALES

1.1. La Administración de trabajo estatal y autonómica

En el Reino de España, la autoridad laboral desempeña un papel crucial en el aseguramiento del cumplimiento de las disposiciones normativas que integran la rama social del Derecho[1]. No en vano, en el ET, se le asignan, entre otras, funciones de supervisión y control del cumplimiento de la normativa laboral[2]. También, de mediación en conflictos laborales[3], incluso de resolución[4]. En otras ocasiones, de asesoramiento,

---

1 Como ya puso de manifiesto hace varios años CRUZ VILLALÓN, J., "el caso español resulta prototípico de un modelo donde la intervención administrativa (...) presenta un destacado protagonismo de la autoridad laboral en facetas bien variadas de las relaciones laborales, tanto a nivel individual como colectivo", "Las transformaciones en las técnicas de actuación de la Administración Laboral", *Revista Temas Laborales,* núm. 125, 2014. p 15.

2 Los ejemplos de actuaciones de supervisión y control son muy numerosos y variados: en el caso de la intervención de los menores de dieciséis años en espectáculos públicos, el art. 6.4 del ET dispone que "solo se autorizará en casos excepcionales por la autoridad laboral, siempre que no suponga peligro para su salud ni para su formación profesional y humana (...). En lo que se refiere al trabajo nocturno, el art. 36.1 del ET señala que "el empresario que recurra regularmente a la realización de trabajo nocturno deberá informar de ello a la autoridad laboral". En materia de negociación colectiva, el art. 90.3 del ET dispone que "la autoridad laboral velará por el respeto al principio de igualdad en los convenios colectivos que pudieran contener discriminaciones, directas o indirectas, por razón de sexo".

3 Una de las más relevantes es la actividad de mediación que concede el legislador a la autoridad laboral durante la celebración de las consultas en un procedimiento de despido colectivo, tal y como dispone el antepenúltimo párrafo del art. 51.2 del ET: "la autoridad laboral podrá realizar durante el periodo de consultas, a petición conjunta de las partes, las actuaciones de mediación que resulten convenientes con el fin de buscar soluciones a los problemas planteados por el despido colectivo (...)".

4 Entre otros, para constatar la "existencia de fuerza mayor temporal como causa motivadora de la suspensión o reducción de jornada de los contratos de trabajo (...), cualquiera que sea el número de personas trabajadoras afectadas", tal y como señala el art. 47.5 del

asistencia y orientación en determinados trámites laborales[5] y también de autorización[6]. Y por supuesto, de impugnación de oficio en los supuestos previstos legalmente[7].

Ahora bien, el papel crucial antes referido y asignado a la autoridad laboral, se encuentra diversificado en función del

---

ET. La resolución se "dictará, previas las actuaciones e informes indispensables, en el plazo de cinco días desde la solicitud (...)".

5 Los ejemplos son variados. En lo que se refiere a la función de asistencia, de nuevo, hay que acudir al antepenúltimo párrafo del art. 51.2 del ET que permite a la autoridad laboral, durante el período de consultas de un despido colectivo, "realizar funciones de asistencia a petición de cualquiera de las partes o por propia iniciativa".

6 Entre otras manifestaciones del ET, es la autoridad laboral la que, una vez que se le ha presentado para su registro un convenio colectivo estatutario, dispondrá su "publicación obligatoria y gratuita en el *Boletín Oficial del Estado* o en el correspondiente boletín oficial de la comunidad autónoma o de la provincia, en función del ámbito territorial del convenio", tal y como ordena el art. 90.5 del ET. En otro precepto de la misma norma legal, el 47.5, dispone que la "existencia de fuerza mayor temporal como causa motivadora de la suspensión o reducción de jornada de los contratos de trabajo, deberá ser constatada por la autoridad laboral, cualquiera que sea el número de personas trabajadoras afectadas".

7 Por ejemplo, en el art. 47.3 del ET en los supuestos de reducción de jornada o suspensión del contrato por causas económicas, técnicas, organizativas o de producción, cuando dispone que la decisión de la empresa "podrá ser impugnada por la autoridad laboral a petición de la entidad gestora de la prestación por desempleo cuando aquella pudiera tener por objeto la obtención indebida de las prestaciones por parte de las personas trabajadoras, por inexistencia de la causa motivadora de la situación legal de desempleo". También en el art. 90 del ET, que ordena la validez de los convenios colectivos. A tal efecto, su apartado 5 ordena que cuando la "autoridad laboral estimase que algún convenio conculca la legalidad vigente o lesiona gravemente el interés de terceros, se dirigirá de oficio a la jurisdicción social, la cual resolverá sobre las posibles deficiencias previa audiencia de las partes" de conformidad con lo previsto en la LRJS.

organismo administrativo que asuma la función de que se trate, lo que, normalmente, responde, o debería responder, a la distribución constitucional de competencias en materia laboral entre las distintas Administraciones Públicas, en particular, Estado y Comunidades Autónomas. A tal efecto, el art. 149.1.7º CE dispone que el Estado tiene competencia exclusiva en materia de "legislación laboral, sin perjuicio de su ejecución por los órganos de las Comunidades Autónomas". Por lo tanto, la Administración de trabajo queda repartida entre la Administración del Estado en sentido estricto –también conocida como Administración central o general- y la Administración de las Comunidades Autónomas que han asumido competencias en materia laboral, lo que ha sido unánime por las diecisiete existentes. Cada una de estas administraciones laborales –central y autonómicas- tiene su propia configuración y estructura interna, diferente de unas Comunidades Autónomas a otras. No obstante, todas ellas tienen en común la existencia de organismos autónomos o entidades similares especializadas en alguna materia concreta de la política social, entre ellas, el empleo. También es habitual en todas esas administraciones encontrarse con órganos consultivos. Por último, no hay que olvidar los organismos institucionales participativos de los empresarios y trabajadores a través de sus respectivas organizaciones[8].

Con todo, el estudio de la Administración de trabajo no incluye solamente las competencias en materia estrictamente laboral –antes se hacía mención al empleo como la más representativa-, sino que incluye también las referidas al ámbito de la protección social. En este caso, el art. 149.1.17º CE dispone que el Estado tiene competencia exclusiva sobre la "legislación básica y régimen económico de la Seguridad Social, sin per-

---

[8] Sobre la estructura y composición de la Administración de trabajo en general, véase MARTÍN VALVERDE, A. y GARCÍA MURCIA, J., *Derecho del Trabajo,* 32ª ed., Tecnos, Madrid, 2023, pp. 908 y ss.

juicio de su ejecución por los servicios de las Comunidades Autónomas". Al margen de la materia económica, que es competencia estatal en régimen de exclusividad absoluta, el reconocimiento al Estado de la competencia normativa sobre las bases de Seguridad Social comporta, simultáneamente, la atribución a las Comunidades Autónomas de cierta capacidad de intervención normativa de desarrollo de lo básico, o incluso, de legislar acerca de lo que no es básico en Seguridad Social. No obstante, tal asunción competencial, aunque se ha materializado en todas las Comunidades Autónomas, lo ha sido, en todos los supuestos, con una importante autolimitación. Por lo tanto, la ejecución de la legislación y régimen económico de la Seguridad Social, conforma, la principal asunción competencial autonómica en esta disciplina[9]. En cualquier caso, los organismos administrativos encargados de llevar a cabo tal ejecución también se integran en la Administración laboral, eso sí, con funciones de protección social. Siendo esta la realidad de partida, cobra especial relevancia la definición doctrinal de la Administración de trabajo, en cuanto parte de la Administración pública dedicada específicamente a la programación y gestión de la política social en sus dos grandes dimensiones: empleo y protección social[10].

En el momento actual, octubre de 2024, y en lo que se refiere a la Administración General del Estado, la Administración laboral o Administración de trabajo está integrada, en particular, por el Ministerio de Trabajo y Economía Social, que es la denominación del departamento ministerial de Díaz en el actual Gobierno de Sánchez. Pero también por el Ministerio

---

9 Sobre todas estas cuestiones, véase GONZÁLEZ ORTEGA, S. y BARCELÓ COBEDO, S., *Introducción al Derecho de la Seguridad Social,* 17ª ed., Tecnos, Madrid, 2023, pp. 58-59.

10 MARTÍN VALVERDE, A. y GARCÍA MURCIA, J., *Derecho del Trabajo…, op. cit.*, p. 908.

de Inclusión, Seguridad Social y Migraciones, que hasta el año 2023 fue dirigido por Escrivá, siéndolo en la actualidad por Saiz[11]. A su vez, cada uno de estos Ministerios se estructura orgánicamente en diferentes órganos superiores y directivos, a través de los que cada uno de ellos desarrolla las funciones que legalmente le han sido asignadas. Los del Ministerio de Trabajo y Economía Social son los siguientes: la Secretaría de Estado de Trabajo, la Secretaría de Estado de Economía Social y la Subsecretaría de Trabajo y Economía Social[12]. Y los del Ministerio de Inclusión, Seguridad Social y Migraciones: la Secretaría de Estado de Migraciones, la Secretaría de Estado de la Seguridad Social y Pensiones, la Secretaría General de Inclusión y, por último, la Subsecretaría de Inclusión, Seguridad Social y Migraciones[13]. Más allá de todos estos órganos integrados orgánicamente en los respectivos Ministerios, no hay que olvidar la existencia de otros diferentes cuya relación con los correspondientes departamentos ministeriales es de mera adscripción, entre otros, el Fondo de Garantía Salarial (FOGASA), el Instituto Nacional de Seguridad y Salud en el Trabajo (INSST), el Servicio Público de Empleo Estatal (SEPE), el Ins-

---

11 La actual división de las competencias en materia laboral en dos Departamentos Ministeriales diferentes - el Ministerio de Trabajo y Economía Social y el Ministerio de Inclusión, Seguridad Social y Migraciones- tiene su origen en el RD 2/2020, de 12 de enero, por el que se reestructuran los departamentos ministeriales (BOE de 13 enero 2020). En la actualidad, la referida disposición reglamentaria ha sido derogada por el RD 829/2023, de 21 de noviembre, por el que se reestructuran los departamentos ministeriales (BOE de 21 noviembre 2023), que mantiene como diferentes los dos ministerios, el de Trabajo y Economía Social y el de Inclusión, Seguridad Social y Migraciones.

12 https://www.mites.gob.es/es/organizacion/organigrama/economia-social/index.htm

13 https://www.inclusion.gob.es/organizacion

tituto Nacional de la Seguridad Social (INSS) y la Tesorería General de la Seguridad Social (TGSS).

Mucho más compleja puede resultar la identificación de los departamentos y organismos que integran las Administraciones laborales autonómicas, que son los que ejercen las competencias laborales y de Seguridad Social en las respectivas Comunidades Autónomas, pues como se adelantó en párrafos precedentes difiere, como es obvio, en cada Comunidad. Con todo, suele ser habitual en todas ellas la existencia de una Consejería de Trabajo o de Empleo, que adquiere distintas denominaciones según la autonomía de que se trate[14] y se integra de órganos superiores y de dirección diferentes en cada una de ellas[15]. En el ámbito de la Seguridad Social, habida cuenta que las competencias autonómicas quedan prácticamente limitadas a la ejecución de la normativa estatal, no existe la necesidad de crear consejerías o departamentos específicos. Una nota común a todas las administraciones autonómicas labora-

14 Entre otros, en Andalucía, Consejería de Empleo, Empresa y Trabajo Autónomo; en Aragón, Departamento de Economía, Empleo e Industria; en Baleares, Conselleria d'Empresa, Ocupació i Energia; en Castilla y León, Consejería de Industria, Comercio y Empleo; en Castilla-La Mancha, Consejería de Economía, Empresas y Empleo; en Cataluña, Departament de'Empresa i Treball: en Galicia, Consellería de Emprego, Comercio e Emigración; en el Principado de Asturias, Consejería de Empleo, Industria y Turismo.

15 Lo procedente es buscar para cada Comunidad Autónoma, en su correspondiente lugar de internet, la organización de cada Consejería o Departamento, que normalmente se hace en secretarías y direcciones generales. Por mencionar algún ejemplo, puede reflejarse aquí la organización de la Consellería de Emprego, Comercio e Emigración de la Comunidad Autónoma de Galicia organizada en una Secretaría General Técnica, otra de Empleo y Relaciones Laborales y otra más de Emigración, más allá de varias direcciones generales (https://conselleriaemprego.xunta.gal/directorio).

les es la existencia, al igual que en la Administración laboral estatal, de entidades y organismos adscritos[16].

1.2. Especial referencia a la Inspección de Trabajo y Seguridad Social

Ahora bien, en toda esta materia hay que considerar de manera especial la función que el ordenamiento jurídico asigna a la Inspección de Trabajo y Seguridad Social (ITSS), de hecho, esta institución conforma el principal instrumento del que dispone la Administración laboral para el "desarrollo de sus funciones de vigilancia y control de las normas laborales"[17]. Según el art. 1.1 Ley 23/2015[18], el Sistema de Inspección de Trabajo y Seguridad Social está constituido por el "conjunto de principios legales, normas, órganos, personal y medios materiales, incluidos los informáticos, que contribuyen al adecuado cumplimiento de la misión que tiene encomendada". Lo que se complementa con lo dispuesto en su art. 1.2, que la define como un "servicio público" al que corresponde ejercer la vigilancia del cumplimiento de las normas del orden social, exigencia de responsabilidades y composición de conflictos laborales, lo que se efectuará de conformidad con los principios del Estado social y democrático de Derecho que consagra la

---

16 Por ejemplo, el Consello Consultivo de Galicia, creado en el año 1995, regulado en la actualidad por Ley 3/2014, de 24 de abril (BOE de 26 mayo 2014).

17 Cfr. MARTÍN VALVERDE, A. y GARCÍA MURCIA, J., *Derecho del Trabajo…, op. cit.*, p. 916.

18 Ley 23/2015, de 21 de julio, Ordenadora del Sistema de Inspección de Trabajo y Seguridad Social (BOE de 22 julio 2015).

Constitución Española, y con los Convenios número 81 y 129 de la Organización Internacional del Trabajo[19].

Orgánicamente, la ITSS está dirigida por el Organismo Estatal Inspección de Trabajo y Seguridad Social (OEITSS), que fue creado en el año 2015, por la LITSS[20], en sustitución de la ya desaparecida Dirección General de la Inspección de Trabajo y Seguridad Social, a fin de unificar y coordinar de manera más eficiente las funciones de la ITSS relacionadas con el trabajo, la Seguridad Social y la prevención de riesgos laborales, con lo que se convierte en la entidad clave dentro del sistema de supervisión laboral en España. Se trata de un organismo autónomo de carácter administrativo, y como tal dotado de personalidad jurídica propia y diferenciada de la del Estado y capacidad de obrar, y está adscrito al Ministerio competente en materia de trabajo y Seguridad Social, al que corresponde, por lo tanto, su dirección estratégica, evaluación y control de sus resultados[21]. En el Gobierno actual, al estar separados los dos ministerios, el de Trabajo y Economía Social y el de Inclusión Social, Seguridad Social y Migraciones, la adscripción del OEITSS lo es a los dos, en el ámbito de sus respectivas competencias[22].

---

19 Convenio núm. 81 de la OIT, de 11 de julio de 1947, sobre la Inspección de Trabajo y Convenio núm. 129 de la OIT, de 25 de junio de 1969, sobre la Inspección de Trabajo (agricultura).

20 Arts. 27 ss de la LITSS. No obstante, no entró en funcionamiento hasta la aprobación de sus estatutos, lo que tuvo lugar con la promulgación del RD 192/2018, de 6 de abril, por el que se aprueban los estatutos del Organismo Autónomo Estatal Inspección de Trabajo y Seguridad Social (BOE de 7 abril 2018). Toda esta información también puede consultarse en su lugar de internet (https://www.mites.gob.es/itss/web/Quienes_somos/Organigrama/index.html)

21 Véase art. 27 de la LITSS.

22 La adscripción del OEITSS a los dos Ministerios es destacada por FERNÁNDEZ MARTÍNEZ, S., "Lección 27ª. Órganos de la Adminis-

Dejando de lado la estructura interna del OEITSS, la ITSS ejerce su labor específica mediante dos cuerpos de funcionarios de carácter *nacional*: el cuerpo superior de Inspectores de Trabajo y Seguridad Social y el cuerpo de Subinspectores Laborales, que a su vez se clasifica en dos escalas: Subinspectores de Empleo y Seguridad Social y Subinspectores de Seguridad y Salud Laboral[23]. Con todo, aunque ambos tengan el carácter de Cuerpos Nacionales, de acuerdo con la normativa reguladora de este régimen[24], unos y otros pueden depender funcionalmente de la Administración Autonómica, e incluso pueden quedar adscritos orgánicamente a dichas Administraciones, cuando así se hubiera previsto en el correspondiente Estatuto de Autonomía[25]. Por otra parte, hay que tener en cuenta, en todo caso, que en la prestación del servicio público de la ITSS interviene tanto la Administración General del Estado como la Administración de las Comunidades Autónomas, que deben coordinarse a través de los pertinentes convenios de coopera-

---

tración laboral y procedimientos administrativos", en AA.VV. (Dir. MELLA MÉNDEZ, L.), *Manual de Derecho del Trabajo,* Aranzadi, Cizur Menor, 2022, p. 641.

23 Art. 3 de la LITSS.

24 Ley 12/1983, de 14 octubre, del proceso autonómico (BOE de 15 octubre 1983).

25 Así lo disponen los arts. 3 a 5 de la LITSS, así como su disp. adic. 6ª. En concreto, el art. 4.3 que señala que "los funcionarios de los Cuerpos de Inspección dependerán funcionalmente de la Administración, estatal o autonómica, que resulte competente por la materia objeto de inspección, en los términos previstos en esta ley y resto de la normativa aplicable, sin perjuicio de su dependencia orgánica de una u otra Administración". Y la disp. adic. 6ª cuando señala que "los Cuerpos Nacionales del Sistema de Inspección de Trabajo y Seguridad Social estarán adscritos al Ministerio de Empleo y Seguridad Social, sin perjuicio de la dependencia estatal o autonómica de los funcionarios que los integran, de acuerdo con lo establecido en el artículo 4.3".

ción y colaboración, pues así lo dispone la propia LITSS, ya sea para el ejercicio de la función inspectora en general[26] o para alguna misión en particular[27]. No obstante, dos Comunidades Autónomas del Estado -Cataluña y País Vasco-, al amparo de sus respectivos Estatutos de Autonomía, han recibido el traspaso de las funciones y servicios en materia de función pública inspectora[28], lo que les ha permitido la opción por una orga-

---

26 Son muchos los convenios de colaboración o cooperación celebrados entre los órganos rectores de la ITSS y la Comunidades Autónomas a fin de organizar y planificar la actuación de la ITSS en el correspondiente ámbito territorial con carácter general. Por ejemplo, en Galicia, el Convenio vigente suscrito entre el OEITSS y la Comunidad Autónoma, data del año 2020. En concreto, fue aprobado por Resolución de 24 de agosto de 2020, de la Secretaría General Técnica, por la que se publica el Convenio entre el Organismo Autónomo Organismo Estatal Inspección de Trabajo y Seguridad Social y la Comunidad Autónoma de Galicia, para el desarrollo efectivo de la cooperación para la consecución de los fines públicos asignados a la Inspección de Trabajo y Seguridad Social (BOE de 4 septiembre 2020). En Madrid, el Convenio vigente también data de finales del año 2019, aunque fue publicado en el BOE en 2020. Se trata del Convenio entre el Organismo Autónomo Organismo Estatal Inspección de Trabajo y Seguridad Social y la Comunidad de Madrid, para el desarrollo efectivo de la cooperación para la consecución de los fines públicos asignados a la Inspección de Trabajo y Seguridad Social (BOE de 9 enero 2020).

27 Pueden consultarse todos los convenios existentes en el siguiente enlace de internet: https://www.mites.gob.es/itss/web/Atencion_al_Ciudadano/Normativa/CONVENIO_CCAA/index.html

28 El de Cataluña se materializó mediante RD 206/2010, de 26 de febrero, sobre traspaso de funciones y servicios a la Generalitat de Cataluña en materia de Función Pública Inspectora de la Inspección de Trabajo y Seguridad Social (BOE de 1 marzo 2010). Y el del País Vasco, por RD 895/2011, de 24 de junio, sobre traspaso de funciones y servicios a la Comunidad Autónoma del País Vasco en materia de Función Pública Inspectora de la Inspección de Trabajo y Seguridad Social (BOE de 30 junio 2011).

nización propia con la exigencia de que se coordinen con el Estado de acuerdo con las previsiones contenidas en la disp. adic. 8ª Ley 23/2015.

En lo que se refiere a facultades y funciones de la ITSS, la más "genuina y relevante"[29] de todas las existentes es la de vigilancia y exigencia del cumplimiento de la rama social del Derecho, con posibilidad de levantar acta y hacer propuesta de sanción, tal y como se ordena en el art. 12.1 Ley 23/2015[30]. Pero no es la única función que se le asigna a este organismo, existen otras, especialmente relevantes a los efectos pretendidos en este trabajo, y que son las siguientes: por un lado, la de asistencia técnica y, por otro, la de composición de conflictos colectivos –conciliación, mediación y arbitraje en conflictos colectivos y huelgas-, ambas relacionadas y desarrolladas también en el art. 12 de la LITSS, apartados 2[31] y 3[32], respectivamente.

---

[29] Así la califican MARTÍN VALVERDE, A. y GARCÍA MURCIA, J., *Derecho del Trabajo…*, *op. cit.*, p. 919.

[30] Art. 12.1 de la LITSS, que la define como la vigilancia y exigencia del cumplimiento de las normas legales, reglamentarias y del contenido de los acuerdos y convenios colectivos, en los siguientes ámbitos: en el sistema de relaciones laborales, en materia de prevención de riesgos laborales, en lo que se refiere al sistema de la Seguridad Social, en el ámbito del empleo, en migraciones, en cooperativas y otras fórmulas de economía social, así como a las condiciones de constitución de sociedades laborales, salvo que la respectiva legislación autonómica disponga lo contrario en su ámbito de aplicación y en cualesquiera otros ámbitos cuya vigilancia se encomiende legalmente a la Inspección de Trabajo y Seguridad Social.

[31] Según el art. 12.2 de la LITSS, la función de asistencia técnica de la ITSS se proyecta sobre las empresas, trabajadores y sus representantes, entidades y organismos de la Seguridad Social, autoridades y órganos de las Administraciones Públicas y cuando así se les requiera por los órganos judiciales competentes.

[32] Las funciones de conciliación, mediación y arbitraje de la ITSS en huelgas y otros conflictos colectivos vienen definidas en el art. 12.3

Sin olvidar, el relevante papel de la ITSS cuando se trata de emitir informes en relación con un buen número de decisiones empresariales que afectan al colectivo de trabajadores –suspensión y despidos colectivos, clasificación profesional, etc.-, tal como se ordena en diversos preceptos del ET[33], así como en otras disposiciones de la rama social del derecho. Aunque sin demasiada relación con el objeto de este trabajo, también hay que citar la función de la ITSS para la cooperación, asistencia y colaboración con las Administraciones Públicas de otros Estados de la UE, en particular, para garantizar el cumplimiento de las condiciones mínimas a los trabajadores desplazados en el marco de una prestación de servicios transnacional, tal y como se dispone en el art. 17.4 Ley 23/2015 y en la Ley 45/1999, de 29 de noviembre, sobre el desplazamiento de trabajadores en el marco de una prestación de servicios transnacional[34].

Al igual que cualquier otra norma de la rama social del Derecho, es evidente que también la Ley 4/2023, de 28 de febrero,

---

de la LITSS que según el propio precepto "se desarrollarán sin perjuicio de las facultades atribuidas a otros órganos de las Administraciones Públicas y a los órganos instaurados por los sistemas de solución de conflictos laborales basados y gestionados por la autonomía colectiva".

33 Entre otros, puede señalarse, el informe que deberá recabar la autoridad laboral de la ITSS sobre la comunicación de la iniciación del procedimiento temporal de reducción de jornada o suspensión por causas ETOP y sobre el desarrollo del período de consultas, tal y como se ordena en el art. 47.3 ET. También en el mismo art. 47 ET, pero en su apartado 5, hay que hacer mención del informe que debe evacuarse a la autoridad laboral antes de que resuelva sobre la concurrencia o no de fuerza mayor temporal que justifique la reducción o suspensión, también temporal, de los contratos de trabajo de los trabajadores.

34 En concreto, arts. 6, 8 y 9 de la LITSS.

sobre la que va a versar este capítulo[35], va a resultar beneficiaria de las funciones que la Ley 23/2015 asigna a la ITSS. En particular, la de vigilancia y exigencia de su cumplimiento, pero, también, la de asistencia técnica. No en vano, la promoción y aplicación del principio de igualdad y no discriminación en el ámbito laboral conforma una de los objetivos de la actuación de la ITSS[36], en cuanto principio fundamental para asegurar un entorno de trabajo justo y equitativo para todos los empleados, y la salvaguarda de tal principio, constituye, por otra parte el objeto de la Ley 4/2023, cuando las diferencias de trato procedan de la orientación e identidad sexual, expresión de género o características sexuales. De hecho, desde hace algunos años, en concreto, desde la aprobación de la Ley 23/2015, retrotrayéndose los datos analizados a la fecha promulgación de la LO 3/2007[37], se tiene constancia del protagonismo de la ITSS como defensora del principio de igualdad y no discriminación frente a otros organismos, pero no solo en cuanto receptora de denuncias, sino además, y sobre todo, mediante actuaciones programadas e iniciativas. Es más, aunque la ITSS suele ser considerada y valorada casi exclusivamente por su aspecto represivo o sancionador, en el contexto del principio de igualdad y no discriminación, la faceta de impulsar y requerir a la superación de situaciones injustas y discriminatorias con efectos positivos sin necesidad de recurrir

---

35 Aunque obvia, se incluye el nombre completo de la norma, por ser la primera vez que se cita en este capítulo: Ley 4/2023, de 28 de febrero, para la igualdad real y efectiva de las personas trans y para la garantía de los derechos de las personas LGTBI (BOE de 1 marzo 2023).

36 Así consta en el art. 12.1, letra a), apartado 3º, de la LITSS, que dispone que la función inspectora comprende los siguientes cometidos: la "vigilancia y exigencia del cumplimiento de las normas legales, reglamentarias y del contenido de los acuerdos y convenios colectivos", entre otros, en materia de "tutela y promoción de la igualdad de trato y oportunidades y no discriminación en el trabajo".

37 LO 3/2007, de 22 de marzo, para la igualdad efectiva de mujeres y hombres (BOE de 23 marzo 2007).

a la imposición de multas, arroja resultados muy favorables[38]. Y aunque estas conclusiones han sido alcanzadas, principalmente, en relación con la igualdad por razón de sexo, por razón de discapacidad e, incluso, por razón de origen nacional –extranjería-, son totalmente extensibles a las situaciones de discriminación que sufre el colectivo LGTBI y sus familias por razón de su diversidad sexual.

2. LA ACTUACIÓN DE LOS PODERES PÚBLICOS EN LA LEY 4/2023, DE 28 DE FEBRERO

2.1. Una norma de carácter transversal con amplio contenido laboral

Como puede comprobarse con la lectura de todos y cada uno de los capítulos de esta monografía, la Ley 4/2023, comúnmente conocida como *Ley trans o Ley LGTBI,* no es una ley específicamente laboral, sino que su alcance es mucho más amplio. No obstante, concede un papel ciertamente relevante a la autoridad laboral en cuanto garante de su cumplimiento y de la protección de los derechos *laborales* de todas las personas, independientemente de su identidad género u orientación sexual.

La afirmación de que la Ley 4/2023 no es una norma específicamente laboral se debe a que su finalidad principal, la garantía y promoción del "derecho a la igualdad real y efectiva de las personas lesbianas, gais, trans, bisexuales e intersexuales (en adelante, LGTBI), así como de sus familias" (art. 1.1) se

---

38 Al respecto, véase el trabajo de DE DIOS FERNÁNDEZ LUPIÁÑEZ, J., "La Inspección de Trabajo y Seguridad Social y las políticas de igualdad", *Revista del Ministerio de Trabajo y Asuntos Sociales*, núm. 128, 2017, p. 128.

proyecta sobre distintos ámbitos de la vida en sociedad, afectando, por lo tanto, a diferentes sectores del ordenamiento jurídico. En concreto, su contenido incide sobre la normativa civil, administrativa, sobre la ordenación de la sanidad y la educación, y también sobre la regulación de los derechos laborales y de Seguridad Social de las personas trabajadoras. Se trata, por lo tanto, de una ley transversal que vino a sumarse al *aluvión* de normas también de esta naturaleza que fueron promulgadas tras las reformas de diciembre de 2021[39] –la Ley 21/2021, de 28 de diciembre, de garantía del poder adquisitivo de las pensiones y de otras medidas de refuerzo de la sostenibilidad financiera y social del sistema público de pensiones[40] y el Real Decreto-ley 32/2021, de 28 de diciembre, de medidas urgentes para la reforma laboral, la garantía de la estabilidad en el empleo y la transformación del mercado de trabajo[41]-, y que solo se vio mitigado con la disolución de las cámaras en el mes de mayo de 2023[42]. De hecho, fueron varios los proyectos normativos, de nuevo de naturaleza transversal, interrumpidos en esa fecha[43]. Con todo, aun con las cámaras disueltas, alguna de

---

39 Este hecho también fue calificado como "tormenta de reformas", como así lo reconoce GOERLICH PESET, J.A., en el capítulo introductorio del número monográfico que recoge los contenidos de la webinar del mismo nombre, celebrada los días 20 y 21 de junio de 2023, bajo el escenario de Labos (https://www.elforodelabos.es), "Normas ómnibus, leyes transversales y sistema jurídico", *Labos: Revista de Derecho del Trabajo y Protección Social*, vol. 4 (núm. extraordinario), 2023, pp. 3-4.

40 BOE de 29 diciembre 2021.

41 BOE de 30 diciembre 2021.

42 RD 400/2023, de 29 de mayo, de disolución del Congreso de los Diputados y del Senado y de convocatoria de elecciones (BOE de 30 mayo 2023).

43 Algunas incluían aspectos laborales y de Seguridad Social de cierta relevancia. Entre ellas, la Ley de movilidad sostenible y la llamada Ley de familias.

tales iniciativas fue retomada por la vía del decreto-ley, como sucedió con la aprobación del Real Decreto-ley 5/2023, de 28 de junio, por el que se procede a la transposición de diferentes directivas de la Unión Europea[44], en el que más allá de su contenido laboral y de Seguridad Social, incluye también normas de Derecho procesal y de Derecho administrativo sancionador.

La variedad de contenidos y la extensión de respuestas[45] que caracteriza a las leyes transversales, las reviste de cierta complejidad, lo que, en ocasiones, facilita también la comisión de algún error técnico. Sin embargo, a diferencia de las leyes ómnibus, en las que los diversos contenidos se yuxtaponen sin lógica alguna, en las normas de carácter transversal, tal disparidad se organiza, generalmente, en torno a una única finalidad, la de conceder un "tratamiento sistemático e integral de la cuestión que motiva su publicación"[46]. En lo que se refiere a la Ley 4/2023, como ya se puso de manifiesto con anterioridad, su aprobación viene motivada por la de garantizar y promover el "derecho a la igualdad real y efectiva" del colectivo LGTBI, lo que incluye a sus familias, en todos los ámbitos y contextos a los que afecta. Téngase en cuenta, además, que la norma es

---

44 Su denominación correcta y completa es Real Decreto-ley 5/2023, de 28 de junio, por el que se adoptan y prorrogan determinadas medidas de respuesta a las consecuencias económicas y sociales de la Guerra de Ucrania, de apoyo a la reconstrucción de la isla de La Palma y a otras situaciones de vulnerabilidad; de transposición de Directivas de la Unión Europea en materia de modificaciones estructurales de sociedades mercantiles y conciliación de la vida familiar y la vida profesional de los progenitores y los cuidadores; y de ejecución y cumplimiento del Derecho de la Unión Europea (BOE de 29 junio 2023).

45 Así resume GOERLICH PESET, J.M., los rasgos que caracterizan a las leyes transversales desde la perspectiva formal, "Normas ómnibus, leyes transversales...", *op. cit.*, p. 9.

46 De nuevo, GOERLICH PESET, J.M., "Normas ómnibus, leyes transversales...", *op. cit.*, p. 9.

de aplicación "a toda persona física o jurídica, de carácter público o privado, que resida, se encuentre o actúe en territorio español, cualquiera que fuera", entre otras circunstancias, "su nacionalidad (...), domicilio, residencia (...) o situación administrativa, en los términos y con el alcance que se contemplan en esta Ley y en el resto del ordenamiento jurídico"[47]. A tal efecto, la norma proclama que establece "principios de actuación de los poderes públicos, regula derechos y deberes de las personas físicas y jurídicas, tanto públicas como privadas y prevé medidas específicas destinadas a la prevención, corrección y eliminación, en los ámbitos público y privado, de toda forma de discriminación". En el mismo precepto, también dispone que atiende "al fomento de la participación de las personas LGTBI en todos los ámbitos de la vida social y a la superación de los estereotipos que afectan negativamente a la percepción social de estas personas"[48]. El procedimiento y requisitos para la tan polémica "rectificación registral relativa al sexo y, en su caso, nombre de las personas", también es anunciado por las disposiciones generales de la Ley, previendo también la ordenación de los efectos de dicha rectificación registral, así como de las medidas que se deriven de ello, tanto en el ámbito público como privado[49].

Es evidente que este enfoque global y ciertamente ambicioso de la Ley 4/2023, no puede alcanzarse solo con modificaciones puntuales de las normas ya existentes, por muchas que estas sean[50], sino que deben diseñarse también medidas de acción política en todos los niveles afectados por la nueva dispo-

---

47 Art. 2 Ley 4/2023.

48 Art. 1.2 Ley 4/2023.

49 Art. 1.3 Ley 4/2023.

50 En total se modifican 17 disposiciones normativas. A tal efecto, véanse las disposiciones finales de la Ley 4/2023 en donde consta la relación completa de normas modificadas.

sición. Es por ello que como cualquier otra norma transversal, la Ley 4/2023 dedica una parte importante de su contenido a la definición de tales políticas, en concreto, cuando señala en su preámbulo que su misión es definir "las políticas públicas que garantizarán los derechos de las personas LGTBI" y remover "los obstáculos que les impiden ejercer plenamente su ciudadanía", respondiendo con ello a una "demanda histórica de las asociaciones LGTBI, que durante décadas ha liderado e impulsado la reivindicación de los derechos de estos colectivos". En esta línea de acción política, su preámbulo apela a términos como "concepción" y "cohesión" social, "cultura de la no discriminación" y "referentes positivos". En este escenario, la norma se identifica como un "importante avance en el camino recorrido hacia la igualdad y la justicia social que permite consolidar el cambio de concepción social sobre las personas LGTBI". Ello conlleva la necesidad de "crear referentes positivos, por entender la diversidad como un valor, por asegurar la cohesión social promoviendo los valores de igualdad y respeto y por extender la cultura de la no discriminación frente a la del odio y el prejuicio[51]".

Ahora bien, las referidas modificaciones normativas y las medidas de acción política contenidas en la Ley 4/2023, aunque afectan a muchos ámbitos del ordenamiento jurídico, lo hacen sobre uno en particular, el laboral, de ahí las líneas que llenan de contenido este epígrafe[52]. La razón es la especial discriminación que padece el colectivo destinatario de la Ley en el ámbito laboral, quizás, el más preocupante tras el existente

---

[51] Preámbulo, apartado I.

[52] De hecho, de las 17 disposiciones normativas modificadas por el contenido de las disposiciones finales Ley 4/2023, prácticamente la mitad son normas de contenido laboral y son las siguientes: Ley 14/1994, la Ley 55/2003, la Ley 20/2007, la Ley 36/2011, la Ley 3/2015 y, también, la LISOS, el ET y el EBEP.

en el contexto educativo. Así lo deja entrever su propio preámbulo cuando relata que la discriminación de las personas trans, que alcanza el 63% de las encuestadas, es "especialmente elevada" en el marco laboral, asegurando el 34 % "haber sido discriminados en este ámbito". Por otro lado, las "personas trans también presentan mayores dificultades para acceder al empleo" y "mayores tasas de desempleo". En concreto, "un 42 % de las personas trans encuestadas afirma haber sufrido discriminación estando en búsqueda activa de empleo". En cuanto a la tasa de desempleo, y a falta de datos oficiales, un estudio de hace ya varios años -2012 de la Universidad de Málaga-, apuntaba que la "tasa de paro de las personas trans era de más del 37 % –frente al 26 nacional en ese año–, aunque el mismo informe advertía de que la situación podría ser más grave". Por otra parte, se indicaba que "una de cada tres personas encuestadas vivía con menos de 600 euros al mes y casi la mitad (un 48 %) había ejercido la prostitución". Por último, se señala que, en ocasiones, la discriminación se manifiesta de la manera más cruel: "el 15 % de las personas trans encuestadas ha sufrido ataques físicos o sexuales en los últimos años". Más allá de la educación y el contexto laboral, otros contextos en los que también se manifiesta especialmente la discriminación del colectivo son la salud y los servicios sociales. En concreto, en la salud, el 39 % explica que han sido discriminadas por el personal sanitario o de los servicios sociales o el educativo (el 37 % afirma que ha sufrido discriminación en el ámbito escolar)[53].

Volviendo con las medidas de acción política de la Ley 4/2023, frente a la extensión y protagonismo de las de contenido laboral, lo que es ciertamente loable, no pueden dejar de reconocerse ciertas objeciones, toda vez que el cumplimento íntegro de su contenido sustantivo, sea cual sea, va a verse afectado por la

---

[53] Todos estos datos constan en el preámbulo, apartado I, últimos párrafos.

acción y actuación del poder ejecutivo, más o menos dinámica, lo que contrasta íntegramente con ciertas expresiones que, de nuevo, constan en el preámbulo, como cuando se dispone que "la iniciativa normativa se ejerce de manera coherente con el resto del ordenamiento jurídico, nacional, autonómico, de la Unión Europea e internacional, para generar un marco normativo estable, predecible, integrado, claro y de certidumbre, que facilite su conocimiento y comprensión y, en consecuencia, la actuación y toma de decisiones por parte de las personas físicas y jurídicas destinatarias. Se garantiza de este modo el principio de seguridad jurídica". Sin embargo, tal seguridad jurídica, como se comprobará en los epígrafes siguientes, no se encuentra en muchas de sus acciones.

2.2. Criterios y líneas de actuación de los poderes públicos en la Ley 4/2023, de 28 de febrero

Como poder público que es, la actuación promocional y aplicativa de la Ley 4/2023 por parte de la autoridad laboral va a quedar sometida a los criterios y líneas generales de actuación previstos en la propia norma, sin perjuicio de cualquier otro que también le pueda afectar y al que se refiera el conjunto del ordenamiento jurídico en general. Ahora bien, a la hora de sistematizar y ordenar tales criterios, el legislador lo ha hecho en dos títulos diferentes de la Ley 4/2023, en concreto, en el Título I y en el Título II. De hecho, esta separación puede anticiparse con solo leer su preámbulo, ya que cuando se describe la estructura y contenido de la norma que introduce, dispone lo siguiente[54]: por un lado, que el "Título I se refiere a la actuación de los poderes públicos", estableciendo en su Capítulo I, entre otras cuestiones, los "criterios y líneas generales de actuación de los mismos". Sin embargo, el señalamiento

---

[54] Apartado II del preámbulo.

de las "líneas generales de actuación de los poderes públicos", también se anuncia de forma expresa como uno de los objetivos integrantes de su Título II. De entrada, pudiera pensarse en cierta falta de sistematización por parte del legislador, aprobando una normativa confusa. Sin embargo, si se detiene uno en la lectura de los respectivos capítulos se comprueba que tal división de criterios en diferentes títulos responde a los distintos grupos dentro del colectivo destinatario al que se dirige. A saber, el Título I, al LGTBI, en general. Y el Título II, a las personas trans.

Con todo, esta separación de destinatarios según el correspondiente título de la norma no siempre facilita el entendimiento y comprensión de la materia. De hecho, a primera vista, tras su lectura, no se percibe una línea clara que indique una tendencia en cuanto a la actuación de los poderes públicos. Tampoco a día de hoy se encuentran estudios doctrinales que permitan reflexionar sobre el tema, más allá de breves comentarios, algunos muy certeros[55]. Pero no dejan de ser unos primeros apuntes publicados tras la aprobación de la norma. Se vierten aquí, por lo tanto, unas primeras reflexiones al respecto, a riesgo de incurrir en algunos errores u omisiones.

En primer lugar, y en lo que se refiere a todo el colectivo LGTBI y sus familias, la Ley 4/2023 contextualiza su contenido y acción política estableciendo el deber de adecuación[56] de los poderes públicos para garantizar y promover su derecho a la igualdad real y efectiva. El aludido deber de adecuación se materializará a través de las siguientes acciones: en primer lugar, en el

---

55 ÁLVAREZ CUESTA, H., "La Ley 4/2023, de 28 de febrero, para a igualdad real y efectiva de las personas trans y para la garantía de derechos de las personas LGTBI", *Briefs AEDTSS*, 18, 2023.

56 Así comienza el apartado II del preámbulo de la Ley 4/2023, con la previsión del "deber de adecuación de los servicios públicos para reconocer y garantizar la igualdad de trato de las personas LGTBI".

deber de protección en su más amplio sentido (art. 4). Lo que va a exigir a los poderes públicos, en el ámbito de sus competencias, desarrollar "todas las medidas necesarias" para llevarla a cabo. A continuación, en la puesta en valor de la "diversidad" en todo lo relativo a la orientación sexual, identidad sexual, expresión de género, características sexuales y diversidad familiar (art. 5.1). Ello se traduce en el fomento del "reconocimiento institucional" de la diversidad y la participación en los actos conmemorativos de la lucha por la igualdad real y efectiva de las personas LGTBI" (art. 5.2). Las directrices de actuación de los poderes públicos comprenden, también, las acciones necesarias para la divulgación y sensibilización sobre la diversidad sexual y familiar. Esto ha de incluir, de manera explícita, la promoción de "campañas de sensibilización, divulgación y fomento" de dicha diversidad, "dirigidas a toda la sociedad, y en especial en los ámbitos donde la discriminación afecte a sectores de población más vulnerables" (art. 6). Las investigaciones y encuestas de campo sobre la situación del colectivo son tenidas en cuenta también por la norma en cuanto instrumentos esenciales para "profundizar en la naturaleza y alcance de las principales situaciones de discriminación" y "registrar su evolución a lo largo del tiempo" (art. 7.1). Con esta premisa, el legislador insta a los poderes públicos a incluir en sus estudios e informes sobre discriminación del colectivo LGTBI datos empíricos, específicamente, "indicadores y procedimientos que permitan conocer las causas, extensión, evolución, naturaleza y efectos de dicha discriminación". Estos datos, siempre que sea posible, se presentarán desglosados "en función de las causas discriminatorias previstas en esta ley" (art. 7.2). En todo caso, el legislador recuerda que el tratamiento de todos estos datos debe cumplir diligentemente con las obligaciones impuestas por el Reglamento (UE) 2016/679, de 27 de abril de 2016; la Ley Orgánica 3/2018, de 5 de diciembre, de protección de datos personales y garantía de los derechos digitales; y, en su caso, la Ley Orgánica 7/2021, de 26 de mayo, de protección de datos personales tratados para fines de prevención, detección, investigación y enjuiciamiento de infracciones penales y de ejecución (art. 7.3). Por último, tampoco olvida el legislador, la necesidad de que todas las Administraciones públicas –estatales, autonómicas y locales– colaboren para integrar y planificar, en el ejercicio de sus respectivas competencias, el principio de igualdad de trato y no discriminación por cualquiera de las causas previstas en la Ley 4/2023, de 28 de febrero (art. 8.1). A tal efecto, se menciona la Conferencia Sectorial de Igualdad como el foro adecuado para adoptar "planes y programas conjuntos de actuación con esta finalidad" (art. 8.2).

Lo que la Ley 4/2023 considera que deben ser los "criterios y líneas de actuación de los poderes públicos" en esta materia concluye con la alusión de su art. 9.1 al Consejo de Participación de las personas LGTBI, órgano colegiado dependiente del Ministerio de Igualdad[57] –en la actualidad, a través de la Secretaría de Estado de Igualdad y contra la Violencia de Género[58]- y constituido al amparo del art. 22.3 Ley 40/2015, de 1 de octubre[59], en cuanto foro institucional de colaboración y diálogo permanente entre las Administraciones públicas y la sociedad civil en todas las materias relacionadas con la igualdad de trato y no discriminación por razón de orientación sexual, identidad sexual, expresión de género y características sexuales. Entre sus fines, la Ley 4/2023 alude a su capacidad en cuanto órgano de refuerzo de la "participación en todos los ámbitos de la sociedad de las personas LGTBI y sus familias".

---

57 https://www.igualdad.gob.es/

58 https://mpr.sede.gob.es/pagina/index/directorio/secretaria_estado_igualdad

59 Que dispone que "en todos los supuestos no comprendidos en el apartado 1 de este artículo, los órganos colegiados tendrán el carácter de grupos o comisiones de trabajo y podrán ser creados por Acuerdo del Consejo de Ministros o por los Ministerios interesados. Sus acuerdos no podrán tener efectos directos frente a terceros".

Ahora bien, como se expresó con anterioridad, también el Título II de la Ley 4/2023 dedica una parte de su contenido a establecer las líneas generales de actuación de los poderes públicos, en este caso, en lo que se refiere, en particular, a las personas trans. Y en este contexto, su art. 52 diseña lo que se va a calificar como el "instrumento principal para el impulso, desarrollo y coordinación de las políticas y los objetivos generales" de la Ley 4/2023 en el ámbito de la Administración General del Estado. A saber, la Estrategia Estatal para la inclusión social de las personas trans. Su finalidad es la inclusión social de estas personas, a través de la incorporación de medidas de acción positiva en los ámbitos laboral, educativo, sanitario y de vivienda. Tales medidas se diseñarán en base a un diagnóstico claro que se hará a partir de estudios que conozcan su situación socioeconómica, de salud y psicosocial e indicadores para su adecuado cumplimiento y evaluación. La finalidad, en todo caso, es que tales medidas permitan evaluar su eficacia y grado de cumplimiento. La responsabilidad de la elaboración de la Estrategia, que se hará con carácter cuatrienal, así como de su seguimiento y evaluación, recae sobre el Ministerio de Igualdad, aunque siempre garantizando la participación de los departamentos ministeriales cuyas actuaciones puedan incidir en las personas trans y de las organizaciones sociales que incluyan entre sus objetivos la defensa de los derechos de las personas trans. Una vez elaborada, su aprobación corresponderá al Consejo de Ministros. Transcurridos dos años desde su aprobación, también corresponde al Ministerio de Igualdad elaborar y elevar a las Cortes Generales el correspondiente informe de evaluación intermedia sobre su grado de ejecución. Lo mismo que cuando se agote su período de vigencia, esto es, a los cuatro años de su elaboración. Es obvio que en ese momento corresponderá elaborar la siguiente Estrategia. En cualquier caso, todas las virtudes que se proyectan sobre el referido instrumento de inclusión social de las personas trans se quedan vacías mientras el Ministerio de Igualdad no la elabore para su posterior aprobación por el Consejo de Ministros, lo que a día de hoy –octubre de 2024- todavía no consta. Solo se ha encontrado alguna manifestación en la que se afirma que su diseño y puesta en marcha está en proceso, junto con el de otra Estrategia también prevista en la Ley 4/2023, la Estrategia Estatal para la igualdad de trato y no discriminación de las personas LGTBI, regulada en su art. 10. Sin embargo, de momento, nada consta ni de una ni de la otra, más allá de la manifestación gubernativa de su intención de ponerla en marcha contenida en la declaración institucional de 14 de mayo de 2024, con motivo del 17 de mayo, día internacional contra la homofobia, la transfobia y la bifobia[60].

La participación de las personas trans en el diseño e implementación de las políticas que les afecten, conforma el último de los criterios generales que debe regir la actuación las Administraciones Públicas, tal y como se ordena en el art. 53 Ley 4/2023. Ello se hará, dispone el referido precepto, a través de las "organizaciones sociales que incluyan entre sus objetivos la defensa de sus derechos", organizaciones que recibirán todo el apoyo de las Administraciones Públicas.

2.3. La Estrategia Estatal para la igualdad de trato y no discriminación de las personas LGTBI

También en el Título I de la Ley 4/2023, pero fuera de su Capítulo I, dedicado a sistematizar y ordenar lo que califica como "criterios y líneas generales de actuación de los poderes públicos y órgano de participación ciudadana", se procede

---

[60] En la que expresamente se indica que el "Gobierno está en proceso de finalización del diseño y puesta en marcha de una Estrategia Estatal para la igualdad de trato y no discriminación de las personas LGTBI y de una Estrategia Estatal para la inclusión social de las personas trans".

al diseño de la antes referida Estrategia Estatal para la igualdad de trato y no discriminación de las personas LGTBI que emerge como elemento esencial de las "políticas públicas para promover la igualdad efectiva de las personas LGTBI". No en vano, se define por el legislador como "el instrumento principal de colaboración territorial para el impulso y desarrollo de las políticas básicas y objetivos generales establecidos en esta ley"[61]. Con su ordenación, se da comienzo al largo Capítulo II del Título I.

Cuando se complete su elaboración –pues al igual que la Estrategia Estatal para la inclusión social de las personas trans, tampoco se tiene constancia de ello[62]-, habrá de incorporar de forma prioritaria lo siguiente:

En primer lugar, los "principios básicos de actuación en materia de no discriminación por razón de las causas previstas en esta ley"[63]. Tales principios, que son el respeto a la igualdad real y prohibición de discriminación por razón de orientación sexual, identidad sexual, expresión de género, características sexuales y diversidad familiar de las personas LGTBI y sus familias, serán desarrollados por los "planes de la Administración General del Estado y de las comunidades autónomas, en el ejercicio de sus competencias"[64]. Los referidos planes que en el marco de esta Estrategia seguirá el Gobierno serán coordinados por el Ministerio de Igualdad en colaboración con los

61 Art. 10.1 Ley 4/2023.

62 Como se advirtió con anterioridad, su diseño y puesta en marcha están anunciados por el Gobierno en la declaración institucional de 14 de mayo de 2024, con motivo del 17 de mayo, día internacional contra la homofobia, la transfobia y la bifobia.

63 Art. 10.4, apartado a), Ley 4/2023.

64 Art. 10.4, apartado a), Ley 4/2023.

departamentos ministeriales y de las comunidades autónomas afectados por la materia[65].

En segundo lugar, la Estrategia también incorporará las medidas de anticipación y erradicación de las discriminaciones del colectivo LGTBI. En términos de la Ley 4/2023, "medidas dirigidas a prevenir, eliminar y corregir toda forma de discriminación" del colectivo, con "especial atención a la ejercida contra la infancia y juventud, tanto en el ámbito público como privado, sin perjuicio de las competencias de las comunidades autónomas"[66].

Por último, se incluirán también medidas informativas, formativas y sensibilizadoras en la materia, lo que en términos de la Ley 4/2023 se traduce en la incorporación de "medidas dirigidas a la información, sensibilización y formación en igualdad de trato y no discriminación de las personas LGTBI", prestando especial atención a la "violencia LGTBIfóbica y a la violencia entre parejas del mismo sexo", también sin perjuicio de las competencias de las comunidades autónomas[67].

Con todo, cualquiera que sea el contenido que se incluya, señala la norma que la Estrategia prestará siempre "especial atención a las discriminaciones múltiples e interseccionales"[68].

Al igual que la Estrategia Estatal para la inclusión social de las personas trans, también la elaboración de la que ahora se comenta es competencia del Ministerio de Igualdad, que habrá de hacerlo con carácter cuatrienal, garantizando la participación de departamentos ministeriales, organizaciones representativas de los intereses sociales afectados y las comunidades autónomas y ciudades de Ceuta y Melilla. Su aprobación por el

---

65 Art. 10.6 Ley 4/2023.

66 Art. 10.4, apartado b), Ley 4/2023.

67 Art. 10.4, apartado c), Ley 4/2023.

68 Art. 15.5 Ley 4/2023.

Consejo de Ministros requerirá informe favorable de la Conferencia Sectorial de Igualdad[69]. La evaluación de la presente Estrategia se hará "al término de su duración o cuando se produzcan circunstancias sobrevenidas que hagan conveniente su modificación"[70].

Por último, téngase en cuenta que también la Ley 4/2023, en el mismo precepto que la referida Estrategia -art. 10-, ordena al Ministerio de Igualdad que vele porque la misma se coordine con la Estrategia Estatal para la Igualdad de trato y no discriminación que se regula en la Ley 15/2022, de 12 de julio, integral para la igualdad de trato y no discriminación[71]. Sin embargo, pese a haber transcurrido ya 2 años desde la promulgación de la norma reguladora, tampoco se tienen noticias, a día de hoy de su elaboración y aprobación, responsabilidad, respectivamente, de la Conferencia Sectorial de Igualdad y del Consejo de Ministros[72], lo que es ciertamente criticable y con-

---

69 El art. 147.3 Ley 40/2015, de 1 de octubre, de Régimen Jurídico del Sector Público, dispone que cada Conferencia Sectorial dispondrá de un reglamento de organización y funcionamiento interno aprobado por sus miembros. El Reglamento por el que se regula la organización y funcionamiento de la Conferencia Sectorial de Igualdad data del 21 de enero de 2009 y fue modificado por última vez mediante acuerdo del Pleno de la citada Conferencia Sectorial, de 29 de junio de 2017, con el fin de adaptar su contenido a la nueva regulación contenida en la Ley 40/2015, de 1 de octubre.

70 Art. 10.3 Ley 4/2023.

71 Art. 34 Ley 15/2022 que la define como "el instrumento principal de colaboración territorial de la Administración del Estado para el impulso, desarrollo y coordinación de las políticas y los objetivos generales de su competencia establecidos en esta ley, sin perjuicio y respetando las competencias del marco estatutario de las comunidades autónomas".

72 Art. 34.2 Ley 15/2022: "Corresponde a la Conferencia Sectorial de Igualdad su preparación, seguimiento y evaluación, garantizándose la participación de las organizaciones representativas de los intere-

trasta, además, con la gran difusión y publicidad otorgada a todas estas leyes.

3. LA INTERVENCIÓN ADMINISTRATIVA EN EL ÁMBITO LABORAL. EL PAPEL DE LA AUTORIDAD LABORAL

Las disposiciones de carácter laboral ocupan una parte importante del contenido de las políticas públicas diseñadas en la Ley 4/2023, tanto las del Título I, como las del Título II, lo que permite anticipar el importante papel que se concede a la autoridad laboral en cuanto garante del cumplimiento y de la protección de los derechos *laborales* de todas las personas independientemente de su identidad de género u orientación sexual. Y dentro de todas las instituciones y cuestiones que conforman la rama laboral del ordenamiento jurídico, el empleo del colectivo LGTBI emerge como una de las prioridades de la Ley 4/2023, lo que no resulta extraño, teniendo en cuenta que, en la misma fecha, fue aprobada, precisamente, la actual Ley 3/2023, de 28 de febrero, de empleo. De hecho, las dos disposiciones fueron publicadas oficialmente en el BOE del mismo día, el 1 de marzo de 2023.

Sin pretender hacer un análisis exhaustivo de la Ley 3/2023, pues no es la finalidad de este capítulo, sí parece necesario exponer aquí unas breves reflexiones sobre la misma, a fin de comprender muchas de las disposiciones de la Ley 4/2023. Y tales reflexiones pasan por destacar algunos de sus objetivos principales -de la Ley 3/2023- para comprobar el relevante papel que en la misma ostenta el colectivo LGTBI. De hecho, en lo que se refiere a colectivos prioritarios de las políticas de em-

---

ses sociales afectados en cada una de estas fases. La aprobación de la Estrategia corresponderá al Consejo de Ministros".

pleo, en tendencia creciente desde la primera Ley de Empleo del año 1980[73], las "personas LGTBI, en particular trans", junto con otros grupos, se incorporan como "novedades puras"[74] de la vigente disposición. Es cierto que el actual listado resulta ciertamente numeroso, lo que no deja de generar algunas dudas sobre su verdadera eficacia, pues tal amplitud parece oponerse a la singularidad necesaria para su consideración como destinatarios de atención prioritaria[75]. De hecho, se ha pasado de cinco grupos de colectivos prioritarios en la Ley 5/1980[76],

---

73 Ley 51/1980, de 8 de octubre, básica de empleo (BOE de 17 de octubre).

74 Así califica estas inclusiones PÉREZ DEL PRADO, D., "Ley 3/2023. Principales novedades", *Revista Labos*, Vol. 4, Número extraordinario "Tormenta de reformas", 2023, p. 94.

75 Así lo deja entrever PÉREZ DEL PRADO, D., que glosa esta idea con una expresión muy gráfica y escuchada a algún político ya retirado de la vida pública: "cuanto más peor para todos", cfr. "Ley 3/2023. Principales novedades…", *op. cit.*, p. 94.

76 De conformidad con el art. 10 Ley 5/1980, los colectivos de atención prioritaria de las políticas de empleo eran los siguientes: "jóvenes demandantes de primer empleo, trabajadores perceptores de las prestaciones de desempleo, mujeres con responsabilidades familiares, trabajadores mayores de cuarenta y cinco años de edad y personas con discapacidad" (en la primera redacción, el término utilizado era el de "minusválidos). Para estas personas, señalaba el artículo, el Gobierno adoptaría programas destinados al fomento de su empleo, por tratarse de personas "con dificultades de inserción en el mercado de trabajo", para lo que se comprometía a ofrecer, a las empresas que contraten a los trabajadores anteriormente indicados y a los propios trabajadores directamente, una serie de beneficios.

hasta los 20 Ley 3/2023[77], pasando por los ocho de las normas intermedias, la Ley 56/2003[78] y en el RDL 3/2015[79].

Ahora bien, se comparta o no tal extensión de colectivos, no se puede perder de vista la finalidad de la Ley 3/2023, tal

---

77 Son los siguientes: "personas jóvenes especialmente con baja cualificación, personas en desempleo de larga duración, personas con discapacidad, personas con capacidad intelectual límite, personas con trastornos del espectro autista, personas LGTBI, en particular trans, personas mayores de cuarenta y cinco años, personas migrantes, personas beneficiarias de protección internacional y solicitantes de protección internacional (…), personas víctimas de trata de seres humanos, mujeres con baja cualificación, mujeres víctimas de violencia de género, personas en situación de exclusión social, personas gitanas, o pertenecientes a otros grupos poblacionales étnicos o religiosos, personas trabajadoras provenientes de sectores en reestructuración, personas afectadas por drogodependencias y otras adicciones, personas víctimas del terrorismo, así como personas cuya guardia y tutela sea o haya sido asumida por las Administraciones públicas, personas descendientes en primer grado de las mujeres víctimas de violencia de género y personas adultas con menores de dieciséis años o mayores dependientes a cargo, especialmente si constituyen familias monomarentales y monoparentales, entre otros colectivos de especial vulnerabilidad, que son de atención prioritaria en las políticas activas de empleo, u otros que se puedan determinar en el marco del Sistema Nacional de Empleo. Asimismo, los programas específicos y las medidas de acción positiva se reforzarán en los supuestos en que se produzcan situaciones de interseccionalidad".

78 Ley 56/2003, de 16 de diciembre, de empleo (BOE de 17 diciembre 2003).

79 Real Decreto Legislativo 3/2015, de 23 de octubre, por el que se aprueba el texto refundido de la Ley de Empleo (BOE de 24 octubre 2015). Más allá de ciertas adaptaciones o cambios, por ejemplo, de "perceptores de prestaciones de desempleo" (Ley 5/1980) a "parados de larga duración" (RDL 3/2015), a los cinco anteriores, se han sumado las "personas con responsabilidades familiares –no solo las mujeres-, en situación de exclusión social e inmigrantes", tal y como se incluyen en el art. 30.1 del RDL 3/2015.

y como lo expresa su propio preámbulo, que es impulsar la reforma del mercado de trabajo español a través de la implantación de un "concepto moderno de la política de empleo" en la que el término "empleabilidad" se erige como su "elemento nuclear"[80]. De acuerdo con la definición que proporciona el apartado b) de su art. 3, se entiende por empleabilidad el "conjunto de competencias y cualificaciones transferibles que refuerzan la capacidad de las personas para aprovechar las oportunidades de educación y formación que se les presenten con miras a encontrar y conservar un trabajo decente, progresar profesionalmente y adaptarse a la evolución de la tecnología y de las condiciones del mercado de trabajo". A tal efecto, el legislador se preocupa de dotar al sistema de las herramientas de activación adecuadas para mejorar la referida empleabilidad de las personas demandantes de servicios de empleo. Y ello se proyecta en dos escenarios en particular. El primero, durante las situaciones de tránsito entre dos empleos y en las situaciones de desempleo[81]. El segundo, prestando especial atención a los "colectivos de atención prioritaria" antes referidos. Frente a tales colectivos, habida cuenta su singularidad, el propósito de la norma es generar una "acción de empleo suficientemente diferenciada y, por tanto, eficaz". Eso sí, siempre perfectamente identificados, en términos selectivos, en los "diferentes niveles territoriales y funcionales del Sistema Nacional de Empleo"[82]. Por ello, en el art. 5 Ley 3/2023 se ordenan los principios transversales que deberán orientar la política de empleo, entre los que se menciona, en primer lugar -apartado a)-, el de "igual-

---

80 Preámbulo, apartado III. A la "empleabilidad" dedica la Ley 3/2023 el Capítulo II del Título III sobre "políticas activas de empleo".

81 Así lo destaca CASTRO SURÍS, E., "La nueva Ley de Empleo a la luz de la STC 67/2022: no discriminación por identidad de género", *Revista Justicia & Trabajo,* número extraordinario, septiembre 2023, p. 123.

82 Preámbulo, apartado III.

dad y no discriminación en el acceso y consolidación del empleo y desarrollo profesional" por distintos motivos, entre los que refiere, expresamente, la orientación sexual, la identidad de género, la expresión de género y las características sexuales.

Los referidos principios de igualdad y no discriminación, continúa señalando el precepto, regirán, en particular, el "diseño y ejecución de las políticas de empleo, la garantía y cumplimiento de los servicios garantizados y compromisos reconocidos en esta ley, así como el acceso a los servicios de empleo, básicos y complementarios, y otros programas o actuaciones orientados a la inserción, permanencia o progresión en el mercado de trabajo". El listado de motivos antes mencionados y gran parte de los estipulados en el apartado a) del art. 5 Ley 3/2023, por los que se prohíbe la discriminación en el acceso y consolidación de empleo y desarrollo profesional, son reiterados, con mayor o menor detalle, en el art. 39 de la misma disposición normativa, dedicado, íntegramente, a la "no discriminación" como parte del Capítulo II, sobre "empleabilidad", dentro del Título III, dedicado a las "políticas activas de empleo". Más allá de la atención general que debe "observarse para combatir cualquier causa de discriminación", en todo lo que se refiere a acciones de empleabilidad, dicho art. 39 también ordena "guardar especial cuidado en evitar discriminaciones" por cualquiera de las circunstancias previstas en la norma. Además, "se evitará el establecimiento de criterios que presupongan que las personas destinatarias son suficientemente mayores, suficientemente jóvenes o referentes al sexo o a la discapacidad de estas".

Todos estos preceptos de la Ley 3/2023 ponen de manifiesto el importante compromiso del legislador con la equidad, lo que es ciertamente positivo. Por otra parte, cuando las circunstancias subjetivas concurrentes en una persona no permiten una diferencia de trato por discriminatoria, convierten a los afectados, desde la perspectiva del empleo, en un colectivo de atención prioritaria, como sucede con el colectivo LGTBI. De hecho, la propia Ley 3/2023 presenta a estos grupos de personas como "colectivos vulnerables de atención prioritaria[83]" y a ellos se debe prestar especial atención, desde la perspectiva de la acción pública. A estas cuestiones se dedicará la parte final de este capítulo, para lo que es imprescindible exponerlo desde las previsiones contenidas en la Ley 4/2023.

Tal y como se verá a continuación la finalidad es atajar las consecuencias de la discriminación que padece el colectivo LGTBI y que desde la perspectiva laboral se proyecta sobre distintos aspectos de una relación de esa naturaleza, pero, especialmente, en los siguientes momentos: en el de la selección y contratación; también, en cuanto víctimas de acoso en el lugar de trabajo; por otro lado, en su promoción profesional, siendo víctimas de falta de oportunidades de ascenso debido a su orientación sexual o identidad de género; por último, en el miedo a ser discriminado lo que puede llevar a muchas personas pertenecientes a este colectivo a ocultar su identidad en el trabajo, afectando a su bienestar emocional y rendimiento laboral. De ahí que la importancia de las medidas que desde el ámbito público se han diseñado en la Ley 4/2023, que son las siguientes.

En su Título I, sobre el que ya se explicó en su momento su dedicación íntegra a la "actuación de los poderes públicos" en general, para todo el colectivo LGTBI, se incluyen dos grandes grupos de medidas cuya iniciativa, promoción y también su aplicación corresponde a las autoridades públicas. A saber, la inclusión y cumplimiento del derecho a la no discriminación en las políticas de empleo –art. 14- y su proyección real en las empresas a través de la negociación colectiva –art. 15-. Como el empleo de las personas LGTBI constituye el capítulo siguiente de esta monografía, procede una remisión general a su análisis del art. 14, sin perjuicio de traer aquí a colación algún pasaje,

---

[83] Art. 50.1, párrafo segundo, Ley 3/2023.

por tratarse de acciones en las que presumiblemente debería cobrar un papel activo la autoridad laboral. Se trata de las siguientes: el apoyo de "campañas divulgativas sobre la igualdad de trato y la no discriminación de las personas LGTBI", toda vez que tal función se asigna a los agentes sociales –art. 14, apartado c)-. El fomento de la implantación "de indicadores de igualdad" en el sector público y privado y la "creación de un distintivo que permita reconocer a las empresas que destaquen" en el cumplimiento de la Ley 4/2023 –art. 14, apartado d)-. El impulso de la "inclusión en los convenios colectivos de promoción de la diversidad" sexual, "así como procedimientos para dar cauce a las denuncias" -art. 14, apartado e)-. Por último, el impulso de la "elaboración de códigos éticos y protocolos en las Administraciones públicas y en las empresas que contemplen medidas de protección frente a toda discriminación por las causas previstas en esta Ley" -art. 14, apartado h)-. Más allá de todas estas acciones que parecen entrar dentro de las competencias de la autoridad laboral, el apartado f) asigna a la ITSS y a otros órganos competentes que no se identifican "velar por el cumplimiento efectivo de los derechos a la igualdad de trato y no discriminación" en el ámbito laboral y por las razones previstas en la norma. "Para ello, se fomentará la formación especializada para el personal de inspección". Evidentemente, velar no implica sancionar, lo que da idea de una actuación previa, promocional y aplicativa.

Con todo, la medida estrella de este Título I es el conjunto de medidas y recursos que deberán acordar todas las empresas de más de cincuenta personas trabajadoras para alcanzar la igualdad real y efectiva de las personas LGTBI, que habrán de incluir un protocolo de actuación para la atención de conductas constitutivas de acoso y violencia, tal y como ordena el art. 15.1 Ley 4/2023. Una primera lectura del precepto permite interpretar que el propósito del legislador parece ser la inclusión del colectivo LGTBI en los planes de igualdad y no discriminación al modo de la LO 3/2007. De hecho, como se indica en el propio art. 15.1 Ley 4/2023, tales medidas "serán pactadas a través de la negociación colectiva y acordadas con la representación legal de las personas trabajadoras". Y así se ha confirmado tras la reciente aprobación de su norma reglamentaria reguladora, de acuerdo con el compromiso asumido en el Acuerdo tripartito de 26 de junio de 2024[84]. A saber, el RD 1026/2024, de 8 de octubre, por el que se desarrolla el conjunto planificado de las medidas para la igualdad y no discriminación de las personas LGTBI en las empresas[85]. Por lo tanto, las funciones de la autoridad laboral previstas en el RD 901/2020, de 13 octubre[86], diseñadas inicialmente para el cumplimiento del principio de igualdad y no discriminación laboral entre mujeres y hombres, parecen ahora ampliadas con la consideración, también, de las discriminaciones por razón de orientación y diversidad sexual, expresión de género y características sexuales. No obstante, hay una diferencia, en materia de diversidad sexual las medidas sí deberán ser pactadas a través de la negociación colectiva y acordadas con la representación legal de las personas trabajadoras, mientras que no ocurre lo mismo con los protocolos de acoso sexual y por razón de

---

[84] Acuerdo, de 26 de junio de 2024, para la implementación de medidas para la igualdad y no discriminación de las personas LGTBI en las empresas, firmado por la Ministra de Trabajo, CCOO, UGT, CEOE y CEPYME, que tiene por único objetivo el compromiso de las partes firmantes de aprobar en el marco del diálogo social el "reglamento por el que las empresas de más de cincuenta personas trabajadoras tendrán que contar con un conjunto planificado de medidas y recursos para alcanzar la igualdad real y efectiva de las personas LGTBI+, incluyendo un protocolo de actuación para la atención del acoso o la violencia contralas personas LGTBI+".

[85] BOE de 9 octubre 2024.

[86] RD 901/2020, de 13 de octubre, por el que se regulan los planes de igualdad y su registro y se modifica el Real Decreto 713/2010, de 28 de mayo, sobre registro y depósito de convenios y acuerdos colectivos de trabajo (BOE de 14 octubre 2020).

sexo, de la LO 3/2007[87]. La medida legislativa ahora referida en la Ley 4/2023 se completa con la recopilación y difusión de las buenas prácticas realizadas por las empresas "en materia de inclusión de colectivos LGTBI y promoción y garantía de [su] igualdad y no discriminación", lo que se hará a través de su Consejo de Participación, tal y como ordena su art. 15.2. Como fue expuesto con anterioridad, tratándose de un órgano institucional de colaboración y diálogo entre las Administraciones y la sociedad, también aquí el papel de la autoridad laboral se torna imprescindible.

En el Título II de la Ley 4/2023, centrado específicamente en las personas trans, el espacio de intervención de la autoridad laboral se diseña, precisamente, al efecto de conseguir su integración sociolaboral, más allá del papel que se le pueda asignar, cuando se elabore, en la Estrategia Estatal del art. 52. Por ser examinadas en el Capítulo siguiente de esta obra colectiva, quedan fuera las disposiciones relativas al fomento del empleo de las personas trans que se asignan al Ministerio de Trabajo para la mejora de su empleabilidad[88]. Centrando la atención en el objetivo previamente mencionado, la integración sociolaboral de las personas trans, el art 55 Ley 4/2023 insta a las Administraciones a impulsarla mediante diversas medidas: a través de estrategias y campañas de concienciación en el ámbito laboral, implementando medidas –en el ámbito público y privado- que favorezcan dicha integración, monitorizando la evolución de dicha integración en cada uno de los territorios y, por último, adoptando subvenciones que favorezcan

---

87 Así lo destaca GARCÍA GARCÍA, A., "Ley 4/2023, de 28 de febrero, para la igualdad real y efectiva de las personas trans y para la garantía de los derechos de las personas LGTBI. Diez novedades en clave laboral", *Ars Iuris Salmanticensis*-Universidad Salamanca, vol. 11, Junio 2023, p. 176.

88 Art. 54 Ley 4/2023.

su contratación. Una última referencia incluida en el apartado 3 del art. 55. A saber, la inclusión especial de las personas trans en los planes de igualdad, con especial atención a las mujeres, objetivo, cuyo cumplimiento, va a quedar también incluido en las funciones de la autoridad laboral.

Queda, por último, hacer mención a las disposiciones del Título III de la Ley 4/2023, pues el IV ya lo es sobre infracciones y sanciones, que no es objeto de este Capítulo. Y en dicho Título III, son algunas las referencias que se hacen a la actuación de las Administraciones Públicas, lo que, en el ámbito social, va a implicar la intervención de la autoridad laboral. Tales referencias son las siguientes. En primer lugar, en el ámbito de la protección frente a la discriminación y la violencia del colectivo LGTBI, cuando el art. 62 Ley 4/2023 ordena a las Administraciones Públicas a adoptar métodos e instrumentos para la prevención y detención de tales situaciones, así como a articular su cese inmediato, lo mismo que a las personas empleadoras o prestadoras de bienes y servicios. Resultaría lógico que cuando las medidas del referido art. 62 se proyecten en un contexto de prestación laboral de servicios, en la promoción de las mismas o, en su caso, en su aplicación posterior, ha de cobrar un protagonismo especial la autoridad laboral. En segundo lugar, en su art. 63 cuando ordena la actuación administrativa –de oficio- contra la discriminación del colectivo, ya sea incoando el correspondiente procedimiento administrativo, en el supuesto de tener competencias, o, en caso de no serlo, comunicarlo a la autoridad que la tenga para que así lo haga. La incoación del procedimiento administrativo puede incluir, expresamente, la adopción de medidas de investigación y las necesarias para la eliminación de la discriminación. Como es sabido, el procedimiento administrativo de oficio de la autoridad laboral tiene por finalidad asegurar el cumplimiento de la normativa del orden social, pudiendo formar parte de programas o campañas específicas de la ITSS, proceder del análisis de indicadores o datos o ser el resultado de denuncias anónimas de otras personas. En otras ocasiones, su iniciación lo es, simplemente, en cumplimiento de instrucciones específicas de autoridades administrativas superiores. Desde luego, sea cual sea la razón de su iniciación, la capacidad de la autoridad laboral para iniciar procedimientos en el ámbito de la discriminación por diversidad sexual, sin necesidad de una previa denuncia formal, favorece una vigilancia proactiva y eficaz de esta causa de discriminación. Por último, en su art. 67 cuando se ordena a las Administraciones Públicas el establecimiento de los mecanismos necesarios para "garantizar el derecho de las personas LGTBI a recibir toda la información y tratamiento jurídico especializado relacionado con la discriminación", sin perjuicio, en los casos en que proceda, de su derecho a la asistencia jurídico gratuita. Se incluye este precepto, como eventualmente aplicable, también, a la autoridad laboral, teniendo en cuenta su función de asesoramiento y apoyo técnico a empresas y personal sobre la interpretación y aplicación de la normativa laboral y de Seguridad Social, lo que en el contexto de la discriminación cobra mucho más sentido teniendo en cuenta que todavía no hay noticias de la creación de la Autoridad Independiente para la Igualdad de Trato y no Discriminación, pese a estar ordenada su creación una vez hubieran transcurrido seis meses desde la entrada en vigor de la Ley 15/2022.

4. REFLEXIÓN FINAL

La Ley 4/2023 concede un importante papel a la autoridad laboral y también a la ITSS en la promoción y aplicación de sus contenidos, centrados en el cumplimiento y respeto del principio de igualdad y no discriminación por razón de la orientación y diversidad sexual de las personas. Y ello se hace siguiendo la senda iniciada por la LO 3/2007 y su normativa de desarrollo y también por la Ley 15/2022. En unas y en otras la función de la autoridad laboral es crucial en materia de vigilancia y control de sus disposiciones, en el asesoramiento y orientación a empresas y personas trabajadoras, en la promoción de la igualdad, en la protección de las víctimas de discriminación, en el fomento de la contratación en igualdad y en el apoyo a las empresas en la elaboración de planes de igualdad, entre otras funciones. Ahora bien, la falta de actuación del ejecutivo cumpliendo el mandato legal de desarrollo reglamentario de muchas de estas previsiones, sin duda, empaña sus virtudes, que de momento solo han empezado a vislumbrar algo de luz a través de la reciente aprobación del RD 1026/2024. Y la cuestión no es baladí, pues como propiamente se reconoce en el Acuerdo de 26 de junio de 2024 desde el "convencimiento de que las sociedades inclusivas, igualitarias, solidarias y tolerantes son también más fuertes, saludables y resilientes, el Gobierno considera preciso el establecimiento de medidas que garanticen el derecho fundamental de no discriminación en el ámbito laboral, una tarea encomendada a los poderes públicos responsables de promover la igualdad efectiva de todos los individuos en cumplimiento de lo dispuesto en los artículos 9.2 y 14 de la Constitución española". De ahí la importancia del reglamento de los planes de igualdad de las personas LGTBI, incluidos los protocolos correspondientes. Pero son muchas más las medidas que se precisan del ejecutivo si se desea aprovechar al máximo una Administración laboral que proteja los derechos e intereses de los ciudadanos destinatarios de la normativa laboral, como una muestra más del carácter tuitivo de la rama social del Derecho.

Capítulo XIV

Empleo y personas LGTBI. Sinergias entre dos leyes simultáneas

JAIME CABEZA PEREIRO
Catedrático de Derecho del Trabajo y de la Seguridad Social
Universidade de Vigo
ORCID 0000-0001-8847-3934

1. APROXIMACIÓN GENERAL

El empleo de las personas LGTBI es un campo de análisis bastante visitado desde diversas perspectivas y con enfoques variados. La que aquí se propone sitúa el epicentro en la Ley 4/2023, de 28 febrero, con una contemplación no menor de su coetánea Ley 3/2023, de 28 febrero. Una y otra, al margen de solapamientos, incoherencias y errores técnicos bien conocidos, persiguen objetivos esencialmente compatibles y, en cuanto a las políticas de empleo, orientaciones muy próximas. El análisis de la situación de estas personas ante el mercado de trabajo, la capacidad de integrarse correctamente en él y mejorar en sus expectativas y en su desarrollo profesional deben partir de unas premisas que ponen de relieve unas especiales dificultades de acceso y permanencia en sus ocupaciones. La perspectiva de las discriminaciones que sufren a causa de unos estereotipos sociales muy enraizados es inevitable, como también lo es la toma en consideración del carácter heterogéneo y diverso del colectivo LGTBI. Sin duda, en ninguna otra razón prohibida como en la suma de la orientación y de la identidad sexual y de género se aúnan unidad y diversidad, así como confluencia de prejuicios similares y de identidades heterogéneas. Como va a enfatizarse en las páginas que siguen, hay un grupo, delimitado en términos de transexualidad, en el que el riesgo de exclusión social y laboral tiene una incidencia mucho mayor, en particular en el caso de las mujeres transexuales.

Precisamente ese carácter plúrimo de la discriminación LGTBI ha desencadenado una aparente necesidad, muy visible en el art. 2 de la Ley 15/2022, de 12 julio y en el art. 3 de la Ley 4/2023, así como en la STC 67/2022, de 2 junio, de elaborar conceptos específicos que definan cada identidad diferenciada. Se trata de un empeño útil y necesario, pero que genera un riesgo bien conocido en el Derecho antidiscriminatorio de establecer compartimentos estancos, neutralizar la aplicación de conceptos, reglas y doctrinas sobre causas más elaboradas desde el prisma jurídico y, sobre todo, de desproteger en los márgenes a las personas que no encajan perfectamente en las definiciones. No está de más recordar que, en la doctrina del Tribunal Supremo de USA, la discriminación por orientación e identidad sexual se ha reconducido al Tít. VII de la *Civil Rights Act* y, en consecuencia, a la discriminación por razón de sexo, optando por un paradigma bien diferenciado del que sustenta el Derecho de la UE[1]. Distinta es la aproximación del TEDH, que reconoce, entre otros aspectos de la personalidad, la orientación sexual como un contenido muy importante de la vida privada, en relación con la no discriminación –arts. 8 y 14 del Convenio Europeo de 1950-[2].

En un sentido próximo a la jurisprudencia apuntada del TS de USA, sería necesario debatir qué papel en apoyo de la causa de las personas LGTBI podría desempeñar el Convenio de Naciones Unidas de 1979 para la eliminación de todas las formas de discriminación contra la mujer. Su aproximación asimétrica en busca de la igualdad material constituye un buen punto de partida para explorar posibles políticas públicas y privadas –entre ellas, obviamente, las de empleo-, así como medidas para superar los patrones culturales de conducta que perjudican a las mujeres en función de su orientación y de su identidad sexual y de género[3]. Se trata, en el fondo, de un planteamiento que trasciende la normativa de Naciones Unidas y que se erige en metodología de lucha contra discriminaciones múltiples e interseccionales. En efecto, la marginalización, la falta de po-

---

1 Véase asunto *Bostock v Clayton County*, 590 U.S. 644 (2020). Sobre ese caso, VALENTI, A., "LGTB Employment rights in an evolving legal landscape: The impact of the Supreme Court's Decision in *Bostock v. Clayton County*", *Georgia, Employee Responsibilities and Rights Journal*, vol. 33, 2021, pp. 3 ss.

2 Vg., asunto *A.K. C. Rusia*, sentencia de 7 mayo 2024 (reclamación nº 49014/16). Sin entrar ahora en esta sentencia con más detalle, declaró que el despido de la reclamante, mujer homosexual, en su condición de medida desproporcionada para la salvaguarda de la moralidad amparada legalmente, debía considerarse contrario a dichos preceptos.

3 Una reflexión amplia a este respecto, con conclusiones de indudable interés, en HOLMAAT, R. y POST, P., "Enhancing LGBTI Rights by Changing the Interpretation of the Convention on the Elimination of All Forms of Discrimination Against Women?", *Nordic Journal of Human Rights*, vol. 33, nº 4, 2015, pp. 319 ss.

der, la violencia y las imposiciones culturales, si afectan radicalmente a las mujeres, mucho más lo hacen cuando se añade la orientación homosexual o la identidad trans.

Como se ha puesto de manifiesto con reiteración, la integración social de los miembros de los colectivos LGTBI ha pasado clásicamente por ocultar preventivamente[4] su identidad u orientación sexual o de género, y de forma coordinada, por optar por una estrategia de auto-segregación, en busca de espacios amigables[5]. En términos de ocupación profesional, podría añadirse que han mostrado una clara preferencia hacia los puestos de trabajo con menor visibilidad y exposición al público[6].

Se trata, comúnmente, de estrategias aprendidas, pues la discriminación y el acoso comienzan habitualmente en la etapa de escolarización, a causa de la no conformidad con los

---

4 Al "ocultamiento preventivo" alude SÁEZ LARA, C., "Orientación e identidad sexual en las relaciones de trabajo", *Trabajo, Persona, Derecho, Mercado,* nº 5, 2022, p. 47. Es muy expresivo el siguiente párrafo del Acuerdo entre el Gobierno y las organizaciones sindicales más representativas a nivel estatal (siempre con exclusión injustificada de las más representativas de Comunidad Autónoma) de 26 junio 2024: "...aunque los datos reflejan la alta aceptación de la diversidad sexual por parte de la sociedad española y su compromiso en la defensa de los derechos de las personas LGTBI+, todavía el 48% de las personas LGTBI en España (datos de la Agencia de Derechos Fundamentales de la Unión Europea, FRA) evitan ir de la mano con sus parejas en público, seis de cada 10 en la Unión Europea, el 23% nunca hace visible su orientación o identidad sexual (el 30% en la UE) por miedo a sufrir violencia y el 21% se sintió discriminado en el trabajo".

5 SÁEZ LARA, C., *op. cit.*, p. 47. También, BETANZOS LEÓN, N. y MARTÍNEZ GARCÍA, I., "Empleabilidad, trayectorias e intereses profesionales de personas transgénero y/o transexuales en España", *Revista Complutense de Educación*, vol. 34(2) 2023, p. 314.

6 BETANZOS LEÓN, N. y MARTÍNEZ GARCÍA, I., *op. cit.*, p. 317.

cánones sociales y estereotipos de la expresión sexual y de género. Las ideas preconcebidas, sobre todo en cuanto a la apariencia, lastran mucho las perspectivas sociales y, por supuesto, las de integración laboral de las personas LGTBI[7]. Aquellos hostigamientos que padecen producen como pauta de comportamiento bastante recurrente un abandono escolar relativamente temprano, que también puede lastrar las expectativas de desarrollo profesional y de inserción laboral.

Además, las personas LGTBI son las principales víctimas de los delitos de odio, en una realidad absolutamente globalizada. Las agresiones, en todas las vertientes cualitativas y de intensidad posibles, constituyen una de las principales lacras a las que se ven expuestas. En particular, de todas las conductas de acoso y violencia se encuentran entre los grupos más expuestos, en una exposición que se produce a lo largo de todo el ciclo de la vida[8].

Todo este bagaje que deben acarrear provoca una inclinación más o menos generalizada hacia una baja autoestima y hacia problemas psicológicos, en ocasiones derivándose en dirección a ideaciones auto-líticas, en apariencia más frecuentes en el caso de las mujeres transexuales[9]. Por supuesto, las presunciones en torno a que se trate de individuos portadores del

---

7 Véanse estas ideas en el documento de OIT *La discriminación en el trabajo por motivos de orientación sexual e identidad de género: Resultados del proyecto PRIDE de la OIT*, Servicio de Género, Igualdad y Diversidad de la OIT, wcms_380831.pdf (oit.org), p. 1.

8 MORALES ORTEGA, J.M., “Medidas empresariales de diversidad e inclusión para el colectivo LGTBI: un análisis jurídico laboral”, *Revista Latinoamericana de Derecho Social*, nº especial, 2022, p. 222.

9 *Estudio exploratorio sobre la inserción sociolaboral de las personas trans*, Ministerio de Igualdad. Dirección General de Diversidad Sexual y Derechos LGTBI, Madrid, 2022, p. 11.

virus VHI, por más erróneas que puedan ser, se erigen en barreras de exclusión social ante el temor de una transmisión[10].

En ese ámbito, es consistente la opinión y la constatación de que los individuos con más problemas de exclusión son las mujeres transexuales. Su falta de oportunidades profesionales las conduce con gran frecuencia al ejercicio de la prostitución y a la violencia consecuente, en una espiral de la que no es fácil escapar[11] y que pasa, desde luego, por la exposición al contagio de enfermedades de transmisión sexual. Pero el riesgo de exclusión social, pobreza y carencia de hogar trascienden a este concreto ámbito y afectan, desde luego, a todas las personas que no cuadran con la hetero-normatividad social, en términos de identidad o de orientación sexual o de género[12]. Es más, la necesidad íntima de financiar los tratamientos que les permitan el tránsito quirúrgico las aboca a una mayor marginalidad en las fuentes de obtención de los recursos suficientes[13].

---

10 *Ibid.*, p. 3.

11 FERNÁNDEZ RODRÍGUEZ, M. *et al.*, "Mujeres trans de ayer y hoy: desmontando estereotipos", en VV.AA., *Mujeres e inclusión social. Investigación y estrategias de innovación y transformación social*, EAPN-A, Avilés, 2020, p. 135.

12 MORALES ORTEGA, J.M., *op. cit.*, p. 222. También, Comunicación de la Comisión al Parlamento Europeo, al Consejo, al Comité Económico y Social Europeo y al Comité de las Regiones "Unión de la Igualdad: Estrategia para la Igualdad de las Personas LGBTIQ 2020-2025", Bruselas, 12.11.2020 COM(2020) 698 final, p. 5.

13 HERNÁNDEZ MELIÁN, A., "Análisis y clasificación de las políticas de empleo para personas trans en España: marco europeo y regulación autonómica", *OBETS. Revista de Ciencias Sociales*, vol. 18, nº 1, 2023, p. 117.

2. UNA APROXIMACIÓN A LAS DIFICULTADES DE INSERCIÓN Y DESARROLLO PROFESIONAL DE LAS PERSONAS LGTBI

Las personas LGTBI sufren claras discriminaciones en el proceso de contratación[14]. En particular, la expresión de género de las personas trans, como manifestación máxima de la transgresión de los patrones socialmente predominantes, tiene una influencia muy decisiva en su empleabilidad, en un mundo plagado de estereotipos[15]. Por este motivo, la transexualidad constituye una clara desventaja para la consecución de un empleo[16]. En efecto, en las entrevistas de trabajo es frecuente su rechazo a causa de su apariencia. De nuevo, la discriminación de estereotipo está detrás de esas situaciones[17].

Incluso es probable que la exclusión por motivos de identidad u orientación sexual o de género llegue a hacerse explícita

---

[14] La exposición de motivos de la Ley 4/2023, se expresa, en este sentido, como sigue: "las personas trans también presentan mayores dificultades para acceder al empleo (un 42% de las personas trans encuestadas afirma haber sufrido discriminación estando en búsqueda activa de empleo) y mayores tasas de desempleo: a falta de datos oficiales, la Universidad de Málaga publicó en 2012 un estudio que apuntaba que la tasa de paro de las personas trans era de más del 37 % –frente al 26 nacional en ese año–, aunque el mismo informe advertía de que la situación podría ser más grave. Una de cada tres personas encuestadas vivía con menos de 600 euros al mes y casi la mitad (un 48 %) había ejercido la prostitución. Y, en ocasiones, la discriminación se manifiesta de la manera más cruel: el 15 % de las personas trans encuestadas ha sufrido ataques físicos o sexuales en los últimos años".

[15] En este sentido, *Estudio exploratorio sobre la inserción sociolaboral de las personas trans*, cit., p. 11.

[16] HERNÁNDEZ MELIÁN, A., *op. cit.*, p. 117.

[17] OIT, *La discriminación en el trabajo por motivos de orientación sexual e identidad de género…*, cit., p. 2.

en el propio proceso selectivo. No es infrecuente la apelación a la "falta de correspondencia" de la persona candidata con la identidad estándar y con la proyección corporativa de la empresa, dejándose muy al desnudo la falta de diversidad e integración en no pocas entidades productivas[18]. Es decir, no es infrecuente que los y las responsables de las empresas transmitan y expresen sus prejuicios en torno a la identidad sexual y de género y a la orientación sexual[19].

Como una prolongación de las demás experiencias sociales, entre las personas LGTB es muy habitual la no expresión de la orientación sexual ni de la identidad de género en el trabajo[20]. Sin embargo, no son infrecuentes las preguntas invasivas acerca de estos temas en los procesos selectivos para obtener ocupación[21], pese a que las más de las veces aquellas optan por posponer el desarrollo pleno de su personalidad en aras de conseguir una adecuada inserción y desarrollo profesionales.

Constituye un patrón subjetivo muy habitual la falta de identificación de los colectivos LGTBI con los empleos, con los cuales mantienen relaciones tendencialmente inestables y casi siempre poco o nada vocacionales. Pero, sobre todo, sus oportunidades laborales son inferiores y el desempleo se cierne como una amenaza mucho más real, en particular en el caso de las personas trans, para las cuales el desempleo duplica

---

18 *Ibid.*, p. 2.

19 MORALES ORTEGA, J.M., *op. cit.*, p. 239.

20 LLOREN, A. y PARINI, L., "How LGBT-Supportive Workplace Policies Shape the Experience of Lesbian, Gay Men, and Bisexual Employees", *Sexuality Research and Social Policy*, nº 14, 2017, p. 290. También, MORALES ORTEGA, J.M., *op. cit.*, p. 228.

21 OIT, *La discriminación en el trabajo por motivos de orientación sexual e identidad de género…*, cit., p. 1.

el del resto del colectivo[22]. Es generalizada la opinión de que la pertenencia al ámbito LGTBI constituye un grave inconveniente para encontrar empleo[23], pero sobre todo para encontrar uno estable y con condiciones de trabajo dignas[24]. No se trata solo de inestabilidad en el sentido de contratos laborales precarios, sino también del sometimiento a unas condiciones muy desfavorables, ya se trate de empleo por cuenta propia o por cuenta ajena[25].

Por todos estos motivos, y sin perjuicio del comentario anterior sobre la hipótesis de un pronto abandono escolar, también es cierto que se detecta frecuentemente una sobrecualificación de las personas en relación con las ocupaciones que obtienen, en particular entre el colectivo trans[26]. La hipervisibilización de estas personas las vuelve especialmente sensibles a las discriminaciones para conseguir un empleo o una ocupación, en especial en el caso de las mujeres transexuales[27].

---

22 Insistiendo en esta idea, aun reconociendo la falta de datos totalmente fiables que aglutinen a todas las personas LGTBI, MORALES ORTEGA, J.M., *op. cit.*, p. 239. El Parlamento Europeo ha expresado que "…lamenta que, a pesar de que la legislación de la Unión prohíbe la discriminación por motivos de orientación sexual en el empleo y la ocupación, las personas LGBTIQ+ sigan enfrentándose a obstáculos para acceder al empleo, en particular a empleos dignos; expresa que los derechos de las personas LGBTIQ+ son derechos de los trabajadores" -Resolución del Parlamento Europeo, de 8 de febrero de 2024, sobre la aplicación de la Estrategia de la Unión para la Igualdad de las Personas LGBTIQ 2020-2025- (2023/2082(INI))-

23 SÁEZ LARA, C., *op. cit.*, p. 48.

24 Como expresa la Comisión Europea en "Unión de la Igualdad…", cit., p. 5

25 *Estudio exploratorio sobre la inserción sociolaboral de las personas trans*, cit., p. 61.

26 *Estudio exploratorio…*, cit., p. 12.

27 *Ibid.*

Otro fenómeno visible consiste en el encasillamiento de las personas LGTBI en ciertas profesiones o en ciertos sectores en los que la diversidad y la inclusión se perciben como más adecuadas. Ya se ha hecho referencia a la búsqueda de espacios cuando menos no hostiles hacia ellas, la cual se hace más intensa en el ámbito profesional, con las consecuencias evidentes de una profunda segmentación laboral de los colectivos identificados en términos de orientación o identidad sexual y de género distintos del patrón social comúnmente dominante[28].

Asimismo, y por parecidas causas, puede detectarse un apartamiento bastante común del empleo formal o, cuando menos, del trabajo subordinado[29]. Aunque no haya datos estadísticos consolidados, es plausible pensar que existe una sobre-representación de las personas LGTBI en el trabajo autónomo.

Las barreras no se limitan a la obtención de un empleo[30], sino que se proyectan en las carreras profesionales, en particular en la promoción y acceso a puestos superiores[31]. Pero, en realidad, afectan toda la vigencia de la relación de servicios. Asuntos como la vestimenta, la utilización de los cuartos de baño o las relaciones sociales dentro del entorno productivo son motivo de conflicto y de rechazo, y, en consecuencia, de hostigamiento y persecución. Y las discriminaciones, acosos y vejaciones tienen diversas procedencias, ya vengan del estrato jerárquico de la empresa, de compañeros y compañeras de trabajo, clientes y consumidores. Por supuesto, el ámbito digital

---

28 Véase una referencia a ese encasillamiento en *La discriminación en el trabajo por motivos de orientación sexual e identidad de género…*, cit., p. 2.

29 *Ibid*, p. 2.

30 *Ibid.*, p. 1.

31 RIVERO DÍAZ, Mª L., AGULLÓ TOMÁS, E. y LLOSA FERNÁNDEZ, J.A., "Discriminación laboral hacia personas LGTBI en España", en VV.AA., *Mujeres e inclusión social…*, cit., p. 142.

agrava la situación de hostigamiento que sufren las personas LGTBI.

Por otra parte, se ha expresado que, en particular, muchas personas trabajadoras sienten y muestran cierto grado de incomodidad en el caso de tener un compañero o compañera de trabajo transexual o transgénero. Por desgracia, la incomodidad se transforma frecuentemente en LGTBI-fobia.

En este contexto, en referencia a la discriminación de las personas LGTBI, la Comisión Europea ha predicado que la igualdad de oportunidades constituye una de las bases del Pilar Europeo de Derechos Sociales[32]. En cuanto a la actuación de la OIT, el Programa de Trabajo Decente abarca a todos los grupos de población, incluidas las personas LGTBI+[33]. En el ámbito de Naciones Unidas, particular importancia y liderazgo han tenido, a pesar de su carácter exclusivamente programático, los Principios de Yogyakarta sobre la aplicación de la legislación internacional de derechos humanos en relación con la orientación sexual y la identidad de género de 2006. El derecho al trabajo ocupa el Principio 12, conforme al cual "toda persona tiene derecho al trabajo digno y productivo, a condiciones equitativas y satisfactorias de trabajo y a la protección contra el desempleo, sin discriminación por motivos de orientación sexual o identidad de género". De él se desgajan sendas apelaciones a la igualdad de las personas LGTBI en las relaciones laborales y en el acceso al empleo público y privado[34].

---

32 Comunicación de la Comisión "Unión de la Igualdad…", cit., p. 1.

33 Así se expresa en el documento de OIT *Inclusión de las personas lesbianas, gays, bisexuales, transgénero, intersexuales y queer (LGBTIQ+) en el mundo del trabajo: una guía de aprendizaje,* Ginebra, 2022, p. 21.

34 "Los Estados: A. Adoptarán todas las medidas legislativas, administrativas y de otra índole que sean necesarias a fin de eliminar y prohibir la discriminación por motivos de orientación sexual e identidad de género en el empleo público y privado, incluso en lo

En términos generales, se ha predicado que la situación de las personas LGTBI es considerablemente menos desventajosa en aquellos ámbitos geográficos con normas y políticas consolidadas y fuertes de promoción de la igualdad y de la diversidad, en las que estos colectivos encuentran algo de amparo, por mucho margen de mejora que haya en esas realidades[35].

3. DOCTRINA JUDICIAL RELEVANTE Y SUSTRATO FÁCTICO QUE LA HA PRODUCIDO

En un capítulo destinado al empleo del colectivo LGTBI no es pertinente un análisis jurisprudencial sobre la discriminación que sufre y sobre la esencia de la misma. Pero constituye un ejercicio de indudable interés repasar los hechos a los que se refiere para poder contrastar algunas de las afirmaciones anteriores.

Puede proponerse la STC 67/2022, de 2 junio, como primer ejemplo[36]. El relato fáctico hacía referencia a una persona vin-

---

concerniente a capacitación profesional, contratación, promoción, despido, condiciones de trabajo y remuneración; B. Eliminarán toda discriminación por motivos de orientación sexual o identidad de género a fin de garantizar iguales oportunidades de empleo y superación en todas las áreas del servicio público, incluidos todos los niveles del servicio gubernamental y el empleo en funciones públicas, incluyendo el servicio en la policía y las fuerzas armadas, y proveerán programas apropiados de capacitación y sensibilización a fin de contrarrestar las actitudes discriminatorias".

35 OIT, *La discriminación en el trabajo por motivos…*, cit., p. 4.

36 Se omite el comentario de la STC 41/2006, de 13 febrero, sobre despido de una persona homosexual, no solo porque es la única del TC que hasta ahora ha otorgado el amparo ante discriminación laboral de personas LGTBI, sino sobre todo porque en ninguna instancia judicial, ni ordinaria ni constitucional, se cuestionó la existencia de indicios suficientes. Basta, así pues, con reiterar esta parte de la de-

culada con su empleadora a través de un contrato sometido a período de prueba que se prolongó durante cuatro meses. Esa persona acudía al centro de trabajo vistiendo unos días pantalón y otros, falda. Un día, ubicado más bien al principio de ese período, en el mes de febrero, llevaba una prenda, no es claro si pantalón o falda, en todo caso corta, que la directora de recursos humanos consideró inapropiada, de modo que le ordenó que regresara a casa y se vistiera correctamente. Eso sí, no consta que hubiera prohibición expresa de que vistiera falda, ni que hubiese incidencia o reproche alguno por su forma de vestir, a pesar de que esporádicamente la vistiera. Había habido, por lo demás, una conversación entre la persona trabajadora, el director general de la empresa y dicha responsable de recursos humanos acerca de la corrección en el trato con los clientes y la apariencia y el modo de vestir, pero no se había concluido en la redacción final de los hechos probados que versara sobre la ex-

---

claración de hechos probados para expresar la situación insoportable que sufría un hombre homosexual en su trabajo hace algo más de veinte años: "el Sr. de Lambert, delegado de la empresa en Barcelona y jefe inmediato del actor, recriminó en ocasiones a éste su forma de vestir, realizando comentarios despectivos, lo mismo que sobre su condición homosexual, inquiriendo en su vida personal. El trabajo se desenvolvía en una oficina donde realizaban su prestación de servicios siete trabajadores, entre ellos don Paul Ciaccio y el citado superior. En algún caso el trabajador, a nivel interno y con compañeros de trabajo, discrepó de la organización del trabajo y de las actitudes de algunos jefes hacia él. El Sr. de Lambert realizaba una distribución de tareas que sobrecargaba las obligaciones laborales del recurrente en amparo. No consta que el trabajador llegara a ser sancionado de manera formal, ni tampoco objeto de amonestaciones, habiéndose acreditado únicamente que en una ocasión se le indicó la necesidad de comprobar el trabajo ante ciertas disfunciones. El trabajador fue asistido médicamente por ansiedad a raíz del despido, siéndole recetado determinado tratamiento farmacológico".

presión de género. De modo tal que esta conversación, a efectos procesales, debía quedar en la irrelevancia.

Es decir, se trata de hechos muy característicos, de los referidos en cuanto al acceso al empleo desde la perspectiva de los colectivos LGTBI: problemas de estereotipo que padecen las personas que no se ajustan al modelo de hetero-normatividad, precauciones en cuanto al trato con la clientela de personas transgénero, reproche expreso de la forma de expresar su identidad…En suma, de dificultades que, desde luego, sitúan el listón más alto cuando se trata de superar la barrera del período de prueba, por desgracia cargada de subjetivismo desde la perspectiva de la jurisprudencia del TS[37].

Debe destacarse que, aunque no la sentencia de instancia, sí la de suplicación y, desde luego, la que resuelve el recurso de amparo, reconocen la existencia de indicios suficientes para desplazar a la empresa la carga probatoria. El conflicto entre la persona recurrente en amparo debía servir a esos fines, de modo que, por más que hubiera sido puntual, configuraba suficientemente la prueba indiciaria. Aunque, por desgracia, la propia sentencia del TC la pone en entredicho cuando afirma que "tampoco parece existir una correlación temporal clara entre el indicio…y la actuación empresarial".

Para considerar suficiente la prueba de la parte empresarial, la sentencia da por buenas las declaraciones de las personas que actuaron en representación de la empresa acerca de que la iden-

---

37 Véase, vg., STS de 12 julio 2012 (rcud 2789/2011): "durante el período o plazo de prueba, cuyo pacto cabe incardinar genéricamente entre *las causas (de extinción) consignadas válidamente en el contrato* [art. 49.1.b) ET], no rigen las reglas comunes del despido o de la dimisión del trabajador; ni se exige "carta de despido" (art. 55.1ET), ni el empresario ha de expresar o acreditar las causas que motivan su decisión (art. 55.4 ET), ni tampoco el trabajador se encuentra vinculado por un deber de preaviso [art. 49.1.d) ET]".

tidad de género no había supuesto problema alguno. Y añade que existió "una justificación empresarial, si bien somera, sobre la decisión de cesar en el contrato en el período de prueba". Por remisión a las resoluciones de instancia, el TC considera suficiente la apelación a razones de reorganización interna y a una falta de satisfacción de la contratante con la prestación de actividad laboral por parte de la recurrente en amparo.

La fundamentación jurídica de la sentencia es, como mínimo, mejorable, y no pondera en absoluto las especiales connotaciones que contiene la discriminación por identidad de género. No se pretende decir con ello que hubiese que otorgar el amparo, pero sí al menos argumentar con más cuidado su denegación. Por un lado, resulta frustrante que la justificación, una vez superada la carga de la prueba de la parte demandante, se limite a comprobar "la reorganización interna" –la cual, dicho sea de paso, nada tiene que ver con la superación de un período de prueba- y "la falta de satisfacción de la contratante con la prestación de la actividad laboral" de aquella. Es decir, la comprobación se sitúa en el marco de la legalidad ordinaria, sin que se despeje en absoluto el panorama indiciario. O, dicho en otras palabras, como el desistimiento no exige acreditar causa, de acuerdo con la unificación de doctrina antes referida, llega con una prueba apenas balbuciente para neutralizar el indicio. En mi opinión, eso es muy insatisfactorio; antes bien, habría que exigirle a la empresa una justificación más intensa de la insatisfacción con la persona trabajadora. Con el añadido de que, si esa insatisfacción tuviese que ver con prejuicios o convencionalismos sociales acerca de la interacción de una persona con concreta expresión de género con la clientela y las personas que prestan servicios en la entidad productiva, la causa del desistimiento sería torpe y contraria al art. 14 de la Constitución, tal y como ha sido desarrollado, en particular, por el art. 2.1 de la Ley 15/2022, de 12 julio.

La relativización de la advertencia y orden expresa de la responsable de recursos humanos sobre la indumentaria de la actora es también merecedora de crítica: si el desistimiento hubiese sido inmediato, la discriminación hubiese sido demasiado incontestable. Pero, al dilatarse el mismo en el tiempo apenas tres meses más, se oscurece el indicio, pese a que la expresión de género era una identidad muy visible de la persona recurrente en amparo.

Otra sentencia del TC, también con resultado desestimatorio del recurso de amparo, de nuevo se refiere a un asunto de supuesta discriminación por identidad de género. En la STC 81/2024, de 3 junio, una vez más se comprueba la escasa atención a los problemas de empleo que rodean a las personas trans, en este caso en el momento crítico de la transición hombre-mujer. Se trataba de una persona contratada por una Administración pública autonómica que, en una fecha indeterminada, inició su transición de género. Había prestado servicios en el mostrador de entrada de un museo, y de atención a visitantes y clientes, aunque esporádicamente, también controlaba el patio, informaba a los visitantes y, si era necesario, hacía visitas guiadas, las cuales, en cualquier caso, no formaban parte del contenido de su puesto de trabajo.

En fecha que no consta, en febrero 2016, pidió en su centro de trabajo que se la llamara Lucía. Algunas personas que compartían trabajo con ella así lo hicieron, pero otras, entre ellas la directora, le dijeron que no lo harían mientras no constase el cambio de nombre en su documentación. A la vista de lo cual dirigió escrito a la entidad administrativa de la que dependía el museo, instando el reconocimiento de su identidad de género. Pocos días después, la directora del museo remitió un correo a todo el personal del mismo, informando de la identidad de género de la demandante en amparo e instando a que fuera identificada con el nombre de Lucía.

Pocos meses más tarde se publicó una convocatoria de provisión de puestos de trabajo que incluía el suyo. Posteriormente, la actora instó judicialmente la declaración de su relación laboral como indefinida-no fija, con resultado desestimatorio. Entretanto, se resolvió el concurso de traslados, el puesto que ocupaba la actora se adjudicó a otra trabajadora y, en consecuencia, se le notificó la extinción de su relación laboral, aproximadamente un año y cuatro meses después de la petición expresa de que se la llamara Lucía.

Al margen de un aspecto colateral acerca de por qué se adjudicó su puesto y no el de otra empleada, que se justifica suficientemente en la sentencia, no se va a entrar en este caso en la justificación de la parte empleadora, que sí que parece suficiente a los efectos de despejar el panorama indiciario de vulneración de derechos fundamentales. Donde quiere ponerse el acento y formularse crítica a la sentencia es en su argumentación en torno a la existencia de indicios que provocaban el desplazamiento de la carga de la prueba.

A tal efecto, la sentencia cita y parafrasea la anteriormente comentada STC 67/2022. A partir de la cual, reconoce que el indicio o sospecha "pudo existir", porque se había generado "cierta conflictividad…en lo relativo a su petición de ser identificada con el nombre de Lucía". Reconoce que dicha petición inicialmente no fue atendida por la directora del museo y que generó "algún desencuentro con los demás trabajadores y con la directora". En ese sentido, la circunstancia de tener que acudir al órgano administrativo del que dependía el museo para vencer esas reticencias "pudiera ser considerada inicialmente como un indicio o sospecha…" Por otra parte, considera que no puede considerarse como indicio de discriminación que no se le permitiese desarrollar visitas guiadas ni talleres para niños, pues tales cometidos "no formaban parte del contenido del puesto ocupado por la demandante en amparo". Solo de modo puntual y en casos de falta de personal los había realizado.

La argumentación sobre la suficiencia de los indicios es muy criticable. Desde el punto de vista lingüístico, delata una posición muy poco asertiva del TS, casi reconociendo su existencia a regañadientes. El uso de un modo más subjuntivo o concesivo que indicativo y difuso –"pudo existir", "cierta conflictividad", "algún desencuentro", "pudiera ser considerada"...- pone de relieve una ciertamente muy escasa sensibilidad por parte de la ponencia de la sentencia en la protección del derecho a la no discriminación de las personas transgénero.

Pero, más allá de esa aproximación subjetiva, debe realzarse el sustrato fáctico, porque refleja de forma muy plástica la situación en la que se encuentran las personas con esta identidad de género, en particular en su fase de transición: desdén u oposición –si no hostigamiento- de sus compañeros y compañeras de trabajo, así como del estamento jerárquico de la empresa, dificultades para que prevalezca dicha identidad, ocultación ante clientes o usuarios del servicio...Es obvio que no es lo mismo traducir las circunstancias vividas por Lucía como "conflictividad" o "desencuentro" que como "desdén" u "hostigamiento", entre otros sustantivos que mejor traducirían sus dificultades en el momento de transición.

Es decir, en la sentencia se intuye un ambiente laboral poco integrador de una persona perteneciente al colectivo LGTBI, por más que se tratase de un organismo público. Es un caso que refleja muy plásticamente las dificultades de su integración laboral, en particular en ciertos momentos críticos. Pero, en mi opinión, expresa en particular la poca sensibilidad del mundo del derecho a las mismas, así como a la necesidad de generar mercados de trabajo más inclusivos. Se ha omitido la referencia a la argumentación de los órganos de la Jurisdicción ordinaria, pero reflejaban una sensibilidad en ningún caso mayor que la de la sentencia que conoció del recurso de amparo.

4. ALGUNOS APUNTES SOBRE LA DISCRIMINACIÓN EN EL EMPLEO EN LA NORMATIVA Y DOCTRINA JUDICIAL DE LA UE

En cuanto al acervo normativo de la UE, al margen del art. 21 de la Carta de Derechos Fundamentales, la cual solo hace referencia expresa a la orientación sexual, de modo que la identidad sexual y de género solo cabe en la cláusula general "toda discriminación", o en la alusión al sexo, la mención a la Directiva 2000/78/CE debe ser muy central, en su contenido básico de establecimiento de un marco general para la igualdad de trato en el empleo y en la ocupación, aunque con la misma precisión de que solo incluye la orientación sexual[38].

Como documentos más políticos, y sin indagar en antecedentes más remotos, es suficiente con remontarse a una Resolución de Parlamento Europeo de 12 septiembre 1989 "sobre la discriminación de los transexuales", que insta a los Estados Miembros a llevar a cabo una serie de medidas, entre ellas el reconocimiento de prestaciones sociales a las personas que hayan perdido su trabajo y, sobre todo, la adopción de medidas especiales para favorecer el trabajo de las personas transexuales.

Ya en un contexto más inmediato en términos temporales, la Resolución del Parlamento Europeo de 14 febrero 2019, so-

38 No en vano la Resolución del Parlamento Europeo, de 8 de febrero de 2024, sobre la aplicación de la Estrategia de la Unión para la Igualdad de las Personas LGBTIQ 2020-2025 (2023/2082(INI)) (P9_TA(2024)0076) pide que "se incluyan todos los motivos de orientación sexual, identidad de género, expresión de género y características sexuales en la legislación de la Unión en materia de lucha contra la discriminación, sobre la base de una interpretación amplia de los motivos de orientación sexual y sexo y del principio de igualdad entre mujeres y hombres establecido en los Tratados; señala que esto garantizará la seguridad jurídica y la exhaustividad de la protección de las personas LGBTIQ+".

bre el futuro de la lista de medidas sobre las personas LGTBI (2019-2024)[39], incluye una lista de observaciones y de peticiones a la Comisión, de contenido transversal, pero que en todo caso tienen la gran mayoría un impacto directo en el empleo y en la ocupación. A su vez, hay que apelar, como ya se ha citado, a la Comunicación de la Comisión al Parlamento Europeo, al Consejo, al Comité Económico y Social Europeo y al Comité de las Regiones "Unión de la Igualdad: Estrategia para la Igualdad de las Personas LGBTIQ 2020-2025"[40], así como a la más reciente Resolución del Parlamento Europeo, de 8 de febrero de 2024, sobre la aplicación de la Estrategia de la Unión para la Igualdad de las Personas LGBTIQ 2020-2025. En esta última, se lamenta que, a pesar de que la legislación de la Unión prohíbe la discriminación por motivos de orientación sexual en el empleo y la ocupación, las personas LGBTIQ+ sigan enfrentándose a obstáculos para acceder al empleo, en particular a empleos dignos. Además, expresa que los derechos de las personas LGBTIQ+ son derechos de los trabajadores.

Mención específica hay que hacer a la Directiva del Parlamento Europeo y del Consejo (UE) 2023/970, de 10 de mayo de 2023 por la que se refuerza la aplicación del principio de igualdad de retribución entre hombres y mujeres por un mismo trabajo o un trabajo de igual valor a través de medidas de transparencia retributiva y de mecanismos para su cumplimiento, pero para formular una valoración negativa. Pese a que, por primera vez en una norma vinculante de la UE, se define y se regula la discriminación interseccional, solo se aborda para el

---

39 2019/2573(RSP).

40 En el contexto de esta Estrategia, se ha habilitado la posibilidad de que las autoridades nacionales recurran al Fondo Social Europeo para promover la participación de las personas LGTBIQ en el mercado de trabajo. Véase en este sentido el documento *On the implementation of th LGTBIQ Equelity Strategy 2020-2025*, Luxemburgo, 2022, p. 12.

sexo en relación con las demás causas recogidas en las Directiva 2000/43/CE y 2000/78/CE, no contemplándose así la intersección del sexo con la identidad sexual o con la expresión de género, en una opción no muy compatible con los referidos documentos programáticos y políticos del Parlamento y de la Comisión Europea.

Ya en cuanto a la Directiva 2000/78/CE debe recordarse que, con respecto a la orientación sexual, y a diferencia de otros motivos como la religión o convicciones, la edad o la discapacidad, no contienen ninguna regla específica que le sea propia. Sí que conviene destacar que, de acuerdo con su art. 3.1, se aplicará en relación con "las condiciones de acceso al empleo, a la actividad por cuenta propia y al ejercicio profesional, incluidos los criterios de selección y las condiciones de contratación y promoción, independientemente de la rama de actividad y en todos los niveles de la clasificación profesional, con inclusión de lo relativo a la promoción", así como "con el acceso a todos los tipos y niveles de orientación profesional, formación profesional, formación profesional superior y reciclaje, incluida la experiencia laboral práctica". Debe destacarse que el Parlamento Europeo ha insistido, específicamente, sobre la necesidad de que la Directiva sea convenientemente aplicada y observada, a la vez que ha lamentado la discriminación en el empleo que sufren las personas por motivo de su orientación o de su identidad sexual[41]. A partir de lo cual, la doctrina judicial del TJUE acerca de esta causa se ha caracterizado por dos rasgos comunes: aludir a asuntos de ingreso en la empresa o en la actividad productiva –aunque sin perjuicio de otros ciertos pronunciamientos relativos a prestaciones socia-

41 Resolución del Parlamento Europeo, de 8 de febrero de 2024, sobre la aplicación de la Estrategia de la Unión para la Igualdad de las Personas LGBTIQ 2020-2025 (2023/2082(INI))

les o derechos a determinados permisos o asignaciones económicas- y tratarse de casos de discriminación directa.

Invirtiendo el orden cronológico, el primer asunto que debe considerarse es el relativamente reciente *JK*[42], referido a una persona que había celebrado ciertos contratos con una sociedad pública de televisión en Polonia cuyo contenido era la preparación de montajes audiovisuales, anuncios o avances para las emisiones de autopromoción de la cliente. La evaluación de su desempeño fue positiva, de modo que se le propusieron nuevos contratos de servicio. En estas circunstancias, esa persona y su pareja publicaron en un canal de YouTube un mensaje navideño al objeto de promover la tolerancia hacia las personas homosexuales. A partir de entonces, ya no volvió a contratar ningún servicio con la sociedad pública. En esas condiciones, el demandante interpone demanda de indemnización por discriminación, a la que la empresa demandada opone que no había ninguna obligación legal de renovación del servicio.

En esta resultancia fáctica, el TJUE argumenta que la expresión del art. 3 de la Directiva 2000/78/CE "condiciones de acceso al empleo, a la actividad por cuenta propia y al ejercicio profesional" debe tener un significado unívoco en todos los países de la UE. De modo que las condiciones de acceso a cualquier actividad profesional, sean cuales fueren la naturaleza y las características de esta, están comprendidas en el ámbito de aplicación de la Directiva. Además, "del hecho de que dicha disposición se refiere expresamente a las actividades por cuenta propia, de los términos «empleo» y «ejercicio profesional», entendidos en su sentido habitual, se desprende que el legislador de la Unión no pretendía limitar el ámbito de aplicación de la Directiva 2000/78 a los puestos ocupados por un «trabaja-

---

42 C-356/21, sentencia de 12 enero 2023.

dor»". Con el añadido de que "el concepto de «condiciones de acceso al empleo, a la actividad por cuenta propia y al ejercicio profesional», que define el ámbito de aplicación de esta Directiva, no puede ser objeto de una interpretación restrictiva".

El Tribunal subraya la importancia de la Directiva a los efectos de conseguir la plena integración social de las personas con independencia de su orientación sexual. Parafraseando doctrina anterior suya en relación con otra de las causas incluidas en la Directiva 2000/78/CE, expresa que la norma "no es un acto de Derecho derivado de la Unión como los basados, en particular, en el artículo 153 TFUE, apartado 2, que pretenden proteger únicamente a los trabajadores como parte más débil de una relación laboral, sino que tiene por objeto eliminar, por razones de interés social y público, todos los obstáculos basados en motivos discriminatorios para acceder a los medios de subsistencia y contribuir a la sociedad mediante el trabajo, cualquiera que sea la forma jurídica en cuya virtud este último se presta". Es decir, la inclusión profesional de las personas, con independencia de su religión o convicciones, edad, discapacidad u orientación sexual, constituye parte de su nervio central.

La protección "no puede depender de la calificación formal de una relación laboral en Derecho nacional o de la elección entre uno u otro tipo de contrato en el momento de contratar al interesado, dado que los términos de esta Directiva deben entenderse en sentido amplio". De modo que la conducta de la sociedad demandada "de no cumplir y no renovar el contrato de prestación de servicios que había celebrado con el demandante, poniendo así fin a su relación profesional, por motivos supuestamente relacionados con la orientación sexual del interesado, está comprendida en el concepto de «condiciones de empleo y trabajo», en el sentido del artículo 3, apartado 1, letra c), de la Directiva 2000/78". Pues "una persona que ha ejercido una actividad independiente también puede verse obligada por quien la contrata a cesar en esa actividad y encontrarse por ello en una situación de vulnerabilidad comparable a la de un trabajador por cuenta ajena despedido".

Por lo demás, el principio de la libertad de elección de la otra parte contratante no puede justificar una vulneración del principio de no discriminación por orientación sexual, pues la libertad de empresa no constituye una prerrogativa absoluta, sino que debe tomarse en consideración en relación con su función en la sociedad. En conclusión, esta sentencia dicta doctrina por primera vez en torno a la no discriminación en el acceso y en el trabajo por cuenta propia en aplicación de la Directiva 2000/78/CE, en un caso de aparente discriminación directa a una persona autónoma homosexual.

Los otros dos pronunciamientos tienen también mucho interés en cuanto al acceso al empleo de las personas de una orientación distinta de la heterosexual. En ambos, se trataba de situaciones en las que, de forma muy expresiva, la empresa o su entorno manifestaban la exclusión absoluta de homosexuales. El primero de ellos, asunto *Asociaţia Accept*[43], se refería a una denuncia por discriminación en materia de contratación de personal a un club de fútbol. El motivo consistía en unas declaraciones realizadas por una persona accionista, pero no representante de la entidad, en el sentido de que jamás se contrataría a un futbolista profesional homosexual y que, antes que eso, se recurriría a cualquier otra fórmula. Según suposiciones de periodistas, esas declaraciones habían frustrado la contratación de un jugador presentado como gay. Lejos de distanciarse de esas declaraciones, el consejo de dicho club las confirmó.

Dejando al margen las vicisitudes procesales, el TJUE señala que no es necesario identificar a ninguna concreta persona perjudicada por una actuación discriminatoria. Los hechos sucedidos podían implicar la presunción de que se había come-

---

43 Asunto C-81/12, sentencia de 25 abril 2013.

tido una discriminación, pues emanaban de alguien que era percibido por la opinión pública como el principal directivo del club. Por lo tanto, como expresa la sentencia, "el mero hecho de que declaraciones como las controvertidas en el litigio principal no emanen directamente de una determinada parte demandada no necesariamente impide acreditar, respecto de esa parte, hechos que permiten presumir la existencia de discriminación". En particular, la circunstancia "de que, en una situación como aquella de la que trae causa el litigio principal, tal empresario no se distanciara claramente de las declaraciones controvertidas constituye un elemento que puede ser tenido en cuenta por el tribunal que conoce del litigio, en una apreciación global de los hechos".

Para desvirtuar esa presunción, no sería necesario que la parte demandada acreditase que en el pasado contrató a futbolistas homosexuales, pues esa prueba puede ser particularmente compleja, sobre todo en atención al derecho a la intimidad de estos. Podría apelarse, vg., a una reacción de la parte demandada de que se trate distanciándose claramente de las declaraciones públicas que dieron lugar a la apariencia de discriminación, así como a la existencia de disposiciones expresas en materia de política de contratación de personal de esa parte demandada, al objeto de garantizar el respeto del principio de igualdad de trato en el sentido de la Directiva 2000/78.

Es interesante comprobar que la prueba de la parte demandada que pueda desvirtuar la presunción de discriminación se dirige, en los ejemplos que propone el Tribunal, a acreditar un cierto compromiso de la empresa con la integración de las personas de orientación no heterosexual. Quizá podría haber propuesto otras alternativas, pero las dos expresadas tienen esa finalidad. Pero, más allá de este dato, y de una argumentación que aquí se omite sobre el carácter disuasorio de la sanción adecuada, el caso es muy representativo de la hostilidad de ciertos ámbitos hacia las personas LGTBI, poniéndose de manifiesto, también desde este punto de vista, la necesidad de adoptar un enfoque específico cuando se trata de estas causas de discriminación.

Algunas conclusiones parejas suscita el tercero de los asuntos que ha de comentarse, *NH*[44]. En su esencia, esta sentencia insiste en que unas declaraciones contrarias a la contratación de personas homosexuales constituyen discriminación prohibida por la Directiva 2000/78/CE, aunque no haya ningún proceso de selección en marcha. Corresponde un entendimiento amplio del art. 3.1 a) de la Directiva 2000/78/CE, conforme al cual "la expresión «condiciones de acceso al empleo [...] y al ejercicio profesional» hace referencia a circunstancias o a hechos cuya existencia debe acreditarse imperativamente para que una persona pueda obtener un empleo o acceder a un ejercicio profesional determinado". La sentencia apela al Considerando 9 de la Directiva, que "señala que el empleo y la ocupación son elementos esenciales para garantizar la igualdad de oportunidades para todos y contribuyen decisivamente a la participación plena de los ciudadanos en la vida económica, cultural y social, así como a su desarrollo personal". Por ese motivo, el art. 3.1 no puede ser en modo alguno objeto de una interpretación restrictiva. Las declaraciones controvertidas versaban, desde luego, sobre el acceso al empleo.

Eso sí, es necesario que esas declaraciones puedan "vincularse efectivamente a la política de contratación de personal de un empresario determinado, lo que exige que el vínculo que presenten con las condiciones de acceso al empleo y al ejercicio profesional para ese empresario no sea hipotético". Es decir, es necesario que quien las efectúe sea un empleador potencial o una persona que pueda intervenir decisivamente en la política o en la decisión de contratación de personal, o al menos que sea percibido o percibida como tal. Son importan-

---

44 Asunto C-507/18, *NH*, sentencia de 23 abril 2020.

tes, a tales efectos, la naturaleza, el contenido y el contexto de las declaraciones.

Al margen de las innegables diferencias, es muy claro el nexo de unión entre los tres pronunciamientos. En todos ellos se produce como telón de fondo una discriminación directa, de la cual incluso en los dos últimos se hace gala por parte de las personas que actúan, legalmente o no, por cuenta de la entidad empleadora. En ninguno de ellos hay atisbo alguno de justificación de la conducta en motivos distintos de la orientación sexual de la persona o del grupo concernido, más allá de que en el primero de los comentados se apela a la libertad de contratación de la entidad cliente. Pero, en particular, en los tres se entiende con amplitud el art. 3.1 de la Directiva. En síntesis, la discriminación directa en el acceso al empleo es el nexo común, en un contexto que puede calificarse, por una parte, como muy inicial, y, por otra, muy característico de la orientación sexual como causa de tratamiento adverso. El adjetivo "inicial" obedece a que todavía no han aparecido en la jurisprudencia del TJUE asuntos de discriminación indirecta[45], aunque tal vez eso sea –habrá que vislumbrarlo, en su caso- porque la orientación sexual es una causa menos proclive a la acreditación de impactos adversos. En cuanto a que los tres asuntos pueden calificarse como muy característicos, debe subrayarse que la estigmatización de las personas homosexuales y bisexuales constituye una pauta de comportamiento y de expresión social excesivamente generalizada y todavía tolerada, desde la perspectiva de los comportamientos sociales. La victimización y el hostigamiento público, así como el apartamiento social, son epifenómenos muy extendidos de tales patrones de conducta.

---

[45] Salvo en un caso, para desestimarla. En concreto, en el asunto C-443/15, *Parris*, sentencia de 24 noviembre 2016.

5. EMPLEO DE LGTBI: ORIENTACIONES PROGRAMÁTICAS Y SU RECEPCIÓN EN LA LEY 4/2023

Hay un cierto consenso sobre las orientaciones generales que deben inspirar las políticas de empleo en concreto de las personas LGTBI. Pueden resumirse en cuatro grandes pilares, que se describen de la forma que sigue:

- Es necesario promover y poner en práctica políticas de inclusión y de diversidad en el centro de trabajo, a través de una serie de técnicas que pueden incluir, entre otras iniciativas, la conformación de redes internas de soporte y de apoyo, la puesta en marcha y ejecución de medidas de sensibilización y de formación de la plantilla de la empresa, y más en general, de todas las personas interesadas en ella (*stakeholders*). Se requiere trasladar una postura de asimilación y de apoyo explícito, mediante signos visibles, por ejemplo, la celebración e implicación en eventos que defiendan y publiciten los derechos de las personas LGTBI. La generación de entornos laborales amigables, receptivos e integradores, en los que las personas puedan libremente mostrar su identidad de género y su orientación sexual o transexualidad sin sufrir discriminaciones producirán un efecto muy positivo en el empleo de las personas LGTBI.

A tal fin, hay que apelar, indudablemente, a la responsabilidad social corporativa de las empresas, pero no confiar exclusivamente en ellas. La actuación de la Administración Pública debe soportar, acompañar, incentivar, evaluar y reconocer públicamente todas estas iniciativas. Las políticas de subvención, contratación pública, fiscalidad, cotización a la Seguridad Social, concertación y, en general, acción administrativa, deben orquestarse para la consecución de una mejor inclusión y diversidad en las empresas[46]. En todas ellas, debe tomarse en consideración la diversidad entre las personas definidas en términos de orientación y de identidad sexual y protegerse con más atención e intensidad a los colectivos más vulnerables, en particular las personas –y más aún, las mujeres- transexuales.

- Se requiera una atención específica para la mejora de la situación socioeconómica de las personas más marginalizadas y un desarrollo de iniciativas centradas en grupos específicos –vg., mujeres lesbianas, perjudicadas por la lesbofobia, hombres gais, victimizados por alejarse de ciertos estereotipos propios de un patriarcado heterosexual, o las personas transgénero, con especiales problemas de integración en las empresas a causa de las percepciones, reales o supuestas, de la clientela. Por supuesto, las mujeres transexuales, particularmente víctimas de la prostitución a causa de su marginalidad sexual, constituyen otro grupo prototípico destinatario de estas medidas más perfiladas. Debe destacarse, como problema que ha de abordarse[47], que las personas más en riesgo de exclusión social y más marginalizadas son precisamente quienes en menor porcentaje se benefician de recursos dirigidos ellas. Así pues, en el caso de los individuos transexuales y transgénero, el reto no consiste solo en poner en marcha medidas de integra-

---

46 Las medidas concretas deberían de discutirse políticamente con cuidado, porque algunas han sido propuestas sin un aparente análisis previo. Me refiero, en particular, al establecimiento de modelos de cuotas de contratación para personas LGTBI, pues es una técnica que seguramente tiene problemas de adaptación a estos colectivos. Más consenso puede producir una iniciativa de favorecimiento en las contrataciones públicas, aunque en su diseño también habría que actuar con cierta ponderación. Véase una propuesta sobre ellas en *Estudio exploratorio…*, cit., pp. 72-3.

47 *Estudio exploratorio…*, cit., p. 12.

ción social, sino también en garantizar que participen en ellas y que, a la postre, sean eficaces.

- Al margen de los buenos ejemplos de las empresas con base en su propia idiosincrasia o en su responsabilidad social corporativa[48], es fundamental sostener la acción proactiva del empleo y de la ocupación a través del ejemplo de ciertas empleadoras. En este sentido, las entidades de economía social, ya sean cooperativas, sociedades laborales, empresas de inclusión u otras, deberían de tener un importante protagonismo. En paralelo, la actuación de la Administración pública y del sector público como parte empleadora debe servir de modelo de ejemplo al sector privado. En este sentido, no se trata solo del personal laboral, sino también del personal funcionario, en cuyo acceso, provisión de puestos de trabajo, condiciones de prestación de servicios y situaciones administrativas habría que traducir estar política de diversidad y de integración hacia los colectivos LGTBI[49].

- Como cuarto pilar, es necesaria una política preventiva de las situaciones de acoso y violencia en los entornos productivos, como riesgos a los que las personas LGTBI están especialmente expuestas. Probablemente, los

---

[48] Se han propuesto algunas medidas que las empresas podrían poner en marcha: donaciones a asociaciones LGBT, publicidad específica visibilizando cuestiones LGBT, facilidades para procesos de adopción, inclusión de los trabajadores transgénero en las pólizas de salud (incluyendo las terapias hormonales y cirugías de reasignación), desarrollo de programas para favorecer su inclusión en el contexto laboral, etc. Véase esta referencia, con las oportunas citas, en RIVERO DÍAZ, Mª L. y otros, "Discriminación laboral..." cit., pp. 142-3.

[49] En general, sobre este pilar y los anteriores, Comunicación de la Comisión al Parlamento Europeo, al Consejo, al Comité Económico y Social Europeo y al Comité de las Regiones "Unión de la Igualdad...", pp. 8 ss.

mayores factores que contribuyen a su autoexclusión se deben al miedo a sufrir este tipo de conductas y de ambientes laborales. Como ya se ha dicho anteriormente, evitar que el empleo de estos colectivos se circunscriba a unos pocos espacios de diversidad que funcionen como "guettos" de tolerancia tiene que ser una prioridad de las políticas públicas. El cambio de los patrones culturales de las empresas tiene que venir de la mano de una gestión de la integración de todos los colectivos donde las conductas de hostigamiento, desde las más livianas hasta las más duras, se tengan en cuenta, se diseñen y pongan en marcha medidas preventivas con procedimientos accesibles para las personas que las sufran, y se establezcan sanciones adecuadas, efectivas y disuasorias.

Con un carácter más específico, parece que sería conveniente un debate público acerca de medidas dirigidas a la consecución o al mantenimiento del empleo en momentos especialmente críticos, como son por antonomasia los de transición de uno a otro sexo en el caso de las personas trans. Asimismo, serían muy pertinentes las medidas de acción positiva[50], de las que la Ley 4/2023 contiene algunos ejemplos, como pasa a describirse.

En efecto, la Ley 4/2023 sigue, en gran medida, casi todas las pautas mencionadas. Su art. 1.1 ya se expresa en términos promocionales, al reconocer el derecho a la igualdad real y efectiva de todas las personas LGTBI, así como de sus familias. Por su parte, el art. 3. 1 f), en su lista de definiciones, incorpora la de medidas de acción positiva, con su triple caracte-

---

50 Sobre este haz de consideraciones. MORALES ORTEGA, J.M., *op. cit.*, pp. 222 y 239. Alguna medida de cuotas ha sido regulada en legislaciones autonómicas, como es el caso de Aragón. En este sentido, HERNÁNDEZ MELIÁN, A., "Análisis y clasificación...", cit., pp. 124.

rística de la temporalidad –en tanto subsistan las situaciones de discriminación o de desventaja-, de la razonabilidad y de la proporcionalidad[51]. El art. 4 expresa la encomienda a los poderes públicos para que adopten todas las medidas necesarias para la protección de esas personas y de sus familias y el art. 5 añade el deber, también dirigido a los poderes públicos, del reconocimiento y apoyo institucional a estos colectivos. Dichos deberes, que se desarrollan y se diversifican en los siguientes preceptos, conforman unas reglas de actuación que, desde luego, también se aplican a las políticas públicas de empleo.

Es el art. 14 el primero de los que se refiere específicamente a las políticas de empleo, de las cuales dispone que las Administraciones públicas, en el ámbito de sus competencias, "deberán tener en cuenta…el derecho de las personas a no ser discriminadas por razón de las causas previstas en esta ley". Lo cual se traduce en la adopción de medidas adecuadas que tengan por objeto, entre otras finalidades:

> "a) Promover y garantizar la igualdad de trato y de oportunidades y prevenir, corregir y eliminar toda forma de discriminación por razón de las causas previstas en esta ley en materia de acceso al empleo, afiliación y participación en organiza-

51 "Diferencias de trato orientadas a prevenir, eliminar y, en su caso, compensar cualquier forma de discriminación o desventaja en su dimensión colectiva o social. Tales medidas serán aplicables en tanto subsistan las situaciones de discriminación o las desventajas que las justifican y habrán de ser razonables y proporcionadas en relación con los medios para su desarrollo y los objetivos que persigan". El art. 52.2 de la Ley establece que la Estrategia estatal para la inclusión de las personas trans incorporará de forma prioritaria medidas de acción positiva, entre otros, en el ámbito laboral. De este modo diferencia expresamente a dicho colectivo, como el más afectado por las dificultades en el acceso al empleo. En cuanto a la Estrategia Estatal para la igualdad de trato y no discriminación de las personas LGTBI del art. 10, ya no focalizada en un grupo específico de LGTBI, tiene un carácter más general.

ciones sindicales y empresariales, condiciones de trabajo, promoción profesional, acceso a la actividad por cuenta propia y al ejercicio profesional, y de incorporación y participación en cualquier organización cuyos miembros desempeñen una profesión concreta.

b) Promover en el ámbito de la formación profesional para personas trabajadoras el respeto a los derechos de igualdad de trato y de oportunidades y no discriminación de las personas LGTBI.

c) Apoyar la realización de campañas divulgativas sobre la igualdad de trato y de oportunidades y la no discriminación de las personas LGTBI por parte de los agentes sociales (…)

g) Promocionar medidas para la igualdad de trato y de oportunidades de las personas LGTBI en las convocatorias de subvenciones de fomento del empleo (…)"

En realidad, en este amplio listado de medidas –solo parcialmente transcrito- se excede del ámbito de las políticas de empleo. No obstante, en relación con ellas hay que expresar una serie de consideraciones, que ubican la ley española muy en el contexto de las preocupaciones que se han expresado en las páginas anteriores. Por ejemplo, tiene mucho sentido que la letra a) se refiera al acceso a la actividad por cuenta propia y al ejercicio profesional porque, como se ha expresado, es una modalidad de ejercicio profesional especialmente elegida por las personas LGTBI, en ocasiones para no exponerse a escenarios laborales potencialmente lesivos para ellas. No por casualidad la primera sentencia del TJUE sobre aplicación de la Directiva 2000/78/CE al empleo por cuenta propia se refería a una persona homosexual[52].

---

[52] Asunto *JK*, cit.

Tiene asimismo una evidente coherencia que se promueva, en el contexto de la formación de las personas trabajadoras, el respeto a la igualdad de oportunidades y la no discriminación de las personas LGTBI. Igualmente, el apoyo a las campañas divulgativas de igualdad de trato y no discriminación por parte de los agentes sociales responde a la necesidad de promover una mayor diversidad y capacidad de integración en los centros de trabajo. Y también debe destacarse la promoción de medidas de igualdad en favor de las personas LGTBI en las convocatorias de subvenciones de fomento del empleo.

En coherencia con este último haz de medidas, el art. 54, específicamente dedicado al fomento del empleo de las personas trans, dispone que "el Ministerio de Trabajo y Economía Social, considerando las líneas de actuación de la Estrategia estatal para la inclusión social de las personas trans, diseñará medidas de acción positiva para la mejora de la empleabilidad de las personas trans y planes específicos para el fomento del empleo de este colectivo. En la elaboración de dichas medidas o planes, se tendrán en cuenta las necesidades específicas de las mujeres trans". Se trata de un mandato inmediatamente posterior en el tiempo al RD-Ley 1/2023, de 10 enero, el cual, sin perjuicio del comentario que enseguida se expresa, acaso debería adaptarse a la Ley 4/2023. A cuyo fin el art. 55 establece una pauta de actuación concreta cuando orienta en su letra d) a las Administraciones públicas para que dispongan subvenciones que favorezcan la contratación de personas trans en situación de desempleo.

En todo caso, tiene importancia y sentido que la norma priorice el fomento del empleo de las personas trans, especialmente las mujeres, a la vista de su peor situación en el mercado de trabajo, y por encima de otros individuos LGBI. Como lo tiene que el art. 55, en relación con la integración sociolaboral de esas personas, haga especial hincapié en el desarrollo de estrategias y campañas de concienciación en el ámbito laboral, en la puesta en marcha de medidas para organismos públicos y empresas privadas que favorezcan su integración e inserción laboral y en el seguimiento de la evolución de su situación laboral en el territorio de competencia de esas entidades.

De nuevo en referencia al colectivo LGTBI en toda su amplitud, merece destacarse por su afectación concreta al ámbito del empleo, el art. 68, dedicado a la protección de las víctimas de la LGTBI-fobia, a las que se les ha de garantizar una protección integral y especializada que comprenda, en particular, la atención a sus necesidades sociales y laborales.

Y, al margen de la actuación administrativa, debe destacarse el art. 15.1, que impone a las empresas de más de cincuenta personas trabajadoras que cuenten con un conjunto planificado de medidas y recursos para alcanzar la igualdad real y efectiva de las personas LGTBI. La norma de desarrollo de este precepto, el RD 1026/2024, de 8 octubre, contiene un anexo I, relativo a "medidas planificadas", cuyo apartado segundo se refiere al acceso al empleo en estos términos: "Las empresas contribuirán a través de las medidas establecidas en su caso en los convenios colectivos a erradicar estereotipos en el acceso al empleo de las personas LGTBI, en especial a través de la formación adecuada de las personas que participan en los procesos de selección. Para ello es preciso establecer criterios claros y concretos para garantizar un adecuado proceso de selección y contratación que priorice la formación o idoneidad de la persona para el puesto de trabajo, independientemente de su orientación e identidad sexual o su expresión de género, con especial atención a las personas trans como colectivo especialmente vulnerable". Está por ver la eficacia de estas medidas de planificación obligatoria, pero, sin duda la accesibilidad e integración en las empresas de los colectivos LGTBI es una prioridad indiscutible, que la Administración Pública no puede abordar con éxito sin una actitud más proactiva y una mayor sensibilidad de las entidades empleadoras. Los "entornos laborales diversos, seguros e inclusivos" a los que se refiere el apartado quinto del mismo anexo son exigibles para esa integración.

Probablemente, puedan formularse en cuanto a esta materia ciertas críticas de tipo sistemático. Pero, al margen de las mismas, ha de reconocerse que la norma desarrolla una acertada aproximación a los problemas de empleo que padecen, en general, las personas LGTBI y, en particular, algunos de sus grupos integrantes. Tiene, como es lógico, cierto sesgo programático, pues sus orientaciones están destinadas a ser concretadas en normas de desarrollo o más específicamente de empleabilidad, intermediación y fomento de la ocupación. Aunque, como va a verse, sus conexiones con la Ley 3/2023 son mejorables también a este respecto, ambas normas constituyen una base jurídica suficiente para que se desarrollen unas adecuadas políticas de empleo para las personas que puedan tener dificultades por motivo de su orientación o identidad sexual o de género.

6. LGTBI COMO COLECTIVOS DE ATENCIÓN PRIORITARIA EN LA LEY 3/2023, DE EMPLEO

Mucho más escueta es la Ley 3/2023 en su consideración de las personas LGTBI y, en particular, trans. Se limita a incluirlos como colectivos vulnerables de atención prioritaria. Es decir, de entre aquellas, las trans son las que de forma más específica merecen esa consideración. Así se expresa en el art. 50.1, entre el larguísimo elenco de otros colectivos, que además se configura como una lista abierta. La referencia especial a los individuos trans, que pone de manifiesto las singulares dificultades de integración laboral que sufren, es compartida con otros grupos específicos a los que alude el precepto. Sobre ellos, es evidente que la acción política de las diferentes Administraciones públicas tiene que proyectarse de un modo singular, si bien la proliferación de colectivos y grupos considerados en el referido art. 50.1 dificulta en realidad una acción diferenciada y efectiva hacia todos ellos. Debería, con todo, resultar, de una aplicación combinada de la

Ley 15/2022, de 12 julio, de la Ley 3/2023 y de la Ley 4/2023, que hubiese un sustrato institucional sólido y una normativa suficientemente coherente como para obligar al sujeto público, en toda su diversidad territorial, a actuar las medidas pertinentes a la consideración como colectivos de atención prioritaria de las personas LGBI y, muy concreto, de las trans, en términos de sexo o de identidad de género.

Es decir, el Sistema Nacional de Empleo –a nivel estatal y de Comunidad autónoma- debe asegurar el diseño de itinerarios individuales y personalizados de empleo que combinen las diferentes medidas y políticas, debidamente ordenadas y ajustadas al perfil profesional de las personas que componen el colectivo de atención prioritaria. Sin perjuicio de la libertad de organización de las Administraciones autonómicas y de su capacidad política para fijar preferencias, en todo caso, conjuntamente con el SEPE, los servicios de empleo de aquellas deben prestar esa atención personalizada a las personas LGTBI y, en particular, a las trans. Las CCAA que omitan esas actuaciones sencillamente incurren en un incumplimiento legal que, entre otras consecuencias, debería afectar las decisiones de financiación que se adopten en el seno de la Conferencia Sectorial de Empleo y Asuntos Laborales.

Por lo demás, la coordinación, en su caso, entre los servicios de empleo y los servicios sociales, cuando sea necesaria para la inserción laboral de estos grupos, así como el establecimiento de objetivos cualitativos y cuantitativos, incluyendo necesariamente la perspectiva de género, que serán objeto de evaluación y, en su caso, adaptación de las acciones programadas para su logro, son actuaciones que se derivan de la identificación de estos colectivos como vulnerables de atención prioritaria.

Sin perjuicio de la indudable atención que les presta la Ley de Empleo, es claro que las personas LGTBI comparten consideración de colectivos de atención prioritaria con otros muchos, y también lo es que la norma les dedica una atención algo más secundaria que a otros, como son, prototípicamente, las personas discapacitadas y, asimismo, las que se definen en términos de edad como jóvenes o como de edad madura. En todo caso, aparentemente, el vector de la transversalidad por razón de género puede constituir un apoyo, en el sentido de producir unas sinergias más que necesarias para la atención de los individuos y los grupos LGTBI, y, muy en concreto, de las mujeres trans, como personas más golpeadas por el desempleo y por el riesgo de exclusión social. Los programas específicos de empleabilidad, de intermediación y colocación y de fomento del empleo que se diseñen han de tener una eficacia verificable, en el contexto del desarrollo de la Ley 3/2023.

No puede dejar de hacerse referencia al Real Decreto 438/2024, de 30 de abril, por el que se desarrollan la Cartera Común de Servicios del Sistema Nacional de Empleo y los servicios garantizados establecidos en la Ley 3/2023, de 28 de febrero, de Empleo. Su regulación, excesivamente retórica, contiene ciertas reglas que afectan en particular a los colectivos de atención prioritaria. Sin embargo, más de un año después de la entrada en vigor de esta Ley, se echa en falta un pulso político más intenso, muy necesario para que pueda tener una mínima eficacia transformadora. Otro tanto puede decirse, en particular, de la Ley 15/2022, en cuanto se refiere a su falta de desarrollo de sus aspectos institucionales. Sin duda alguna, ese retraso en la puesta en marcha de los mecanismos de las nuevas normativas de igualdad y de empleo compromete, entre otros muchos asuntos, también unas adecuadas políticas de empleo y de inserción laboral de las personas LGTBI y, muy en especial, de las trans, más en concreto de las mujeres transexuales. No son malos la articulación y el ensamblaje de las Leyes 3/2023 y 4/2023; antes bien entre ellas hay una adecuada interrelación y coherencia de objetivos. Más bien el reto consiste en traducir la norma en unas políticas efectivas.

7. LA NORMATIVA DE FOMENTO DE EMPLEO

Si algo de virtuoso ha tenido el RD-ley 1/2023, de 10 de enero, de medidas urgentes en materia de incentivos a la contratación laboral y mejora de la protección social de las personas artistas, por lo que afecta a dichos incentivos, ha consistido en articular unas disposiciones generales que constituyen una especie de reglas comunes sobre los incentivos al empleo en sus diversas formas. Y si algo de patológico debe achacársele, ello ha sido sin duda preceder en el tiempo a la Ley 3/2023, que debería ser, en un proceso lógico, su premisa necesaria. Aunque la norma de urgencia se aprobó a la vista del proyecto de ley de empleo y de su tramitación parlamentaria, este vicio de orden ha contribuido a que sus reglas merezcan algunas críticas, también en cuanto afecta a las personas LGTBI.

En particular, la crítica debe centrarse de nuevo en la escasa atención en cuanto a ellas, que sólo han merecido una escueta referencia en su art. 4, que identifica a las personas destinatarias de la contratación laboral incentivada, pero solo para considerar que lo han de ser "con independencia de su… orientación sexual [o] identidad de género". Es decir, se ha omitido cualquier mención específica, diferente a la pertenencia a colectivos de atención prioritaria. Ha sucedido como si la tramitación de la Ley 4/2023 no hubiera sido un contexto adecuado para que el Gobierno, a la hora de aprobar su norma de urgencia, tuviera en cuenta las específicas dificultades de empleo a las que se está haciendo referencia en estas páginas. Sin duda, el paraguas de dichos colectivos de atención prioritaria sirve de apoyo a través del cual pueden articularse las medidas oportunas, pero ello no parece plenamente satisfactorio.

Ciertamente, tampoco la norma se detiene en otros colectivos, con la notable excepción de las personas discapacitadas –y, en menor medida, jóvenes y población madura-. Por supuesto, las LGTBI, en particular las mujeres trans, pueden ampararse en otros grupos sí referidos, como son el caso de las mujeres víctimas de violencia de género o de las personas en riesgo o en situación de exclusión social –art. 6 d) y e)-. Hay mandatos generales –vg., art. 42.3, en cuanto a la evaluación de las medidas, para establecer adaptaciones o reformas necesarias, o disp. adic. 10ª, por lo que se refiere al establecimiento de nuevas medidas a la contratación u otras medidas de mantenimiento o impulso del empleo estable- que pueden acoger desde luego a las personas que tienen dificultades de empleo por su orientación e identidad sexual o de género, pero eso es prácticamente todo.

El bagaje es, así pues, criticable, por omisión. No se ha trasladado a la normativa de incentivos la específica situación de las personas LGTBI, ni se ha tenido en cuenta su situación diferenciada ante el mercado de trabajo. No es difícil aventurar que la situación hubiera sido otra si la norma se hubiese pospuesto a la aprobación de la Ley de Empleo. Por supuesto, no existe ningún problema ontológico, porque las reglas de fomento son, por su propia esencia, adaptables, pero es un mal síntoma que nada haya variado en el último año. No cabe duda de que la normativa de las CCAA puede suplir las ausencias de la estatal, pero es un mal precedente que esta última no tome partido por las víctimas de la discriminación LGTBI.

Un ejemplo puede ilustrar esas necesidades específicas: ciertamente, el RD-Ley 1/2023 se refiere en exclusiva a la contratación laboral, y no a los incentivos para el empleo por cuenta propia. Pero si, como se ha dicho, las personas LGTBI muestran cuantitativamente una mayor tendencia al autoempleo, sería razonable articular medidas de apoyo al mismo, que las protegieran en la medida de lo posible de las vulnerabilidades que atraviesan a los colectivos de personas autónomas en nuestro mercado de trabajo.

8. LAS MODIFICACIONES DE TEXTOS LEGALES EN CUANTO AL EMPLEO DE LGTBI

Las disposiciones finales de la Ley 4/2023 incluyen una serie de modificaciones atinentes al empleo que, en la mayor parte de las ocasiones, deben ser consideradas como de limitado alcance. Cabe referirse a las cinco siguientes:

- La reforma del art. 11 de la Ley 14/1994, que se limita a añadir el inciso "...e identidad sexual, la expresión de género o las características sexuales", añadiéndose a otras causas de discriminación, entre ellas la orientación sexual, sobre las que las personas cedidas por empresas de trabajo temporal tienen derecho a que se les apliquen las normas protectoras de la empresa usuaria. La equiparación de derechos, que mejora desde luego los mínimos de la Directiva 2008/104/CE, tendrá interés en la medida en la que las empresas en las que presten servicios personas LGTBI cedidas a través de contratos de puesta a disposición contengan normas más favorables –por hipótesis, de convenio colectivo, o medidas internas reconocidas unilateralmente- que las propias normas legales.
- La disposición final sexta introduce el mismo inciso -"identidad sexual, expresión de género, características sexuales" en el tipo del número 12, art. 8 de la Ley de Infracciones y Sanciones en el Orden Social –LISOS-, ampliando, de conformidad con el objeto de la Ley, las causas de discriminación que producen la comisión de un ilícito administrativo muy grave. No es esta una modificación directamente vinculada con el acceso al empleo, como tampoco lo son la del número 13 bis del propio art. 8, que modifica con idéntica redacción la infracción relativa al acoso discriminatorio y la homóloga del apartado 2 d) del art. 10 bis, relativa a las discriminaciones producidas en las decisiones adoptadas en aplica-

ción de la Ley sobre implicación de los trabajadores en las sociedades anónimas y cooperativas europeas.

Pero mucho más importante a los efectos del empleo ha sido la modificación del art. 16.1 c) de la propia LISOS –infracción muy grave en materia de empleo-, que afecta muy en particular a las decisiones adoptadas en materia de intermediación laboral. Como es bien conocido, esta modificación ha producido uno de los episodios más desafortunados en la tramitación parlamentaria de proyectos de ley y aprobación de los mismos, pues, con idéntica fecha y en leyes sucesivas –Ley 3/2023 y Ley 4/2024- se reforma el mismo precepto con redacciones distintas. Omitiendo aquí una crítica que se da por supuesta, entiendo que deben formularse dos comentarios: por una parte, que este defecto no debe desdecir la importancia de la Ley 4/2023 en cuanto incorpora, entre otros muchos aspectos, unas políticas de empleo que deben tenerse en cuenta y que para nada son incompatibles, como se ha insistido, con los mandatos y con la articulación de la Ley 3/2023. Por otra, que no me parece discutible que la redacción que debe prevalecer es la de la Ley 3/2023, por un doble argumento y sin que la Ley 4/2023 pueda entenderse como *lex posterior* a la Ley 3/2023 por un simple guarismo, cuando ambas han sido aprobadas y publicadas el mismo día y consecutivamente. El primer argumento se refiere al principio de especialidad de la Ley de Empleo, pues en definitiva se trata de una modificación de la normativa de infracciones en materia de empleo –sección tercera, capítulo segundo del texto refundido- relativa a los procesos de selección o/y intermediación laboral, por más que se sancione una conducta discriminatoria, que en todo caso excede en sus causas de las contempladas en la Ley 4/2023. El segundo, y más importante, se refiere al mejor y mayor rigor técnico de la Ley 3/2023 a este concreto respecto.

En efecto, no se trata del elenco de causas tenidas en cuenta, ni tampoco de las específicamente relacionadas con el contenido de la Ley 4/2023. Incidentalmente, en relación con estas últimas, en la Ley de Empleo se alude a "orientación sexual, identidad de género, expresión de género [y] características sexuales" y en la Ley para la igualdad real y efectiva de las personas trans y para la garantía de los derechos de las personas LGTBI, a "orientación e identidad sexual, expresión de género, características sexuales". Es preferible, desde luego, la terminología "identidad de enero" que "identidad sexual", por aproximarse con más adecuación a la realidad que subyace en ella.

Se trata, sobre todo, del mayor rigor técnico de la versión de la Ley 3/2023, que se refiere a "cualquier proceso de intermediación o colocación" frente a la apelación de la Ley 4/2023 a "los procesos de selección". Es evidente que la referencia de esta es limitativa, con el añadido de que la selección ha cambiado sustancialmente en la Ley 3/2023, para pasar a ser, como debería haber sido ya hace tiempo, intermediación laboral. Si se prefiriera la redacción de la Ley 4/2023, resultaría que quedarían fuera del tipo administrativo las conductas de solicitud de datos o establecimiento de condiciones que constituyan discriminaciones cuando se cometieran en el proceso de prospección o captación de ofertas de trabajo, en la puesta en contacto propia de la colocación o recolocación, o en la puesta a disposición de apoyos, tal y como se definen en el art. 40.2 de la Ley 3/2023. No es que el rigor sancionador sea mayor en esta última Ley, sino que en ella, al reformar la normativa sancionadora, se contempla la totalidad de las actividades de intermediación laboral y no tan solo una pequeña parte de las mismas.

- La tercera disposición final que debe considerarse es la novena, de modificación de la Ley 20/2007, del Estatuto del Trabajo Autónomo. De nuevo, la reforma se limita a incluir la expresión "expresión de género, características sexuales", además de orientación sexual, en el –art. 4.3 a) de dicha Ley- relativo al derecho a la no discriminación de las personas autónomas. Sin duda, esta regla guarda una relación muy directa con la doctrina del TJUE expresada en el asunto *JK*.

- La cuarta y última sustantiva, la disposición final 14, modifica los arts. 4.2 c) art. 17.1 del Estatuto de los Trabajadores. En cuanto al primero, queda interpolado en los mismos términos del art. 4.3 a) de la Ley 20/2007 y con idéntica finalidad. Por lo que respecta al segundo, se sustituye la expresión "orientación o condición sexual" por "orientación e identidad sexual, expresión de género, características sexuales", en cuanto a la nulidad e ineficacia de los preceptos reglamentarios, las cláusulas de los convenios colectivos, los pactos individuales y las decisiones unilaterales del empresario que den lugar en el empleo –entre otros ámbitos- a discriminaciones por diversas causas, entre otras las ahora modificadas y añadidas. Sin duda, este precepto debería obligar –cosa distinta es verificar si de hecho lo hace- a las autoridades laborales y judiciales a extremar su rigor en la revisión de convenios, pactos individuales y decisiones unilaterales, dentro de las competencias que les caben a cada una de ellas.

Además, se añade un inciso tercero en el propio art. 17.1 de una importancia grande también en cuanto al empleo y la colocación: "el incumplimiento de la obligación de tomar medidas de protección frente a la discriminación y la violencia dirigida a las personas LGTBI a que se refiere el artículo 62.3 de la Ley para la igualdad real y efectiva de las personas trans y para la garantía de los derechos de las personas LGTBI dará lugar a la asunción de responsabilidad de las personas empleadoras en los términos del artículo 62.2 de la misma norma". Es decir, si no se adoptan medios o instrumentos suficientes para la prevención y detección y, en su caso, cese inmediato de discriminaciones a personas LGTBI, las empresas habrán de someterse a los instrumentos para su erradicación. Aunque la referencia del precepto al art. 62.2 de la Ley 4/2023 no es muy clara, debe entenderse al menos que impone un especial rigor inspector y sancionador ante tales incumplimientos.

- Por último, la modificación del anterior texto refundido de la Ley de Empleo (RD legislativo 3/2015, de 23 octubre) no es sino otro *lapsus calami* del legislador, fruto del deficiente ensamblaje parlamentario entre la tramitación de las Leyes 3/2023 y 4/2023. En todo caso, su contenido sustantivo se incluye, con mejor técnica en su redacción, en el art. 43.3 f) de la Ley 3/2023.

9. APUNTE FINAL

Conviene subrayar algunas ideas que han constituido el nervio de las reflexiones anteriores. La primera se centra en la diversidad del colectivo LGTBI, que aúna grupos sociales heterogéneos, pero que sin embargo padecen problemas parejos. En cuanto al empleo y la ocupación, es un denominador común las mayores dificultades que deben enfrentar, aunque especialmente algunos de dichos grupos, en particular las mujeres transexuales y las personas en transición sexual o de género. Pero la discriminación de estereotipo que padecen, la violencia en el trabajo a la que están expuestas las personas LGTBI, las complejas trayectorias vitales por las que han tenido que pasar y, sobre todo, los patrones sociales todavía hostiles a su normalización e integración social que todavía están muy extendidos configuran un panorama de mayores obstáculos en el acceso al trabajo y en el desarrollo profesional. La inestabilidad y precariedad están más extendidas entre ellas, y el mayor impacto del empleo informal, el desarrollo de actividades marginales y la invisibilidad en sus ocupaciones contribuyen a unas perspectivas laborales comparativamente más difíciles.

La Unión Europea empieza a tomar partido en favor de la lucha contra la discriminación LGTBI y de la inserción social y laboral de sus miembros. Se trata de un posicionamiento todavía inicial, que no ha transitado hacia normas vinculantes más allá de la orientación sexual, pero que se expresa en documentos programáticos, en particular de la Comisión Europea, así como en resoluciones del Parlamento. Por otra parte, la doctrina del TJUE en torno a la discriminación por orientación sexual manifiesta de forma muy expresiva la discriminación directa, el repudio social y el hostigamiento que padecen las personas homosexuales y bisexuales en el acceso al empleo por cuenta ajena y por cuenta propia. Si bien, y esto no es casual, en la inmensa mayoría de los asuntos se trata de hombres homosexuales, lo cual demuestra un ocultamiento más intenso y seguramente opresivo de la homosexualidad femenina.

Como una parte importante de las políticas de igualdad e integración de las personas LGTBI, las de empleo han de dirigirse a la promoción de la inclusión en las empresas y en los lugares de trabajo, a cuyo fin las acciones de formación, sensibilización y apoyo explícito de la diversidad tienen una gran importancia. Las políticas públicas han de promover, acompañar y sostener la acción de las empresas y de las partes sociales para procurar unas organizaciones más acogedoras de las personas homosexuales o bisexuales, o transexuales o transgénero, o de cualquier identidad de género. Por otra parte, han de considerar la situación socioeconómica vulnerable y el riesgo de exclusión social de estos colectivos, de modo que la colaboración entre los servicios de empleo y los servicios sociales va a ser muchas veces necesaria. Asimismo, las políticas de empleo han de promover buenos ejemplos de entidades modélicas, ya sea a partir de su especial responsabilidad social, ya sea por otros motivos, y tal vez en el tercer sector o actuando el sector público como empresa ejemplar a estos efectos.

Estos retos se reciben, en términos generales, en la Ley 4/2023. Se trata de una norma que parte de un buen diagnóstico de la situación de las personas LGTBI ante el reto del empleo y de la integración laboral, para desarrollar un haz de medidas que dan respuesta a los principales problemas que han de superar. La valoración que merece la norma es, en términos generales y sin perjuicio de críticas puntuales, positiva. Su aproximación integral hacia la igualdad real y efectiva de las personas trans y a los derechos LGTBI plantea unas medidas en las que la actuación de las políticas públicas debe ser fundamental en el acompañamiento y promoción de entornos laborales diversos y acogedores de la pluralidad en cuanto a orientación sexual e identidad de género. Su interrelación con la Ley 3/2023, pese a no estar suficientemente articulada, no plantea demasiados problemas, pese a que esta última no dedica un trato preferencial al empleo de estos colectivos, más allá de su consideración como de atención prioritaria. Menos acertado es el tratamiento del RD-ley 1/2023, que aparentemente debería revisarse en profundidad después de la aprobación de ambas leyes ordinarias.

En resumen, las normas aprobadas en el año 2023 ofrecen un marco legal suficiente para la puesta en marcha de unas políticas favorables al empleo y a la integración laboral de las personas LGTBI. Ahora bien, que ese entramado normativo fructifique en unas políticas efectivas a tales fines está por conseguir. La experiencia del último año no invita demasiado al optimismo, a la vista del poco énfasis del Gobierno y de la Administración central en la dotación de estructuras institucionales y de recursos suficientes en el entorno del empleo y de la atención a los grupos sociales víctimas de discriminaciones. Por supuesto, el análisis de las políticas autonómicas requeriría más espacio y más matices, pero las conclusiones, en el mejor de los escenarios posibles, apenas serían más positivas.

Capítulo XV

Las modificaciones del ET en la Ley 4/2023 y su alcance

VANESSA CORDERO GORDILLO
Profesora Permanente Laboral
Universitat de València
https://orcid.org/0000-0002-6667-5516

1. INTRODUCCIÓN: LOS ASPECTOS LABORALES DE LA LEY 4/2023

La Ley 4/2023, de 28 de febrero, para la igualdad real y efectiva de las personas trans y para la garantía de los derechos de las personas LGTBI, ha proporcionado un marco general para el desarrollo y la garantía de los derechos y la erradicación de las discriminaciones que sufren las personas del colectivo LGT-

BI, siendo la primera ley de ámbito estatal adoptada en este ámbito. Previamente, la mayor parte de la Comunidades Autónomas[53] contaba con una normativa específica sobre derechos del colectivo LGTBI en general o, solamente de las personas trans o, incluso, de dos normas diferenciadas para el colectivo LGTBI y para el colectivo de personas trans[54]. No obstante, lógicamente, esta normativa autonómica limita su aplicación a aquellos ámbitos de competencia autonómica, no abordando, en consecuencia, entre otras materias, el ámbito de las relaciones laborales, poniendo así de manifiesto la necesidad de que el legislador estatal acometiera la tarea de aprobar una ley general que regulara este y otros aspectos vedados a las leyes de las Comunidades Autónomas[55].

Sin duda, una de las cuestiones que más interés ha suscitado sobre la Ley 4/2023 ha sido la relativa a la rectificación registral de la mención relativa al sexo en el Registro Civil basada en la autodeterminación del género, eliminando las exigencias de aportar informes médicos o psicológicos o el sometimiento a tratamiento hormonal como acontecía con la normativa anterior[56], pues basta con la solicitud de la persona interesada y su

---

[53] Las únicas excepciones serían Castilla y León, Asturias, así como Ceuta y Melilla.

[54] ARRÚE MENDIZÁBAL, M., "El derecho a la identidad sexual/género y a la libertad de expresión de género. Los avances en la protección sociolaboral de las personas trans", *Revista de Trabajo y Seguridad Social. CEF*, 473, 2023, pp. 149-150.

[55] REQUENA MONTES, O., "¿Apuntalando las bases de un derecho del trabajo con perspectiva de identidad de género?", *Lex Social. Revista De Derechos Sociales*, 13 (1), 2023, p. 11.

[56] La Ley 3/2007, de 15 de marzo, reguladora de la rectificación registral de la mención relativa al sexo de las personas, requería que la persona hubiera sido diagnosticada de disforia de género, acreditada mediante informe médico o psicológico, y que hubiera recibido tratamiento médico durante al menos dos años para acomodar sus

comparecencia ante la encargada del Registro Civil, debiendo ratificar su decisión en el plazo máximo de tres meses desde la comparecencia inicial (art. 44).

Junto a ello, conviene destacar que nos encontramos ante una ley integral que contiene previsiones relativas a diferentes ámbitos con la finalidad de promover la igualdad real y efectiva de las personas LGTBI y, particularmente, de las personas trans. De este modo, el Capítulo II del Título I se refiere a las políticas públicas dirigidas a las personas LGTBI, previendo el diseño de una Estrategia estatal para la igualdad de trato y no discriminación de las personas LGTBI, de carácter cuatrienal, en la que se desarrollarán las políticas básicas y los objetivos generales establecidos en la ley. Asimismo, establece medidas referidas a ámbitos muy variados: administrativo, laboral, salud, educación, cultura, ocio y deporte, medios de comunicación social e internet, familia, infancia y juventud, acción exterior y protección internacional, medio rural y turismo.

Específicamente respecto a las personas trans, el Capítulo II del Título II está dedicado a las políticas públicas destinadas a este colectivo, estableciendo el desarrollo de una Estrategia Estatal para la inclusión de las personas trans, también de carácter cuatrienal, que incorporará de forma prioritaria, medidas de acción positiva, entre otros, en el ámbito laboral. De igual modo, prevé medidas específicas en este último ámbito, así como en el de la salud y la educación.

Centrándonos en los aspectos laborales de la ley, cabe interrogarse acerca de la conveniencia de que una norma de estas características contenga medidas de este tipo dirigidas a las personas LGTBI en general y, de manera particular, a las personas trans. La respuesta solo puede ser positiva habida cuenta que

---

características físicas a las correspondientes al sexo reclamado, acreditado igualmente mediante informe médico (art. 4).

nos encontramos ante un colectivo que se enfrenta a múltiples obstáculos en el mundo del trabajo debido a la discriminación que sufren en este y otros ámbitos. Según datos de un estudio llevado a cabo por la Agencia Europea de Derechos Fundamentales (FRA) del año 2020, mencionado en la exposición de motivos de la Ley 4/2023, el 26% de las personas LGTBI escondían el hecho de ser LGTBI en el trabajo, el 21% se había sentido discriminada en el trabajo (20% en el caso de España) y el 10% en la búsqueda de empleo (11% en España)[57].

Otro estudio realizado por la UGT en el año 2023[58] pone de manifiesto la situación especialmente preocupante a la que se enfrentan las personas trans en el trabajo pues el 14,93% de las personas encuestadas afirman haber sufrido un rechazo directo en las entrevistas de trabajo y un 41,79% un rechazo indirecto, al presentar la documentación para formalizar el contrato de trabajo. Otro dato relevante es que el 60% de las personas trans no ha contado con apoyo por parte de su empresa en el proceso de transición, e incluso un 13% ha abandonado el trabajo para efectuar dicho proceso, porcentaje que se eleva al 21,43% en el caso de las mujeres trans. El estudio también revela que la violencia en el trabajo contra las personas LGTBI está muy extendida por cuanto tres de cada diez afirman haber sufrido una agresión verbal en el trabajo en los últimos cinco años y el 74% reporta haberla sufrido más de una vez; además,

57 EUROPEAN UNION AGENCY FOR FUNDAMENTAL RIGHTS, *A long way to go for LGTBI equality*, Publications Office of the European Union, Luxembourg, [en línea], (2020): <https://fra.europa.eu/sites/default/files/fra_uploads/fra-2020-lgbti-equality-1_en.pdf>. [Consulta: 03/05/2024.] pp. 31-33.

58 Esta organización sindical realizó un primer estudio en el año 2020, constituyendo el de 2023 su segunda edición, tras la aprobación de la Ley 4/2023.

en el caso de las personas trans, el 20% señala que ha sufrido agresiones de carácter sexual[59].

Aunque no se dispone de estadísticas oficiales, un estudio realizado para el Ministerio de Igualdad publicado el año 2022 estima una tasa de paro entre las personas trans del 46,5%, 3,3 veces superior a la tasa de paro general. Además, se señala que el 68,2% de las personas trans empleadas afirman haber sido discriminadas en el ámbito laboral por su identidad de género, un 23,2% durante un proceso de selección y un 45% tras obtener el empleo[60].

En definitiva, estos y otros estudios ponen de manifiesto la discriminación que sufren en la esfera laboral las personas del colectivo LGTBI y, especialmente, las personas trans. Se trataría, además, de una discriminación que presenta características particulares: "el ocultamiento preventivo, la auto segregación, y la LGTBI fobia, que determina altas dosis de violencia en el trabajo"[61].

Con tales premisas, la Ley 4/2023 introduce una serie de medidas en el ámbito laboral que corresponde implementar a las Administraciones Públicas las cuales, en sus políticas de

---

59 ABAD, T. (Coord.), *Hacia centros de trabajo inclusivos. La discriminación de las personas trans y LGTBI en el ámbito laboral en España en 2023. Retos y soluciones*, Segunda edición, UGT, Madrid, [en línea], (2023): <https://www.ugt.es/sites/default/files/Resumen%20 2023%20ejecutivo%20estudio%20situaci%C3%B3n%20personas%20LGTBI%20en%20el%20empleo_compressed.pdf>. [Consulta: 03/05/2024.]

60 ASOCIACIÓN INNICIA, *Estudio exploratorio sobre la inserción sociolaboral de las personas trans*, Ministerio de Igualdad, Madrid, [en línea], (2022): <https://www.igualdad.gob.es/wp-content/uploads/Informe_trabajo_trans20accesible.pdf>. [Consulta: 03/05/2024.]

61 SÁEZ LARA, C., "Orientación e identidad sexual en las relaciones de trabajo", *Trabajo, Persona, Derecho, Mercado*, 5, 2022, p. 48.

empleo, deberán tener en cuenta el derecho de las personas a no ser discriminadas por los motivos previstos en la propia norma. A tales efectos deberán adoptar medidas tales como el impulso, a través de los agentes sociales y de la negociación colectiva, de la inclusión de cláusulas en los convenios colectivos que tengan por objeto la promoción de la diversidad, así como la prevención, eliminación y corrección de la discriminación contra las personas del colectivo LGTBI, y el diseño de procedimientos para canalizar las denuncias que puedan formularse; la promoción de medidas para la igualdad y no discriminación del colectivo LGTBI en las convocatorias para la concesión de subvenciones para el fomento del empleo; o la promoción de acciones formativas en la materia dirigidas al personal de la Inspección de Trabajo y Seguridad Social (art. 14).

No obstante, la que puede calificarse como medida estrella es la obligación de las empresas que tengan cincuenta o más personas trabajadoras de contar "con un conjunto planificado de medidas y recursos para alcanzar la igualdad real y efectiva de las personas LGTBI, que incluya un protocolo de actuación para la atención del acoso o la violencia contra las personas LGTBI" (art. 15.1)[62], una medida que presenta similitudes con los planes de igualdad regulados en la Ley Orgánica 3/2007, de 22 de marzo, para la igualdad efectiva de mujeres y hombres (en adelante LOI)[63]. Estos planes deberán ser pactados a través de la negociación colectiva y acordados con la representación legal de las personas trabajadoras. Asimismo, el art. 55.3 re-

---

62 La Ley concedió un plazo de doce meses desde su entrada en vigor [02/03/2023] para el cumplimiento de esta obligación por parte de las empresas.

63 ÁLVAREZ CUESTA, H., "Ley 4/2023, de 28 de febrero, para la igualdad real y efectiva de las personas trans y para la garantía de los derechos de las personas LGTBI", *Brief AEDTSS*, 8, [en línea], (2023): <https://www.aedtss.com/wp-content/uploads/2023/03/18_ALVAREZ-CUESTA_Ley-trans.pdf>. [Consulta: 16/05/2024.], p. 2.

marca que en estos planes deberá incluirse expresamente a las personas trans, prestando una especial atención a las mujeres trans. El contenido y alcance de las medidas se remite a un desarrollo reglamentario, lo que se ha concretado en el RD 1026/2024, de 8 de octubre, por el que se desarrolla el conjunto planificado de las medidas para la igualdad y no discriminación de las personas LGTBI en las empresas, el cual tiene su origen en un acuerdo alcanzado entre el Ministerio de Trabajo y Economía Social y los agentes sociales[64].

En todo caso, las empresas, independientemente de su plantilla, “deberán adoptar métodos o instrumentos suficientes para la prevención y detección de las situaciones de discriminación por razón de las causas previstas en esta ley, así como articular medidas adecuadas para su cese inmediato” (art. 62.3), como una manifestación de *culpa in vigilando*[65]. Esta medida podría asemejarse a la obligación contemplada en el art. 48.1 LOI para evitar la comisión de delitos y otras conductas contra la libertad sexual y la integridad moral y, especialmente, para evitar el acoso sexual y el acoso por razón de sexo.

Específicamente para las personas trans, los arts. 54 y 55 prevén medidas, igualmente a desarrollar por las Administraciones Públicas, entre las cuales cabría destacar el desarrollo de medidas de acción positiva para la mejora de la empleabilidad de las personas trans y planes específicos para el fomento del empleo de este colectivo, aunque sin concretar el tipo de medidas a implementar.

Junto a ello, no cabe olvidar que la Ley 4/2023, en lo que respecta a las cuestiones laborales, debe ser objeto de aplicación coordinada con la Ley 15/2022, de 12 de julio, integral

---

64 El Acuerdo contra la discriminación de personas LGTBI en el mundo laboral fue suscrito el 26 de junio de 2024.

65 REQUENA MONTES, O., “¿Apuntalando las bases…”, op. cit. p. 20.

para la igualdad de trato y la no discriminación, así como con la Ley 3/2023, de 28 de febrero, de Empleo[66]. Esta última norma incluye entre los colectivos de atención prioritaria en las políticas de empleo a las personas LGTBI, particularmente a las personas trans. Y, en cuanto a la Ley 15/2022, la Ley 4/2023 la declara de aplicación supletoria (Disp. adicional 4ª).

Por otro lado, la Ley 4/2023 introduce modificaciones en diversas normas tales como la Ley 14/1994, de 1 de junio, por la que se regulan las empresas de trabajo temporal, el Real Decreto Legislativo 5/2000, de 4 de agosto, por el que se aprueba el texto refundido de la Ley sobre Infracciones y Sanciones en el Orden Social o el ET. Precisamente, las novedades incorporadas al ET van a ser objeto de análisis en el presente trabajo, valorando su oportunidad y señalando igualmente los preceptos que, a mi juicio, deberían haber sido igualmente objeto de modificación.

2. LA INCLUSIÓN DE LA IDENTIDAD SEXUAL, LA EXPRESIÓN DE GÉNERO Y LAS CARACTERÍSTICAS SEXUALES COMO CAUSAS DE DISCRIMINACIÓN EN EL ET

La modificación más relevante que ha introducido la Ley 4/2023 en el texto del ET es la inclusión de la identidad sexual, la expresión de género y las características sexuales como causas de discriminación, procediendo a modificar tanto el art. 4.2.c) como el art. 17.1. De este modo, el primero de los preceptos citados reconoce el derecho de las personas trabajadoras a no ser discriminadas, ni directa ni indirectamente, para

---

66 CARDONA RUBERT, Mª B., "Las mujeres en la nueva Ley de Empleo. Ley 3/2023, de 28 de febrero", *Revista del Ministerio de Trabajo y Economía Social*, 155, 2023, p. 32.

el empleo o una vez empleadas, entre otros motivos, por razón de orientación sexual, identidad sexual, expresión de género y características sexuales. Y, como complemento del art. 4.2.c), el art. 17.1 declara "nulos y sin efecto los preceptos reglamentarios, las cláusulas de los convenios colectivos, los pactos individuales y las decisiones unilaterales del empresario que den lugar en el empleo, así como en materia de retribuciones, jornada y demás condiciones de trabajo, a situaciones de discriminación directa o indirecta desfavorables" por los mismos motivos, entre otros.

En el caso de la orientación sexual, se trata de una causa de discriminación que ya se contemplaba en el ET de 1995 tras la modificación de los arts. 4.2.c) y 17.1 operada por la Ley 62/2003, de 30 de diciembre, de medidas fiscales, administrativas y del orden social, norma que procede a la transposición de la Directiva 2000/78/CE del Consejo, de 27 de noviembre de 2000, relativa al establecimiento de un marco general para la igualdad de trato en el empleo y la ocupación. Con posterioridad, la Ley 35/2010, de 17 de septiembre, de medidas urgentes para la reforma del mercado de trabajo, modificó el art. 17.1, no así el art. 4.2.c), para añadir la condición sexual entre los motivos de discriminación enumerados en el precepto, posiblemente con la intención de incluir los supuestos de transexualidad[67] e, incluso, de intersexualidad[68].

---

67 ÁLVAREZ CUESTA, H., "Igualdad y no discriminación en el trabajo por razón de identidad sexual", *Revista de derecho social*, 65, 2014, p. 104.

68 CABEZA PEREIRO, J. y LOUSADA AROCHENA, J. F., *El derecho fundamental a la no discriminación por orientación sexual e identidad de género en la relación laboral*, Bomarzo, Albacete, 2014, p. 116.

2.1. Reconocimiento de la orientación sexual y la identidad sexual como causas de discriminación en el Derecho Comunitario

Incluso por lo que respecta a la orientación sexual, nos encontramos ante motivos de discriminación de reconocimiento tardío tanto a nivel internacional como a nivel comunitario e interno[69]. Así, en el ámbito del Derecho Comunitario, fue en 1997, con la aprobación del Tratado de Ámsterdam, cuando se introdujo en el art. 13 del entonces Tratado Constitutivo de la Comunidad Europea la posibilidad de que el Consejo, a propuesta de la Comisión y previa consulta al Parlamento Europeo, adopte acciones adecuadas para luchar contra la discriminación por motivos de sexo, de origen racial o étnico, religión o convicciones, discapacidad, edad u orientación sexual. En la actualidad, esta disposición se encuentra en el art. 19 del Tratado de Funcionamiento de la Unión Europea (si bien, en virtud de este último precepto, dichas acciones deberán ser adoptadas por el Consejo por unanimidad y de conformidad con un procedimiento legislativo especial y previa aprobación del Parlamento Europeo). También el Tratado de la Unión Europea establece en su art. 10 que "en la definición y ejecución de sus políticas y acciones, la Unión tratará de luchar contra toda discriminación por razón de sexo, raza u origen étnico, religión o convicciones, discapacidad, edad u orientación sexual". Y, asimismo, la orientación sexual se incluye entre las causas de discriminación contempladas en el art. 21 de la Carta de los Derechos Fundamentales de la Unión Europea del año 2000.

Con la base jurídica proporcionada por el art. 13 del Tratado Constitutivo de la Comunidad Europea, se adoptó la Directiva 2000/78/CE la cual, como se ha indicado, propició la incorporación de la orientación sexual al catálogo de causas de discriminación previstas en el ET.

---

[69] SÁEZ LARA, C., "Orientación e identidad sexual...", op. cit. p. 45.

Por el contrario, ni a nivel internacional ni comunitario existe normativa vinculante respecto a la prohibición de discriminación por identidad sexual. Pese a ello, de manera paradójica, el TJUE tuteló antes a las personas que sufrieran discriminación por razón de su identidad sexual que a aquellas que pudieran haber sido discriminadas por razón de orientación sexual debido a la inclusión de aquel tipo de discriminación en la normativa comunitaria sobre discriminación por razón de sexo[70]. A tales efectos cabe citar la STJUE de 30 de abril 1996 (Asunto P./S. y *Cornwall* C-13/94) (*Tol 599835*), referida al despido de una persona transexual, en la que afirma que la discriminación que sufre una persona por razón de su cambio de sexo se basa esencialmente, cuando no exclusivamente, en el sexo de la persona interesada. De ahí que "cuando una persona es despedida por tener intención de someterse o haberse sometido a una operación de cambio de sexo, recibe un trato desfavorable frente a las personas del sexo al que se consideraba que pertenecía antes de la citada operación". También cabría destacar, en el ámbito del derecho a prestaciones de la Seguridad Social, la STJUE de 7 de enero de 2004 (Asunto K. B. C-117/2001) (*Tol 332010*), la cual entiende que vulnera el principio de igualdad de retribución entre mujeres y hombres impedir el acceso a una pensión de supervivencia a una pareja, uno de cuyos miembros es una persona transexual, debido a que no pudieron contraer matrimonio por el hecho de que la normativa nacional prohíbe el matrimonio entre personas del mismo sexo y no permite la inscripción registral de los cambios de sexo; o la STJUE de 27 de abril de 2006 (Asunto *Richards* C-423/04) (*Tol 867840*) que sostiene que constituye una discriminación por razón de sexo la denegación del acceso a la pensión de jubilación, por no haber cumplido todavía la edad de 65 años, a una persona que ha cambiado su sexo de mas-

---

70 SÁEZ LARA, C., "Orientación e identidad sexual…", op. cit. p. 50.

culino a femenino, cuando, de conformidad con el Derecho nacional, la edad a la que las mujeres pueden acceder a dicha pensión es de 60 años, requisito que cumplía la demandante en el litigio principal.

Con todo, pese a que la jurisprudencia del TJUE sobre esta cuestión extiende la tutela antidiscriminatoria por razón de sexo en el ámbito del Derecho de la UE, cabe reseñar que la discriminación por identidad sexual presenta unas características peculiares respecto a la discriminación por razón de sexo y, además, dicha tutela se limitaría a las personas transexuales, no a las personas transgénero o a las personas intersexuales[71].

2.2. *Evolución en el reconocimiento de la identidad sexual como causa de discriminación en el trabajo en el Derecho interno*

En el marco del Derecho interno, la identidad sexual, junto a la expresión de género y las características sexuales, no han sido incorporadas expresamente hasta fechas recientes en la normativa antidiscriminatoria. En concreto, solo unos meses antes de la aprobación de la Ley 4/2023, la Ley 15/2022 amplió el elenco de causas de discriminación previstas de manera expresa en nuestra legislación añadiendo la identidad sexual y la expresión de género, junto a la enfermedad o condición de salud, el estado serológico y/o la predisposición genética a sufrir patologías o trastornos (art. 2.1). No obstante, aunque esta Ley incluye en su ámbito objetivo de aplicación el empleo por cuenta ajena y por cuenta propia (art. 3.1.a), no prevé ninguna modificación del ET.

En todo caso, con anterioridad a esta normativa, no existían grandes obstáculos para entender incluida la identidad sexual

---

71 CABEZA PEREIRO, J. y LOUSADA AROCHENA, J. F., *El derecho fundamental a la no discriminación…*, op. cit. p. 52.

en la cláusula abierta "cualquier otra condición o circunstancia personal o social" del art. 14 CE, por cuanto se trata de una circunstancia que reúne los rasgos exigidos por la doctrina constitucional en el sentido de constituir un criterio de diferenciación de naturaleza particularmente odiosa, de tal manera que la discriminación por este motivo "convierte en elemento de segregación, cuando no de persecución, un rasgo o una condición personal innata o una opción elemental que expresa el ejercicio de las libertades más básicas[72].

En este sentido, la sentencia más importante a los efectos que aquí interesan, por estar referida concretamente a la extinción de un contrato de trabajo, es la STC 67/2022, de 2 de junio (*Tol 9013844*), en la cual el Tribunal Constitucional aborda la discriminación laboral por identidad de género y expresión de género. De hecho, el asunto se califica como de especial trascendencia constitucional por tratarse de la primera vez que se le planteaba al máximo intérprete de la CE una denuncia de discriminación por este motivo en el ámbito laboral[73].

Brevemente, la persona trabajadora recurrente en amparo había suscrito un contrato de trabajo con una empresa belga, regido por la legislación española, con un periodo de prueba de seis meses. Durante el transcurso de la relación laboral, la persona trabajadora había asistido al trabajo vistiendo, en unas ocasiones, pantalón y, en otras ocasiones, falda. La directora de recursos humanos le llamó la atención una vez por considerar que vestía de manera inapropiada, sin que conste si la prenda era un pantalón corto o una falda corta. Posteriormente, la

---

[72] SSTC 62/2008, de 26 de mayo (*Tol 1322455*), y 36/2011, de 28 de marzo (*Tol 2084765*).

[73] En fechas más recientes, el TC ha tenido ocasión de pronunciarse nuevamente sobre la discriminación por razón de identidad sexual en el ámbito laboral en la STC 81/2024, de 3 de junio de 2024 (*Tol 10069606*), en la que aplica la doctrina sentada en la STC 67/2022.

persona trabajadora mantuvo una conversación con el director general de la empresa y la directora de recursos humanos en la que el primero le pidió que vistiera de forma más correcta, pero sin exigirle que llevara falda o pantalón y no habiéndose probado una prohibición por parte de la empleadora de vestir con falda. Finalmente, unos tres meses después de esta reunión, la empresa decide extinguir el contrato de trabajo por no superación del periodo de prueba, argumentando la parte demandante que la decisión empresarial estuvo motivada por su condición de persona transgénero y por su vestimenta como expresión de su identidad sexual.

Para resolver el recurso de amparo, el Tribunal Constitucional efectúa unas interesantes aclaraciones terminológicas para poder distinguir la discriminación por razón de sexo, la discriminación por razón de identidad de género y la discriminación por razón de expresión de género. Para ello, parte de la distinción entre las nociones de sexo y género, vinculada la primera a características biológicas que permiten identificar a los seres vivos como masculinos, femeninos o intersexuales, y la segunda a "las construcciones sociales, educativas y culturales de los roles, los rasgos de la personalidad, las actitudes, los comportamientos y los valores que se asocian o atribuyen, de forma diferencial, a hombres y mujeres, y que incluyen normas, comportamientos, roles, apariencia externa, imagen y expectativas sociales asociadas a uno u otro género". Aclara igualmente que sexo y género no son sinónimos y que la distinción existente entre ambos debe ser trasladada al ámbito jurídico.

A continuación, pasa a diferenciar los términos orientación sexual e identidad de género, entendiendo que la primera se refiere "a la preferencia por establecer relaciones afectivas con personas de uno u otro sexo, y la segunda a la identificación de una persona con caracteres definitorios del género que pueden coincidir o no hacerlo con el sexo que se le atribuye, en virtud de los caracteres biológicos predominantes que presenta desde su nacimiento". Ambas condiciones personales estarían vinculadas con el derecho a la vida privada y familiar reconocido en el art. 8 del Convenio Europeo sobre Derechos Humanos tal y como ha sido interpretado por el TEDH en numerosas sentencias.

El Tribunal Constitucional argumenta así que el término identidad de género sería más apropiado que el de identidad sexual (que es por el que ha optado la Ley 4/2023 y se ha plasmado en el ET) por ajustarse mejor a la distinción entre sexo y género. Asimismo, la sentencia utiliza la expresión trans como denominación omnicomprensiva que englobaría todos aquellos supuestos en los que se produce una discrepancia entre la identidad de género y el sexo de una persona, tanto aquellos en los que la persona se somete a procedimientos médicos o quirúrgicos para modificar el aspecto de su cuerpo o de funciones fisiológicas, las situaciones en las que se produce una modificación registral e incluso aquellos en los que, pese a no existir transición física o jurídica, se manifiestan expresiones de género tales como la vestimenta, la manera de hablar, los gestos, etc. que son propios del género con el que se identifica la persona, con independencia de su sexo biológico; aunque el Tribunal asume que esta expresión puede adolecer de imprecisión técnica.

Y, en cuanto a la expresión de género, el Tribunal Constitucional la vincula al derecho fundamental a la propia imagen y la define "como el modo en que una persona exterioriza su género, en el contexto de las expectativas sociales, en relación con el modo de vestir, el uso de uno u otro nombre o pronombre, el comportamiento, la voz o la estética".

Tras efectuar estas precisiones terminológicas, el Tribunal argumenta que la identidad de género constituye una causa de discriminación prohibida de conformidad con el art. 14 CE pues "este rasgo de la identidad, cuando no se ajusta a parámetros hetero-normativos clásicos, es decir, allí donde identidad de género y sexo de la persona no son absolutamente coincidentes, puede hacer al individuo acreedor de una posición de desventaja social históricamente arraigada de las que prohíbe el art. 14 CE", tal y como ya había entendido en otras sentencias anteriores en ámbitos distintos al laboral (STC 176/2008, de 22 de diciembre [*Tol 1416108*]) y basándose en la jurisprudencia del TEDH y del TJUE. De este modo, la jurisprudencia constitucional en torno a la vulneración de dicho precepto constitucional en el ámbito de las relaciones laborales y el reparto de la carga de la prueba resulta aplicable a aquellos supuestos en los que la conducta discriminatoria esté motivada por la identidad de género de la persona trabajadora[74].

2.3. Alcance de las causas de discriminación introducidas en el ET por la Ley 4/2023

Desde esta perspectiva, la inclusión de la identidad sexual, la expresión de género y las características sexuales en el texto del ET por parte de la Ley 4/2023 vendría a corroborar lo señalado por el Tribunal Constitucional en la sentencia comentada.

Sin perjuicio de lo establecido en dicha resolución, para poder interpretar el alcance de estas causas de discriminación, debemos acudir a la propia Ley 4/2023, la cual en su art. 3 incluye los conceptos clave en la tutela antidiscriminatoria, tomando como referencia lo dispuesto en la Ley 15/2022 (discriminación directa, discriminación indirecta, acoso discriminatorio, discriminación múltiple e interseccional, discriminación por asociación, discriminación por error y medidas de acción positiva), así como definiciones de distintos conceptos relacio-

---

[74] No obstante, aplicando dicha doctrina al caso concreto, concluye que la decisión empresarial de extinguir el contrato durante el periodo de prueba no había incurrido en discriminación por razón de identidad de género, desestimando así el recurso de amparo. Lo mismo ha ocurrido en la STC 81/2024.

nados específicamente con el colectivo LGTBI, de entre los cuales cabe destacar los siguientes:

- La orientación sexual se define como la "atracción física, sexual o afectiva hacia una persona", pudiendo ser heterosexual, homosexual o bisexual (apartado h). No obstante, las citadas no serían las únicas orientaciones sexuales existentes pues, como señala Cano Galán, se ha afirmado que existirían hasta diez orientaciones sexuales diferentes[75].
- La identidad sexual, a efectos de la Ley, se considera la "vivencia interna e individual del sexo tal y como cada persona la siente y autodefine, pudiendo o no corresponder con el sexo asignado al nacer" (apartado i). En este sentido, conviene llamar la atención en que, a diferencia de lo establecido en la STC 67/2022, la cual consideraba más idóneo el empleo de la expresión identidad de género, la norma ha optado por la utilización de la expresión identidad sexual.
- Las personas "cuya identidad sexual no se corresponde con el sexo asignado al nacer" serían personas trans (apartado k). De este modo, la Ley 4/2023 opta por utilizar el término personas trans como término paraguas que permite superar la distinción entre personas transgénero y personas transexuales[76], amparando así las diversas manifestaciones de la identidad de géne-

---

75 CANO GALÁN, Y., "Discriminación por transexualidad en el empleo: ¿nueva causa, condición o estado objeto de protección tras la Ley 15/2022, de 12 de julio?", *Revista Aranzadi Doctrinal*, 9, 2022, p. 9.

76 La diferencia radicaría en que, en el caso de las personas transexuales, han llevado a cabo tratamientos hormonales y/o quirúrgicos, para adecuar su apariencia física a la de un determinado sexo. Vid. CANO GALÁN, Y., "Discriminación por transexualidad…", op. cit. p. 21.

ro, con independencia del itinerario personal de cada persona[77], y resulta coherente con el procedimiento de modificación registral de la mención relativa al sexo que regula la norma. Ahora bien, la expresión persona trans podría amparar múltiples expresiones de la identidad sexual, aparte de las mencionadas[78].

- La expresión de género es definida como la "manifestación que cada persona hace de su identidad sexual" (apartado j), tal y como se indica en la STC 67/2022, a través de la vestimenta, la manera de hablar, el comportamiento, etc.
- Finalmente, la Ley no establece una definición de características sexuales, si bien cabe entender que la discriminación por este motivo es la que podría afectar a las personas intersexuales. A tales efectos, por intersexualidad entiende la norma "la condición de aquellas personas nacidas con unas características biológicas, anatómicas o fisiológicas, una anatomía sexual, unos órganos reproductivos o un patrón cromosómico que no se corres-

77 CONSEJO DE PARTICIPACIÓN LGTBI, *Informe Anteproyecto de Ley para la igualdad real y efectiva de las personas trans y para la garantía de los derechos de las personas LGTBI*, [en línea], (2022): <https://www.congreso.es/docu/docum/ddocum/dosieres/sleg/legislatura_14/spl_61/pdfs/4.pdf>. [Consulta: 21/05/2024] p. 5.

78 La Real Academia Española define persona trans como una "persona que se identifica con un sexo diferente o que expresa su identidad sexual de manera diferente al sexo que le asignaron al nacer", añadiendo que "el término trans ampara múltiples formas de expresión de identidad sexual o subcategorías como transexuales, transgénero, travestis, variantes sexuales, u otras identidades de quienes definen su sexo como «otro» o describen su identidad en sus propias palabras". Vid. https://dpej.rae.es/lema/persona-trans citada por ARRÚE MENDIZÁBAL, M., "El derecho a la identidad...", op. cit. p. 132.

ponden con las nociones socialmente establecidas de los cuerpos masculinos o femeninos" (apartado g).

Al margen del derecho de las personas trabajadoras a no ser discriminadas ni directa ni indirectamente por razón de identidad sexual, expresión de género y características sexuales del art. 4.2.c) y la consecuencia de nulidad que se anuda a los supuestos de discriminación que tengan por móvil dichos motivos de conformidad con el art. 17.1, cabe prestar atención a la introducción de un párrafo 3º en este último precepto por parte de la Ley 4/2023 cuyo tenor literal es el siguiente: "El incumplimiento de la obligación de tomar medidas de protección frente a la discriminación y la violencia dirigida a las personas LGTBI a que se refiere el artículo 62.3 de la Ley para la igualdad real y efectiva de las personas trans y para la garantía de los derechos de las personas LGTBI dará lugar a la asunción de responsabilidad de las personas empleadoras en los términos del artículo 62.2 de la misma norma".

La remisión expresa a los arts. 62.3 y 62.2 de la Ley 4/2023 obliga a determinar cuáles son esas obligaciones empresariales y las consecuencias de su incumplimiento en virtud de lo dispuesto en la norma. De un lado, como se comentó en el apartado anterior, el art. 62.3 impondría a todas las empresas, con independencia de su plantilla, el deber de adoptar métodos o instrumentos suficientes para prevenir y detectar situaciones de discriminación por razón de orientación sexual, identidad sexual, expresión de género y características sexuales, así como articular medidas adecuadas para su cese inmediato. De otro lado, en caso de incumplimiento de este deber la consecuencia sería, según lo dispuesto en el art. 17.1 ET, la prevista en el art. 62.2. No obstante, este artículo establece la misma obligación de adopción de medidas a las Administraciones Públicas, de tal modo que no impondría ningún tipo de responsabilidad a las empresas.

A mi juicio, podría tratarse de una confusión originada durante la tramitación parlamentaria de la norma. Así, en la redacción originaria del Proyecto de Ley, era el art. 57.3 el que establecía obligaciones empresariales y las responsabilidades se contemplaban en el art. 62, relativo a la atribución de responsabilidad patrimonial y reparación del daño en los supuestos de discriminación por razón de orientación o identidad sexual, expresión de género o características sexuales, señalando en el apartado 1 que la persona física o jurídica que causase dicha discriminación, debía reparar el daño causado proporcionando una indemnización y restituyendo a la víctima a la situación anterior al incidente discriminatorio, cuando fuera posible. En cuanto a la determinación de la indemnización, afirmaba que se presumía la existencia de daño moral, el cual se valoraría atendiendo a una serie de parámetros: las circunstancias del caso, la concurrencia o interacción de varias causas de discriminación y la gravedad de la lesión efectivamente producida, para lo que se tendría en cuenta, en su caso, la difusión o audiencia del medio a través del que se hubiera producido. Y, en el apartado 2, se disponía que serían igualmente responsables del daño causado las personas empleadoras cuando la discriminación se hubiera producido en su ámbito de organización o dirección y no hubieran cumplido las obligaciones previstas en el artículo 57.3. De ahí que la redacción inicialmente propuesta para el art. 17.1 ET hiciera referencia a los arts. 57.3 y 62.2[79].

Durante la tramitación del Proyecto de Ley en el Congreso, dichos preceptos fueron objeto de modificación pues el art. 57 pasa a hacer referencia al consentimiento informado y el art. 62.2 mencionaba el deber de adoptar medidas por parte de las Administraciones Públicas en los mismos términos que el artículo en su redacción final, desapareciendo cualquier referencia a la asunción de responsabilidades en el conjunto del

---

79 BOCG (Congreso de los Diputados) Núm. 113-1, 12-9-2022.

articulado[80]. Sin embargo, el art. 17.1 ET seguía remitiéndose a los arts. 57.3 respecto a las obligaciones empresariales y al 62.2 en relación con las responsabilidades[81]. Dicho error fue corregido en el Senado, sustituyendo la mención del art. 57.3 por la del art. 62.3, pero no la correspondiente al art. 62.2 en el art. 17.1 ET[82].

Así las cosas, el párrafo 3º del precepto estatutario, tras su modificación por la Ley 4/2023, incurre en una incongruencia evidente y, para determinar la responsabilidad que debe asumir la empresa en caso de incumplir el deber previsto en el art. 62.3 podríamos entender que debemos remitirnos a lo dispuesto en la Ley 15/2022, en concreto, a su art. 27.1, cuyo tenor literal es prácticamente idéntico al que tenía el art. 62 del Proyecto de Ley Trans original, a excepción de la única diferencia lógica de englobar todas las causas de discriminación previstas en la misma y no solo la orientación sexual, la identidad sexual, la expresión de género y las características

---

80 El art. 62, en la redacción propuesta en el Proyecto de Ley original, fue suprimida al ser aprobada la enmienda nº 32 del Grupo parlamentario socialista en la que se aducía como justificación que no estaba clara la naturaleza jurídica de dicha responsabilidad pues, si se trataba de una responsabilidad civil debía aplicarse el Código Civil y, si se trataba de responsabilidad penal derivada de delito, debía aplicarse el Código Penal. Se añadía que, de tratarse de una responsabilidad civil derivada de alguna de las infracciones administrativas previstas en la ley, debería regularse a continuación de dichas infracciones, especificando que sería una regla especial en cuanto al carácter subsidiario o solidario de quien paga la indemnización (BOCG [Congreso de los Diputados] Núm. 113-2, 30-11-2022). No obstante, el mismo precepto, pero con un alcance general, se contempla en el art. 27.1 de la Ley 15/2022.

81 BOCG (Congreso de los Diputados) Núm. 113-6, 11-1-2023.

82 BOCG (Senado) Núm. 448, 7-2-2023.

sexuales[83]. E, igualmente, el art. 27.2 extiende esta responsabilidad a las personas empleadoras cuando la discriminación, incluido el acoso, se produzca en su ámbito de organización o dirección. Ello debe entenderse sin perjuicio de las responsabilidades de otro orden que pudieran existir.

Finalmente, cabe reseñar las omisiones en las que, a mi modo de ver, ha incurrido la Ley 4/2023 en la modificación del ET respecto a la discriminación por identidad sexual, expresión de género y características sexuales. En concreto, considero que dichos motivos deberían haber sido incluidos igualmente en los dos preceptos que se refieren al acoso discriminatorio en la norma estatutaria. De un lado, el art. 4.2.e) ET reconoce el derecho de las personas trabajadoras "al respeto de su intimidad y a la consideración debida a su dignidad, comprendida la protección frente al acoso por razón de origen racial o étnico, religión o convicciones, discapacidad, edad u orientación sexual, y frente al acoso sexual y al acoso por razón de sexo" y, de otro lado, el art. 54.2.g) ET incluye entre las causas de despido disciplinario "el acoso por razón de origen racial o étnico, religión o convicciones, discapacidad, edad u orientación sexual y el acoso sexual o por razón de sexo al empresario o a las personas que trabajan en la empresa".

En consecuencia, de entre los motivos de acoso discriminatorio que pueden afectar al colectivo LGTBI, ambos preceptos únicamente mencionan la orientación sexual, de modo que hubiera sido conveniente su modificación para incluir expresamente la identidad sexual, la expresión de género y las características sexuales, máxime cuando tanto el art. 3.d) de la Ley 4/2023 como el art. 6.4 de la Ley 15/2022 contemplan el acoso

---

[83] De hecho, el art. 25.1 de la Ley 15/2022 prevé la obligación de aplicar métodos o instrumentos suficientes para la detección de la discriminación, la adopción de medidas preventivas y la articulación de medidas adecuadas para el cese de las situaciones discriminatorias.

discriminatorio por estos motivos. Lógicamente, esta omisión no implica que la empresa no pueda sancionar con el despido disciplinario conductas de este tipo, pues los motivos de acoso discriminatorio enumerados en el art. 54.2.g) ET podrían ser completados con los contemplados en la Ley 15/2022 y en la Ley 4/2023 y, en todo caso, también podrían encontrar encaje en otras causas de despido disciplinario, fundamentalmente, las previstas en los arts. 54.2.c) ("Las ofensas verbales o físicas al empresario o a las personas que trabajan en la empresa o a los familiares que convivan con ellos") y 54.2.d) ("La transgresión de la buena fe contractual, así como el abuso de confianza en el desempeño del trabajo").

No obstante, teniendo en cuenta que las conductas de acoso contra las personas del colectivo LGTBI en el ámbito laboral pueden ser relativamente frecuentes[84], hubiera sido conveniente su mención expresa en la principal norma reguladora de las relaciones laborales.

3. LA REFERENCIA EXPRESA A LAS PERSONAS TRANS GESTANTES A EFECTOS DEL DISFRUTE DE LA SUSPENSIÓN POR NACIMIENTO DE HIJO O HIJA

Otra modificación introducida por la Ley 4/2023 en el texto del ET, es la que afecta concretamente al art. 48.4, relativo a la suspensión del contrato por nacimiento de hijo o hija, en el que se añade que, a efectos de lo dispuesto en dicho apartado "el término de madre biológica incluye también a las personas

---

[84] ÁLVAREZ CUESTA, H., "Igualdad y no discriminación…", op. cit. p. 109; CABEZA PEREIRO, J. y LOUSADA AROCHENA, J. F., *El derecho fundamental a la no discriminación…*, op. cit. p. 135.

trans gestantes", con la finalidad de englobar a los hombres trans que conserven la capacidad de gestar[85].

Ello se fundamenta en la voluntad de emplear un lenguaje inclusivo en el texto de la norma y resulta coherente con las modificaciones que la Ley 4/2023 introduce en otras normas tales como el Código Civil. En este sentido, cabe reseñar las novedades en materia de filiación, sustituyendo la expresión "el padre y la madre" por el término "progenitores", el término "madre" por la expresión "madre o progenitor gestante" y el término "padre" por el de "padre o progenitor no gestante". Como señala la exposición de motivos de la Ley en relación con este último cambio, ello "supone la posibilidad, para las parejas de mujeres, y parejas de hombres cuando uno de los miembros sea un hombre trans con capacidad de gestar, de proceder a la filiación no matrimonial por declaración conforme en los mismos términos que en el caso de parejas heterosexuales".

Resulta acertado, además, mantener el término "madre", añadiendo el de progenitor gestante, en el caso del Código Civil, o especificando que el mismo incluirá a las personas trans gestantes, en el caso del ET, debido a la significación social y jurídica que tiene el embarazo sobre la mujer[86].

Por otro lado, cabe entender que a las personas trans gestantes les resultarán aplicables las previsiones legales que tienen por finalidad la protección de las trabajadoras embarazadas o en periodo de lactancia natural (art. 48.7 ET y art. 26

---

85 Idéntica previsión contiene el art. 49.a) EBEP.

86 REQUENA MONTES, O., "¿Apuntalando las bases…", op. cit. p. 22. De hecho, el dictamen del Consejo de Estado sobre el Anteproyecto de Ley sugirió reconsiderar la sustitución del término "madre" por "progenitor gestante" en el Código Civil (Dictamen nº 901/2022, https://www.boe.es/buscar/doc.php?id=CE-D-2022-901 [Consulta: 24/05/2024]).

LPRL)[87], así como el permiso para la realización de exámenes prenatales y técnicas de preparación al parto reconocido en el art. 37.3.f) ET[88].

En cambio, por lo que respecta a la prestación económica por nacimiento y cuidado del menor, la Ley 4/2023 no ha introducido modificaciones en la LGSS. Respecto a ello, ciertamente los arts. 177 a 180 hacen referencia a las personas trabajadoras como beneficiarias de la prestación de tal manera que no sería necesario efectuar ninguna precisión terminológica para entender incluidas a las personas trans. Ahora bien, en cuanto al supuesto especial regulado en los arts. 181-182 (subsidio no contributivo en caso de parto) habría sido conveniente efectuar dicha puntualización.

4. LA ELIMINACIÓN DE LOS DERECHOS RECONOCIDOS A LAS VÍCTIMAS DE VIOLENCIA SEXUAL

Las últimas modificaciones introducidas por la Ley 4/2023 en el texto del ET no están relacionadas específicamente con el colectivo LGTBI, sino con las víctimas de violencia sexual habida cuenta que suprime todas las referencias a dichas víctimas, así como los derechos que habían sido reconocidos a las mismas por parte de la LO 10/2022, de 6 de septiembre, de garantía integral de la libertad sexual (conocida coloquialmente con la Ley del solo sí es sí). Esta última norma modificó diversos preceptos del ET para reconocer a las víctimas de vio-

---

87 CABEZA PEREIRO, J. y LOUSADA AROCHENA, J. F., El derecho fundamental a la no discriminación…, op. cit. p. 97.

88 En el art. 48.e) EBEP menciona de manera expresa a las personas trans gestantes a efectos del disfrute de este permiso.

lencia sexual[89] los mismos derechos previstos para las víctimas de violencia de género en relación con la reducción de jornada y la reordenación del tiempo de trabajo (art. 37.8), movilidad geográfica (art. 40.4), suspensión del contrato de trabajo (art. 45.1.n), extinción del contrato de trabajo (art. 49.1.m) y nulidad del despido, salvo que pudiera ser calificado como procedente, de trabajadoras víctimas de violencia sexual "por el ejercicio de su derecho a la tutela judicial efectiva o de los derechos reconocidos en esta ley para hacer efectiva su protección o su derecho a la asistencia social integral" (arts. 53.4.b) y 55.5.b).

Además,el art. 40.4 ET preveía una indemnización tanto para las víctimas de violencia sexual como para las víctimas de violencia de género y las victimas del terrorismo, cuando, tras la finalización del periodo inicial de traslado o cambio de centro de trabajo, que podía ser de entre seis y doce meses, optara por la extinción de su contrato de trabajo, en lugar de volver a su puesto de trabajo anterior o continuar en el nuevo, que ascendía a veinte días de salario por año de servicio, prorrateándose por meses los periodos de tiempo inferiores a un año y con un máximo de doce mensualidades.

También modificó los arts. 11.4.b), 14.3 y 40.5, pero realmente su redacción no experimentó variaciones con respecto a la existente previamente a la aprobación de la Ley 4/2023[90].

---

[89] Según el art. 3.2 de la LO 10/2022, la norma resulta de aplicación "a las mujeres, niñas y niños que hayan sido víctimas de violencias sexuales en España, con independencia de su nacionalidad y de su situación administrativa; o en el extranjero, siempre que sean de nacionalidad española", entendiendo por violencias sexuales "cualquier acto de naturaleza sexual no consentido o que condicione el libre desarrollo de la vida sexual en cualquier ámbito público o privado, incluyendo el ámbito digital" (art. 3.1).

[90] Para ser exactos, por lo que respecta a los arts. 11.4.b) y 14.3, únicamente se elimina la conjunción "y" entre riesgo durante la lactan-

Ciertamente resulta paradójico que la Ley 4/2023 suprimiera unos derechos reconocidos tan solo unos meses antes, o modificara unos preceptos sin realmente modificarlos, por lo que cabe preguntarse cuál pudo haber sido la motivación de estos cambios. Puesto que en la exposición de motivos no se indica nada al respecto, hemos de acudir a la tramitación parlamentaria de la norma para poder entender, en su caso, las razones, si bien cabe apuntar como motivo más plausible, a la falta de coordinación entre la Ley 4/2023 y la LO 10/2022[91].

De este modo, el origen de esta confusa situación parece hallarse en el Proyecto de Ley Trans el cual equiparaba, en los preceptos citados, a las víctimas de la llamada violencia intragénero con las víctimas de violencia de género en lo relativo al derecho a solicitar reducciones de jornada, cambios de centro de trabajo, suspensiones contractuales, etc. Por violencia intragénero se entendía "violencia en sus diferentes formas, como física, psicológica, económica o sexual, entre otras, que se produce en el seno de las relaciones afectivas y sexuales entre personas del mismo sexo y/o género y que constituye una manifestación de poder cuya finalidad es dominar y controlar a la víctima" (art. 3.o).

Sin embargo, las referencias a la violencia intragénero fueron eliminadas durante la tramitación del Proyecto de Ley en el Congreso a raíz de las enmiendas formuladas por el Grupo parlamentario socialista (Enmiendas nº 17, 18, 34, 43 y 44) y

---

cia y violencia de género, lo cual, siendo la expresión "violencia de género" el último elemento de la enumeración tampoco sería una modificación acertada.

91 GOERLICH PESET, J. Mª, "¿Qué ha pasado con los derechos laborales de las víctimas de violencia sexual?", *El Foro de Labos*, [en línea], (2023): <https://www.elforodelabos.es/2023/03/que-ha-pasado-con-los-derechos-laborales-de-las-victimas-de-violencia-sexual/>. [Consulta: 27/05/2024.]

por el Grupo parlamentario popular (Enmiendas nº 313, 318, 321 y 323). En este último caso la justificación era simplemente una "mejora técnica", mientras que en el primero se justifica en que "la actual regulación de la violencia doméstica y de la violencia de género da cobertura a todos los supuestos y trae causa de la igualdad entre hombres y mujeres. La regulación de la violencia intragénero genera un plano de protección superpuesto que induce a confusión"[92].

En todo caso, llama la atención el hecho de que ya en el Proyecto de Ley original, las referencias a las víctimas de violencia sexual habían desaparecido, a pesar de que la LO 10/2022 se encontraba en un estadio avanzado en su tramitación en la fecha en la que el Proyecto de Ley Trans entró en el Congreso y ya había sido publicada en el BOE cuando se inicia el plazo para la presentación de enmiendas[93], y que en ningún momento durante la tramitación parlamentaria, ni en el Congreso ni en el Senado, se advirtiera la contradicción en la que incurría el Proyecto de Ley, recuperando la redacción de los preceptos afectados anterior a la LO 10/2022, cuando, una vez eliminadas las referencias a la violencia intragénero, ninguna modificación debería haber sido introducida. En definitiva, ello pone de manifiesto una evidente descoordinación entre ambas normas[94].

Esta es la interpretación más probable; la otra posibilidad sería que realmente la intención del legislador hubiera sido suprimir los derechos laborales reconocidos a las víctimas de

92 BOCG (Congreso de los Diputados) Núm. 113-2, 30-11-2022.

93 La LO 10/2022 se publicó en el BOE de 7 de septiembre de 2022 y el plazo de presentación de enmiendas se inicia el 12 de septiembre de 2022.

94 GOERLICH PESET, J. Mª, "¿Qué ha pasado con los derechos laborales...", op. cit., apunta a que ello se debe al uso del corta-pega y a la separación de los debates de las dos normas.

violencia sexual, lo cual, por lo demás, también ocurrió en el ámbito del empleo público[95]. No obstante, esta interpretación no se sostiene desde el momento en que la Ley 20/2007, de 11 de julio, del Estatuto del trabajo autónomo, sí que ha mantenido la regulación de los derechos de las trabajadoras autónomas económicamente dependientes que sean víctimas de violencia sexual[96] (arts. 14.5, 15.1.g) y 16.1.f) y sería difícilmente justificable su reconocimiento en este ámbito y no en el empleo por cuenta ajena y el empleo público. A mayor abundamiento, los preceptos de la LGSS referidos a las víctimas de violencia sexual también han permanecido incólumes, pese a remitirse a derechos regulados en el ET[97]. Junto a lo anterior, cabe aducir que los arts. 11.4.b), 14.3 y 40.5, como ya se ha comentado, objeto de modificación.

La tesis del error durante la tramitación parlamentaria ha quedado corroborada tras la aprobación de la LO 2/2024, de

---

95 De hecho, pese a la supresión de los derechos reconocidos a las funcionarias víctimas de violencia sexual, el art. 49 EBEP continuaba llevando por título "Permisos por motivos de conciliación de la vida personal, familiar y laboral, por razón de violencia de género o de violencia sexual y para las víctimas de terrorismo y sus familiares directos" y la rúbrica del art. 82 EBEP seguía siendo "Movilidad por razón de violencia de género, violencia sexual y violencia terrorista".

96 ÁLVAREZ CUESTA, H., "Ley 4/2023, de 28 de febrero…", op. cit. p. 5.

97 Así, el art. 165.5 considera como periodo de cotización efectiva el periodo de suspensión con reserva de puesto de trabajo previsto en el art. 48.8 ET para los supuestos de violencia de género o violencia sexual; el art. 207.1.d.7ª, a efectos de acceder a la jubilación anticipada por causa no imputable a la persona trabajadora, incluye entre las posibles causas del cese en el trabajo la extinción del contrato por voluntad de la trabajadora por ser víctima de la violencia de género o violencia sexual prevista en el artículo 49.1.m) ET; o el art. 267.1.b.2ª considera situación legal de desempleo la suspensión del contrato de trabajo por decisión de las trabajadoras víctimas de violencia de género o de violencia sexual en virtud del art. 45.1.n).

1 de agosto, de representación paritaria y presencia equilibrada de mujeres y hombres, la cual restablece los derechos de las personas víctimas de violencia sexual que suprimió la Ley 4/2023, en los términos en los que habían sido reconocidos por la LO 10/2022. No obstante, ello ha traído consigo una nueva situación paradójica puesto que la norma ha suprimido, entre los supuestos de nulidad del despido de los arts. 53.4.b) y 55.5.b) ET, el de las personas que hayan solicitado o estén disfrutando de un permiso por accidente, enfermedad grave, hospitalización o intervención quirúrgica sin hospitalización, pero que precise reposo domiciliario, del cónyuge o pareja de hecho, o de familiares o personas convivientes (art. 37.3.b) ET), así como el de las personas que hayan solicitado o estén disfrutando de adaptaciones de jornada previstas en el art. 34.8 ET.

Finalmente, por lo que respecta en concreto al colectivo LGTBI, pese a no haber sido incluido en el texto del ET, debe reseñarse que el art. 69.3 de la Ley 4/2023 dispone que las personas LGTBI que sufran violencia en el ámbito familiar y siempre que exista una sentencia condenatoria por un delito de violencia doméstica, una orden de protección o cualquier otra resolución judicial que acuerde una medida cautelar a favor de la víctima, podrán solicitar a su empresa la reordenación de su tiempo de trabajo, la movilidad geográfica y el cambio de centro de trabajo, debiendo las empresas atender dicha solicitud en función de sus posibilidades organizativas. Nótese que se trataría de supuestos en los que la violencia se produce en el núcleo familiar, no necesariamente en el seno de la pareja, como se establecía con la violencia intragénero[98]; aunque, nuevamente, hubiera sido deseable su incorporación al texto del ET.

---

98 Vid. justificación de la Enmienda nº 34 del Grupo parlamentario socialista (BOCG [Congreso de los Diputados] Núm. 113-2, 30-11-2022).

5. BIBLIOGRAFÍA CITADA

ABAD, T. (Coord.), *Hacia centros de trabajo inclusivos. La discriminación de las personas trans y LGTBI en el ámbito laboral en España en 2023. Retos y soluciones*, Segunda edición, UGT, Madrid, [en línea], (2023): <https://www.ugt.es/sites/default/files/Resumen%202023%20ejecutivo%20estudio%20situaci%C3%B3n%20personas%20LGTBI%20en%20el%20empleo_compressed.pdf>. [Consulta: 03/05/2024]

ÁLVAREZ CUESTA, H., "Ley 4/2023, de 28 de febrero, para la igualdad real y efectiva de las personas trans y para la garantía de los derechos de las personas LGTBI", *Brief AEDTSS*, 8, [en línea], (2023): <https://www.aedtss.com/wp-content/uploads/2023/03/18_ALVAREZ-CUESTA_Ley-trans.pdf>. [Consulta: 16/05/2024.]

ÁLVAREZ CUESTA, H., "Igualdad y no discriminación en el trabajo por razón de identidad sexual", *Revista de derecho social*, 65, 2014

ASOCIACIÓN INNICIA, *Estudio exploratorio sobre la inserción sociolaboral de las personas trans*, Ministerio de Igualdad, Madrid, [en línea], (2022): <https://www.igualdad.gob.es/wp-content/uploads/Informe_trabajo_trans20accesible.pdf>. [Consulta: 03/05/2024.]

ARRÚE MENDIZÁBAL, M., "El derecho a la identidad sexual/género y a la libertad de expresión de género. Los avances en la protección sociolaboral de las personas trans", *Revista de Trabajo y Seguridad Social. CEF*, 473, 2023

CABEZA PEREIRO, J. y LOUSADA AROCHENA, J. F., *El derecho fundamental a la no discriminación por orientación sexual e identidad de género en la relación laboral*, Bomarzo, Albacete, 2014

CANO GALÁN, Y., "Discriminación por transexualidad en el empleo: ¿nueva causa, condición o estado objeto de protección tras la Ley 15/2022, de 12 de julio?", *Revista Aranzadi Doctrinal*, 9, 2022

CARDONA RUBERT, Mª B., "Las mujeres en la nueva Ley de Empleo. Ley 3/2023, de 28 de febrero", *Revista del Ministerio de Trabajo y Economía Social*, 155, 2023

CONSEJO DE PARTICIPACIÓN LGTBI, *Informe Anteproyecto de Ley para la igualdad real y efectiva de las personas trans y para la garantía de los derechos de las personas LGTBI*, [en línea], (2022): <https://www.congreso.es/docu/docum/ddocum/dosieres/sleg/legislatura_14/spl_61/pdfs/4.pdf>. [Consulta: 21/05/2024.]

EUROPEAN UNION AGENCY FOR FUNDAMENTAL RIGHTS, *A long way to go for LGTBI equality*, Publications Office of the European

Union, Luxembourg, [en línea], (2020): https://fra.europa.eu/sites/default/files/fra_uploads/fra-2020-lgbti-equality-1_en.pdf. [Consulta: 03/05/2024.]

GOERLICH PESET, J. Mª, "¿Qué ha pasado con los derechos laborales de las víctimas de violencia sexual?", *El Foro de Labos,* [en línea], (2023): <https://www.elforodelabos.es/2023/03/que-ha-pasado-con-los-derechos-laborales-de-las-victimas-de-violencia-sexual/>. [Consulta: 27/05/2024.]

REQUENA MONTES, O., "¿Apuntalando las bases de un derecho del trabajo con perspectiva de identidad de género?", *Lex Social. Revista De Derechos Sociales,* 13 (1), 2023

SÁEZ LARA, C., "Orientación e identidad sexual en las relaciones de trabajo", *Trabajo, Persona, Derecho, Mercado,* 5, 2022

Capítulo XVI

La violencia contra los colectivos LGTBI. Su prevención, sanción y reparación

CARMEN SÁEZ LARA
Catedrática Derecho del Trabajo y de la Seguridad Social
Universidad de Córdoba
Orcid: 0000-0001-6311-1398

ÍNDICE:

1. DISCRIMINACIÓN Y VIOLENCIA EN EL TRABAJO CONTRA LOS COLECTIVOS LGTBI

La discriminación de los diversos colectivos LGTBI en la sociedad y en el mundo del trabajo es diversa, y se caracteriza por altas dosis de violencia y de fobia. Frente a esta realidad social, la ley 4/2023[1] se define como un importante avance en el camino recorrido había la igualdad, dirigido a consolidar un cambio en la concepción social; lo que exige crear referentes positivos, entender la diversidad como un valor, así como extender la cultura de la no discriminación frente a la del odio y el prejuicio. Aunque sea difícil la aportación de datos[2], diversos estudios han destacado la violencia tanto en el ámbito social como laboral y muestran que dentro de estos colectivos existe conciencia de que el espacio laboral sigue mostrándose como un espacio hostil (y de forma muy especial para las personas trans) frente al cual la respuesta es el ocultamiento preventivo y la auto segregación laboral.

La Agencia de Derechos Fundamentales de la UE (FRA) ha publicado entre los resultados de una macroencuesta, la más extensa realizada hasta la fecha, que los actos de acosos o violencia a personas LGTBI, aunque son reiterados, no se denuncian porque no se perciben suficientemente graves y, en todo caso, coexisten el temor y la "vergüenza" a que se conozca su identidad sexual[3]. Entre los agresores aparecen también

---

1 Ley 4/2023, de 28 de febrero, para la igualdad real y efectiva de las personas trans y para la garantía de los derechos de las personas LGTBI (Ley 4/2023, en adelante).

2 Por ejemplo, la encuesta OIT-Lloyd's Register Foundation-Gallup de 2021, no aporta información sobre la violencia hacia los colectivos LGTBI.

3 FRA, LGBTIQ equality at a crossroads. Progress and challenges, Vienna, 2024, pp. 52-74. Ya como resultados de encuesta anterior de 2020, esta Agencia señalaba que 1/4 de los entrevistados ocultaba

los colegas de trabajo y el lugar de trabajo como espacio no seguro. En cuanto a las víctimas, siguen siendo personas trans e intersex las que experimentaron agresiones en mayor proporción, y por lo que se refiere a los medios, la cifra del ciberacoso, motivado por el odio, es inferior a la de los incidentes personales presenciales y en espacios públicos. Aunque si se destaca la existencia declaraciones despectivas (insultantes) en línea, que incluyen llamamientos a la violencia contra las personas de estos colectivos.

Desde una perspectiva también general, se destacan la invisibilidad de esta violencia y la normalización de LGTBI fobia (que determina un nivel elevado de tolerancia tanto individual como colectivo) ante un tipo de violencia dirigida a un aspecto íntimo de la persona (que desafía las normas tradicionales del género). Todos estos factores determinan, junto con la falta de confianza en la efectividad de los sistemas de denuncias, el escaso número de informaciones, reclamaciones y denuncias[4].

Centrándonos en el ámbito laboral y en nuestro país, en 2020, la primera encuesta de la organización sindical UGT, sobre la discriminación de las personas LGTBI[5], muestra que un cuarenta por cien de las personas encuestadas sufren algún

---

en el trabajo que era LGTBI y el 21% declaró haber sufrido algún trato basado en prejuicios, en el trabajo las personas; siendo personas trans (35%) e intersexuales (32%) sufrieron, en mayor número un trato discriminatorio.

4 FELGTB, La cara oculta de la violencia hacia el colectivo LGTBI, Informe delitos de odio e incidentes discriminatorios al colectivo LGTBI, (en línea) 2018 (https://felgtbi.org/wp-content/uploads/2020/06/felgtb-informe-violencias.pdf (Consulta 30/06/2024)).

5 ABAD, T. (coord.), GUTIERREZ, M. G., *Hacia centros de trabajo inclusivos. La discriminación de las personas LGTBI en el ámbito laboral en España.* Área Confederal LGTBI UGT, con la colaboración de FELGTB, Madrid, 2020.

tipo de violencia verbal, un setenta y cinco por cien la han presenciado y que cuatro de cada diez aseguran haber vivido alguna agresión, personalmente, o hacía otra persona. Especialmente preocupante es la situación de las personas trans, pues un veinte por cien afirman haber sufrido violencia sexual. Más de la mitad de las personas encuestadas desconocen la existencia de protocolos laborales de protección.

La segunda edición de esta encuesta revela datos negativos y preocupantes, pues se constata un incremento de la violencia verbal hacia las personas trans y no binarias, que responden a la encuesta y que sería consecuencia, se afirma, de la virulencia del debate suscitado en torno a la aprobación de la Ley 4/2023[6]. Este estudio viene a confirmar, además, primero, que las violencias en los centros de trabajo están muy extendidas y son normalizadas, tanto por las víctimas como por testigos y agresores[7]. En segundo lugar, que para evitar situaciones de violencia (u otros perjuicios en su carrera profesional) las personas ocultan su orientación en el empleo (un cuarenta por cien de ellas "vuelven al armario" en sus trabajos, a pesar de que están fuera de él en su ámbito familiar y social). Esta disociación de la vida personal y de la vida laboral genera

---

6 ABAD, T. (coord.), GUTIERREZ, M. G., *Hacia centros de trabajo inclusivos. La discriminación de las personas trans y LGTBI en el ámbito laboral en España en 2023 Retos y soluciones* Madrid, 2024.

7 En el ámbito laboral, 3 de cada 10 personas LGB+ manifiestan haber sufrido agresiones verbales, un 78% referidas a chistes y rumores sobre la orientación sexual, y un 52% insultos. El 84% reconoce haber presenciado alguna vez chistes y rumores sobre la orientación sexual y la identidad de género de personas LGTBI en su trabajo. El 20% personas trans confiesa haber sufrido agresiones de carácter sexual, las más frecuentes insinuaciones y tocamientos, así como invasión del espacio vital. Son formas de violencia muy extendida que está normalizada en el empleo.

estrés y una carga de ansiedad que puede afectar a la salud de la persona trabajadora.

El lugar de trabajo es, consecuentemente, un lugar hostil, en el que la persona LGTBI no puede hacerse visible para no sufrir represalias o violencias y odio.

En este contexto, la Ley 4/2023 se inserta en un marco normativo que ya prohíbe el acoso en el trabajo frente a personas de estos colectivos, como después se analizará, pero que, por primera vez, establece la obligación a las empresas de contar con un protocolo de actuación para la atención del acoso o la violencia contras ellas (art. 15). Además, desde una perspectiva más general, determina medidas de asistencia y protección frente a la violencia basada en la LTGBIfobia (art. 68), término que define también por primera vez (art. 3). La ley 4/2023 es así un instrumento normativo nuevo para la prevención y actuación frente a la violencia, dentro de un corpus normativo más amplio, que analizaremos en el siguiente epígrafe. En este análisis, resultará relevante el Convenio 190 de la OIT (sobre la eliminación de la violencia y el acoso en el mundo del trabajo de 21/06/2019) que, de un lado, avanza en la delimitación conceptual de las expresiones violencia y acoso y, de otro, determina un completo conjunto de obligaciones preventivas, sancionadoras y reparadoras para todos los estados que lo ratifiquen.

Igualmente, es destacable el compromiso, también novedoso, adquirido por los agentes sociales, en el V Acuerdo Interconfederal para la Negociación Colectiva, de crear espacios de trabajo inclusivos y seguros, y finalmente, tampoco puede olvidarse que, desde la sostenibilidad social empresarial, un modelo de gestión empresarial integral y equilibrado de las dimensiones económica, social y medioambiental, promueve medidas contra la violencia y el acoso, que incidan en la consecución de mejores índices de bienestar laboral.

2. MARCO NORMATIVO DE LA TUTELA FRENTE A LA VIOLENCIA LGTBI

La tutela de las personas LGTBI frente a la violencia en el mundo del trabajo se contextualiza con un tardío reconocimiento en la agenda política y normativa de la prohibición de discriminación por orientación e identidad sexual a nivel internacional, en la UE y en España, que se inicia en este siglo XXI.

En el ámbito internacional, baste recordar que será en 2006, en el marco de la ONU, cuando se establezcan los Principios de la Conferencia de Yogyakarta y que, en 2007, en el seno de la OIT, se incluirá por primera vez la discriminación por orientación sexual[8]. Efectivamente, habrá que esperar hasta la década de los años veinte de este siglo para que la OIT afronte con documentos específicos el análisis de la discriminación y la violencia por orientación e identidad sexual[9]. Y, en este contexto, hemos de destacar que no es fortuito que el instrumento más relevante de la OIT sobre la violencia en el trabajo, el citado Convenio 190 no contenga ni una sola referencia o alusión a las personas trabajadoras de estos colectivos[10]. En todo caso, se trata de un Convenio general que extiende su aplicación a la prohibición de la violencia y acoso a todas las personas, con independencia de su sexo o género, como la propia OIT afirma ya en documentos posteriores.

---

8 Informe global del director general de la OIT, La igualdad en el trabajo: afrontar los retos que se plantean, Ginebra, 2007.

9 OIT, Inclusión de las personas lesbianas, gays, bisexuales, transgénero, intersexuales y queer (LGBTIQ+) en el mundo del trabajo: una guía de aprendizaje, Ginebra, 2023.

10 Sobre las reticencias expresadas a su inclusión, por parte de algunos estados y organizaciones empresariales: PONS CARMENA, M., "Aproximación a los nuevos conceptos sobre violencia y acoso en el trabajo a partir de la aprobación del Convenio OIT 190", *Labos*, 46, Vol. 1, No. 2, 2020, p. 32.

En el ámbito de la Unión Europea, la tutela normativa de estos colectivos y su protección frente a la violencia y el acoso carece de un marco apropiado y, de momento, el compromiso de la UE se concreta más en el terreno político que en el jurídico[11]. Con base en la prohibición de discriminación (actual artículo 19 del Tratado de Funcionamiento de la Unión Europea[12]), la Directiva 2000/78/CE[13] sería el primer desarrollo normativo de la tutela antidiscriminatoria si bien solo, por razón de orientación sexual (artículo 1).

Esta Directiva 2000/78/CE prohibió y definió, por primera vez, el acoso por razón de orientación sexual en contextos laborales, aunque ya con anterioridad, en 1996, la prohibición de discriminación por razón de sexo había permitido al Tribunal de Justicia tutelar a una trabajadora por razón de su identidad sexual[14]. De hecho, el Tribunal de Justicia pudo tutelar antes por razón de identidad sexual que de orientación sexual reconociendo, en la sentencia Grant en 1998[15], la desprotección

---

11 En 2020 la Comisión Europea presentó la primera Estrategia de la Unión Europea para la igualdad de lesbianas, gays, bisexuales, trans, no binarios, intersexuales y queer (LGBTIQ).

12 El Tratado de Ámsterdam de 1997 incluyó la prohibición de discriminación por orientación sexual, en el entonces art. 13 del Tratado Constitutivo de las Comunidades Europeas.

13 Directiva 2000/78/CE, de 27 noviembre 2000, relativa al establecimiento de un marco general para la igualdad de trato en el empleo y en la ocupación.

14 STJCE de 30 de abril de 1996 P.K., Cornwall, (C-13/94), en un caso de despido de una persona trans, declaró que la existencia de una discriminación por razón de sexo. Así, se afirmaría que “el sexo deja de ser un factor meramente biológico, para convertirse en una condición sociológica con relevancia para el Derecho”: RIVAS VAÑÓ, A., “La Prohibición de discriminación por orientación sexual en la directiva 2000/78”, *Temas laborales: Revista andaluza de trabajo y bienestar social*, 59, 2001, p. 196.

15 STJCE de 17 de febrero de 1998, (C-249/96).

existente frente a las discriminaciones fundadas en la orientación sexual, pues, a diferencia de lo que sucedía con la transexualidad, la discriminación por razón de sexo no la abarcaba.

El resultado es que la vigente tutela de las personas LGTBI a este nivel, paradójicamente, se articula por un marco jurídico distinto según que el acoso se produzca por motivos de orientación sexual (Directiva 2000/78/CE) o por razón de identidad sexual o de género (Directiva 2006/54/CE[16]).

En España, la prohibición de acoso en el trabajo frente a estos colectivos vino de la mano de la trasposición de la citada Directiva 2000/78/CE, a través de prohibición de discriminación por orientación sexual en el empleo y el trabajo. La Ley 62/2003[17] reformaría el Estatuto de los Trabajadores (LET)[18] y la Ley de Infracciones y Sanciones del Orden Social (LISOS)[19] para introducir la prohibición de acoso por razón de orientación sexual y su tutela a través de la sanción disciplinaria y administrativa.

Se reconocerá así el derecho de los trabajadores a su intimidad y a la consideración debida a su dignidad, comprendida la protección frente al acoso por razón de orientación

---

16 Directiva 2006/54/CE del Parlamento Europeo y del Consejo, relativa a la aplicación del principio de igualdad de oportunidades e igualdad de trato entre hombres y mujeres en asuntos de empleo y ocupación.

17 La Ley 62/2003, de 30 diciembre, de medidas fiscales, administrativas y del orden social. Cfr., arts. 34 a 43. Sobre el tema: CABEZA PEREIRO, J., LOUSADA AROCHENA, J.F., *El derecho a la no discriminación por orientación sexual e identidad de género en la relación laboral*, Bomarzo, Albacete, 2014.

18 Real Decreto Legislativo 2/2015, de 23 de octubre, por el que se aprueba el texto refundido de la Ley del Estatuto de los Trabajadores.

19 Ley sobre Infracciones y Sanciones en el Orden Social. Aprobada por Real Decreto Legislativo 5/2000, de 4 de agosto.

sexual (art. 4.e) ET) y se considerará el acoso por razón de orientación sexual causa de despido disciplinario (art. 54.2.g) ET)[20]; que la LISOS tipificará como infracción muy grave (art. 8.13 bis LISOS). Finalmente, la tutela jurisdiccional frente a las situaciones de acoso, por orientación e identidad sexual, se vehiculan a través del procedimiento de protección de los derechos fundamentales (art. 177 LRJS[21]).

Como se constata, la orientación sexual se identifica como primer elemento de la diversidad sexual; dando paso después al resto de las causas prohibidas de discriminación y acoso. A nivel legal, esta extensión se produciría antes en las normas de las comunidades autónomas y, en el ámbito estatal, en la Ley 15/2022[22], (que identifica las causas de orientación o identidad sexual y expresión de género (arts. 2.1 y 6.4)). En todo caso, desde una perspectiva constitucional, la tutela de las personas LGTBI encuentra amparo en el art. 14 CE, pues la doctrina del Tribunal Constitucional ha incluido tanto la orientación sexual como la identidad sexual, y la identidad de género, entre las causas vedadas de discriminación del art. 14 CE[23].

---

[20] El Real Decreto Legislativo 5/2015, de 30 de octubre, por el que se aprueba el texto refundido de la Ley del Estatuto Básico del Empleado Público (EBEP), también incorpora, como derechos de los empleados públicos, el del respeto de su orientación sexual, especialmente frente al acoso sexual y por razón de sexo; y el derecho a la no discriminación por razón de género, sexo u orientación sexual. Vid art. 14, art. 53 y art. 95, EBEP.

[21] Ley 36/2011, de 10 de octubre, reguladora de la jurisdicción social. En el art. 69.1 LRJS se alude, acertada y expresamente, junto a la discriminación por orientación a la discriminación por razón de identidad sexual.

[22] Ley 15/2022, de 12 de julio, integral para la igualdad de trato y la no discriminación.

[23] STC 41/2006, de 13 de febrero, sobre prohibición de despido discriminatorio por razón de orientación sexual; STC 176/2008, de 22 de diciembre, sobre prohibición de discriminación por identidad

En este contexto, la Ley 4/2023 implica el primer reconocimiento normativo más completo de la diversidad de causas prohibidas de acoso; junto con la orientación sexual, la identidad sexual, la expresión de género y las circunstancias sexuales[24]. En segundo lugar, la ley 4/2023 también ha introducido, novedosamente, medidas de asistencia y protección de las personas frente a la violencia basada en la LGTBIfobia (art. 68).

Finalmente, no puede dejar de señalarse en esta visión del marco normativo, la legislación que prohíbe el acoso sexual en el trabajo y que protege a cualquier persona independientemente de su sexo o género. Así, junto con la LO 3/2007[25], hemos de citar la reciente LO 10/2022[26], pues, aunque esta última norma se dirige expresamente a la tutela de mujeres y niñas (Art. 1.2), contiene normas que han de ser objeto de una nueva lectura, desde la perspectiva de prohibición de la violencia y el acoso contra las personas LTBI en el mundo del trabajo[27].

---

sexual, STC 67/2022, de 2 de junio, sobre prohibición de discriminación por identidad de género; STC 81/2024, de 3 de junio: inexistencia de prueba indiciaria de discriminación por identidad de género como causa de extinción de la relación laboral.

24 Sin embargo, el Estatuto de los Trabajadores sigue sin incluir a todos los colectivos LGTBI en la prohibición del acoso del art. 4.2 e) y en la tipificación del acoso causante de despido disciplinario del art. 54.2.g) ET. La LISOS si tipifica como infracción muy grave el acoso por razón de orientación e identidad sexual, expresión de género y características sexuales (art. 8.13 bis).

25 Ley Orgánica 3/2007, de 22 de marzo, para la igualdad efectiva de mujeres y hombres.

26 Ley Orgánica 10/2022, de 6 de septiembre, de garantía integral de la libertad sexual.

27 Además, debe tenerse presente que casi un 20% de las personas trans consultadas afirma haber sufrido violencia sexual, entre ellas, un 14% insinuaciones de carácter sexual; un 7% tocamientos; un 7,27 abuso sexual y un 3,18 agresión sexual: ABAD, T. (coord.), GU-

3. LA PROHIBICIÓN DE VIOLENCIA Y ACOSO FRENTE A PERSONAS LGTBI: DELIMITACIÓN CONCEPTUAL

Como ha podido comprobarse a la luz del marco normativo descrito, la tutela frente a la violencia de estos colectivos en el trabajo se insertaría inicialmente dentro de la tutela antidiscriminatoria, a través de la prohibición de acoso discriminatorio por razón de orientación sexual, que posteriormente se ha extendido a las causas de identidad sexual, expresión de género y circunstancias sexuales. Junto con la prohibición de este acoso discriminatorio la tutela de las personas LGTBI también resulta concernida por la prohibición de la violencia sexual. Ciertamente, la prohibición de acoso sexual en el trabajo, aunque configurada dogmáticamente como institucionalización de la subordinación de la mujer al hombre[28], también protege, en su configuración jurídica, frente a la violencia sexual que sufra cualquier persona con independencia de su sexo. Incluso en EE. UU. dentro de los casos sobre acoso sexual se encuentran los denominados *same sex cases*[29].

TIERREZ, M. G., Hacia centros de trabajo inclusivos cit., Segunda edición, 2024.

28 Un estudio sobre la doctrina inicial norteamericana sobre acoso sexual: ABRAMS, K., "The new jurisprudencie of sexual harassment", *Cornell Law Review*, 83, 1998, pp.1169-1230.

29 En Oncale contra Sundowner Offshore Services, Inc., 118 S. Ct. 998 (1998), el Tribunal Supremo Norteamericano acordó por unanimidad que el acoso sexual entre personas del mismo sexo es procesable bajo el Título VII de la Ley de Derechos Civiles de 1964. Otros casos importantes, en Fredette contra BVP Management Associates, 112 F. 3d 1503 (11° Cir. 1997); Shepherd contra Slater Steels Corp., 168 F.3d 998 (7th Cir. 1999); Shafer contra Kal Kan Foods, Inc. 417 F.3d 663, 665 (7th Cir. 2005); Lord contra High Voltage Software, Inc., 839 F.3d 556, 561 (7th Cir. 2016); Smith contra Rosebud Farm, Inc, 898 F.3d 747 (7th Cir. 2018). Aunque el Titulo VII no ofrece una tutela global a las personas LGTBI pues, por ejemplo, el Sépti-

Será preciso pues en este apartado la delimitación conceptual de ambos tipos de acoso. La correcta delimitación jurídica del fenómeno de la violencia en el trabajo es la piedra angular sobre la que se erige el sistema de protección integral frente al mismo, que se abordará en el siguiente capítulo. Pues bien, junto con los conceptos de acoso discriminatorio contra personas LGTBI y acoso sexual, en leyes más recientes, como son las citadas Ley 4/2023 y LO 10/2022, aparece la voz violencia; y violencia y acoso parecen además presentarse, como sinónimos o conceptos intercambiables[30]. Por su parte, el Convenio núm. 190 OIT, también habla de violencia y acoso y aporta una definición general de violencia y acoso en el trabajo. Será preciso analizar nuestro concepto jurídico de acoso, en relación con esta nueva definición general de violencia en el trabajo, que aporta la normativa internacional.

Previamente, resulta necesaria una breve consideración sobre los bienes jurídicos protegidos. El Convenio núm. 190 de la OIT reconoce el derecho de toda persona a un mundo del trabajo libre de violencia y acoso, que afectan a la salud psicológica, física y sexual de las personas, a su dignidad, y a su entorno familiar y social. Efectivamente, el acoso constituye una conducta pluriofensiva, dada la pluralidad de bienes jurídicos que pueden verse afectados; los derechos a la igualdad y a la prohibición de discriminación, a la libertad sexual, a la intimidad y privacidad, a la integridad personal y a la seguridad y salud en el trabajo.

---

mo Circuito ha sostenido que un acosador bisexual no viola el Título VII, en Warner, 2012 WL 245190, (citando a Holman v. Indiana, 211 F.3d 399, 401 (7.º 2000)).

30 Con anterioridad, por ejemplo, en el Acuerdo marco europeo sobre acoso y violencia en el trabajo de 2007, se habían formulado definiciones distintas, que identifican el acoso con la amenaza, maltrato y humillación y la violencia con las agresiones, todas ellas vinculadas al trabajo.

3.1. La diferencia entre violencia y acoso en el mundo del trabajo

Uno de los principales logros del Convenio 190 de la OIT ha sido la incorporación por primera vez a nivel internacional de una definición general de la "violencia y acoso" en el mundo del trabajo como *un conjunto de comportamientos y prácticas inaceptables, o de amenazas de tales comportamientos y prácticas, ya sea que se manifiesten una sola vez o de manera repetida, que tengan por objeto, que causen o sean susceptibles de causar, un daño físico, psicológico, sexual o económico…* (art. 1.1 a).

A la vista de esta previsión convencional, se acoge un concepto único para los términos violencia y acoso, que es acorde con la diversa situación de cada país, permitiendo que cada legislación nacional adopte un concepto único o conceptos separados. El art. 7 establece la obligación de los estados de adoptar una legislación que defina y prohíba la violencia y el acoso en el mundo del trabajo, y que pueden definirse como un concepto único o como conceptos separados (art. 1.2). Se trata, en definitiva, de una definición abierta, de conductas inaceptables que correspondería precisar a cada país; una definición amplia e inclusiva que permitirá un amplio margen definitorio a los estados.

Por tanto, la ley española de adaptación de este convenio ha de asumir, en primer lugar, la tarea de definir bien de forma unitaria o de forma separada la violencia y acoso en el trabajo. En este sentido, como se sabe, el concepto de violencia en el trabajo no existe en el derecho español, donde las definiciones legales del acoso sexual y del acoso discriminatorio provienen de las Directivas antidiscriminatorias de la UE, que fueron trasladadas por la Ley 62/2003 y la LO 3/2007 y se han perfeccionado en la Ley 15/2022 y en la Ley 4/2023.

Según esta última ley (coincidiendo con la Ley 15/2022) acoso discriminatorio es cualquier conducta realizada por razón de alguna de las causas de discriminación previstas en la misma, con el objetivo o la consecuencia de atentar contra la dignidad de una persona o grupo en que se integra y de crear un entorno intimidatorio, hostil, degradante, humillante u ofensivo (art. 3 d)). Por su parte el vigente concepto de acoso sexual (ambiental) lo define como cualquier comportamiento, verbal o físico, de naturaleza sexual que tenga el propósito o produzca el efecto de atentar contra la dignidad de una persona, en particular cuando se crea un entorno intimidatorio, degradante u ofensivo[31].

Ciertamente no coinciden la definición propuesta por el Convenio 190 (comportamiento que produzcan o sean susceptibles de producir un daño) y las existentes relativas a acoso sexual y acoso discriminatorio (conductas que crean un entorno intimidatorio, hostil y degradante). A pesar de la diferencia, pues los vigentes conceptos de acoso discriminatorio y sexual no aluden al concepto jurídico de "daño", se puede entender equiparado, pues el entorno laboral definido (intimidatorio, hostil, degradante, humillante u ofensivo) es susceptible de producir un daño sobre la víctima. Por lo tanto, a mi juicio, las vigentes definiciones de acoso son respetuosas con el citado Convenio 190.

3.2. ¿La violencia contra personas LGTBI es violencia de género?

Tras definir la violencia y el acoso en el trabajo, en los términos vistos, el Convenio 190 realiza además una especial referencia a la violencia y el acoso por razón de género o sexo como "*violencia y acoso que van dirigidos contra las personas por razón de su sexo o género, o que afectan de manera desproporcionada a personas de un sexo o género determinado, e incluye el acoso sexual*". (art.1.1. b).

---

[31] Igualmente es acoso sexual el llamado acoso quid pro quo o chantaje sexual, cfr., Art. 7 de la citada LO 3/2007.

De esta forma, interpretando conjuntamente ambas letras del art. 1.1, se comprueba que el Convenio aporta un concepto único y general de violencia y acoso, que incluye el acoso y violencia por razón de género (o sexo), dentro del cual a su vez se inserta el acoso sexual. Aunque, como ya hemos señalado, el convenio 190 expresamente no tutela frente a la violencia contra personas LGTBI, esta referencia a "violencia contra las personas por razón de su sexo o género" nos planteas algunos interrogantes, a la vista de algunos textos posteriores de la OIT, en los que se ha afirmado que la violencia por razón de género comprende un daño emocional, sexual, físico y económico y que las agresiones contra las personas por motivo de su orientación sexual o identidad de género, a menudo, están impulsadas por un deseo de castigar a quienes se considera que desafían las normas y se consideran una forma de violencia de género[32].

El interrogante es pues si la violencia frente a las personas LGTBI es violencia de género. La pregunta va unida a la extensión de las causas de discriminación y acoso. Cuando en los umbrales del siglo XXI, junto con la prohibición de discriminación por razón de sexo aparece como causa prohibida la orientación sexual (que se insertan en la tutela de la igualdad entre mujeres y hombres y en la prohibición de discriminación por diversas causas, respectivamente) la expresión "género" se circunscribe a las construcciones sociales y de cualquier naturaleza que diferencian hombres y mujeres[33]. Cuando la

---

32 OIT, Work-related Violence and its Integration into Existing Surveys, 19th International Conference of Labour Statisticians, Geneva, 2-11 October, 2013.

33 Cfr., art. 3 del Convenio de Estambul (Convenio del Consejo de Europa sobre prevención y lucha contra la violencia contra las mujeres y la violencia doméstica) se refiere a "los papeles, comportamientos, actividades y atribuciones socialmente construidos que una sociedad concreta considera propios de mujeres o de hombres".

prohibición de discriminación y del acoso se extiende desde la orientación sexual a la identidad sexual o identidad de género, a la expresión de género y a las circunstancias sexuales el término "género", aun manteniendo su significado, empieza a relacionarse con la igualdad de las personas LGTBI. Como señalaría la STC 67/2022 "*el reconocimiento de los derechos al desarrollo de la propia orientación sexual y de la identidad de género como dimensión del pleno desarrollo de la personalidad, han puesto de manifiesto la necesidad de precisar la definición de los conceptos de sexo y de género, para distinguirlos*" (FJ2).

Pues bien, sin perjuicio que no pueda ignorarse la eventual evolución terminológica, que se aprecia en algunos textos europeos e internacionales[34], entre nosotros, considero que el termino violencia de género sigue definiendo la violencia y acoso contra las mujeres. En todo caso, se trata de una evolución conceptual que, a mi juicio, no afecta a lo esencial, la delimitación conceptual debe ir dirigida a garantizar la efecti-

---

[34] Por ejemplo, la Directiva 2012/29/UE, de 25 de octubre de 2012, por la que se establecen normas mínimas sobre los derechos, el apoyo y la protección de las víctimas de delitos, y por la que se sustituye la Decisión marco 2001/220/JAI, en su Preámbulo (punto 17) describe la violencia por motivos de género, con amplitud, como "*violencia dirigida contra una persona a causa de su sexo, identidad o expresión de género…* ". Igual evolución se aprecia en la Propuesta de Directiva del Parlamento Europeo y del Consejo sobre la lucha contra la violencia contra las mujeres y la violencia doméstica de 8/03/2022, (COM (2022) 105 final, 2022/0066), donde la "violencia contra las mujeres", es "la violencia de género dirigida contra una mujer (…) o que afecta de manera desproporcionada a mujeres …" (art. 4 a)). Sobre esta evolución, cfr., RIVAS VALLEJO, M.P., "Sexo y género en la protección contra la violencia sexista pluralidad de protocolos y canales de denuncia", en *Implicaciones jurídico-laborales sobre la garantía integral de la libertad sexual y la igualdad de trato y no discriminación: Ley Orgánica 10/2022 y 15/2022*, Aranzadi, Pamplona, 2023, pp. 113-145.

vidad de la tutela frente a la violencia de los diversos colectivos necesitados de especial protección.

3.3. Extensión de las causas del acoso discriminatorio

El acoso discriminatorio prohibido, originariamente por razón de orientación sexual, se ha ido ampliando a favor de la tutela frente al acoso y la violencia por identidad y expresión de género y por circunstancias sexuales. Recuérdese que ninguna de estas aparece todavía como causa de discriminación explícita en la Constitución Española, aunque puedan encajar en la cláusula que abarca "cualquier otra condición o circunstancia personal o social". Dentro de estas categorías sospechosas del art. 14 CE, como se vio, la STC 41/2006 incluyó la orientación sexual, la STC 176/2008 hizo lo propio con la identidad sexual y las SSTC 67/2022 y 81/2024 incluyeron la identidad de género entre las causas prohibidas de discriminación por el art. 14 CE. Sin embargo, el TC no ha desarrollado, hasta este momento, una doctrina propia sobre el derecho a la expresión de género, vinculado con el derecho a la propia imagen y al libre desarrollo de la personalidad.

La Ley 4/2023, en la delimitación de las causas de esta modalidad de acoso, incluye y define la orientación sexual, la identidad sexual y la expresión de género (art 3 d)). Definida la orientación sexual como la atracción física, sexual o afectiva hacia una persona, considero que la tutela, en puridad, no se extendería a la orientación heterosexual. La identidad sexual se define como la vivencia interna e individual del sexo tal y como cada persona la siente y autodefine, pudiendo o no corresponder con el sexo asignado al nacer, e igualmente considero que la tutela se extiende a este último supuesto. La expresión de género es la manifestación que cada persona hace de su identidad sexual.

A la luz de esta normativa creo necesario realizar dos observaciones. En primer lugar, tanto la Ley 4/2023 como la Ley 15/2022 parecen decantarse por el concepto de "identidad sexual", pero esta última ley no desiste de emplear el de "identidad de género" como concepto equiparable. Por su parte, de conformidad con el Tribunal Constitucional, la expresión de "identidad de género" parece más ajustada a las definiciones de sexo y género[35]. Como aclara el TC en la citada STC 67/2022, la identidad de género es una circunstancia que tiene que ver con el libre desarrollo de la personalidad, íntimamente vinculada al respeto de la dignidad humana (art. 10.1 CE), y este rasgo de la identidad, cuando no se ajusta a parámetros heteronormativos clásicos, es decir, allí donde identidad de género y sexo de la persona no son absolutamente coincidentes, puede hacer al individuo acreedor de una posición de desventaja social históricamente arraigada, de las que prohíbe el art. 14 CE. En segundo lugar, estas causas de discriminación, pese a la "neutralidad" de la definición legal, no son bilaterales, es decir se dirigen exclusivamente a la protección de las personas lesbianas, gais, trans, bisexuales e intersexuales (así como de sus familias) (art. 1.1 Ley 4/2023).

3.4. Los comportamientos de acoso prohibidos: la LGTBIfobia

Las personas LGTBI, como se sabe, están protegidas frente al acoso sexual y al acoso discriminatorio. La vigente definición en la Ley 4/2023 del llamado acoso discriminatorio, lo delimita como cualquier conducta, "*con el objetivo o la consecuencia de*

---

35 BALAGUER CALLEJÓN M.L., *El feminismo del siglo XXI,* Huso, Madrid, 2021; SALAZAR BENÍTEZ, O., "La identidad de género como derecho emergente", *Revista de Estudios Políticos,* 169, 2015, pp. 75-107. REQUENA MONTES, O. (2023), "¿Apuntalando las bases de un derecho del trabajo con perspectiva de identidad de género?", *Lex Social, Revista De Derechos Sociales,* 13 (1), 2023, p. 13.

atentar contra la dignidad de una persona o grupo en que se integra y de crear un entorno intimidatorio, hostil, degradante, humillante u ofensivo" (art 3 d)). Por su parte, el acoso sexual se define como *cualquier comportamiento, verbal o físico, de naturaleza sexual que tenga el propósito o produzca el efecto de atentar contra la dignidad de una persona, en particular cuando se crea un entorno intimidatorio, degradante u ofensivo*[36]. Finalmente, la LO 10/2022, en su artículo 3.1, define las violencias sexuales *como cualquier acto de naturaleza sexual no consentido o que condicione el libre desarrollo de la vida sexual en cualquier ámbito público o privado, incluyendo el ámbito digital.* La diferencia entre el acoso sexual y el discriminatorio, como se sabe, radica en el carácter sexual de la conducta, es la connotación sexual del comportamiento agresor, que además no se limita a las conductas dirigidas a satisfacer el apetito sexual del agente, sino que abarca todas aquellas en las que el sexo es el núcleo de la conducta.

Pues bien, la Ley 4/2023 perfecciona el concepto de acoso discriminatorio[37] y define la LGTBIfobia que, además de causa de la violencia[38], puede ser en sí mismo un comportamiento constitutivo de acoso, pues se define ampliamente

---

[36] Igualmente es acoso sexual el condicionamiento de un derecho o de una expectativa de derecho a la aceptación de una situación constitutiva de acoso sexual o de acoso por razón de sexo se considerará también acto de discriminación por razón de sexo. Cfr., art. 7 de la LO 3/2007. La vigente delimitación conceptual reproduce con alguna diferencia el art. 2 de la Directiva 2006/54/CE (que incluye el comportamiento no verbal) mejorándolo, pues la regulación española no apela al carácter no deseado; resultando indiferente que concurra o no un rechazo de la víctima.

[37] Pues la Directiva 2000/78, y el art. 28.1 de Ley 62/2003, definieron el acoso como toda conducta no deseada, y sin referencia al grupo como sujeto pasivo del acoso. Coincide con la definición del art. 6.4 de la ley 15/2022.

[38] Por ello, la estrategia estatal ha de prestar especial atención a la sensibilización y prevención de la violencia LGTBIfóbica (art. 10).

como *toda actitud, conducta o discurso de rechazo, repudio, prejuicio, discriminación o intolerancia hacia las personas LGTBI por el hecho de serlo, o ser percibidas como tales* (art. 3 m)). Teniendo en cuenta que el concepto de acoso incluye cualquier conducta que pueda atentar contra la dignidad, no sólo de una persona sino también de un grupo y siendo lo relevante la creación de un entorno hostil, degradante u ofensivo, también comportamientos genéricos de repudio o rechazo hacia estos colectivos serían susceptibles de integrar el referido concepto de acoso. Téngase en cuenta, de una parte, que precisamente un rasgo definidor de la discriminación es el ocultamiento preventivo, ante un entorno de intolerancia, rechazo y prejuicio hacia estas personas, sobre la base de un circunstancia o condición que afecta al derecho a la intimidad personal. De otra parte, este tipo de entorno propicia la violencia; siendo, en sí mismo, un ejemplo de acoso ambiental. Por ello, resulta necesario hacer frente a la LGTBIfobia en el lugar de trabajo, con los diversos mecanismos de tutela, es decir, desde una perspectiva preventiva, reactiva y reparadora.

Avanzando en la delimitación de las conductas prohibidas hemos de señalar que, tanto en el caso de acoso sexual como discriminatorio, de partida, no es preciso verificar la existencia de una conducta reiterada en el tiempo, bastando un solo acto para desencadenar la degradación ambiental que caracteriza el acoso y los efectos que proyecta sobre la víctima. Claramente en el caso de acoso sexual, por ejemplo, en los casos de chantaje sexual, que puede ser tanto explícito como implícito[39]. Lo relevante es la capacidad de la conducta o comportamiento de

---

[39] Ampliamente sobre concepto de acoso sexual, CABEZA PEREIRO, J., LOUSADA AROCHENA, F., "El acoso sexual como riesgo laboral: STSJ Galicia 24 enero 2000 (AS 2000, 60), *Aranzadi social*, 1, 2000, pp. 2893-2897 y "El acoso sexual como riesgo laboral", en *Accidentes de trabajo y enfermedades profesionales*, Aranzadi, Pamplona, 2007, págs. 493-498. Y vid. STSJ (Social) Galicia 29/4/2005 (Rec.1507/2005).

crear un entorno hostil humillante y ofensivo para la victima (ya sea individual o colectiva).

En segundo lugar, el vigente concepto de acoso sexual supera la exigencia de gravedad objetiva del comportamiento establecida en la conocida STC 224/1999, de 13 de diciembre, un elemento que tipifica el delito de acoso sexual[40]. En tercer lugar, en ambos conceptos de acoso (discriminatorio y sexual) no resulta exigible acreditar la intencionalidad del agresor de atentar contra la dignidad de la víctima, siendo suficiente con la producción de este resultado[41]. Como puede observarse lo relevante no sería tanto el comportamiento acosador sino la creación (intencionada o no) de un entorno degradante para la víctima. Finalmente, el acoso puede ser tanto descendente si el sujeto activo tiene una posición prevalente en la organización empresarial, como horizontal.

3.5. Ámbito subjetivo de la prohibición de acoso en el trabajo

Otras cuestiones relevantes en la delimitación conceptual van referidas al ámbito subjetivo de aplicación de la prohibición de violencia y acoso en el mundo del trabajo. En relación con el ámbito subjetivo de la prohibición de acoso, la inicial delimitación conceptual, limitada a los sujetos de una relación laboral, devino insuficiente en los supuestos de acosos sufridos

---

40 Cfr., sobre esta sentencia: LOUSADA AROCHENA, F., "El concepto de acoso sexual laboral según la sentencia de 13 de diciembre de 1999 del Tribunal Constitucional", *Relaciones laborales*, 1,2000, pp. 811-826.

41 El acoso discriminatorio no exige ese propósito de dañar, "sino que basta con que se produzca el efecto de dañar a la víctima dado que el elemento de antijuridicidad de la conducta se encuentra en el componente discriminatorio": STSJ Galicia 13 abril 2018 (Rec. 421/2018).

o realizados por terceras personas ajenas a la relación laboral. En efecto, en la inicial definición de acoso, el deber empresarial de protección del trabajador frente a las ofensas verbales o físicas de naturaleza sexual se desarrolla "en el ámbito de la relación laboral" (art. 4.2.e) LET), el sujeto activo es el empresario persona física o el representante legal de una empresa persona jurídica, un directivo de la empresa o un compañero de trabajo, pues lo relevante es la realización de la ofensa, en el ámbito de la relación laboral. De forma acertada y más allá del ámbito estricto de la relación laboral, también resultaría ya amparada, por la tutela judicial laboral de derechos fundamentales, la víctima de acoso ya sea discriminatorio o sexual, protagonizado por terceros ajenos a la relación laboral, pero siempre que tenga conexión directa con su prestación de servicios[42].

Por su parte, el citado Convenio núm. 190 OIT avanza en la delimitación conceptual de la violencia y acoso también a través de una ampliación del ámbito subjetivo y objetivo de actuación. Este Convenio define ampliamente su ámbito subjetivo de aplicación, protegiendo junto a las personas trabajadoras, las personas en formación, pasantes y aprendices, voluntarias, personas que buscan o solicitan empleo e incluso despedidas (art. 2). La entrada en vigor del convenio exige entre nosotros precisar la dimensión subjetiva tanto de las víctimas (personas trabajadoras y asimiladas, cedidas y prestadoras de servicios al margen de vínculo laboral) como de los agresores, incluyendo expresamente a terceras personas, tales como clientes, proveedores, pacientes, pudiendo ampliar o precisar al respecto y haciendo más visible que el derecho a un ambiente de trabajo

---

[42] Así cuando el sujeto activo del acoso sea un tercero, vinculado al empresario por cualquier título, cuando la vulneración alegada tenga conexión directa con la prestación de servicios, de conformidad con el art. 177 LRJS.

libre de violencia y acoso no se limita a las horas laborales y dependencias de la empresa[43]. Y, efectivamente, como se comprobará, la regulación reglamentaria que desarrolla el art. 15 de la Ley 4/2023 ha delimitado ampliamente el ámbito subjetivo de las medidas de tutela frente al acoso y la violencia LGTBI.

3.6. Comportamiento de violencia y acoso por medios digitales

Una vez analizados los vigentes conceptos de acoso discriminatorio y sexual, hemos de reconocer que han devenido insuficientes en todos aquellos casos en los que podría dudarse de su conexión con el medio laboral, por razones objetivas relativas al medio o vía de realización. Son los casos, cada vez más importantes, de acoso a través de medios digitales[44].

Aunque las definiciones vistas de acoso discriminatorio y sexual, en la Ley 4/2023 y en la LO 3/2007, al no estar referida sólo al ámbito laboral, no establezcan ningún elemento relativo al lugar o al tiempo de trabajo, sin embargo, la imputación de responsabilidades preventivas, administrativas o de seguridad social a la empresa, establecidas por normas laborales, sí requieren algún tipo de conexión con el desarrollo de la prestación de servicios, por ejemplo, el art. 8.13º LISOS determina que la responsabilidad por acoso se desencadena "dentro del ámbito a que alcanzan las facultades de dirección empresarial". También la conexión con el trabajo se estable-

---

[43] OLARTE ENCABO, S., "Ratificación del Convenio núm. 190 OIT sobre violencia y acoso en el trabajo: Impacto en el ordenamiento español y propuesta para su cumplimiento", *Revista del Ministerio de Trabajo y Economía Social*, 154, 2023, p.55.

[44] Y aunque los datos reflejados en alguna encuesta muestran que la violencia en línea es inferior a ls incidentes presenciales en espacios públicos y privados: FRA, LGBTIQ equality at a crossroads. Progress and challenges, cit..

ce para determinar la competencia del orden social (art. 2 f) LRJS). De esta forma, en aquellos casos en los que la conexión del acoso con el tiempo y lugar de trabajo se difumina, la impunidad de estas conductas puede ampararse en su desconexión con el ámbito laboral[45].

El Convenio 190 de la OIT se aplica a las violencias "*en el marco de las comunicaciones relacionadas con el trabajo, incluidas las realizadas por medio de tecnologías de la información y de la comunicación*" (art. 3 f). Por su parte, La LO 10/2022 presta especial atención al ámbito digital, como medio en el que se realizan o desarrollan la violencia sexual y el acoso, tanto en la definición de su ámbito de aplicación (art.3) como al formular concretas medidas de prevención y sensibilización en el terreno laboral (art. 12)[46]. Sin embargo, la Ley 4/2023 no alude a esta problemática en el ámbito laboral, aunque si impone a las Administraciones públicas medidas de protección contra el ciberacoso (art. 29).

---

45 Entre nosotros, fue muy conocido el caso de ciberacoso sexual, (difusión de un video sexual privado por las redes sociales, entre compañeros de trabajo) sin que se activara el protocolo por considerar la empresa que se trataba una cuestión personal y no laboral. Cfr., LÓPEZ AHUMADA, J.E., "Implicaciones laborales del acoso sexual difundido por redes sociales: privacidad y posibles responsabilidades de las empresas a propósito del caso IVECO", *La Ley privacidad*, núm. 2, 2019, p. 14.

46 Hemos de destacar además la reforma del delito de revelación de secretos del art. 197 CP, el cual castigará a todo aquel que, careciendo de autorización del afectado, difunda, revele o ceda a terceras personas imágenes o grabaciones de aquél, suponiendo un menoscabo grave a su intimidad personal. Téngase en cuenta que el caso de la trabajadora de Iveco, el Juzgado de lo Penal núm. 5 de Alcalá de Henares, fundamentó el sobreseimiento provisional en la falta de autor conocido, al no haberse podido identificar el responsable de la primera publicación, de conformidad con el entonces vigente art. 197 CP.

El acoso se expande efectivamente por las redes sociales y en el lugar de trabajo; amplificándose sus efectos devastadores sobre las víctimas y, a la luz de estas normas, el acoso discriminatorio y el acoso sexual laboral incluirían el producido a través de medios digitales. En Estados Unidos, el acoso fuera del lugar de trabajo se califica de laboral si es de tal gravedad que tiene consecuencias sobre el trabajo y así crea un ambiente laboral hostil[47]. En parecidos términos, podemos afirmar que, sea cual sea el medio a través del que produzca la violencia y el acoso, la generación de un entorno laboral intimidatorio, degradante u ofensivo determinará su carácter o naturaleza laboral, debiendo activarse las políticas preventivas y reparadoras obligatorias para la empresa. La categoría de "ciberacoso en el trabajo" resulta particularmente apropiada desde la óptica estrictamente preventiva[48]. Resulta pues necesaria su inclusión en los mecanismos de tutela jurídica y en relación con la imputación de responsabilidad al empresario, que derivaría, en su caso, de la falta de prevención y/o reparación cuando este se manifiesta, generando un ambiente laboral degradante y ofensivo para la víctima.

4. MEDIOS DE TUTELA PREVENTIVA, SANCIONADORA Y REPARADORA

El diseño y la articulación de los mecanismos de protección jurídica frente al acoso y la violencia contra las personas LGTBI deben tener en cuenta cada uno de los ámbitos preventivo, sancionador y reparador, en las que esta tutela se proyecta. Como ha podido comprobarse, la Ley 4/2023 se inserta en un

---

47 V. Crowley v. L.L. Bean, Inc., 303 F.3d 387, 409-10 (1st Cir. 2002).

48 ÁLVAREZ DEL CUVILLO, A., El ciberacoso en el trabajo como categoría jurídica, Temas Laborales, 2021, nº 157, pp. 167-192 192.

marco normativo que ya prohíbe y sanciona el acoso sexual y el acoso discriminatorio en el trabajo frente a personas LGTBI, y establece la obligación de medidas preventivas frente a la violencia sexual en el trabajo. Igualmente, el ya analizado Convenio núm.190 de la OIT no solo ha avanzado en la delimitación conceptual de las expresiones violencia y acoso, como se ha visto, sino que también determina un completo conjunto de obligaciones preventivas, sancionadoras y reparadoras para todos los estados que lo ratifiquen.

En este contexto, la Ley 4/2023 introduce la obligación empresarial de contar con un protocolo de actuación para la atención del acoso o la violencia contra los colectivos LGTBI (art. 15). Esta obligación empresarial se inserta junto a un conjunto diverso de obligaciones, también en el ámbito laboral, para las Administraciones públicas de promoción de la igualdad de trato y oportunidades (entre otras, apoyo a campañas divulgativas de los agentes sociales, impulsar la inclusión en los convenios colectivos de cláusulas de promoción de la diversidad, de canales de denuncias y de medidas de corrección, garantizar el cumplimiento efectivo de los derechos a través de la Inspección de Trabajo y Seguridad Social, fomento de la implantación de indicadores de igualdad, de un distintivo empresarial de igualdad LGTBI y de códigos éticos empresariales) (art. 14). Además, como ya hemos destacado, desde una perspectiva más general, la Ley 4/2023 determina medidas de asistencia y protección frente a la violencia basada en la LTGBIfobia; imponiendo a las Administraciones públicas garantizar una atención integral y especializada a las personas víctimas de violencia basada en ella (art. 68) y adoptar medidas necesarias para prevenir y erradicar el ciberacoso (art. 29).

Por ello, resulta relevante destacar que el Convenio OIT 190 establece la obligación a los estados de adoptar una estrategia integral para prevenir y eliminar la violencia y el acoso en el mundo del trabajo y, más concretamente, de desarrollar herramientas, orientaciones y actividades de educación, de formación y de sensibilización, en forma accesible, de garantizar que las víctimas tengan acceso a vías de recurso y reparación y medidas de apoyo, y de prever sanciones. Pues bien, España ratificó este Convenio el pasado 16 de junio de 2022 y está en vigor en nuestro país, desde el 25 de mayo de 2023, por lo que este conjunto de obligaciones, además de requerir la adaptación de nuestra normativa en diferentes aspectos, han de orientar la puesta en práctica de políticas públicas y de medidas planificadas, que impone la citada Ley 4/2023 frente a la discriminación y la violencia a las personas LGTBI, así como frente a la violencia sexual (vigentes desde la LO 3/2007 y reforzadas por la LO 10/2022), como se concretará en el presente capítulo.

5. TUTELA PREVENTIVA FRENTE A LA VIOLENCIA Y EL ACOSO CONTRA LAS PERSONAS LGTBI

En el ámbito preventivo tenemos que hacer referencia a dos instrumentos complementarios, el plan de prevención de riesgos laborales y el protocolo antiacoso. En este sentido, el plan de prevención articularía una genérica política preventiva y el protocolo es, fundamentalmente, un instrumento reactivo frente a una concreta materialización del riesgo; frente a un caso de violencia o acoso en el trabajo. La evaluación de los riesgos psicosociales puede poner de manifiesto la existencia de condiciones discriminatorias para ciertos colectivos, por lo que los resultados de la evaluación pueden determinar el contenido de las campañas informativas, o acciones de formación y, en consecuencia, de los protocolos de actuación frente al acoso y la violencia[49]. La medida de intervención más común es el procedimiento de gestión interna de las denuncias

49 Criterio técnico 104/2021, sobre actuaciones de la ITSS en riesgos psicosociales.

de acoso, que habitualmente se califica de preventiva, pero es fundamentalmente una medida reactiva, sin perjuicio de sus efectos preventivos indirectos como medida disuasoria para las eventuales personas acosadoras. En estos procedimientos, la gestión de la controversia se solventa por formas de conciliación informal y por la mediación e incluso el arbitraje.

Estos protocolos se definen en su regulación normativa como procedimientos para la prevención y para dar cauce a las denuncias. A diferencia de los planes de igualdad, su regulación no ha concretado un contenido mínimo u obligatorio y la práctica muestra, habitualmente, una primera parte de medidas preventivas, con pronunciamientos declarativos sobre tolerancia cero y definiciones o ejemplos de conductas constitutivas de acoso; siendo el eje del protocolo el canal de denuncias. Sin embargo, cuando hablamos de medidas preventivas hemos de incluir obligaciones de información y formación a los trabajadores, a los mandos y a los responsables del protocolo. Por su parte, en este ámbito, hemos también de tener presente que el Convenio 190 OIT impone a los estados firmantes la obligación de adoptar una legislación que imponga a los empleadores una política empresarial preventiva (art. 9).

Abordaremos primero los planes de prevención de riesgos laborales y posteriormente los protocolos para la atención del acoso y la violencia en el trabajo.

5.1. El acoso y la violencia en el plan de prevención de riesgos laborales

La tutela preventiva frente a la violencia en el trabajo, en el plano normativo, se inició frente al acoso sexual y acoso por razón de sexo con la citada LO 3/2007, cuyo art. 48, sobre medidas para prevenirlos, en su redacción inicial, establecería genéricamente que las empresas deberán promover condiciones de trabajo que eviten estas formas de acoso sexual (y acoso por razón de sexo) en el trabajo. En la nueva redacción dada al precepto por la citada LO 10/2022, se señala, con mayor amplitud, que las empresas deberán promover condiciones de trabajo que eviten la comisión de delitos y otras conductas contra la libertad sexual y la integridad moral en el trabajo. Más concretamente, el art. 12.2 in fine de esta LO 10/2022 establece la obligación de la empresa de incluir en la valoración de riesgos de los diferentes puestos de trabajo ocupados por trabajadoras, la violencia sexual entre los riesgos laborales concurrentes, debiendo formar e informar de ello a sus trabajadoras.

Con mayor amplitud y extensión, el Convenio OIT 190, en su art. 9, obliga a los estados a adoptar una legislación que exija a los empleadores prevenir la violencia y el acoso en el mundo del trabajo (incluida por razón de género). Más concretamente, el Convenio fija diversas obligaciones en prevención de riesgos laborales. En primer lugar, identificar los peligros y evaluar los riesgos de violencia y acoso (con participación de trabajadores y representantes), en segundo lugar, adoptar medidas para prevenir y controlar dichos peligros y riesgos y, en tercer lugar, proporcionar a los trabajadores y personas concernidas, de forma accesible, información y capacitación sobre los resultados de ambas actuaciones[50].

Sin embargo, la Ley 4/2023 no ha considerado la violencia y el acoso como riesgo laboral sometido a la evaluación en la empresa, a pesar de los preocupantes datos existentes al respecto. Además, ni la LO 3/2007 ni la más reciente LO 10/2022 han introducido una necesaria reforma de la Ley de Preven-

---

[50] Sobre obligaciones de evaluación del riesgo de violencia y acoso en el trabajo, y establecimiento de medidas preventivas, en las plataformas digitales, cfr., art. 12.5 Propuesta de Directiva del Parlamento Europeo y del Consejo relativa a la mejora de las condiciones laborales en el trabajo en plataformas digitales, Bruselas, 8 de marzo de 2024 (7212/24).

ción de Riesgos Laborales[51], aún sin referencia alguna a los riesgos psicosociales. En definitiva, resulta necesaria la reforma de nuestra legislación preventiva, que adolece de carencias de protección frente a la violencia y el acoso[52], y que debe establecer obligaciones de evaluación de estos riesgos, así como de proporcionar a las personas concernidas, en forma accesible, información y capacitación sobre los peligros y riesgos de violencia y acoso identificados y de las medidas de prevención y de protección (art. 9 c) y d) Convenio 190 OIT).

Ahora bien, aún en ausencia de un marco normativo idóneo, no podemos olvidar que, atendiendo a la doctrina judicial y a la práctica administrativa, las medidas preventivas sobre violencia y acoso, en todo caso, cuentan con una previsión general en la LPRL relativa la identificación y evaluación de los riesgos (arts. 15 y 16 LPRL), al igual que cuentan con apoyo legal, las acciones formativas para los directivos, mandos y trabajadores (art. 19) y la vigilancia sanitaria sobre la salud psíquica de los trabajadores (art. 22). El Tribunal Supremo y el Tribunal Constitucional han entendido efectivamente que el deber general de protección del empresario se extiende a los riesgos psicosociales[53]. Así se ha afirmado, en relación con supuestos de acoso laboral, que la deuda de seguridad de la empresa con sus trabajadores se extiende a todos los riesgos relacionados con las condiciones de trabajo, incluidos los riesgos psicológicos y sociales[54]. En definitiva, la empresa debe

---

51 Ley 31/1995, de 8 de noviembre, de Prevención de Riesgos Laborales.

52 Por ejemplo, resulta llamativo que la STC 81/2018 de 16 de julio no analizara la obligación empresarial en materia de riesgos psicosociales.

53 STS 16/02/2016 (RCUD núm.250/2014; STC 160/2007, de 2 de julio.

54 SSTSJ País Vasco de 20/2/2007 (Rec.2742/2006) y de 6/5/2008 (Rec. 1464/2001). La STS de 4/3/2014 (Rec. 788/2013) considera-

tener políticas antiacoso y procedimientos para tratar de evitar y solventar las posibles situaciones de acoso; promoviendo que los trabajadores informen sobre estas conductas inaceptables y garantizando protección y apoyos a las personas afectadas[55].

Consecuentemente, la violencia frente a personas LGTBI debe ser objeto de particular atención en esta actividad de evaluación de riesgos laborales. Como ya hemos adelantado, estas obligaciones de inclusión de la violencia y acoso en la evaluación de riesgos ha de extenderse al ciber acoso y a todas las situaciones de violencia y acoso en el mundo del trabajo, ya definidas desde una perspectiva subjetiva amplia. Además, es significativo destacar que la violencia y el acoso deben ser contemplados como un problema de prevención de riesgos laborales y no como un problema personal entre individuos. Es sustancial resaltar la importancia que tiene no poner el acento en las personas LGTBI, sino en el entorno, "que debe estar lo suficientemente habilitado para vivirse en plenitud, independientemente de las personas que están en él"[56]. A estos efectos, resulta esencial incluir el riesgo de LGTBfobia desde una perspectiva preventiva.

---

ría que el acoso y demás riesgos psicosociales son daños derivados del trabajo comprendidos en el art. 4.3 de la LPRL, del que se deriva la existencia de un deber de protección del empresario que incluye a la protección frente al acoso, adoptando cuantas medidas sean necesarias y siendo aplicable el recargo de prestaciones de Seguridad Social por omisión de medidas de seguridad y salud en el trabajo.

55 Criterio técnico 104/2021, sobre actuaciones de la ITSS en riesgos psicosociales.

56 Esto quiere decir que no es necesario en ningún caso que las personas tengan que ser visibles en sus diversidades si no lo creen oportuno: La LGTBI-fobia desde la prevención de riesgos laborales, Confederación Sindical de CCOO, Madrid, 2023. p.9.

5.2. Protocolo de actuación para la atención del acoso o la violencia

La Ley 4/2023 establece directamente la obligación de las empresas de contar con un protocolo de actuación para la atención del acoso o la violencia contra las personas LGTBI (art. 15). Una obligación que se impone a las empresas de más de cincuenta personas trabajadoras, y en el marco más amplio de la obligación de establecer un conjunto planificado de medidas y recursos para alcanzar la igualdad real y efectiva y que serán pactadas a través de la negociación colectiva y acordadas con la representación legal de las personas trabajadoras[57].

De esta forma, la obligación de realizar protocolos empresariales se concreta legalmente frente al acoso sexual y a los acosos discriminatorios por razón de sexo, y frente a los acosos discriminatorios por razón de orientación e identidad sexual, expresión de género y circunstancias sexuales. El tratamiento normativo de estas obligaciones empresariales no es homogéneo pues la obligación de medidas reactivas frente a estos últimos acosos discriminatorios sólo se extiende a las empresas de más de cincuenta personas trabajadoras y deben ser fruto de la negociación colectiva. Por el contrario, frente al acoso sexual y el acoso por razón de sexo, todas las empresas deben contar con protocolos, o establecer medidas de prevención y protección, independientemente de su plantilla y pueden ser adoptadas unilateralmente.

Como se sabe, desde 2007, son obligatorios los llamados protocolos frente el acoso sexual y el acoso por razón de sexo

---

[57] En relación con el contenido de estos planes, hemos de tener presente que ya se han adoptado diversos modelos de los llamados planes de diversidad e inclusión LGTBI. Unos planes que se conectan con la estrategia empresarial de gestión de la diversidad. Sobre esta estrategia: CHINCHILLA, N., CRUZ, H., "Diversidad y paradigmas de empresa: un nuevo enfoque", *Revista Empresa y Humanismo*, vol. XIV, 1, 2011, pp. 47-79.

para todo tipo de empresas y específicamente como parte integrante de los planes de igualdad para las empresas obligadas. Desde una perspectiva histórica, hemos de recordar que frente al acoso sexual ya apelaría a estas medidas empresariales preventivas, la Recomendación de 27/11/1991, de la Comisión de las Comunidades Europeas[58] y que, con valor normativo, la Directiva 2002/73/CEE establecería la obligación de alentar a empresarios y responsables del acceso a la formación y a adoptar medidas para la prevención (ahora en la Directiva 2006/54/CE). Su trasposición a la normativa española sería acometida por la LO 3/2007, cuyo art. 48 impondría a las empresas, cualquiera que fuera su plantilla, la obligación de arbitrar procedimientos específicos de prevención y para dar cauce a las denuncias y reclamaciones que puedan formular las víctimas de acoso sexual y por razón de sexo. Además, es también contenido necesario de los planes de igualdad, toda vez que el diagnostico negociado previo entre otras materias, analizará la prevención del acoso sexual y por razón de sexo (art. 46.2 i)[59].

El vigente art. 48 LO 3/2007, tras la redacción dada por la disposición final décima de la LO 10/2022, ya no establece

---

[58] En concreto a la declaración de principios con un compromiso de tolerancia cero del acoso sexual; la comunicación eficaz a la totalidad del personal; la formación de los directivos; un procedimiento informal de solución y un procedimiento formal de carácter disciplinario.

[59] Tras la redacción del 46.2 introducida por el art. 1.2 del R.D.-ley 6/2019, de 1 de marzo, de medidas urgentes para garantía de la igualdad de trato y de oportunidades entre mujeres y hombres en el empleo y la ocupación. En igual sentido, cfr., arts. 7.1 i) y 8.3 del RD 901/2020 (de 13 de octubre, por el que se regulan los planes de igualdad y su registro y se modifica el Real Decreto 713/2010, de 28 de mayo, sobre registro y depósito de convenios y acuerdos colectivos de trabajo).

la obligación de procedimientos antiacoso; es en el art. 12.1 de la citada LO 10/2022 en la que se establece la obligación empresarial de arbitrar procedimientos específicos para la prevención y para dar cauce a las denuncias o reclamaciones, que puedan formular quienes hayan sido víctimas de delitos y otras conductas contra la libertad sexual y la integridad moral en el trabajo. Por ello, hemos afirmado que en el citado artículo los protocolos se configuran también como procedimientos para la prevención de la criminalidad sexual en la empresa; aproximándose su conceptuación a los programas de prevención de riesgos penales, previstos por el art. 31 bis del Código Penal[60], que así podrían incluir además de la prevención de la criminalidad económica la sexual[61]. En todo caso, estos procedimientos son hábiles para la prevención y para dar cauce a las denuncias por cualquier forma de acoso sexual y acoso por razón de sexo y siguen siendo preceptivos en todas las empresas, cualquiera que sea su plantilla, así como contenido de los planes de igualdad en las empresas que cuenten con cincuenta o más personas trabajadoras.

En cumplimiento de la LO 3/2007 y, aunque no se habla de protocolos como tal (como los denomina el citado RD 901/2020, en su art. 12), las empresas han elaborado, a lo largo de estos años, los protocolos de acoso sexual y por razón de sexo, ya sea en el ámbito del Plan de prevención de riesgos laborales, ya como contenido del Plan de Igualdad, ya dentro del clausulado o en los anexos de los convenios colectivos.

En este contexto, sin duda complejo, hemos de situar la nueva obligación empresarial de establecer "un protocolo de actuación para la atención del acoso o la violencia contra las

---

60 Ley Orgánica 10/1995, de 23 de noviembre, del Código Penal.

61 Lo anterior sería coherente además con la ampliación del listado de delitos que podrán imponerse a las personas jurídicas (art. 31 bis CP) a los delitos de acoso sexual (art. 184 CP) y moral (art. 173 CP).

personas LTBI"; incardinada dentro de la deber de contar (en el plazo de doce meses desde su entrada en vigor), con un conjunto planificado de medidas y recursos para alcanzar la igualdad real y efectiva. Para ello, las medidas serán pactadas a través de la negociación colectiva y acordadas con la representación legal de las personas trabajadoras. El contenido y alcance de esas medidas se desarrollarán reglamentariamente.

Consecuentemente, en primer lugar, el citado art. 15 configura este "protocolo de actuación para la atención" fundamentalmente como un instrumento reactivo, sin perjuicio de que todas las actuaciones empresariales preventivas de la violencia LGTBI son obligatorias, en todas las empresas, con independencia de su plantilla. Por ello, la limitación de la obligación empresarial de contar con un protocolo frente a la violencia LGTBI a las empresas de más de cincuenta trabajadores resulta asistemática en relación con la regulación normativa para los protocolos frente a la violencia sexual, y con la regulación normativa en materia de prevención de riesgos laborales, que resulta obligatoria para la empresa, independientemente de su plantilla. Téngase en cuenta que la gestión interna de las denuncias de acoso es la medida de intervención más común en la gestión de los riesgos psicosociales[62], por lo que integraría la obligación de prevención de riesgos laborales de todas las empresas.

En segundo lugar, la exigencia del carácter negociado de estos protocolos igualmente por el art. 15, lleva a plantear si esta nueva obligación exige a las empresas alcanzar necesariamente un acuerdo con la representación legal, y si ante un bloqueo negocial debería la empresa en todo caso adoptar estas medidas. Sin perjuicio de que las partes habrían de poder someter

---

62 Criterio Técnico 69/2009, sobre actuaciones de la Inspección de Trabajo y Seguridad Social en materia de acoso y violencia en el trabajo.

la discrepancia a los sistemas autónomos de resolución de conflictos, ya se propuso que debiera admitirse reglamentariamente que, ante la ausencia del acuerdo, este conjunto de medidas se adopte unilateralmente[63]. Ahora bien, esta posibilidad sólo resulta acorde con la doctrina del Tribunal Supremo, si concurren circunstancias extraordinarias[64]. El RD 1026/2024, que desarrolla el conjunto planificado de medidas para la igualdad LGTBI en la empresa dispone, a falta de acuerdo la aplicación por la empresa de las medidas previstas en este real decreto. En todo caso, la obligación empresarial deriva igualmente de las obligaciones empresariales en materia de prevención de riesgos, así como de la obligación de establecer canales de denuncias internas fijada por la Ley 2/2023[65].

Otros interrogantes que sugiere esta regulación serán abordados, a continuación, por separado.

5.2.1. ¿Protocolos globales frente a la violencia en el trabajo?

Ante un marco normativo disperso que además confiere distintas exigencias a las medidas de prevención y actuación frente a las diversas formas de acoso en el trabajo se suscita la cuestión de la oportunidad de protocolos globales o específicos; es decir, si optar por la unificación o por la pluralidad de protocolos

---

63 NIETO ROJAS, P., "El complicado entramado normativo de planes de igualdad y protocolos en las empresas. Algunas reflexiones sobre protocolos anti-acoso y de gestión de la diversidad", *Labos*, Vol. 4, 2023, p. 139.

64 STS 11/04/2024 (Rec. 123/2023).

65 Ley 2/2023 de 20 de febrero, reguladora de la protección de las personas que informen sobre infracciones normativas y de lucha contra la corrupción, de trasposición de la Directiva (UE) 2019/1937 del Parlamento Europeo y del Consejo, de 23 de octubre de 2019, relativa a la protección de las personas, que informen sobre infracciones del Derecho de la Unión.

y tutelar, como figura autónoma, el acoso a personas LGTBI. De partida, un protocolo global parecería la solución más adecuada, a la vista de la existencia de protocolos frente a todas las manifestaciones de acoso y violencia en el trabajo (sexual, discriminatorio y moral), que además ya impone la adaptación a nuestro derecho interno del citado Convenio 190 de la OIT.

Sin embargo, esta no es, en principio, la solución del art. 15 de la Ley 4/2023, dada la vinculación de los protocolos antiacoso a las específicas medidas preventivas de igualdad LGTBI, cuya elaboración es una obligación independiente de la relativa a adoptar medidas para la igualdad entre mujeres y hombres, *ex* art. 46 LO 3/2007. A mi juicio, resulta claro, que los planes para la igualdad entre mujeres y hombres no son idóneos para abordar también la igualdad de personas LGTBI, pues son diversas las causas y, por tanto, las medidas frente a la discriminación afectada. Así, lo confirma además el art. 55 de la Ley 4/2023 que, al referirse a los planes de igualdad entre mujeres y hombres exige que incluyan medidas para las mujeres trans[66].

En todo caso, creo que debemos tener presente que, en la práctica de nuestras relaciones laborales, algunos planes de igualdad entre hombres y mujeres incluyen ya protocolos contra violencia LGTBI[67] e igualmente el acoso a estos colectivos está presente en algunos protocolos antiacoso laboral y sexual, al igual que existen convenios colectivos que ya abordan el tra-

---

66 Consecuentemente, la violencia a mujeres trans, que estadísticamente es además la más relevante, sería contenido mínimo de los planes de igualdad entre hombres y mujeres.

67 Vid. Plan de igualdad de la empresa de ámbito estatal, MOREDA RIVIERE TREFILERIAS, S.A. de Que contiene, en el Anexo II, el Protocolo de prevención y tratamiento de situaciones de acoso sexual, acoso por razón de sexo y/o acoso por orientación sexual e identidad de género.

tamiento del acoso por orientación e identidad sexual, a través de protocolos, desde la perspectiva de la prevención riesgos laborales y el establecimiento de canales de denuncia[68].

A mi juicio, en el supuesto de que la empresa cuente ya con un protocolo general que prevea medidas frente al acoso o la violencia contra las personas LGTBI, la solución a primera vista del panorama descrito podría ser que la decisión corresponda a la comisión negociadora del plan de igualdad LGTBI, o de los convenios en los que las medidas de igualdad LGTBI se incluyan[69]. Esta comisión, atendiendo a la situación sobre la violencia y el acoso a personas de estos colectivos, que considero habrá de fundarse en encuestas donde se respete el derecho a la intimidad de las personas trabajadoras, decidirá, motivadamente, si el protocolo existente atiende las particularidades y diferencias que caracterizan este tipo de violencia y es, por tanto, un instrumento efectivo. En todo caso, teniendo en cuenta que una parte esencial de estos protocolos es el canal de denuncias, la respuesta unificadora parece la más probable, como después se concretará.

En este sentido, el citado RD 1026/2024 establece que la obligación de contar con este protocolo podrá entenderse cumplida cuando la empresa cuente con un protocolo general

---

68 ALVAREZ CUESTA, H., "Previsiones convencionales sobre causas de discriminación "olvidadas", en *Nuevos escenarios y nuevos contenidos de la negociación colectiva*, Ministerio de Trabajo y Economía Social, Madrid, 2020, p. 461; MORALES ORTEGA, J.M., "La presencia del colectivo LGTBI+ en la negociación colectiva", *Realidad social y discriminación. Estudios sobre diversidad e inclusión laboral*, Laborum, Murcia, 2020, pp. 91-130.

69 Pues atendiendo al contenido del Reglamento de desarrollo del art. 15 de la Ley 4/2023, la citada obligación empresarial de adoptar medidas planificadas, que incluyan protocolo frente al acoso, puede cumplirse mediante su incorporación al convenio de empresa o supraempresarial aplicable.

frente al acoso y violencia que prevea medidas para las personas LGTBI o bien lo amplíe específicamente para incluirlas (art. 8.4).

5.2.2. Ámbito subjetivo de aplicación y contenido de los protocolos

Los protocolos han de asumir un ámbito subjetivo amplio, en relación con las personas protegidas, pues de las medidas adoptadas, podrá beneficiarse la plantilla total de la empresa, cualquiera que sea la forma de contratación laboral y también podrán beneficiarse las personas becarias y el voluntariado y aquellas personas que presten sus servicios a través de contratos de puesta a disposición. Las empresas promoverán la sensibilización y ofrecerán formación para la protección integral contra la violencia a todo el personal a su servicio.

El Reglamento establece que, en todos los casos, las medidas planificadas deberán incluir un protocolo frente al acoso y violencia donde se identifiquen prácticas preventivas y mecanismos de detección y de actuación frente al mismo. Su contenido se ajustará a lo dispuesto en el anexo II. Este anexo determina así el contenido mínimo de cualquier protocolo. Una valoración positiva merece la extensión del ámbito subjetivo de aplicación directa a las personas que trabajan en la empresa independientemente del vínculo jurídico que los una a esta, siempre que desarrollen su actividad dentro del ámbito organizativo de la empresa y a quienes solicitan un puesto de trabajo, al personal de puesta a disposición, proveedores, clientes y visitas, entre otros.

Ahora bien, por lo que respecta al resto de los contenidos es preciso señalar que, de una parte, adolecen de concreción y, de otra, existen algunas importantes insuficiencias como, por ejemplo, la previsión relativa al ciber acoso o la prohibición específica de la LGTBI fobia. Por ello hemos de seguir insistiendo en lo que señalamos a continuación.

Estos protocolos deberán también integrar la prevención de la ciber violencia, pues la tutela se extiende a las víctimas de violencia, cualquiera que sea el modo de producción, e incluyendo las sufridas en el ámbito digital, de conformidad con el Convenio 190 de la OIT y la LO 10/2022. En consecuencia, los protocolos antiacoso, que impone el art. 15 de la ley 4/2023 han de incorporar definiciones y especificar manifestaciones concretas de la violencia cibernética como conductas inaceptables. Especial consideración debe tener, como ya hemos señalado, la incitación a la violencia por medios cibernéticos, mediante la publicación a través de las tecnologías de la información y de las comunicaciones. Una vez el empresario conozca esta situación debe activar de forma temporánea y eficaz el protocolo, dentro de los procedimientos de gestión preventiva establecidos[70].

Por lo que respecta a su contenido, estos instrumentos deben seguir asumiendo una doble función preventiva y reparadora; deben identificar y evaluar los riesgos, fijando obligaciones formales y materiales para evitar la aparición de los fenómenos de acoso. Pues bien, a efectos preventivos, promover una cultura igualitaria dentro de la empresa, así como el respeto a la diversidad, es un elemento clave para fomentar el buen clima laboral; contribuir a generar una cultura inclusiva y diversa, que integre y celebre la diversidad humana, contribuyendo a garantizar espacios seguros para todas las personas trabajadoras, independientemente de las características que las

---

70 MOLINA NAVARRETE, C., El ciberacoso en el trabajo, La Ley, 2019, p. 81; DE VICENTE PACHÉS, F., Ciberacoso en el trabajo, Atelier, Barcelona, 2018, p. 33; COLETTA, K.N., "Sexual Harassment on Social Media: Why Traditional Company Sexual Harassment Polices Are Not Enough and How to Fix It", *Seton Hall L. Rev.*, 48, 2018, p. 449. "El ciberacoso: un fenómeno de violencia emergente en el ámbito de las relaciones de trabajo", Información Laboral, nº 2, 2011, pp. 10-20.

definan. Por ello, como ya hemos afirmado resulta necesario hacer frente a la LGTBIfobia en el lugar de trabajo, desde una perspectiva preventiva y reactiva, partiendo de la incorporación de este concepto, definido por el art. 3 de la Ley 4/2023, a la definición de los comportamientos prohibidos por el protocolo de actuación.

Pero también, los protocolos son instrumentos reactivos, al articular procedimientos de denuncia y solución de estos conflictos en la empresa. En relación con estos procedimientos de denuncia hemos de tener presente que, como se ha constatado en los datos aportados en el capítulo inicial del presente trabajo, la denuncia por la víctima LGTBI se enfrenta a obstáculos como la invisibilidad, negación, normalización de la violencia y que este tipo de violencia está dirigida a un aspecto de la intimidad de la persona, que no deja de representar un desafío a las normas tradicionales del género. El temor a ser objeto de una nueva victimización, la sensación de humillación, la falta de seguridad sobre cómo y dónde denunciar o si la denuncia va a servir, son algunas de las razones que están detrás de esta desconfianza. La política empresarial ha de centrarse pues en la promoción de la denuncia, garantizando la seguridad e indemnidad de la víctima.

Ya el acuerdo marco europeo sobre el acoso y la violencia en el trabajo[71] señalaba como requisitos básicos la confidencialidad de las denuncias; una investigación exhaustiva de los hechos por la persona responsable de la mediación y resolución; garantizar la audiencia de todas las personas interesadas y la participación y el asesoramiento del servicio de prevención. Es importante también la fijación de plazos cortos para las diversas fases de investigación y de respuesta a la denuncia de acoso. Frente a los obstáculos que ha de superar la persona

---

71 Bruselas, 8.11.2007, COM (2007) 686 final.

denunciante, el acompañamiento a la víctima por parte de una instancia empresarial especializada y la cercanía que puede encontrar en estas es clave para garantizar una atención adecuada[72]. Una especial atención habrá de prestarse, por tanto, al estatuto protector de las víctimas del que nos ocuparemos a continuación.

5.2.3. Estatuto protector de la víctima

En los protocolos una parte relevante debe ser el estatuto protector de la víctima de acoso y violencia. Ciertamente, el tratamiento normativo de la prohibición de acoso en el trabajo, no solo desde la tutela antidiscriminatoria sino también desde la tutela jurídica frente a la violencia, ha puesto el acento en los derechos de las víctimas, tanto en la Ley 4/2023, como en la LO 10/2022, para las víctimas de violencia sexual. Igualmente, el citado Convenio 190 impone, como se recordará, a los estados la obligación de garantizar a las víctimas de violencia y acoso el acceso a vías de recurso y reparación y a medidas de apoyo (art. 10). Los estados deben facilitar medidas de asistencia jurídica, social, médica y administrativa; proteger la privacidad de las personas implicadas, así como la confidencialidad y garantizar medidas de protección frente a la victimización y las represalias. Finalmente, el citado art. 10 también se dirige a garantizar a las víctimas el derecho de alejarse de la situación de trabajo, en caso de peligro grave o riesgo inminente para su salud, sin sufrir represalias u otras consecuencias indebidas, así como el deber de informar de esta situación a la dirección. Y en relación con esta misma situación establece que la inspección

---

[72] FELGTB, La cara oculta de la violencia hacia el colectivo LGTBI, Informe delitos de odio e incidentes discriminatorios al colectivo LGTBI, cit..

del trabajo este facultada para adoptar medidas de aplicación inmediata, incluida la interrupción de la actividad laboral.

En definitiva, en el procedimiento de denuncias articulado en los protocolos antiacoso han de garantizarse los derechos de protección de datos, privacidad y confidencialidad de las personas afectadas, las medidas de asistencia (jurídica, sicológica) de protección, así como la garantía de indemnidad frente a represalias. Ahora bien, en el desarrollo de estos procedimientos de denuncia de la violencia y acoso en el trabajo hemos de cuestionar la idoneidad de los mecanismos internos de solución de conflictos y de los acuerdos de confidencialidad, a la luz de los últimos avances normativos seguidos por EE. UU. a este respecto. Efectivamente la lección que proviene de la práctica norteamericana nos enseña que en los procedimientos de resolución de estos "conflictos", hemos de tener presente que la confidencialidad no puede ser sinónimo de ocultamiento y que la transparencia es la mejor vía para la protección de las víctimas[73].

Finalmente, en relación con este canal de denuncias de los protocolos antiacoso, la citada Ley 2/2023 ha impuesto ya a las empresas (que tengan contratados más de cincuenta trabajadores) la obligación de contar con un sistema interno de denuncias de infracciones o irregularidades, que incluye las laborales, provisto de un conjunto de exigencias o requisitos, que perfeccionan estos procedimientos y que deben ser ana-

---

[73] Las reformas normativas avanzan en esta línea, en EE UU, la Ending Forced Arbitration of Sexual Assault and Sexual Harassment Act de 2021 (EFAA), se aprobó con el objetivo de poner fin a los acuerdos de arbitrajes obligatorios en los casos de agresión y acoso sexual. Por su parte, la Speak Out Act de 7/12/2022, invalida los acuerdos de confidencialidad, que obligan a los trabajadores a guardar silencio, en estos mismos casos.

lizados, pues los mismo informarán en el futuro los sistemas internos de denuncias.

5.2.4. El sistema de denuncias interna: obligación empresarial establecida por la Ley 2/2023

Como explica en su preámbulo, la Ley 2/2023 contiene el régimen jurídico del Sistema interno de información o denuncia de infracciones e irregularidades detectadas en la empresa, que abarca tanto el canal (o canales), entendido como buzón o cauce para recepción de la información, como el responsable del sistema y el procedimiento[74].

De partida, el Sistema interno debe permitir a todas las personas referidas en esta ley (trabajadoras y asimiladas) comunicar información sobre las infracciones previstas legalmente; estar diseñado establecido y gestionado de forma segura, garantizando el derecho a la protección de datos, así como la confidencialidad de la identidad de informante y de terceros; garantizar el tratamiento efectivo de las comunicaciones para que la entidad sea la primera en conocer la irregularidad; ser independientes y aparecer diferenciados respecto de sistemas de información de otras entidades, así como establecer las garantías para la protección del informante (art. 5.2 a), b),e),f) y j)).

El procedimiento de gestión de las denuncias responderá a un contenido mínimo y a los siguientes principios: identificación del canal o canales internos; envío de acuse de recibo de la comunicación en el plazo de siete días naturales; determina-

---

[74] El sistema interno sería la infraestructura organizativa y procedimental en la que se integran uno o más canales internos. Además de los mencionados canales, un sistema interno de denuncia deberá contar con una política o estrategia específica, un responsable del sistema, y un procedimiento de gestión de las informaciones recibidas

ción de un plazo máximo de respuesta tras las actuaciones de investigación (no superior a tres meses y excepcionalmente a seis meses en casos de especial complejidad); previsión sobre el mantenimiento de comunicación con el informante y solicitud en su caso de información adicional; garantía de derechos de la persona afectada a la información y a la audiencia, así como respeto a su presunción de inocencia y del derecho al honor; garantía de confidencialidad cuando la comunicación no se remita por los canales establecidos o a miembros no responsables de su tratamiento; respeto de disposiciones sobre protección de datos y, finalmente, remisión de la información al Ministerio Fiscal si los hechos son indiciariamente constitutivos de delitos.

En definitiva, este conjunto de requisitos y garantías de los derechos de víctimas y personas afectadas serán ya exigibles en los canales de denuncias establecidos en las empresas.

5.2.5. Integración de canales de denuncias: la relación entre el sistema interno previsto por la Ley 2/2023 y los protocolos antiacoso

La inclusión en el ámbito material de la Ley 2/2023, de las infracciones relativas a acoso laboral actualiza la cuestión de la relación entre estos nuevos sistemas de denuncias de irregularidades y los existentes sistemas de denuncias del acoso laboral, previstos en los protocolos y que operan ya en muchas empresas[75]. A este respecto, ya se ha destacado que la ley 2/2023 no contempla ninguna norma particular de coordinación, entre

[75] Sobre el tema: IGARTUA MIRÓ, M.ª T., "Los canales de denuncia internos (whistleblowing) como mecanismo de tutela frente al acoso laboral", *Revista de Trabajo y Seguridad Social. CEF*, 447,2020, pp. 37-69.

ambos[76], por lo que se afirma que, desde una primera interpretación en caso de acoso en la empresa, podrían entrar en juego ambos, el sistema interno y el protocolo. Sin embargo, mientras el sistema interno admite la denuncia anónima, los protocolos suelen limitar la denuncia a la víctima, por lo que se concluye que admitir las denuncias anónimas desvirtúa esta limitación[77].

En este mismo sentido, he venido señalando que no podemos olvidar que los vigentes sistemas de denuncias de los acosos en las empresas tienen características específicas, que deben ser atendidas[78] y que exigen un tratamiento propio e integral de las diversas medidas (preventivas y reparadoras) de protección legal establecidas, atendiendo a la experiencia en la lucha contra el acoso en la empresa, a través de los protocolos anti-acoso, y su imbricación necesaria en el sistema colectivo y sindical de relaciones laborales. En definitiva, este contexto debe ser atendido en la simplificación integradora de los

---

76 La previsión de la Disposición transitoria primera de la Ley 2/2023 parece ir referida a los canales de denuncias existentes en las empresas, *ex* art. 31 bis del CP.

77 LOUSADA AROCHENA, F., RON LATAS, R. P.,"La Ley 2/2023, de 20 de febrero, y la protección laboral frente a las represalias por la denuncia de irregularidades en la empresa", *Revista de derecho social,* 103, 2023, p.77.

78 En primer lugar, el denunciante natural es la víctima (y en caso de ser un tercero habitualmente se exigirá la ratificación de la víctima). En segundo lugar, se trata de canales de denuncia establecidos ad hoc y exclusivamente para informar de estas situaciones de acoso, con fines de prevención y reparación. Por último, la irregularidad denunciada, en este caso, el acoso sufrido es, además de un riesgo psicosocial para la salud de los trabajadores, un atentado a su dignidad y a sus derechos fundamentales a la intimidad, a la igualdad y a la integridad moral en el lugar de trabajo.

canales de denuncias en la empresa[79]. A mi juicio, el sistema interno de información, preceptivo tras la Ley 2/2023 en las empresas obligadas, será un elemento necesario del contenido mínimo del protocolo antiacoso, que debe contener todo un conjunto de medidas preventivas y reparadoras específicas. En definitiva, integrar el sistema interno de información y los protocolos frente a la violencia en el trabajo cumpliría una exigencia de estos últimos, que poseen, como venimos insistiendo, un contenido preventivo y reparador más amplio.

5.2.6 ¿Es posible externalizar la gestión del procedimiento de actuación frente al acoso?

En principio, la conveniencia de integrar la prevención y actuación frente al riesgo de violencia y acoso favorece soluciones internas para la gestión por la empresa de estos procedimientos de actuación frente al acoso y la violencia LGTBI prescritos por la Ley 4/2023. La cuestión no la aborda la regulación legal, aunque la práctica conoce de sistemas externalizados de gestión de las quejas o reclamaciones relativas a acoso laboral[80]. Además, la regulación sobre los canales de denuncia también prevé que la gestión del sistema podrá llevarse a cabo dentro de la propia entidad u organismo o acudiendo a un tercero externo. La Ley 2/2023 prevé, efectivamente, con ca-

---

79 Propuesta por VALLEJO DA COSTA, R., *Los canales de denuncia y la protección del whistleblower en la Directiva (EU) 2019/1937 y la perspectiva de género: una reflexión integral e integrada con el convenio 190 de la OIT sobre violencia y acoso en el lugar de trabajo, Análisis de la Directiva UE 2019/1937 Whistleblower desde las perspectivas penal, procesal, laboral y administrativo-financiera.* Aranzadi, Pamplona, 2021.

80 Cfr., STSJ de Madrid, de 15/03/2019 (Rec. núm. 933/2018), donde en el caso resuelto el protocolo de tutela del acoso en la empresa adopta el sistema Speak Up., siendo una empresa la responsable de la tramitación de las quejas de los trabajadores de acoso laboral.

rácter general, que la gestión del sistema interno de denuncias pueda ser externalizada (art. 6). Para que la externalización sea conforme a la ley se debe poder garantizar el respeto de la independencia, la confidencialidad, la protección de datos y el secreto de las comunicaciones, y no puede suponer un menoscabo de las garantías y requisitos legales para dichos sistemas (art. 6.2 y 3 de la Ley 2/2023). Los terceros a los que se encomiende la gestión de los cauces de denuncia de una entidad privada deben respetar igualmente las salvaguardas y requisitos de seguridad, confidencialidad, imparcialidad, diligencia y transparencia (art. 8.5 de la Directiva 2019/1936).

Ahora bien, la gestión del sistema por un tercero externo no podrá suponer una atribución de la responsabilidad sobre el mismo en persona distinta del responsable del sistema (art. 6.3 de la Ley 2/2023). Sin embargo, el tercero externo que asuma la gestión externalizada del sistema interno tendrá la consideración de encargado del tratamiento, a efectos de la legislación de protección de datos (art. 6.4 Ley 2/2023).

Por lo tanto, la respuesta sería favorable a la externalización de la gestión de los procedimientos de denuncia de acoso y violencia. Ahora bien, resulta dudoso si la externalización de la gestión del sistema está referida exclusivamente a la fase de recepción de la información, como expresamente afirma el art. 6.1 de la Ley 2/2023, o como asume el art. 12 de la misma Ley la externalización también es posible en relación con las fases de gestión y tramitación de informaciones.

6. TUTELA SANCIONADORA

El Convenio 190 de la OIT, en su art. 10 d), también obliga a los estados a prever sanciones, cuando proceda, para los casos de violencia y acoso en el mundo del trabajo. En este capítulo, bajo el título de tutela sancionadora, se abordará tanto las facultades disciplinarias empresariales (pues el acoso se tipifica en los convenios colectivos y en la LET dentro del régimen disciplinario), hasta las vías de la sanción administrativa y penal, frente a estos inaceptables comportamientos.

6.1 El acoso como falta disciplinaria

El acoso se configura como una causa del despido disciplinario en la tipificación normativa del art. 54. 2. g) de la LET, si bien, como ya hemos destacado, sólo referido al causado por orientación sexual y por razón de sexo, así como el acoso sexual al empresario o a las personas que trabajan en la empresa. En la necesaria reforma del art. 54.2 g) de la LET sería oportuno la inclusión expresa de la LGTBIfobia como comportamiento de acoso y causa justa de despido[81]. De otra parte, el art. 54.2 c) LET tipifica también como causa de despido las ofensas verbales o físicas a las personas que trabajan en la empresa o a los familiares que convivan con ellos.

Pues bien, hemos de recordar que las conductas acosadoras se tipifican en el régimen sancionador previsto en los convenios colectivos, desde mediados de la década de los noventa del pasado siglo XX; que en los vigentes convenios se ha generalizado esta regulación y que, frecuentemente, la misma ha suplido las ausencias de la regulación legal. Los convenios definen como falta muy grave cualquier discriminación por causa de orientación e identidad sexuales (o de género), vinculada en ocasiones con ofensas verbales y físicas y en otras ocasiones

---

[81] Para evitar pronunciamientos judiciales que, frente a una actuación empresarial correcta, declaren improcedente el despido del trabajador que utilizó el correo corporativo para expresar comentarios humillantes hacia el colectivo LGTBI, por ser, se afirma, un tema completamente ajeno a una posible crítica en el ámbito laboral: STSJ Madrid, de 5/02/2024, (Rec. 3/2024).

con comportamientos que lesionan la intimidad o la dignidad, por tales causas.

La tipificación del acoso en la LET como falta muy grave sancionada con el despido, da relevancia al tratamiento convencional del régimen disciplinario frente a otras conductas contra las personas LGTBI que no alcancen esta calificación. Así, por ejemplo, los convenios colectivos, en su regulación sobre el régimen disciplinario, califican como falta leve el uso del lenguaje ofensivo y como grave faltas aisladas de respeto a la intimidad por razón de sexo, orientación sexual o identidad sexual[82].

6.2. El acoso como ilícito administrativo

Aunque la Ley 4/2023 establezca su régimen de infracciones y sanciones, en el orden social, resulta aplicable el texto refundido de la LISOS (art. 76), donde los tipos infractores relativos al acoso están definidos como infracciones laborales muy graves. Así se tipifica, el acoso sexual, cuando se produzca dentro del ámbito a que alcanzan las facultades de dirección empresarial, cualquiera que sea el sujeto activo de la misma (art. 8.13) y el acoso discriminatorio, entre otras causas, por razón de sexo, de orientación e identidad sexual, expresión de género o características sexuales, cuando se produzcan dentro del ámbito a que alcanzan las facultades de dirección empresarial, cualquiera que sea el sujeto activo del mismo, siempre que, conocido por el empresario, este no hubiera adoptado las medidas necesarias para impedirlo (art. 8.13 bis).

---

[82] ÁLVAREZ CUESTA, H., "Previsiones convencionales sobre causas de discriminación olvidadas, en Nuevos contenidos de la negociación colectiva", cit. p. 460.

Además, el art. 8.11 LISOS tipifica igualmente como infracción laboral muy grave los actos del empresario que fueren contrarios al respeto de la intimidad y consideración debida a la dignidad de los trabajadores. Dentro de estos actos que pueden ser aislados, pero de suficiente relevancia y entidad se encuentran las agresiones físicas, la violencia física. Igualmente teniendo en cuenta las obligaciones empresariales establecidas en convenios colectivos frente a la violencia y acoso en el trabajo, hemos de tener en cuenta la infracción laboral grave tipificada por el art. 7.10 LISOS. Además, la responsabilidad administrativa empresarial puede también derivarse de la infracción de normas en materia de prevención de riesgos, pues la citada STC 160/2007 ya reconoció la aplicación del art. 14 LPRL ante las situaciones de riesgo psicosocial.

Atendiendo a los datos que han quedado reflejados en el capítulo inicial, sería necesaria la tipificación como infracción laboral muy grave de la incitación intencionada a la violencia contra personas LGTBI, entre otras formas, por medios cibernéticos, así como la especial mención, en el art. 8.13 bis LISOSO dentro del acoso discriminatorio, a la LGTBIfobia.

El sujeto responsable es el empresario en la relación laboral (art. 2.1 LISOS) tanto por acción como por omisión, es decir tanto cuando la conducta activa la realice el empresario o persona en la que delega sus facultades de dirección, como cuando el sujeto activo sea otra persona y responda por omisión o inacción, pues habiendo conocido o debiendo conocer los hechos no adoptó las medidas adecuadas y suficientes para evitar la violencia o el acoso. (art. 39.2 en cuanto a que debe concurrir algún género de dolo o negligencia, pero no es exigible la intencionalidad). Ahora bien, en el caso de infracciones de las obligaciones preventivas, en supuestos de descentralización productiva o de cooperación entre empresas, la responsabilidad empresarial del empresario titular de la relación laboral será compartida por el titular de la empresa principal o por los empresarios presentes en el centro de trabajo con los que deba de coordinar las medidas adecuadas[83].

Centrándonos en los arts. 8.13 y 8.13 bis de la LISOS, ambos limitan la responsabilidad empresarial, cualquiera que sea el sujeto activo a los acosos "dentro del ámbito al que alcanzan las facultades de dirección empresarial" y en el acoso discriminatorio además a "que, conocido por el empresario, este no hubiera adoptado las medidas necesarias para impedirlo". Por lo tanto, adquiere relevancia a efectos de que surja la responsabilidad empresarial por omisión o inacción la existencia y efectividad de los procedimientos de prevención de la violencia y acoso sexual y discriminatorio antes analizados[84].

6.3. El acoso como ilícito penal

A diferencia del acoso sexual y el llamado acoso moral, tipificados como delitos por los arts. 184 y 173 del Código Penal, respectivamente, el acoso discriminatorio carece de una tipificación penal específica[85]. Así, los casos susceptibles de tutela penal lo serán a través de los delitos de trato degradante del art. 173.1 CP (el que infligiera a otra persona un trato degradante, menoscabando gravemente su integridad moral) y de acoso laboral del art. 173.2 CP (los que en el ámbito de una relación laboral o funcionarial y prevaliéndose de su rela-

---

83 Ver Criterio técnico 69/2009 sobre las actuaciones de la ITSS en materia de acoso y violencia en el trabajo.

84 Que también serán relevantes a los efectos de una eventual responsabilidad penal, una cuestión que deviene aún más relevante en el vigente marco normativo, en el que el art. 184 CP establece ya la responsabilidad penal de las personas jurídicas.

85 El llamado acoso predatorio o acecho (*stalking*) también está tipificado penalmente en el art. 172 ter CP desde 2015 y se ha actualizado en 2023.

ción de superioridad, realicen contra otro, de forma reiterada, actos hostiles o humillantes que, sin llegar a constituir trato degradante, supongan grave acoso contra la víctima). Ambos delitos son sancionados con igual pena (prisión de seis meses a dos años) por el citado art. 173 CP[86]. De otra parte, entre las circunstancias agravantes se encuentra cometer el delito por discriminación referente (entre otras) a su sexo, orientación o identidad sexual o de género y razones de género, y con independencia de que tales condiciones o circunstancias concurran efectivamente en la persona sobre la que recaiga la conducta (art. 22.4)[87].

Además, el delito de discriminación laboral sanciona a quienes produzcan una grave discriminación en el empleo, público o privado, contra alguna persona por razón (entre otras) de su sexo, orientación o identidad sexual o de género, razones de género, y no restablezcan la situación de igualdad ante la ley tras requerimiento o sanción administrativa, reparando los daños económicos que se hayan derivado, serán castigados con la pena de prisión de seis meses a dos años o multa de doce a veinticuatro meses (art. 314 CP). En la práctica, se afirma, es posible reconducir al delito de discriminación laboral determinados supuestos de acoso laboral (e incluso sexual) cuando a su vez impliquen una grave discriminación en el empleo. En estos casos deberá aplicarse un concurso de delitos y no de

---

86 La principal objeción a la regulación actual es que ambos delitos comparten precepto (artículo 173.1) y penalidad (prisión de seis meses a dos años), pese a que el delito de acoso laboral se aplique cuando los actos hostiles o humillantes no lleguen a constituir trato degradante: SÁNCHEZ BENITEZ, C., Tratamiento *jurídico-penal del acoso en España*, BOE, Madrid, 2023, p. 128

87 Sobre esta circunstancia agravante y el delito de discriminación laboral: TAPIA BALLESTEROS, P., "La protección de la igualdad y la no discriminación en el Código Penal. Errores y aciertos de las últimas reformas"; *IgualdadES*, 9, 2023, P. 143-173

leyes, pues ninguno de los preceptos absorbe todo el desvalor de las conductas desarrolladas y de los resultados producidos[88].

También serán castigados penalmente quienes inciten directa o indirectamente al odio, hostilidad, discriminación o violencia contra un grupo por razón de su orientación o identidad sexual, por razones de género (art. 510 CP). Lo que es relevante dado los datos vistos sobre incitación on *line* a la violencia contra personas LGTBI.

La tipificación en 2010 del delito de acoso laboral, aunque positiva, es objeto de una valoración crítica en comparación con la tipificación penal del acoso sexual. El delito de acoso sexual (art. 184 CP) incluye en su estructura un tipo básico, cual es la solicitud de favores sexuales en el ámbito de una relación de prestación de servicios, siempre que tal comportamiento provoque en la víctima una situación objetiva y gravemente intimidatoria, hostil o humillante. Cuando además la conducta expresada, se realiza con abuso de superioridad (prevaliéndose de una situación jerárquica en la dicción del tipo) o, alternativamente, bajo amenaza expresa o tácita de causar a la víctima un mal relacionado con las legítimas expectativas que aquélla pueda tener en el ámbito de la indicada relación, la conducta se subsume en el tipo agravado.

La comisión de este delito, de una parte, no requiere el aprovechamiento de una situación de superioridad, siendo, de otra parte, suficiente que la solicitud sexual hubiere provocado en la víctima una situación objetiva gravemente intimidatoria, hostil o humillante. Lo que el tipo penal protege es el derecho

---

88 ACALE SANCHEZ, M.,"El concepto poliédrico de acoso en el trabajo en el Código Penal: Luces y sombras", *Revista de Derecho Social*, pp. 63-92; SÁNCHEZ BENITEZ, C., op. cit., p. 127.

a desempeñar la actividad en un entorno sin riesgo para su intimidad y libertad[89].

Por su parte, la tipificación del acoso laboral solo contempla el castigo de supuestos de acoso laboral vertical descendente, al requerir prevalimiento de la relación de superioridad por parte del sujeto activo, a diferencia de lo que ocurre en el delito de acoso sexual, que prevé, como se ha visto, la sanción del acoso horizontal en el tipo básico. Igualmente, se ha afirmado que resulta inadecuada la cláusula de resultado utilizada, por cuanto incluye la palabra acoso y porque se aparta de las fórmulas de resultado empleadas en otras modalidades de acoso tipificadas, que serían más idóneas, como las que añaden el adverbio «objetivamente», partícula que contribuiría a valorar desde una perspectiva más objetiva las consecuencias de la concreta conducta acosadora[90]. La objetividad y la gravedad del comportamiento son, efectivamente, los presupuestos sobre los que asienta la doctrina jurisprudencial para la posible existencia del delito de acoso sexual. De otra parte, la indeterminación de lo que se considere grave acoso se proyecta en exigencias de prueba (a los efectos de destrucción de la presunción de inocencia) por lo que, en la praxis aplicativa, puede sorprender en ocasiones la irrelevancia penal de determinadas conductas[91].

En relación con el delito de acoso laboral, la doctrina judicial considera que para determinar la gravedad del comportamiento desplegado contra la víctima, a fin de deslindar la figura jurídica constitutiva de la infracción penal, de otras conductas que pudieran ser reprochables de forma más benigna o incluso en otros ámbitos menos traumáticos como el derecho

---

89 STS (Sala de lo Penal) de 26/4/2012 (Rec. 1335/2011).

90 SÁNCHEZ BENITEZ, C., op. cit., p. 128

91 SAP de Murcia de 17/6/2016 (Rec. 378/2016), en un caso de reiteración del acoso por más de 2 años.

administrativo sancionador, han de tomarse en cuenta los siguientes parámetros: la duración de los malos tratos, sus efectos sobre la integridad física y mental de quien los sufre, así como otros relativos al sexo, edad, preparación, nivel cultural o el estado de salud de la víctima y en suma al conjunto de circunstancias de todo tipo en que se producen[92].

Finalmente, de acuerdo con lo establecido en el artículo 31 bis, de los delitos de acoso sexual y de acoso laboral podrá ser responsable penalmente también la empresa que podrá exonerarse de responsabilidad si cuenta con un sistema de prevención de estos delitos eficaz. Merece una valoración positiva la previsión de la responsabilidad penal de las personas jurídicas, que introduce la citada LO 10/2022, pues son comportamientos que forzosamente se realizan en el seno de una empresa y en muchos casos vinculada a la ausencia de políticas de igualdad o inclusivas de gestión de la diversidad.

7. TUTELA REPARADORA

La Recomendación de la OIT núm. 206 sobre la eliminación de la violencia y el acoso en el mundo del trabajo establece el derecho de la víctima a dimitir y percibir una indemnización, y a una indemnización apropiada por los daños resultantes. Las víctimas de violencia y acoso deberán recibir una indemniza-

---

92 Fijados por el Tribunal Supremo en Sentencias de 2 de abril de 2013 (RJ 2013, 3620) y 8 de mayo de 2014 (JUR 2014, 188945) para precisar la gravedad de una conducta degradante, pues es indudable que el criterio de la gravedad muestra un grado importante de relatividad e indeterminación que debilita la taxatividad que exige el principio de legalidad penal, por lo que ha de estarse, como señala el TEDH en reiteradas sentencias, al conjunto de las circunstancias en cada caso: SAP de Asturias (Sección 2ª) núm. 515/2015 de 16 noviembre (JUR 2015\303511).

ción en caso de daños y enfermedades de naturaleza psicosocial, físico o de cualquier tipo que resulten en una incapacidad para trabajar, así como del resto de los daños sufridos. El carácter pluriofensivo del acoso determina efectivamente una pluralidad de daños susceptibles de reparación por diversas vías.

De partida, los daños sobre la salud (física o psíquica) derivados del acoso son cubiertos por el sistema de protección social, a través de las correspondientes prestaciones de la Seguridad Social (por incapacidad en sus diferentes grados). Si bien siguen sin formar parte del catálogo de enfermedades profesionales las patologías causadas por la actualización de riesgos laborales de naturaleza sicosocial, la doctrina judicial los considera como accidente laboral de conformidad con la LGSS[93] (156.2 e). De otra parte, procederá el recargo de prestaciones si se acredita el incumplimiento empresarial de las obligaciones vistas en materia de prevención del riesgo de acoso (art. 164 LGSS).

La reparación del resto de los daños causados por la conducta acosadora (patrimoniales, sicofísicos y morales) se vehicula a través del sistema de responsabilidad civil o patrimonial. Se diferencian los daños y perjuicios con una repercusión material o patrimonial directa y los daños morales unidos a la vulneración del derecho fundamental. De tratarse del primer tipo de daños, el demandante debe establecer en la demanda "las circunstancias relevantes para la determinación de la indemnización solicitada". Sin embargo, de tratarse de daños morales, al demandante se le exime de efectuar tal especificación "cuando resulte difícil su estimación detallada" y al tribunal se le impone la obligación de pronunciarse "sobre la cuantía del daño, determinándolo prudencialmente cuando la prueba de su importe exacto resulte demasiado difícil o costo-

---

93 Real Decreto Legislativo 8/2015, de 30 de octubre, por el que se aprueba el texto refundido de la Ley General de la Seguridad Social.

sa (arts. 179.3 y 183.2 LRJS). Ciertamente, en relación con el alcance que deba tener la indemnización de daños y perjuicios contemplada en la LRJS es diferente el modo en que ha de abordarse la fijación por los daños sufridos (necesitados de su acreditación) y por los daños y perjuicios morales (donde la determinación posee elevadas dosis de discrecionalidad). Por lo demás, la indemnización de todos estos daños es compatible con la indemnización derivada de la resolución indemnizada y causal del contrato por parte de la víctima, basada en el art. 50 LET, pues esta indemnización tasada fijada legalmente repararía solo la pérdida sin causa de su puesto de trabajo.

Pues bien, la indemnización del daño moral se dirige tanto a resarcir suficientemente a la víctima, como para contribuir a la finalidad de prevenir el daño (art. 183.2 LRJS). La ley atribuye así a la indemnización, por atentar contra derechos fundamentales, no sólo una función resarcitoria (*restitutio in integrum*), sino también la de prevención general.

Especialmente importante ha sido la cuestión de la fijación del quantum indemnizatorio para la reparación del daño moral derivado del acoso al estar vinculada a la lesión de derechos fundamentales. La doctrina jurisprudencial sostiene que "los daños morales resultan indisolublemente unidos a la vulneración del derecho fundamental" y al ser especialmente difícil su estimación detallada, deben flexibilizarse las exigencias normales para la determinación de la indemnización. La actual doctrina abre la vía a la posibilidad de que sea el órgano judicial el que establezca prudencialmente su cuantía, sin que pueda exigirse al reclamante la aportación de bases exactas y precisas para su concreción. Lo que lleva, de una parte, a un mayor margen de discrecionalidad judicial en la valoración y de otra, diluye la relevancia de los parámetros objetivos para el cálculo del quantum indemnizatorio, pues los sufrimientos, se afirma, no tienen una directa traducción económica[94].

Efectivamente, se ha producido una evolución jurisprudencial a la hora de fijar el importe indemnizatorio por daños morales, sin embargo, en primer lugar, hemos de seguir considerando válida la doctrina conforme a la cual el importe del resarcimiento fijado prudencialmente por el órgano judicial de instancia, únicamente, debe ser corregido o suprimido cuando se presente desorbitado, injusto, desproporcionado o irrazonable. En segundo lugar, hemos de recordar que la utilización del criterio orientador de las sanciones pecuniarias previstas por la LISOS para las infracciones producidas, admitida por la jurisprudencia constitucional (STC 247/2006) puede seguir teniéndose como parámetro razonable.

---

94 Por todas, SSTS de 08/01/2024 (Rec. 2330/2021 (FJ 2); de 13/04/2023 (Rec. 217/2021); de 25/04/2023 (Rec. 334/2021); y de 11/07/2023 (Rec. 243/2021).